365 menus
pour l'année

Menu pour chaque jour

365 menus
pour l'année

Menu pour chaque jour

Quelques termes culinaires

AMALGAMER
Bien mélanger plusieurs ingrédients avec un fouet ou une spatule de façon à obtenir une préparation homogène.

BAIN-MARIE
Bain d'eau très chaude mais non bouillante dans lequel on place un récipient contenant une préparation à cuire ou à réchauffer.

BLANCHIR
Plongez quelques instants dans l'eau bouillante certains aliments pour les attendrir, les nettoyer ou supprimer l'excès de sel.

BOUQUET GARNI
Il comprend du persil, 1 feuille de laurier et 2 branches de thym attachés avec du fil.

CHINOIS
Passoire conique à trame très serrée.

CONCASSER
Hacher grossièrement à l'aide d'un couteau ou d'un rouleau à pâtisserie des aliments de manière à obtenir des morceaux et non de la poudre.

DÉGLACER
Verser dans un jus de cuisson soit de l'eau, soit du bouillon et racler à l'aide d'une fourchette pour décoller les sucs rendus par l'aliment.

DÉGORGER
Saler avec du gros sel pour faire rendre leur eau à certains légumes (exemple : concombre).

EMINCER
Couper en tranches très fines.

FLAMBER
Verser de l'alcool sur un plat très chaud et y mettre le feu.

JULIENNE
Couper des légumes en fins bâtonnets.

LIER
Epaissir une préparation en ajoutant soit un œuf, de la crème, de la maïzena, de la farine, de la fécule, etc.

MANIER
Bien mélanger du beurre et de la farine : beurre manié.

MIJOTER
Laisser cuire lentement à petit feu.

MONDER
Enlever la peau des amandes après les avoir trempées dans l'eau chaude quelques minutes.

NAPPER
Verser sur un plat préparé une sauce ou une crème.

PANER
Saupoudrer de chapelure la viande ou le poisson que l'on va cuire.

POCHER
Cuire un aliment dans un liquide proche de l'ébullition mais sans bouillir.

RÉDUIRE
Laisser évaporer à découvert par ébullition un liquide ou une sauce pour en concentrer la consistance et la saveur.

RÉSERVER
Mettre de côté des aliments ou une préparation en attendant de les utiliser.

SAISIR
Mettre une viande sur feu vif ou à four chaud pour en faire roussir les deux faces.

Homard
aux fèves

POUR CE
MENU LE
SOMMELIER
VOUS
PROPOSE

*Un Côtes
du Jura
blanc*

ENTRÉE

FEUILLETÉ AUX ASPERGES

POUR 4 PERSONNES :

Préparation : 30 mn. Cuisson : 25 mn.
Recette facile. Prix modéré.
4 feuilletés rectangulaires,
200 g de crevettes décortiquées,
12 asperges vertes,
3 cuillerées à soupe de crème épaisse,
25 g de beurre,
15 g de farine,
1 cuillerée à soupe de fumet de crustacé.

1. Pelez les asperges et faites-les cuire à la vapeur 20 mn. Egouttez-les sur un linge.
2. Préchauffez le four th. 5 - 150° et mettez-y les feuilletés à réchauffer.
3. Faites fondre le beurre dans une casserole, jetez la farine en pluie, remuez, faites cuire 2 mn en remuant sans cesse. Saupoudrez de fumet, versez 1/4 de litre d'eau chaude et fouettez énergiquement. Laissez cuire 10 mn à feu doux en remuant jusqu'à ce que la sauce épaississe. Ajoutez la crème et les crevettes.
4. Sortez les feuilletés du four, ôtez les chapeaux, répartissez la sauce, les asperges, remettez les chapeaux et servez aussitôt.

PLAT

HOMARD AUX FÈVES

POUR 4 PERSONNES :

Préparation : 45 mn. Cuisson : 1 h 15.
Recette élaborée. Prix : cher.
4 homards de 500 g, 1 kg de fèves,
200 g de pois gourmands,
200 g de carottes, 200 g de gouda,
20 cl de crème liquide, 1 litre de Xérès,
150 g de beurre, 1 cube de court-bouillon.

1. Préparez le court-bouillon selon le mode d'emploi, plongez-y les homards et comptez 3 mn de cuisson dès la reprise de l'ébullition. Egouttez, filtrez et réservez le court-bouillon.
2. Equeutez les pois gourmands, épluchez les fèves. Faites-les cuire séparément dans de l'eau bouillante salée à découvert. Egouttez et rafraîchissez sous l'eau froide.
3. Pelez et émincez les carottes, mettez-les dans une casserole avec la crème et 20 cl du court-bouillon. Laissez cuire 1 h à couvert à très petit feu. Egouttez, mixez.
4. Mettez le Xérès dans une casserole et faites-le réduire à feu doux pour qu'il n'en reste que 20 cl. Ajoutez 1/2 litre de court-bouillon et faites réduire l'ensemble de moitié. Ajoutez la purée de carottes, mélangez et montez la sauce au fouet avec 100 g de beurre en morceaux.
5. Préchauffez le four th. 6 - 180° et beurrez une plaque à four. Décortiquez les homards, taillez la queue en médaillons et posez-les sur la plaque.
6. Faites réchauffer les légumes à feu doux dans un peu de beurre, et le homard au four 2 mn.
7. Disposez les fèves au fond des assiettes, posez les médaillons, nappez de jus, décorez avec les pois gourmands et les dés de gouda. Servez de suite.

DESSERT

MANDARINES À LA MOUSSE DE CHOCOLAT BLANC GLACÉE

POUR 4 PERSONNES :

Préparation : 15 mn. Cuisson : 10 mn.
Recette facile. Prix : bon marché.
4 mandarines,
100 g de chocolat blanc,
2 cuillerées à soupe d'eau,
4 cuillerées à soupe de crème fraîche,
60 g de sucre.

1. Incisez la peau des mandarines de manière à découper un chapeau sans entamer la chair, prélevez les quartiers et réservez-les.
2. Faites cuire le chocolat à feu doux pendant 10 mn avec l'eau et le sucre. Laissez refroidir.
3. Incorporez la crème légèrement fouettée et les quartiers de mandarine découpés.
4. Remplissez les coques des fruits avec cette préparation. Placez pendant 2 heures dans le réfrigérateur. Servez très frais.

Conseil du chef
Vous pouvez ajouter à la sauce des feuilletés un peu de safran.

POUR CE MENU LE SOMMELIER VOUS PROPOSE

Un Sylvaner

2
JANVIER

St Basile

Gazpacho aux huîtres

ENTREE

GAZPACHO AUX HUÎTRES

POUR 4 PERSONNES :

Préparation : 10 mn. Cuisson : 30 secondes.
Recette facile. Prix modéré.

16 huîtres,
4 tomates mûres,
1 concombre,
100 g de pain,
15 cl de jus de tomate,
50 cl d'huile d'olive,
1 gousse d'ail,
1 branche d'estragon,
Ciboulette,
Sel, poivre.

1. Faites tremper le pain dans de l'eau pour qu'il ramollisse. Hachez finement la gousse d'ail épluchée, la ciboulette et l'estragon ciselés.
2. Pressez le pain et mixez-le avec le hachis et le jus de tomate. Versez-y l'huile d'olive et montez comme une mayonnaise. Réservez au frais.
3. Ouvrez les huîtres, décoquillez-les et pochez-les 30 secondes dans leur eau préalablement filtrée. Réservez.
4. Pelez et épépinez les tomates et le concombre et taillez-les en cubes. Mélangez l'ensemble. Servez très frais.

PLAT

SAUMONS AUX TAGLIATELLES

POUR 4 PERSONNES :

Préparation : 5 mn. Cuisson : 15 mn.
Recette facile. Prix modéré.

1 filet de saumon frais,
4 tranches de saumon fumé,
250 g de tagliatelle,
100 g d'œufs de poisson rouges et noirs,
150 g de crème fraîche,
1 citron, fenouil, sel.

1. Découpez le saumon frais en petits cubes et mettez à macérer dans le jus de citron 1 heure.
2. Juste avant le repas, faites cuire à point les tagliatelle dans l'eau bouillante salée parfumée de fenouil.
3. Découpez les tranches de saumon fumé en rubans. Egouttez les pâtes et mettez-les dans le plat de service préalablement chauffé.
4. Arrosez-les de crème fraîche, posez dessus les cubes de saumon mariné, les rubans de saumon fumé et les œufs rouges et noirs. Servez sur des assiettes chaudes.

Conseil du chef
Vous pouvez remplacer les huîtres par des moules.

DESSERT

MERINGUÉ AUX MARRONS

POUR 4 PERSONNES :

Préparation : 30 mn. Cuisson : 1 h 10
Recette élaborée. Prix : bon marché.

300 g de purée de marron,
100 g de chocolat noir à pâtisser,
1 bombe de chantilly,
100 g de sucre en poudre, 3 blancs d'œuf,
2 feuilles de gélatine alimentaire,
2 sachets de sucre vanillé.

1. Préchauffez le four th. 5 - 150°. Habillez la plaque du four de papier aluminium sulfurisé, beurrez et farinez.
2. Montez les blancs d'œuf en neige en incorporant progressivement le sucre en poudre. Formez 2 fonds de meringue de 18 cm de diamètre. Enfournez et laissez cuire 1 heure.
3. Mettez la gélatine à ramollir dans un peu d'eau froide. Versez la purée de marron dans une casserole avec 3 cuillerées à soupe d'eau et laissez chauffer doucement en remuant.
4. Hors du feu, incorporez la gélatine ramollie et égouttée puis le sucre vanillé. Laissez refroidir. Mettez toute la chantilly dans un saladier, réservez-en 1/2 verre au frais. Ajoutez la purée de marron délicatement dans le saladier et placez au frais.
5. Sortez la meringue du four et laissez refroidir. Placez autour d'un des fonds de meringue un cercle en carton recouvert d'aluminium. Garnissez avec la mousse aux marrons et posez dessus le second cercle de meringue.
6. Replacez au frais. Avant de servir, faites fondre le chocolat au bain-marie, mélangez-le au verre de chantilly réservé, nappez-en le gâteau.

POUR CE MENU LE SOMMELIER VOUS PROPOSE

Un Pauillac

3

JANVIER

Ste Geneviève

Collier d'agneau à la menthe

ENTRÉE

AVOCATS AU ROQUEFORT

POUR 4 PERSONNES :

Préparation : 15 mn. Pas de cuisson.
Recette facile. Prix modéré.

2 avocats bien mûrs,
1 citron,
50 g de roquefort,
25 g de fromage blanc,
1 cuillerée à café de Cognac,
4 olives vertes,
Poivre,
Ciboulette.

1. Coupez les avocats en deux, retirez les noyaux. Evidez les coques de la chair et citronnez celle-ci.
2. Mélangez les fromages avec la chair des avocats à l'aide d'une fourchette. Versez-y le Cognac et poivrez.
3. Farcissez les coques des avocats avec cette préparation, décorez d'une olive verte et de brins de ciboulette. Mettez au frais avant de servir.

PLAT

COLLIER D'AGNEAU À LA MENTHE

POUR 4 PERSONNES :

Préparation : 20 mn. Cuisson : 1 h.
Recette facile. Prix modéré.

1,5 kg de collier d'agneau,
2 cuillerées à soupe d'huile,
50 g de beurre,
2 gousses d'ail,
4 branches de menthe fraîche,
20 cl de bouillon de bœuf,
Sel, poivre.

1. Pelez et écrasez l'ail. Lavez et ciselez 2 branches de menthe. Salez et poivrez la viande.
2. Faites chauffer l'huile dans une cocotte et mettez-y la viande coupée en tranches. Dorez sur toutes les faces. Réservez la viande et jetez la matière grasse.
3. Faites fondre le beurre puis ajoutez l'ail, la menthe ciselée et le bouillon. Remettez la viande et amenez doucement à ébullition, couvrez et laissez mijoter 1 heure.
4. Accompagnez de semoule avec des petits pois. Au moment de servir, décorez avec des feuilles de menthe.

DESSERT

CHAUD-FROID AUX POMMES CARAMÉLISÉES

POUR 4 PERSONNES :

Préparation : 15 mn. Cuisson : 15 mn.
Recette facile. Prix : bon marché.

75 cl de crème glacée à la vanille,
4 pommes,
40 g de beurre,
100 g de sucre en poudre,
40 g de raisins secs,
2 cuillerées à soupe de rhum.

1. Lavez les raisins et faites-les gonfler dans le rhum en les remuant de temps en temps.
2. Pelez les pommes, évidez-les et coupez-les en 8. Dans une sauteuse, faites fondre le beurre et mettez-y à dorer les pommes 5 mn.
3. Saupoudrez de sucre et laissez cuire 10 mn en retournant pour que l'ensemble soit caramélisé.
4. Au moment de servir, déposez 2 boules de glace dans chacun des ramequins, répartissez-y les morceaux de pomme, parsemez de raisins secs et versez un filet de rhum. Servez immédiatement.

Conseil du chef

S'il n'y a pas assez de liquide dans la cocotte du collier d'agneau, ajoutez un verre d'eau chaude à mi-cuisson.

10

POUR CE MENU LE SOMMELIER VOUS PROPOSE

Un Côtes de Provence

ENTREE

SALADE AUX CROTTINS

POUR 4 PERSONNES :

Préparation : 10 mn. Cuisson : 5 mn.
Recette facile. Prix : bon marché.
1 scarole,
2 crottins de Chavignol,
2 tranches de pain de mie,
20 g de beurre,
1 citron,
1 yaourt,
Moutarde,
Sel, poivre.

1. Préparez la salade. Mélangez le jus de citron, le yaourt, 1 cuillerée à soupe de moutarde, du sel et du poivre. Réservez cette sauce.
2. Faites griller les tranches de pain de mie et coupez-les en deux en forme de triangle. Beurrez-les.
3. Coupez chaque crottin en deux. Mettez-les au four sur les demi-tranches de pain grillé.
4. Garnissez chaque assiette de salade, versez de la sauce par-dessus, disposez au centre une demi-tranche de pain surmontée d'un demi-crottin tout chaud. Servez de suite.

PLAT

ROGNONS D'AGNEAU À LA MOUTARDE

POUR 4 PERSONNES :

Préparation : 20 mn. Cuisson : 25 mn.
Recette facile. Prix : bon marché.
800 g de rognons d'agneau,
400 g de riz,
200 g de champignons de Paris,
20 g de beurre,
2 cuillerées à soupe d'échalote coupée,
2 cuillerées à soupe de persil haché,
3 cuillerées à soupe de crème fraîche,
1 cuillerée à soupe de moutarde,
Sel, poivre.

1. Fendez chaque rognon en deux dans le sens de l'épaisseur, retirez les parties blanches puis coupez-les en dés. Réservez-les.
2. Dans une poêle bien chaude, faites suer les champignons émincés 8 mn en remuant. Retirez-les.
3. Dans la même poêle, faites fondre le beurre, versez-y les échalotes et laissez revenir 2 mn. Incorporez-y les rognons et faites cuire 10 mn en mélangeant.
4. Faites cuire le riz dans une grande quantité d'eau bouillante salée. Egouttez-le et maintenez-le au chaud.
5. Lorsque les rognons sont cuits, incorporez la crème fraîche, la moutarde et les champignons. Salez, poivrez et prolongez la cuisson 3 mn en remuant.
6. Dans le plat de service chaud, disposez le riz en couronne, versez au centre les rognons et leur sauce. Décorez de persil haché.

DESSERT

ENTREMETS AU TAPIOCA

POUR 4 PERSONNES :

Préparation : 15 mn. Cuisson : 15 mn.
Recette facile. Prix : bon marché.
40 g de tapioca, 80 cl de lait,
2 sachets de sucre vanillé,
60 g de sucre en poudre,
3 jaunes d'œuf.

1. Dans un saladier, battez les jaunes d'œuf avec le sucre en poudre jusqu'à ce que le mélange blanchisse et soit légèrement mousseux.
2. Dans une casserole, faites bouillir le lait avec le sucre vanillé. Ajoutez-y le tapioca et cuisez 7 mn à feu doux en remuant de temps à autre.
3. Versez le tapioca au lait sur les œufs en battant doucement. Reversez le tout dans la casserole sur feu doux et remuez lentement.
4. Dès les premiers bouillonnements, l'entremets épaissit, retirez la casserole du feu et versez son contenu dans des ramequins individuels.
5. Laissez tiédir et mettez dans le réfrigérateur. Servez frais.

Conseil du chef
Préparez l'entremets quelques heures à l'avance car il doit être servi bien frais.

5

JANVIER

St Edouard

Blanquette de haddock aux moules

ENTREE

CHAMPIGNONS À LA TOMATE

POUR 4 PERSONNES :

Préparation : 10 mn. Cuisson : 20 mn.
Recette facile. Prix : bon marché.
500 g de champignons de Paris,
200 g de sauce tomate,
3 cuillerées à café de parmesan,
2 oignons,
2 gousses d'ail,
2 cuillerées à soupe d'huile d'olive,
2 cuilleées à café d'origan séché,
Sel, poivre.

1. Lavez et épluchez les champignons. Coupez-les en quartiers. Pelez et coupez les oignons en rondelles.
2. Dans une sauteuse, faites revenir les oignons et les gousses d'ail écrasées avec l'huile d'olive et l'origan. Ajoutez les champignons, puis versez la sauce tomate. Salez, poivrez et remuez.
3. Couvrez et laissez mijoter à feu doux 15 mn. Au moment de servir, saupoudrez de parmesan.

Conseil du chef
Accompagnez les champignons de petits croûtons dorés.

PLAT

BLANQUETTE DE HADDOCK AUX MOULES

POUR 4 PERSONNES :

Préparation : 20 mn. Cuisson : 20 mn.
Recette facile. Prix modéré.
600 g de haddock,
1 litre de moules de Bouchot,
1 oignon,
2 branches de céleri,
1/2 verre de vin blanc sec,
30 g de beurre,
1/2 litre de lait,
6 cuillerées à soupe de maïzena,
Sel, poivre.

1. Grattez et lavez les moules sous l'eau courante. Mettez-les dans une casserole avec le vin et une pincée de poivre. Couvrez et laissez cuire sur feu vif 5 mn. Lorsqu'elles sont ouvertes, décoquillez-les, filtrez et réservez le jus de cuisson.
2. Faites chauffer le lait. Pochez-y le haddock 10 mn. Egouttez-le et coupez-le en morceaux. Réservez le lait. Disposez les moules et le haddock dans un plat creux et gardez-les au chaud.
3. Dans une cocotte, faites revenir à feu doux dans le beurre fondu, l'oignon émincé et le céleri coupé en dés. Ajoutez 40 cl du lait de cuisson et 10 cl du jus des moules. Poivrez, portez à ébullition.
4. Ajoutez la maïzena, mélangez et laissez mijoter 1 mn. Versez la sauce sur le haddock et les moules. Servez bien chaud accompagné de navets et de carottes.

DESSERT

FLAN BANANE CHOCOLAT

POUR 4 PERSONNES :

Préparation : 25 mn. Cuisson : 10 mn.
Recette facile. Prix : bon marché.
4 œufs,
140 g de sucre,
70 g de crème de riz,
10 cl de lait,
2 bananes,
150 g de chocolat à cuire,
5 cl de crème liquide,
Le jus d'un demi-citron.

1. Dans un saladier, mélangez 120 g de sucre, les œufs et la crème de riz. Portez le lait à ébullition puis versez-le sur la préparation précédente. Mélangez et remettez à cuire jusqu'à ébullition. Réservez.
2. Ecrasez les bananes avec le jus de citron. Ajoutez cette purée à la crème. Mélangez et versez dans un plat. Laissez refroidir dans le réfrigérateur 2 heures.
3. Faites fondre le chocolat en morceaux au bain-marie avec la crème liquide et le reste de sucre. Mélangez au fouet. Servez le flan à la banane en part nappé de chocolat fondu.

POUR CE MENU LE SOMMELIER VOUS PROPOSE

Un Loupiac blanc

6
JANVIER

Ste Melaine

Bortsch

ENTRÉE
ORTSCH

POUR 4 PERSONNES :

Préparation : 35 mn. Cuisson : 1 h 10
Recette élaborée. Prix : bon marché.
100 g de carottes,
100 g de navets,
1 poireau,
2 fenouils,
1/2 chou blanc,
1/2 chou rouge,
1/2 céleri-rave,
1/2 céleri branche,
50 g d'oignon,
1 cuillerée à soupe d'aneth,
3 cuillerées à soupe de persil,
200 g de betterave,
2 litres de bouillon de bœuf,
50 g de beurre,
3 cuillerées à soupe de vinaigre de vin,
1 cuillerée à café de sucre,
Sel, poivre..

1. Faites fondre le beurre dans un poêlon à fond épais sur feu moyen. Ajoutez l'oignon en remuant souvent, faites cuire 5 mn jusqu'à coloration.
2. Incorporez les légumes coupés en julienne et les choux en lamelles très fines, ainsi que le sucre, le vinaigre, du sel et du poivre. Remuez.
3. Versez le bouillon, couvrez et faites cuire 1 heure à feu doux. Saupoudrez de persil et d'aneth et servez très chaud.

PLAT
CÔTES DE PORC AU CURRY ET COMPOTE

POUR 4 PERSONNES :

Préparation : 15 mn. Cuisson : 40 mn.
Recette facile. Prix : bon marché.
4 côtes de porc,
180 g de pruneaux dénoyautés,
4 pommes,
60 g de beurre,
1 bouillon-cube de poule,
2 cuillerées à café de curry en poudre,
1 cuillerée à café de maïzena.

1. Coupez les pruneaux en morceaux et laissez-les tremper dans de l'eau tiède 1 heure. Pelez les pommes et coupez-les en quartiers.
2. Dans une casserole, faites dorer dans 30 g de beurre les pommes et les pruneaux égouttés. Salez, poivrez, ajoutez 1 cuillerée à soupe d'eau, couvrez et laissez cuire à feu doux 20 mn.
3. Préparez le bouillon de poule selon le mode d'emploi dans 1/3 de litre d'eau bouillante. Faites revenir à la poêle dans 30 g de beurre les côtes de porc 3 mn de chaque côté. Mouillez avec le bouillon chaud, ajoutez le curry, couvrez et laissez mijoter à feu doux 20 mn.
4. Disposez les côtes dans un plat chaud. Versez la maïzena délayée dans un peu d'eau froide dans la poêle et portez à ébullition. Nappez les côtes et servez avec la compote de fruits.

DESSERT
CRÊPES AU FROMAGE BLANC

POUR 4 PERSONNES :

Préparation : 15 mn. Cuisson : 10 mn.
Recette facile. Prix : bon marché.
8 crêpes,
250 g de fromage blanc,
2 œufs,
100 g de sucre en poudre,
Sucre glace.

1. Dans un saladier, mélangez au fouet les jaunes d'œuf, le sucre et le fromage blanc.
2. Montez les blancs d'œuf en neige ferme, incorporez-les délicatement à la préparation précédente.
3. Etalez sur chaque crêpe une couche de crème, roulez et repliez les extrémités.
4. Rangez les crêpes dans un plat à four, saupoudrez-les de sucre glace. Mettez à four chaud th. 8 - 240° pendant 10 mn. Servez chaud.

Conseil du chef
Présentez une saucière de crème fraîche aigre pour accompagner le bortsch.

13

POUR CE
MENU LE
SOMMELIER
VOUS
PROPOSE

*Un Bordeaux
blanc*

ENTRÉE

ＧOUGÈRE AU CUMIN

POUR 4 PERSONNES :

Préparation : 15 mn. Cuisson : 25 mn.
Recette facile. Prix : bon marché.
160 g de farine, 4 œufs, 90 g de beurre,
100 g de gouda au cumin,
1/2 cuillerée à café de sel, poivre.

1. Préchauffez le four th. 7 - 210°.
Coupez le fromage en tout petits dés.
Versez 1/4 de litre d'eau dans une casserole. Ajoutez 75 g de beurre en morceaux et le sel. Portez à ébullition.
2. Hors du feu, versez la farine d'un
coup et remuez vivement à l'aide d'une
spatule en bois. Lorsqu'elle est incor-
porée, ajoutez les œufs, un par un, en
remuant longuement à chaque fois.
3. Ajoutez en dernier lieu le fromage,
poivrez et remuez à nouveau. Dressez
la pâte en forme de couronne sur une
plaque à four beurrée.
4. Faites cuire 20 mn sans ouvrir la
porte du four. Dès que la gougère est
bien dorée, laissez-la refroidir avant de
la sortir du four et dégustez-la tiède ou
froide.

Conseil du chef

Dans la galette,
vous pouvez remplacer
le fromage blanc
par de la crème fraîche.

PLAT

ＲÔTI DE LIEU FARCI

POUR 4 PERSONNES :

Préparation : 20 mn. Cuisson : 30 mn.
Recette facile. Prix modéré.
2 filets de lieu de 400 g,
200 g de champignons de Paris,
200 g de crevettes décortiquées,
2 cuillerées à soupe de persil haché,
1/2 verre de vin blanc,
2 cuillerées à soupe d'huile d'olive,
1/2 citron,
1 pincée de piment de Cayenne,
Sel, poivre.

1. Préchauffez le four th. 6 - 180°.
Brossez puis hachez les champignons.
Dans un saladier, mélangez les crevettes, les champignons et le persil.
Salez, poivrez et ajoutez une pincée de
piment de Cayenne.
2. Rincez les filets de poisson à l'eau
froide et posez-les sur une planche.
Etalez la farce sur l'un des filets.
Recouvrez avec le second filet et ficelez
l'ensemble soigneusement.
3. Posez le rôti ainsi formé dans un plat
allant au four. Arrosez-le avec le vin
blanc et l'huile d'olive. Faites cuire à
four chaud th. 7 - 210° pendant 30 mn.
4. Juste avant de servir, arrosez le rôti
du jus du citron. Découpez-le en
tranches et servez aussitôt.

DESSERT

ＧALETTE DES ROIS AUX MARRONS

POUR 4 PERSONNES :

Préparation : 15 mn. Cuisson : 15 mn.
Recette élaborée. Prix modéré.
250 g de pâte feuilletée,
100 g de crème de marron,
100 g de fromage blanc,
20 g de beurre,
1 jaune d'œuf,
8 marrons glacés.

1. Etalez la pâte feuilletée sur 4 mm
d'épaisseur. Découpez dedans un
disque de 20 cm de diamètre et posez-
le sur la plaque du four beurrée.
2. A l'aide d'une spatule, dessinez sur
le dessus de la galette des motifs géo-
métriques, puis badigeonnez au jaune
d'œuf. Mettez à cuire à four chaud th. 6
- 180° pendant 15 mn.
3. Lorsque la galette est cuite, laissez-
la tiédir avant de la couper délicatement en deux épaisseurs. Mélangez la
crème de marron et le fromage blanc.
4. Posez la fève sur le fond et garnissez
du mélange précédent. Recouvrez du
reste de pâte feuilletée dorée et décorez avec les marrons glacés. Servez
tiède.

POUR CE MENU LE SOMMELIER VOUS PROPOSE

Un Chablis

E N T R É E

SALADE TIEDE AU BOUDIN NOIR

POUR 4 PERSONNES :

Préparation : 15 mn. Cuisson : 5 mn.
Recette facile. Prix : bon marché.
200 g de boudin noir,
1 pomme acide, 1 citron, 1 scarole,
1 botte de ciboulette,
150 g de crème fraîche,
1 cuillerée à soupe d'huile,
2 cuillerées à soupe de vinaigre,
Sel, poivre.

1. Epluchez et lavez la salade. Pelez et émincez la pomme puis arrosez-la de jus de citron.
2. Faites chauffer la crème sur feu doux, salez, poivrez. Ajoutez le vinaigre et l'huile, mélangez bien et réservez au chaud.
3. Plongez le boudin dans l'eau bouillante quelques minutes sans aller jusqu'à l'ébullition. Retirez du feu et laissez au chaud.
4. Disposez la salade sur les assiettes, rangez les lamelles de pomme dessus. Coupez le boudin en tranches épaisses et déposez-les sur les pommes.
5. Arrosez de la sauce chaude, parsemez de ciboulette ciselée et servez de suite.

Conseil du chef
Vous pouvez remplacer le boudin noir par des saucisses de Francfort.

P L A T

GRATIN FLORENTIN

POUR 4 PERSONNES :

Préparation : 15 mn. Cuisson : 25 mn.
Recette facile. Prix : bon marché.
6 œufs durs,
500 g d'épinards en branches,
200 g de fromage râpé,
1/4 de litre de lait,
40 g de beurre,
30 g de farine,
1 pincée de paprika,
Sel, poivre.

1. Faites cuire les épinards, égouttez-les, salez et poivrez-les et mélangez bien. Faites un roux avec 30 g de beurre et la farine. Ajoutez le lait petit à petit et remuez au fouet. Salez, poivrez et ajoutez le paprika. Réservez au chaud sans laisser trop épaissir.
2. Préchauffez le four th. 6 - 180° et beurrez un plat à four. Ecalez les œufs, coupez-les en deux dans le sens de la longueur.
3. Disposez un lit d'épinards au fond du plat, installez les œufs dessus, côté jaune vers le haut. Versez la sauce, couvrez de fromage râpé.
4. Faites cuire 15 mn au four, passez sous le gril pour faire dorer le fromage et servez très chaud.

D E S S E R T

BISCUIT LEGER

POUR 4 PERSONNES :

Préparation : 20 mn. Cuisson : 1 h.
Recette facile. Prix : bon marché.
5 œufs,
190 g de sucre,
100 g de farine,
1/2 paquet de levure chimique,
2 cuillerées à soupe de jus de citron,
Le zeste râpé d'un demi-citron.

1. Cassez deux œufs entiers dans un saladier. Séparez les blancs des jaunes des trois autres œufs. Mélangez les jaunes, les œufs entiers et 150 g de sucre au fouet 10 mn pour obtenir un mélange blanc et onctueux.
2. Ajoutez le jus et le zeste de citron. Mélangez la farine et la levure et ajoutez-les à la pâte en travaillant légèrement. Montez en neige les trois blancs restants. Ajoutez le reste de sucre et battez quelques instants.
3. Ajoutez cette meringue très délicatement à la pâte. Versez dans un moule en couronne de 24 cm de diamètre environ beurré et fariné en ne le remplissant qu'à moitié.
4. Faites cuire à four modéré th. 5 - 150° pendant 1 heure. Vérifier la cuisson avant de retirer du four. Démoulez et laissez refroidir sur une grille.

POUR CE
MENU LE
SOMMELIER
VOUS
PROPOSE

*Un
Beaujolais
Village*

ENTRÉE

ONDS D'ARTICHAUT FARCIS

POUR 4 PERSONNES :
Préparation : 10 mn. Cuisson : 15 mn.
Recette facile. Prix : bon marché.
8 fonds d'artichaut,
400 g de sauce tomate,
125 g de ricotta,
2 œufs durs,
2 tranches de pain de mie,
8 olives émincées,
1 cuillerée à soupe d'huile d'olive,
1 pointe d'ail haché,
Basilic haché,
Persil haché,
Sel, poivre.

1. Préchauffez le four th. 7 - 210°. Dans un saladier, mélangez la ricotta, les œufs durs écrasés à la fourchette, le pain de mie, les olives, l'huile, l'ail, le persil et le basilic.
2. Versez 300 g de sauce tomate, salez, poivrez et remuez bien. Garnissez chaque fond d'artichaut avec cette farce. Déposez-les dans un plat à four et laissez cuire 15 mn jusqu'à ce que la garniture soit dorée.
3. Nappez du reste de sauce et servez les fonds d'artichaut dès la sortie du four.

PLAT

ÔTES DE VEAU AU LAIT

POUR 4 PERSONNES :
Préparation : 15 mn. Cuisson : 20 mn.
Recette facile. Prix : bon marché.
4 côtes de veau,
30 cl de lait,
1 oignon,
1 bouquet garni,
4 branches d'estragon frais,
Sel, poivre.

1. Pelez et émincez l'oignon. Versez le lait dans une cocotte, ajoutez les côtes, l'oignon, le bouquet garni, du sel et du poivre. Mettez sur feu vif 20 mn à couvert.
2. Ajoutez l'estragon effeuillé et laissez reposer dans la cocotte 5 mn avant de servir avec des pâtes.

DESSERT

ELOUTÉ AU CAFÉ

POUR 4 PERSONNES :
Préparation : 10 mn. Pas de cuisson.
Recette facile. Prix : bon marché.
1/2 litre de café,
40 g de sucre,
20 cl de crème UHT,
1 cuillerée à soupe de cacao amer en poudre.

1. Mettez le café dans le réfrigérateur pour qu'il soit très froid. Dans un bol, versez 1/4 de la crème bien froide et battez-la en chantilly ferme. Réservez.
2. Dans un saladier, versez le reste de crème, ajoutez le sucre et le cacao. Battez-la en chantilly ferme.
3. Répartissez le café dans des coupes individuelles. Recouvrez avec de la chantilly au cacao, décorez avec la chantilly blanche et servez bien frais avec des pailles.

Conseil du chef
Accompagnez les fonds d'artichaut de pain de mie grillé arrosé d'huile d'olive.

POUR CE MENU LE SOMMELIER VOUS PROPOSE

Un Pinot blanc

10 JANVIER

St Guillaume

Porc à l'orange en gelée

ENTREE

PORC À L'ORANGE EN GELÉE

POUR 4 PERSONNES :

Préparation : 15 mn. Pas de cuisson.
Recette facile. Prix : bon marché.
800 g de rôti de porc cuit,
1 sachet de gelée,
1/3 de litre d'eau froide,
1 orange,
Fines herbes.

1. Préparez la gelée selon le mode d'emploi et faites-la refroidir. Coupez le rôti en tranches et disposez-les alternativement avec des rondelles d'orange pelées à vif dans un plat de service.
2. Saupoudrez de fines herbes. Recouvrez l'ensemble de gelée très froide mais encore liquide. Laissez prendre dans le réfrigérateur pendant 2 heures environ.

Conseil du chef
Pour une variante, achetez un rôti de porc farci aux pruneaux ou aux olives.

PLAT

FLÉTAN À LA FONDUE DE POIREAUX

POUR 4 PERSONNES :

Préparation : 15 mn. Cuisson : 50 mn.
Recette élaborée. Prix modéré.
4 filets de flétan,
400 g de poireaux en rondelles,
40 g de beurre,
2 cuillerées à soupe d'échalote,
3 cuillerées à soupe de crème fraîche,
20 cl de court-bouillon,
10 cl de vin blanc, 1/2 citron,
1 cuillerée à café de maïzena, sel, poivre.

1. Préchauffez le four th. 7 - 210°. Dans une poêle, faites fondre 20 g de beurre. Ajoutez les poireaux et laissez cuire sur feu doux 40 mn en mélangeant régulièrement.
2. 20 mn avant la fin de la cuisson, beurrez un plat, déposez-y les filets bien égouttés et saupoudrez-les d'échalote. Versez le vin, le court-bouillon et enfournez 15 mn.
3. Retirez le poisson et dressez-le sur le plat de service. Réservez-le au chaud. Incorporez la crème aux poireaux cuits, salez, poivrez et prolongez la cuisson 5 mn. Retirez du feu.
4. Versez le liquide du poisson dans une casserole avec le jus de citron, portez sur le feu et faites réduire de moitié. Prélevez 1 cuillerée à soupe de liquide pour délayer la maïzena. Incorporez alors le reste de beurre par petits morceaux tout en fouettant.
5. Ajoutez la maïzena, les poireaux et faites épaissir quelques minutes. Versez sur le poisson et servez avec du riz nature.

DESSERT

BLINIS AUX FRUITS CONFITS

POUR 4 PERSONNES :

Préparation : 5 mn. Cuisson : 4 mn.
Recette facile. Prix modéré.
2 œufs,
75 g de sucre en poudre,
125 g de farine,
50 g de beurre,
30 cl de lait,
5 tranches d'ananas au sirop,
3 cuillerées à soupe de fruits confits en dés mélangés,
4 cuillerées à soupe de miel,
120 g de fromage blanc.

1. Découpez l'ananas en petits morceaux. Mettez les œufs dans un saladier, versez-y le sucre en pluie et travaillez le mélange à la spatule jusqu'à ce qu'il blanchisse.
2. Ajoutez la farine puis le lait en mélangeant bien entre chaque addition. Faites chauffer une noisette de beurre dans une petite poêle. Versez un peu de pâte dans la poêle.
3. Ajoutez quelques morceaux d'ananas, faites cuire doucement pendant 4 mn en retournant le blinis à mi-cuisson. Réservez au chaud.
4. Servez tiède parsemé de fruits confits et de fromage blanc adouci de miel.

11
JANVIER

St Paulin

Pavé au poivre

ENTRÉE

CONSOMMÉ DE CHOU-FLEUR AU CITRON

POUR 4 PERSONNES :

Préparation : 15 mn. Cuisson : 20 mn.
Recette facile. Prix : bon marché.

1 chou-fleur,
1 citron,
3 blancs de poulet,
1 cube de bouillon de poule,
1 bouquet de cerfeuil,
Sel, poivre.

1. Coupez le chou-fleur en petits bouquets et lavez-les. Dans une casserole, faites chauffer 1 litre d'eau. Ajoutez-y le cube de bouillon de poule, le jus du citron, les blancs de poulet coupés en lanières et les petits bouquets de chou-fleur.
2. Faites cuire à feu moyen 20 mn. Laissez refroidir, rectifier l'assaisonnement. Servez frais parsemé de pluches de cerfeuil et de fines rondelles de citron.

Conseil du chef
Vous pouvez remplacer le coulis de fruits rouges par une sauce chocolat chaude.

PLAT

PAVÉ AU POIVRE

POUR 4 PERSONNES :

Préparation : 15 mn. Cuisson : 5 mn.
Recette facile. Prix modéré.

4 pavés de rumsteck de 200 g,
8 cuillerées à soupe de poivre concassé,
80 g de beurre,
2 cuillerées à soupe de Cognac,
4 cuillerées à soupe de crème fraîche,
Sel.

1. Etalez le poivre sur une assiette, appuyez fortement sur les deux faces des pavés pour que le poivre adhère bien. Faites fondre le beurre dans une grande poêle, mettez-y les pavés et faites-les cuire 1 mn par face à feu vif.
2. Salez en retournant la viande et augmentez le feu. Poursuivez la cuisson 1 mn par face. Retirez les pavés, mettez-les sur une assiette chaude et couvrez.
3. Versez le Cognac dans la poêle, faites flamber. Quand les flammes sont éteintes, versez la crème, délayez et donnez quelques bouillons. Rectifiez l'assaisonnement.
4. Nappez les pavés avec la sauce et servez brûlants accompagnés de pommes noisette.

DESSERT

PETITS FLANS À LA POIRE

POUR 4 PERSONNES :

Préparation : 15 mn. Cuisson : 40 mn.
Recette facile. Prix modéré.

2 poires,
10 cl de lait,
2 œufs,
50 g de farine,
50 g de sucre en poudre,
10 g de beurre,
1 sachet de coulis de fruits rouges,
4 cerises confites,
4 feuilles de menthe fraîche,
2 pincées de gingembre en poudre.

1. Epluchez et coupez une des poires en cubes puis passez-la au mixeur. Ajoutez le sucre, la farine et le gingembre. Fouettez pour obtenir un mélange bien homogène.
2. Séparez les jaunes d'œuf des blancs, fouettez les jaunes en y versant le lait et mélangez le tout à la préparation précédente. Battez les blancs en neige ferme et incorporez-les délicatement à la préparation.
3. Versez dans des ramequins beurrés et mettez à cuire au four préchauffé th. 6 - 180° pendant 40 mn. Démoulez froid et servez avec le coulis de fruits rouges.
4. Décorez de quelques lamelles de poire, d'une cerise confite et d'une feuille de menthe.

POUR CE MENU LE SOMMELIER VOUS PROPOSE

Un Côtes de Provence rosé

ENTRÉE

COQUILLES ST JACQUES AUX PAMPLEMOUSSES

POUR 4 PERSONNES :

Préparation : 30 mn. Cuisson : 5 mn.
Recette facile. Prix modéré.

12 coquilles st Jacques,
3 pamplemousses roses,
60 g de crème fraîche,
1 cuillerée à café de baies roses,
25 g de beurre,
10 cl de Cognac,
20 cl d'eau,
Thym, laurier,
Sel, poivre.

1. Epluchez les pamplemousses, retirez la peau blanche qui recouvre la pulpe, séparez chaque quartier et réservez-les.
2. Préparez un court-bouillon avec l'eau, le thym, le laurier, du sel et du poivre. Pochez-y les coquilles st Jacques 4 mn, égouttez-les et réservez-les.
3. Dans une poêle, faites fondre le beurre, ajoutez la crème fraîche et le Cognac. Faites chauffer les st Jacques et les quartiers de pamplemousse dans cette sauce 2 mn.
4. Salez, poivrez, servez immédiatement dans des assiettes chaudes en parsemant de baies roses.

PLAT

OMELETTE SOUFFLÉE AUX CREVETTES

POUR 4 PERSONNES :

Préparation : 5 mn. Cuisson : 5 mn.
Recette facile. Prix modéré.

6 œufs,
200 g de crevettes roses,
5 cuillerées à café de fumet de poisson,
1 cuillerée à soupe de crème fraîche,
1 cuillerée à café d'estragon haché,
20 g de beurre, sel, poivre.

1. Dans une poêle, faites dorer les crevettes avec une noix de beurre, réservez-les. Cassez les œufs en séparant les blancs des jaunes.
2. Ajoutez aux jaunes le fumet de poisson, la crème fraîche, l'estragon. Salez, poivrez et battez l'ensemble, puis incorporez les blancs montés en neige.
3. Faites cuire la préparation dans la poêle avec le reste de beurre. Lorsque l'omelette commence à prendre, répartissez les crevettes dans celle-ci.
4. Laissez cuire encore quelques minutes et servez immédiatement accompagné de pain grillé.

Conseil du chef
vous pouvez flamber les crevettes au Cognac avant de les incorporer dans l'omelette.

DESSERT

CONDÉ AUX POMMES

POUR 4 PERSONNES :

Préparation : 30 mn. Cuisson :
Recette élaborée. Prix : bon marché.

1/2 litre de lait,
75 g de riz,
70 g de sucre,
1 gousse de vanille,
1 œuf,
400 g de pommes,
25 g de beurre,
70 g de sucre,
100 g de confiture d'abricot,
1/2 verre d'eau,
2 cuillerées à soupe de rhum.

1. Faites cuire le riz dans de l'eau bouillante et ensuite dans le lait. Lorsque le riz a absorbé tout le lait, retirez-le du feu, ajoutez le sucre puis l'œuf entier.
2. Pelez et coupez les pommes. Faites-les cuire vivement au beurre. Lorsqu'elles commencent à dorer, sucrez-les et terminez la cuisson. La compote doit être sèche.
3. Beurrez un moule à charlotte, remplissez-le par couches alternées de riz et de pommes. Faites prendre à four moyen au bain-marie 20 mn. Laissez refroidir avant de démouler.
4. Délayez la confiture d'abricot sur feu doux avec l'eau et le rhum et servez le condé nappé de ce coulis.

POUR CE
MENU LE
SOMMELIER
VOUS
PROPOSE

*Un
St Nicolas
de Bourgueil*

13

JANVIER

Ste Yvette

*Filets de dinde
marinés*

ENTREE

ALADE
AUX CACAHUETES

POUR 4 PERSONNES :

Préparation : 30 mn. Cuisson : 15 mn.
Recette facile. Prix : bon marché.

500 g de haricots verts,

2 oignons,

150 g de mimolette,

75 g de cacahuètes grillées à sec,

2 cuillerées à soupe d'huile d'olive,

2 cuillerées à soupe de crème liquide,

Le jus d'un citron,

Sel, poivre.

1. Egouttez les haricots, plongez-les dans un faitout d'eau bouillante salée. Cuisez 15 mn dès la reprise de l'ébullition. Egouttez-les.
2. Pelez et émincez les oignons, détachez les anneaux. Dans un bol, mélangez une pincée de sel, un peu de poivre, le jus de citron, la crème et l'huile.
3. Détaillez le fromage en fins bâtonnets. Mélangez dans le saladier de service les haricots tièdes et tous les ingrédients, dont les cacahuètes. Versez la sauce et remuez délicatement. Servez aussitôt.

PLAT

ILETS DE
DINDE MARINÉS

POUR 4 PERSONNES :

Préparation : 10 mn. Cuisson : 10 mn.
Recette facile. Prix : bon marché.

800 g de filet de dinde,

1 citron,

1 gousse d'ail écrasée,

2 cuillerées à soupe d'huile d'olive,

Thym, laurier,

Romarin, basilic,

Sel, poivre de Cayenne.

1. Coupez la viande en gros dés. Dans un saladier, mélangez l'huile d'olive, le jus du citron, la gousse d'ail, le thym, le laurier, le romarin, le basilic, le sel et le poivre.
2. Incorporez la viande à ce mélange et faites-la mariner pendant quelques heures. Disposez la viande dans un plat allant au four et faites-la dorer sous le gril pas trop chaud 5 mn sur chaque face.
3. Vérifiez la cuisson et servez avec une sauce tartare ou cocktail.

Conseil du chef

Vous pouvez remplacer la boule de vanille par de la crème fraîche.

DESSERT

RUMBLE
AUX PRUNEAUX

POUR 4 PERSONNES :

Préparation : 30 mn. Cuisson : 30 mn.
Recette élaborée. Prix : bon marché.

400 g de pruneaux,

80 g de sucre en poudre,

1 sachet de sucre vanillé,

40 g de maïzena,

120 g de farine,

80 g de beurre,

40 cl de thé à la bergamote,

1 cuillerée à soupe d'Armagnac.

1. Préparez le thé. Faites tremper les pruneaux dans le thé additionné de l'Armagnac pendant 15 mn. Mélangez 3 fois. Préchauffez le four th. 7 - 210° et sortez le beurre du réfrigérateur.
2. Dans la tourtière, beurrée et légèrement farinée, disposez les pruneaux égouttés et saupoudrez de la moitié du sucre et du sucre vanillé.
3. Dans un saladier, mélangez la farine, la maïzena, le reste du sucre. Ajoutez le beurre ramolli coupé en petits morceaux. Travaillez le mélange avec les mains jusqu'à ce qu'il devienne sableux.
4. Recouvrez les pruneaux de ce mélange et enfournez. Faites cuire 30 mn et servez avec une boule de glace à la vanille.

**POUR CE
MENU LE
SOMMELIER
VOUS
PROPOSE**

*Un
Bourgueil*

ENTRÉE

TERRINE AU THON

POUR 4 PERSONNES :

Préparation : 30 mn. Pas de cuisson.
Recette facile. Prix : bon marché.
200 g de thon au naturel,
100 g de fromage râpé,
25 g de beurre salé,
10 cl de crème fraîche épaisse,
1 tige de céleri branche,
1 botte de ciboulette,
Sel, poivre.

1. Egouttez soigneusement le thon et émiettez-le à l'aide d'une fourchette. Lavez et effilez la branche de céleri. Coupez-la en très fines lamelles.
2. Dans un saladier, mélangez le thon, le beurre coupé en morceaux, le fromage râpé et la crème fraîche. Salez et poivrez. Incorporez le céleri et malaxez pour que la préparation soit homogène.
3. Tassez le mélange dans une terrine et mettez 12 heures dans le réfrigérateur. Démoulez la terrine, décorez-la de ciboulette ciselée et de rondelles de citron.

PLAT

GALETTE AU COULOMMIERS

POUR 4 PERSONNES :

Préparation : 15 mn. Cuisson : 40 mn.
Recette facile. Prix : bon marché.
400 g de pommes de terre,
100 g de Coulommiers,
20 g de beurre, 1 oignon, 1 œuf,
Persil, chapelure, sel, poivre.

1. Faites cuire les pommes de terre à la vapeur et épluchez-les lorsqu'elles sont encore fermes. Ecrasez leur chair à la fourchette avec le fromage, l'œuf entier et le persil ciselé.
2. Faites blondir l'oignon émincé dans le beurre et ajoutez-le à la préparation, mélangez bien, salez et poivrez.
3. Versez la préparation dans un plat à tarte beurré en la répartissant bien sur toute la surface. Dessinez des croisillons avec les dents d'une fourchette.
4. Saupoudrez d'un peu de chapelure, mettez sous le gril à gratiner 10 mn. Servez avec une salade de saison.

Conseil du chef
Vous pouvez réaliser la galette avec un autre fromage tel que le Brie ou le Carré de l'Est.

DESSERT

BAVAROIS AUX MARRONS

POUR 4 PERSONNES :

Préparation : 15 mn. Cuisson : 10 mn.
Recette élaborée. Prix modéré.
450 g de purée de marron,
2 sachets de crème anglaise,
1 bombe de crème chantilly,
2 feuilles de gélatine alimentaire,
1 blanc d'œuf,
4 cuillerées à soupe de whisky,
2 cuillerées à soupe de sucre,
Brisures de marrons glacés.

1. Dans une casserole, faites chauffer la purée de marron avec un peu d'eau en remuant régulièrement. Faites ramollir la gélatine dans un bol d'eau froide.
2. Lorsque la purée de marron est chaude, incorporez la gélatine ramollie et essorée, le sucre et 1 sachet de crème anglaise. Mélangez puis ajoutez 2 cuillerées à soupe de whisky. Laissez refroidir.
3. Montez le blanc d'œuf en neige ferme, incorporez-le progressivement à la crème aux marrons en soulevant la pâte. Versez cette préparation dans un moule à savarin et faites prendre au frais 2 heures.
4. Mélangez le second sachet de crème anglaise au reste de whisky, fouettez vivement et réservez au frais. Démoulez le bavarois, garnissez l'intérieur avec la chantilly et décorez avec les brisures de marrons glacés.

POUR CE
MENU LE
SOMMELIER
VOUS
PROPOSE

*Un
Bourgogne*

ENTRÉE

SALADE
AU RADIS NOIR

POUR 4 PERSONNES :

Préparation : 10 mn. Pas de cuisson.
Recette facile. Prix : bon marché.

1 gros radis noir,
1 pied de feuille de chêne,
100 g de crème fraîche,
1 cuillerée à soupe de moutarde,
3 cuillerées à soupe d'huile,
2 cuillerées à soupe de vinaigre,
Cerfeuil,
Sel, poivre.

1. Epluchez et émincez le radis en fines lamelles. Epluchez et lavez les feuilles de chêne. Mélangez la crème, le sel et la moutarde. Montez-la comme une mayonnaise en versant l'huile peu à peu.
2. Poivrez et ajoutez un filet de vinaigre. Dans un saladier, placez les feuilles de chêne, les rondelles de radis, le cerfeuil ciselé. Arrosez de sauce au moment de servir.

PLAT

FOIE DE VEAU
À LA MOELLE

POUR 4 PERSONNES :

Préparation : 15 mn. Cuisson : 10 mn.
Recette facile. Prix modéré.

4 tranches de foie de veau,
1 os à moelle,
Beurre,
Farine,
Sel, poivre.

1. Dégagez la moelle de l'os à l'aide d'un couteau, plongez-la dans une casserole d'eau salée, faites-la pocher 5 mn, égouttez-la et tranchez-la en 4 rondelles.
2. Salez et poivrez chaque tranche de foie, frottez-les avec un peu de farine sur leurs deux faces. Faites fondre une noix de beurre dans une grande poêle, disposez-y le foie, retournez-le au bout de 5 mn.
3. Retournez-le à nouveau et déposez une rondelle de moelle sur chaque tranche de foie. Servez immédiatement.

DESSERT

TARTE
AUX POIRES

POUR 4 PERSONNES :

Préparation : 20 mn. Cuisson : 35 mn.
Recette facile. Prix : bon marché.

1 pâte brisée,
6 poires,
10 cl de crème fraîche,
20 g de beurre,
1 œuf,
50 g de sucre,
50 g de raisins secs,
1 orange,
1 cuillerée à soupe de Grand Marnier.

1. Dans un peu d'eau sucrée additionnée du Grand Marnier, faites confire les zestes d'orange et les raisins secs 1 heure. Etalez la pâte dans un moule à tarte beurré.
2. Disposez dessus les demi-poires épluchées, côté évidé sur le fond. Badigeonnez les bords de la tarte au blanc d'œuf. Mettez au four th. 7 - 210° pendant 15 mn.
3. Dans un saladier, battez l'œuf, la crème et une cuillerée à soupe de sucre, ajoutez les zestes d'orange et les raisins secs égouttés. Sortez la tarte du four et arrosez-la de la préparation à la crème.
4. Saupoudrez-la avec le reste de sucre et remettez-la au four 20 mn. Servez-la tiède.

Conseil du chef
Accompagnez le foie de veau d'un gratin dauphinois.

POUR CE MENU LE SOMMELIER VOUS PROPOSE

Un Crémant

E NTREE

ŒUFS COQUE AU FROMAGE

POUR 4 PERSONNES :

Préparation : 10 mn. Cuisson : 10 mn.
Recette facile. Prix : bon marché.

4 œufs frais, 150 g d'emmenthal,
50 g de beurre mou,
4 tranches de pain de mie,
1 cuillerée à soupe de fines herbes,
Sel, poivre.

1. Otez la croûte des tranches de pain de mie, coupez chacune d'elles en 6 lamelles, grillez-les légèrement.
2. Dans un saladier, travaillez le beurre à la fourchette avec les fines herbes, du sel et du poivre. Lorsqu'il est homogène, tartinez-le sur les lamelles de pain.
3. Détaillez le fromage en lamelles et placez-les sur 12 lamelles de pain. Recouvrez avec les autres lamelles de pain, côté beurré au-dessus.
4. Faites bouillir de l'eau dans une casserole, plongez-y délicatement les œufs et éteignez le feu. Laissez les œufs 4 mn. Sortez-les de l'eau, disposez-les dans des coquetiers et servez-les avec leurs mouillettes au fromage.

Conseil du chef
Vous pouvez également confectionner les mouillettes avec du fromage au cumin.

P LAT

FILETS DE TURBOT SAUCE CREVETTE

POUR 4 PERSONNES :

Préparation : 15 mn. Cuisson : 25 mn.
Recette élaborée. Prix modéré.

4 filets de turbot,
200 g de crevettes roses décortiquées,
80 g de julienne de légumes,
70 g de beurre,
1 cuillerée à soupe d'échalote,
1/2 litre de court-bouillon,
50 g de farine, 10 cl de vin blanc,
Sel, poivre.

1. Préchauffez le four th. 7 - 210°. Passez les filets de turbot sous l'eau froide, essuyez-les sur du papier absorbant.
2. Dans le fond d'un plat, étalez la julienne de légumes, l'échalote, déposez-y les filets et versez le vin. Enfournez pour 20 mn.
3. Mixez 50 g de beurre et 50 g de crevettes. Réservez. Dans une casserole, faites fondre le reste du beurre, ajoutez la farine et faites cuire quelques minutes en remuant.
4. Retirez la casserole du feu et incorporez progressivement le court-bouillon chaud sans cesser de remuer. Faites cuire sur feu moyen 15 mn en remuant. Incorporez le reste de crevettes et laissez chauffer quelques minutes.
5. Retirez le poisson du four, déposez-le sur le plat de service et réservez au chaud. Prélevez et filtrez 10 cl de jus de cuisson, conservez la julienne pour le décor.
6. Retirez la sauce du feu, incorporez progressivement le beurre de crevette puis le jus de cuisson du poisson. Salez, poivrez et nappez le turbot de cette préparation, décorez avec la julienne et servez avec du riz blanc.

D ESSERT

MERINGUE CHOCOLAT CARAMEL

POUR 4 PERSONNES :

Préparation : 30 mn. Cuisson : 45 mn.
Recette facile. Prix : bon marché.

100 g de crème liquide,
50 g de sucre,
100 g de chocolat noir,
100 g de cacao en poudre,
250 g de sucre,
180 g de crème fraîche,
4 blancs d'œuf,
250 g de sucre,
Amandes grillées,
1 cuillerée à soupe de menthe ciselée.

1. Portez à ébullition 100 g d'eau avec 50 g de sucre. Versez ce sirop tiède sur le cacao en poudre petit à petit. Ajoutez la crème et le chocolat fondu au bain-marie.
2. Faites cuire 250 g de sucre avec un peu d'eau jusqu'à obtenir un caramel foncé. Stoppez la cuisson du caramel en ajoutant la crème fraîche bouillante petit à petit.
3. Montez les blancs d'œuf en neige ferme, ajoutez 250 g de sucre et remuez délicatement. Faites cuire 45 mn. Cinq minutes avant la fin de la cuisson, ajoutez les amandes grillées.
4. Versez le caramel au fond des assiettes, posez de la meringue par-dessus et nappez de la sauce au chocolat.

POUR CE MENU LE SOMMELIER VOUS PROPOSE

*Un rosé
de Loire*

ENTRÉE

POTAGE AUX AVOCATS

POUR 4 PERSONNES :

*Préparation : 15 mn. Pas de cuisson.
Recette facile. Prix modéré.*

5 avocats bien mûrs,
Le jus d'un citron,
2 oignons blancs,
1 yaourt bulgare,
20 cl de crème liquide,
15 cl de lait concentré non sucré,
15 cl de lait entier,
1 cuillerée à café d'huile d'olive,
8 langoustines cuites,
Ciboulette,
Sel, poivre.

1. Epluchez les avocats, ôtez les noyaux et passez la chair au mixeur avec les oignons pelés. Ajoutez le jus de citron, la crème, le yaourt, l'huile et les laits.
2. Salez, poivrez et mixez à nouveau pour obtenir un potage lisse et mousseux. Mettez au frais 30 mn. Ciselez la ciboulette, décortiquez les langoustines.
3. Répartissez le potage dans les assiettes creuses, parsemez de ciboulette, placez 2 langoustines par assiette. Poivrez à nouveau et servez frais.

PLAT

POULET PANÉ AU CURRY

POUR 4 PERSONNES :

*Préparation : 20 mn. Cuisson : 6 mn.
Recette facile. Prix : bon marché.*

250 g de blanc de poulet haché cuit,
2 cuillerées à soupe d'oignon haché,
2 cuillerées à café de curry,
160 g de chapelure,
3 œufs,
Huile, sel.

1. Mélangez la viande et l'oignon, le curry, le sel, 40 g de chapelure et 1 œuf. Formez 8 petites galettes de 5 mm d'épaisseur.
2. Trempez-les dans 2 œufs battus, puis dans le reste de chapelure. Faites-les cuire à la poêle avec de l'huile à feu moyen 3 mn par face.
3. Servez accompagné de ketchup ou de béarnaise, avec une salade verte ou du riz à la tomate.

DESSERT

CRÈME BANANE GROSEILLES

POUR 4 PERSONNES :

*Préparation : 10 mn. Pas de cuisson.
Recette facile. Prix : bon marché.*

2 bananes bien mûres,
4 cuillerées à soupe de gelée de groseilles,
4 cuillerées à café de sucre en poudre,
2 yaourts nature.

1. Epluchez les bananes et écrasez-les à la fourchette. Ajoutez la gelée de groseilles et le sucre en poudre.
2. Mélangez avec les yaourts en fouettant vigoureusement la préparation.
3. Répartissez dans quatre petites coupes individuelles et servez frais avec des petites meringues.

Conseil du chef
Vous pouvez également mixer 200 g de crevettes grises avec la chair des avocats et les oignons.

POUR CE MENU LE SOMMELIER VOUS PROPOSE

Un Juliénas

ENTREE

ALADE
AU JAMBON
DE BAYONNE

POUR 4 PERSONNES :

Préparation : 20 mn. Cuisson : 15 mn.
Recette facile. Prix modéré.
4 tranches de jambon de Bayonne,
200 g de pois gourmands,
200 g de fèves épluchées,
20 g de beurre,
2 cuillerées à soupe de vinaigre de vin,
1 sachet de sauce au poivre,
Sel, poivre.

1. Epluchez les pois gourmands et faites-les cuire avec les fèves 3 mn à l'eau bouillante salée. Egouttez et débarrassez les fèves de la grosse peau qui les entoure.
2. Coupez les tranches de jambon en lanières. Dans une sauteuse, faites fondre le beurre, lorsqu'il est chaud, faites-y revenir le jambon.
3. Ajoutez les fèves et les pois gourmands, mélangez, salez légèrement, poivrez et mouillez avec 1/2 verre d'eau et le vinaigre. Portez à ébullition et laissez mijoter 15 mn à feu doux.
4. Préparez la sauce au poivre selon le mode d'emploi. Disposez le jambon et les légumes sur 4 assiettes, nappez de sauce et servez de suite.

PLAT

ISOTTO
À LA BOLOGNAISE

POUR 4 PERSONNES :

Préparation : 5 mn. Cuisson : 25 mn.
Recette facile. Prix : bon marché.
250 g de riz,
400 g de sauce bolognaise,
1 oignon,
30 cl d'eau,
5 cl de vin blanc,
2 cuillerées à soupe d'huile d'olive,
Persil,
Sel, poivre.

1. Dans une cocotte, faites revenir avec l'huile d'olive l'oignon émincé, ajoutez le riz. Lorsque celui-ci devient transluci-de, versez le vin blanc.
2. Laissez évaporer quelques minutes. Ajoutez l'eau, salez, poivrez et couvrez. Faites cuire à feu doux 10 mn en remuant de temps en temps.
3. Versez la sauce bolognaise, remuez et laissez cuire à nouveau 15 mn. Servez bien chaud saupoudré de persil haché.

Conseil du chef
Les tranches de pain rassis doivent être assez minces.

DESSERT

AIN PERDU
À LA COMPOTE
DE PECHES

POUR 4 PERSONNES :

Préparation : 10 mn. Cuisson : 5 mn.
Recette facile. Prix : bon marché.
4 tranches de pain brioché rassis,
1/4 de litre de lait,
20 g de sucre,
1 œuf,
40 g de beurre,
1 pot de compote de pêche,
20 g de sucre.

1. Mettez dans une assiette creuse le lait et 20 g de sucre, remuez. Dans une autre assiette, battez l'œuf en ome-lette.
2. Trempez les tranches de pain dans le lait sur les deux faces, puis dans l'œuf battu sur les deux faces également.
3. Faites dorer à la poêle dans le beur-re 2 mn de chaque côté. Saupoudrez de sucre.
4. Disposez sur un plat de service et nappez abondamment de compote de pêche. Servez immédiatement.

St Marius

Côte de bœuf
sauvage

POUR CE MENU LE SOMMELIER VOUS PROPOSE

Un Bergerac

ENTRÉE

CREPES EN HÉRISSON

POUR 4 PERSONNES :

Préparation : 30 mn. Cuisson : 10 mn.
Recette élaborée. Prix : bon marché.

125 g de farine,
2 œufs,
1/2 litre de lait,
2 cuillerées à soupe d'huile,
Sel,
8 fines tranches de jambon cru,
500 g de fromage en faisselle,
400 g de fromage râpé,
2 pamplemousses.

1. Mettez le fromage en faisselle à égoutter. Dans un saladier, mélangez la farine, les œufs, l'huile et le sel. Fouettez en ajoutant peu à peu le lait jusqu'à ce que la pâte soit lisse. Laissez-la reposer 30 mn.
2. Faites cuire 4 crêpes très épaisses dans une poêle huilée bien chaude. Laissez-les refroidir. Ajoutez le fromage râpé au fromage blanc égoutté, mélangez bien.
3. Garnissez les crêpes de ce mélange, posez les tranches de jambon dessus puis roulez les crêpes. Emballez-les dans du film étirable et mettez-les 30 mn au frais.
4. Coupez les crêpes en tronçons de 2 cm d'épaisseur et piquez chacun d'entre eux sur des bâtonnets en bois. Coupez chaque pamplemousse en deux.
5. Placez-les partie bombée sur le dessus dans un plat de service. Piquez les bâtonnets dessus et servez de suite.

PLAT

CÔTE DE BŒUF SAUVAGE

POUR 4 PERSONNES :

Préparation : 15 mn. Cuisson : 20 mn.
Recette facile. Prix modéré.

1 côte de bœuf de 1,2 kg,
2 cuillerées à soupe d'huile,
2 cuillerées à soupe de vinaigre de cidre,
2 gousses d'ail,
1 pomme acide,
1 cuillerée à café de poivre concassé,
Sel, poivre.

1. Salez et poivrez la côte de bœuf, badigeonnez-la d'huile et faites chauffer un gril à feu vif. Saisissez la viande sur le gril 10 mn sur chaque face.
2. Epluchez l'ail et la pomme. Mixez-les avec le poivre concassé en ajoutant le vinaigre de cidre. Salez et réservez.
3. Découpez la viande en 4 morceaux et disposez-les sur un plat chaud, nappez de sauce et servez rapidement.
4. Accompagnez de pommes de terre au four.

DESSERT

FROMAGE BLANC AUX KIWIS ET PISTACHES

POUR 4 PERSONNES :

Préparation : 15 mn. Pas de cuisson.
Recette facile. Prix : bon marché.

250 g de fromage blanc,
2 kiwis,
20 g de pistaches hachées,
20 g de pistaches entières,
1 sachet de sucre vanillé.

1. Battez le fromage blanc avec le sucre vanillé et les pistaches hachées. Répartissez le mélange dans 4 coupes individuelles.
2. Epluchez les kiwis et coupez-les en 6 rondelles chacun. Disposez 3 rondelles sur chaque coupe de fromage battu.
3. Garnissez de pistaches entières et mettez dans le réfrigérateur avant de servir avec des gâteaux secs.

Conseil du chef
Vous pouvez remplacer les 2 kiwis par une mangue.

POUR CE MENU LE SOMMELIER VOUS PROPOSE

Un Bordeaux blanc

ENTREE

FLANS AUX FINES HERBES

POUR 4 PERSONNES :

Préparation : 10 mn. Cuisson : 15 mn.
Recette facile. Prix : bon marché.
4 œufs,
200 g de fromage râpé,
4 cuillerées à soupe de crème épaisse,
4 cuillerées à soupe de fines herbes ciselées,
20 g de beurre,
Sel, poivre.

1. Préchauffez le four th. 7 - 210° et placez dedans un plat à demi-rempli d'eau pour le bain-marie pouvant contenir 4 ramequins .
2. Beurrez les ramequins. Dans un saladier, battez les œufs en omelette avec la crème, le fromage, les herbes, du sel et du poivre.
3. Répartissez le mélange dans les ramequins, enfournez pour 15 mn dans le bain-marie. Vérifiez la cuisson à l'aide d'un couteau et servez tiède.

PLAT

CRÉPINETTES DE POISSON

POUR 4 PERSONNES :

Préparation : 15 mn. Cuisson : 15 mn.
Recette facile. Prix modéré.
600 g de filets de poisson au choix,
1 crépine de porc,
100 g de poitrine fumée en tranches,
1 jaune d'œuf,
1 bouquet de cerfeuil,
20 g de beurre,
1 pincée de piment de Cayenne,
Sel, poivre.

1. Coupez les filets de poisson lavés en gros morceaux. Rincez et essorez la crépine. Découpez-la en 8 morceaux égaux.
2. Dans le bol du mixeur, mettez les morceaux de poisson cru avec les tranches de poitrine fumée, le jaune d'œuf et le cerfeuil. Mixez le tout, salez, poivrez et ajoutez le piment.
3. Déposez 1/8 de cette préparation sur chaque morceau de crépine que vous rabattez de façon à bien enfermer la farce. Aplatissez chaque crépinette ainsi formée.
4. Faites cuire les crépinettes à la poêle dans un peu de beurre fondu 5 mn de chaque côté. Servez-les bien chaudes.

DESSERT

APPLE PIE

POUR 4 PERSONNES :

Préparation : 40 mn. Cuisson : 40 mn.
Recette élaborée. Prix : bon marché.
225 g de pâte brisée,
Lait, 100 g de sucre,
500 g de pommes,
2 cuillerées à soupe d'eau.

1. Pelez les pommes et coupez-les en morceaux. Divisez la pâte en deux puis étalez un des morceaux au rouleau à pâtisserie. Beurrez un moule à manqué de 22 cm de diamètre.
2. Garnissez-le de la pâte étalée et des morceaux de pomme, saupoudrez de sucre. Etalez l'autre morceau de pâte, recouvrez-en la tourte. Faites un petit trou avec un couteau au centre.
3. Coupez la pâte qui dépasse du moule et fermez bien les bords. Badigeonnez la tourte avec du lait, enfournez-la th. 7 - 210° à four chaud et laissez-la cuire 20 mn.
4. Baissez la température th. 6 - 180° et laissez cuire 20 mn supplémentaires.

Conseil du chef
Servez la tourte aux pommes avec de la crème fleurette.

Ste Agnès

Côtelettes
d'agneau au
paprika

POUR CE MENU LE SOMMELIER VOUS PROPOSE

Un Jurançon
sec

ENTRÉE

SALADE AUX ŒUFS DE CAILLE

POUR 4 PERSONNES :
Préparation : 10 mn. Cuisson : 5 mn.
Recette facile. Prix modéré.

8 œufs de caille, 150 g de mâche,
50 g de graines de sésame,
250 g de gouda au cumin,
1 cuillerée à soupe de sauce soja,
3 cuillerées à soupe d'huile,
Quelques feuilles de coriandre, sel, poivre.

1. Faites dorer les graines de sésame quelques minutes à sec dans une poêle, laissez-les refroidir.
2. Faites cuire les œufs de caille 10 mn dans l'eau bouillante, rafraîchissez-les sous l'eau froide puis écalez-les.
3. Coupez les œufs en deux, découpez le fromage en bâtonnets et ciselez la coriandre.
4. Dans un bol, mélangez la sauce soja, l'huile, la coriandre et du poivre. Réunissez dans un saladier de service la salade, le fromage et la sauce.
5. Remuez délicatement, décorez avec les demi-œufs de caille, parsemez de graines de sésame dorées et servez aussitôt.

Conseil du chef
Vous pouvez ajouter des fruits sur le fond de tarte avant d'étaler la crème d'amandes.

PLAT

CÔTELETTES D'AGNEAU AU PAPRIKA

POUR 4 PERSONNES :
Préparation : 10 mn. Cuisson : 20 mn.
Recette facile. Prix : bon marché.

8 côtelettes d'agneau,
3 oignons,
150 g de lard maigre,
50 g de beurre,
20 cl de vin blanc,
1 cuillerée à café de paprika,
50 g de crème fraîche épaisse,
Quelques tiges de fenouil,
Sel, poivre.

1. Pelez et hachez les oignons, détaillez le lard en dés et mettez-les à revenir avec les oignons dans une casserole avec 30 g de beurre.
2. Lorsque les oignons et les lardons sont dorés, mouillez avec le vin, ajoutez le paprika et salez légèrement.
3. Faites cuire cette sauce à feu doux jusqu'à réduction de moitié. Grillez les côtelettes 3 mn par face, salez et poivrez-les.
4. Lorsque la sauce est réduite, liez avec la crème en remuant jusqu'à épaississement.
5. Disposez les côtelettes sur un plat de service décoré avec les tiges de fenouil émincées. Servez avec la sauce en saucière.

DESSERT

TARTE AMANDINE

POUR 4 PERSONNES :
Préparation : 15 mn. Cuisson : 35 mn.
Recette élaborée. Prix modéré.

250 g de pâte sablée,
80 g de beurre ramolli,
100 g de poudre d'amandes,
75 g de sucre en poudre,
1 œuf entier,
1 blanc d'œuf,
1 cuillerée à café de rhum.

1. Préchauffez le four th. 7 - 210°. Sur un plan de travail fariné, étalez la pâte sablée au rouleau. Garnissez-en un moule à tarte, piquez le fond et les bords et faites cuire à blanc 10 mn.
2. Sortez du four et laissez complètement refroidir. Dans un saladier, versez la poudre d'amandes, 75 g de sucre et le beurre coupé en morceaux.
3. Malaxez à l'aide d'un fouet électrique puis incorporez l'œuf battu en omelette et continuez à fouetter jusqu'à l'obtention d'une consistance de pommade.
4. Incorporez le rhum. Battez en neige le blanc d'œuf et ajoutez-le à la crème aux amandes en soulevant la pâte. Répartissez la crème sur le fond de tarte.
5. Enfournez de nouveau pour 25 mn. Laissez tiédir avant de démouler.

POUR CE MENU LE SOMMELIER VOUS PROPOSE

Un Quincy

ENTREE

Terrine de petits légumes

POUR 4 PERSONNES :
Préparation : 15 mn. Cuisson : 25 mn.
Recette facile. Prix : bon marché.
250 g de carottes, 250 g de fèves,
200 g de poireaux, 150 g d'oignons,
2 cuillerées à café d'ail, 20 g de beurre,
3/4 de litre de bouillon de pot-au-feu,
6 feuilles de gélatine alimentaire,
Sel, poivre.

1. Plongez les fèves dans de l'eau bouillante salée et faites-les cuire 5 mn. Egouttez-les, passez-les sous l'eau froide et retirez leur peau.
2. Dans une sauteuse, faites chauffer le beurre sans le laisser noircir, ajoutez les oignons épluchés et émincés. Faites-les colorer légèrement, ajoutez les carottes, les fèves et l'ail. Mélangez et cuisez à feu doux 20 mn en remuant de temps en temps.
3. Egouttez les légumes. Faites tremper la gélatine dans un peu d'eau froide. Faites chauffer le bouillon, ajoutez la gélatine égouttée et laissez-la fondre sur feu doux 2 mn.
4. Dans un moule rectangulaire, versez 1 cm de hauteur de gelée, mettez au froid pour faire prendre. Déposez les légumes dans le moule et versez le reste de gelée dessus. Mettez dans le réfrigérateur 2 heures.
5. Servez la terrine coupée en tranches avec une mayonnaise aux herbes et quelques feuilles de salade.

PLAT

Thon a la napolitaine

POUR 4 PERSONNES :
Préparation : 15 mn. Cuisson : 25 mn.
Recette facile. Prix : bon marché.
2 tranches de thon rouge,
400 g de sauce tomate,
24 olives noires,
1 petite boîte d'anchois à l'huile,
2 cuillerées à café de câpres,
1 oignon,
3 cuillerées à soupe d'huile d'olive,
1 verre de vin blanc,
2 gousses d'ail,
Thym, laurier,
Sel, poivre.

1. Faites mariner le thon dans 2 cuillerées à soupe d'huile d'olive, le vin blanc, l'ail écrasé, du sel et du poivre 30 mn.
2. Egouttez les tranches de thon. Réservez la marinade. Dans une cocotte, faites dorer les tranches de thon avec le reste d'huile, ajoutez l'oignon haché et laissez-le dorer.
3. Versez la sauce tomate dans le restant de la marinade, mélangez. Ajoutez les anchois écrasés, les olives, les câpres, le thym et le laurier. Salez et poivrez et versez dans la cocotte.
4. Remuez, couvrez et laissez cuire à feu doux 20 mn. Servez chaud.

DESSERT

Mousse à l'ananas

POUR 4 PERSONNES :
Préparation : 15 mn. Pas de cuisson.
Recette facile. Prix modéré.
1 ananas,
2 œufs,
80 g de sucre,
20 g de farine.

1. Coupez l'ananas en quatre et épluchez-le en retirant toutes les parties ligneuses. Coupez la chair en dés et réduisez-la en purée à l'aide d'un mixeur.
2. Mélangez les jaunes d'œuf avec le sucre et la farine. Ajoutez ensuite la purée d'ananas et faites épaissir le tout sur feu doux sans cesser de remuer.
3. Donnez quelques bouillons puis retirez du feu et laissez refroidir. Battez les blancs d'œuf en neige et incorporez-les à la crème d'ananas.
4. Remplissez quatre coupes individuelles de ce mélange et mettez-les dans le réfrigérateur 2 heures.

Conseil du chef
Vous pouvez ajouter en début de cuisson du thon quelques zestes d'orange.

23 JANVIER

St Barnard

Marmite de poissons

ENTRÉE

SOUFFLÉ AU FROMAGE

POUR 4 PERSONNES :

Préparation : 15 mn. Cuisson : 35 mn.
Recette élaborée. Prix : bon marché.

60 g d'emmenthal râpé,
60 g de tapioca,
40 cl de lait,
20 g de beurre,
4 œufs,
1 pincée de noix de muscade râpée,
1 cuillerée à café de fécule de pommes de terre,
Sel, poivre.

1. Préchauffez le four th. 7 - 210° pendant 15 mn. Dans une casserole, portez le lait à ébullition et ajoutez le tapioca. Cuisez 5 mn à feu doux en remuant sans arrêt.
2. Incorporez le beurre, le sel, le poivre et la muscade. Ajoutez le fromage, les jaunes d'œuf fouettés et les blancs d'œuf battus en neige ferme.
3. Mélangez soigneusement, beurrez et saupoudrez légèrement un moule à soufflé avec la fécule de pommes de terre puis versez-y la préparation.
4. Faites cuire 30 mn au four th. 6 - 180° et servez immédiatement.

PLAT

MARMITE DE POISSONS

POUR 4 PERSONNES :

Préparation : 15 mn. Cuisson : 15 mn.
Recette facile. Prix modéré.

400 g de lotte, 400 g de saumon,
4 noix de st Jacques, 1 litre de moules,
200 g de crevettes roses cuites,
1 tablette de court-bouillon,
1 verre de vin blanc sec,
2 cuillerées à soupe de crème fraîche épaisse,
2 échalotes, 20 g de maïzena,
25 g de beurre, 1 pincée de safran,
Sel, poivre.

1. Nettoyez les moules et faites-les ouvrir sur feu vif. Décoquillez-les et filtrez leur jus. Décortiquez les crevettes. Dans un faitout, préparez le court-bouillon avec un litre d'eau froide.
2. Plongez-y la lotte et le saumon coupés en 4 morceaux et faites chauffer sur feu moyen. Dès ébullition, retirez du feu, ajoutez les st Jacques, couvrez et réservez.
3. Dans une grande cocotte, faites revenir doucement les échalotes émincées dans le beurre, mouillez avec le vin blanc et laissez réduire de moitié. Ajoutez un verre du jus de cuisson des poissons, la maïzena délayée dans le jus des moules, le safran et portez à ébullition en remuant.
4. Egouttez les morceaux de poissons et les st Jacques. Mettez-les dans la cocotte avec les moules, les crevettes et la sauce et faites réchauffer sur feu doux. Ajoutez la crème, donnez un bouillon, versez dans le plat de service et servez aussitôt.

DESSERT

FIGUES SÈCHES À LA CRÈME

POUR 4 PERSONNES :

Préparation : 10 mn. Pas de cuisson.
Recette facile. Prix : bon marché.

12 figues sèches,
200 g de crème fraîche,
1 cuillerée à soupe de Cognac,
1 cuillerée à soupe de crème de cacao,
Quelques cerises confites.

1. Dans un saladier, mélangez la crème fraîche, le Cognac et la crème de cacao. Mettez cette préparation au frais.
2. Lavez les figues, séchez-les et coupez-les chacune en quatre morceaux. Dressez-les dans des coupes individuelles.
3. Nappez-les de sauce à la crème, décorez de cerises confites et mettez dans le réfrigérateur jusqu'au moment de servir.

Conseil du chef
Vous pouvez remplacer les cerises confites par des cerises à l'eau-de-vie.

POUR CE
MENU LE
SOMMELIER
VOUS
PROPOSE

Un Saumur
blanc

24
JANVIER

St François
de Sales

Mousse
au chocolat
à la menthe

ENTRÉE

G RATINÉE
AUX CROUTONS

POUR 4 PERSONNES :

Préparation : 10 mn. Cuisson : 25 mn.
Recette facile. Prix : bon marché.

300 g de gruyère râpé,
5 oignons,
30 g de beurre,
1 sachet de croûtons,
1 bouillon-cube de volaille,
1 litre d'eau,
Sel, poivre.

1. Faites revenir les oignons émincés avec le beurre dans une casserole jusqu'à ce qu'ils soient bien dorés.
2. Ajoutez le bouillon-cube et l'eau et laissez cuire 15 mn. Assaisonnez.
3. Dans des bols individuels, mettez un peu de croûtons, un peu de fromage râpé, puis le bouillon aux oignons.
4. Saupoudrez la surface de fromage, placez les bols sous le gril du four et faites gratiner 10 mn. Servez chaud.

PLAT

R AGOUT
DE POIREAUX
AU JAMBONNEAU

POUR 4 PERSONNES :

Préparation : 15 mn. Cuisson : 40 mn.
Recette facile. Prix : bon marché.

1,5 kg de poireaux,
30 g de beurre,
10 cl de crème fraîche épaisse,
200 g de jambonneau,
120 g de gruyère râpé,
Sel, poivre.

1. Nettoyez et épluchez les poireaux, lavez-les à l'eau courante puis découpez-les en tronçons.
2. Dans une cocotte en fonte, faites fondre le beurre. Mettez-y les poireaux, ajoutez un peu d'eau bouillante, salez et poivrez.
3. Couvrez et laissez étuver pendant 40 mn. Découpez le jambonneau en petits cubes et ajoutez-les aux poireaux avec la crème.
4. Laissez mijoter 5 mn. Servez chaud accompagné d'une coupelle de gruyère râpé.

DESSERT

M OUSSE
AU CHOCOLAT
À LA MENTHE

POUR 4 PERSONNES :

Préparation : 10 mn. Pas de cuisson.
Recette facile. Prix : bon marché.

100 g de chocolat noir,
3 cuillerées à soupe de café noir,
1 cuillerée à café de menthe,
4 œufs,
Copeaux de chocolat blanc.

1. Faites fondre le chocolat et le café au bain-marie tout en remuant. Hors du feu, ajoutez la menthe et les jaunes d'œuf. Mélangez bien.
2. Montez les blancs d'œuf en neige très ferme. Incorporez délicatement le mélange chocolaté aux blancs d'œuf et mettez au frais.
3. Saupoudrez de copeaux de chocolat blanc juste avant de servir.

Conseil du chef
Pour le ragoût, vous pouvez prendre un talon de jambon cuit.

30

POUR CE MENU LE SOMMELIER VOUS PROPOSE

Un Jurançon

ENTRÉE

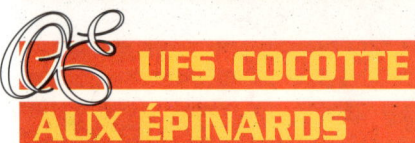

ŒUFS COCOTTE AUX ÉPINARDS

POUR 4 PERSONNES :

Préparation : 10 mn. Cuisson : 15 mn.
Recette facile. Prix : bon marché.

4 œufs,
300 g d'épinards hachés,
200 g de fromage râpé,
4 cuillerées à café de crème épaisse,
1 pincée de noix de muscade râpée,
Sel, poivre.

1. Dans une cocotte, mettez les épinards hachés, la crème, le fromage râpé, la muscade, du sel et du poivre.
2. Mélangez bien et répartissez dans quatre ramequins supportant la chaleur. Cassez un œuf dans chacun d'eux. Salez et poivrez.
3. Faites cuire à la vapeur pendant 5 mn jusqu'à ce que le blanc des œufs soit pris, mais que le jaune reste liquide. Servez aussitôt avec du pain grillé.

Conseil du chef
Les pommes farcies à la viande peuvent également se servir froides.

PLAT

POMMES FARCIES À LA VIANDE

POUR 4 PERSONNES :

Préparation : 20 mn. Cuisson : 30 mn.
Recette facile. Prix : bon marché.

8 pommes type Granny Smith,
100 g de porc haché,
100 g de veau haché,
1 œuf,
2 citrons,
100 g de sucre,
1 bâton de cannelle,
Sel, poivre.

1. Mélangez les viandes hachées de porc et de veau. Ajoutez du sel et du poivre, un zeste de citron et l'œuf.
2. Creusez les pommes et remplissez-les de viande. Mettez-les dans un plat en terre, partie supérieure vers le haut.
3. Préchauffez le four th. 7 - 210°. Préparez un caramel avec le sucre et 10 cl d'eau. Nappez-en les pommes.
4. Ajoutez un peu d'eau dans le plat à hauteur de 2 doigts, un zeste de citron et le bâton de cannelle.
5. Glissez le plat au four 30 mn et servez chaud.

DESSERT

FLAN AUX POIRES

POUR 4 PERSONNES :

Préparation : 20 mn. Cuisson : 50 mn.
Recette facile. Prix : bon marché.

3 poires,
80 g de sucre,
60 g de farine,
30 g de maïzena,
1/2 litre de lait,
2 cuillerées à soupe de lait,
50 g de beurre,
2 œufs,
1 cuillerée à soupe de rhum,
2 sachets de sucre vanillé.

1. Préchauffez le four th. 6 - 180°. Dans une casserole, faites chauffer le lait avec 1 sachet de sucre vanillé. Mélangez la farine et le sucre dans un saladier.
2. Versez dessus le lait bouillant lentement en tournant avec une cuillère en bois. Ajoutez le beurre et mélangez jusqu'à l'obtention d'une pâte lisse.
3. Délayez la maïzena dans les 2 cuillerées à soupe de lait froid et ajoutez à la préparation ainsi que le rhum et les œufs. Battez le tout en omelette.
4. Epluchez les poires et coupez-les en fines tranches. Déposez-les dans un plat à four beurré. Saupoudrez de sucre vanillé. Versez délicatement la préparation dans le plat et faites cuire au four 50 mn.

26
JANVIER

Ste Paule

Mousseline de céleri-rave

ENTREE

MOUSSELINE DE CÉLERI-RAVE

POUR 4 PERSONNES :

Préparation : 10 mn. Cuisson : 15 mn.
Recette facile. Prix : bon marché.

1 céleri-rave de 800 g,

1 verre de lait,

20 g de maïzena,

5 cuillerées à soupe de crème liquide,

Noix de muscade râpée,

Sel, poivre.

1. Epluchez et coupez le céleri-rave en morceaux. Faites-les cuire à l'eau bouillante salée 15 mn.
2. Passez le céleri-rave cuit au mixeur avec la crème liquide. Remettez la préparation dans une casserole sur feu doux.
3. Salez, poivrez, ajoutez la noix de muscade et la maïzena délayée dans le verre de lait froid.
4. Remuez jusqu'à ce que la mousseline épaississe et servez bien chaud.

PLAT

ESCALOPES MARINES CROUSTILLANTES

POUR 4 PERSONNES :

Préparation : 15 mn. Cuisson : 10 mn.
Recette facile. Prix : bon marché.

4 filets de poisson au choix,

4 petites tranches de saumon fumé,

300 g de fromage blanc,

2 cuillerées à soupe de persil haché,

1 cuillerée à soupe de ciboulette hachée,

2 œufs battus,

125 g de chapelure,

Huile, sel.

1. Etalez les filets de poisson et disposez une tranche de saumon fumé sur chaque filet. Mélangez le sel, le persil et la ciboulette au fromage blanc puis étalez une cuillerée à soupe de ce mélange sur le saumon fumé.
2. Repliez les filets de poisson en chaussons, trempez-les dans les œufs battus puis dans la chapelure. Faites-les cuire dans une poêle huilée 5 mn par face.
3. Servez chaud avec le reste de fromage blanc comme sauce froide accompagné de fenouil braisé.

DESSERT

BEIGNETS À LA VANILLE

POUR 4 PERSONNES :

Préparation : 20 mn. Cuisson : 15 mn.
Recette facile. Prix : bon marché.

2 œufs,

150 g de sucre fin,

2 sachets de sucre vanillé,

1 noix de beurre,

15 cl de lait,

500 g de farine,

1 sachet de levure,

1 pincée de sel,

1 pincée de cannelle,

1 pincée de muscade en poudre.

1. Dans un saladier, battez les œufs avec les sucres et le beurre. Ajoutez le lait, versez ensuite la farine, la levure, le sel et les épices. Mélangez jusqu'à l'obtention d'une pâte homogène.
2. Déposez la pâte sur une planche bien farinée. Farinez également la pâte et étalez-la au rouleau à pâtisserie sur 8 mm d'épaisseur.
3. Découpez des cercles dans la pâte avec un verre, pratiquez au centre de chaque disque un trou à l'aide d'un vide-pommes.
4. Plongez les beignets dans la friture chaude, retournez-les au bout d'une minute pour qu'ils dorent des deux côtés.
5. Lorsqu'ils sont cuits, sortez-les de la friture et déposez-les sur du papier absorbant, saupoudrez de sucre glace et servez aussitôt.

Conseil du chef
La mousseline de céleri-rave peut être également servie en légume d'accompagnement d'une volaille ou d'un rôti.

POUR CE MENU LE SOMMELIER VOUS PROPOSE

Un Gaillac

ENTREE

INI OMELETTES VERTES

POUR 4 PERSONNES :

Préparation : 20 mn. Cuisson : 30 mn.
Recette facile. Prix : bon marché.
150 g d'épinards frais,
4 œufs,
1 cuillerée à café de maïzena,
50 g d'olives vertes dénoyautées,
100 g de fromage râpé,
1 cuillerée à soupe de crème épaisse,
15 g de beurre,
1 pincée de noix de muscade râpée,
Sel, poivre.

1. Triez, lavez et équeutez les épinards. Faites-les blanchir 1 mn dans de l'eau bouillante salée, égouttez-les et laissez-les refroidir à plat sur un linge.
2. Coupez les olives en rondelles. Beurrez quatre petits moules individuels, disposez les olives au fond, tapissez de feuilles d'épinard les parois.
3. Préchauffez le four th. 6 - 180° et installez-y un plat à demi-rempli d'eau pouvant contenir les moules pour obtenir un bain-marie.
4. Dans un saladier, cassez les œufs, ajoutez le fromage, la maïzena, la muscade, du sel et du poivre. Fouettez un peu et versez dans les moules.
5. Faites cuire 25 mn au bain-marie dans le four. Laissez tiédir puis démoulez sur les assiettes accompagné d'un coulis de tomate.

PLAT

CŒUR DE VEAU FLAMBÉ

POUR 4 PERSONNES :

Préparation : 15 mn. Cuisson : 15 mn.
Recette facile. Prix modéré.
1 cœur de veau,
50 g de beurre,
1 cuillerée à soupe de farine,
5 cl de Cognac,
Persil,
Sel, poivre.

1. Coupez la viande en fines lanières dans le sens de la hauteur. Faites chauffer le beurre dans une sauteuse et mettez à dorer les lanières de viande 5 mn.
2. Poudrez avec la farine, salez, poivrez, retournez et laissez cuire 5 mn. Arrosez avec le Cognac, faites flamber, maintenez sur le feu 2 mn.
3. Disposez sur le plat de service chaud et nappez avec la sauce de cuisson. Parsemez de persil haché et servez de suite.

Conseil du chef
Accompagnez le cœur de veau flambé d'une purée de marrons.

DESSERT

GATEAU AUX DEUX CHOCOLATS

POUR 4 PERSONNES :

Préparation : 10 mn. Cuisson : 10 mn.
Recette facile. Prix : bon marché.
1/2 litre de lait,
1 tablette de chocolat noir à pâtisser,
1 tablette de chocolat blanc,
80 g de semoule fine,
25 g de sucre,
Noix de coco râpée.

1. Faites bouillir le lait avec le chocolat noir et mélangez soigneusement. Dès ébullition, retirez du feu. Assurez-vous que le chocolat est bien fondu.
2. Ajoutez la semoule et le sucre en remuant avec un fouet. Redonnez un bouillon puis retirez du feu.
3. Huilez légèrement un moule plat, cassez le chocolat blanc en carrés et répartissez-les au fond du moule.
4. Versez la préparation au chocolat noir dessus. Mettez dans le réfrigérateur. Démoulez bien froid et saupoudrez de noix de coco râpée avant de servir.

POUR CE MENU LE SOMMELIER VOUS PROPOSE

Un Gewurztraminer

28

JANVIER

St Samson

Crème renversée

ENTRÉE

SALADE DE POMMES DE TERRE AUX ŒUFS DE LUMP

POUR 4 PERSONNES :

Préparation : 10 mn. Cuisson : 10 mn.
Recette facile. Prix modéré.

1 kg de pommes de terre,
1 pot d'œufs de lump,
2 cuillerées à soupe de crème fraîche épaisse,
1 cuillerée à café de vinaigre de Xérès,
Cerfeuil.

1. Faites cuire les pommes de terre à la vapeur puis pelez-les. Mettez-les dans un grand saladier.
2. Mélangez la crème, le vinaigre, du sel, du poivre et du cerfeuil. Nappez-en les pommes de terre.
3. Ajoutez les œufs de lump en dernier avant de servir cette salade tiède.

PLAT

ANDOUILLETTE AU FROMAGE

POUR 4 PERSONNES :

Préparation : 5 mn. Cuisson : 20 mn.
Recette facile. Prix : bon marché.

4 andouillettes,
150 g de fromage râpé,
Sel, poivre.

1. Piquez la peau des andouillettes afin qu'elles n'éclatent pas à la cuisson. Préchauffez le four th. 7 - 210°.
2. Faites griller les andouillettes 5 mn sur un gril en fonte, très chaud, sans les retourner afin qu'une seule face soit saisie.
3. Placez-les dans un plat à four, face grillée au-dessous, puis parsemez de fromage râpé.
4. Salez légèrement, poivrez et faites cuire 15 mn au four. Servez brûlant.

DESSERT

CRÈME RENVERSÉE

POUR 4 PERSONNES :

Préparation : 15 mn. Cuisson : 45 mn.
Recette facile. Prix : bon marché.

2 œufs,
15 g de maïzena,
1/3 de litre de lait,
1 dosette de caramel liquide,
75 g de sucre en poudre,
1 sachet de sucre vanillé.

1. Préchauffez le four th. 6 - 180°. Versez le caramel dans un moule à charlotte et répartissez-le sur les parois du moule.
2. Faites bouillir le lait avec les sucres. Dans un saladier, battez les œufs et la maïzena.
3. Versez le lait sur les œufs sans cesser de tourner, puis reversez le tout dans le moule caramélisé.
4. Posez le moule dans un plat creux plus grand rempli d'eau bouillante jusqu'à hauteur de la crème.
5. Faites cuire dans ce bain-marie 45 mn au four. Laissez refroidir complètement avant de démouler. Servez frais.

Conseil du chef

Pour une entrée plus consistante, vous pouvez remplacer les œufs de lump par des œufs de caille pochés.

35

POUR CE MENU LE SOMMELIER VOUS PROPOSE

Un Bordeaux rouge

ENTREE

 ## POTAGÈRE AU FROMAGE

POUR 4 PERSONNES :

Préparation : 20 mn. Cuisson : 30 mn.
Recette facile. Prix : bon marché.
500 g de pommes de terre,
200 g de fromage râpé,
1 botte de poireaux,
2 échalotes,
30 g de beurre,
2 cuillerées à soupe de cerfeuil ciselé,
4 cuillerées à soupe de crème épaisse,
Sel, poivre.

1. Epluchez et lavez les pommes de terre. Coupez-les en petits dés. Pelez et hachez finement les échalotes.
2. Fendez les poireaux en quatre, lavez-les soigneusement et découpez-les en petits morceaux.
3. Faites chauffer le beurre dans un faitout. Mettez tous les légumes à revenir 5 mn en remuant.
4. Versez 1 litre d'eau chaude, salez, poivrez, couvrez et laissez cuire à petit feu 20 mn.
5. Répartissez le potage dans des bols individuels, ajoutez le fromage et la crème, parsemez de cerfeuil et servez aussitôt.

PLAT

JARRET DE BŒUF EN POTÉE

POUR 4 PERSONNES :

Préparation : 15 mn. Cuisson : 2 h.
Recette facile. Prix : bon marché.
800 g de jarret de bœuf en tranches,
400 g de chou vert,
2 poireaux,
4 carottes,
1 litre d'eau,
40 g de câpres,
Persil haché.

1. Faites cuire le jarret dans de l'eau bouillante salée et poivrée 2 heures. Nettoyez et émincez les poireaux et les carottes.
2. Otez les premières feuilles du chou et coupez-le en quatre. Une heure trente avant la fin de la cuisson, ajoutez les légumes à la viande.
3. Présentez le tout sur un plat de service chaud, parsemez de câpres et de persil haché. Servez immédiatement.

Conseil du chef
Vous pouvez également faire prendre les sorbets en les mettant dans un bac à glace dans le congélateur et en les fouettant toutes les 20 mn pour éviter la formation de cristaux.

DESSERT

VACHERIN AUX FRUITS

POUR 4 PERSONNES :

Préparation : 45 mn. Cuisson : 10 mn.
Recette élaborée. Prix modéré.
1 coque de vacherin en meringue,
6 oranges,
5 poires,
2 citrons,
150 g de pruneaux dénoyautés,
300 g de sucre en poudre,
20 cl de Montbazillac,
50 g de sucre en morceaux,
2 cuillerées à soupe d'eau-de-vie de poire.

1. Pressez les oranges. Mélangez leur jus au jus d'un citron et à 150 g de sucre en poudre. Laissez-le prendre en sorbetière dans le congélateur.
2. Pelez et épépinez les poires, passez leur pulpe au mixeur avec le jus du second citron et les 150 g de sucre en poudre restant. Laissez prendre en sorbetière.
3. Dans une casserole, faites fondre les morceaux de sucre dans le vin blanc, ajoutez les pruneaux et amenez tout doucement le jus à ébullition.
4. Laissez frémir 10 mn, couvrez et laissez refroidir. Garnissez la coque en meringue de boules de sorbet à l'orange et à la poire et des pruneaux. Servez bien frais.

POUR CE MENU LE SOMMELIER VOUS PROPOSE

Un Gigondas

ENTRÉE

SALADE DE RAIE AUX POMMES

POUR 4 PERSONNES :

Préparation : 30 mn. Cuisson : 20 mn.
Recette facile. Prix modéré.

2 ailes de raie,
4 pommes,
3 citrons verts,
200 g de pourpier,
1 salade feuille de chêne,
4 cuillerées à soupe d'amandes effilées,
3 cuillerées à soupe de vinaigre de Xérès,
3 cuillerées à soupe d'huile d'arachide,
2 cuillerées à soupe d'huile de noisette,
2 échalotes,
Sel, poivre.

1. Faites cuire les ailes de raie 20 mn à la vapeur et laissez-les tiédir. Pelez et hachez les échalotes, pelez les citrons à vif, puis séparez les quartiers.
2. Nettoyez la salade, lavez-la et essorez-la. Dans un bol, mettez les échalotes, le vinaigre et le sel. Mélangez bien. Ajoutez les huiles et le poivre. Mélangez à nouveau.
3. Faites dorer les amandes dans une poêle anti-adhésive sans matière grasse. Déposez la salade et le pourpier sur les assiettes et réservez au frais.
4. Lavez les pommes, coupez-les en quatre, retirez les cœurs et coupez la chair en fines lamelles. Décortiquez les ailes de raie. Ajoutez-la dans les assiettes ainsi que les quartiers de citron, les amandes grillées et les pommes.
5. Arrosez le tout de sauce et donnez un tour de moulin à poivre. Servez immédiatement.

PLAT

RATATOUILLE

POUR 4 PERSONNES :

Préparation : 15 mn. Cuisson : 40 mn.
Recette facile. Prix : bon marché.

3 aubergines,
2 courgettes,
2 tiges de céleri,
400 g de sauce tomate,
20 g de parmesan râpé,
2 oignons,
2 gousses d'ail,
2 cuillerées à café de câpres,
1 cuillerée à café de basilic,
2 cuillerées à soupe d'huile d'olive,
Sel, poivre.

1. Lavez et coupez les aubergines, les courgettes et le céleri en morceaux. Pelez et coupez les oignons en rondelles.
2. Dans une sauteuse, faites revenir les oignons avec l'huile d'olive. Ajoutez le basilic, les aubergines, les courgettes, le céleri, l'ail. Mélangez bien.
3. Versez la sauce tomate, salez, poivrez, remuez et laissez mijoter 35 mn à feu doux. Avant de servir, saupoudrez de parmesan et de câpres.

DESSERT

CRÈME AUX FRUITS SECS

POUR 4 PERSONNES :

Préparation : 10 mn. Cuisson : 15 mn.
Recette facile. Prix modéré.

1 sachet de crème renversée,
1 dose de caramel liquide,
1 sachet de thé,
1/4 de litre de lait,
50 g de fromage blanc,
8 pruneaux,
8 abricots secs,
Quelques zestes d'orange.

1. Mettez les fruits secs à macérer dans du thé bouillant. Préparez la crème renversée selon le mode d'emploi en délayant la poudre dans le lait.
2. Faites bouillir 5 mn en remuant. Versez le mélange dans un moule caramélisé. Laissez bien refroidir avant de démouler.
3. Juste avant de servir, garnissez la crème de fromage blanc battu et des fruits secs. Servez très frais.

Conseil du chef
Vous pouvez ajouter à la ratatouille des olives noires dénoyautées coupées en rondelles et une pointe de piment.

ENTRÉE

ŒUFS VERDURE

POUR 4 PERSONNES :

Préparation : 10 mn. Cuisson : 30 mn.
Recette facile. Prix : bon marché.
4 œufs,
200 g d'épinards hachés,
150 g de champignons de Paris,
75 g d'oignons émincés,
15 g de beurre,
1 cuillerée à soupe de ciboulette hachée,
1 cuillerée à soupe de persil haché,
4 cuillerées à soupe de crème fraîche,
1 cuillerée à soupe d'huile,
Sel, poivre.

1. Préchauffez le four th. 7 - 210° et déposez-y un grand plat rempli d'eau. Dans une poêle, faites chauffer l'huile avec 10 g de beurre.
2. Faites revenir les oignons quelques minutes dans la poêle, ajoutez les champignons, laissez suer 5 mn puis mélangez avec les épinards et le persil. Couvrez et laissez cuire sur feu moyen 10 mn en remuant fréquemment.
3. Beurrez quatre ramequins. Retirez la poêle du feu, salez et poivrez. Répartissez la préparation aux épinards dans les ramequins.
4. Cassez un œuf dans chacun d'eux, nappez d'une cuillère à soupe de crème fraîche, salez légèrement et placez-les au four dans le bain-marie. Laissez cuire 15 mn.
5. Sortez les ramequins du four, décorez avec la ciboulette et servez chaud.

PLAT

AGNEAU AU SEL

POUR 4 PERSONNES :

Préparation : 20 mn. Cuisson : 25 mn.
Recette élaborée. Prix modéré.
1,2 kg de carré d'agneau désossé,
2 kg de gros sel,
4 branches de thym,
Poivre.

1. Préchauffez le four th. 8 - 240°. Prenez une cocotte à la taille du morceau de viande, versez-y 1 kg de gros sel.
2. Parsemez de la moitié du thym, posez la viande, parsemez du reste de thym, poivrez, couvrez avec le reste du gros sel en veillant à en mettre sur les côtés. Couvrez.
3. Mettez dans le four et laissez cuire 25 mn. Sortez la cocotte, cassez la croûte de sel, sortez la viande, tranchez-la en biseau de 2 cm d'épaisseur. Servez de suite.

Conseil du chef
La méthode de cuisson en croûte de sel convient à toutes les viandes rouges.

DESSERT

CRÊPES AUX NOIX ET AUX POMMES

POUR 4 PERSONNES :

Préparation : 20 mn. Cuisson : 20 mn.
Recette facile. Prix modéré.
125 g de farine, 2 œufs, 1/2 litre de lait,
2 cuillerées à soupe d'huile,
1 pincée de levure, sel, 4 pommes,
40 g de beurre,
2 cuillerées à soupe de sucre,
100 g de cerneaux de noix,
2 cuillerées à soupe de Cognac, poivre.

1. Dans un saladier, mélangez la farine, les œufs, la levure, une cuillère d'huile et une pincée de sel. Fouettez en ajoutant peu à peu le lait jusqu'à ce que la pâte soit lisse.
2. Laissez-la reposer 30 mn. Pelez les pommes, coupez-les en deux, éliminez le cœur et les pépins, découpez la chair en petits dés. Faites chauffer le beurre dans une poêle et mettez-y les pommes à dorer.
3. Au bout de 5 mn, saupoudrez-les de sucre et continuez à faire cuire à feu moyen en remuant jusqu'à ce que les pommes soient bien tendres. Préchauffez le four th. 6 - 180° et mettez les noix posées sur une tôle à pâtisserie afin qu'elles croustillent.
4. Faites cuire les crêpes dans une poêle huilée bien chaude. Mélangez les pommes cuites, les noix et le Cognac. Répartissez cette préparation dans les crêpes, roulez-les dans un petit plat à four, couvrez-le de papier aluminium et mettez 10 mn au four. Servez très chaud.

1er

FEVRIER

Ste Ella

Soufflé
à la noix
de coco

POUR CE
MENU LE
SOMMELIER
VOUS
PROPOSE

Un Riesling

ENTRÉE

AUMONIÈRE OCÉANE

POUR 4 PERSONNES :

Préparation : 10 mn. Cuisson : 10 mn.
Recette facile. Prix modéré.
200 g de crabe émietté en boîte,
250 g de crevettes roses décortiquées,
8 feuilles de chou vert,
8 feuilles de brick,
400 g de sauce tomate,
2 cuillerées à soupe de beurre fondu,
1 cuillerée à soupe d'huile d'olive,
3 échalotes hachées,
1 gousse d'ail,
Ciboulette,
Sel, poivre.

1. Préchauffez le four th. 7 - 210°. Dans une poêle, faites fondre les échalotes et l'ail avec l'huile. Ajoutez ensuite les feuilles de choux en lanières, puis le crabe émietté, les crevettes et la moitié de la sauce tomate.
2. Salez, poivrez et faites cuire l'ensemble quelques minutes. Répartissez la préparation dans les feuilles de brick préalablement badigeonnées de beurre fondu.
3. Remontez les bords de chaque aumonière et liez-les avec un brin de ciboulette. Passez au four quelques minutes et servez accompagné du reste de sauce chaude.

PLAT

RAGOUT DE SAUMONETTE

POUR 4 PERSONNES :

Préparation : 15 mn. Cuisson : 35 mn.
Recette facile. Prix : bon marché.
800 g de saumonette,
125 g de sauce tomate,
100 g d'oignons,
30 g de beurre,
1/2 litre de court-bouillon,
1 verre de vin blanc,
2 cuillerées à soupe de maïzena,
1 cuillerée à soupe d'huile,
1 cuillerée à soupe d'herbes,
1 cuillerée à café d'ail,
Persil,
Sel, poivre.

1. Dans une cocotte, faites chauffer le beurre et l'huile. Hachez les oignons et faites-les revenir quelques minutes. Ajoutez la saumonette coupée en morceaux, la sauce tomate, le vin blanc, le court-bouillon, l'ail et les herbes.
2. Salez, poivrez, couvrez et laissez cuire 10 mn sur feu moyen. Mélangez et poursuivez la cuisson 10 mn en découvrant les 5 dernières minutes. Réservez le poisson au chaud.
3. Diluez la maïzena dans une louche de jus, versez dans la cocotte et faites épaissir quelques minutes sur le feu sans cesser de remuer.
4. Versez la sauce dans un grand plat creux, disposez le poisson dessus et décorez d'un peu de persil. Servez chaud.

DESSERT

SOUFFLÉ À LA NOIX DE COCO

POUR 4 PERSONNES :

Préparation : 25 mn. Cuisson : 35 mn.
Recette facile. Prix : bon marché.
40 g de noix de coco râpée,
10 cl de lait, 40 g de sucre,
1 sachet de sucre vanillé,
20 g de maïzena, 2 œufs, 5 cl de rhum,
1 pincée de sel, 15 g de beurre,
Sucre glace.

1. Dans une petite casserole, mélangez la maïzena, les sucres, le sel et le lait. Portez doucement à ébullition sans cesser de remuer. Retirez du feu et laissez légèrement refroidir.
2. Battez les blancs d'œuf en neige très ferme. Mélangez dans la préparation les jaunes d'œuf ajoutés un par un, la noix de coco râpée et le rhum, puis incorporez délicatement les blancs en neige.
3. Versez dans quatre petits moules à soufflé beurrés et saupoudrés de sucre. Lissez la surface. Faites cuire 35 mn au four th. 6 - 180°.
4. Lorsque les soufflés sont montés, saupoudrez-les de sucre glace et repassez-les quelques secondes sous le gril pour le faire glacer. Servez aussitôt.

Conseil du chef
Vous pouvez accompagner la saumonette de haricots blancs.

39

2
FEVRIER

Présentation

Escalope de veau à la crème d'avocat

ENTREE

AMPLEMOUSSE AU FROMAGE

POUR 4 PERSONNES :

Préparation : 15 mn. Pas de cuisson.
Recette facile. Prix : bon marché.

2 pamplemousses,
1 pomme,
2 rondelles d'ananas,
50 g de fromage persillé,
50 g d'emmenthal,
Quelques grains de raisins secs,
1 cuillerée à soupe de Calvados,
1 pincée de poivre.

1. Coupez en deux les pamplemousses et évidez-les sans abîmer la peau. Dans un saladier, mélangez leur chair, la pomme épluchée et coupée en dés et l'ananas coupé en morceaux.
2. Détaillez les fromages en cubes et mélangez-les à la salade de fruits, ajoutez les raisins secs macérés dans le Calvados et le poivre.
3. Remplissez les demi-pamplemousses de cette préparation. Mettez dans le réfrigérateur quelques heures et servez frais.

Conseil du chef
Accompagnez les escalopes de veau d'un gratin de carottes.

PLAT

SCALOPE DE VEAU À LA CRÈME D'AVOCAT

POUR 4 PERSONNES :

Préparation : 15 mn. Cuisson : 10 mn.
Recette facile. Prix modéré.

4 escalopes de veau,
1 avocat bien mûr,
1 citron,
1 œuf,
30 g de beurre,
50 g de crème fraîche,
Cerfeuil,
Sel, poivre.

1. Pelez et dénoyautez l'avocat. Ecrasez sa chair à la fourchette, ajoutez 1 cuillère à soupe de jus de citron, le jaune d'œuf, du sel, du poivre et mélangez.
2. Faites dorer les escalopes dans le beurre chaud, 5 mn par face, salez et poivrez. Dans une petite casserole, faites chauffer 5 mn la crème d'avocat à feu doux sans bouillir et en remuant.
3. Hors du feu, incorporez délicatement la crème fraîche. Disposez les escalopes sur le plat de service chaud, nappez avec la sauce, parsemez de cerfeuil et servez de suite.

DESSERT

APILLOTES DE FRUITS

POUR 4 PERSONNES :

Préparation : 10 mn. Cuisson : 30 mn.
Recette facile. Prix : bon marché.

250 g de pommes en quartiers,
250 g de poires en tranches,
2 sachets de crème anglaise,
Le jus de 3 oranges,
100 g de sucre en poudre,
50 g d'amandes effilées,
2 cuillerées à soupe de maïzena,
2 cuillerées à café de kirsch.

1. Préchauffez le four th. 6 - 180°. Dans une grande casserole, versez 2 litres d'eau, ajoutez le sucre et le jus de 2 oranges. Mélangez bien et portez à ébullition.
2. Plongez les fruits dans ce sirop, retirez du feu et laissez pocher 10 mn. Mettez la maïzena dans un saladier, versez progressivement la crème anglaise sans cesser de mélanger, transvaser dans une casserole et faites épaissir sur feu moyen 7 mn sans cesser de remuer.
3. Hors du feu, incorporez le kirsch et le jus d'orange restant. Réservez. Sortez les fruits de leur sirop et égouttez-les sur du papier absorbant.
4. Formez des papillotes avec du papier aluminium, répartissez-y les fruits, nappez-les de la crème d'orange et parsemez d'amandes. Refermez chaque papillote et enfournez pour 15 mn. Servez chaud.

3

FEVRIER

St Blaise

*Fonds
d'artichaut
à la crème
d'olive*

POUR CE
MENU LE
SOMMELIER
VOUS
PROPOSE

Un Crémant

ENTREE

ONDS
D'ARTICHAUT
À LA CRÈME D'OLIVE

POUR 4 PERSONNES :

Préparation : 10 mn. Cuisson : 20 mn.
Recette facile. Prix : bon marché.

4 fonds d'artichaut,
4 olives vertes,
4 oignons blancs,
100 g de fromage blanc en faisselle,
10 g d'olives vertes dénoyautées,
1 gousse d'ail,
1 cuillerée à café d'huile d'olive,
Le jus d'un citron,
Poivre.

1. Faites cuire les fonds d'artichaut 20 mn dans une grande quantité d'eau bouillante salée. Egouttez-les et arrosez-les du jus de citron. Laissez refroidir.
2. Mixez les olives dénoyautées et la gousse d'ail pelée, égouttez le fromage blanc. Pelez et hachez les oignons. Mélangez la purée d'olives, le fromage, les oignons, l'huile d'olive et du poivre.
3. Garnissez les fonds d'artichaut de cette préparation, disposez une olive sur chacun et mettez au frais jusqu'au moment de servir.

PLAT

ALAMARS
À LA MOUTARDE

POUR 4 PERSONNES :

Préparation : 15 mn. Cuisson : 40 mn.
Recette facile. Prix modéré.

1 kg de calamars préparés,
30 g de beurre,
1 verre de vin blanc sec,
2 gousses d'ail,
1 échalote,
2 cuillerées à soupe d'huile,
1 cuillerée à soupe de moutarde forte,
1 briquette de sauce beurre citron,
Persil,
Sel, poivre.

1. Faites revenir dans l'huile les calamars coupés en lanières. Egouttez-les. Mixez les gousses d'ail, l'échalote pelées et le persil. Ajoutez la moutarde et mélangez pour obtenir une pommade.
2. Dans une sauteuse, faites dorer les calamars dans le beurre. Ajoutez le vin blanc, la pommade d'aromates, du sel, du poivre et mélangez.
3. Faites mijoter à couvert pendant 40 mn. Réchauffez la sauce beurre citron, ajoutez-la en fin de cuisson aux calamars. Mélangez et servez avec un riz pilaf au safran.

DESSERT

ANCAKES

POUR 4 PERSONNES :

Préparation : 20 mn. Cuisson : 6 mn.
Recette facile. Prix : bon marché.

350 g de farine,
3/4 de litre de lait,
1 sachet de levure, 2 œufs,
30 g de sucre, 1/2 cuillerée à café de sel,
2 sachets de sucre vanillé.

1. Mélangez la farine et la levure avec 1/4 de litre de lait tiède. Pétrissez 30 secondes, ajoutez les sucres, le sel, les œufs et pétrissez encore 5 mn. Laissez lever 50 mn dans un endroit tiède.
2. Ajoutez le reste du lait, travaillez la pâte 1 mn et laissez à nouveau reposer 50 mn. Dans une grande poêle bien huilée, répartissez à l'aide d'une petite louche 4 petits disques de pâte un peu épais de 10 cm de diamètre environ.
3. Retournez-les au bout de 3 mn. Servez ces pancakes chauds ou tièdes accompagnés de sirop d'érable.

Conseil du chef
Vous pouvez réaliser la crème d'olives avec des olives noires (tapenade). Vous pourrez la trouver toute faite.

41

POUR CE MENU LE SOMMELIER VOUS PROPOSE

Un Saumur-Champigny

Ste Véronique

Filet de bœuf au céleri

ENTRÉE

VELOUTÉ DE COURGETTES

POUR 4 PERSONNES :

Préparation : 15 mn. Cuisson : 20 mn.
Recette facile. Prix : bon marché.
800 g de courgettes,
200 g de fromage râpé,
1 gousse d'ail,
1 oignon,
1 pomme de terre,
1/2 litre de lait demi-écrémé,
4 cuillerées à soupe de crème fraîche,
Sel, poivre.

1. Pelez les courgettes, coupez-les en deux dans le sens de la longueur, éliminez les pépins et coupez la chair en cubes. Pelez la pomme de terre et coupez-la en morceaux.
2. Epluchez et émincez finement l'oignon et l'ail. Mettez dans le panier à vapeur de votre cocotte minute l'oignon, l'ail et la pomme de terre. Laissez cuire 5 mn puis ajoutez les courgettes et poursuivez la cuisson 10 mn.
3. Versez tous les légumes dans le bol du mixeur et réduisez-les en purée. Mettez cette purée dans une casserole sur feu doux, salez, poivrez. Versez le lait petit à petit en remuant, puis incorporez la crème et le fromage.
4. Laissez chauffer sans bouillir jusqu'à ce que le velouté soit homogène. Vérifiez l'assaisonnement et servez chaud.

PLAT

FILET DE BŒUF AU CÉLERI

POUR 4 PERSONNES :

Préparation : 20 mn. Cuisson : 30 mn.
Recette facile. Prix : bon marché.
600 g de filet de bœuf,
3 céleris boule,
1 botte de cresson,
1 cuillerée à soupe de crème fraîche,
1 citron,
Sel, poivre.

1. Salez et poivrez le filet. Faites-le rôtir au four th. 7 - 210° pendant 30 mn. Après cuisson, dégraissez la plaque et déglacez avec un verre d'eau, réduisez de moitié et incorporez la crème. Ajoutez le cresson haché.
2. Faites un dernier bouillon et cessez la cuisson. Ajoutez le jus de citron. Epluchez les céleris, coupez-les en morceaux. Mouillez à hauteur et cuisez 25 mn.
3. Egouttez-les et réduisez-les en purée. Dans le plat de service, présentez le filet coupé en tranches avec à côté la purée de céleri.

DESSERT

RIZ AU LAIT

POUR 4 PERSONNES :

Préparation : 20 mn. Cuisson : 25 mn.
Recette facile. Prix : bon marché.
1 litre de lait,
250 g de riz,
1 zeste de citron entier,
1 bâton de vanille,
150 g de sucre,
Sel.

1. Faites cuire le riz lavé et égoutté dans le lait avec un peu de zeste de citron, la vanille et une pincée de sel.
2. Faites gonfler lentement le riz sur feu très doux sans le remuer. Vers la fin de la cuisson, ajoutez le sucre et laissez cuire encore quelques minutes.
3. Le riz est cuit lorsqu'il a entièrement absorbé le lait. Servez tiède.

Conseil du chef
Vous pouvez ajouter des fruits secs dans le riz au lait tels que des raisins ou des abricots.

POUR CE MENU LE SOMMELIER VOUS PROPOSE

Un Entre-Deux-Mers

ENTREE

ALADE DE BROCOLI

POUR 4 PERSONNES :

Préparation : 15 mn. Cuisson : 20 mn.
Recette facile. Prix : bon marché.

1 kg de brocoli,
300 g de fromage râpé,
75 g d'amandes effilées,
4 cuillerées à soupe d'huile,
Le jus d'un demi-citron,
Sel, poivre.

1. Nettoyez les brocoli et détaillez-les en petits bouquets. Faites-les cuire dans un grand faitout d'eau bouillante salée 15 mn.
2. Faites griller les amandes quelques minutes à sec dans une poêle. Dans un bol, versez une pincée de sel, une de poivre, ajoutez le jus de citron et l'huile. Mélangez.
3. Mettez le fromage et les brocoli dans un saladier. Arrosez de sauce, mélangez, parsemez d'amandes et servez aussitôt.

Conseil du chef
Vous pouvez réaliser la salade avec du chou-fleur.

PLAT

TEACK DE THON BRAISÉ

POUR 4 PERSONNES :

Préparation : 15 mn. Cuisson : 25 mn.
Recette facile. Prix : bon marché.

800 g de thon en tranches,
2 cuillerées à soupe d'échalote hachée,
1 cuillerée à soupe de persil haché,
20 cl de vin blanc,
3 cuillerées à soupe d'huile d'olive,
2 cuilleées à soupe de jus de citron,
1 cuillerée à café de maïzena,
1 feuille de laurier,
Sel, poivre.

1. Essuyez les tranches de thon sur du papier absorbant. Dans une cocotte, faites chauffer 2 cuillerées à soupe d'huile d'olive, versez les échalotes, laissez rissoler quelques minutes.
2. Retirez de la cocotte et réservez. Saisissez les tranches de thon dans la cocotte 2 mn de chaque côté. Ajoutez le vin blanc, le jus de citron, le persil, la feuille de laurier, salez, poivrez et faites cuire à couvert 15 mn sur feu doux.
3. Sortez les tranches de thon, ôtez la peau et l'arête centrale. Disposez-les sur le plat de service et réservez au chaud. Diluez la maïzena dans un peu d'eau, versez dans la cocotte.
4. Faites épaissir quelques minutes sur le feu sans cesser de mélanger. Nappez le poisson avec cette sauce et servez avec un peu de riz.

DESSERT

ARTE AU CITRON MERINGUÉE

POUR 4 PERSONNES :

Préparation : 30 mn. Cuisson : 15 mn.
Recette élaborée. Prix : bon marché.

200 g de farine, 100 g de beurre,
2 pincées de sel, 25 g de sucre fin,
4 œufs, 3 citrons, 40 g de maïzena,
200 g de sucre en poudre,
1/4 de litre de lait, sucre glace.

1. Mélangez rapidement du bout des doigts la farine, le beurre coupé en petits morceaux, une pincée de sel, le sucre fin, un œuf et un peu d'eau.
2. Dès que la pâte est homogène, laissez-la reposer au frais pendant 1 heure. Garnissez un moule à tarte de 24 cm de diamètre et faites cuire le fond de tarte à blanc th. 6 - 180°.
3. Portez le lait à ébullition avec le zeste d'un citron, couvrez et laissez infuser 15 mn. Séparez blancs et jaunes des 3 œufs restants. Fouettez les jaunes avec la moitié du sucre en poudre, ajoutez la maïzena puis le lait tiède.
4. Remettez sur feu moyen et portez à ébullition en remuant. Hors du feu, ajoutez le jus des 3 citrons. Donnez encore un bouillon et laissez refroidir. Battez les blancs en neige ferme avec une pincée de sel et le reste du sucre en poudre.
5. Incorporez 1/3 des blancs en neige à la crème de citron. Garnissez le fond de tarte refroidi. Etalez le reste des blancs sur le dessus de la tarte et réservez au frais.
6. Juste avant de servir, allumez le gril du four. Saupoudrez de sucre glace et passez quelques secondes sous le gril. Servez de suite.

6 FEVRIER

St Gaston

Dinde au gingembre

ENTREE

RIZ EN SALADE

POUR 4 PERSONNES :

Préparation : 10 mn. Cuisson : 10 mn.
Recette facile. Prix : bon marché.

200 g de riz,
400 g de sauce tomate,
100 g de dés de lardons fumés,
1 boîte de thon au naturel,
1 cuillerée à soupe de jus de citron,
1 cuillerée à soupe d'huile d'olive,
Ciboulette hachée,
Sel, poivre.

1. Faites cuire le riz dans une grande quantité d'eau bouillante salée, égouttez-le et laissez-le refroidir.
2. Dans un saladier, mélangez le riz, la sauce tomate, l'huile d'olive, le jus de citron, le thon en morceaux et les lardons préalablement dégraissés à la poêle et égouttés.
3. Salez légèrement et poivrez. Saupoudrez de ciboulette et servez aussitôt.

Conseil du chef
Ajoutez à la salade des rondelles d'olives vertes et noires.

PLAT

DINDE AU GINGEMBRE

POUR 4 PERSONNES :

Préparation : 25 mn. Cuisson : 45 mn.
Recette facile. Prix modéré.

2 cuisses de dinde,
1 cuillerée à soupe de gingembre frais râpé,
2 échalotes,
2 cuillerées à soupe de sauce soja,
1 cuillerée à soupe de vinaigre,
1 cuillerée à soupe de sucre en poudre,
10 cl de bouillon instantané,
200 g de champignons de Paris,
2 cuillerées à soupe d'huile,
Sel, poivre.

1. Désossez les cuisses et coupez-les en petits morceaux. Faites fondre les échalotes hachées dans une poêle contenant de l'huile chaude. Saupoudrez-les de gingembre.
2. Complétez avec la sauce soja, le vinaigre et le sucre. Mélangez et ajoutez la viande. Faites-la dorer en remuant, salez, poivrez. Ajoutez le bouillon chaud et portez à ébullition.
3. Couvrez et laissez cuire à petit feu 45 mn. Emincez les champignons et ajoutez-les à la viande 5 mn avant la fin de la cuisson. Dressez sur le plat de service et servez chaud.

DESSERT

SOUFFLÉS AUX POIRES

POUR 4 PERSONNES :

Préparation : 10 mn. Cuisson : 25 mn.
Recette élaborée. Prix : bon marché.

2 poires,
200 g de crème fraîche,
4 cuillerées à soupe de farine,
4 œufs,
4 cuillerées à soupe de sucre,
10 g de maïzena,
5 g de beurre,
5 cl d'eau-de-vie de poires.

1. Délayez la farine avec la crème, ajoutez les jaunes d'œuf, le sucre, la maïzena, puis les poires réduites en purée et l'eau-de-vie de poires.
2. Battez les blancs en neige ferme, incorporez-les doucement au mélange. Beurrez les ramequins et versez-y la préparation. Mettez au four préchauffé th. 7 - 210° pendant 25 mn.
3. Servez aussitôt sorti du four.

POUR CE MENU LE SOMMELIER VOUS PROPOSE

*Un Tokay
Pinot Gris*

ENTRÉE

CHOU-FLEUR AUX MOULES

POUR 4 PERSONNES :

Préparation : 15 mn. Cuisson : 10 mn.
Recette facile. Prix modéré.

1 chou-fleur,
1 litre de moules,
2 œufs,
1 citron,
3 cuillerées à soupe d'huile,
2 échalotes,
Estragon,
Sel, poivre.

1. Pelez les échalotes et hachez-les. Faites cuire les œufs 10 mn dans l'eau bouillante. Ecalez-les et hachez-les au couteau. Mettez-les dans un saladier.
2. Ajoutez le jus de citron, les écha-lotes, l'huile, du sel et du poivre. Lavez le chou-fleur, égouttez-le et débitez-le en petits bouquets. Faites ouvrir les moules à feu vif.
3. Réservez-en quelques-unes dans leur coquille. Décoquillez les autres. Ajoutez le chou-fleur à la sauce avec les moules décortiquées.
4. Mélangez et laissez reposer 30 mn avant de servir. Décorez avec les moules réservées et l'estragon haché. Servez froid.

PLAT

AGNEAU EN CROUTE SAUCE POIVRADE

POUR 4 PERSONNES :

Préparation : 20 mn. Cuisson : 1 h.
Recette élaborée. Prix : bon marché.

1 carré d'agneau de 400 g,
250 g de pâte brisée,
100 g d'oignons émincés,
50 g de poitrine fumée,
1 cuillerée à soupe d'échalote hachée,
1 cuillerée à café de thym, 1 jaune d'œuf,
50 g de beurre, 50 g de farine,
1/2 litre de bouillon, 1/2 verre de vin blanc,
1/2 verre de vinaigre, laurier, sel, poivre.
2 cuillerées à soupe d'huile d'olive.

1. Préchauffez le four th. 7 - 210°. Essuyez la viande et saisissez-la dans une poêle légèrement huilée, réservez. Dans une petite casserole, ver-sez le vinaigre, les échalotes, 50 g d'oignons, le thym, 1 feuille de laurier, du poivre.
2. Portez sur feu doux et laissez réduire de moi-tié. Passez au tamis et réservez. Dans une autre casserole, mettez les oignons et la poitrine fumée coupée en lanières à rissoler quelques minutes dans le beurre puis retirez-les.
3. A la place, saupoudrez la farine et faites un roux brun. Incorporez alors le bouillon, le vin blanc et la réduction de vinaigre. Laissez mijoter 30 mn sur le feu très doux en mélangeant régu-lièrement.
4. Badigeonnez d'huile la viande. Etalez la pâte au rouleau et entourez-en la viande en laissant ressortir les os. Appliquez bien la pâte contre la viande, soudez les bords et dorer avec le jaune d'œuf battu.
5. Faites cuire sur la plaque du four 30 mn. Retournez à mi-temps. Servez chaud découpé avec la sauce.

DESSERT

CHOUQUETTES À L'ORANGE

POUR 4 PERSONNES :

Préparation : 10 mn. Pas de cuisson.
Recette facile. Prix : bon marché.

12 chouquettes,
3 oranges,
1 bombe de crème chantilly.

1. Epluchez les oranges, séparez leurs quartiers et retirez la peau blanche qui les entoure. Ouvrez les chouquettes en deux.
2. Répartissez deux quartiers par chou-quette. Recouvrez-les de chantilly. Remettez les chapeaux des chou-quettes et décorez le dessus de chan-tilly. Servez immédiatement.

Conseil du chef
Vous pouvez réaliser ce dessert avec des fruits rouges.

POUR CE MENU LE SOMMELIER VOUS PROPOSE

Un Pinot blanc

ENTRÉE

ŒUFS MIMOSA

POUR 4 PERSONNES :

Préparation : 10 mn. Cuisson : 10 mn.
Recette facile. Prix : bon marché.
6 œufs, 150 g de fromage râpé,
200 g de fromage blanc,
2 cuillerées à soupe de ciboulette,
1 cuillerée à café de tapenade, poivre.

1. Faites cuire les œufs 10 mn dans de l'eau bouillante. Rafraîchissez-les sous l'eau froide, écalez-les et laissez-les complètement refroidir.
2. Dans un saladier, mélangez le fromage blanc, la ciboulette et la tapenade. Coupez les œufs en deux dans le sens de la longueur et ôtez les jaunes.
3. Hachez trois des jaunes et mélangez-les au fromage blanc en ajoutant le fromage râpé. Poivrez, remuez à nouveau et répartissez dans les blancs d'œuf.
4. Mettez les jaunes restants dans une moulinette et râpez au-dessus des œufs pour qu'ils soient recouverts de vermicelles jaunes. Servez frais.

Conseil du chef
Vous pouvez réaliser ce dessert avec n'importe quel coulis.

PLAT

POULET RÔTI ET CRÊPE AU MAÏS

POUR 4 PERSONNES :

Préparation : 20 mn. Cuisson : 1 h.
Recette facile. Prix : bon marché.
1 poulet de 1 kg,
8 gousses d'ail,
100 g d'olives vertes,
1 brin de romarin,
Huile d'olive,
1 tablette de jus de rôti,
Sel, poivre,
100 g de farine,
40 g de maïzena,
20 cl de lait,
3 œufs,
100 g de maïs en boîte,
1 pincée de sel,
1 cuillerée à soupe d'huile.

1. Dans un saladier, mélangez la farine et la maïzena, ajoutez les œufs entiers, le sel et l'huile. Délayez au fouet en ajoutant le lait peu à peu puis incorporez le maïs égoutté. Laissez reposer.
2. Préchauffez le four th. 8 - 240°. Farcissez le poulet avec les olives, l'ail épluché et le romarin trempé dans l'huile d'olive. Fermez avec un bâtonnet.
3. Enfournez pendant 1 heure, arrosez en cours de cuisson, salez et poivrez. Faites cuire les crêpes dans une petite poêle.
4. Préparez le jus de rôti et servez-le en saucière avec le poulet découpé entouré des olives et accompagné des crêpes au maïs.

DESSERT

MOUSSE FRAISE ABRICOT

POUR 4 PERSONNES :

Préparation : 20 mn. Cuisson : 5 mn.
Recette facile. Prix : bon marché.
200 g de coulis d'abricot,
200 g de coulis de fraise,
2 blancs d'œuf,
1 feuille de gélatine alimentaire,
Quelques feuilles de menthe,
Sel.

1. Coupez la feuille de gélatine en deux, réservez une moitié et faites ramollir l'autre dans un bol d'eau froide. Versez le coulis d'abricot dans une terrine. Prélevez-en 4 cuillerées à soupe dans une petite casserole.
2. Faites chauffer sur feu doux, incorporez la gélatine ramollie et égouttez en remuant bien pour la faire dissoudre complètement. Ajoutez au reste de coulis en mélangeant bien.
3. Montez un blanc d'œuf en neige très ferme avec une pincée de sel. Incorporez progressivement au coulis d'abricot, en soulevant. Réservez dans le réfrigérateur.
4. Procédez de même pour le coulis de fraise. Dans des coupelles givrées au sucre, versez simultanément et des deux côtés opposés les deux mousses de façon à ce qu'elles ne se mélangent pas.
5. Placez dans le congélateur 30 mn. Servez froid décoré de quelques feuilles de menthe.

POUR CE MENU LE SOMMELIER VOUS PROPOSE

Un Anjou Village

ENTRÉE

 OUPE AU YAOURT

POUR 4 PERSONNES :

Préparation : 15 mn. Pas de cuisson.
Recette facile. Prix : bon marché.

4 yaourts nature,
40 cl de jus de tomate,
2 oignons,
2 citrons,
1 pincée de poivre de Cayenne,
1/2 cuillerée à café de paprika,
1 cuillerée à soupe de ciboulette hachée,
Sel.

1. Epluchez les oignons et hachez-les menu. Mélangez les yaourts, le jus de tomate et les oignons hachés. Ajoutez le jus d'un citron, le poivre de Cayenne, le paprika, puis salez.
2. Couvrez et laissez 1 heure dans le réfrigérateur. Parsemez de ciboulette hachée et d'un quartier de citron. Servez bien frais.

PLAT

 MELETTE AU ROQUEFORT

POUR 4 PERSONNES :

Préparation : 10 mn. Cuisson : 10 mn.
Recette facile. Prix : bon marché.

8 œufs,
125 g de roquefort,
10 cl de lait,
20 g de beurre,
Poivre.

1. Emiettez le roquefort dans une poêle, faites-le fondre sur feu doux, avec le beurre. Battez les œufs en omelette avec le lait, poivrez.
2. Lorsque le mélange fromage-beurre est crémeux, versez dessus les œufs battus. Faites cuire l'omelette sur feu vif. Servez avec des toasts et une salade verte.

DESSERT

G ÂTEAU MULTICOLORE

POUR 4 PERSONNES :

Préparation : 20 mn. Cuisson : 30 mn.
Recette facile. Prix : bon marché.

3 œufs,
175 g de sucre,
1 sachet de sucre vanillé,
120 g de farine,
50 g de maïzena,
1/2 sachet de levure chimique,
125 g de beurre,
6 cuillerées à soupe de confiture d'abricot,
150 g de sucre glace,
Colorant liquide alimentaire parfum fraise,
Bonbons multicolores.

1. Préchauffez le four th. 6 - 180°. Dans un saladier, mélangez le sucre, le sucre vanillé et les œufs. Ajoutez la farine, la maïzena et la levure. Mélangez jusqu'à ce que la pâte soit lisse puis incorporez le beurre ramolli coupé en dés.
2. Beurrez un moule à manqué, versez-y la pâte et enfournez 30 mn. Démoulez le gâteau et laissez-le refroidir sur une grille. Coupez-le en 2 disques et nappez de confiture d'abricot. Reformez le gâteau.
3. Mélangez le sucre glace avec 2 cuillerées à soupe d'eau et quelques gouttes de colorant alimentaire. Etalez le glaçage sur le gâteau à l'aide d'une spatule. Décorez de bonbons multicolores et mettez au frais pour faire durcir le glaçage.

Conseil du chef
À la place des bonbons, vous pouvez mettre des vermicelles au chocolat sur le gâteau.

10
FÉVRIER

St Arnaud

Navarin
d'agneau

POUR CE MENU LE SOMMELIER VOUS PROPOSE

Un Anjou Village

ENTREE

CONSOMMÉ AU PARMESAN

POUR 4 PERSONNES :

Préparation : 10 mn. Cuisson : 15 mn.
Recette facile. Prix : bon marché.

1 litre de bouillon de volaille,
1 sachet de croûtons à l'ail,
4 cuillerées à soupe de parmesan râpé,
2 œufs,
Poivre, piment de Cayenne.

1. Faites chauffer le bouillon de volaille. Battez le parmesan râpé avec les 2 œufs entiers dans la soupière de service.
2. Ajoutez les croûtons à l'ail dans la soupière, versez le bouillon brûlant tout en continuant de battre.
3. Poivrez et ajoutez une pincée de piment de Cayenne. Servez chaud.

Conseil du chef
Le navarin est encore meilleur réchauffé.

PLAT

NAVARIN D'AGNEAU

POUR 4 PERSONNES :

Préparation : 20 mn. Cuisson : 30 mn.
Recette facile. Prix : modéré.

800 g d'épaule d'agneau,
1 oignon,
1 feuille de laurier,
1 pincée de sucre cristallisé,
800 g de navets,
3 carottes,
3 gousses d'ail,
Huile,
20 cl d'eau,
Sel, Poivre.

1. Coupez la viande en carrés. Placez-les dans une poêle huilée préchauffée. Faites-les revenir à feu doux sur toutes leurs faces. Retirez les morceaux de viande et séchez-les.
2. Lavez et séchez les navets, coupez-les en fines lamelles, ajoutez-les avec la viande dans un autocuiseur. Mettez-y l'oignon émincé, l'ail pressé et la feuille de laurier.
3. Versez l'eau, salez, poivrez et sucrez. Couvrez et faites cuire 20 mn sur feu moyen. Laissez reposer 2 mn avant d'ouvrir. Retournez la viande et les navets, arrosez avec le jus obtenu.
4. Laissez mijoter 10 mn sur feu moyen. Laissez reposer 2 mn avant de servir.

DESSERT

TATIN DE POIRES AUX ÉPICES

POUR 4 PERSONNES :

Préparation : 30 mn. Cuisson : 55 mn.
Recette élaborée. Prix : modéré.

200 g de farine, 175 g de beurre,
1/2 cuillerée à café de sel,
3 sachets de sucre vanillé,
2 cuillerées à soupe de sucre fin, 8 poires,
80 g de sucre, 20 morceaux de sucre,
Le jus d'un demi-citron,
1 cuillerée à café de gingembre en poudre,
1 cuillerée à café de cannelle en poudre.

1. Dans un saladier, versez la farine et 100 g de beurre coupé en dés. Amalgamez du bout des doigts rapidement pour obtenir un mélange grumeleux.
2. Mettez-le sur une planche, formez un trou au centre, ajoutez-y un sachet de sucre vanillé, le sucre fin, le sel et 1/2 verre d'eau en pétrissant délicatement.
3. Formez une boule et laissez reposer 1/2 heure. Dans un moule à tourte, mettez les 20 morceaux de sucre, 1/2 verre d'eau et le jus de citron. Placez le moule sur le feu et laissez cuire jusqu'à obtenir un caramel blond.
4. Remuez le moule pour caraméliser le fond et les parois. Laissez refroidir. Epluchez les poires, coupez-les en quartiers. Disposez-les dans le moule, saupoudrez de sucre fin, de sucre vanillé, de gingembre et de cannelle.
5. Parsemez de petits morceaux de beurre et laissez cuire à feu doux 25 mn. Préchauffez le four th. 7 - 210°. Etalez la pâte au rouleau et formez un cercle plus grand que le moule. Retirez le moule du feu.
6. Recouvrez les poires avec la pâte. A l'aide d'un couteau à bout rond, glissez la pâte entre la paroi du moule et les poires. Faites cuire 25 mn. Dès la sortie du four, renversez la tarte sur le plat de service et servez tiède.

POUR CE
MENU LE
SOMMELIER
VOUS
PROPOSE

*Un
Chardonnay*

ENTRÉE

ℬ ŒUF MODE EN GELÉE

POUR 4 PERSONNES :

Préparation : 35 mn. Cuisson : 3 h.
Recette élaborée. Prix : modéré.

1 kg de gîte entrelardé,
1 pied de veau coupé en deux,
500 g de carottes,
3 cuillerées à soupe d'oignon émincé,
2 verres de vin blanc sec,
1 litre de bouillon de volaille,
2 cuillerées à soupe d'huile d'olive,
1 cuillerée à soupe d'estragon haché,
Sel, poivre.

1. Faites chauffer l'huile dans une cocotte, mettez-y la viande à dorer. Ajoutez le vin et faites réduire à feu vif. Ajoutez l'oignon et le pied de veau.
2. Couvrez de bouillon, salez et poivrez. Ecumez après ébullition, couvrez et laissez mijoter 3 heures en retournant souvent la viande. Une heure avant la fin de la cuisson, ajoutez les carottes coupées en rondelles.
3. Décorez le fond d'une terrine avec les carottes et l'estragon, tranchez la viande et reconstituez le morceau dans la terrine. Ajoutez le reste de carottes et le jus dégraissé. Laissez dans le réfrigérateur 24 heures. Démoulez et servez frais.

PLAT

ℱ AUMON EN CROÛTE DE SEL

POUR 4 PERSONNES :

Préparation : 15 mn. Cuisson : 50 mn.
Recette élaborée. Prix modéré.

1 saumon de 1 kg,
1 cuillerée à café d'estragon,
1 cuillerée à soupe de persil haché,
1 cuillerée à soupe de ciboulette coupée,
60 g de beurre,
3 kg de gros sel,
40 g de farine,
1/2 litre de court-bouillon chaud,
2 cuillerées à soupe de jus de citron,
Sel, poivre.

1. Préchauffez le four th. 8 - 240°. Rincez le saumon et essuyez-le avec du papier absorbant. Salez et poivrez l'intérieur. Versez 1 kg de gros sel dans le fond d'un grand plat, déposez le saumon dessus et recouvrez-le entièrement avec le reste du sel.
2. Enfournez pour 40 mn. Dans une casserole, mettez le jus de citron et les herbes, laissez chauffer quelques minutes sur feu doux. Dans une autre casserole, faites fondre 40 g de beurre, ajoutez la farine et faites cuire sans colorer tout en remuant.
3. Versez le court-bouillon et poursuivez la cuisson 10 mn en fouettant régulièrement Incorporez le mélange jus de citron-herbes, laissez chauffer 2 mn puis retirer du feu. Ajoutez le reste de beurre par petits morceaux en mélangeant bien.
4. Sortez le saumon du four, cassez la croûte de sel et retirez la peau. Prélevez les filets et présentez-les sur des assiettes nappés de sauce.

DESSERT

ℬ AIN D'ÉPICES

POUR 4 PERSONNES :

Préparation : 20 mn. Cuisson : 1 h.
Recette facile. Prix modéré.

100 g de farine, 100 g de sucre glace,
400 g de poudre d'amandes,
400 g de miel fondu, 2 œufs entiers,
1 cuillerée à café de cannelle en poudre,
1 cuillerée à café d'anis, 1 zeste de citron,
1 cuillerée à café de gingembre en poudre,
6 blancs d'œuf, 100 g de sucre semoule,
100 g de beurre fondu.

1. Dans un saladier, mélangez la farine, le sucre glace, la poudre d'amandes. Fouettez les œufs entiers en y ajoutant les épices. Montez les blancs d'œuf en neige en ajoutant à la fin 100 g de sucre.
2. Incorporez les œufs entiers fouettés avec le mélange sucre-amandes-farine. Mélangez délicatement les blancs d'œuf à la préparation précédente.
3. Ajoutez le beurre fondu et le miel. Mélangez. Versez dans un moule à cake beurré et fariné. Cuisez au four th. 6 - 180° pendant 1 heure. Laissez refroidir avant de servir.

Conseil du chef

Vous pouvez ajouter au pain d'épices des amandes concassées.

12

FÉVRIER

St Félix

Carbonades
flamandes

POUR CE MENU LE SOMMELIER VOUS PROPOSE

Un Côtes de Bourg blanc

ENTRÉE

ŒUFS BROUILLÉS AU FROMAGE

POUR 4 PERSONNES :

Préparation : 15 mn. Cuisson : 5 mn.
Recette facile. Prix : bon marché.

4 œufs,

20 g de beurre,

2 cuillerées à soupe de crème épaisse,

80 g de fromage râpé,

Sel, Poivre.

1. Dans un saladier, cassez les œufs. Faites fondre le beurre dans une poêle, versez-y les œufs. Sur feu doux, remuez-les à l'aide d'une spatule en bois.
2. Dès qu'ils commencent un peu à prendre, ajoutez la crème et assaisonnez. Laissez cuire encore un peu sans cesser de remuer en ajoutant le fromage.
3. Arrêtez la cuisson et servez immédiatement avec des toasts et du ketchup.

Conseil du chef

Dans les pommes au four, vous pouvez remplacer les pruneaux par des figues.

PLAT

CARBONADES FLAMANDES

POUR 4 PERSONNES :

Préparation : 20 mn. Cuisson : 1 h 30.
Recette élaborée. Prix : bon marché.

1 kg de carbonade,

30 g de beurre,

3 morceaux de sucre,

4 oignons,

1 cuillerée à soupe de farine,

1 litre de bière brune,

16 pruneaux,

2 tranches de pain d'épices enduites de moutarde,

1 bouquet garni,

1 cuillerée à soupe de vinaigre,

3 pommes,

Sel, poivre.

1. Épluchez et émincez les oignons. Faites revenir la viande dans une cocotte avec du beurre, salez et poivrez. Retirez-la et faites dorer les oignons à feu doux. Saupoudrez de farine, mélangez.
2. Mouillez de bière, remettez la viande dans la cocotte, ajoutez les herbes, le vinaigre et le sucre. Couvrez la viande avec les tranches de pain d'épices. Couvrez et laissez mijoter 1 heure 30.
3. Coupez les pommes en quartiers, faites-les poêler au beurre 10 mn à feu doux. Ajoutez-les à la préparation 15 mn avant la fin de la cuisson. Servez bien chaud.

DESSERT

POMMES AU FOUR

POUR 4 PERSONNES :

Préparation : 15 mn. Cuisson : 30 mn.
Recette facile. Prix modéré.

4 pommes,

6 abricots secs,

6 pruneaux,

Le jus d'un citron,

5 cl de Calvados,

1 sachet de sucre vanillé,

5 g de beurre,

4 cuillerées à soupe de crème fraîche.

1. Hachez les abricots secs et les pruneaux dénoyautés et faites-les macérer pendant 1 heure dans le jus de citron et le Calvados.
2. Dans un plat à gratin beurré, déposez 4 pommes creusées, remplissez-les avec la farce de fruits secs.
3. Saupoudrez de sucre vanillé et déposez une noisette de beurre sur chaque pomme.
4. Arrosez avec le jus de macération. Cuisez au four th. 7 - 210° pendant 30 mn. Servez tiède avec la crème fraîche.

13
FÉVRIER

Ste Béatrice

Gâteau de riz

ENTRÉE

VELOUTÉ DE LENTILLES AU LARD

POUR 4 PERSONNES :

Préparation : 15 mn. Cuisson : 20 mn.
Recette facile. Prix : bon marché.

300 g de lentilles vertes mises à tremper la veille,
200 g de lard de poitrine demi-sel,
2 tablettes de bouillon de poule,
1 pincée de thym,
Persil,
1 cuillerée à soupe d'huile,
1 grosse noix de beurre,
Sel, poivre.

1. Egouttez les lentilles, faites-les cuire à l'eau fraîche salée avec le thym et le persil 10 mn après la reprise de l'ébullition. Egouttez-les à nouveau et passez-les au mixeur.
2. Préparez le bouillon de poule selon le mode d'emploi dans 1 litre d'eau bouillante. Réservez. Taillez le lard en petits dés, plongez-le dans l'eau froide et portez à ébullition.
3. Egouttez le lard, rincez-le sous l'eau froide et séchez-le. Faites chauffer l'huile dans une poêle et laissez dorer les lardons 3 mn. Egouttez-les sur du papier absorbant.
4. Mélangez la purée de lentilles au bouillon, faites chauffer doucement en remuant. Incorporez le beurre et rectifiez l'assaisonnement. Versez dans une soupière, ajoutez les lardons et servez chaud.

PLAT

CÔTES DE PORC MARINÉES GRILLÉES

POUR 4 PERSONNES :

Préparation : 15 mn. Cuisson : 15 mn.
Recette facile. Prix : bon marché.

4 côtes de porc,
1 litre d'eau chaude,
Persil haché,
20 cl de vin blanc,
1 bouquet garni,
1 oignon haché,
1 carotte hachée,
6 grains de poivre concassés,
1 cuillerée à soupe d'huile,
Sel, poivre.

1. Mélangez le vin, le bouquet garni, l'oignon, la carotte, les grains de poivre et l'huile. Incorporez-y les côtes de porc et laissez-les mariner 5 heures en les tournant de temps en temps.
2. Egouttez et épongez les côtes de porc et faites-les griller sur un grill à feu vif. Réchauffez la marinade 10 mn et servez cette sauce chaude sur les côtes de porc grillées.

Conseil du chef
Vous pouvez servir ce gâteau de riz avec un coulis de fruits.

DESSERT

GÂTEAU DE RIZ

POUR 4 PERSONNES :

Préparation : 25 mn. Cuisson : 50 mn.
Recette élaborée. Prix : bon marché.

250 g de riz,
1 litre de lait,
1 gousse de vanille,
1/2 zeste d'orange,
1/2 zeste de citron,
165 g de sucre,
4 jaunes d'œuf,
3 feuilles de gélatine alimentaire,
400 g de crème fouettée.

1. Cuisez le riz dans de l'eau bouillante, rincez-le et mettez-le au four dans une casserole avec 75 cl de lait, la vanille, les zestes et 100 g de sucre. Couvrez avec du papier aluminium et cuisez 40 mn.
2. Cuisez 25 cl de lait, les jaunes d'œuf et 65 g de sucre dans une casserole. Ajoutez la gélatine ramollie dans un peu d'eau froide et laissez refroidir. Mélangez le riz cuit froid et la crème fouettée.
3. Mélangez les deux préparations. Mettez dans un moule à bords hauts et réservez dans le réfrigérateur. Servez froid.

14

FÉVRIER

St Valentin

Cœur
de veau farci

POUR CE
MENU LE
SOMMELIER
VOUS
PROPOSE

Un Buzet

ENTREE

SALADE DE CŒURS D'ARTICHAUT

POUR 4 PERSONNES :

Préparation : 15 mn. Cuisson : 20 mn.
Recette facile. Prix : bon marché.

8 cœurs d'artichaut,
4 tranches de saumon fumé,
1 pamplemousse rose,
200 g d'emmenthal,
1 cuillerée à soupe de baies roses,
Le jus d'un citron,
4 cuillerées à soupe d'huile,
1 cuillerée à soupe de ciboulette ciselée,
Sel, poivre.

1. Faites cuire les cœurs d'artichaut à la vapeur 20 mn. Pelez le pamplemousse à vif, détachez les quartiers en les débarrassant de la membrane qui les entoure.
2. Coupez le fromage en fines lamelles. Dans un bol, mélangez les baies, la ciboulette, le jus de citron et l'huile. Battez à la fourchette. Disposez les cœurs d'artichaut tièdes sur les assiettes de service.
3. Déposez une tranche de saumon au fond de chaque cœur, décorez de quartiers de pamplemousse alternés avec des lamelles de fromage.
4. Répartissez la sauce, parsemez de ciboulette et servez immédiatement.

PLAT

CŒUR DE VEAU FARCI

POUR 4 PERSONNES :

Préparation : 25 mn. Cuisson : 1 h 15.
Recette facile. Prix modéré.

1 cœur de veau de 1 kg,
1 grande crépine de porc,
250 g de chair à saucisse,
120 g de mie de pain rassis,
20 cl de lait, 8 échalotes, 50 g de beurre,
8 branches de persil, 2 œufs,
2 cuillerées à soupe d'huile,
2 branches de thym,
40 cl de vin blanc sec,
20 cl de bouillon de volaille dégraissé,
Sel, poivre.

1. Coupez le cœur sur un côté sans l'ouvrir en deux. Emiettez le pain, humectez-le avec le lait. Pelez les échalotes et hachez-en quatre. Faites-les fondre dans une petite cocotte, sur feu doux, dans 20 g de beurre 5 mn.
2. Egouttez-les avec l'écumoire et mettez-les dans un saladier. Ajoutez la chair à saucisse, le pain pressé, le persil finement haché, les œufs entiers, du sel, du poivre et mélangez.
3. Introduisez la farce à l'intérieur du cœur, refermez-le et enveloppez-le dans la crépine. Dans la cocotte sur feu doux, faites blondir le reste des échalotes coupées en deux avec le reste de beurre et l'huile 5 mn.
4. Ajoutez le cœur, le thym, le vin et le bouillon. Couvrez et laissez cuire 1 heure. Otez la crépine, coupez le cœur en quatre puis disposez sur les assiettes de service, farce sur le dessus.

DESSERT

BEIGNETS DE CARNAVAL

POUR 4 PERSONNES :

Préparation : 20 mn. Cuisson : 20 mn.
Recette facile. Prix : bon marché.

200 g de farine, 80 g de maïzena,
3 œufs, 75 g de beurre,
4 cuillerées à soupe de rhum,
2 sachets de sucre vanillé,
1 cuillerée à soupe de sucre en poudre,
1 pincée de sel fin, 1/2 sachet de levure,
1 zeste de citron, sucre glace.

1. Dans un saladier, mélangez la farine, la maïzena, le sucre en poudre, le sucre vanillé et du sel. Ajoutez les œufs un à un, puis le beurre ramolli et le rhum.
2. Les mains farinées, pétrissez le tout pour obtenir une pâte épaisse. Ajoutez la levure et le zeste de citron finement râpé. Etalez la pâte mince sur une planche bien farinée.
3. A l'aide d'emporte-pièces, découpez la pâte de différentes formes. Plongez les beignets dans la friture chaude un à un 2 mn de chaque côté.
4. Sortez-les à l'aide d'une écumoire et égouttez-les sur du papier absorbant. Disposez-les dans le plat de service, saupoudrez-les de sucre glace et servez-les chauds ou froids.

Conseil du chef
Accompagnez le cœur de veau de carottes sautées au beurre.

St Claude

Millefeuille de chou au fromage

ENTRÉE

MILLEFEUILLE DE CHOU AU FROMAGE

POUR 4 PERSONNES :

Préparation : 30 mn. Cuisson : 15 mn.
Recette facile. Prix : bon marché.

1 chou blanc,

4 tranches de pain de mie,

600 g de gouda au cumin,

20 g de beurre, sel, poivre.

1. Nettoyez le chou et détachez les feuilles. Faites-les cuire à la vapeur 5 mn. A l'aide d'un verre, découpez 12 disques dans les feuilles de chou.
2. Otez la croûte du pain de mie et beurrez légèrement les tranches. Préchauffez le four th. 7 - 210°. Coupez le fromage en lamelles. Posez les tranches de pain beurrées dans un plat à four.
3. Sur chacune d'elles, répartissez les lamelles de fromage, couvrez d'un disque de chou, recommencez jusqu'à épuisement des ingrédients en terminant par un disque de chou.
4. Poivrez les différentes couches au fur et à mesure. Enfournez pour 10 mn et servez aussitôt.

Conseil du chef
S'il vous reste du poulet à l'indienne, vous pouvez le servir également froid.

PLAT

POULET À L'INDIENNE

POUR 4 PERSONNES :

Préparation : 20 mn. Cuisson : 15 mn.
Recette facile. Prix : bon marché.

300 g d'escalopes de poulet,

400 g de riz cuit,

200 g de petits pois,

200 g de pommes en quartiers,

1 yaourt bulgare,

3 cuillerées à soupe d'huile d'olive,

1 cuillerée à soupe de curry,

1 cuillerée à soupe de moutarde,

Le jus d'un demi-citron,

Sel, poivre.

1. Dans une grande casserole d'eau bouillante salée, faites cuire les petits pois 8 mn après la reprise de l'ébullition. Egouttez, rafraîchissez et réservez.
2. Faites cuire les escalopes dans une poêle anti-adhésive, coupez-les en dés et laissez complètement refroidir. Dans un bol, mélangez le curry, la moutarde et le jus de citron.
3. Ajoutez le yaourt et l'huile d'olive, salez, poivrez et mélangez. Coupez les pommes en dés. Dans une sauteuse avec un peu d'huile, mettez le riz, le poulet, les petits pois, les pommes.
4. Versez la sauce, mélangez bien et couvrez pour faire réchauffer le tout. Servez chaud.

DESSERT

CRÈME CARAMEL

POUR 4 PERSONNES :

Préparation : 10 mn. Cuisson : 30 mn.
Recette facile. Prix : bon marché.

1/2 litre de lait,

150 g de sucre,

3 œufs.

1. Faites bouillir le lait avec 100 g de sucre, laissez refroidir. Dans une casserole, mettez le reste de sucre, remuez jusqu'à ce que le sucre en fondant devienne marron foncé puis ajoutez 3 cuillerées à soupe d'eau.
2. Laissez encore sur le feu pour que le caramel soit bien fondu puis laissez refroidir. Versez-le ensuite dans le lait en ayant soin de bien mélanger le lait et le caramel.
3. Enfin battez ensemble 3 jaunes d'œuf et un blanc que vous ajoutez au lait caramélisé. Passez à travers une passoire fine. Versez dans des ramequins.
4. Faites cuire au four th. 5 - 150° pendant 20 mn. Laissez refroidir puis mettez au frais jusqu'au moment de servir accompagné de petits gâteaux secs.

POUR CE MENU LE SOMMELIER VOUS PROPOSE

Un Entre-Deux-Mers

ENTREE

POTAGE AUX POMMES DE TERRE

POUR 4 PERSONNES :

*Préparation : 10 mn. Cuisson : 15 mn.
Recette facile. Prix : bon marché.*

4 pommes de terre,
1 litre d'eau,
150 g de gruyère râpé,
1 sachet de croûtons,
2 cuillerées à soupe de crème fraîche,
Sel, Poivre.

1. Râpez les pommes de terre épluchées. Mettez-les dans l'eau bouillante salée et laissez cuire 15 mn.
2. Dans le fond de la soupière, mettez la crème fraîche et le fromage râpé. Mélangez bien.
3. Ajoutez les croûtons et versez dessus le potage. Poivrez. Mélangez à nouveau et servez bien chaud.

PLAT

CÔTES DE PORC AU FOUR

POUR 4 PERSONNES :

*Préparation : 10 mn. Cuisson : 20 mn.
Recette facile. Prix : bon marché.*

4 côtes de porc,
5 cl de vin blanc sec,
2 cuillerées à soupe de crème,
150 g de fromage râpé,
1 cuillerée à soupe de cerfeuil haché,
20 g de beurre,
Sel, poivre.

1. Dans une poêle, faites dorer les côtes de porc dans le beurre, 5 mn de chaque côté. Salez et poivrez-les.
2. Lorsqu'elles sont bien dorées, réservez-les dans un plat à gratin. Jetez le gras et déglacez la poêle avec 5 cl de vin blanc, 2 cuillerées à soupe de crème fraîche et le fromage râpé.
3. Remuez jusqu'à ce que le fromage soit bien fondu. Ajoutez le cerfeuil et 1/2 verre d'eau.
4. Arrosez les côtes de porc de cette sauce et enfournez th. 6 - 180° pendant 10 mn. Servez chaud.

DESSERT

CRÈME AU CHOCOLAT

POUR 4 PERSONNES :

*Préparation : 10 mn. Cuisson : 10 mn.
Recette facile Prix : bon marché.*

200 g de chocolat noir à pâtisser,
70 g de beurre,
1 cuillerée à café de cannelle,
12 cl de lait,
4 cuillerées à soupe de crème fraîche.

1. Dans un saladier, mettez le chocolat coupé en morceaux, le beurre en dés et la cannelle.
2. Faites chauffer le lait et versez-le bouillant dans le saladier. Remuez afin d'obtenir une pâte lisse.
3. Répartissez la préparation dans quatre ramequins et mettez au frais. Battez la crème fraîche et servez la crème au chocolat accompagnée de la crème battue.

Conseil du chef

Vous pouvez ajouter au chocolat un extrait de café qui renforcera le goût du chocolat.

POUR CE MENU LE SOMMELIER VOUS PROPOSE

Un Muscadet sur Lie

ENTRÉE

CRÊPES EN ROULEAUX DE PRINTEMPS

POUR 4 PERSONNES :

Préparation : 30 mn. Cuisson : 10 mn.
Recette élaborée. Prix : bon marché.
100 g de farine, 2 œufs,
1/3 de litre de lait,
2 cuillerées à soupe d'huile, sel,
1 bocal de germes de soja, 1 carotte,
Quelques feuilles de laitue,
4 cuillerées à soupe de mayonnaise,
1 cuillerée à soupe de sauce soja,
200 g de crevettes décortiquées,
2 cuillerées à soupe de coriandre ciselée.

1. Dans un saladier, mélangez la farine, les œufs, 1 cuillerée à soupe d'huile et une pincée de sel. Fouettez en ajoutant peu à peu le lait jusqu'à ce que la pâte soit lisse.
2. Laissez-la reposer 30 mn. Coupez les crevettes en morceaux. Egouttez les germes de soja. Détaillez la salade en lanières. Pelez et râpez la carotte.
3. Mélangez la mayonnaise et la sauce soja. Faites cuire les crêpes dans une poêle huilée bien chaude. Faites 8 crêpes et laissez-les refroidir.
4. Mélangez tous les ingrédients de la garniture avec la sauce et la coriandre. Garnissez les crêpes avec ce mélange, repliez les bords avant de rouler les crêpes, afin de bien enfermer la farce. Mettez au frais jusqu'au moment de servir.

PLAT

ENDIVES AU SAUMON

POUR 4 PERSONNES :

Préparation : 15 mn. Cuisson : 30 mn.
Recette facile. Prix : modéré.
1 kg d'endives,
8 tranches de saumon fumé,
1/2 litre de lait,
40 g de maïzena,
30 g de beurre,
40 g de gruyère râpé,
Sel, poivre.

1. Préchauffez le four th. 8 - 240°. Lavez les endives, creusez la base amère et faites-les blanchir 10 mn à l'eau salée. Egouttez-les.
2. Délayez la maïzena dans le lait froid, portez à ébullition en remuant constamment. Dès ébullition, retirez du feu, salez, poivrez et ajoutez le beurre.
3. Roulez les endives dans les tranches de saumon. Disposez-les dans un plat à gratin, couvrez de béchamel, saupoudrez de gruyère et faites cuire 15 mn. Servez aussitôt.

Conseil du chef

La crème anglaise ne doit pas bouillir, sa cuisson est terminée lorsqu'elle nappe la cuillère en bois.

DESSERT

LE FLOTTANTE AUX PRALINES ROSES

POUR 4 PERSONNES :

Préparation : 30 mn. Cuisson : 1 h.
Recette facile. Prix : bon marché.
4 œufs, 240 g de sucre,
80 g de pralines roses,
2 sachets de sucre vanillé, 1 pincée de sel,
75 cl de lait, 1 cuillerée à soupe de maïzena.

1. Préchauffez le four th. 5 - 150°. Dans un moule à charlotte, faites chauffez 80 g de sucre et une cuillerée d'eau. Dès que le caramel est blond, faites tourner le moule pour enduire fond et parois. Laissez refroidir.
2. Concassez les pralines. Battez les blancs en neige ferme avec une pincée de sel. Ajoutez à mi-parcours 40 g de sucre et un sachet de sucre vanillé. Lorsque les blancs sont bien fermes, ajoutez les 2/3 de pralines.
3. Versez la préparation dans le moule et placez-le dans un plat à feu creux rempli d'eau bouillante. Mettez au four 45 mn. Laissez refroidir au frais sans démouler.
4. Placez un saladier vide dans un bain d'eau glacée. Portez le lait à ébullition avec un sachet de sucre vanillé. Dans un saladier, battez les jaunes d'œuf, 120 g de sucre et la maïzena jusqu'à ce que le mélange blanchisse.
5. Versez peu à peu le lait bouillant sur le mélange en remuant. Reversez dans une casserole et faites épaissir à feu doux en remuant sans arrêt avec une cuillère en bois. Versez la crème dans le saladier bien froid et laissez refroidir en remuant de temps à autre.
6. Passez la crème refroidie au chinois, versez-la dans la coupe de service, démoulez l'île au centre et disposez le reste de pralines. Servez bien frais.

POUR CE MENU LE SOMMELIER VOUS PROPOSE

Un Côtes du Lubéron

18

FÉVRIER

Ste Bernadette

Noisettes d'agneau au citron vert

ENTREE

CERVELLE D'AGNEAU À LA VINAIGRETTE

POUR 4 PERSONNES :

Préparation : 20 mn. Cuisson : 10 mn.
Recette facile. Prix modéré.

4 cervelles d'agneau,
40 g de beurre,
30 g de farine,
30 g de maïzena,
1 cuillerée à soupe de vinaigre de Xérès,
4 cuillerées à soupe d'huile d'olive,
2 cuillerées à soupe de noix hachées,
2 cuillerées à soupe d'amandes effilées,
1 cuillerée à soupe de persil haché,
Sel, poivre.

1. Faites dégorger les cervelles dans de l'eau froide 15 mn. Egouttez-les et retirez soigneusement peau et filaments.
2. Dans un bol, mélangez le vinaigre, le sel, le poivre et l'huile puis ajoutez les noix, les amandes et le persil.
3. Coupez les cervelles en tranches épaisses de 2 cm. Roulez chaque tranche dans la farine mélangée à la maïzena.
4. Faites fondre le beurre dans une poêle, ajoutez les tranches de cervelle et laissez dorer à feu moyen 5 mn sur chaque face. Servez aussitôt accompagné de la vinaigrette.

PLAT

NOISETTES D'AGNEAU AU CITRON VERT

POUR 4 PERSONNES :

Préparation : 15 mn. Cuisson : 20 mn.
Recette facile. Prix : bon marché.

500 g de noisettes d'agneau,
250 g de riz,
2 citrons verts,
1 bouillon-cube,
Huile,
Sel, poivre.

1. Taillez les zestes et pressez les citrons. Poêlez les noisettes d'agneau dans un peu d'huile, salez, poivrez et laissez cuire 10 mn.
2. Réservez les morceaux de viande. Déglacez la poêle avec deux verres d'eau, ajoutez le bouillon-cube délayé dans un peu d'eau, le jus et les zestes des citrons. Cuisez 10 mn.
3. Faites cuire le riz dans une grande quantité d'eau bouillante salée. Egouttez-le.
4. Dans les assiettes de service répartissez les morceaux de viande, remplissez un ramequin de riz, tassez bien et renversez-le dans une assiette. Faites de même pour chaque assiette.
5. Nappez l'agneau et le riz avec la sauce et servez immédiatement.

DESSERT

FLAN À LA NOIX DE COCO

POUR 4 PERSONNES :

Préparation : 10 mn. Cuisson : 30 mn.
Recette facile. Prix modéré.

3 œufs,
4 cuillerées à soupe de sucre,
2 cuillerées à soupe de crème fraîche,
10 g de maïzena,
Beurre,
80 g de noix de coco râpée.

1. Dans un saladier, battez les œufs, le sucre, la crème fraîche et la maïzena. Ajoutez 70 g de noix de coco râpée et mélangez à nouveau.
2. Versez dans un plat à gratin beurré et faites cuire au four th. 7 - 210° pendant 30 mn.
3. Dès la sortie du four, décorez avec le reste de noix de coco. Laissez refroidir un peu et mettez dans le réfrigérateur. Servez frais.

Conseil du chef

Vous pouvez ajouter au flan un sachet de sucre vanillé.

19

FÉVRIER

St Gabin

Tarte à l'oignon
et à la truite
fumée

POUR CE
MENU LE
SOMMELIER
VOUS
PROPOSE

*Un Côtes
de Duras
blanc*

ENTRÉE

ARTE À L'OIGNON ET À LA TRUITE FUMÉE

POUR 4 PERSONNES :

Préparation : 30 mn. Cuisson : 35 mn.
Recette facile. Prix modéré.
200 g de farine, 100 g de beurre,
1 pincée de sel, 10 cl d'eau,
200 g d'oignons, 150 g de truite fumée,
1/3 de litre de lait,
4 cuillerées à soupe de maïzena,
2 œufs,
1 cuillerée à soupe de crème fraîche,
20 g de beurre, 1 feuille de laurier,
Sel, poivre.

1. Dans un saladier, mélangez du bout des doigts la farine et le beure coupé en petits morceaux. Ajoutez le sel et mouillez peu à peu avec l'eau. Pétrissez rapidement et dès que la pâte est homogène, formez une boule.
2. Allumez le four th. 6 - 180°. Emincez les oignons et faites-les revenir à la poêle dans le beurre chaud. Coupez la truite en fines lanières et réservez quelques lanières pour la décoration.
3. Portez le lait à ébullition avec le laurier. Otez le laurier et délayez la maïzena dans le lait. Laissez mijoter 1 mn. Hors du feu, incorporez les œufs un à un.
4. Ajoutez les oignons, la crème, les lanières de truite, du sel, du poivre et mélangez délicatement. Etalez la pâte et garnissez-en un moule à tarte beurré.
5. Versez la préparation et disposez le reste des lanières sur le dessus. Faites cuire au four 35 mn. Servez tiède.

PLAT

ILETS DE LIMANDE EN CROÛTE

POUR 4 PERSONNES :

Préparation 10 mn. Cuisson : 10 mn.
Recette facile. Prix : bon marché.
4 filets de limande,
2 œufs,
60 g de chapelure,
120 g de fromage râpé,
Sel, poivre.

1. Faites préchauffer le four th. 7 - 210°. Battez les œufs dans une assiette creuse. Mélangez dans une autre assiette creuse la chapelure et le fromage râpé.
2. Salez et poivrez les filets de limande. Trempez-les dans l'œuf puis dans le mélange chapelure-fromage de façon à ce qu'ils soient bien recouverts.
3. Disposez-les dans un plat allant au four et faites-les cuire 10 mn. Servez-les aussitôt sortis du four.

DESSERT

OIRES DUCHESSE

POUR 4 PERSONNES :

Préparation : 15 mn. Cuisson : 20 mn.
Recette facile. Prix : bon marché.
4 poires,
1/2 litre de vin blanc moelleux,
100 g de sucre semoule,
200 g de chocolat noir à pâtisser,
20 g de beurre.

1. Pelez les poires en les laissant entières et sans ôter la queue. Dans une casserole, versez le vin blanc avec le sucre et portez à ébullition.
2. Faites pocher les poires dans le sirop pendant 15 mn. Egouttez-les et faites-les refroidir dans le réfrigérateur.
3. Faites fondre doucement au bain-marie le chocolat cassé en morceaux avec 10 cl de sirop de cuisson.
4. Ajoutez le beurre et mélangez bien. Disposez chaque poire debout dans les assiettes à dessert et nappez chacune d'elles de la sauce chocolat. Servez de suite.

Conseil du chef

On peut remplacer
la truite fumée
par du saumon fumé.

57

Mardi Gras

Chili
con carne

POUR CE
MENU LE
SOMMELIER
VOUS
PROPOSE

Un Haut
Médoc

ENTRÉE

POTAGE AU PAPRIKA

POUR 4 PERSONNES :

Préparation : 10 mn. Cuisson : 10 mn.
Recette facile. Prix : bon marché.

1 bouillon-cube de volaille,
1 litre d'eau,
1 pincée de paprika,
1 sachet de croûtons,
Cerfeuil,
Sel, poivre.

1. Dans une grande casserole, faites bouillir l'eau et délayez les cubes de bouillon de volaille.
2. Faites cuire 10 mn. Hachez le cerfeuil. Dans la soupière, mettez les croûtons avec le cerfeuil.
3. Ajoutez le paprika et versez le bouillon de volaille brûlant dessus. Servez bien chaud.

PLAT

CHILI CON CARNE

POUR 4 PERSONNES :

Préparation : 20 mn. Cuisson : 1 h 30.
Recette facile. Prix : bon màrché.

1 kg de macreuse,
4 oignons,
4 gousses d'ail,
1 pointe de piment de Cayenne,
1 pointe de paprika,
2 bouillon-cubes de bœuf,
1 boîte 4/4 de haricots rouges au naturel,
4 cuillerées à soupe d'huile,
Sel, poivre.

1. Découpez la viande en cubes. Pelez et émincez les oignons et l'ail. Faites chauffer l'huile dans une cocotte, mettez l'ail et les oignons à revenir sans colorer 5 mn.
2. Ajoutez la viande et faites-la également revenir. Délayez les bouillon-cubes dans 1/2 litre d'eau bouillante. Versez-en sur la viande pour qu'elle soit couverte.
3. Ajoutez le Cayenne, le paprika, du sel et un peu de poivre. Remuez, couvrez et laissez mijoter à petit feu 1 h 30 jusqu'à ce que la viande soit tendre et le jus très réduit.
4. Dix minutes avant la fin de la cuisson, égouttez les haricots et mettez-les dans la cocotte. Servez très chaud.

DESSERT

FONDANT AUX NOIX

POUR 4 PERSONNES :

Préparation : 20 mn. Cuisson : 10 mn.
Recette facile. Prix modéré.

250 g de boudoirs,
65 g de cerneaux de noix,
2 œufs,
200 g de chocolat noir à pâtisser,
5 cuillerées à soupe d'eau,
125 g de beurre,
40 g de sucre en poudre,
Sel.

1. Ecrasez les boudoirs, hachez les noix et séparez les blancs des jaunes d'œuf.
2. Faites fondre le chocolat cassé en morceaux au bain-marie avec l'eau. Hors du feu, ajoutez le beurre coupé en morceaux, le sucre, les biscuits, les jaunes d'œuf et les noix en tournant continuellement.
3. Battez les blancs d'œuf en neige ferme avec une pincée de sel. Incorporez-les délicatement à la préparation. Versez cette pâte dans un moule tapissé de papier aluminium.
4. Tassez bien à l'aide d'une spatule et faites prendre quelques heures dans le réfrigérateur. Servez bien frais.

Conseil du chef
Vous pouvez réduire le temps de cuisson du chili si vous utilisez un autocuiseur 45 mn suffiront.

21
FÉVRIER

Cendre

Pêche melba

POUR CE MENU LE SOMMELIER VOUS PROPOSE

Un Jurançon

ENTRÉE

S ALADE AUX CRÊPES

POUR 4 PERSONNES :

Préparation : 15 mn. Cuisson : 10 mn.
Recette facile. Prix : bon marché.

125 g de farine,
2 œufs,
1/2 litre de lait,
2 cuillerées à soupe d'huile,
Sel,
1 tranche de jambon fumé épaisse,
150 g de champignons de Paris,
200 g d'emmenthal,
75 g de pistaches salées décortiquées,
1 petit cœur de frisée,
2 cuillerées à soupe de fines herbes cise-
lées,
6 cuillerées à soupe de vinaigrette.

1. Dans un saladier, mélangez la farine, les œufs, une cuillerée à soupe d'huile et une pincée de sel. Fouettez en ajoutant peu à peu le lait jusqu'à ce que la pâte soit lisse.
2. Laissez-la reposer 30 mn. Coupez le jambon et le fromage en petits dés. Nettoyez et émincez les champignons. Préparez, lavez et essorez la salade. Mettez tous les ingrédients dans le saladier de service.
3. Ajoutez les fines herbes et réservez. Faites cuire 4 crêpes dans une poêle huilée bien chaude. Roulez-les et coupez en tronçons. Ajoutez-les à la salade, nappez de vinaigrette, remuez et servez aussitôt.

PLAT

H OT DOG À LA CHOUCROUTE

POUR 4 PERSONNES :

Préparation : 15 mn. Cuisson : 15 mn.
Recette facile. Prix : bon marché.

4 petits pains longs,
4 saucisses de francfort,
1/2 boîte de choucroute au naturel,
100 g de fromage râpé,
20 g de beurre,
2 cuillerées à soupe de moutarde forte,
Sel, poivre.

1. Préchauffez le four th. 7 - 210°. Faites pocher les saucisses 2 mn dans de l'eau bouillante salée. Egouttez-les.
2. Faites-les griller 5 mn dans une poêle avec le beurre. Ouvrez les pains en deux. Tartinez une face de moutarde.
3. Dans un saladier, mélangez la choucroute et le fromage, répartissez sur les pains. Posez une saucisse et remettez les couvercles de pain.
4. Faites réchauffer au four 10 mn et servez chaud.

DESSERT

P ÊCHE MELBA

POUR 4 PERSONNES :

Préparation : 10 mn. Pas de cuisson.
Recette facile. Prix : bon marché.

1/2 litre de glace vanille,
8 demi-pêches au sirop,
8 cuillerées à soupe de coulis de framboise,
Quelques amandes effilées.

1. A l'aide d'un portionneur à glace, formez 8 boules de glace vanille et conservez-les dans le congélateur.
2. Emincez les demi-pêches en lamelles, sans les séparer pour leur garder leur forme.
3. Dans quatre coupes individuelles, déposez les boules de glace, ajoutez les demi-pêches, nappez de coulis.
4. Décorez avec les amandes effilées et servez immédiatement accompagné de petits gâteaux secs.

Conseil du chef
Vous pouvez préparer les crêpes à l'avance et les faire réchauffer au moment de les incorporer à la salade.

59

POUR CE MENU LE SOMMELIER VOUS PROPOSE

Un Palette
blanc

VELOUTÉ DE POIREAUX

POUR 4 PERSONNES :

Préparation : 15 mn. Cuisson : 30 mn.
Recette facile. Prix : bon marché.

4 poireaux,
100 g de riz,
100 g de fromage râpé,
1 bouillon-cube de volaille,
30 g de beurre,
2 cuillerées à soupe de crème,
1 pincée de paprika,
Sel, poivre.

1. Nettoyez les poireaux en gardant 1/3 du vert. Fendez-les en quatre, rincez-les, égouttez-les et coupez-les en morceaux.
2. Faites fondre le beurre dans une cocotte, mettez le riz à revenir doucement, ajoutez les poireaux et faites revenir encore quelques minutes.
3. Mouillez avec un litre d'eau chaude, émiettez le bouillon-cube, remuez, couvrez et laissez cuire 20 mn à petit frémissement.
4. Mixez le potage pour le rendre velouté, salez, poivrez, ajoutez la crème, le fromage et le paprika.
5. Réchauffez 5 mn sans laisser bouillir et servez bien chaud.

PINTADE EN TOURTE

POUR 4 PERSONNES :

Préparation : 30 mn. Cuisson : 1 h 30.
Recette facile. Prix modéré.

500 g de pâte feuilletée, 1 pintade,
400 g de pommes de terre,
400 g de navets, 8 oignons,
25 cl de crème fraîche, 1 jaune d'œuf,
5 bouillon-cubes de volaille,
1 bouquet de ciboulette,
6 grains de genièvre, sel, poivre.

1. Dans un faitout, mettez la pintade, couvrez-la avec 3 litres d'eau et ajoutez 3 bouillon-cubes. Portez à ébullition et faites cuire 45 mn à feu moyen.
2. Epluchez les pommes de terre et les navets et coupez-les en fines rondelles. Faites-les cuire à couvert dans une casserole d'eau bouillante avec le reste des bouillon-cubes 20 mn.
3. Egouttez les légumes, retirez la pintade du bouillon et laissez-la tiédir. Otez la peau puis détaillez la chair en petits morceaux. Dans un saladier, mélangez la crème fraîche, les pommes de terre, les navets, les oignons émincés et la ciboulette hachée. Salez et poivrez.
4. Foncez une tourtière avec 250 g de pâte feuilletée et piquez-la avec une fourchette. Versez dans le moule la moitié de la préparation aux légumes. Disposez dessus les morceaux de pintade et les grains de genièvre, puis le reste de légumes.
5. Recouvrez la tourtière avec le reste de pâte, soudez les bords en les pinçant et dorez au jaune d'œuf. Faites un trou au centre et glissez-y une cheminée de papier. Faites cuire au four th. 7 - 210° pendant 40 mn. Servez bien chaud.

CRÈME CITRONNÉE

POUR 4 PERSONNES :

Préparation : 10 mn. Cuisson : 30 mn.
Recette facile. Prix : bon marché.

1/2 litre de lait,
1 citron,
1 cuillerée à café de fécule,
4 cuillerées à soupe de sucre semoule,
4 œufs.

1. Faites bouillir le lait avec les zestes du citron, la fécule et le sucre semoule.
2. Dans un saladier, battez les œufs, ajoutez le lait chaud en tournant. Versez dans quatre ramequins.
3. Faites cuire en les plaçant dans un plat contenant de l'eau chaude au four th 7 - 210° pendant 30 mn. Servez tiède.

Conseil du chef
Vous pouvez réaliser la tourte avec des restes de poulet.

23 FÉVRIER

St Lazare

Avocats aux œufs de truite

ENTRÉE

AVOCATS AUX ŒUFS DE TRUITE

POUR 4 PERSONNES :

Préparation : 10 mn. Pas de cuisson.
Recette facile. Prix modéré.

2 avocats,
1/2 citron,
4 tranches de truite fumée,
120 g d'œufs de truite,
4 cuillerées à soupe de crème fraîche,
4 brins d'aneth,
Sel, poivre.

1. A l'aide d'un couteau, crantez les avocats pour les séparer en deux comme sur la photo. Otez leur noyau.
2. Pressez le jus de citron sur la chair des avocats. Placez les tranches de truite fumée en corolle au centre.
3. Ajoutez une cuillerée de crème fraîche au milieu de chacun des demi-avocats. Salez et poivrez.
4. Décorez avec les œufs de truite et les brins d'aneth. Placez au frais jusqu'au moment de passer à table.

PLAT

GRATIN DE POISSON

POUR 4 PERSONNES :

Préparation : 25 mn. Cuisson : 40 mn.
Recette facile. Prix : bon marché.

800 g de pommes de terre,
600 g de lieu,
200 g de fromage râpé,
60 g de beurre,
30 g de farine,
1/2 litre de lait,
4 cuillerées à soupe de crème épaisse,
4 cuillerées à soupe de persil haché,
Sel, poivre.

1. Pelez, lavez et coupez les pommes de terre en morceaux. Faites-les cuire 15 mn dans une casserole d'eau bouillante salée.
2. Mixez le lieu puis mélangez-le au persil, salez et poivrez. Dans une casserole, faites fondre 30 g de beurre, jetez la farine et remuez puis versez peu à peu la moitié du lait sans cesser de remuer.
3. Laissez la sauce épaissir à feu doux, salez et poivrez. Egouttez les pommes de terre, mixez-les avec le reste du lait. Assaisonnez. Mélangez le poisson, la purée de pommes de terre, ajoutez la crème et la moitié du fromage.
4. Beurrez un plat à four, versez-y la préparation, nappez de sauce, parsemez de fromage et faites gratiner 20 mn au four. Servez bien chaud avec une salade verte.

DESSERT

BISCUIT DE SAVOIE

POUR 4 PERSONNES :

Préparation : 15 mn. Cuisson : 40 mn.
Recette facile. Prix : bon marché.

50 g de farine,
50 g de fécule de pommes de terre,
150 g de sucre semoule,
50 g de sucre cristallisé,
1 zeste de citron,
1 sachet de sucre vanillé, 4 œufs,
20 g de beurre, sel.

1. Battez les blancs d'œuf en neige avec une pincée de sel. Mélangez les jaunes d'œuf et le sucre semoule pour obtenir une crème bien lisse. Ajoutez-y la farine, la fécule, le sucre vanillé et le zeste du citron. Remuez.
2. Incorporez-y les blancs délicatement. Beurrez un moule, versez-y le sucre cristallisé puis la préparation. Mettez au four th. 5 - 150° pendant 15 mn, puis th. 6 - 180° pendant 15 mn également et enfin th. 7 - 210° pendant 10 mn.

Conseil du chef
Pour accélérer le mûrissement d'un avocat, entourez-le de papier journal pendant quelques jours à température ambiante.

POUR CE MENU LE SOMMELIER VOUS PROPOSE

Un Vouvray

St Modeste

Paupiettes de dinde

ENTRÉE

GRATINÉE AU PORTO

POUR 4 PERSONNES :

Préparation : 10 mn. Cuisson : 15 mn.
Recette facile. Prix : bon marché.

3 oignons,
1 litre d'eau,
1 verre de vin blanc sec,
2 cuillerées à soupe de Porto,
2 jaunes d'œuf,
1 sachet de croûtons à l'oignon,
70 g de gruyère râpé,
Sel, poivre.

1. Epluchez les oignons et émincez-les. Faites-les cuire dans une casserole avec l'eau et du sel. Ajoutez le vin blanc.
2. Dans une cocotte, mélangez le Porto et les jaunes d'œuf, versez la soupe à l'oignon bouillante dessus.
3. Mettez les croûtons, saupoudrez de gruyère râpé, passez sous le gril du four pendant quelques minutes jusqu'à ce que la soupe soit gratinée. Servez bien chaud.

PLAT

PAUPIETTES DE DINDE

POUR 4 PERSONNES :

Préparation : 20 mn. Cuisson : 45 mn.
Recette facile. Prix : bon marché.

700 g d'escalopes de dinde,
200 g d'épinards,
2 blancs de poireau,
30 g de beurre,
1 oignon,
1 bouquet garni,
3 cuillerées à soupe de maïzena,
1 jaune d'œuf,
50 g de bleu d'Auvergne,
50 g d'amandes effilées,
Sel, poivre.

1. Lavez et égouttez les épinards. Lavez et coupez les blancs de poireau en fines rondelles. Faites revenir tous les légumes à la poêle dans le beurre chaud. Ajoutez l'oignon émincé et les amandes.
2. Salez, poivrez et laissez cuire à petit feu 10 mn. Etalez cette préparation sur chaque escalope, puis enroulez-les et ficelez-les. Placez les paupiettes dans une cocotte.
3. Couvrez d'eau, ajoutez le bouquet garni et portez à ébullition. Ecumez la surface, couvrez puis laissez mijoter à feu doux 35 mn. Disposez les paupiettes dans le plat de service et réservez au chaud.
4. Versez dans une casserole 1/4 de litre du bouillon de cuisson, ajoutez la maïzena, mélangez et faites cuire 1 mn. Hors du feu, incorporez le bleu écrasé et le jaune d'œuf.
5. Nappez les paupiettes de la sauce et servez immédiatement bien chaud.

DESSERT

MASSEPAIN

POUR 4 PERSONNES :

Préparation : 15 mn. Cuisson : 15 mn.
Recette facile. Prix : bon marché.

250 g d'amandes en poudre,
300 g de sucre en poudre,
1 sachet de sucre vanillé,
4 blancs d'œuf,
Beurre.

1. Versez 200 g de sucre en poudre, le sucre vanillé, la poudre d'amandes et 3 blancs d'œuf dans un saladier. Mélangez bien.
2. Etalez cette pâte à l'aide d'un rouleau à pâtisserie. Découpez des formes dans la pâte avec des emporte-pièces. Placez les morceaux de pâte sur une plaque à four beurrée.
3. Badigeonnez-les avec le mélange du blanc d'œuf et du sucre restant. Faites cuire au four th. 5 - 150° pendant 15 mn. Servez tiède ou froid.

Conseil du chef
Servez les paupiettes de dinde avec du rif pilaf.

POUR CE MENU LE SOMMELIER VOUS PROPOSE

Un Côte de Nuits rosé

ENTRÉE

ÉVENTAILS AUX FINES HERBES

POUR 4 PERSONNES :

Préparation : 30 mn. Cuisson : 30 mn.
Recette facile. Prix : bon marché.

250 g de farine,
1/2 litre de lait,
3 œufs,
2 cuillerées à soupe d'huile,
300 g de fromage râpé,
2 cuillerées à soupe de ciboulette ciselée,
2 cuillerées à soupe de persil ciselé,
2 cuillerées à soupe de cerfeuil ciselé,
40 g de beurre,
Sel, poivre.

1. Dans un saladier, mettez la farine et faites-y un puits au centre. Cassez-y les œufs, ajoutez l'huile et une pincée de sel. Fouettez en versant le lait peu à peu. Lorsque la pâte est lisse, laissez-la reposer 1 heure.
2. Faites chauffer une poêle huilée et faites-y cuire les crêpes. Mélangez les fines herbes avec le fromage, du sel et du poivre. Répartissez le mélange sur 8 crêpes, repliez-les en deux, puis à nouveau en deux pour former des éventails.
3. Faites chauffer la moitié du beurre dans une poêle anti-adhésive et rangez-y 4 crêpes. Faites-les dorer 2 mn par face, égouttez-les, réservez-les au chaud et remplacez-les par les 4 autres crêpes. Servez très chaud.

PLAT

PAIN DE VIANDE

POUR 4 PERSONNES :

Préparation : 20 mn. Cuisson : 1 h.
Recette facile. Prix : bon marché.

400 g de steak haché,
100 g de fromage râpé,
3 cuillerées à soupe de persil haché,
1 oignon, 3 œufs,
2 cuillerées à soupe de crème épaisse,
10 g de beurre,
1 tranche de pain de mie,
1 pointe de poivre de Cayenne,
Sel, poivre.

1. Préchauffez le four th. 6 - 180° et beurrez un moule à cake. Emiettez finement le pain de mie, pelez et hachez l'oignon. Mettez la viande dans un saladier avec tous les ingrédients et travaillez à la main jusqu'à ce que la préparation devienne homogène.
2. Versez-la dans le moule à cake, tassez un peu et faites cuire 1 heure au four. Laissez refroidir, démoulez et emballez dans un film plastique. Mettez au frais 12 heures.
3. Trente minutes avant de servir, sortez le pain de viande du réfrigérateur et tranchez-le.

Conseil du chef
Vous pouvez servir le pain de viande avec un coulis de tomate.

DESSERT

CHARLOTTE AUX POIRES

POUR 4 PERSONNES :

Préparation : 30 mn. Cuisson : 10 mn.
Recette élaborée. Prix : bon marché.

30 biscuits à la cuiller,
1/2 litre de lait,
2 œufs,
40 g de maïzena,
150 g de sucre en poudre,
3 poires,
1 sachet de sucre vanillé,
1 cuillerée à café de cannelle.

1. Dans une petite casserole, mélangez les œufs, la maïzena et 60 g de sucre. Délayez avec le lait et portez à ébullition sans cesser de tourner. Retirez du feu.
2. Faites bouillir le reste du sucre avec un verre d'eau. Humectez les biscuits avec ce sirop. Tapissez un moule à charlotte avec les biscuits en les serrant bien, côté bombé contre le moule.
3. Epluchez les poires, coupez-les en fins quartiers et saupoudrez-les du mélange sucre vanillé-cannelle. Versez une couche de crème tiédie dans le moule, posez une couche de poires, couvrez de crème puis de poires, terminez par de la crème puis couvrez de biscuits à la cuiller.
4. Mettez dans le réfrigérateur pendant 24 heures. Au moment de servir, démoulez la charlotte en trempant le moule dans l'eau chaude puis retournez-le sur le plat de service. Servez de suite.

POUR CE MENU LE SOMMELIER VOUS PROPOSE

Un Gris de Boulaouane

ENTRÉE

ALADE D'ENDIVES

POUR 4 PERSONNES :

Préparation : 20 mn. Pas de cuisson.
Recette facile. Prix modéré.
8 endives,
8 tranches de viande des grisons,
1 pomme,
200 g de gruyère,
60 g de noix de cajou salées,
Le jus d'un citron,
4 cuillerées à soupe d'huile,
2 cuillerées à soupe de ciboulette ciselée,
Sel, poivre.

1. Coupez la base des endives, détachez les feuilles, triez-les, lavez-les et épongez-les. Découpez le gruyère en bâtonnets.
2. Pelez la pomme, coupez la chair en dés, arrosez-les de jus de citron. Détaillez la viande des grisons en lanières.
3. Réunissez tous les ingrédients dans un saladier, ajoutez les noix de cajou, salez, poivrez, arrosez avec l'huile, remuez délicatement et servez après avoir parsemé de ciboulette.

PLAT

AUMON AUX LENTILLES

POUR 4 PERSONNES :

Préparation : 20 mn. Cuisson : 30 mn.
Recette facile. Prix modéré.
4 pavés de saumon de 300 g,
100 g de jambon d'Auvergne,
20 cl de crème fleurette,
150 g de lentilles vertes,
1 carotte,
1 oignon,
1 gousse d'ail,
1 bouquet garni,
Huile d'olive,
5 g de ciboulette hachée,
5 g de pistaches décortiquées,
5 g de pignons de pin.

1. Faites cuire les lentilles dans de l'eau froide, avec la carotte, l'oignon, l'ail et le bouquet garni pendant 20 mn.
2. Faites réduire la crème, ajoutez-y la ciboulette. Réchauffez les lentilles dans cette préparation.
3. Faites cuire dans une poêle avec un filet d'huile d'olive les pavés de saumon à feu doux pendant 10 mn.
4. Poêlez sans matière grasse le jambon coupé en dés. Répartissez les lentilles sur les assiettes de service.
5. Déposez-y un pavé de saumon, parsemez de dés de jambon, décorez avec les pistaches et les pignons concassés. Servez de suite.

DESSERT

ORBET CITRON ET FRUITS DÉGUISÉS

POUR 4 PERSONNES :

Préparation : 10 mn. Pas de cuisson.
Recette facile. Prix : bon marché.
12 dattes,
100 g de pâte d'amandes verte,
Sucre en poudre,
1 litre de sorbet citron,
Feuilles de menthe.

1. Dénoyautez les dattes en les fendant sur le côté. Etalez la pâte d'amandes au rouleau à pâtisserie.
2. Partagez-la en 12 morceaux et fourrez-en les dattes. Roulez chacune d'elles dans le sucre en poudre.
3. Sur les assiettes de service, déposez 3 boules de sorbet citron et 3 dattes fourrées en alternance. Décorez de feuilles de menthe et servez aussitôt.

Conseil du chef
vous pouvez remplacer les dattes par des pruneaux.

POUR CE MENU LE SOMMELIER VOUS PROPOSE

Un Côteaux d'Aix

27

Ste Honorine

Ramequins de légumes

AMEQUINS DE LÉGUMES

POUR 4 PERSONNES :

Préparation : 30 mn. Cuisson : 25 mn.
Recette facile. Prix : bon marché.
1 brocoli,
150 g de champignons de Paris,
4 échalotes, 4 foies de volaille,
1/4 de litre de lait,
3 cuillerées à soupe de maïzena, 4 œufs,
1 cuillerée à soupe de vinaigre,
80 g de beurre, 100 g de parmesan râpé,
Noix de muscade, sel, poivre.

1. Lavez et coupez le brocoli en petits bouquets. Faites-les cuire 5 mn à l'eau bouillante salée, égouttez-les et réservez.
2. Hachez les champignons et les échalotes. Dans une sauteuse, faites-les blondir à feu doux 10 mn dans 30 g de beurre. Faites raidir rapidement les foies de volaille à la poêle et coupez-les en 8. Réservez.
3. Préchauffez le four th. 7 - 210°. Beurrez 4 ramequins. Séparez les jaunes des blancs d'œuf. Montez les blancs en neige. Portez le lait à ébullition. Ajoutez la maïzena, mélangez et laissez mijoter 1 mn.
4. Hors du feu, incorporez le beurre restant et la moitié du parmesan. Salez, poivrez, muscadez et ajoutez les jaunes d'œuf battus avec le vinaigre.
5. Incorporez les blancs en soulevant par en-dessous. Mélangez délicatement les brocoli, les champignons, les échalotes et les foies de volaille à la préparation et répartissez dans les ramequins.
6. Saupoudrez de parmesan. Faites cuire au four 25 mn et servez bien chaud.

OURNEDOS DE DINDE AU PORTO

POUR 4 PERSONNES :

Préparation : 10 mn. Cuisson : 10 mn.
Recette facile. Prix : bon marché.
4 tournedos de dinde,
200 g d'emmenthal,
4 tranches de pain de mie,
1 cuillerée à café de fond de volaille déshydraté,
2 échalotes, 40 g de beurre,
4 cuillerées à soupe de Porto, sel, poivre.

1. Pelez et hachez finement les échalotes. Faites fondre la moitié du beurre dans une petite casserole et mettez-y les échalotes à fondre doucement. Versez-y le Porto, ajoutez 10 cl d'eau et le fond de volaille.
2. Fouettez et laissez réduire à feu doux. Détaillez le fromage en lamelles. Faites fondre le reste du beurre dans une poêle et saisissez-y les tournedos à feu vif sur leurs deux faces. Salez et poivrez-les.
3. Posez les lamelles de fromage sur les tournedos, versez la sauce dans la poêle, couvrez et laissez cuire 10 mn à feu doux. Otez la croûte des tranches de pain et toastez-les.
4. Disposez les tournedos sur les tranches de pain toastées, nappez de sauce et servez immédiatement.

AUFRES

POUR 4 PERSONNES :

Préparation : 15 mn. Cuisson : 45 mn.
Recette facile. Prix : bon marché.
200 g de farine, 1/2 sachet de levure,
100 g de sucre, 1 sachet de sucre vanillé,
40 g de beurre, 2 œufs,
5 cl de Cognac, 1/2 verre d'eau,
Sel.

1. Mettez la farine dans un grand saladier avec la levure, les œufs, une pincée de sel, les sucres et le Cognac.
2. Mélangez en versant petit à petit l'eau. Faites fondre le beurre et ajoutez-le à la pâte lorsque celle-ci est lisse.
3. Travaillez cette pâte encore 10 mn puis laissez-la reposer 30 mn. Faites chauffer le gaufrier et beurrez-le quand il est chaud.
4. Versez une petite louche de pâte, fermez le gaufrier et retournez à mi-cuisson. Servez tiède ou froid avec de la confiture ou du miel.

Conseil du chef
Vous pouvez réaliser les ramequins avec du chou-fleur.

POUR CE MENU LE SOMMELIER VOUS PROPOSE

Un Côtes
de Blaye

ENTRÉE
𝓕ICELLES AU FROMAGE

POUR 4 PERSONNES :

Préparation : 30 mn. Cuisson : 40 mn.
Recette facile. Prix : bon marché.

280 g de farine,
3/4 de litre de lait,
3 œufs,
2 cuillerées à soupe d'huile,
400 g de beaufort,
500 g de champignons de Paris,
50 g de beurre,
Sel, poivre.

1. Disposez 250 g de farine dans un saladier, formez un puits au centre et cassez-y les œufs, ajoutez l'huile et une pincée de sel. Remuez avec un fouet en incorporant 1/2 litre de lait peu à peu.
2. Lorsque la pâte est lisse, laissez-la reposer 1 heure. Faites chauffer une petite poêle huilée et faites-y cuire la pâte petit à petit.
3. Nettoyez et émincez les champignons. Faites-les sauter à la poêle avec 20 g de beurre. Préchauffez le four th. 6 - 180°. Faites un roux avec le reste de beurre et de farine. Délayez sur feu doux avec le reste de lait.
4. Laissez un peu épaissir, puis mélangez avec les champignons et le fromage râpé. Salez et poivrez. Garnissez la pâte cuite avec cette préparation, roulez les morceaux de pâte et rangez-les dans un plat à four et réchauffez 10 mn. Servez tiède.

PLAT
𝓒OLLIER DE BŒUF À L'AIL

POUR 4 PERSONNES :

Préparation : 45 mn. Cuisson : 2 h 30.
Recette facile. Prix : bon marché.

800 g de collier de bœuf,
1/2 litre de vin blanc,
2 bouillon-cubes de volaille,
1/2 litre d'eau, 200 g d'ail, 200 g de riz,
10 g de beurre, sel, poivre.

1. Dans un faitout, faites revenir le collier dans un peu d'huile. Salez et poivrez. Ajoutez l'ail non épluché et cuisez 10 mn en remuant.
2. Ajoutez le vin blanc, le bouillon de volaille et l'eau. Laissez cuire 2 h 30 dans l'eau frémissante.
3. Après cuisson, retirez le collier, passez le jus au mixeur puis au chinois. Cuisez le riz dans une grande quantité d'eau bouillante salée, ajoutez le beurre.
4. Moulez le riz dans des petits ramequins. Sur les assiettes de service, présentez des morceaux de collier et un ramequin de riz démoulé. Servez de suite.

Conseil du chef
Avant de passer les ficelles au four, vous pouvez les saupoudrer de fromage râpé.

DESSERT
𝓒RÊPES AU RHUM

POUR 4 PERSONNES :

Préparation : 15 mn. Cuisson : 15 mn.
Recette facile. Prix : bon marché.

150 g de farine,
50 g de maïzena,
2 sachets de sucre vanillé,
2 cuillerées à soupe de sucre en poudre,
1 pincée de sel,
1/2 sachet de levure,
3 cuillerées à soupe d'huile,
4 œufs,
15 cl d'eau,
15 cl de lait,
4 cuillerées à soupe de rhum,
1 zeste de citron.

1. Dans un saladier, mélangez la farine, la maïzena, les sucres, le sel, la levure, l'huile et les œufs. Délayez peu à peu avec le lait, le rhum et l'eau pour obtenir une pâte lisse.
2. Ajoutez le zeste de citron finement râpé. Faites chauffer une poêle huilée, versez une petite louche de pâte et faites cuire à feu vif des deux côtés.
3. Saupoudrez de sucre dès la crêpe cuite et entassez-les les unes sur les autres. Servez-les chaudes.

POUR CE MENU LE SOMMELIER VOUS PROPOSE

Un Côtes du Roussillon blanc.

ENTREE

CRÊPES MIXTES

POUR 4 PERSONNES :

Préparation : 30 mn. Cuisson : 30 mn.
Recette facile. Prix : bon marché.

250 g de farine,
1/2 litre de lait,
3 œufs,
2 cuillerées à soupe d'huile,
200 g de fromage râpé,
2 oignons,
8 tranches de jambon de Bayonne,
4 cuillerées à soupe de crème,
Sel, poivre.

1. Dans un saladier, mettez la farine en formant un puits, cassez-y les œufs, ajoutez l'huile et une pincée de sel. Remuez avec un fouet en incorporant le lait peu à peu.
2. Lorsque la pâte est lisse, laissez-la reposer 1 heure. Faites chauffer une poêle huilée et faites-y cuire les crêpes. Pelez et hachez les oignons. Huilez un moule à tarte en porcelaine.
3. Posez une crêpe au fond, couvrez-la de la moitié du jambon et d'un peu de fromage râpé. Posez une autre crêpe, répartissez la moitié des oignons, nappez de crème, salez, poivrez, couvrez avec une crêpe.
4. Recommencez jusqu'à épuisement des ingrédients, terminez par du fromage râpé. Mettez une feuille d'aluminium sur le moule et faites cuire 20 mn au four th. 5 - 150°. Découpez comme une tarte et servez très chaud.

PLAT

PIZZA AU THON

POUR 4 PERSONNES :

Préparation : 25 mn. Cuisson : 30 mn.
Recette facile. Prix : bon marché.

250 g de pâte à pizza,
50 g de farine,
250 g de champignons de Paris,
150 g de thon au naturel,
1 gousse d'ail,
2 cuillerées à soupe de persil haché,
2 cuillerées à soupe d'huile d'olive,
200 g de parmesan râpé,
2 cuillerées à soupe de concentré de tomate,
Sel, poivre.

1. Lavez et essuyez les champignons, ôtez le pied terreux et coupez les têtes en tranches fines. Faites-les sauter 5 mn à la poêle dans 1 cuillerée d'huile avec la gousse d'ail pelée et hachée à feu vif.
2. Préchauffez le four th. 7 - 210°. Farinez une tôle à four. Sur le plan de travail fariné, étalez la pâte finement en forme de disque. Posez-le sur la tôle du four.
3. Dans un bol, mélangez le concentré, le reste d'huile, le persil, du sel et du poivre. Etalez cette préparation sur la pâte. Disposez les champignons sur la pâte, répartissez le thon égoutté et émietté.
4. Parsemez de fromage et mettez 20 mn au four jusqu'à ce que la pâte soit bien croustillante. Servez chaud.

DESSERT

BEIGNETS À LA CONFITURE

POUR 4 PERSONNES :

Préparation : 20 mn. Cuisson : 20 mn.
Recette facile. Prix : bon marché.

200 g de farine,
80 g de maïzena,
3 œufs,
75 g de beurre,
3 cuillerées à soupe de sucre en poudre,
1 pincée de sel,
1/2 sachet de levure,
Sucre glace,
Confiture de framboises,
Confiture d'abricots.

1. Dans un saladier, mélangez la farine, la maïzena, le sucre et le sel. Ajoutez les œufs un à un puis le beurre ramolli. Pétrissez cette pâte avec vos mains farinées pour obtenir une pâte épaisse.
2. Ajoutez la levure et étalez finement la pâte sur un plan de travail fariné. Découpez la pâte en ronds à l'aide d'un grand verre ou d'un petit bol.
3. Plongez les ronds de pâte dans la friture bien chaude un par un 2 mn de chaque côté. Sortez-les et égouttez-les sur du papier absorbant.
4. Remplissez une douille à pâtisserie de confiture de framboises et garnissez-en la moitié des beignets. Faites de même avec la confiture d'abricots.
5. Disposez les beignets dans le plat de service, saupoudrez-les de sucre glace avant de les servir chauds ou froids.

POUR CE MENU LE SOMMELIER VOUS PROPOSE

Un Bergerac

2
MARS

St Charles
le Bon

*Croquettes
de Veau*

ENTRÉE

Consommé
AUX CROUTONS

POUR 4 PERSONNES :

Préparation : 10 mn. Cuisson : 10 mn.
Recette facile. Prix : bon marché.
150 g de thon au naturel,
1 sachet de potage au poulet,
1 sachet de croûtons au bacon,
2 cuillerées à soupe de crème fraîche,
4 feuilles de laitue,
Cerfeuil,
Estragon,
Sel, poivre.

1. Préparez le potage au poulet selon le mode d'emploi. Coupez les feuilles de laitue en lanières.
2. Egouttez le thon et émiettez-le. Ajoutez-le au potage ainsi que la crème fraîche et les croûtons au bacon.
3. Salez, poivrez et disposez la laitue au fond de la soupière. Versez dessus le potage chaud. Parsemez de cerfeuil et d'estragon et servez bien chaud.

PLAT

Croquettes
DE VEAU

POUR 4 PERSONNES :

Préparation : 15 mn. Cuisson : 10 mn.
Recette facile. Prix : bon marché.
4 escalopes de veau,
75 g de flocons d'avoine,
20 cl de lait,
2 œufs,
2 cuillerées à soupe de parmesan râpé,
4 branches de persil,
10 cl d'huile,
Sel, poivre.

1. Faites tremper les flocons d'avoine dans le lait 1 heure. Hachez les escalopes au hachoir grille moyenne. Malaxez ce hachis avec 1 œuf, le parmesan, le persil haché, du sel et du poivre.
2. Incorporez les flocons d'avoine et mélangez bien. Divisez ce hachis en 8 portions, façonnez-les en forme de croquettes plates et passez-les dans le second œuf battu en omelette.
3. Versez l'huile dans une sauteuse, faites-la chauffer et faites-y cuire les croquettes 5 mn par face. Servez aussitôt avec des épinards à la crème.

DESSERT

Tourte
AUX PRUNEAUX

POUR 4 PERSONNES :

Préparation : 15 mn. Cuisson : 20 mn.
Recette facile. Prix : bon marché.
500 g de pâte brisée,
400 g de pruneaux,
20 cl de vin rouge,
1 œuf,
Farine,
1 cuillerée à café de cannelle,
Beurre.

1. Séparez la pâte en deux parties égales et étalez-les. Mettez les pruneaux dans une casserole avec le vin et la cannelle et laissez à feu moyen jusqu'à évaporation complète du liquide.
2. Beurrez et farinez une tourtière. Mettez-y une des parts de pâte. Dénoyautez les pruneaux et disposez-les dessus. Couvrez avec l'autre part de pâte et soudez bien les bords.
3. Badigeonnez le dessus de la tourte à l'œuf battu additionné d'une cuillerée à soupe d'eau. Mettez au four 20 mn th. 5 - 150°. Servez tiède.

Conseil du chef
Vous pouvez également servir les croquettes froides accompagnées d'une salade.

POUR CE
MENU LE
SOMMELIER
VOUS
PROPOSE

*Un Saumur
Champigny*

ENTREE

OUPIÈRES EN CROUTE

POUR 4 PERSONNES :

Préparation : 30 mn. Cuisson : 2 h.
Recette élaborée. Prix : bon marché.
250 g de pâte feuilletée,
50 g de farine, 80 g de beurre,
6 cuillerées à café de fond de volaille
déshydraté,
1 carotte, 2 blancs de poireau,
1 branche de céleri,
200 g de gruyère râpé,
15 cl de crème épaisse,
1 jaune d'œuf, sel, poivre.

1. Faites fondre 50 g de beurre dans un faitout. Jetez la farine en pluie, remuez, versez 2 litres d'eau. Ajoutez le fond de volaille, remuez jusqu'à ce que le liquide frémisse. Cuisez 1 h 30 pour qu'il réduise de moitié.
2. Pelez la carotte, lavez et épongez les blancs de poireau, effilez la branche de céleri. Découpez les légumes en julienne. Faites fondre le reste de beurre dans une cocotte et mettez les légumes à étuver doucement 10 mn.
3. Répartissez le contenu de la poêle dans 4 ramequins et ajoutez le fromage râpé. Découpez dans la pâte 4 disques un peu plus grands que les ramequins. Badigeonnez au jaune d'œuf battu le bord des disques de pâte.
4. Lorsque le consommé est cuit, ajoutez la crème hors du feu, remuez bien. Répartissez le mélange dans les ramequins jusqu'au 2/3 de leur hauteur, posez les couvercles de pâte et soudez les bords. Préchauffez le four th. 7 - 210°.
5. Faites cuire 30 mn jusqu'à ce que la pâte soit gonflée et bien dorée. Servez bien chaud.

PLAT

MINCÉ DE POULET AUX CAROTTES

POUR 4 PERSONNES :

Préparation : 15 mn. Cuisson : 15 mn.
Recette facile. Prix : bon marché.
4 escalopes de poulet,
200 g de gouda au cumin,
4 carottes,
1 cuillerée à soupe de persil ciselé,
40 g de beurre,
Sel, poivre.

1. Pelez les carottes et coupez-les en fines rondelles. Détaillez le poulet en lamelles.
2. Faites cuire les carottes à la vapeur 5 mn, ajoutez les blancs de poulet et poursuivez la cuisson 10 mn.
3. Versez le poulet et les carottes dans un plat préchauffé, ajoutez le fromage râpé, le beurre et le persil. Salez, poivrez et mélangez. Servez sans attendre.

DESSERT

ÔTIES AUX MAROILLES

POUR 4 PERSONNES :

Préparation : 15 mn. Cuisson : 5 mn.
Recette facile. Prix : bon marché.
4 tranches de pain,
2 œufs,
100 g de Maroilles,
Sel.

1. Beurrez un grand plat allant au four. Battez les œufs en omelette dans une assiette creuse. Ajoutez une pincée de sel.
2. Trempez les tranches de pain rapidement dans l'œuf battu et posez-les sur le plat à four.
3. Coupez le fromage en lamelles et disposez-les sur les tranches de pain. Mettez le plat sous le gril du four et laissez cuire le temps que le fromage fonde. Servez aussitôt.

Conseil du chef
Vous pouvez décorer le couvercle de la soupière avec des morceaux de pâte dorés à l'œuf.

4

MARS

St Casimir

Côtelettes
d'agneau au
beurre
d'anchois

**POUR CE
MENU LE
SOMMELIER
VOUS
PROPOSE**

*Un Côtes-
du-Rhône*

ENTRÉE

ⓈALADE PANACHÉE

POUR 4 PERSONNES :

Préparation : 10 mn. Pas de cuisson.
Recette facile. Prix : bon marché.

1 cuillerée à soupe de raisins de Corinthe,
1 citron,
250 g de carottes,
1 avocat,
10 cl de crème liquide,
1 cuillerée à soupe de moutarde,
Fines herbes ciselées,
Sel.

1. Faites gonfler les raisins dans le jus du citron. Râpez les carottes, épluchez l'avocat et détaillez-le en cubes.
2. Dans un saladier, mélangez les carottes râpées et les cubes d'avocat. Dans un bol, mélangez la crème liquide et la moutarde.
3. Ajoutez au mélange crème-moutarde le jus de citron avec les raisins. Salez et saupoudrez d'herbes ciselées.
4. Versez la sauce sur la salade, mélangez délicatement et servez bien frais.

PLAT

ⒸÔTELETTES D'AGNEAU AU BEURRE D'ANCHOIS

POUR 4 PERSONNES :

Préparation : 10 mn. Cuisson : 10 mn.
Recette facile. Prix : bon marché.

8 côtelettes d'agneau,
8 filets d'anchois à l'huile,
40 g de beurre,
4 cuillerées à soupe d'huile,
Poivre.

1. Faites chauffer le four th. 8 - 240°. Malaxez les anchois avec le beurre en écrasant à la fourchette.
2. Badigeonnez les côtelettes avec l'huile sur leurs deux faces. Mettez les côtelettes au four 5 mn par face. Poivrez en les retournant.
3. Sur les assiettes de service, disposez les côtelettes chaudes parsemées de noisette de beurre d'anchois et servez avec des pommes de terre en paillasson.

Conseil du chef
Le beurre d'anchois convient très bien aussi avec du poisson.

DESSERT

ⒼATEAU AUX POMMES

POUR 4 PERSONNES :

Préparation : 30 mn. Cuisson : 30 mn.
Recette facile. Prix : bon marché.

100 g de farine,
150 g de sucre,
3 pommes,
1 œuf,
150 g de beurre,
1/2 verre d'eau,
1/2 verre de lait,
Sel.

1. Epluchez les pommes et coupez-les en lamelles. Mettez la farine, l'eau, le lait, l'œuf et une pincée de sel dans un saladier et travaillez le tout pour obtenir une pâte fine.
2. Préchauffez le four th. 7 - 210°. Etalez la pâte le plus possible et séparez-la en 4 parts égales. Répartissez bien le beurre sur une part, placez-la sur une plaque à four beurrée.
3. Saupoudrez avec la moitié du sucre et recouvrez-la avec une autre part de pâte. Disposez sur la pâte les pommes en lamelles et recouvrez d'une part de pâte.
4. Mettez le reste du sucre et couvrez de la part de pâte restante. Faites cuire au four th. 7 - 210° pendant 30 mn. Servez tiède.

POUR CE
MENU LE
SOMMELIER
VOUS
PROPOSE

*Un rosé
de Provence*

5

MARS

Ste Olivia

*Gâteau
de semoule*

ENTRÉE

SOUFFLÉ DE COLIN AUX CREVETTES

POUR 4 PERSONNES :

Préparation : 25 mn. Cuisson : 1 h.
Recette élaborée. Prix : bon marché.

400 g de colin,
1 tablette de court-bouillon,
80 g de crevettes roses décortiquées,
30 cl de lait,
4 cuillerées à soupe de maïzena,
3 œufs,
40 g de gruyère râpé,
2 cuillerées à soupe de crème fraîche,
20 g de beurre,
1 pointe de piment de Cayenne,
Sel, poivre.

1. Lavez le morceau de colin et faites-le pocher 15 mn dans 1 litre de court-bouillon frémissant préparé avec la tablette. Otez la peau et les arêtes du poisson et mixez sa chair avec 40 g de crevettes.
2. Préchauffez le four th. 6 - 180°. Portez le lait à ébullition dans une grande casserole. Mélangez la maïzena et laissez cuire 1 mn. Salez, poivrez, ajoutez les jaunes d'œuf un à un puis la crème.
3. Laissez tiédir, ajoutez le colin et les crevettes restantes. Montez les blancs en neige très ferme avec une pincée de sel. Incorporez-les à la préparation en soulevant délicatement.
4. Versez dans un moule à soufflé légèrement beurré. Enfournez 45 mn sans ouvrir la porte du four en cours de cuisson. Servez de suite.

PLAT

PANNEQUETS AU SAUMON

POUR 4 PERSONNES :

Préparation : 30 mn. Cuisson : 20 mn.
Recette facile. Prix modéré.

250 g de farine,
1/2 litre de lait,
3 œufs,
2 cuillerées à soupe d'huile,
200 g d'emmenthal,
250 g de saumon frais,
100 g de saumon fumé,
2 cuillerées à soupe de crème fraîche,
1 cuillerée à soupe d'huile d'olive,
2 cuillerées à soupe de ciboulette hachée,
Sel, poivre.

1. Dans un saladier, mettez la farine en formant un puits au centre. Cassez-y les œufs, ajoutez l'huile et une pincée de sel. Remuez avec un fouet en incorporant le lait petit à petit.
2. Lorsque la pâte est lisse, laissez-la reposer 1 heure. Faites chauffer une poêle huilée et faites-y cuire des crêpes fines. Faites chauffer l'huile d'olive dans une poêle, mettez-y le saumon frais à revenir sur ses deux faces, baissez le feu, couvrez et laissez cuire 5 mn.
3. Hachez le saumon fumé au couteau, ajoutez la crème, la ciboulette et un peu de poivre. Effeuillez le saumon cuit, ajoutez-le à la préparation et mélangez. Détaillez le fromage en fines lamelles.
4 Sur chaque crêpe, déposez 2 lamelles de fromage et répartissez la farce. Repliez les bords et maintenez-les avec une pique en bois. Servez très frais.

DESSERT

GÂTEAU DE SEMOULE

POUR 4 PERSONNES :

Préparation : 15 mn. Cuisson : 5 mn.
Recette facile. Prix : bon marché.

1/2 litre d'eau,
100 g de semoule,
100 g de raisins secs,
50 g de beurre,
Miel.

1. Dans une casserole, faites bouillir l'eau, versez-y la semoule et les raisins secs et laissez cuire à feu doux pendant 5 mn en tournant continuellement.
2. Ajoutez le beurre et mélangez à nouveau. Versez la préparation dans 4 ramequins et laissez refroidir. Démoulez et nappez de miel. Servez froid.

Conseil du chef
Le soufflé peut également se déguster froid accompagné d'un coulis de tomate.

POUR CE MENU LE SOMMELIER VOUS PROPOSE

Un Saumur Champigny

ENTRÉE

 **ROUILLADE D'ŒUFS**

POUR 4 PERSONNES :

Préparation : 15 mn. Cuisson : 5 mn.
Recette facile. Prix : bon marché.
4 œufs,
1 cuillerée à soupe de crème fraîche,
Ciboulette hachée,
1 boîte de coulis de tomate,
Sel, poivre.

1. Dans une poêle beurrée, cassez les œufs sur feu vif et remuez-les à l'aide d'une spatule. Baissez un peu le feu et cuisez-les en continuant à les remuer jusqu'à ce qu'ils aient la consistance d'une crème.
2. Retirez-les du feu, ajoutez la crème fraîche en continuant de remuer. Incorporez la ciboulette, salez et poivrez. Déposez sur les assiettes de service avec le coulis de tomate par-dessus.

PLAT

 **SSO BUCCO**

POUR 4 PERSONNES :

Préparation : 30 mn. Cuisson : 1 h.
Recette facile. Prix : bon marché.
4 morceaux de jarret de veau,
1 carotte, 1 branche de céleri,
2 gousses d'ail,
4 tomates,
1 verre de vin blanc sec,
50 g de farine, 20 g de beurre,
1 cuillerée à soupe d'huile,
1 bouillon-cube,
1 pincée de noix de muscade,
1 bouquet de persil,
1 citron, 1 orange,
Sel, poivre.

1. Pelez la carotte et l'ail, effilez la branche de céleri et coupez-la finement ainsi que la carotte et une gousse d'ail. Ebouillantez, pelez et épépinez les tomates. Concassez la chair.
2. Farinez les tranches de viande. Dans une cocotte, faites fondre le beurre et l'huile, mettez la viande à revenir sur les deux faces puis égouttez-la. Dans la même cocotte, faites revenir le hachis de légumes quelques minutes sans colorer.
3. Remettez la viande, ajoutez les tomates, le vin et le bouillon-cube. Couvrez et faites cuire 1 heure à feu doux. Lavez le citron et l'orange et essuyez-les. Prélevez la moitié de leur zeste.
4. Lavez et essorez le persil, hachez-le finement avec les zestes et la gousse d'ail réservée, assaisonnez de muscade. Au moment de servir, parsemez-en la viande.

DESSERT

ARTE AU SUCRE

POUR 4 PERSONNES :

Préparation : 30 mn. Cuisson : 30 mn.
Recette facile. Prix : bon marché.
250 g de pâte brisée,
120 g de sucre cristallisé,
2 œufs,
60 g de beurre,
2 cuillerées à soupe de lait.

1. Etalez la pâte et garnissez-en un moule à tarte beurré. Cassez un œuf dans un bol et battez-le. Enduisez le bord de la tarte avec l'œuf battu.
2. Versez le sucre cristallisé sur le fond de tarte uniformément. Ajoutez le second œuf au premier et mélangez-les bien avec le lait. Arrosez-en la tarte.
3. Disposez le beurre en morceaux dessus. Mettez la tarte au four th. 8 - 240° pendant 30 mn jusqu'à ce qu'elle prenne une coloration blonde. Servez tiède.

Conseil du chef
Vous pouvez aussi faire cuire l'osso bucco au four dans une cocotte fermée pendant 1 heure.

POUR CE MENU LE SOMMELIER VOUS PROPOSE

Un Tavel

7

MARS

Ste Félicité

Gésiers confits au chou

GÉSIERS CONFITS AU CHOU

FRICASSÉE DE JAMBON

BRIOCHE

POUR 4 PERSONNES :

Préparation : 15 mn. Cuisson : 15 mn.
Recette facile. Prix modéré.

1/2 chou blanc,
8 gésiers confits,
80 g de pignons de pin,
20 g de beurre,
2 cuillerées à soupe de vinaigre balsamique,
1 échalote,
Sel, poivre.

1. Ôtez les feuilles extérieures et les côtes du chou. Lavez-le et découpez-le en fines lanières. Faites-les dorer dans une sauteuse avec le beurre et l'échalote et laissez étuver 15 mn sur feu moyen en remuant souvent. Salez et poivrez.
2. Débarrassez les gésiers de leur graisse et de leur gélatine et faites-les fondre doucement à la poêle 5 mn. Faites dorer les pignons sous le gril du four 2 mn.
3. Disposez le chou dans un plat creux, ajoutez les gésiers en lamelles et les pignons. Jetez la graisse de la poêle, remettez sur le feu, versez le vinaigre et faites réduire quelques secondes à feu vif. Servez aussitôt.

POUR 4 PERSONNES :

Préparation : 10 mn. Cuisson : 20 mn.
Recette facile. Prix : bon marché.

4 courgettes,
400 g de jambon,
200 g de gruyère râpé,
2 cuillerées à soupe de crème épaisse,
1 pincée de curry en poudre,
2 cuillerées à soupe d'huile,
1 oignon,
Sel, poivre.

1. Lavez et essuyez les courgettes, coupez-les en fines rondelles. Pelez et émincez l'oignon. Coupez le jambon en petits dés.
2. Faites chauffer l'huile dans une cocotte, mettez-y l'oignon à revenir sans colorer. Ajoutez le jambon, les courgettes, du sel et du poivre.
3. Saupoudrez de curry et faites cuire à feu moyen 10 mn en remuant souvent. Ajoutez alors la crème et le fromage, remuez à nouveau et servez après 5 mn de cuisson supplémentaire.

POUR 4 PERSONNES :

Préparation : 20 mn. Cuisson : 30 mn.
Recette facile. Prix : bon marché.

500 g de farine,
250 g de sucre,
1 œuf,
1 verre d'eau-de-vie,
1 zeste d'orange râpé,
1 sachet de levure,
1 verre d'eau,
1 pincée de sel.

1. Mettez la farine dans un saladier et faites un puits au centre. Versez-y la levure, le sel, le zeste d'orange, le sucre, l'eau-de-vie et l'œuf.
2. Remuez doucement à la cuillère en bois puis pétrissez en ajoutant un verre d'eau. Recouvrez la pâte d'un torchon et laissez-la reposer 2 heures.
3. Faites-la cuire dans un moule en couronne beurré et fariné à four chaud th. 7 - 210° pendant 30 mn. Servez froid.

Conseil du chef
Vous pouvez également servir les gésiers en plat principal en augmentant les quantités.

8
MARS

St Jean
de Dieu

*Cœur de bœuf
au vin rouge*

ENTRÉE
SALADE AU BLEU

PLAT
CŒUR DE BŒUF AU VIN ROUGE

DESSERT
BISCUIT LORRAIN

POUR 4 PERSONNES :

Préparation : 10 mn. Cuisson : 5 mn.
Recette facile. Prix : bon marché.
1 salade frisée,
125 g de bleu d'Auvergne,
2 cuillerées à soupe de vinaigre,
3 cuillerées à soupe d'huile d'olive,
1 petite botte de ciboulette,
1 sachet de croûtons,
Sel, poivre.

1. Lavez la salade et essorez-la. Mélangez le vinaigre et le sel, ajoutez le poivre puis l'huile. Ciselez la ciboulette et ajoutez-la à la vinaigrette.
2. Coupez le bleu en petits morceaux et mettez-le dans un saladier. Ajoutez la salade en lanières. Faites dorer les croûtons et posez-les sur la salade. Versez la vinaigrette dessus et servez de suite.

POUR 4 PERSONNES :

Préparation : 10 mn. Cuisson : 1 h 50.
Recette facile. Prix : bon marché.
450 g de cœur de bœuf,
1/2 litre d'eau,
1 litre de vin rouge,
1 cuillerée à soupe de maïzena,
1 cuillerée à soupe de concentré de tomate,
1,5 kg de carottes,
1 poireau,
1 oignon,
2 feuilles de laurier,
Sel, poivre.

1. Faites revenir le cœur coupé en cubes dans une poêle huilée, égouttez-les et mettez-les dans une casserole. Ajoutez-y l'eau, le vin, 2 carottes, le poireau et l'oignon coupés en cubes, le laurier, du sel et du poivre.
2. Laissez cuire 1 h 30. Egouttez la viande, gardez-la au chaud. Incorporez le concentré de tomate, faites réduire, ajoutez la maïzena, laissez cuire 20 mn et passez au chinois.
3. Cuisez les carottes à l'eau salée et réduisez-les en purée. Incorporez dans la sauce une cuillerée de purée de carottes et dressez sur les assiettes de service.

POUR 4 PERSONNES :

Préparation : 5 mn. Cuisson : 30 mn.
Recette facile. Prix : bon marché.
150 g de farine,
150 g de sucre,
5 œufs,
Amandes écrasées,
Beurre,
2 gouttes de vanille liquide,
Sel.

1. Cassez les œufs et séparez les blancs des jaunes. Mélangez ensemble dans un saladier les jaunes et le sucre.
2. Versez la vanille et continuez à travailler la pâte. Ajoutez la farine et les amandes écrasées. Mélangez bien.
3. Battez les blancs en neige avec une pincée de sel et incorporez-les à la préparation précédente. Beurrez et farinez un moule.
4. Versez-y le mélange et faites cuire au four th. 5 - 150° pendant 30 mn. Servez tiède.

Conseil du chef
Vous pouvez cuire le cœur dans un autocuiseur pour une cuisson rapide.

74

POUR CE
MENU LE
SOMMELIER
VOUS
PROPOSE

*Un
Hermitage
blanc*

ENTREE

ARTE
AU BEAUFORT

POUR 4 PERSONNES :

Préparation : 30 mn. Cuisson : 30 mn.
Recette facile. Prix : bon marché.
250 g de pâte brisée,
400 g de beaufort,
3 œufs,
15 g de farine,
1/4 de litre de lait,
3 cuillerées à soupe de crème fraîche,
3 tranches de jambon cru,
Muscade,
Sel, poivre.

1. Etalez la pâte et garnissez-en un moule beurré. Cassez les œufs et séparez les blancs des jaunes. Râpez le fromage.
2. Mettez la farine, le lait, les jaunes d'œuf et le fromage râpé dans un saladier et remuez énergiquement au fouet.
3. Battez les blancs d'œuf en neige avec une pincée de sel et incorporez-les au mélange précédent. Ajoutez du poivre, de la muscade et la crème fraîche.
4. Tapissez la pâte avec le jambon cru et versez la préparation dessus. Placez au four th. 7 - 210° pendant 30 mn. Servez tiède.

PLAT

ÔTES DE PORC
FARCIES

POUR 4 PERSONNES :

Préparation : 20 mn. Cuisson : 35 mn.
Recette facile. Prix : bon marché.
4 côtes de porc,
4 échalotes,
200 g de gruyère,
4 cuillerées à soupe de persil haché,
20 g de beurre,
1 verre de vin blanc sec,
1 cuillerée à soupe d'huile,
Sel, poivre.

1. Pelez et hachez finement les échalotes. Faites chauffer une noisette de beurre dans une petite casserole, versez-y les échalotes, ajoutez le vin. Réglez le feu pour que le liquide frémisse.
2. Laissez réduire. Détaillez le fromage en fines lamelles. Mélangez la réduction d'échalotes avec le persil. Entaillez la viande du côté opposé à l'os, remplissez la fente avec des lamelles de fromage et répartissez le mélange persil-échalotes.
3. Refermez les côtes à l'aide de piques en bois. Faites chauffer le reste de beurre et l'huile dans une poêle. Faites revenir les côtes 5 mn par face à feu vif, baissez le feu, couvrez la poêle et laissez cuire 15 mn. Servez très chaud.

DESSERT

ANANES
RÔTIES

POUR 4 PERSONNES :

Préparation : 15 mn. Cuisson : 10 mn.
Recette facile. Prix : bon marché.
4 bananes, 1 citron jaune,
1 citron vert,
4 cuillerées à soupe de sucre roux,
1 noix de beurre,
Vermicelles multicolores.

1. Epluchez les bananes et coupez-les en deux dans le sens de la longueur. Pressez le citron vert et arrosez les bananes avec le jus. Laissez-les un peu macérer.
2. Egouttez les bananes et enrobez-les avec le sucre roux. Faites fondre le beurre dans une poêle et faites-y dorer les bananes des deux côtés.
3. Disposez les bananes sur les assiettes de service. Prélevez un peu de zeste du citron jaune et pressez-le. Ajoutez le jus de macération et déglacez la poêle avec la totalité des jus de citron.
4. Nappez les bananes avec cette sauce et décorez-les de vermicelles multicolores et de zestes de citron jaune. Servez immédiatement.

Conseil du chef
Vous pouvez également farcir de la même façon des escalopes de poulet.

POUR CE
MENU LE
SOMMELIER
VOUS
PROPOSE

*Un Touraine
Mesland*

ENTRÉE

RTICHAUTS AU CRABE

POUR 4 PERSONNES :

Préparation : 20 mn. Pas de cuisson.
Recette facile. Prix : bon marché.

4 fonds d'artichaut cuits,
1 boîte de miettes de crabe,
1 cuillerée à café de moutarde,
1 cuillerée à café de concentré de tomate,
1 jaune d'œuf,
1/2 verre d'huile d'arachide,
Sel, poivre.

1. Egouttez les miettes de crabe. Séparez le blanc du jaune d'œuf. Dans un bol, mélangez le jaune et la moutarde.
2. Versez l'huile petit à petit tout en continuant de remuer. Salez, poivrez et ajoutez le concentré de tomate. Mélangez bien.
3. Ajoutez les miettes de crabe dans la mayonnaise et mélangez à nouveau pour que le mélange soit homogène.
4. Répartissez la préparation dans les 4 fonds d'artichaut. Placez-les dans le réfrigérateur et servez-les bien frais.

Conseil du chef
Pour rendre la pâte fluide, ajoutez un peu d'eau au mélange.

PLAT

MINCÉ D'AGNEAU

A LA BORDELAISE

POUR 4 PERSONNES :

Préparation : 20 mn. Cuisson : 1 h.
Recette facile. Prix : bon marché.

1 gigot d'agneau de 1 kg,
800 g de céleri-rave,
250 g d'échalotes,
1 litre de vin rouge,
2 bouillon-cubes,
25 g de beurre,
Sel, poivre.

1. Salez et poivrez le gigot et faites-le rôtir 35 mn sur toutes ses faces au four th. 6 - 180°. Réservez-le au chaud.
2. Déglacez la plaque de cuisson avec 4 verres d'eau. Versez dans une cocotte, ajoutez les bouillon-cubes délayés dans un peu d'eau, le vin, les échalotes hachées et faites réduire.
3. Epluchez le céleri et faites-le cuire à l'eau bouillante salée 25 mn. Egouttez-le et faites-le réduire. Ajoutez le beurre et mélangez.
4. Présentez sur le plat de service le gigot coupé en lamelles et la purée de céleri. Servez bien chaud.

DESSERT

ATAFAN

POUR 4 PERSONNES :

Préparation : 30 mn. Cuisson : 10 mn.
Recette facile. Prix : bon marché.

125 g de farine,
2 œufs,
2 cuillerées à soupe d'huile,
2 cuillerées à soupe d'eau-de-vie,
1 sachet de levure,
100 g de sucre,
4 pommes,
Sel.

1. Battez les œufs dans un bol. Dans un saladier, mettez la farine, les œufs battus, une pincée de sel, l'eau-de-vie, la levure et le sucre. Mélangez bien pour obtenir une pâte fluide.
2. Epluchez les pommes et coupez-les en fines lamelles. Plongez les lamelles de pomme dans la pâte et tournez.
3. Chauffez une poêle huilée, versez-y la pâte et cuisez à couvert 10 mn à petit feu en la retournant à mi-cuisson. Servez chaud.

Velouté de potiron aux moules

ENTRÉE

ELOUTÉ DE POTIRON AUX MOULES

POUR 4 PERSONNES :
Préparation : 25 mn. Cuisson : 20 mn.
Recette facile. Prix modéré.

1,2 kg de potiron,
1 litre de moules bouchot,
20 cl de crème fraîche,
100 g de champignons de Paris,
1 tablette de court-bouillon,
1 bouquet garni,
1/4 de verre de vin blanc sec,
1 bouquet de persil,
Sel, poivre.

1. Epluchez le potiron et coupez-le en gros dés. Faites-le cuire avec 1/4 de litre d'eau et le bouquet garni 15 mn.
2. Lavez les moules, mettez-les dans un faitout avec le vin blanc, la tablette de court-bouillon et 1/4 de litre d'eau.
3. Faites cuire à couvert en secouant de temps en temps. Lorsqu'elles sont ouvertes, décoquillez-les. Filtrez leur jus et réservez.
4. Mixez le portiron et ajoutez la crème fraîche. Versez dans la soupière, ajoutez les moules et le jus filtré. Mélangez et décorez avec le persil ciselé et les champignons hachés. Servez de suite.

PLAT

AUCISSON EN BRIOCHE

POUR 4 PERSONNES :
Préparation : 20 mn. Cuisson : 50 mn.
Recette facile. Prix : bon marché.

250 g de farine,
3 œufs,
125 g de crème épaisse,
150 g d'emmenthal râpé,
1 sachet de levure,
1 saucisson de Lyon à cuire,
20 g de beurre,
Sel, poivre.

1. Piquez la peau du saucisson, plongez-le dans une casserole d'eau frémissante et laissez-le pocher 20 mn. Egouttez-le et laissez-le tiédir.
2. Préchauffez le four th. 7 - 210° et beurrez un moule à cake. Mettez-le dans le réfrigérateur. Dans un saladier, mettez la farine, la levure et une pincée de sel.
3. Faites un puits au centre, ajoutez la crème et les œufs battus. Remuez à la spatule et incorporez le fromage. Mélangez pour obtenir une pâte lisse.
4. Pelez le saucisson. Versez la pâte dans le moule, enfoncez-y légèrement le saucisson et mettez au four 30 mn jusqu'à ce que la pâte soit levée et dorée. Servez tiède avec une salade verte.

DESSERT

ATEAU AUX MARRONS

POUR 4 PERSONNES :
Préparation : 25 mn. Pas de cuisson.
Recette facile. Prix : bon marché.

150 g de chocolat noir, 75 g de beurre,
25 g de sucre semoule, 2 meringues,
1 boîte 4/4 de purée de marrons,
2 cuillerées à soupe de lait,
1 sachet de sucre vanillé,
1 zeste d'orange râpé,
5 cl de Cognac, Crème chantilly.

1. Dans un saladier, mettez la purée de marrons et incorporez-y le beurre, les sucres, le zeste et le Cognac.
2. Faites fondre à feu doux le chocolat dans le lait. Ecrasez les meringues et mélangez-les au chocolat.
3. Mélangez cette préparation à la purée de marrons et versez le tout dans un moule. Couvrez de papier aluminium.
4. Placez le moule 12 heures dans le réfrigérateur. Démoulez le gâteau et décorez-le de crème chantilly. Servez froid.

Conseil du chef

Vous pouvez aussi présenter le velouté dans des petits potirons évidés.

POUR CE MENU LE SOMMELIER VOUS PROPOSE

Un Pacherenc-du-Vic-Bilh

ENTRÉE
RAMEQUINS AU FROMAGE

POUR 4 PERSONNES :

Préparation : 5 mn. Cuisson : 20 mn.
Recette facile. Prix : bon marché.

1/2 litre de lait,
150 g de comté,
100 g de farine,
1 noix de beurre,
4 œufs,
Sel, poivre.

1. Faites chauffer doucement le lait. Versez la farine et remuez. Ajoutez le comté râpé en continuant à tourner. Incorporez le beurre. Salez et poivrez.
2. Dans un bol, battez les 4 œufs en omelette et ajoutez-les au mélange précédent. Remuez. Beurrez 4 ramequins.
3. Versez la préparation dans les ramequins et mettez-les au four th. 7 - 210° pendant 20 mn. Servez dès la sortie du four.

PLAT
VEAU EN OMELETTE

POUR 4 PERSONNES :

Préparation : 15 mn. Cuisson : 20 mn.
Recette facile. Prix : bon marché.

400 g d'épaule de veau,
8 œufs,
3 oignons,
15 g de beurre,
2 gousses d'ail,
4 branches de persil,
Sel, poivre.

1. Coupez l'épaule de veau en tranches, puis en cubes. Pelez et émincez les oignons.
2. Dans une poêle, faites fondre les oignons dans le beurre en remuant souvent pendant 10 mn.
3. Ajoutez les dés de veau, salez, poivrez, couvrez la poêle et laissez cuire 10 mn. Hachez finement l'ail et le persil.
4. Battez les œufs avec du sel et du poivre. Parsemez le hachis d'ail et de persil sur les œufs battus.
5. Versez sur le veau dans la poêle. Dès que les œufs sont cuits, faites glisser dans le plat de service chaud et servez immédiatement.

DESSERT
GÂTEAU BRETON

POUR 4 PERSONNES :

Préparation : 1 h. Cuisson : 30 mn.
Recette facile. Prix : bon marché.

500 g de farine,
350 g de sucre,
400 g de beurre demi-sel,
1 sachet de levure,
1/2 verre d'eau,
1 jaune d'œuf.

1. Mettez la farine dans un saladier, faites-y un puits au centre, mettez la levure et le demi-verre d'eau. Pétrissez 5 mn.
2. Formez une boule et laissez reposer 30 mn. Etalez la pâte à la main sur un plan de travail fariné.
3. Travaillez-la pour obtenir un carré. Mettez au centre 350 g de beurre étalé et 250 g de sucre.
4. Pliez la pâte en deux en forme de rectangle puis en trois et laissez reposer 15 mn.
5. Beurrez un plat à four avec le reste du beurre et farinez-le. Disposez la pâte dans le plat, enduisez-la avec le jaune d'œuf battu.
6. Saupoudrez-la avec le sucre restant et faites-la cuire au four th. 7 - 210° pendant 30 mn. Dégustez tiède.

Conseil du chef
S'il vous reste du gâteau breton, il sera meilleur réchauffé.

POUR CE MENU LE SOMMELIER VOUS PROPOSE

Un Sauvignon de Loire

ENTRÉE

CAROTTES À L'ORIENTALE

POUR 4 PERSONNES :

Préparation : 15 mn. Cuisson : 15 mn.
Recette facile. Prix : bon marché.

1 kg de carottes,

1 citron,

2 cuillerées à soupe d'huile d'olive,

2 gousses d'ail,

200 g de coulis de tomate,

2 cuillerées à soupe de persil haché,

1 pointe de paprika.

1. Epluchez les carottes et coupez-les en rondelles. Faites-les cuire dans de l'eau bouillante salée 15 mn.
2. Egouttez-les et gardez 1 verre du jus de cuisson. Mettez les carottes dans un plat creux et arrosez-les du jus du citron.
3. Faites revenir les 2 gousses d'ail hachées dans l'huile d'olive, ajoutez le coulis de tomate, le persil, le verre de jus de cuisson des carottes et le paprika.
4. Versez sur les carottes, laissez refroidir et servez à température ambiante.

Conseil du chef
Vous pouvez frotter les petits pains ronds avec une gousse d'ail.

PLAT

PAN BAGNATS

POUR 4 PERSONNES :

Préparation : 10 mn. Pas de cuisson.
Recette facile. Prix : bon marché.

4 petits pains ronds,

4 cuillerées à soupe d'huile d'olive,

4 petites tomates,

Quelques feuilles de laitue,

150 g de gruyère,

4 anchois à l'huile,

1 petite boîte de miettes de thon,

Poivre.

1. Ouvrez les pains en deux dans le sens de l'épaisseur. Otez un peu de mie. Arrosez chaque base de pain d'huile d'olive.
2. Détaillez le fromage en fines lamelles. Lavez et essuyez les tomates, coupez-les en rondelles, éliminez les graines.
3. Découpez la salade en lanières. Répartissez le thon, les tomates, la salade et le fromage sur les morceaux de pain huilés.
4. Posez les anchois au-dessus, poivrez, remettez les chapeaux de pain et servez sans attendre.

DESSERT

SAINT HONORÉ

POUR 4 PERSONNES :

Préparation : 20 mn. Cuisson : 50 mn.
Recette élaborée. Prix : bon marché.

250 g de pâte brisée,

9 petits choux,

4 morceaux de sucre,

2 cuillerées à soupe d'eau,

Crème chantilly,

100 g de chocolat noir.

1. Etendez la pâte brisée jusqu'à obtenir un rond de 20 cm de diamètre. Posez-le sur une tôle à pâtisserie beurrée.
2. Faites cuire 30 mn à four chaud th. 8 - 240°. Dans une casserole, faites fondre le sucre dans un peu d'eau jusqu'à ce qu'il fasse un caramel brun.
3. Sortez la pâte du four, disposez dessus les petits choux, versez le caramel. Faites fondre le chocolat avec un peu d'eau.
4. Garnissez la pâte avec de la crème chantilly et versez dessus la sauce chocolat. Servez bien frais.

POUR CE
MENU LE
SOMMELIER
VOUS
PROPOSE

*Un Gamay
de Touraine*

14
MARS

Mi-Carême

Bavette à
l'échalote

ENTRÉE

FLAMICHE
AU MAROILLES

POUR 4 PERSONNES :
Préparation : 15 mn. Cuisson : 30 mn.
Recette facile. Prix : bon marché.

200 g de Maroilles,
100 g de beurre,
1/2 verre de lait tiéde,
2 œufs,
250 g de pâte brisée,
Sel, poivre.

1. Dans un saladier, écrasez le Maroilles avec le beurre à la fourchette. Versez petit à petit le lait tiède en remuant jusqu'à obtenir une pâte lisse.
2. Préchauffez le four th. 7 - 210°. Salez et poivrez la préparation au Maroilles. Ajoutez un œuf et mélangez bien. Recommencez avec le second œuf. Etalez la pâte brisée.
3. Mettez la pâte dans une tourtière et versez la préparation dessus. Mettez-la au four th. 7 - 210° pendant 30 mn. Servez tiède.

PLAT

BAVETTE
À L'ÉCHALOTE

POUR 4 PERSONNES :
Préparation : 10 mn. Cuisson : 15 mn.
Recette facile. Prix : bon marché.

4 morceaux de bavette d'aloyau,
6 échalotes,
50 g de beurre,
Sel, poivre.

1. Pelez les échalotes et émincez-les finement. Mettez-les dans une cocotte avec 2 cuillerées à soupe d'eau, couvrez et laissez fondre.
2. Ajoutez-y les bavettes et faites-les cuire 7 à 8 mn, retournez-les et laissez-les cuire à nouveau 7 à 8 mn.
3. Salez et poivrez la viande, ajoutez le beurre en parcelles. Sur les assiettes de service, disposez les bavettes nappées de sauce. Servez bien chaud accompagné de pommes de terre sautées.

DESSERT

CAKE
AU YAOURT

POUR 4 PERSONNES :
Préparation : 10 mn. Cuisson : 50 mn.
Recette facile. Prix : bon marché.

2 yaourts nature,
3 pots de sucre semoule,
4 pots de farine,
1/2 pot d'huile,
1/2 sachet de levure,
3 œufs,
4 cuillerées à soupe de poudre d'amandes.

1. Battez les œufs en omelette. Mettez la farine dans un saladier, ajoutez les œufs battus, les yaourts, la levure, l'huile, le sucre et la poudre d'amandes.
2. Préchauffez le four th. 7 - 210°. Travaillez l'ensemble pour obtenir un mélange homogène. Versez le tout dans un moule à cake beurré.
3. Faites cuire au four 50 mn. Laissez refroidir dans le moule et présentez le cake découpé en tranches.

Conseil du chef
*Prenez de préférence
un Maroilles bien fait.*

**POUR CE
MENU LE
SOMMELIER
VOUS
PROPOSE**

*Un Graves
rouge*

ENTRÉE

Terrine
AU SAUMON

POUR 4 PERSONNES :

Préparation : 10 mn. Cuisson : 50 mn.
Recette facile. Prix modéré.

300 g de saumon,
4 œufs,
4 cuillerées à soupe de crème fraîche,
200 g de mimolette râpée,
2 cuillerées à soupe de concentré de tomate,
1 cuillerée à soupe de thym,
Quelques gouttes de tabasco,
Sel.

1. Egouttez le saumon et passez-le au mixeur pour l'émietter finement. Versez-le dans un saladier, ajoutez les œufs, la crème, le fromage, le concentré de tomate, le thym, le tabasco et salez.
2. Remuez le tout avec une cuillère en bois jusqu'à ce que la farce soit homogène. Versez dans une terrine et cuisez 50 mn au four th. 7 - 210°. Servez chaud accompagné d'un coulis de tomates.

Conseil du chef

Vous pouvez également servir la terrine froide avec une vinaigrette aux herbes.

PLAT

Pizza
AUX ARTICHAUTS

POUR 4 PERSONNES :

Préparation : 15 mn. Cuisson : 20 mn.
Recette facile. Prix : bon marché.

250 g de pâte à pizza,
8 fonds d'artichaut cuits,
50 g de farine,
200 g de gruyère râpé,
200 g de jambon,
1 cuillerée à soupe de moutarde,
2 cuillerées à soupe de concentré de tomate,
1 cuillerée à soupe d'origan séché,
Sel, poivre.

1. Préchauffez le four th. 7 - 210° et farinez une tôle à four. Sur le plan de travail fariné, étalez la pâte à pizza finement.
2. Posez-la sur la tôle du four. Mélangez le concentré de tomate et la moutarde. Etalez ce mélange sur la pâte.
3. Détaillez le jambon en morceaux et les fonds d'artichaut en lamelles. Répartissez-les sur la pâte.
4. Saupoudrez de fromage et d'origan. Salez et poivrez. Glissez la tôle dans le four et faites cuire 20 mn pour que la pâte soit croustillante. Servez chaud.

DESSERT

Tarte
SANS PATE

POUR 4 PERSONNES :

Préparation : 15 mn. Cuisson : 30 mn.
Recette facile. Prix : bon marché.

2 poires,
150 g de sucre,
3/4 de litre de lait,
3 œufs,
3 cuillerées à soupe de farine,
30 g de beurre,
1 zeste de citron,
1 blanc d'œuf,
5 cl d'eau-de-vie de poires,
1 pincée de sel.

1. Epluchez et coupez les poires en dés. Mettez la farine, les œufs, le sucre, le sel, le zeste de citron et le lait dans un saladier.
2. Mélangez bien le tout au fouet jusqu'à obtenir un mélange mousseux. Ajoutez l'eau-de-vie et les poires.
3. Mélangez de nouveau. Beurrez un plat à tarte et versez la préparation dedans.
4. Placez le plat au four th. 6 - 180° pendant 30 mn. A mi-cuisson, enduisez la surface du blanc d'œuf mélangé. Servez tiède.

POUR CE
MENU LE
SOMMELIER
VOUS
PROPOSE

*Un Bordeaux
blanc*

*E*NTREE

*G*RATINÉE AU GOUDA

POUR 4 PERSONNES :

Préparation : 15 mn. Cuisson : 20 mn.
Recette facile. Prix : bon marché.
500 g d'oignons,
250 g de gouda râpé,
50 g de beurre,
20 g de farine,
2 cuillerées à soupe de crème épaisse,
2 cuillerées à soupe de Porto,
1 jaune d'œuf,
2 bouillon-cubes de légumes,
4 tranches de pain de mie.

1. Pelez et émincez finement les oignons. Faites fondre le beurre dans une casserole et mettez-y les oignons à revenir doucement, sans colorer, puis poudrez-les de farine.
2. Remuez et mouillez avec 1 litre d'eau chaude et les bouillon-cubes de légumes. Portez doucement à ébullition et réglez le feu pour que la soupe frémisse 10 mn.
3. Otez la croûte du pain, étalez la moitié du fromage râpé sur les tranches et faites-les gratiner sous le gril du four. Dans un bol, battez la crème avec le Porto et le jaune d'œuf.
4. Hors du feu, versez le contenu du bol et le reste de fromage dans la soupe, fouettez et répartissez dans les bols chauds. Posez une tartine dans chaque bol et servez aussitôt.

*P*LAT

*E*SCALOPES AU BACON

POUR 4 PERSONNES :

Préparation : 10 mn. Cuisson : 10 mn.
Recete facile. Prix : bon marché.
4 escalopes de dinde,
4 tranches de bacon,
4 tomates,
1 boîte 1/2 de maïs en grains,
1 oignon,
2 cuillerées à soupe d'huile,
2 cuillerées à soupe de farine,
1 œuf,
2 cuillerées à soupe de chapelure,
Sel, poivre.

1. Battez l'œuf en omelette puis trempez-y les escalopes. Passez-les ensuite dans la farine, puis la chapelure. Salez et poivrez-les.
2. Faites-les frire à feu vif, puis à feu moyen 5 mn de chaque côté. Réservez-les au chaud sur le plat de service.
3. Epluchez et coupez l'oignon en rondelles. Faites-le blondir avec le bacon dans l'huile, ajoutez les tomates coupées en deux, le maïs égoutté.
4. Laissez dorer. Présentez les escalopes garnies de bacon et du mélange maïs-tomates-oignons. Servez chaud.

*D*ESSERT

*G*ATEAU DE POMMES AU CALVA

POUR 4 PERSONNES :

Préparation : 30 mn. Cuisson : 1 h.
Recette facile. Prix : bon marché.
4 pommes, 4 œufs,
120 g de sucre,
20 cl de crème fraîche,
5 cl de Calvados.

1. Epluchez les pommes et coupez-les en morceaux. Faites-les cuire dans une casserole avec un peu d'eau. Tournez avec une cuillère en bois et réduisez en purée. Préchauffez le four th. 6 - 180°.
2. Versez les fruits dans un saladier, lorsqu'ils sont froids, ajoutez les œufs, le sucre, la crème et mélangez le tout. Beurrez un moule à manqué et versez-y la préparation.
3. Mettez le moule dans un bain-marie et faites cuire au four th. 6 - 180° pendant 1 heure. Flambez dès la sortie du four avec le Calvados et servez immédiatement.

Conseil du chef

En saison, vous pouvez réaliser ce gâteau avec des abricots.

POUR CE MENU LE SOMMELIER VOUS PROPOSE

Un Chablis

ENTRÉE

 OMMES DE TERRE AUX LARDONS

POUR 4 PERSONNES :
Préparation : 15 mn. Cuisson : 15 mn.
Recette facile. Prix : bon marché.
600 g de pommes de terre,
200 g de lard maigre,
1 cuillerée à soupe de vinaigre,
3 cuillerées à soupe d'huile,
1 oignon, fines herbes, sel, poivre.

1. Faites cuire les pommes de terre à la vapeur sans les éplucher. Faites revenir le lard coupé en dés dans une poêle anti-adhésive.
2. Préparez la vinaigrette en mélangeant le sel et le vinaigre, ajoutez le poivre et l'huile et remuez à nouveau.
3. Egouttez les lardons et hachez l'oignon. Ajoutez-les à la sauce et faites cuire à feu doux en remuant 5 mn.
4. Epluchez les pommes de terre et coupez-les en rondelles. Recouvrez-les avec la vinaigrette, les lardons et les oignons. Parsemez de fines herbes et servez de suite.

PLAT

OULETTES DE VIANDE AUX ÉPICES

POUR 4 PERSONNES :
Préparation : 10 mn. Cuisson : 10 mn.
Recette facile. Prix : bon marché.
800 g de veau haché,
1/2 cuillerée à café de muscade moulue,
1/2 cuillerée à café de cannelle en poudre,
Quelques clous de girofle pilés,
1 cuillerée à soupe de sucre en poudre,
10 cl d'huile,
3 cuillerées à soupe de jus de citron,
6 tranches de pain débarrassées de la croûte,
Sel, poivre.

1. Mettez les épices, du sel et du poivre dans une assiette. Façonnez des boulettes de viande et roulez-les dans les épices.
2. Faites-les revenir dans l'huile dans une poêle à feu doux pour les dorer. Versez le jus de citron et le sucre pour caraméliser la sauce.
3. Placez les tranches de pain dans le plat de service, versez les boulettes et leur sauce sur les tranches de pain et servez sans attendre.

Conseil du chef
Vous pouvez ajouter aux boulettes de viande des raisins secs.

DESSERT

ABA AU RHUM

POUR 4 PERSONNES :
Préparation : 20 mn. Cuisson : 30 mn.
Recette facile. Prix : bon marché.
200 g de sucre,
3 œufs,
200 g de farine,
1 sachet de levure,
10 cl de lait,
1/4 de litre d'eau,
3 cuillerées à soupe de rhum,
1/4 de litre de crème fraîche,
2 cuillerées à soupe de sucre vanillé,
Beurre,
Fruits confits en morceaux.

1. Travaillez 120 g de sucre avec les jaunes d'œuf pour obtenir une crème mousseuse, ajoutez-y peu à peu la farine avec la levure, puis le lait. Incorporez délicatement les blancs.
2. Beurrez un moule en couronne et versez-y la préparation. Faites cuire au four th. 5 - 150° pendant 30 mn. Faites fondre le sucre restant dans l'eau et laissez bouillir quelques minutes.
3. Hors du feu, ajoutez le rhum. Démoulez le gâteau dès sa sortie du four, posez-le sur une grille posée sur un plat creux et arrosez-le de sirop. Recueillez le liquide dans le plat et arrosez tant qu'il reste du sirop.
4. Laissez le baba refroidir. Fouettez la crème très froide avec le sucre vanillé et remplissez-en le creux du baba. Décorez de fruits confits et servez frais.

POUR CE MENU LE SOMMELIER VOUS PROPOSE

Un Anjou blanc

ENTREE

ŒUFS COCOTTE À LA MIMOLETTE

POUR 4 PERSONNES :

Préparation : 10 mn. Cuisson : 10 mn.
Recette facile. Prix : bon marché.

4 œufs,
120 g de mimolette râpée,
60 g de beurre,
10 cl de vin blanc sec,
2 échalotes,
1 cuillerée à soupe de fonds de veau déshydraté,
Sel, poivre.

1. Préchauffez le four th. 7 - 210° et placez dedans un plat à demi-rempli d'eau. Pelez et hachez finement les échalotes.
2. Faites fondre une noisette de beurre dans une petite casserole, mettez les échalotes à revenir quelques minutes, versez le vin, remuez puis laissez réduire jusqu'à ce que la sauce soit onctueuse.
3. Incorporez le reste de beurre en parcelles, remuez au fouet, salez, poivrez et réservez au chaud. Beurrez 4 ramequins.
4. Répartissez le fromage dedans, poivrez et cassez-y un œuf. Faites cuire au bain-marie dans le four jusqu'à ce que le blanc soit pris. Sortez les ramequins, versez la sauce sur les œufs et servez aussitôt.

PLAT

CASSEROLE MARINE

POUR 4 PERSONNES :

Préparation : 10 mn. Cuisson : 25 mn.
Recette facile. Prix : bon marché.

4 filets de lieu,
1 tablette de court-bouillon,
1 cuillerée à soupe de maïzena,
1/2 bouteille de vin blanc sec,
1 pointe de safran,
1 carotte,
1 oignon,
1 bouquet garni,
50 g de beurre,
Sel, poivre.

1. Faites fondre 25 g de beurre dans une cocotte et faites-y revenir l'oignon et la carotte coupés en rondelles doucement sans colorer.
2. Mouillez avec le vin, ajoutez 1/4 de litre d'eau, le safran, le bouquet garni, la tablette de court-bouillon et du poivre.
3. Portez à ébullition. Plongez le poisson dans le liquide frémissant et faites pocher 10 mn sans bouillir. Sortez les filets de la casserole.
4. Placez-les sur un plat chaud, couvrez avec du papier aluminium et réservez au chaud. Filtrez le liquide de cuisson dans un chinois.
5. Faites-le réduire à gros bouillons 10 mn. Mélangez la maïzena à une cuillerée d'eau froide, ajoutez à la réduction et laissez épaissir en remuant sans cesse.
6. Retirez du feu, ajoutez le beurre restant, nappez le poisson de la sauce obtenue et servez le reste en saucière.

DESSERT

MARBRÉ AU CHOCOLAT

POUR 4 PERSONNES :

Préparation : 15 mn. Cuisson : 45 mn.
Recette facile. Prix : bon marché.

4 œufs, leur poid en beurre,
leur poid en sucre,
leur poid en farine,
1/2 sachet de levure,
1 sachet de sucre vanillé,
125 g de chocolat noir.

1. Préchauffez le four th. 6 - 180°. Faites blanchir le beurre en le fouettant avec le sucre. Incorporez les œufs un à un en mélangeant à chaque fois. Incorporez la farine, la levure et le sucre vanillé.
2. Fouettez pour amalgamer le tout. Faites ramollir le chocolat au bain-marie et mélangez avec 1/3 de la pâte. Versez la pâte nature dans le moule beurré puis la chocolatée.
3. Faites cuire au four th. 6 - 180° pendant 45 mn. Démoulez une fois tiède et servez froid.

Conseil du chef
Accompagnez la casserole marine de pommes de terre cuites à la vapeur.

POUR CE MENU LE SOMMELIER VOUS PROPOSE

Un Muscadet de Sèvre-et-Maine

19 MARS

St Joseph

Salade aux fruits secs

ENTRÉE

SALADE AUX FRUITS SECS

POUR 4 PERSONNES :

Préparation : 20 mn. Pas de cuisson.
Recette facile. Prix : bon marché.

100 g de raisins secs,
100 g d'amandes salées, fumées,
200 g de gouda,
15 cl de Porto,
1 laitue,
Ciboulette,
3 cuillerées à soupe d'huile,
8 tomates cerise,
Sel, poivre.

1. Dans un bol, mettez les raisins et arrosez-les de Porto. Laissez mariner. Nettoyez la salade, lavez et épongez les feuilles.
2. Superposez-les 4 par 4, roulez-les en cigare et découpez en lanières à l'aide d'une paire de ciseaux.
3. Détaillez le fromage en dés, ciselez la ciboulette. Dans un saladier, mélangez la salade, le fromage, la ciboulette et les amandes.
4. Salez, poivrez. Ajoutez l'huile dans le bol contenant les raisins marinés et versez le tout sur la salade.
5. Remuez à nouveau, ajoutez les tomates cerise coupées en deux et servez immédiatement.

PLAT

GRATIN DE BLETTES AU JAMBON

POUR 4 PERSONNES :

Préparation : 20 mn. Cuisson : 50 mn.
Recette facile. Prix : bon marché.

750 g de côtes de blettes,
250 g de jambon de Paris,
2 bouillon-cubes de volaille,
200 g d'edam râpé,
4 cuillerées à soupe d'échalotes hachées,
20 g de farine,
30 g de beurre,
Sel, poivre.

1. Effilez et lavez les côtes de blettes. Faites bouillir 2 litres d'eau avec les bouillon-cubes de volaille. Plongez les côtes dans le bouillon et laissez frémir 20 mn.
2. Egouttez et réservez 1/2 litre de bouillon de cuisson. Préchauffez le four th. 6 - 180° et beurrez un plat à four. Hachez finement le jambon et mélangez-le avec les échalotes.
3. Placez les côtes de blettes au fond du plat et recouvrez-les de hachis. Dans une petite casserole, faites un roux avec le beurre et la farine. Délayez avec le bouillon réservé et remuez au fouet pour obtenir une sauce lisse.
4. Salez modérément et poivrez. Versez délicatement sur le plat, couvrez de fromage râpé et faites cuire 30 mn au four. Servez bien chaud.

DESSERT

COOKIES AU BEURRE

POUR 4 PERSONNES :

Préparation : 20 mn. Cuisson : 20 mn.
Recette facile. Prix : bon marché.

250 g de beurre ramolli,
80 g de sucre brun,
375 g de farine.

1. Dans un saladier, fouettez le beurre et le sucre. Ajoutez la farine et mélangez avec une cuillère en bois. Mettez la pâte obtenue au frais quelques heures.
2. Préchauffez le four th. 5 - 150°. Etalez la pâte sur une surface farinée. Découpez dans la pâte étalée des ronds à l'aide d'un verre.
3. Disposez les ronds de pâte sur une tôle à pâtisserie non huilée et faites cuire au four 20 mn. Servez froid.

Conseil du chef
Vous pouvez aussi découpez la pâte avec des emporte-pièces de différentes formes.

POUR CE MENU LE SOMMELIER VOUS PROPOSE

Un Côtes de Provence blanc

20
MARS

St Herbert

Jarret de bœuf à l'ananas

CAKE AU LARD

POUR 4 PERSONNES :

Préparation : 20 mn. Cuisson : 1 h.
Recette facile. Prix : bon marché

250 g de farine,
200 g de lard fumé,
150 g d'emmenthal râpé,
150 g d'olives vertes dénoyautées,
60 g de pistaches décortiquées,
20 cl d'huile,
10 cl de vin blanc,
4 œufs,
1 cuillerée à soupe de beurre,
1 sachet de levure,
Poivre.

1. Faites dorer dans le beurre le lard découenné et coupé en petits dés. Egouttez et réservez. Mélangez la farine et la levure, incorporez les œufs, l'huile, le vin et poivrez.
2. Battez au fouet électrique jusqu'à l'obtention d'une pâte lisse. Ajoutez le lard, les olives, les pistaches et l'emmenthal. Mélangez délicatement.
3. Versez le tout dans le moule à cake beurré. Cuisez 1 heure à four chaud th. 7 - 210° et démoulez aussitôt. Servez tiède ou froid.

JARRET DE BŒUF À L'ANANAS

POUR 4 PERSONNES :

Préparation : 15 mn. Cuisson : 2 h 40.
Recette facile. Prix modéré.

600 de jarret de bœuf,
1 boîte 4/4 d'ananas,
8 échalotes,
20 g de beurre,
20 g de persil haché,
Sel, poivre.

1. Préchauffez le four th. 6 - 180°. Coupez le jarret en tranches et faites-les revenir dans une poêle avec 10 g de beurre.
2. Mettez-les dans un plat à four, ajoutez de l'eau à moitié et le sirop des ananas. Couvrez et mettez au four 2 h 30.
3. Dix minutes avant la fin de la cuisson, épluchez et émincez les échalotes. Faites-les revenir dans le reste de beurre, incorporez les ananas et laissez-les colorer.
4. Sortez la viande du four, ajoutez les ananas et remettez au four 10 mn. Parsemez de persil haché et servez dans le plat de cuisson.

GÂTEAU À LA BANANE

POUR 4 PERSONNES :

Préparation : 15 mn. Cuisson : 50 mn.
Recette facile. Prix : bon marché.

200 g de farine,
1/2 sachet de levure,
1 pincée de sel,
80 g de beurre ramolli,
130 g de sucre,
2 œufs, 3 bananes.

1. Préchauffez le four th. 5 - 150° et beurrez un moule à cake. Travaillez le beurre en crème et incorporez le sucre en battant jusqu'à ce que le mélange soit léger.
2. Ajoutez les œufs et continuez à battre pour que la pâte soit mousseuse. Dans un saladier, mélangez la farine, la levure et le sel. Ecrasez les bananes à la fourchette.
3. Incorporez en alternant avec les ingrédients secs en mélangeant bien. Versez dans le moule et faites cuire 50 mn au four. Démoulez et laissez refroidir avant de servir.

Conseil du chef
Vous pouvez accompagner le cake au lard d'un beurre chaud safrané.

POUR CE MENU LE SOMMELIER VOUS PROPOSE

Un Sauvignon de Saint-Bris blanc

ENTREE

PAIN POISSON-BROCOLI

POUR 4 PERSONNES :

Préparation : 25 mn. Cuisson : 1 h.
Recette facile. Prix : modéré.
300 g de filet de truite saumonée,
300 g de filet de colin,
150 g de brocoli,
20 cl de crème fraîche,
3 œufs, 1 échalote,
1 cuillerée à soupe de persil haché,
Sel, poivre.

1. Détaillez le brocoli en bouquets et nettoyez-les. Cuisez-les dans une grande quantité d'eau bouillante salée 10 mn.
2. Mixez la chair des poissons, ajoutez les œufs un à un en mélangeant à chaque fois.
3. Ajoutez-y l'échalote hachée, la crème et le persil. Salez, poivrez et mélangez à nouveau. Rincez et égouttez les brocoli.
4. Beurrez un moule à cake et garnissez-le d'une couche de farce au poisson, d'une couche de brocoli et recouvrez du restant de farce au poisson.
5. Cuisez 1 heure au bain-marie au four th. 6 - 180°. Démoulez et laissez refroidir. Servez frais.

PLAT

MINI-OMELETTES AUX FROMAGES

POUR 4 PERSONNES :

Préparation : 10 mn. Cuisson : 10 mn.
Recette facile. Prix : bon marché.
9 œufs,
150 g de mimolette râpée,
150 g de gouda râpé,
150 g d'edam râpé,
1 cuillerée à soupe de concentré de tomate,
2 cuillerées à soupe de fines herbes hachées,
1 pointe de curry en poudre,
3 cuillerées à soupe de crème épaisse,
30 g de beurre,
Sel, poivre.

1. Versez les fromages dans trois saladiers différents. Cassez trois œufs dans chaque saladier et ajoutez 1 cuillerée de crème.
2. Dans la mimolette, ajoutez le concentré de tomate, dans l'edam, ajoutez les fines herbes et dans le gouda, le curry.
3. Salez et poivrez tous les saladiers. Mélangez à la fourchette sans trop fouetter. Faites chauffer une noisette de beurre dans une petite poêle.
4. Faites cuire les petites omelettes séparément et répartissez-les dans le plat de service chaud en alternant les couleurs.

DESSERT

FLAN PARISIEN

POUR 4 PERSONNES :

Préparation : 20 mn. Cuisson : 40 mn.
Recette facile. Prix : bon marché.
150 g de sucre semoule,
25 g de beurre,
1/2 litre de lait,
4 œufs,
5 cl de kirsch.

1. Beurrez un moule à manqué. Dans un saladier, battez les œufs avec le sucre, puis ajoutez le lait et mélangez à nouveau.
2. Quand la préparation est bien lisse, ajoutez le kirsch et versez-la dans le moule.
3. Faites cuire au four th. 5 - 150° pendant 40 mn. Démoulez dès la sortie du four et servez froid.

Conseil du chef

Vous pouvez aussi servir le pain de poisson et de brocoli chaud avec un beurre citronné.

Ste Léa

Agneau
aux aubergines

POUR CE
MENU LE
SOMMELIER
VOUS
PROPOSE

*Une
Roussette de
Savoie*

ENTRÉE

ROQUETTE
AU PARMESAN

POUR 4 PERSONNES :
Préparation : 30 mn. Cuisson : 2 h.
Recette facile. Prix : bon marché.

50 g de parmesan,
300 g de roquette,
200 g de pommes de terre,
30 noix,
1 oignon,
1 carotte,
1 bouquet garni,
1 morceau de céleri,
12 cl de vinaigrette,
Sel, poivre.

1. Faites cuire le parmesan 2 heures dans de l'eau frémissante avec l'oignon, la carotte, le céleri et le bouquet garni.
2. Faites cuire 30 mn les pommes de terre non épluchées dans l'eau salée. Lavez la roquette. Faites pocher les noix 10 secondes dans l'eau bouillante puis épluchez-les.
3. Coupez le parmesan en lamelles, détaillez les pommes de terre en rondelles. Versez dans un saladier la roquette, les pommes de terre et les noix. Assaisonnez avec la vinaigrette et mélangez.
4. Ajoutez le parmesan coupé en julienne à la salade et servez immédiatement.

PLAT

AGNEAU
AUX AUBERGINES

POUR 4 PERSONNES :
Préparation : 45 mn. Cuisson : 1 h.
Recette élaborée. Prix : bon marché.

1 kg d'épaule d'agneau,
4 aubergines, 4 oignons,
100 g de semoule à couscous cuisson rapide,
10 cl de coulis de tomate,
2 gousses d'ail, 1 œuf,
6 cuillerées à soupe d'huile d'olive,
4 branches de coriandre,
3 cuillerées à soupe de persil haché,
Sel, poivre.

1. Lavez, essuyez les aubergines et ôtez les extrémités. Détaillez-les en tranches d'1/2 cm dans le sens de la longueur. Salez-les et laissez-les dégorger 30 mn dans une passoire.
2. Désossez l'épaule, découpez-la en fines lanières. Pelez et émincez l'ail et les oignons. Faites chauffer 2 cuillerées à soupe d'huile dans une sauteuse, faites-y revenir la viande, l'ail et les oignons 5 mn en remuant. Réservez. Epongez les aubergines.
3. Faites chauffer le reste d'huile dans une grande poêle, saisissez-y rapidement les aubergines sur les deux faces. Préchauffez le four th. 7 - 210° et déposez-y un plat à demi-rempli d'eau chaude.
4. Dans un grand saladier, mélangez le contenu de la sauteuse avec la semoule, le coulis, le persil, la coriandre, l'œuf battu, du sel et du poivre. Mélangez bien pour obtenir une farce homogène.
5. Tapissez le fond et les bords d'un moule à charlotte avec les tranches d'aubergine, remplissez l'intérieur de farce terminez par une couche d'aubergine. Couvrez avec une feuille aluminium.
6. Placez le moule au four dans le bain-marie et laissez cuire 45 mn. Démoulez et servez chaud accompagné d'un coulis de tomate.

DESSERT

BISCUITS
AU CITRON

POUR 4 PERSONNES :
Préparation : 15 mn. Cuisson : 45 mn.
Recette facile. Prix : bon marché.

250 g de beurre ramolli,
75 g de sucre glace, 375 g de farine,
4 œufs, 350 de sucre,
10 cl de jus de citron,
Le zeste de 2 citrons,
1 cuillerée à café de levure,
1 cuillerée à soupe de sucre glace.

1. Préchauffez le four th. 5 - 150°. Beurrez un moule rectangulaire. Travaillez le beurre avec les 75 g de sucre glace.
2. Incorporez 300 g de farine, étalez cette pâte dans le moule et faites cuire 20 mn de façon à ce qu'elle soit à peine dorée.
3. Battez les œufs, le sucre, la farine restante, la levure, le jus de citron et le zeste. Versez sur la pâte.
4. Continuez à faire cuire 25 mn jusqu'à ce que la pâte soit bien dorée. Saupoudrez avec la cuillère de sucre glace. Découpez la pâte en petits biscuits et servez froid.

Conseil du chef
Pour la viande, vous pouvez utiliser un reste d'agneau rôti haché.

ENTRÉE

LAN D'ÉCHALOTES AU POIVRE

POUR 4 PERSONNES :

Préparation : 15 mn. Cuisson : 25 mn.
Recette facile. Prix : bon marché.
6 œufs,
10 cl de crème fraîche,
6 échalotes,
40 g de beurre,
1 sachet de sauce poivre,
Sel, poivre.

1. Epluchez et émincez finement les échalotes. Dans une poêle, faites fondre 30 g de beurre et faites dorer les échalotes en remuant sans arrêt 5 mn.
2. Dans un bol, battez les œufs, ajoutez la crème et les échalotes dorées. Salez, poivrez, mélangez bien et versez dans des moules individuels beurrés.
3. Faites cuire au four dans un bain-marie th. 6 - 180° pendant 20 mn. Préparez la sauce au poivre selon le mode d'emploi. Lorsque les flans sont cuits, démoulez-les sur les assiettes de service.
4. Nappez-les de sauce au poivre et servez-les bien chaud.

PLAT

SCALOPES DE DINDE AU VIN BLANC

POUR 4 PERSONNES :

Préparation : 15 mn. Cuisson : 10 mn.
Recette facile. Prix : bon marché.
600 g d'escalopes de dinde,
200 g d'edam,
20 g de beurre,
5 cl de vin blanc sec,
2 cuillerées à soupe de crème fraîche,
Sel, poivre.

1. Détaillez les escalopes en petites tranches d'1/2 cm d'épaisseur. Coupez le fromage en lamelles de même dimension. Posez une lamelle de fromage sur chaque tranche de dinde.
2. Maintenez-les avec une pique en bois. Faites chauffer le beurre dans une poêle et mettez les escalopines à revenir à feu vif côté fromage dessous 1 mn, retournez-les et faites cuire 3 mn à feu moyen.
3. A l'aide d'une écumoire, retirez les escalopines et gardez-les au chaud. Déglacez le jus de cuisson avec le vin blanc et la crème. Salez, poivrez, grattez le fond de la poêle avec une spatule en bois.
4. Décollez les sucs de cuisson, portez à ébullition, puis laissez réduire 1 mn. Placez la viande dans le plat de service chaud, nappez-la avec la sauce et servez aussitôt.

DESSERT

TARTE AUX CLÉMENTINES

POUR 4 PERSONNES :

Préparation : 50 mn. Cuisson : 30 mn.
Recette facile. Prix : bon marché.
250 g de pâte brisée, 2 œufs,
100 g de sucre, 3 clémentines,
100 g de beurre, 30 g de cassonade.

1. Etalez la pâte au rouleau sur un plan de travail fariné. Garnissez-en un moule beurré, recouvrez de papier sulfurisé. Faites cuire à blanc dans le four th. 5 - 150° pendant 10 mn.
2. Lavez une clémentine, râpez son zeste et pressez son jus. Dans un saladier, fouettez les œufs et le sucre jusqu'à ce que le mélange blanchisse.
3. Ajoutez le zeste, le jus de clémentine et le beurre froid fondu. Sortez la pâte du four, laissez-la refroidir 5 mn. Versez la préparation dessus et remettez au four th. 7 - 210° pendant 20 mn.
4. Coupez les deux autres clémentines en tranches, disposez-les en rosace sur la tarte, saupoudrez de cassonade et faites caraméliser sous le gril du four. Servez tiède.

Conseil du chef
Accompagnez la dinde de pâtes fraîches.

POUR CE MENU LE SOMMELIER VOUS PROPOSE

Un Saint-Chinian

Ste Karine

Aiguillette de bœuf épicée

ENTRÉE

SALADE DES PRÉS

POUR 4 PERSONNES :

Préparation : 15 mn. Cuisson : 10 mn.
Recette facile. Prix : bon marché.

1 pamplemousse,

1 pomme,

500 g de haricots verts,

1 boîte 1/4 de maïs,

1 cuillerée à soupe de vinaigre,

3 cuillerées à soupe d'huile,

Sel, poivre.

1. Pelez à vif le pamplemousse et séparez ses quartiers. Pelez et coupez la pomme en tranches fines.
2. Déposez-les dans un saladier. Cuisez les haricots verts 10 mn dans l'eau bouillante salée. Rafraîchissez-les sous l'eau froide.
3. Egouttez-les. Dans un bol, mélangez le vinaigre avec du sel. Ajoutez l'huile et le poivre et mélangez à nouveau.
4. Disposez les haricots verts sur les assiettes de service, répartissez dessus les quartiers de pamplemousse et les tranches de pomme. Parsemez le tout de grains de maïs et servez de suite nappé de la vinaigrette.

PLAT

AIGUILLETTE DE BŒUF ÉPICÉE

POUR 4 PERSONNES :

Préparation : 15 mn. Cuisson : 35 mn.
Recette facile. Prix : bon marché.

600 g d'aiguillette de bœuf,

800 g de germes de soja,

4 cuillerées à soupe de sauce soja,

Cumin,

Coriandre,

Sel, poivre.

1. Préchauffez le four th. 6 - 180°. Mettez la viande salée et poivrée au four 15 mn. Maintenez la viande au chaud dans une feuille aluminium.
2. Mettez les germes de soja et la sauce soja dans la plaque de cuisson du four et faites-les cuire 20 mn. Emincez la viande finement.
3. Disposez la viande sur les germes de soja, saupoudrez de cumin et de coriandre. Servez chaud.

Conseil du chef
Accompagnez l'aiguillette de bœuf d'un concassé de tomate froid;

DESSERT

CHEESECAKE

POUR 4 PERSONNES :

Préparation : 15 mn. Cuisson : 40 mn.
Recette facile. Prix : bon marché.

500 g de fromage frais,

60 g de beurre ramolli,

2 cuillerées à café de vanille en poudre,

150 g de sucre,

30 g de maïzena,

4 œufs,

20 cl de crème liquide,

2 cuillerées à soupe de jus de citron.

1. Préchauffez le four th. 5 - 150° et beurrez un moule rectangulaire. Travaillez le beurre et le fromage jusqu'à ce que le mélange soit lisse.
2. Ajoutez la vanille, le sucre et la maïzena et battez fermement. Ajoutez les œufs un par un en battant bien à chaque fois. Incorporez la crème toujours en battant et le jus de citron.
3. Versez la pâte dans le moule et faites cuire au bain-marie au four 30 mn. Augmentez alors th. 6 - 180° et laissez encore 10 mn. Sortez le moule de l'eau et laissez refroidir. Démoulez le gâteau et mettez-le au frais jusqu'au moment de servir.

POUR CE MENU LE SOMMELIER VOUS PROPOSE

Un Châteauneuf du Pape blanc

 **AKE SALÉ**

POUR 4 PERSONNES :

Préparation : 20 mn. Cuisson : 50 mn.
Recette facile. Prix : bon marché.

250 g de farine,
200 g de lard de poitrine fumé,
150 g d'emmenthal,
20 cl d'huile,
10 cl de vin blanc,
10 cl de lait,
4 œufs,
1 sachet de levure,
Poivre.

1. Dans un saladier, mettez la farine et faites un puits au centre. Mettez-y les œufs, l'huile et le lait et mélangez.
2. Préchauffez le four th. 6 - 180°. Versez la levure diluée dans le vin et mélangez à nouveau. Jetez le lard coupé en dés dans l'eau bouillante. Egouttez-le.
3. Mélangez-le au jambon coupé en dés. Poivrez et versez dans la préparation précédente. Mélangez bien. Versez le tout dans le moule à cake beurré.
4. Cuisez au four préchauffé 30 mn, puis baissez le thermostat à 5 - 150° et continuez la cuisson pendant 15 mn. Servez froid.

 **EAU ORLOFF**

POUR 4 PERSONNES :

Préparation : 20 mn. Cuisson : 1 h.
Recette facile. Prix : bon marché.

800 g de rôti de veau,
300 g de mimolette,
8 tranches de bacon,
150 g de champignons de Paris,
1 cuillerée à soupe de persil haché,
15 g de beurre,
1 cuillerée à soupe de crème épaisse,
Sel, poivre.

1. Préchauffez le four th. 7 - 210°, placez le rôti dans un plat à four et faites-le précuire 20 mn. Nettoyez les champignons et hachez-les.
2. Faites fondre le beurre dans une poêle et mettez-y les champignons à revenir à feu vif jusqu'à ce qu'il ne reste plus d'eau.
3. Détaillez le fromage en fines lamelles. Sortez le rôti et coupez-le en tranches sans aller jusqu'en bas afin qu'elles restent solidaires.
4. Répartissez les lamelles de fromage et les tranches de bacon entre les tranches de viande. Resserez les tranches pour reconstituer le rôti.
5. Dans un saladier, mélangez le hachis de champignons avec la crème, le persil, du sel et du poivre. Etalez cette préparation sur le rôti pour le masquer complètement. Remettez-le au four 40 mn. Servez très chaud.

UFFINS AU CHOCOLAT

POUR 4 PERSONNES :

Préparation : 15 mn. Cuisson : 15 mn.
Recette facile. Prix : bon marché.

1 tasse et demie de farine,
1 tasse de sucre,
1/2 sachet de levure,
1 pincée de sel,
1 œuf, 1/2 tasse d'huile,
1/2 tasse de lait,
50 g de pépites de chocolat.

1. Dans un saladier, mettez la farine, le sucre et la levure. Faites un puits au centre, cassez-y l'œuf, ajoutez le lait, l'huile et battez vigoureusement jusqu'à ce que les ingrédients soient bien mélangés.
2. Incorporez les pépites de chocolat. Beurrez soigneusement 18 petits moules individuels ronds. Versez de la pâte dans chaque moule jusqu'au 2/3.
3. Faites cuire à four moyen th. 6 - 180° pendant 15 mn. Démoulez dès la sortie du four. Servez tiède ou froid.

Conseil du chef
Vous pouvez remplacer les pépites de chocolat par des groseilles en saison.

26 MARS

Ste Larissa

Tourte au poulet

ENTRÉE

CROQUE-CREVETTES

POUR 4 PERSONNES :

Préparation : 20 mn. Cuisson : 5 mn.
Recette facile. Prix : bon marché.
8 tranches de pain de mie,
32 crevettes,
80 g d'emmenthal,
60 g de beurre.

1. Râpez l'emmenthal. Ecroûtez le pain de mie. Coupez chaque tranche en 4 et beurrez-les généreusement sur une face.
2. Sur 16 tranches, déposez 2 crevettes décortiquées, parsemez d'un peu d'emmenthal et couvrez d'une tranche de pain de mie.
3. Recouvrez de fromage râpé et passez sous le gril du four 5 mn pour les faire gratiner. Servez immédiatement.

Conseil du chef
Vous pouvez ajouter aux croque-crevettes des feuilles de laitue.

PLAT

TOURTE AU POULET

POUR 4 PERSONNES :

Préparation : 40 mn. Cuisson : 45 mn.
Recette facile. Prix : bon marché.
250 g de pâte brisée,
250 g de pâte feuilletée,
450 g de blancs de poulet,
150 g de jambon de Paris,
200 g de gruyère râpé,
1 branche de céleri,
3 jaunes d'œuf,
20 cl de crème fraîche,
50 g de beurre, Sel, poivre.

1. Lavez, effilez et émincez finement le céleri. Hachez les blancs de poulet et le jambon. Faites fondre 40 g de beurre dans une casserole à feu doux. Mettez-y à blondir le hachis de viande et le céleri 3 mn. Ajoutez la crème, salez et poivrez.
2. Laissez encore 3 mn sur le feu en remuant toujours. Laissez tiédir. Incorporez le fromage râpé et 2 jaunes d'œuf. Réservez. Préchauffez le four th. 6 - 180°.
3. Garnissez de pâte brisée un moule à manqué beurré et tapissé de papier sulfurisé. Laissez la pâte dépasser sur les bords. Versez la farce au poulet. Recouvrez avec la pâte feuilletée.
4. Mouillez légèrement les bords, rabattez-les sur le couvercle et soudez le tour en pinçant avec les doigts. Découpez à l'aide d'un couteau une petite cheminée au centre de la tourte.
5. Badigeonnez la tourte avec le dernier jaune d'œuf au pinceau. Enfournez-la 40 mn. Démoulez-la et servez-la chaude ou tiède.

DESSERT

GATEAU À L'ORANGE

POUR 4 PERSONNES :

Préparation : 20 mn. Cuisson : 45 mn.
Recette facile. Prix : bon marché.
1 orange,
35 g de beurre,
115 g de sucre en poudre,
2 jaunes d'œuf,
150 g de farine,
1 cuillerée à café de levure,
3 morceaux de sucre,
1 cuillerée à soupe d'eau.

1. Lavez l'orange, râpez finement son zeste et pressez son jus. Ramollissez le beurre à l'aide d'une spatule. Ajoutez 100 g de sucre peu à peu et travaillez longuement pour que le mélange soit fin.
2. Ajoutez alors les jaunes d'œuf et le jus d'orange, puis incorporez petit à petit la farine avec la levure. Versez cette pâte dans un moule beurré et faites cuire au four th. 6 - 180° pendant 45 mn.
3. Démoulez le gâteau dès la sortie du four. Servez-le froid saupoudré du sucre restant et décoré du zeste d'orange coupé en fines lamelles, blanchi et passé dans un sirop de sucre fait avec l'eau et les morceaux de sucre.

27
MARS

St Habib

Salade de mache aux poires

 **ALADE DE MACHE AUX POIRES**

 **RATIN D'ARTICHAUT**

 **OMMES CONFITES**

POUR 4 PERSONNES :

Préparation : 15 mn. Pas de cuisson.
Recette facile. Prix : bon marché.
200 g de mâche,
2 poires,
120 g de gruyère,
80 g de cerneaux de noix,
2 cuillerées à soupe de vinaigre,
3 cuillerées à soupe d'huile de noisette,
Sel, poivre.

1. Triez la mâche, coupez les pieds des petits bouquets, lavez les feuilles, égouttez-les et séchez-les.
2. Pelez les poires, coupez-les en quartiers, ôtez le cœur et les pépins, détaillez chaque quartier en lamelles.
3. Coupez le gruyère en petits cubes, réservez quelques cerneaux de noix pour la décoration et concassez les autres.
4. Dans le saladier de service, disposez la mâche, les poires, le fromage et les noix concassées. Dans un bol, mélangez le vinaigre, l'huile, salez et poivrez.
5. Versez la sauce sur la salade, mélangez soigneusement et décorez avec les cerneaux de noix réservés. Servez aussitôt.

POUR 4 PERSONNES :

Préparation : 15 mn. Cuisson : 45 mn.
Recette facile. Prix : bon marché.
12 fonds d'artichaut,
50 g de beurre,
30 g de farine,
1/4 de litre de lait,
200 g de fromage râpé,
1 pincée de curry en poudre,
Sel.

1. Faites bouillir de l'eau salée dans un faitout. Plongez-y les fonds d'artichaut et laissez-les cuire à petits frémissements 20 mn. Egouttez-les.
2. Préchauffez le four th. 7 - 210° et beurrez un plat à four. Faites fondre le reste du beurre dans une casserole, ajoutez la farine et remuez vivement avec une spatule pour former un roux.
3. Sur feu doux, délayez petit à petit avec le lait en fouettant pour obtenir une sauce épaisse et lisse. Salez-la légèrement et ajoutez le curry.
4. Placez les fonds d'artichaut dans le plat à four, nappez-les de sauce, couvrez-les de fromage râpé et faites gratiner 20 mn au four. Servez sans attendre.

POUR 4 PERSONNES :

Préparation : 30 mn. Cuisson : 3 mn.
Recette facile. Prix : bon marché.
6 pommes,
1 citron,
4 cuillerées à soupe de confiture d'abricot,
50 cl d'eau,
200 g de sucre.

1. Epluchez les pommes en les laissant entières et coupez les deux extrémités. Evidez-les, citronnez-les et coupez-les en rondelles de 3 mm d'épaisseur.
2. Dans une casserole, versez l'eau et le sucre. Portez à ébullition, plongez les rondelles de pomme et laissez-les pocher 3 mn dans le sirop.
3. Egouttez les pommes, présentez-les en rosace dans les assiettes de service. Versez une cuillerée de confiture d'abricot au centre et servez immédiatement.

Conseil du chef
Vous pouvez réaliser la même recette avec des poires.

POUR CE
MENU LE
SOMMELIER
VOUS
PROPOSE

*Un Côtes
du Tarn*

28
MARS

St Gontran

*Escalopes
de veau
au Roquefort*

ENTREE

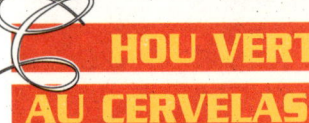

CHOU VERT AU CERVELAS

POUR 4 PERSONNES :
Préparation : 10 mn. Cuisson : 5 mn.
Recette facile. Prix : bon marché.

1 chou vert,
2 litres d'eau,
1 botte de ciboulette,
6 oignons blancs,
1 carotte,
250 g de cervelas,
2 cuillerées à café de moutarde,
4 cuillerées à soupe d'huile,
2 cuillerées à soupe de vinaigre,
Sel, poivre.

1 Otez les grosses feuilles du chou, coupez-le en deux puis en quatre puis en julienne. Portez l'eau à ébullition, jetez la julienne dedans et faites-la blanchir 5 mn.
2. Egouttez-la et rafraîchissez-la sous l'eau. Mélangez le vinaigre et le sel, ajoutez la moutarde, l'huile et le poivre. Mélangez à nouveau et incorporez la ciboulette hachée.
3. Coupez le cervelas en rondelles, hachez les oignons, râpez la carotte et incorporez-les à la julienne de chou. Nappez le tout de sauce et servez de suite.

PLAT

ESCALOPES DE VEAU AU ROQUEFORT

POUR 4 PERSONNES :
Préparation : 15 mn. Cuisson : 10 mn.
Recette facile. Prix modéré.

4 escalopes de veau,
40 g de beurre,
120 g de roquefort,
8 cuillerées à soupe de crème fraîche,
4 pincées de paprika,
Sel, poivre.

1. Faites fondre le beurre dans une poêle, faites-y dorer les escalopes 4 mn par face sur feu moyen.
2. Emiettez le fromage autour des escalopes, versez la crème dans la poêle, salez, poivrez, ajoutez le paprika et délayez.
3. Poursuivez la cuisson des escalopes 2 mn par face. Posez les escalopes sur les assiettes de service, nappez-les de sauce et servez sans attendre.

DESSERT

GATEAU AUX AMANDES

POUR 4 PERSONNES :
Préparation : 15 mn. Cuisson : 25 mn.
Recette facile. Prix : bon marché.

150 g de farine,
150 g de sucre en poudre,
80 g d'amandes en poudre,
1/4 de cuillerée à café de sel,
150 g de beurre.

1. Dans un saladier, mélangez la farine, le sucre, la poudre d'amandes et le sel.
2. Placez au centre le beurre un peu ferme et amalgamez le tout en pétrissant avec les mains.
3. Dans un moule à tarte beurré, déposez la pâte et aplatissez-la avec le dos de la main pour égaliser la surface.
4. Faites cuire au four th. 7 - 210° pendant 25 mn. Servez froid.

Conseil du chef
Vous pouvez remplacer le chou vert par du rouge ou du blanc.

POUR CE MENU LE SOMMELIER VOUS PROPOSE

Un Sancerre rosé

ENTRÉE

Mousse DE TRUITE

POUR 4 PERSONNES :

Préparation : 30 mn. Pas de cuisson.
Recette facile. Prix modéré.

3 truites fumées,
125 g de fromage blanc,
15 cl de crème fraîche épaisse,
5 feuilles de gélatine,
2 blancs d'œuf,
1/2 citron, paprika, poivre.

1. Otez les arêtes et la peau des truites. Trempez la gélatine dans l'eau froide et retirez-la lorsqu'elle est molle. Faites-la fondre en bouillant dans le jus du demi-citron.
2. Mixez la chair des truites, mélangez-la avec le fromage blanc, le poivre, le paprika, la crème, la gélatine et le jus du demi-citron refroidis.
3. Incorporez délicatement les blancs d'œuf battus en neige, versez le tout dans un moule beurré, couvrez d'une feuille aluminium et placez 24 heures dans le réfrigérateur. Servez bien frais.

Conseil du chef
Servez les pommes de terre avec une salade verte et des cornichons.

PLAT

Pommes DE TERRE FARCIES

POUR 4 PERSONNES :

Préparation : 20 mn. Cuisson : 25 mn.
Recette facile. Prix : bon marché.

4 pommes de terre,
4 tranches de jambon fumé,
250 g de champignons de Paris,
2 oignons,
200 g d'emmenthal râpé,
30 g de beurre,
Sel, poivre.

1. Brossez les pommes de terre sous l'eau courante et faites-les cuire 25 mn à la vapeur. Nettoyez les champignons sous l'eau courante, ôtez le bout terreux et essuyez-les.
2. Hachez-les finement. Pelez et émincez les oignons. Faites fondre le beurre dans une grande casserole et mettez-y les oignons à revenir 5 mn.
3. Ajoutez ensuite les champignons et faites sauter l'ensemble 10 mn en remuant souvent. Egouttez et essuyez les pommes de terre. Otez-leur un chapeau dans la longueur, évidez-les à l'aide d'une petite cuillère.
4. Mélangez le contenu de la poêle avec le fromage, salez et poivrez. Garnissez l'intérieur des pommes de terre avec cette farce, posez une tranche de jambon en éventail sur chaque pomme de terre et servez aussitôt.

DESSERT

Tarte TATIN

POUR 4 PERSONNES :

Préparation : 30 mn. Cuisson : 30 mn.
Recette facile. Prix : bon marché.

100 g de farine,
100 g de beurre,
1/2 cuillerée à café de sel,
1/2 verre d'eau,
4 pommes,
90 g de sucre en poudre.

1. Effritez du bout des doigts le beurre dans la farine, faites un puits au centre et ajoutez le sel, une cuillerée à café de sucre et l'eau pour former une boule de pâte. Laissez-la reposer.
2. Beurrez un moule à manqué, saupoudrez-le de sucre. Pelez les pommes et coupez-les en tranches épaisses. Disposez quatre couches de tranches de pommes dans le moule et saupoudrez-les avec la moitié du sucre restant.
3. Etalez la pâte sur 3 mm d'épaisseur, coupez un disque aux dimensions du moule plus deux fois la hauteur des bords. Posez ce disque de pâte sur les pommes en bordant bien vers le fond du moule. Faites cuire au four th. 8 - 240° pendant 30 mn.
4. Démoulez sur un plat supportant le passage au four, recouvrez du reste de sucre et parsemez de beurre. Faites caraméliser sous le gril du four, porte ouverte 10 mn et servez tiède.

30
MARS

Ste Amédée

*Quiche
aux épinards*

POTAGE AU POULET

POUR 4 PERSONNES :
Préparation : 45 mn. Cuisson : 15 mn.
Recette facile. Prix : bon marché.
250 g de blanc de poulet cuit,
20 cl de béchamel,
300 g de champignons de Paris,
1 litre de lait,
100 g de crème fraîche,
20 g de beurre,
1 jaune d'œuf,
1 citron,
Sel, poivre.

1. Nettoyez les champignons, coupez-les et passez-les au mixeur. Mettez la purée obtenue dans une casserole avec le beurre et le jus du citron. Remuez sur feu vif jusqu'à évaporation complète de l'eau.
2. Salez et poivrez. Sur feu doux, ajoutez la béchamel et réservez. Passez le blanc de poulet au mixeur puis mélangez-le à la purée de champignons, versez dessus le lait bouillant.
3. Réchauffez le potage sur feu doux en remuant de temps à autre. Délayez le jaune d'œuf avec la crème dans la soupière préalablement chauffée, versez-y le potage en mélangeant bien et servez de suite.

QUICHE AUX ÉPINARDS

POUR 4 PERSONNES :
Préparation : 20 mn. Cuisson : 35 mn.
Recette facile. Prix : bon marché.
250 g de pâte brisée,
500 g d'épinards,
150 g de gruyère râpé,
200 g de champignons de Paris,
30 g de beurre,
20 cl de crème épaisse,
10 cl de lait,
1 œuf,
1 pincée de noix de muscade râpée,
Sel, poivre.

1. Lavez les épinards et égouttez-les. Hachez-les grossièrement au couteau. Faites fondre le beurre dans une poêle. Nettoyez les champignons et faites-les sauter 5 mn dans la poêle.
2. Préchauffez le four th. 6 - 180° et disposez la pâte dans un moule à tarte beurré. Battez l'œuf avec la crème, le lait et le fromage dans un saladier. Ajoutez la muscade, du sel et du poivre.
3. Disposez les épinards sur la pâte, versez la préparation dessus et enfournez 20 mn. Sortez la quiche, disposez les champignons tout autour et remettez à cuire 10 mn. Servez chaud.

BROWNIES

POUR 4 PERSONNES :
Préparation : 20 mn. Cuisson : 25 mn.
Recette facile. Prix : bon marché.
250 g de beurre,
200 g de chocolat à pâtisser,
300 g de sucre,
4 œufs,
200 g de farine,
100 g de noix.

1. Préchauffez le four th. 5 - 150° et beurrez un moule rectangulaire. Faites fondre le beurre avec le chocolat dans une casserole à feu doux. Enlevez du feu, ajoutez le sucre et mélangez.
2. Ajoutez les œufs un par un en battant après chaque ajout. Rapidement, ajoutez la farine et les noix hachées grossièrement. Versez la préparation dans le moule et faites cuire 25 mn.
3. Laissez refroidir et coupez en carrés. Servez froid.

Conseil du chef
Pour le potage, cuisez le blanc de poulet dans un bouillon de volaille.

96

POUR CE MENU LE SOMMELIER VOUS PROPOSE

Un Sauvignon blanc

Rameaux

Salade de jarret de veau

SALADE DE JARRET DE VEAU

POUR 4 PERSONNES :

Préparation : 20 mn. Cuisson : 1 h 15.
Recette facile. Prix : bon marché.

400 g de jarret de veau désossé,
1 oignon,
1 branche de céleri,
2 œufs,
1 cuillerée à café de moutarde,
3 cuillerées à soupe d'huile,
1 cuillerée à soupe de vinaigre,
2 échalotes,
Persil,
Thym,
Sel, poivre.

1. Dans une sauteuse, mettez 2 litres d'eau, l'oignon coupé en deux, le thym, du sel et du poivre. Laissez cuire à petits bouillons 20 mn.
2. Mettez la viande, couvrez et laissez encore cuire à petits bouillons 45 mn. Sortez la viande, laissez-la tiédir et coupez-la en cubes.
3. Durcissez les œufs 10 mn dans l'eau bouillante, rafraîchissez-les dans de l'eau froide et écalez-les.
4. Dans un saladier, délayez la moutarde avec l'huile puis le vinaigre, ajoutez les échalotes hachées avec le persil, les œufs durs écrasés à la fourchette, les cubes de viande tièdes et servez aussitôt.

GÂTEAU AU CANTAL

POUR 4 PERSONNES :

Préparation : 20 mn. Cuisson : 20 mn.
Recette facile. Prix : bon marché.

1,5 kg de pommes de terre,
3 cuillerées à café de bouillon aux légumes,
400 g de cantal,
2 gousses d'ail,
50 g de beurre,
Sel, poivre.

1. Epluchez les pommes de terre, coupez-les en gros cubes et faites-les cuire à l'eau bouillante additionnée du bouillon aux légumes.
2. Hachez l'ail et coupez le fromage en lamelles. Egouttez les pommes de terre cuites et mélangez-les au fromage.
3. Dans une poêle, faites dorer dans le beurre l'ail haché, ajoutez le mélange pommes de terre-fromage, salez un peu et poivrez.
4. Laissez cuire sur feu vif 10 mn en remuant souvent pour casser la croûte gratinée qui se forme au fond de la poêle.
5. Retournez le gâteau sur un plat et servez-le chaud.

SALADE D'ORANGE

POUR 4 PERSONNES :

Préparation : 15 mn. Pas de cuisson.
Recette facile. Prix : bon marché.

6 oranges,
2 cl de Grand Marnier,
1 cuillerée à café de paprika,
Feuilles de menthe.

1. Epluchez les oranges à vif, coupez-leur les deux extrémités jusqu'à la pulpe. Taillez la pulpe en rondelles.
2. Sur un grand plat à dessert, répartissez les tranches d'orange, arrosez-les de Grand Marnier.
3. Mettez-les dans le réfrigérateur. Au moment de servir, saupoudrez-les de paprika et décorez de feuilles de menthe. Servez bien frais.

Conseil du chef
Prenez un couteau pointu bien aiguisé pour éplucher les oranges aisément.

POUR CE
MENU LE
SOMMELIER
VOUS
PROPOSE

*Un Abymes
de Savoie*

1er

AVRIL

St Hugues

*Roussette
en cocotte*

 ENTRÉE

 PLAT

 DESSERT

ELOUTÉ AU CRESSON

POUR 4 PERSONNES :
Préparation : 10 mn. Cuisson : 45 mn.
Recette facile. Prix : bon marché.
1 botte de cresson,
4 pommes de terre,
2 cuillerées à soupe de tapioca,
1 sachet de croûtons,
Sel, poivre.

1. Hachez les feuilles de cresson. Epluchez les pommes de terre et coupez-les en quatre.
2. Dans une casserole, jetez les pommes de terre, le cresson, du sel et du poivre et amenez à ébullition.
3. Passez à feu doux et laissez cuire 30 mn. Passez le potage au mixeur. Remettez sur le feu et jetez-y en pluie le tapioca.
4. Laissez bouillir 15 mn sans couvrir. Avant de servir, ajoutez les croûtons et parsemez de feuilles de cresson crues finement coupées.

OUSSETTE EN COCOTTE

POUR 4 PERSONNES :
Préparation : 30 mn. Cuisson : 40 mn.
Recette facile. Prix : bon marché.
1 petite roussette,
1 pied de céleri,
4 tomates,
20 olives noires,
2 cuillerées à soupe d'huile d'olive,
20 g de beurre,
Persil,
1 pincée de Cayenne,
Sel, poivre.

1. Lavez et épluchez les côtes de céleri, coupez-les en morceaux. Pelez les tomates après les avoir plongées 1 mn dans l'eau bouillante, épépinez-les et concassez-les.
2. Hachez le persil. Dans un mélange d'huile d'olive et de beurre, faites rissoler la roussette coupée en morceaux, sur toutes ses faces. Ajoutez les tomates et le céleri.
3. Salez et poivrez. Saupoudrez de Cayenne et de persil. Mélangez bien le tout, couvrez et laissez cuire 35 mn à feu doux. Cinq minutes avant la fin de la cuisson, ajoutez les olives et servez bien chaud.

IZ CONDÉ

POUR 4 PERSONNES :
Préparation : 15 mn. Cuisson : 25 mn.
Recette facile. Prix : bon marché.
150 g de riz,
1/2 litre de lait,
2 jaunes d'œuf,
30 g de beurre,
10 morceaux de sucre,
1 sachet de sucre vanillé,
Cerises et angélique confites.

1. Faites cuire le riz dans le lait sucré et vanillé pendant 25 mn. Ajoutez les jaunes d'œuf et le beurre.
2. Mélangez et mettez le riz dans un plat rond, décorez-le avec les cerises confites et l'angélique et servez-le froid.

Conseil du chef
Vous pouvez ajouter des fruits au riz condé.

**POUR CE
MENU LE
SOMMELIER
VOUS
PROPOSE**

*Un Tursan
blanc*

ENTRÉE

CARPACCIO
DE HADDOCK

POUR 4 PERSONNES :

Préparation : 20 mn. Pas de cuisson.
Recette facile. Prix modéré.

600 g de haddock,

200 g de mimolette,

1 cuillerée à soupe de baies roses,

2 citrons,

4 cuillerées à soupe d'huile d'olive,

2 cuillerées à soupe de ciboulette ciselée,

Poivre.

1. A l'aide d'un long couteau à lame souple, émincez très finement le haddock. Disposez les lamelles sur un grand plat sans qu'elles se chevauchent.
2. Pressez un citron, découpez l'autre en fines tranches. Détaillez la mimolette en copeaux à l'aide d'un couteau économe. Arrosez le haddock de jus de citron et d'huile d'olive, poivrez.
3. Décorez de rondelles de citron et de baies roses. Couvrez le plat d'un film plastique et mettez-le dans le réfrigérateur pendant 1 heure.
4. Au moment de servir, saupoudrez de ciboulette et répartissez les copeaux de fromage. Servez bien frais.

PLAT

HARICOTS
VERTS CARBONARA

POUR 4 PERSONNES :

Préparation : 5 mn. Cuisson : 20 mn.
Recette facile. Prix : bon marché.

1 kg de haricots verts,

100 g de lardons fumés,

2 jaunes d'œuf,

20 cl de crème liquide,

75 g de cantal,

Sel, poivre.

1. Plongez les haricots dans une grande marmite d'eau bouillante salée et faites-les cuire 15 mn dès que l'ébullition a repris.
2. Faites revenir les lardons à la poêle sans matière grasse. Mixez le cantal pour le réduire en poudre.
3. Préchauffez un saladier de service, versez-y la crème et les jaunes d'œuf. Salez légèrement et poivrez généreusement.
4. Fouettez, ajoutez les lardons, égouttez les haricots et versez-les dans le saladier. Remuez délicatement, saupoudrez de cantal et servez aussitôt.

DESSERT

TARTE
AU CITRON

POUR 4 PERSONNES :

Préparation : 30 mn. Cuisson : 30 mn.
Recette facile. Prix : bon marché.

250 g de pâte feuilletée,

100 g de sucre en poudre,

2 citrons,

2 œufs,

60 g de beurre.

1. Etalez la pâte et disposez-la dans un moule à tarte beurré et fariné. Réduisez en purée la pulpe des citrons et mélangez-la avec 100 de sucre, les œufs entiers et le beurre fondu.
2. Mélangez jusqu'à ce que ce soit homogène. Versez le tout sur la pâte et faites cuire au four th. 7 - 210° pendant 30 mn. Laissez refroidir avant de servir.

Conseil du chef
Vous pouvez trancher le haddock plusieurs heures à l'avance.

St Richard

Grenadins
de veau
aux pistaches

POUR CE MENU LE SOMMELIER VOUS PROPOSE

Un Pomerol

ENTRÉE

ARTICHAUTS SAUCE YAOURT

POUR 4 PERSONNES :

Préparation : 5 mn. Cuisson : 30 mn.
Recette facile. Prix : bon marché.

4 artichauts,
2 yaourts nature,
2 cuillerées à soupe d'huile,
1 cuillerée à soupe de vinaigre de cidre,
1 cuillerée à soupe de moutarde à l'estragon,
Quelques grains de poivre vert,
Noix de muscade,
Cerfeuil ciselé,
Sel.

1. Laissez tremper les artichauts dans une eau vinaigrée 15 mn, puis faites-les cuire à la vapeur.
2. Dans un bol, mélangez les yaourts, l'huile, le vinaigre, la moutarde, un peu de noix de muscade râpée, les grains de poivre et le cerfeuil ciselé.
3. Fouettez jusqu'à ce que le mélange soit homogène et mettez-la à rafraîchir dans le réfrigérateur.
4. Servez la sauce froide avec les artichauts encore chauds.

Conseil du chef
Consommez les artichauts dans la journée car ils ne se conservent pas.

PLAT

GRENADINS DE VEAU AUX PISTACHES

POUR 4 PERSONNES :

Préparation : 20 mn. Cuisson : 30 mn.
Recette facile. Prix : bon marché.

8 grenadins dans la noix de veau,
10 pistaches,
25 g de beurre,
10 cl de Marsala,
Sel, poivre.

1. Plongez les pistaches quelques secondes dans de l'eau chaude, égouttez-les, puis pelez-les et concassez-les.
2. Salez et poivrez les grenadins, faites-les dorer sur leurs deux faces dans le beurre, couvrez et laissez cuire 15 mn à feu doux.
3. Egouttez la viande et tenez-la au chaud. Jetez la graisse de cuisson et déglacez avec le Marsala. Laissez réduire.
4. Ajoutez la crème, portez à frémissement pour épaissir et rectifiez l'assaisonnement. Recouvrez le fond du plat avec un peu de sauce.
5. Disposez les grenadins dessus et parsemez de pistaches hachées. Servez immédiatement.

DESSERT

PUDDING

POUR 4 PERSONNES :

Préparation : 20 mn. Cuisson : 1 h.
Recette facile. Prix : bon marché.

250 g de mie de pain,
1/2 litre de lait,
3 œufs,
125 g raisins de Corinthe,
Cannelle,
125 g de beurre,
1 cuillerée de farine,
3 cuillerées à soupe de rhum,
60 g de sucre,
Sel.

1. Faites tremper la mie de pain dans le lait 10 mn. Retirez-la sans la presser, ajoutez un peu de sel fin, de la cannelle, les œufs battus, les raisins et le beurre.
2. Mélangez le tout de façon à former une pâte. Mettez-la dans un moule à soufflé beurré, faites cuire au bain-marie 1 heure.
3. Mettez le beurre dans une casserole avec une cuillerée à café de farine, ajoutez 3 cuillerées à soupe d'eau, le rhum, le sucre et le sel.
4. Laissez sur le feu 10 mn sans cesser de tourner. Versez cette sauce sur le pudding et servez chaud.

POUR CE MENU LE SOMMELIER VOUS PROPOSE

Un Côteaux Varois

ENTRÉE

TERRINE AU JAMBON

POUR 4 PERSONNES :

Préparation : 20 mn. Pas de cuisson.
Recette facile. Prix : bon marché.

200 g de jambon de Paris,
50 g de beurre salé,
15 cl de crème épaisse,
2 citrons,
1 tige de céleri branche,
1 botillon de ciboulette,
Sel, poivre.

1. Egouttez le jambon et hachez-le finement au mixeur.
2. Mélangez le hachis dans un saladier avec le beurre coupé en parcelles et la crème. Salez et poivrez légèrement.
3. Lavez et effilez la branche de céleri. Coupez-la en très fines lamelles. Pressez un citron et ajoutez le jus au contenu du saladier.
4. Ajoutez les lamelles de céleri. Malaxez longuement à la main pour que le mélange soit homogène.
5. Tassez dans une terrine et mettez 12 heures dans le réfrigérateur. Servez la terrine avec des tranches de citron et saupoudrée de ciboulette ciselée.

PLAT

KEFTAS DE DINDE

POUR 4 PERSONNES :

Préparation : 30 mn. Cuisson : 20 mn.
Recette facile. Prix : bon marché.

500 g d'escalopes de dinde,
200 g de gruyère râpé,
2 oignons,
1 gousse d'ail,
4 cuillerées à soupe d'huile,
Le jus d'un citron,
2 cuillerées à soupe de persil haché,
4 cuillerées à soupe de chapelure,
1 cuillerée à café de paprika,
Sel, poivre.

1. Pelez et hachez finement l'ail et les oignons. Faites-les fondre doucement à la poêle, avec une cuillerée d'huile.
2. Hachez la chair de dinde. Dans un saladier, réunissez le fromage, la viande, le contenu de la poêle, le paprika, le jus de citron et le persil. Salez, poivrez et travaillez de façon à obtenir une farce homogène.
3. Façonnez-la en boulettes allongées et piquez-les sur 4 brochettes en bois. Roulez les brochettes dans la chapelure.
4. Faites chauffer le reste d'huile dans une poêle et saisissez les brochettes sur toutes leurs faces à feu vif.
5. Baissez le feu et laissez cuire les brochettes 10 mn en les retournant régulièrement. Servez chaud avec une salade verte.

DESSERT

DIPLOMATE À LA CONFITURE

POUR 4 PERSONNES :

Préparation : 20 mn. Pas de cuisson.
Recette facile. Prix : bon marché.

200 g de biscuits à la cuiller,
10 cl de rhum,
1 verre d'eau,
1/2 pot de gelée de groseilles,
1/2 pot de marmelade d'abricots.

1. Garnissez les bords et le fond d'un moule à charlotte avec les biscuits trempés dans le mélange de rhum et d'eau.
2. Déposez une couche de gelée de groseilles, puis une couche de biscuits humectés, puis de la marmelade d'abricots.
3. Continuez en alternant une couche de biscuits et une couche de confiture. Finissez par des biscuits.
4. Placez dessus une assiette avec un poids et mettez dans le réfrigérateur plusieurs heures. Servez le gâteau bien frais.

Conseil du chef
Accompagnez la terrine de tranches de pain de campagne grillée.

POUR CE MENU LE SOMMELIER VOUS PROPOSE

Un Barsac

ENTRÉE

OUFFLÉ
AUX POIVRONS

POUR 4 PERSONNES :

Préparation : 15 mn. Cuisson : 40 mn.
Recette élaborée. Prix : bon marché.

6 œufs,
200 g de gruyère râpé,
40 g de beurre,
40 g de farine,
20 cl de lait,
4 poivrons rouges pelés,
1 cuillerée à café d'huile,
1 cuillerée à café de paprika,
Sel, poivre.

1. Lavez les poivrons, ouvrez-les en deux et débarrassez-les de leurs graines. Coupez-les en fines lanières. Faites fondre le beurre dans une casserole, jetez-y la farine en pluie et remuez vivement pour former une boule sèche.
2. Faites-la cuire 2 mn à feu doux, en remuant sans cesse puis délayez petit à petit avec le lait. Remuez toujours jusqu'à ce que la béchamel soit lisse et épaississe un peu.
3. Cassez les œufs en séparant les jaunes des blancs. Hors du feu, incorporez les jaunes d'œuf à la béchamel, salez, ajoutez le paprika et le fromage et remuez longuement.
4. Préchauffez le four th. 6 - 180° et huilez légèrement un moule à soufflé. Battez 4 blancs d'œuf en neige ferme, incorporez-les au mélange précédent.
5. Versez dans le moule à soufflé et mettez au four 30 mn. N'ouvrez pas la porte du four pendant la cuisson. Ne servez que lorsque tout le monde est à table.

PLAT

OIE
DE GÉNISSE POÊLÉ

POUR 4 PERSONNES :

Préparation : 10 mn. Cuisson : 5 mn.
Recette facile. Prix : bon marché.

4 tranches de foie de génisse,
3 cuillerées à soupe d'huile d'arachide,
Sel, poivre.

1. A l'aide d'un couteau bien tranchant, coupez les tranches de foie en rubans d'un millimètre d'épaisseur sur 1 cm de large.
2. Versez l'huile dans une poêle et faites-la chauffer. Jetez-y les rubans de foie, salez et poivrez-les.
3. Retournez-les au bout de 2 mn. Lorsqu'ils commencent à se gondoler, retournez-les à nouveau pour 1 mn de cuisson.
4. Retirez-les avec une écumoire pour ne pas servir le jus de cuisson. Servez chaud.

DESSERT

ATEAU
À LA RICOTTA

POUR 4 PERSONNES :

Préparation : 15 mn. Cuisson : 1 h.
Recette facile. Prix : bon marché.

250 g de ricotta,
50 g de sucre, 1 œuf,
50 g de farine,
30 g de raisins secs,
15 g de fruits confits,
Le zeste d'une demi-orange,
1 pincée de sel,
Sucre glace.

1. Mélangez la ricotta avec le sucre et les jaunes d'œuf. Ajoutez le sel, le zeste d'orange râpé et la farine.
2. Incorporez les raisins secs, les fruits confits coupés en morceaux et le blanc d'œuf battu en neige.
3. Versez dans un moule à manqué beurré et faites cuire au four th. 5 - 150° pendant 1 heure.
4. Démoulez le gâteau dès la sortie du four et laissez-le refroidir. Saupoudrez de sucre glace à travers une fine passoire.

Conseil du chef
Accompagnez le foie d'une purée de pommes de terre.

102

POUR CE
MENU LE
SOMMELIER
VOUS
PROPOSE

*Un Graves
blanc*

St Marcellin

*Tarte
aux pommes*

ENTRÉE

AMBAS POÊLÉES AU BASILIC

POUR 4 PERSONNES :
Préparation : 10 mn. Cuisson : 10 mn.
Recette facile. Prix : modéré.

500 g de gambas,
10 g de beurre,
3 cuillerées à soupe de basilic haché,
1 cuillerée à soupe d'échalotes,
1 cuillerée à soupe de Cognac,
1 cuillerée à soupe d'huile d'olive,
Sel, poivre.

1. Dans une poêle, faites chauffer le beurre, ajoutez les échalotes, la moitié du basilic et faites revenir quelques minutes en remuant.
2. Retirez de la poêle et réservez. A la place, mettez l'huile à chauffer puis saisissez les gambas sur feu très vif 2 mn en remuant.
3. Baissez le feu, ajoutez les aromates revenus dans le beurre et prolongez la cuisson 5 mn. Arrosez avec le Cognac et flambez.
4. Incorporez le reste de basilic, salez et poivrez. Mélangez bien et servez immédiatement.

PLAT

ALETTES EN PERSILLADE

POUR 4 PERSONNES :
Préparation : 30 mn. Cuisson : 20 mn.
Recette facile. Prix : bon marché.
125 g de farine, 2 œufs,
1/2 litre de lait,
4 cuillerées à soupe d'huile,
200 g de champignons de Paris,
1 gousse d'ail,
1 oignon,
4 cuillerées à soupe de persil haché,
300 g d'emmenthal râpé,
20 g de beurre,
Sel, poivre.

1. Dans un saladier, mélangez la farine, les œufs, une cuillerée à soupe d'huile et une pincée de sel. Fouettez en ajoutant peu à peu le lait jusqu'à ce que la pât soit lisse. Laissez-la reposer 30 mn.
2. Nettoyez les champignons et émincez-les finement. Mettez-les 10 mn dans une cocotte à sec sur feu doux pour qu'ils étuvent en perdant leur eau. Pelez et émincez l'ail et l'oignon.
3. Faites chauffer l'huile dans une sauteuse et mettez-y l'ail et l'oignon à revenir. Ajoutez les champignons et faites dorer l'ensemble à feu vif 5 mn. Salez et poivrez. Réservez.
4. Préchauffez le four th. 6 - 180°. Faites cuire 8 crêpes dans une poêle huilée bien chaude. Mélangez la moitié du fromage avec les champignons, garnissez les crêpes avec cette préparation, roulez-les et placez-les dans un plat à four beurré.
5. Saupoudrez-les avec le reste de fromage et faites gratiner 10 mn sous le gril du four. Servez chaud.

DESSERT

ARTE AUX POMMES

POUR 4 PERSONNES :
Préparation : 15 mn. Cuisson : 25 mn.
Recette facile. Prix : bon marché.
6 pommes,
1 citron,
250 g de pâte feuilletée,
Beurre,
Sucre semoule,
Calvados.

1. Pelez les pommes en les laissant entières. Evidez-les à l'aide d'un vide-pommes et coupez-les en quartiers.
2. Arrosez-les avec le jus du citron. Etalez la pâte et garnissez-en une moule à tarte beurré.
3. Rangez sur la pâte les quartiers de pommes en rosace. Parsemez dessus des noisettes de beurre et saupoudrez-les de sucre semoule.
4. Faites cuire au four th. 7 - 210° pendant 25 mn. Flambez avec le Calvados et servez sans attendre.

Conseil du chef
Vous pouvez ajouter une saucisse dans chaque crêpe.

POUR CE MENU LE SOMMELIER VOUS PROPOSE

Un Côtes du Frontonnais

ENTRÉE

*A*RTICHAUTS AUX PETITS LÉGUMES

POUR 4 PERSONNES :

Préparation : 15 mn. Pas de cuisson.
Recette facile. Prix : bon marché.

8 fonds d'artichaut,
4 cuillerées à soupe de mayonnaise,
4 cuillerées à soupe de crème épaisse,
Ciboulette hachée,
Pointes d'asperges,
1 tranche de saumon fumé.

1. Cuisez les fonds d'artichaut à la vapeur 10 mn. Mélangez la mayonnaise et la crème. Ajoutez la ciboulette.
2. Coupez 4 fonds d'artichaut en cubes, ajoutez-les à la sauce. Incorporez les pointes d'asperges et mélangez.
3. Détaillez la tranche de saumon en lamelles. Garnissez les 4 autres fonds d'artichaut de la préparation précédente et décorez avec les lamelles de saumon.

PLAT

*B*ŒUF À LA PLANCHA

POUR 4 PERSONNES :

Préparation : 10 mn. Cuisson : 20 mn.
Recette facile. Prix : bon marché.

400 g de filet de bœuf,
Sel, poivre.

1. Préchauffez le four th. 6 - 180°. Coupez la viande en lamelles très fines. Mettez les lamelles de viande dans un plat à four.
2. Cuisez-les 20 mn en les retournant de temps en temps. Salez et poivrez-les. Servez bien chaud.

DESSERT

*G*ATEAU ROULÉ

POUR 4 PERSONNES :

Préparation : 15 mn. Cuisson : 15 mn.
Recette facile. Prix : bon marché.

150 g de sucre,
3 œufs,
100 g de farine,
1/2 paquet de levure,
Confiture.

1. Dans un saladier, mettez le sucre, les jaunes d'œuf, la farine, la levure et mélangez bien le tout.
2. Ajoutez les blancs d'œuf battus en neige très ferme. Versez la pâte dans un moule plat et carré beurré.
3. Mettez au four th. 5 - 150° pendant 15 mn. Démoulez sur un papier blanc saupoudré de sucre cristallisé.
4. Etendez rapidement sur la pâte de la confiture et roulez aussitôt le gâteau. Servez-le découpé en tranches.

Conseil du chef
Vous pouvez réaliser ce gâteau au chocolat en faisant fondre 300 g de chocolat à pâtisser dans 1/2 verre de lait.

POUR CE
MENU LE
SOMMELIER
VOUS
PROPOSE

*Un Bandol
rosé*

8

MARS

Ste Julie

*Aspics
de printemps*

 *ENTRÉE*

 *PLAT*

 *DESSERT*

ASPICS DE PRINTEMPS

POUR 4 PERSONNES :

Préparation : 30 mn. Cuisson : 6 mn.
Recette facile. Prix : bon marché.
250 g de gruyère en dés,
1 boîte 1/2 de macédoine de légumes,
1 boîte 1/2 de pointes d'asperges,
1 petit bocal d'œufs de saumon,
4 œufs de caille,
2 sachets de gelée instantanée,
1 bouquet d'aneth,
1 cuillerée à soupe d'huile,
400 g de crevettes décortiquées,
1 pot de mayonnaise,
1 citron vert.

1. Faites cuire les œufs de caille 6 mn à l'eau bouillante, puis plongez-les dans de l'eau froide et écalez-les. Laissez refroidir.
2. Préparez la gelée selon le mode d'emploi. Huilez légèrement le fond et les parois des ramequins.
3. Versez une fine couche de gelée au fond des ramequins et mettez au frais pour la faire prendre. Ciselez l'aneth lavée et séchée.
4. Sortez les ramequins, disposez sur la gelée quelques œufs de saumon, un peu d'aneth, répartissez crevettes, asperges, macédoine, œufs de caille coupés en quatre, dés de fromage en les alternant.
5. Remplissez les ramequins de gelée jusqu'à ras-bord. Mettez-les 24 heures au frais. Démoulez-les, décorez avec le reste d'œufs de saumon, des rondelles de citron et d'un peu d'aneth.

PAILLASSONS CROUSTILLANTS

POUR 4 PERSONNES :

Préparation : 20 mn. Cuisson : 15 mn.
Recette facile. Prix : bon marché.
500 g de pommes de terre,
1/2 bulbe de céleri-rave,
150 g de fromage râpé,
2 œufs,
40 g de beurre,
2 cuillerées à soupe d'huile,
1 pincée de noix de muscade,
Sel, poivre.

1. Epluchez le céleri et les pommes de terre, lavez et essuyez-les. Râpez-les ensemble et mettez-les dans un saladier avec le fromage, les œufs battus, la muscade, du sel et du poivre.
2. Mélangez à la main pour obtenir une préparation homogène, sans briser les légumes. Faites chauffer l'huile et le beurre dans deux poêles anti-adhésives.
3. Répartissez la préparation dans les poêles, tassez-la avec une spatule, laissez cuire 7 mn, puis faites glisser un paillasson dans une assiette et coiffez-la de la poêle retournée.
4. Retournez les paillassons et faites-les cuire encore 8 mn sur l'autre face afin qu'ils soient bien dorés. Servez aussitôt.

DARTOIS

POUR 4 PERSONNES :

Préparation : 20 mn. Cuisson : 15 mn.
Recette facile. Prix : bon marché.
250 g de pâte feuilletée,
3 cuillerées à soupe de farine,
3 œufs entiers,
1/2 litre de lait,
75 g de sucre,
100 g d'amandes en poudre,
1 cuillerée à soupe de rhum,
1 jaune d'œuf.

1. Etalez la pâte feuilletée sur 1/2 cm d'épaisseur. Découpez-la en deux morceaux de 10 cm de large. Dans une casserole, mélangez la farine, le sucre, les œufs et du sel.
2. Versez petit à petit le lait bouillant et faites prendre sur le feu en tournant jusqu'à ce que la crème soit prise. Retirez du feu, ajoutez les amandes avec du sucre et une cuillerée de rhum.
3. Mouillez un des deux morceaux de pâte et étalez-y la crème frangipane. Posez l'autre morceau par dessus en appuyant pour bien coller les bords. Coupez la pâte bien nette autour.
4. Dorez le dessus au jaune d'œuf puis faites cuire au four th. 8 - 240° pendant 15 mn. Retirez du four, découpez le dartois et servez-le de suite.

St Gautier

Cervelles de veau aux câpres

POUR CE MENU LE SOMMELIER VOUS PROPOSE

Un Mâcon blanc

ENTREE

ALLUMETTES AU FROMAGE

POUR 4 PERSONNES :

Préparation : 10 mn. Cuisson : 20 mn.
Recette facile. Prix : bon marché.
250 g de pâte feuilletée,
250 g de gruyère râpé,
1 jaune d'œuf.

1. Etalez la pâte feuilletée, repliez-la. Saupoudrez le dessus de fromage râpé. Repliez-la à nouveau, saupoudrez encore de fromage.
2. Etalez à nouveau la pâte de façon à obtenir 1/2 cm d'épaisseur. Découpez des bandes de pâte de 8 cm de long sur 1 cm de large.
3. Dorez le dessus avec le jaune d'œuf battu, saupoudrez avec le reste de fromage. Disposez les allumettes sur la plaque du four.
4. Faites cuire au four th. 8 - 240° pendant 20 mn. Servez chaud.

PLAT

CERVELLES DE VEAU AUX CÂPRES

POUR 4 PERSONNES :

Préparation : 15 mn. Cuisson : 15 mn.
Recette facile. Prix : bon marché.
4 cervelles de veau,
2 citrons,
100 g de beurre,
2 cuillerées à café de câpres,
Sel, poivre.

1. Débarrassez les cervelles de leurs membranes en les passant sous l'eau fraîche. Mettez-les dans une casserole, recouvrez-les d'eau froide, salez et ajoutez le jus d'un citron.
2. Laissez frémir à feu doux 15 mn sans faire bouillir. Cinq minutes avant la fin de la cuisson, faites fondre le beurre dans une petite casserole, sans le laisser colorer.
3. Salez, poivrez, ajoutez le jus de l'autre citron, remuez, retirez du feu et incorporez les câpres égouttées. Au moment de servir, égouttez les cervelles, disposez-les sur les assiettes de service chaudes et nappez-les avec la sauce.

DESSERT

ROUSSETTES

POUR 4 PERSONNES :

Préparation : 20 mn. Cuisson : 5 mn.
Recette facile. Prix : bon marché.
250 g de farine,
1 œuf,
75 g de beurre,
1/2 verre d'eau,
1 cuillerée à café de rhum,
Sucre cristallisé,
Sel.

1. Dans un saladier, mélangez la farine, l'œuf, le beurre, l'eau, le sel et le rhum. Faites-en une pâte et laissez-la reposer 1 heure.
2. Etalez la pâte sur un plan de travail fariné à 2 mm d'épaisseur. Découpez des formes dans la pâte à l'aide d'emporte-pièces.
3. Faites-les frire dans une friture très chaude 2 mn de chaque côté. Retirez-les avec une écumoire et égouttez-les sur du papier absorbant.
4. Présentez les roussettes dans le plat de service saupoudrées de sucre cristallisé. Dégustez tiède ou froid.

Conseil du chef
Accompagnez les cervelles de veau de pommes de terre à l'anglaise.

10
AVRIL

St Fulbert

Crème catalane

POUR CE MENU LE SOMMELIER VOUS PROPOSE

Un Palette blanc

ENTRÉE

CAILLES EN SALADE

POUR 4 PERSONNES :

Préparation : 20 mn. Cuisson : 30 mn.
Recette facile. Prix : bon marché.
2 cailles,
4 feuilles de chêne,
4 feuilles de laitue,
4 feuilles de batavia,
1 pomme,
4 tomates cerise,
1 cuillerée à soupe de vinaigre,
2 cuillerées à soupe d'huile,
Sel, poivre.

1. Mettez les cailles dans un plat à four huilé. Salez et poivrez-les. Faites cuire th. 7 - 210° pendant 30 mn.
2. Dans un bol, mélangez le vinaigre et le sel, ajoutez le poivre et l'huile. Lavez les feuilles de salade et séchez-les.
3. Dans les assiettes de service, mettez une feuille de chaque salade, déposez au centre 1/2 caille rôtie tiède, disposez autour la pomme coupée en lamelles et les tomates cerise coupées en deux. Servez de suite.

PLAT

COQUILLETTES AU JAMBON

POUR 4 PERSONNES :

Préparation : 20 mn. Cuisson : 30 mn.
Recette facile. Prix : bon marché.
300 g de fromage râpé,
200 g de coquillettes,
4 tranches de jambon,
2 oignons,
40 g de beurre,
Ciboulette,
Sel, poivre.

1. Faites cuire les coquillettes 10 mn dans une grande quantité d'eau bouillante salée. Détaillez le jambon en petits morceaux.
2. Pelez et émincez les oignons. Préchauffez le four th. 7 - 210°. Egouttez les coquillettes, mélangez-les aussitôt avec le beurre, les oignons, le jambon et la ciboulette ciselée.
3. Salez, poivrez, remuez bien, versez dans un plat à gratin, couvrez de fromage râpé et d'une feuille aluminium et faites gratiner 20 mn au four. Servez chaud.

DESSERT

CRÈME CATALANE

POUR 4 PERSONNES :

Préparation : 10 mn. Cuisson : 10 mn.
Recette facile. Prix : bon marché.
4 jaunes d'œuf,
1 cuillerée à soupe de maïzena,
6 cuillerées à soupe de lait concentré sucré,
Une pointe de cannelle,
4 cuillerées à soupe de sucre en poudre.

1. Dans un saladier, diluez la maïzena dans un peu d'eau froide, ajoutez les jaunes d'œuf et mélangez.
2. Faites chauffer le lait dans une casserole mélangé à deux verres d'eau et la pointe de cannelle.
3. Versez sur les jaunes d'œuf en remuant continuellement. Remettez le mélange sur le feu, au bain-marie, jusqu'à ce que la crème épaississe.
4. Versez dans la coupe de service, laissez refroidir. Au moment de servir, saupoudrez de sucre en poudre et faites caraméliser au four rapidement.

Conseil du chef
Vous pouvez également gratiner les coquillettes dans des petits plats individuels.

POUR CE MENU LE SOMMELIER VOUS PROPOSE

Un Bourgogne aligoté

ENTREE

ＭILLEFEUILLES D'OMELETTES

POUR 4 PERSONNES :

Préparation : 20 mn. Cuisson : 10 mn.
Recette facile. Prix : bon marché.

8 œufs,
125 g de champignons de Paris,
4 blancs de poulet,
2 cuillerées à soupe de crème fraîche,
2 échalotes,
1 gousse d'ail,
Beurre,
Fines herbes hachées,
Sel, poivre.

1. Dans une noix de beurre, faites revenir les échalotes et l'ail hachés, les champignons nettoyés et coupés en lamelles et les blancs de poulet découpés en cubes.
2. Laissez cuire à feu doux 10 mn, liez avec la crème fraîche, parsemez de fines herbes, salez et poivrez.
3. Battez les œufs et cuisez 4 omelettes. Sur la première, répartissez un peu de préparation, recouvrez de la deuxième, mettez à nouveau un peu de préparation et ainsi de suite.
4. Terminez par la dernière omelette. Coupez ce millefeuilles d'omelettes en quatre et servez avec le reste de la préparation.

PLAT

ＣAPELLINI AUX LÉGUMES

POUR 4 PERSONNES :

Préparation : 15 mn. Cuisson : 5 mn.
Recette facile. Prix : bon marché.

150 g de capellini,
30 g de beurre,
300 g de champignons,
250 g de carottes,
300 g de courgettes,
10 cl de crème fraîche,
3 bouillon-cubes,
2 cuillerées à soupe d'huile d'olive,
Poivre.

1. Nettoyez les champignons. Mettez les bouillon-cubes dans un faitout avec 2 litres d'eau. Portez à ébullition, prélevez 3 louches de bouillon et réservez-les dans un bol.
2. Lavez et épluchez les légumes, découpez-les en longues lanières avec un couteau économe. Faites-les revenir dans une sauteuse avec le beurre. Ajoutez les champignons et 1 louche de bouillon.
3. Poivrez et laissez mijoter à couvert 10 mn. Faites cuire les capellini dans le bouillon aux herbes. Ajoutez les deux autres louches de bouillon dans les légumes.
4. Laissez réduire quelques instants, ajoutez la crème et versez sur les pâtes. Servez chaud.

DESSERT

ＧATEAU AUX RAISINS SECS

POUR 4 PERSONNES :

Préparation : 20 mn. Cuisson : 30 mn.
Recette facile. Prix : bon marché.

250 g de farine,
1 verre de lait,
75 g de beurre,
50 g de sucre,
75 g de raisins secs,
20 g de levure.

1. Mettez la farine dans un saladier, ajoutez le lait tiède avec le beurre fondu. Mélangez le tout.
2. Ajoutez le sucre et les raisins secs. Battez la pâte et ajoutez-y la levure délayée dans 2 cuillerées à soupe de lait.
3. Mélangez bien et versez la pâte dans un moule beurré. Laissez reposer 2 heures dans un endroit tiède.
4. Faites cuire au four th. 8 - 240° pendant 30 mn. Laissez refroidir avant de démouler.

Conseil du chef

Si la pâte est trop épaisse, ajoutez un peu de lait, si elle est trop liquide, ajoutez un peu de farine.

POUR CE MENU LE SOMMELIER VOUS PROPOSE

Un Pécharmant

12
AVRIL

St Jules

Salade de légumes de printemps

ENTRÉE

SALADE DE LÉGUMES DE PRINTEMPS

POUR 4 PERSONNES :

Préparation : 20 mn. Cuisson : 10 mn.
Recette facile. Prix : bon marché.

100 g de petits pois,
100 g de brocoli,
100 g de chou-fleur,
100 g de carottes,
100 g de radis,
100 g de navets,
100 g de haricots verts,
100 g de courgettes,
100 g de tomates cerise,
3 œufs durs,
6 cuillerées à soupe d'huile,
2 cuillerées à soupe de vinaigre,
Fines herbes,
Sel, poivre.

1. Lavez, pelez et coupez tous les légumes. Faites cuire chaque légume à la vapeur sauf les tomates et les radis.
2. Dans le plat de service, disposez harmonieusement les légumes. Battez les œufs et ajoutez-leur les fines herbes.
3. Au fouet, incorporez l'huile goutte à goutte. Ajoutez le vinaigre, le sel, le poivre. Faites cuire les œufs durs. Coupez-les en deux.
4. Répartissez les demi-œufs dans le plat. Servez froid avec la sauce en saucière.

PLAT

RÔTI DE GIGOT

POUR 4 PERSONNES :

Préparation : 10 mn. Cuisson : 50 mn.
Recette facile. Prix : bon marché.

1 rôti de gigot de 800 g,
400 g de carottes,
300 g de navets,
150 g d'oignons,
80 g de beurre,
10 g de lardons en dés,
1 cuillerée à soupe d'ail,
1 cuillerée à soupe d'herbes,
1 cuillerée à café de sucre,
Huile,
Sel, poivre.

1. Mettez 3 casseroles d'eau à bouillir et préchauffez le four th. 8 - 240°. Piquez le rôti de part et d'autre d'ail et de lardons.
2. Déposez-le dans un plat à four, salez, poivrez et arrosez-le d'une filet d'huile et de 10 g de beurre. Enfournez et laissez cuire 30 mn.
3. Faites cuire séparément chaque légume en comptant après la reprise de l'ébullition 20 mn pour les navets, 10 mn pour les carottes et les oignons.
4. Egouttez et coupez les navets en deux. Dans une poêle, faites fondre le reste de beurre, ajoutez les légumes, salez et mélangez bien. Couvrez et laissez mijoter 20 mn en remuant souvent.
5. Saupoudrez de sucre et poursuivez la cuisson 10 mn. Sortez le gigot du four et gardez-le au chaud. Dégraissez le jus de cuisson, ajoutez-le aux légumes, poivrez, mélangez bien et servez-les autour de la viande.

DESSERT

CAKE À LA CANNELLE

POUR 4 PERSONNES :

Préparation : 20 mn. Cuisson : 30 mn.
Recette facile. Prix : bon marché.

250 g de pâte sablée,
2 cuillerées à soupe de cannelle en poudre,
1 pot de marmelade d'abricots.

1. Etalez la pâte sablée au rouleau et garnissez-en une tourtière beurrée et farinée. Saupoudrez-la avec la cannelle.
2. Garnissez la tourtière de marmelade d'abricots. Découpez des petites bandes dans le restant de pâte à l'aide d'une roulette à pâtisserie.
3. Disposez-les sur le dessus de la marmelade en formant un quadrillé. Faites cuire au four th. 8 - 240° pendant 30 mn. Laissez refroidir avant de démouler et présentez le cake coupé en tranches.

Conseil du chef

Si vous faites la pâte sablée vous-mêmes mélangez-y la cannelle en la pétrissant.

POUR CE MENU LE SOMMELIER VOUS PROPOSE

Un Bourgogne blanc

13
AVRIL

Ste Ida

Blanquette de veau

ENTRÉE

ŒUFS DURS FARCIS

POUR 4 PERSONNES :

Préparation : 20 mn. Cuisson : 20 mn.
Recette facile. Prix : bon marché.
4 œufs,
4 cuillerées à soupe de crème fraîche,
60 g de beurre,
Un peu de chapelure,
Persil,
Ciboule,
Sel, poivre.

1. Faites cuire les œufs durs 10 mn dans l'eau bouillante. Ecalez-les, coupez-les en deux dans le sens de la longueur et ôtez leur jaune.
2. Ecrasez-les et mélangez-les avec le persil et la ciboule hachés. Salez, poivrez et ajoutez la crème. Mélangez intimement.
3. Remplissez copieusement chaque demi-blancs d'œuf avec ce mélange et placez-les sur un plat allant au four.
4. Saupoudrez-les de chapelure et placez sur chaque un morceau de beurre. Mettez au four th. 7 - 210° quelques minutes. Servez aussitôt.

PLAT

BLANQUETTE DE VEAU

POUR 4 PERSONNES :

Préparation : 30 mn. Cuisson : 1 h.
Recette facile. Prix : bon marché.
1 kg de morceaux d'épaule de veau,
2 carottes, 1 blanc de poireau,
200 g d'oignons grelot,
250 g de champignons de Paris,
1 branche de céleri, 1 bouquet garni,
1 oignon piqué d'un clou de girofle,
2 bouillon-cubes de volaille,
Le jus d'un demi-citron, 100 g de beurre,
50 g de farine, 2 jaunes d'œuf,
10 cl de crème fraîche, Sel, poivre.

1. Pelez les carottes, coupez-les en rondelles. Emincez le poireau et le céleri. Dans une cocotte, faites fondre une noix de beurre, mettez-y les carottes, le céleri et le poireau à étuver 5 mn. Ajoutez les morceaux de viande et faites-les revenir sans colorer. Délayez les bouillon-cubes dans 1/2 litre d'eau bouillante.
2. Versez-le sur la viande et les légumes, portez à ébullition, écumez, réglez le feu pour que le liquide frémisse. Salez, poivrez, ajoutez l'oignon, le bouquet garni et cuisez 45 mn. Nettoyez les champignons, émincez-les. Faites fondre une noix de beurre dans une casserole, mettez-y les oignons grelot et les champignons à cuire doucement 15 mn.
3. Egouttez la viande, passez le bouillon de cuisson au chinois en écrasant les légumes avec une cuillère. Réservez. Remettez la viande dans la cocotte avec les oignons et les champignons à feu doux. Dans une casserole, faites fondre le reste de beurre, ajoutez la farine, remuez, cuisez 1 mn, versez peu à peu les 2/3 du fond de cuisson.
4. Laissez la sauce épaissir sur feu doux. Dans un bol, battez les jaunes d'œuf avec la crème et le jus de citron. Versez le mélange dans la casserole de sauce, fouettez pour lier sans laisser bouillir. Dans un plat de service creux, disposez le contenu de la cocotte, nappez de sauce et servez de suite.

DESSERT

MOUSSE AU CAFÉ

POUR 4 PERSONNES :

Préparation : 15 mn. Cuisson : 10 mn.
Recette facile. Prix : bon marché.
3/4 de litre de lait,
5 œufs,
125 g de sucre,
2 cuillerées à soupe de café soluble,
1 cuillerée à soupe de farine.

1. Faites bouillir le lait, battez les jaunes d'œuf avec le sucre, puis la farine. Versez dessus le lait bouillant et laissez refroidir après avoir ajouté le café.
2. Battez les blancs d'œuf en neige très ferme et incorporez-les à la crème au café délicatement. Mettez dans le réfrigérateur quelques heures. Servez très frais.

Conseil du chef
Accompagnez la blanquette de veau de pommes de terre cuites à la vapeur.

14

AVRIL

St Maxime

Gateau basque

ℳ OULES
MARINIÈRES

POUR 4 PERSONNES :

Préparation : 15 mn. Cuisson : 15 mn.
Recette facile. Prix : modéré.

2 litres de moules,

50 g de beurre,

1 verre de vin blanc sec,

Persil,

Echalotes,

Poivre.

1. Brossez les moules à l'eau claire. Mettez-les dans une casserole avec le vin blanc, les échalotes et le persil hachés. Ajoutez du poivre, le beurre.
2. Faites-les ouvrir à feu vif, couvrez la casserole et dès qu'elles s'ouvrent, enlevez la moitié des coquilles.
3. Placez-les dans un plat de service creux, filtrez le jus de cuisson puis versez-le sur les moules. Servez aussitôt.

Conseil du chef

Vous pouvez servir une sauce au chocolat avec le gâteau basque.

𝒱 IVANEAU
À L'UNILATÉRAL

POUR 4 PERSONNES :

Préparation : 20 mn. Cuisson : 20 mn.
Recette facile. Prix : bon marché.

4 filets de vivaneau,

450 g de haricots verts,

2 sachets de sauce beurre-citron,

30 g de beurre,

4 cuillerées à soupe de fines herbes.

1. Allumez votre four en position gril. Malaxez à la fourchette le beurre ramolli et les fines herbes. Essuyez les filets de poisson avec du papier absorbant puis tartinez-les avec le beurre d'herbes.
2. Laissez reposer 10 mn. Faites chauffer une poêle sur feu vif, déposez-y les filets côté peau au fond et faites cuire sur feu vif 5 mn. Baissez le feu et prolongez la cuisson de 15 mn sans couvrir et de 5 mn en couvrant.
3. Faites cuire les haricots verts dans l'eau bouillante salée 5 mn après la reprise de l'ébullition et mettez la sauce beurre-citron à réchauffer au bain-marie.
4. Lorsque le poisson est cuit, glissez la poêle sous le gril du four quelques minutes. Retirez les filets de la poêle et réservez-les au chaud. Nappez le fond de 4 assiettes de sauce.
5. Répartissez les haricots verts égouttés dessus et disposez sur chaque un filet. Servez chaud.

𝒢 ATEAU
BASQUE

POUR 4 PERSONNES :

Préparation : 15 mn. Cuisson : 30 mn.
Recette facile. Prix : modéré.

100 g de sucre semoule,

100 g de beurre,

2 œufs,

1/2 cuillerée à café d'essence d'amandes,

100 g de farine,

1/2 sachet de levure,

25 g d'amandes blanchies.

1. Battez le sucre et le beurre, incorporez les œufs un à un avec l'essence d'amandes. Ajoutez la farine et la levure. Hachez les amandes et incorporez-les.
2. Beurrez légèrement un moule à manqué et versez-y la préparation. Faites cuire au four th. 7 - 210° pendant 30 mn. Servez tiède.

POUR CE
MENU LE
SOMMELIER
VOUS
PROPOSE

*Un Côtes
de Bergerac
mœlleux*

15
AVRIL

St Paterne

*Gratin
Helvète*

ERRINE DE LAPIN

POUR 4 PERSONNES :

Préparation : 30 mn. Cuisson : 3 h.
Recette élaborée. Prix : bon marché.

1 lapin,
300 g de chair à saucisse,
250 g de veau,
Farine,
Thym,
Laurier,
1 verre d'eau-de-vie,
Sel, poivre.

1. Videz le lapin et désossez-le complètement. Découpez-le ainsi que le veau en morceaux de 4 sur 2 cm. Hachez le foie et le cœur.
2. Dans le fond d'une terrine, disposez une barde de lard, salez, poivrez et mettez une feuille de laurier et une branche de thym.
3. Mettez dessus une couche de chair à saucisse, des morceaux de lapin et de veau, remettez une couche de chair à saucisse et ainsi de suite jusqu'à ce que la terrine soit pleine.
4. Salez et poivrez, ajoutez laurier et thym. Pressez fortement et placez dessus une barde de lard pour recouvrir le pâté. Arrosez avec l'eau-de-vie et 1/2 verre d'eau.
5. Faites de petits trous pour que le liquide pénètre dans le pâté. Fermez hermétiquement et faites cuire au four th. 6 - 180° pendant 3 heures. Servez froid coupé en tranches.

RATIN HELVÈTE

POUR 4 PERSONNES :

Préparation : 10 mn. Cuisson : 20 mn.
Recette facile. Prix : bon marché.

8 tranches de pain de mie,
8 tranches d'emmenthal,
8 demi-tranches de jambon,
50 g de beurre,
1 verre de lait,
3 œufs,
Noix de muscade,
Paprika,
Ciboulette,
Beurre,
Sel.

1. Sur chaque tranche de pain beurré, posez une tranche de fromage et une demi-tranche de jambon.
2. Rangez les tartines garnies dans un plat à four bien beurré. Battez les œufs avec le lait, le sel, la noix de muscade et versez ce mélange sur les tartines.
3. Saupoudrez de paprika et de ciboulette ciselée. Faites gratiner au four th. 7 - 210° pendant 20 mn. Servez chaud avec une salade verte.

ŒUFS AU LAIT

POUR 4 PERSONNES :

Préparation : 10 mn. Cuisson : 40 mn.
Recette facile. Prix : bon marché.

6 œufs,
125 g de sucre en poudre,
1 litre de lait,
1 gousse de vanille.

1. Faites bouillir le lait sucré et parfumé de la vanille. Battez les œufs, versez dessus le lait bouillant en remuant bien le mélange.
2. Versez dans un plat allant au four et faites cuire th. 5 - 150° pendant 40 mn.
3. Sortez du four, laissez refroidir et mettez dans le réfrigérateur. Servez frais.

Conseil du chef
Vous pouvez aussi faire cuire les œufs au lait dans des ramequins.

112

16

AVRIL

*St
Benoît-José*

Asperges
aux amandes

POUR CE MENU LE SOMMELIER VOUS PROPOSE

Un Riesling

ENTRÉE

ASPERGES AUX AMANDES

POUR 4 PERSONNES :

Préparation : 30 mn. Cuisson : 25 mn.
Recette élaborée. Prix : modéré.
20 asperges vertes,
2 jaunes d'œuf,
100 g de beurre,
100 g de gouda,
15 amandes,
Quelques radis,
Persil,
1 cuillerée à café de paprika,
Sel, poivre.

1. Râpez la moitié du gouda, coupez le reste en fins copeaux, poudrez-les de paprika et réservez-les. Epluchez les amandes et concassez-en 10 au couteau. Coupez les 5 autres en deux.
2. Nettoyez les radis et coupez-les en fines rondelles, réservez-les au frais. Epluchez les asperges en partant de la pointe. Plongez-les dans un faitout d'eau bouillante salée 15 mn. Egouttez-les.
3. Mettez les jaunes d'œuf avec une cuillerée à soupe d'eau dans un saladier supportant la chaleur. Placez-le sur un bain-marie doux et fouettez 10 mn. Faites fondre le beurre dans une casserole.
4. Ajoutez-y le gouda râpé et les amandes concassées. Salez, poivrez, mélangez et incorporez au mélange précédent. Fouettez. Disposez un fond de sauce dans chaque assiette, posez 5 asperges.
5. Décorez avec le persil ciselé, les rondelles de radis, les demi-amandes et les copeaux de gouda au paprika. Servez tiède.

PLAT

QUICHE AUX CHAMPIGNONS

POUR 4 PERSONNES :

Préparation : 25 mn. Cuisson : 50 mn.
Recette facile. Prix : bon marché.
250 g de pâte feuilletée,
400 g de champignons de Paris,
200 g de mimolette râpée,
100 g de lardons,
1 gousse d'ail,
2 cuillerées à soupe de persil,
1 œuf,
20 cl de crème liquide,
2 cuillerées à soupe d'huile,
Sel, poivre.

1. Nettoyez les champignons, éliminez le bout terreux et découpez-les en tranches. Pelez et hachez la gousse d'ail. Faites chauffer l'huile dans une sauteuse, mettez les lardons à revenir 5 mn à feu vif en remuant souvent.
2. Ajoutez le persil ciselé, l'ail et les champignons, salez légèrement, poivrez généreusement et faites sauter encore 5 mn. Préchauffez le four th. 7 - 210° et placez la pâte dans un moule à tarte beurré.
3. Répartissez le contenu de la sauteuse sur la pâte. Dans un bol, battez l'œuf et la crème à la fourchette. Versez doucement sur la quiche, couvrez de fromage râpé et faites cuire 35 mn au four. Servez chaud.

DESSERT

MERINGUES

POUR 4 PERSONNES :

Préparation : 20 mn. Cuisson : 1 h.
Recette élaborée. Prix : bon marché.
4 blancs d'œuf, 2 sachets de sucre vanillé,
100 g de sucre en poudre,
1 pincée de sel fin.

1. Fouettez les blancs d'œuf en neige très ferme. Ajoutez le sucre en poudre et le sucre vanillé, puis le sel et mélangez doucement de bas en haut sans fatiguer la pâte.
2. Couchez la pâte par petits tas à l'aide d'une cuillère à soupe sur du papier blanc saupoudré de sucre. Faites cuire au four ouvert th. 3 - 120° pendant 1 heure.
3. Détachez les meringues du papier avec un couteau, remettez les meringues à sécher au four très doux. Lorsqu'elles sont froides, garnissez la partie plate de crème fouettée sucrée.
4. Ajoutez une autre meringue parallèlement à la première sans presser sur la crème. Servez froid.

Conseil du chef

Vous pouvez réaliser l'entrée avec des asperges blanches ou violettes selon la saison.

Poitrine
de veau
farcie

POUR CE
MENU LE
SOMMELIER
VOUS
PROPOSE

*Un vin de
Paille du Jura*

ENTRÉE

TIMBALE MILANAISE

POUR 4 PERSONNES :

Préparation : 20 mn. Cuisson : 1 h.
Recette facile. Prix : bon marché.
250 g de pâte brisée,
250 g de macaroni,
100 g de beurre,
2 œufs,
250 g de champignons,
1/2 ris de veau,
Farine,
Sauce tomate,
Sel, poivre.

1. Etalez la pâte au rouleau sur 2 mm d'épaisseur. Beurrez un moule et garnissez-en le fond. Coupez ce qui dépasse en laissant un bord de 2 cm. Remplissez de farine, couvrez avec de la pâte, dorez au jaune d'œuf et faites cuire au four th. 8 - 240° pendant 15 mn.
2. Enlevez le couvercle de pâte de la timbale cuite, ôtez la farine et démoulez. Faites cuire les macaroni dans une grande quantité d'eau bouillante salée. Egouttez-les, mettez-les dans une casserole avec le beurre, du sel et du poivre.
3. Faites cuire le ris de veau au courtbouillon à ébullition 5 mn. Mettez le tout dans la casserole, ajoutez un verre de sauce tomate, laissez chauffer un instant et versez dans la timbale de pâte. Posez dessus le couvercle de pâte et servez très chaud.

PLAT

POITRINE DE VEAU FARCIE

POUR 4 PERSONNES :

Préparation : 40 mn. Cuisson : 1 h 30.
Recette facile. Prix : bon marché.
1 poitrine de veau en portefeuille,
100 g de jambon fumé,
100 g de lard frais,
2 échalotes, 150 g d'épinards,
1 œuf, 1 crépine, 1 carotte,
1 branche de céleri, 1 oignon,
1 bouillon-cube,
1 cuillerée à soupe d'huile,
10 g de beurre, sel, poivre.

1. Hachez finement au couteau le lard et le jambon. Pelez et émincez les échalotes. Lavez, essuyez et équeutez les épinards. Faites chauffer le beurre dans une poêle et mettez-y les épinards à fondre 5 mn. Egouttez-les et hachez-les grossièrement au couteau.
2. Dans un saladier, réunissez les viandes hachées, les échalotes et les épinards. Ajoutez l'œuf, du sel, du poivre et travaillez à la main pour obtenir une farce homogène.
3. Rincez la crépine sous l'eau froide, étalez-la sur un torchon, remplissez la poche de veau avec la farce, cousez l'ouverture bien serrée, posez la poitrine farcie sur la crépine et rabattez les bords pour bien envelopper la viande.
4. Pelez la carotte et l'oignon, effilez la branche de céleri, taillez les trois légumes en fine julienne. Préparez le bouillon avec 1/4 d'eau chaude. Faites chauffer la moitié de l'huile dans une cocotte, faites-y revenir la viande sur toutes ses faces 10 mn.
5. Egouttez, jetez la graisse, rincez la cocotte, remettez-la sur le feu avec le reste d'huile. Versez la julienne de légumes et faites-la revenir sans colorer 5 mn. Remettez la viande dans la cocotte, salez et poivrez. Couvrez et laissez cuire 1 h 30.
6. Arrosez régulièrement avec le bouillon et retournez plusieurs fois la viande pendant la cuisson. Servez bien chaud avec la sauce à part.

DESSERT

CROQUETTES DE RIZ

POUR 4 PERSONNES :

Préparation : 15 mn. Cuisson : 20 mn.
Recette facile. Prix : bon marché.
200 g de riz,
2 œufs,
100 g de sucre en poudre,
1 litre de lait,
Farine,
Chapelure,
Zeste de citron.

1. Faites cuire le riz dans le lait sucré avec le zeste de citron. Ajoutez un œuf entier.
2. Faites des boulettes de la grosseur d'un œuf, farinez-les, trempez-les dans le second œuf battu, passez-les à la chapelure.
3. Faites-les frire dans une friture chaude. Sortez-les à l'aide d'une écumoire. Egouttez-les sur du papier absorbant.
4. Disposez-les sur le plat de service, saupoudrez-les de sucre et servez-les immédiatement.

Conseil du chef
La poitrine de veau peut également se déguster froide avec une salade verte.

POUR CE MENU LE SOMMELIER VOUS PROPOSE

Un Saint Chinian

18

AVRIL

St Parfait

Flan patissier

SALADE NIÇOISE

OMELETTE MÉDITERRANÉENNE

FLAN PATISSIER

POUR 4 PERSONNES :

Préparation : 20 mn. Cuisson : 10 mn.
Recette facile. Prix : bon marché.
100 g de riz,
2 tomates,
1 poivron vert,
1 boîte de filets d'anchois,
2 œufs,
1 gousse d'ail,
Persil,
3 cuillerées à soupe d'huile,
1 cuillerée à soupe de vinaigre,
Quelques olives noires,
Sel, poivre.

1. Faites cuire le riz dans une casserole d'eau bouillante salée. Passez-le à l'eau froide et égouttez-le.
2. Coupez le poivron en lamelles, les tomates en rondelles. Faites cuire les œufs durs 10 mn à l'eau bouillante. Rafraîchissez-les et écalez-les.
3. Coupez-les en rondelles. Dans un saladier, mélangez le vinaigre et le sel, ajoutez l'huile, le poivre, le persil et la gousse d'ail hachés.
4. Mettez dans la vinaigrette le riz froid, le poivron, les tomates, les œufs, les anchois et les olives. Remuez délicatement et servez bien frais.

POUR 4 PERSONNES :

Préparation : 5 mn. Cuisson : 5 mn.
Recette facile. Prix : bon marché.
8 œufs,
190 g de sauce tomate,
2 tranches de jambon de pays,
1 cuillerée à soupe de persil haché,
1/2 courgette,
1 cuillerée à soupe d'huile,
Sel, poivre.

1. Lavez la courgette, râpez-la sans l'éplucher. Coupez le jambon en fines lamelles. Dans un saladier, cassez les œufs, ajoutez la sauce tomate, la courgette et les lamelles de jambon.
2. Salez, poivrez et battez l'ensemble énergiquement à la fourchette. dans une poêle, faites chauffer l'huile et versez les œufs battus, faites-les cuire à feu vif quelques minutes.
3. Lorsque la face en contact avec la poêle est cuite, retournez l'omelette comme une crêpe. Servez-la chaude telle quelle ou pliée.

POUR 4 PERSONNES :

Préparation : 15 mn. Cuisson : 20 mn.
Recette facile. Prix : bon marché.
3 cuillerées à soupe de farine,
3 œufs,
1/2 litre de lait,
75 g de sucre,
1 cuillerée à soupe de rhum.

1. Dans une casserole, mêlez la farine, le sucre, les œufs et le sel. Versez petit à petit le lait bouillant en faisant attention à ce qu'il n'y ait pas de grumeaux.
2. Faites prendre sur le feu en tournant jusqu'à ce que le mélange soit pris. Retirez du feu, ajoutez le rhum.
3. Versez dans un moule, saupoudrez de sucre en poudre et faites caraméliser au four quelques minutes.
4. Faites prendre dans le réfrigérateur quelques heures et servez bien frais.

Conseil du chef
Vous pouvez ajouter des amandes dans le flan patissier.

POUR CE MENU LE SOMMELIER VOUS PROPOSE

Un Muscadet de Sèvre-et-Maine

Ste Emma

Riz à la bolognaise

CHAMPIGNONS AUX FINES HERBES

POUR 4 PERSONNES :

Préparation : 15 mn. Cuisson : 20 mn.
Recette facile. Prix : bon marché.

500 g de champignons de Paris,
60 g de beurre,
1 cuillerée à soupe de vinaigre,
Persil,
Ciboule,
Ail,
1 citron,
Sel, poivre.

1. Nettoyez les champignons et ôtez le bout terreux. Mettez-les dans de l'eau avec le vinaigre.
2. Faites-les cuire 5 mn à l'eau bouillante salée et égouttez-les. Mettez-les dans une casserole avec le beurre.
3. Ajoutez le persil, la ciboule et l'ail hachés, salez, poivrez et laissez chauffer quelques instants.
4. Ajoutez le jus de citron au moment de servir. Servez chaud.

RIZ À LA BOLOGNAISE

POUR 4 PERSONNES :

Préparation : 5 mn. Cuisson : 25 mn.
Recette facile. Prix : bon marché.

400 g de sauce bolognaise,
250 g de riz,
65 cl d'eau,
1/2 verre de vin blanc,
1 oignon,
2 cuillerées à soupe d'huile d'olive,
Sel, poivre.

1. Dans une cocotte, faites dorer avec l'huile d'olive l'oignon émincé puis ajoutez le riz. Versez le vin. Laissez évaporer quelques minutes. Ajoutez l'eau, salez, poivrez et couvrez.
2. Faites cuire à feu doux 25 mn en remuant de temps en temps. Faites réchauffer la sauce bolognaise, disposez le riz en couronne dans un plat de service chauffé et nappez le riz avec la sauce bolognaise. Servez immédiatement.

TARTE AU CHOCOLAT

POUR 4 PERSONNES :

Préparation : 15 mn. Cuisson : 1 h.
Recette facile. Prix : bon marché.

75 g de chocolat,
75 g de beurre,
3 œufs,
125 g de farine,
150 g de sucre en poudre,
1 sachet de sucre vanillé.

1. Faites fondre le chocolat cassé en morceaux avec une cuillerée d'eau au-dessus d'une casserole d'eau bouillante.
2. Faites fondre le beurre de la même manière mais séparément. Dans un saladier, mélangez la farine avec les jaunes d'œuf.
3. Ajoutez le sucre en poudre et le sucre vanillé puis le chocolat et le beurre. Mélangez.
4. Montez les blancs d'œuf en neige ferme et ajoutez-les délicatement au mélange précédent.
5. Versez dans un moule à tarte préalablement beurré et mettez au four th. 6 - 180° pendant 1 heure. Servez froid.

Conseil du chef
Ajoutez au riz à la bolognaise du fromage râpé avant de servir.

POUR CE MENU LE SOMMELIER VOUS PROPOSE

Un Cahors

20
AVRIL

Ste Odette

Bœuf en jardinière

BŒUF EN JARDINIÈRE

POUR 4 PERSONNES :

Préparation : 20 mn. Cuisson : 2 h.
Recette facile. Prix : bon marché.

1 kg de plat-de-côtes découvert,
700 g de jardinière de légumes,
1 oignon,
2 échalotes,
1 bouquet garni,
Cerfeuil,
2 bouillon-cubes de bœuf,
1 cuillerée à soupe de moutarde,
1 cuillerée à soupe de vinaigre,
4 cuillerées à soupe d'huile,
Beurre,
Sel, poivre.

1. Dans un faitout, faites cuire la viande recouverte d'eau avec les bouillon-cubes et le bouquet garni 2 heures. Laissez refroidir dans le bouillon.
2. Réchauffez la jardinière de légumes dans une casserole avec une noix de beurre. Pelez et émincez les échalotes, ciselez le cerfeuil. Dans un bol, mettez du sel et du poivre.
3. Ajoutez la moutarde, les échalotes, le vinaigre et l'huile. Mélangez et ajoutez le cerfeuil. Egouttez la viande tiède, effilochez-la à l'aide de deux fourchettes.
4. Disposez la viande dans le plat de service entourée des légumes. Nappez de sauce et servez sans attendre.

ROTI DE GIGOT À LA NORMANDE

POUR 4 PERSONNES :

Préparation : 15 mn. Cuisson : 50 mn.
Recette facile. Prix : bon marché.

1 rôti de gigot de 1 kg,
1 kg de haricots verts,
300 g de champignons de Paris émincés,
30 cl de cidre brut,
3 cuillerées à soupe d'huile,
1 cuillerée à soupe de Cognac,
2 cuillerées à café de maïzena,
2 cuillerées à soupe de crème fraîche,
1 cuillerée à soupe de persil haché,
50 g d'oignons émincés,
1 cuillerée à café d'ail coupé,
Quelques noisettes de beurre,
Sel, poivre.

1. Préchauffez le four th. 8 - 240°. A l'aide de papier absorbant, essuyez le rôti et piquez-le d'ail. Désossez-le dans un plat, arrosez-le de 2 cuillerées à soupe d'huile, parsemez de beurre, salez et poivrez. Enfournez et faites cuire 50 mn.
2. Un quart d'heure avant la fin de la cuisson, faites chauffer le reste d'huile dans une poêle, ajoutez les oignons et faites rissoler quelques minutes. Versez-y les champignons, laissez suer 10 mn sur feu moyen en remuant, salez, poivrez et retirez la poêle du feu.
3. Faites cuire les haricots verts dans une grande quantité d'eau bouillante salée 5 mn après la reprise de l'ébullition, égouttez et réservez-les. Sortez le rôti du four, placez-le sur un plat et réservez au chaud. Déglacez le plat de cuisson avec le Cognac.
4. Versez sur les champignons, remettez sur le feu, ajoutez le cidre et laissez frémir 5 mn. Découpez la viande. Incorporez à la sauce la crème fraîche et la maïzena délayée dans un peu d'eau. Laissez mijoter 3 mn. Nappez la viande de sauce et servez avec les haricots verts parsemés de persil.

TOT-FAIT

POUR 4 PERSONNES :

Préparation : 10 mn. Cuisson : 25 mn.
Recette facile. Prix : bon marché.

2 œufs,
Leur poids en farine,
Leur poids en sucre,
1/2 verre de lait cru,
1 cuillerée à café d'essence de vanille en poudre.

1. Préchauffez le four th. 8 - 240°. Dans un saladier, mélangez le sucre avec les jaunes d'œuf et la farine pour obtenir une crème.
2. Délayez-la avec le lait, parfumez avec la vanille. Ajoutez les blancs d'œuf montés en neige.
3. Beurrez un moule et versez-y la préparation, saupoudrez de sucre et mettez au four 25 mn.

Conseil du chef
Vous pouvez diminuer le temps de cuisson du bœuf en jardinière d'une heure en utilisant un autocuiseur.

St Anselme

Langues
d'agneau
au cresson

POUR CE
MENU LE
SOMMELIER
VOUS
PROPOSE

*Un Puligny-
Montrachet*

ENTRÉE

ŒUFS
EN MATELOTE

POUR 4 PERSONNES :

Préparation : 15 mn. Cuisson : 30 mn.
Recette facile. Prix : bon marché.

4 œufs,
3 verres de vin rouge,
1 oignon,
1 gousse d'ail,
1 bouquet garni,
50 g de beurre,
Farine,
1 sachet de croûtons,
Sel, poivre.

1. Dans une casserole, mettez le vin et 3 verres d'eau, l'oignon coupé en rondelles, l'ail, le bouquet garni, du sel et du poivre.
2. Laissez bouillir 15 mn. Enlevez l'oignon, le bouquet garni et l'ail à l'aide d'une écumoire et faites pocher les œufs dans la sauce.
3. Faites frire les croûtons dans une noix de beurre. Retirez les œufs cuits et laissez réduire la sauce sur le feu. Liez-la avec le beurre manié avec un peu de farine.
4. Versez la sauce sur les œufs tenus au chaud et servez-les entourés de croûtons frits.

PLAT

LANGUES
D'AGNEAU
AU CRESSON

POUR 4 PERSONNES :

Préparation : 20 mn. Cuisson : 1 h.
Recette facile. Prix : bon marché.

6 langues d'agneau,
1 botte de cresson,
1 échalote hachée,
1 cornichon,
200 g de crème liquide,
30 g de beurre,
1/2 citron,
Sel, poivre.

1. Faites cuire les langues à l'eau frémissante salée pendant 1 heure. Nettoyez le cresson, coupez les queues, lavez-le et mettez quelques feuilles de côté pour le décor.
2. Faites fondre le beurre dans une casserole, ajoutez l'échalote et le cresson. Faites cuire doucement 15 mn en remuant souvent à la spatule. Ajoutez la crème, amenez à ébullition, salez et poivrez.
3. Hors du feu, ajoutez les feuilles de cresson réservées et ciselées, le cornichon haché et le jus de citron. Egouttez les langues cuites, coupez-les en deux dans le sens de la longueur.
4. Disposez-les dans un plat de service préchauffé et nappez-les de sauce. Servez aussitôt.

DESSERT

SEMOULE
AU LAIT

POUR 4 PERSONNES :

Préparation : 10 mn. Cuisson : 35 mn.
Recette facile. Prix : bon marché.

1 litre de lait,
100 g de semoule,
25 g de sucre,
3 œufs,
1 pincée de sel.

1. Faites bouillir le lait et ajoutez la semoule en pluie en remuant avec une cuillère en bois. Laissez cuire 3 mn.
2. Retirez du feu, ajoutez le sucre et le sel. Battez les blancs d'œuf en neige. Lorsque la semoule est passablement refroidie, mêlez-y les jaunes d'œuf.
3. Ajoutez délicatement les blancs d'œuf sans les briser. Faites cuire dans un plat creux au four th. 5 - 150° pendant 30 mn. Laissez refroidir avant de servir.

Conseil du chef
Accompagnez
les langues d'agneau
de pommes vapeur.

POUR CE MENU LE SOMMELIER VOUS PROPOSE

Un Mâcon Village blanc

ENTRÉE

JAMBON AU FROMAGE BLANC

POUR 4 PERSONNES :

Préparation : 10 mn. Pas de cuisson.
Recette facile. Prix : bon marché.
4 tranches de jambon,
200 g de fromage blanc,
Ciboulette,
16 olives vertes,
Sel, poivre.

1. Hachez les tranches de jambon finement. Mélangez le fromage blanc à la ciboulette ciselée.
2. Salez et poivrez le fromage blanc à la ciboulette. Ajoutez-y le jambon en mélangeant bien.
3. Répartissez dans des coupelles individuelles et décorez chacune d'entre elles de 4 olives. Mettez un peu au frais avant de servir.

Conseil du chef
Pour la viande, vous pouvez utiliser un reste d'agneau rôti haché.

PLAT

GRATIN DE POMMES DE TERRE

POUR 4 PERSONNES :

Préparation : 20 mn. Cuisson : 1 h 20.
Recette facile. Prix : bon marché.
1 kg de pommes de terre,
2 gousses d'ail,
250 g de gruyère râpé,
30 cl de lait,
20 g de beurre,
1 pincée de noix de muscade,
Sel, poivre.

1. Pelez et lavez les pommes de terre. essuyez-les et coupez-les en tranches pas trop fines. Préchauffez le four th. 6 - 180° et beurrez un grand plat à four à gratin.
2. Epluchez les gousses d'ail, coupez-les en deux et éliminez le germe. Détaillez les demi-gousses en fines lamelles, mélangez-les avec les pommes de terre.
3. Versez le tout dans le plat. Dans un saladier, mélangez le lait et la crème, ajoutez la muscade, du sel et du poivre. Remuez, versez sur les pommes de terre.
4. Enfournez pour 1 heure. Sortez le plat, recouvrez-le de fromage râpé et remettez au four 20 mn. Juste avant de servir, allumez le gril du four et faites dorer la surface du gratin 3 mn. Servez de suite.

DESSERT

BAVAROIS AU CHOCOLAT

POUR 4 PERSONNES :

Préparation : 30 mn. Pas de cuisson.
Recette facile. Prix : bon marché.
80 g de chocolat,
4 jaunes d'œuf,
75 g de sucre en poudre,
30 g de cacao,
1/4 de litre de lait,
4 feuilles de gélatine,
125 g de crème fraîche,
5 cl de crème liquide,
40 g de sucre glace.

1. Travaillez les jaunes d'œuf avec le sucre jusqu'à ce que le mélange blanchisse, ajoutez le cacao. Faites bouillir le lait.
2. Hors du feu, ajoutez-lui le chocolat coupé en morceaux et laissez fondre en remuant. Faites ramollir 5 mn la gélatine dans de l'eau froide et égouttez-la.
3. Versez le lait chocolaté sur le mélange jaunes-sucre, remettez sur feu doux et faites cuire en tournant jusqu'à ce que la crème nappe la cuillère sans laisser bouillir.
4. Retirez du feu et incorporez la gélatine, mélangez soigneusement et laissez tiédir. Battez la crème fraîche et ajoutez-la à la préparation. Versez dans un moule à charlotte et laissez 12 heures dans le réfrigérateur.
5. Au moment de servir, fouettez la crème liquide avec le sucre glace. Démoulez le bavarois et décorez-le avec cette chantilly.

POUR CE MENU LE SOMMELIER VOUS PROPOSE

Un Bordeaux blanc

ENTRÉE

SALADE DE LÉGUMES

POUR 4 PERSONNES :

Préparation : 20 mn. Cuisson : 30 mn.
Recette facile. Prix : bon marché.

2 carottes,
2 navets,
1 petit chou-fleur,
2 pommes de terre,
100 g de flageolets,
100 g de petits pois,
100 g de haricots verts,
2 œufs durs, 1 laitue,
60 g de mayonnaise.

1. Dans de l'eau bouillante salée, faites cuire séparément les légumes. Egouttez-les et laissez-les refroidir.
2. Coupez les carottes, les navets et les pommes de terre en rondelles, séparez le chou-fleur en bouquets.
3. Disposez les légumes dans un saladier, ajoutez le cœur de la laitue. Hachez les œufs durs et incorporez-les.
4. Ajoutez la mayonnaise et remuez délicatement. Servez frais.

PLAT

PIZZA MARINARA

POUR 4 PERSONNES :

Préparation : 15 mn. Cuisson : 30 mn.
Recette facile. Prix : bon marché.

300 g de pâte à pizza,
4 cuillerées à soupe d'huile d'olive,
1 boîte de purée de tomate,
1 litre de moules cuites et décoquillées,
100 g de crevettes décortiquées,
1 boîte de sardines,
8 olives noires,
2 oignons,
1 jus de citron,
2 cuillerées à soupe d'origan,
200 g de gruyère râpé,
Sel, poivre.

1. Etalez la pâte à pizza et garnissez-en un moule beurré. Répartissez au fond de la pâte la purée de tomate arrosée d'huile.
2. Parsemez avec les moules, les crevettes, les sardines, les olives, les oignons coupés en rondelles fines.
3. Saupoudrez d'origan, salez et poivrez. Arrosez de jus de citron, parsemez de fromage râpé.
4. Faites cuire au four th. 6 - 180° pendant 30 mn. Servez chaud ou froid.

DESSERT

POMMES À LA CRÈME

POUR 4 PERSONNES :

Préparation : 20 mn. Cuisson : 40 mn.
Recette facile. Prix : bon marché.

8 pommes,
2 cuillerées à soupe de gelée de groseilles,
2 cuillerées à soupe de sucre en poudre,
1 cuillerée à café de fécule,
1 bol de lait,
1 sachet de sucre vanillé,
4 œufs.

1. Pelez les pommes en les laissant entières, enlevez le trognon à l'aide d'un vide-pommes et mettez-les dans le panier de l'autocuiseur.
2. Faites-les cuire à la vapeur 10 mn. Rangez-les dans le plat de service. Déposez dans chaque cœur un peu de gelée de groseilles. Saupoudrez de sucre vanillé.
3. Délayez la fécule dans le lait tiède, ajoutez les œufs battus avec le sucre. Fouettez bien le mélange sur feu doux jusqu'à ébullition. Retirez du feu et ajoutez le reste de sucre vanillé.
4. Laissez refroidir la crème et versez-la autour des pommes. Servez frais.

Conseil du chef
Vous pouvez réaliser ce dessert avec des poires également.

24

AVRIL

Ste Fidèle

*Œufs
sur Blinis*

POUR CE MENU LE SOMMELIER VOUS PROPOSE

Un Gaillac blanc

ENTRÉE

ŒUFS SUR BLINIS

POUR 4 PERSONNES :

Préparation : 15 mn. Cuisson : 30 mn.
Recette facile. Prix : bon marché.
200 g d'emmenthal râpé,
4 grands blinis,
500 g d'oignons émincés,
2 sachets de coulis de tomate,
4 cuillerées à soupe de crème fraîche,
8 œufs de caille,
20 g de beurre,
2 cuillerées à soupe d'huile,
2 cuillerées à soupe de persil haché,
Sel, poivre.

1. Faites chauffer l'huile dans une poêle, mettez les oignons à revenir 20 mn à feu moyen en remuant souvent. Préchauffez le four th. 7 - 210°. Emballez les blinis dans une feuille aluminium.
2. Faites-les réchauffer 10 mn. Faites réchauffer le coulis de tomate dans une petite casserole et versez-le dans la poêle avec les oignons. Ajoutez le persil, salez, poivrez, mélangez et réservez sur feu doux. Détaillez le fromage en fines lamelles.
3. Faites chauffer le beurre dans une poêle anti-adhésive et faites-y cuire au plat les œufs de caille. Sortez les blinis, disposez-les sur 4 assiettes, répartissez le contenu de la poêle dessus, couvrez de lamelles de fromage et placez 2 œufs sur chaque. Poivrez et servez aussitôt.

PLAT

CASSOLETTE DE LA MER

POUR 4 PERSONNES :

Préparation : 15 mn. Cuisson : 30 mn.
Recette facile. Prix modéré.
2 darnes de saumon,
200 g de filet de colin,
100 g de crevettes décortiquées,
100 g de moules décoquillées,
2 litres de court-bouillon,
20 cl de vin blanc,
2 jaunes d'œuf,
2 cuillerées à soupe de crème fraîche,
2 cuillerées à soupe de jus de citron,
2 pointes de safran,
Sel, poivre.

1. Préchauffez le four th. 7 - 210°. Dans une grande casserole, versez le court-bouillon, le vin blanc et une pointe de safran. Mélangez et portez à ébullition.
2. Plongez-y le saumon et faites-le cuire 5 mn à petits frémissements. Retirez-le et égouttez-les sur du papier absorbant. Otez la peau, les arêtes et coupez chaque darne en quatre.
3. Eteignez le feu sous la casserole et mettez le colin à pocher 5 mn, retirez-le et égouttez-le. Détaillez-le en morceaux. Versez les moules et les crevettes dans le court-bouillon et laissez pocher 3 mn. Retirez-les et égouttez-les.
4. Réservez 1/4 de litre de court-bouillon. Ajoutez-y le reste de safran, le jus de citron, la crème et les jaunes d'œuf. Mélangez, salez et poivrez. Dans des plats à four individuels, répartissez les poissons, les moules et les crevettes.
5. Nappez-les avec la sauce et enfournez pour 10 mn. Servez bien chaud.

DESSERT

MOUSSE À LA RUSSE

POUR 4 PERSONNES :

Préparation : 15 mn. Cuisson : 30 mn.
Recette facile. Prix : bon marché.
5 blancs d'œuf,
250 g de marmelade d'abricots,
125 g de crème,
20 g de sucre fin.

1. Battez les blancs d'œuf en neige très ferme, incorporez-y la marmelade d'abricots, mélangez et versez dans un plat allant au four.
2. Saupoudrez le tout de sucre et faites cuire au four th. 3 - 90° pendant 30 mn.
3. Laissez refroidir la mousse avant de la servir avec des petits gâteaux secs.

Conseil du chef
Vous pouvez remplacer les 8 œufs par 4 œufs de poule.

25
AVRIL

St Marc

Poulet
aux herbes

 ## HARENGS CUITS

POUR 4 PERSONNES :

Préparation : 10 mn. Cuisson : 10 mn.
Recette facile. Prix : bon marché.

4 harengs,

2 oignons,

Vinaigre,

Thym,

Laurier,

Persil,

Eau,

Poivre.

1. Videz les harengs, écaillez-les et essuyez-les à l'aide de papier absorbant. Dans un plat allant au four, rangez les harengs.
2. Posez dessus les oignons coupés en rondelles, le thym émietté, le persil ciselé, le laurier et quelques grains de poivre.
3. Couvrez-les avec autant de vinaigre que d'eau. Mettez-les au four th. 3 - 150° pendant 10 mn.
4. Laissez-les refroidir dans le jus de cuisson. Servez-les froids.

 ## POULET AUX HERBES

POUR 4 PERSONNES :

Préparation : 15 mn. Cuisson : 10 mn.
Recette facile. Prix : bon marché.

4 escalopes de poulet,

1 cuillerée à soupe d'huile,

1/2 cuillerée à soupe de beurre,

Persil,

Cerfeuil,

150 g de crème fraîche,

Maïzena,

Sel, poivre.

1. Poudrez les escalopes de maïzena, sel et poivre. Dans une sauteuse, faites chauffer à feu moyen le beurre et l'huile.
2. Faites-y dorer les escalopes 5 mn de chaque côté. Hachez finement les herbes lavées et égouttées.
3. Rangez les escalopes cuites sur un plat de service. Déglacez la sauteuse avec la crème à l'aide d'une spatule.
4. Laissez chauffer sans bouillir, ajoutez les herbes et versez la sauce sur la viande. Servez sans attendre.

 ## TARTE QUADRILLÉE

POUR 4 PERSONNES :

Préparation : 30 mn. Cuisson : 25 mn.
Recette facile. Prix : bon marché.

250 g de pâte brisée,

8 pommes,

1 tasse de sucre en poudre,

1 bâton de vanille,

1 œuf.

1. Faites cuire les pommes épluchées et coupées en tranches avec le sucre, la vanille et une tasse d'eau.
2. Ecrasez-les en marmelade et laissez-les refroidir. Etalez la pâte et garnissez-en un moulé beurré. Mettez-y la marmelade.
3. Découpez dans le reste de pâte des petites bandes à l'aide d'une roulette à pâtisserie. Disposez-les en long et en travers sur la marmelade de pommes pour former un quadrillé.
4. Repliez légèrement tout autour le rebord sur ce quadrillé. Dorez à l'œuf battu et faites cuire th. 6 - 180° pendant 25 mn.
5. Un peu avant la fin de la cuisson, saupoudrez le dessus de la tarte avec du sucre cristallisé. Dégustez tiède ou froid.

Conseil du chef

Accompagnez le poulet de riz étuvé, de tagliatelle ou de côtes de blettes.

POUR CE
MENU LE
SOMMELIER
VOUS
PROPOSE

Un Médoc

26

AVRIL

Ste Alida

Flambée
de pommes

ENTRÉE

QUENELLES DE BROCHET

POUR 4 PERSONNES :

Préparation : 20 mn. Cuisson : 30 mn.
Recette facile. Prix : bon marché.

400 g de brochet,

75 g de farine,

1 verre de lait,

125 g de beurre,

2 œufs,

20 g de câpres,

50 g de crevettes,

1 petit bol de sauce blanche,

Sel, poivre.

1. Dans une casserole sur feu doux, faites épaissir la farine avec un œuf, le lait, le beure, du sel et du poivre. Coupez puis pilez la chair de brochet. Mélangez-la à la préparation précédente.
2. Ajoutez l'autre œuf puis travaillez à la spatule. Faites des petits rouleaux de pâte de 5 cm de long. Faites-les cuire dans de l'eau bouillante salée 10 mn.
3. Egouttez-les et servez-les avec la sauce blanche à laquelle vous aurez ajouter les câpres et les crevettes coupées en morceaux.

PLAT

CÔTES D'AGNEAU AU CITRON

POUR 4 PERSONNES :

Préparation : 5 mn. Cuisson : 15 mn.
Recette facile. Prix : bon marché.

8 côtes d'agneau,

400 g de sauce tomate,

5 cl d'eau,

1/2 citron coupé en quartiers,

1/2 cuillerée à café de zeste de citron,

2 gousses d'ail,

1 cuillerée à soupe d'huile d'olive,

Sel, poivre.

1. Dans une sauteuse, faites revenir rapidement l'ail écrasé avec l'huile d'olive. Ajoutez les côtes d'agneau et faites-les dorer sur une seule face. Retournez-les.
2. Ajoutez les quartiers de citron et le zeste émincé en filaments. Laissez cuire encore 2 mn, versez la sauce tomate, salez légèrement, poivrez et ajoutez l'eau.
3. Laissez cuire encore 5 mn à feu très doux. Servez les côtes d'agneau chaudes accompagnées de pâtes.

DESSERT

FLAMBÉE DE POMMES

POUR 4 PERSONNES :

Préparation : 20 mn. Cuisson : 10 mn.
Recette facile. Prix : bon marché.

4 pommes,

40 g de beurre,

80 g de noix de coco râpée,

80 g de sucre en poudre,

10 cl de Calvados,

20 cl de crème fraîche,

1 sachet de sucre vanillé.

1. Epluchez les pommes et coupez-les en deux. Otez le cœur et les pépins. Dans une grande poêle, faites fondre le beurre.
2. Lorsqu'il devient noisette, mettez-y à dorer les demi-pommes sur toutes leurs faces. Rangez-les dans un grand plat à four.
3. Recouvrez-les avec un mélange de noix de coco et de 60 g de sucre. Faites dorer 10 mn au four th. 8 - 240°.
4. A la sortie du four, arrosez avec le Calvados juste tiédi et flambez. Accompagnez les pommes de crème fraîche sucrée et vanillée.

Conseil du chef
Vous pouvez ajouter à la sauce blanche des quenelles des lamelles de champignons.

27 AVRIL

Ste Zita

Sauté de veau au Monbazillac

ENTREE

TARTE LAITIÈRE

POUR 4 PERSONNES :

Préparation : 20 mn. Cuisson : 15 mn.
Recette facile. Prix : bon marché.

250 g de pâte brisée,
3 œufs,
1/4 de litre de lait,
5 petits suisses,
125 g de gruyère râpé,
Sel, poivre.

1. Etalez la pâte brisée et garnissez-en un moule beurré. Battez ensemble les œufs.
2. Ajoutez le lait, les petits suisses, le gruyère râpé, du sel et du poivre.
3. Versez ce mélange sur le fond de pâte et faites cuire au four th. 7 - 210° pendant 15 mn. Servez tiède.

PLAT

SAUTÉ DE VEAU AU MONBAZILLAC

POUR 4 PERSONNES :

Préparation : 10 mn. Cuisson : 1 h.
Recette facile. Prix : bon marché.

600 g de filet de veau,
3 cuillerées à soupe d'huile,
1/2 oignon,
1 carotte,
500 g de pâtes fraîches,
150 g de beurre,
1/2 litre de Monbazillac.

1. Faites revenir le veau coupé en morceaux dans l'huile. Ajoutez l'oignon et la carotte en rondelles. Faites-les suer un peu en couvrant et mettez au four th. 6 - 180° pendant 20 mn.
2. Déglacez avec le vin et réduisez de moitié. Passez la sauce au chinois, montez avec 2 noix de beurre. Cuisez les pâtes dans une grande quantité d'eau bouillante salée et passez-les au beurre fondu.
3. Dressez les pâtes en couronne dans le plat de service et mettez le veau au milieu. Nappez de sauce et servez immédiatement.

DESSERT

MADELEINES

POUR 4 PERSONNES :

Préparation : 15 mn. Cuisson : 25 mn.
Recette facile. Prix : bon marché.

200 g de farine,
3 œufs,
150 g de sucre en poudre,
125 g de beurre,
1 pincée de sel,
1 cuillerée à soupe de jus de citron.

1. Travaillez les œufs avec le sucre dans un saladier. Ajoutez-y la farine, puis le beurre fondu et le jus de citron.
2. Beurrez des moules à madeleines et remplissez-les de pâte. Faites-les cuire au four th. 5 - 150° pendant 25 mn.
3. Laissez refroidir avant de démouler. Dégustez froid avec une crème au chocolat par exemple.

Conseil du chef
Vous pouvez ajouter des raisins secs gonflés dans du rhum dans la pâte à madeleines.

POUR CE MENU LE SOMMELIER VOUS PROPOSE

Un Saint-Nicolas de Bourgueil

28 AVRIL

Jour du Souvenir

Salade à la saucisse de Morteau

ENTRÉE

SALADE À LA SAUCISSE DE MORTEAU

POUR 4 PERSONNES :

Préparation : 10 mn. Cuisson : 25 mn.
Recette facile. Prix : bon marché.

1 saucisse de Morteau,
1 kg de haricots verts,
4 pommes de terre,
1 cuillerée à soupe de beurre,
2 cuillerées à soupe de vinaigre,
Sel, poivre.

1. Lavez les pommes de terre. Epluchez les haricots verts, lavez-les et faites-les cuire à la vapeur 10 mn. Egouttez-les.
2. Mettez la saucisse et les pommes de terre dans une casserole d'eau et faites-les cuire 35 mn à petits bouillons, égouttez-les et coupez-les en tranches.
3. Dans une sauteuse, faites revenir le beurre, ajoutez-y les haricots verts et réchauffez-les doucement.
4. Préchauffez 4 assiettes, disposez dans chaque des haricots verts, quelques rondelles de saucisse et de pommes de terre bien chaudes. Arrosez de vinaigre, poivrez et servez aussitôt.

PLAT

ROUGET ET LANGOUSTINES AU BASILIC

POUR 4 PERSONNES :

Préparation : 25 mn. Cuisson : 20 mn.
Recette facile. Prix : bon marché.

1 kg de langoustines,
300 g de filets de rouget,
250 g de julienne de légumes,
3 cuillerées à soupe de basilic,
1 cuillerée à soupe d'échalote hachée,
3 litres de court-bouillon,
7 cuillerées à soupe d'huile d'olive,
1 cuillerée à soupe de vinaigre,
1 filet de jus de citron,
Sel, poivre.

1. Portez une casserole d'eau à ébullition, versez-y la julienne et laissez-la 5 mn. Egouttez et réservez. Dans une grande casserole, faites bouillir le court-bouillon, plongez-y les langoustines, attendez la reprise de l'ébullition et éteignez le feu, laissez 5 mn.
2. Mélangez 4 cuillerées à soupe d'huile, le vinaigre, le jus de citron, 1 cuillerée à soupe de basilic, du sel et du poivre. Incorporez-y la julienne, mélangez bien et réservez au frais.
3. Egouttez les langoustines, rafraîchissez-les sous l'eau froide et décortiquez-les. Dans une poêle, faites chauffer 2 cuillerées à soupe d'huile, mettez-y les filets de rouget à cuire avec les échalotes et 1 cuillerée à soupe de basilic sur feu vif puis sur feu doux 4 mn de chaque côté.
4. Retirez les rougets de la poêle et mettez à la place les langoustines quelques minutes avec le reste d'huile et de basilic. Garnissez chaque assiette de légumes et disposez au milieu le rouget et les langoustines.

DESSERT

POIRES AU VIN

POUR 4 PERSONNES :

Préparation : 15 mn. Cuisson : 15 mn.
Recette facile. Prix : bon marché.

8 poires,
125 g de sucre,
1 verre de vin rouge,
Cannelle.

1. Pelez les poires, n'enlevez pas leur queue et mettez-les au fur et à mesure dans l'eau froide.
2. Faites fondre à feu doux dans un poêlon le sucre avec un peu d'eau et mettez-y les poires.
3. Quelques minutes avant la fin de la cuisson, ajoutez le vin rouge et un peu de cannelle.
4. Laissez réduire le jus, versez sur les poires que vous aurez rangées dans le plat de service. Servez tiède.

Conseil du chef
Vous pouvez en saison réaliser ce dessert avec des quetsches.

125

POUR CE MENU LE SOMMELIER VOUS PROPOSE

Un Beaujolais Villages

29
AVRIL

Ste Catherine de S.

Carré d'agneau à la menthe

ENTRÉE

CROUTES AUX CHAMPIGNONS

POUR 4 PERSONNES :

Préparation : 15 mn. Cuisson : 15 mn.
Recette facile. Prix : bon marché.

400 g de champignons de Paris,
4 tranches de pain de mie,
1 jaune d'œuf,
1 cuillerée à soupe de vinaigre,
2 cuillerées à soupe de lait,
1/2 citron,
2 noisettes de beurre,
Sauce béchamel,
Sel.

1. Nettoyez les champignons et ôtez le bout terreux. Mettez-les dans l'eau avec le vinaigre.
2. Faites-les cuire 5 mn dans de l'eau bouillante salée et citronnée. Egouttez-les.
3. Dans la sauce béchamel, mettez le jaune d'œuf, le lait et le jus du demi-citron. Remuez et mettez-y les champignons.
4. Faites frire dans le beurre les tranches de pain de mie, mettez-les dans le plat de service, versez les champignons dessus. Servez très chaud.

PLAT

CARRÉ D'AGNEAU À LA MENTHE

POUR 4 PERSONNES :

Préparation : 15 mn. Cuisson : 20 mn.
Recette facile. Prix : bon marché.

1 carré d'agneau de 4 côtes,
400 g de fèves,
400 g d'oignons,
1 verre de vin blanc,
2 cuillerées à soupe de menthe ciselée,
Sel, poivre.

1. Salez et poivrez le carré d'agneau et réservez-le au frais. Epluchez les oignons. Dans une poêle, faites-les rissoler et réservez-les. Faites cuire les fèves à la vapeur avec la menthe puis refroidissez-les et égouttez-les.
2. Saisissez le carré d'agneau sur une plaque à rôtir puis terminez la cuisson au four th. 7 - 210° pendant 15 mn en ayant soin de protéger les manchons des côtes avec du papier aluminium.
3. Laissez reposer au chaud, retirez l'aluminium, dégraissez la plaque de cuisson, déglacez-la avec le vin blanc. Versez le jus d'agneau et rectifiez l'assaisonnement.
4. Dans le plat de service, répartissez les légumes, posez au milieu le carré d'agneau, versez le jus autour et servez immédiatement.

DESSERT

TARTE AUX KIWIS

POUR 4 PERSONNES :

Préparation : 15 mn. Cuisson : 25 mn.
Recette facile. Prix : bon marché.

250 g de pâte brisée,
300 g de kiwis,
100 g de crème fraîche,
1 jaune d'œuf,
50 g de sucre semoule.

1. Etalez la pâte brisée et garnissez-en un moule à tourtière beurré. Saupoudrez le fond de pâte avec du sucre.
2. Epluchez les kiwis et coupez-les en rondelles. Placez-les sur le sucre et mettez-la tarte au four th. 8 - 240° pendant 15 mn.
3. Battez la crème avec le sucre restant et le jaune d'œuf. Recouvrez les kiwis de ce mélange et remettez au four pour 10 mn. Servez froid.

Conseil du chef
Vous pouvez aussi saupoudrez le carré d'agneau avec de la menthe fraîche ciselée.

126

POUR CE
MENU LE
SOMMELIER
VOUS
PROPOSE

Un Tursan

30
AVRIL

St Robert

Tarte poires amandes

ENTREE

BEIGNETS DE MORUE

POUR 4 PERSONNES :

Préparation : 15 mn. Cuisson : 20 mn.
Recette facile. Prix : bon marché.

2 filets de morue,
1 litre de court-bouillon,
1 citron,
125 g de farine,
1 œuf,
1/2 verre d'eau,
1 cuillerée d'huile,
Sel.

1. Dans un saladier, mettez la farine, faites un puits au centre et versez-y l'eau, l'œuf, l'huile et le sel. Mélangez pour obtenir une pâte épaisse.
2. Faites dessaler les filets de morue dans l'eau la veille. Faites-les pocher dans le court-bouillon. Coupez-les en morceaux et arrosez-les avec le jus du citron et poivrez.
3. Faites tremper chaque morceau de morue dans la pâte à frire et mettez-les dans la friture très chaude. Sortez les beignets à l'aide d'une écumoire et égouttez-les sur du papier absorbant. Servez chaud.

PLAT

ÉMINCÉ DE VOLAILLE À LA PROVENÇALE

POUR 4 PERSONNES :

Préparation : 10 mn. Cuisson : 15 mn.
Recette facile. Prix : bon marché.

4 escalopes de dinde,
200 g de sauce tomate,
8 tranches de pancetta,
75 g de mozzarella,
1 petit morceau de beurre.

1. Dans une poêle, faites dorer les escalopes de dinde émincées avec le beurre. Lorsqu'elles sont colorées, versez la sauce tomate et laissez mijoter à feu doux 10 mn en remuant de temps en temps.
2. Disposez la dinde et la sauce dans un plat allant au four, recouvrez-les de pancetta puis de mozzarella en lamelles. Passez le plat quelques minutes sous le gril du four jusqu'à ce que le fromage fonde et servez chaud.

Conseil du chef
Ajoutez un demi-verre de Marsala à la sauce tomate du plat.

DESSERT

TARTE POIRES AMANDES

POUR 4 PERSONNES :

Préparation : 45 mn. Cuisson : 45 mn.
Recette facile. Prix modéré.

250 g de pâte feuilletée,
2 poires,
6 cuillerées à soupe de crème fraîche,
2 œufs,
75 g de sucre en poudre,
100 g de poudre d'amandes,
1/2 litre d'eau,
1 sachet de sucre vanillé,
Amandes effilées.

1. Etalez la pâte feuilletée et garnissez-en un moule à tarte beurré. Coupez les poires en deux, pelez-les et retirez le cœur, les pépins et la queue. Dans une casserole, faites bouillir l'eau avec la moitié du sucre et le sucre vanillé.
2. Faites-y pocher les poires 10 mn. Dans un saladier, travaillez la crème et le reste du sucre, ajoutez les œufs l'un après l'autre et mélangez. Sur le fond de pâte, disposez les demi-poires pointe dirigée vers le centre et côté plat sur la pâte.
3. Versez doucement la crème entre les fruits et faites cuire au four th. 7 - 210° pendant 40 mn. Sortez la tarte du four et parsemez-la d'amandes effilées. Remettez dans le four 5 mn et laissez la tarte refroidir avant de la démouler. Servez tiède.

POUR CE MENU LE SOMMELIER VOUS PROPOSE

Un Côteaux du Tricastin

Fête du Travail

Côtelettes d'agneau à l'estragon

ENTREE

SALADE ITALIENNE

POUR 4 PERSONNES :

Préparation : 20 mn. Pas de cuisson.
Recette facile. Prix : bon marché.

750 g de tomates,
250 g de parmesan,
4 oignons blancs,
1 poivron vert,
1 cœur de laitue,
16 olives noires,
Basilic,
Thym,
6 cuillerées à soupe d'huile d'olive,
Sel, poivre.

1. Lavez et essuyez les tomates, coupez-les en rondelles sans aller jusqu'au bout afin que les tranches restent solidaires.
2. Pelez et émincez finement les oignons. Coupez le fromage en fines lamelles. Nettoyez la salade et tapissez de feuilles les assiettes.
3. Lavez et essuyez le poivron. Coupez-le en petits dés. Placez les tomates sur la laitue, intercalez dans les fentes des rondelles d'oignons et des lamelles de fromage.
4. Poivrez, parsemez de thym, décorez avec les olives, les dés de poivron et le basilic ciselé.
5. Arrosez d'un filet d'huile d'olive et servez bien frais

PLAT

CÔTELETTES D'AGNEAU À L'ESTRAGON

POUR 4 PERSONNES :

Préparation : 20 mn. Cuisson : 10 mn.
Recette facile. Prix : bon marché.

8 côtelettes d'agneau,
100 g de beurre,
4 cuillerées à soupe d'huile,
16 feuilles d'estragon,
2 citrons,
Sel, poivre.

1. Faites chauffer le gril à feu vif. Malaxez à la fourchette le beurre avec un filet de jus de citron, l'estragon finement ciselé, du sel et du poivre.
2. Divisez en 8 parts, façonnez en boulettes et mettez dans le réfrigérateur. Badigeonnez avec un pinceau les côtelettez d'huile sur leurs deux faces.
3. Posez-les sur le gril très chaud et cuisez-les 5 mn par face, poivrez-les et posez une boulette de beurre à l'estragon sur chacune d'entre elles.
4. Présentez-les sur les assiettes de service préalablement chauffées. Servez sans attendre.

DESSERT

MACARONS AU CHOCOLAT

POUR 4 PERSONNES :

Préparation : 30 mn. Cuisson : 10 mn.
Recette facile. Prix modéré.

150 g d'amandes décortiquées,
140 g de sucre glace,
15 g de cacao,
25 g de crème fraîche,
2 blancs d'œuf.

1. Ebouillantez les amandes sans les éplucher. Réduisez-les en poudre fine au mixeur puis mettez-les dans un saladier et pilez-les avec un blanc d'œuf pour obtenir une pâte.
2. Incorporez-y le sucre glace, le cacao et la crème. Ajoutez le blanc d'œuf restant battu à la fourchette. Versez dans une poche à douille de 1 cm. Recouvrez la tôle à pâtisserie d'une feuille de papier sulfurisé beurrée.
3. Dressez des tas de la grosseur d'une noix et faites cuire au four th. 7 - 210° pendant 10 mn. Décollez-les dès qu'ils sont cuits et assemblez-les deux par deux. Dégustez froid.

Conseil du chef
Accompagnez les côtelettes d'agneau de haricots verts aillés.

2

MAI

St Boris

Potage aux tomates et œufs

ENTRÉE

℘OTAGE AUX TOMATES ET ŒUFS

POUR 4 PERSONNES :

Préparation : 15 mn. Cuisson : 10 mn.
Recette facile. Prix : bon marché.

800 g de tomates mûres,

2 œufs,

30 g de beurre,

1 bouquet d'estragon,

Sel, poivre.

1. Lavez les tomates et coupez-les en quatre. Réservez une demi-tomate. Lavez et effeuillez l'estragon. Réservez-en une branche.
2. Mixez ensemble tomates et estragon et versez le tout dans 3/4 de litre d'eau. Portez à ébullition puis laissez frémir 10 mn à feu doux.
3. Battez les œufs à la fourchette, poivrez-les généreusement et salez-les. Retirez la casserole du feu, ajoutez le beurre puis les œufs sans cesser de battre au fouet.
4. Versez dans les assiettes creuses, décorez chaque assiette avec une rondelle de tomate et quelques feuilles d'estragon. Servez immédiatement.

PLAT

ⅅINDE AUX GRIOTTES

POUR 4 PERSONNES :

Préparation : 10 mn. Cuisson : 2 h 45.
Recette facile. Prix : bon marché.

1 dinde,

1 bocal de griottes,

2 cuillerées à soupe de sucre,

1 cuillerée à soupe de jus de citron,

150 g de beurre,

Sel, poivre.

1. Faites cuire la dinde au four th. 7 - 210° dans un plat à four beurré pendant 2 h 45 mn.
2. Surveillez la cuisson en arrosant de temps en temps la dinde avec le jus des griottes et un peu d'eau.
3. Vers la fin de la cuisson, faites fondre le sucre avec le jus de citron pour obtenir un caramel léger.
4. Mouillez avec le jus de cuisson dégraissé, chauffez les griottes dans cette sauce et servez la dinde nappée de la sauce aux griottes. Dégustez chaud.

Conseil du chef
Vous pouvez réaliser la sauce aux griottes avec n'importe quelle volaille.

DESSERT

ℭAKE À LA CATALANE

POUR 4 PERSONNES :

Préparation : 40 mn. Cuisson : 1 h.
Recette facile. Prix modéré.

150 g d'écorces d'oranges confites,

2 clémentines confites,

100 g de pignons de pin,

10 cl de rhum,

150 g de beurre,

125 g de sucre en poudre,

3 œufs,

250 g de farine,

1/2 sachet de levure.

1. Coupez les écorces d'oranges et les clémentines en petits morceaux. Dans une poêle, faites griller les pignons à sec.
2. Faites macérer les oranges, les clémentines et les pignons dans le rhum. Travaillez le beurre en crème, ajoutez le sucre et battez bien le mélange pour qu'il soit crémeux.
3. Ajoutez les œufs l'un après l'autre. Mélangez la farine et la levure puis incorporez-les à la préparation ainsi que les fruits et le rhum.
4. Garnissez de papier sulfurisé beurré un moule à cake et versez-y le mélange. Faites cuire au four th. 4 - 120° pendant 20 mn, puis th. 3 - 90° pendant 20 mn et enfin th. 2 - 60° pendant 20 mn. Servez froid coupé en tranches.

POUR CE MENU LE SOMMELIER VOUS PROPOSE

Un Valpolicella rosé

ENTRÉE

CORNETS DE JAMBON À LA MACÉDOINE

POUR 4 PERSONNES :

Préparation : 15 mn. Pas de cuisson.
Recette facile. Prix : bon marché.

4 tranches de jambon,
1/2 boîte de macédoine de légumes,
1 verre de mayonnaise,
4 belles feuilles de laitue,
2 œufs durs,
2 tomates.

1. Formez un cornet avec chaque tranche de jambon. Mélangez la macédoine de légumes et la mayonnaise.
2. Remplissez les cornets de jambon de macédoine à la mayonnaise. Disposez une feuille de salade par assiette, mettez dessus les cornets de jambon.
3. Garnissez avec les tomates et les œufs durs coupés en rondelles. Servez bien frais.

PLAT

STEAKS NAPOLITAINS

POUR 4 PERSONNES :

Préparation : 20 mn. Cuisson : 25 mn.
Recette facile. Prix : bon marché.

4 steaks minces et larges,
3 cuillerées à soupe d'huile d'olive,
4 gousses d'ail,
800 g de tomates,
10 cl de vin blanc sec,
1 cuillerée à café d'origan séché,
Sel, poivre.

1. Dans une grande poêle, sur feu doux, faites chauffer l'huile avec 2 gousses d'ail coupées en deux sans laisser brunir.
2. Augmentez le feu, saisissez les steaks 30 secondes par face, retirez-les et réservez-les. Retirez les gousses d'ail.
3. Baissez le feu, ajoutez les tomates pelées, égrénées et coupées en dés, le reste d'ail pilé, le vin, l'origan et laissez mijoter 20 mn sans couvrir. Remuez de temps à autre.
4. Salez et poivrez ce fond de cuisson, enfouissez-y les steaks, ajoutez le jus qu'ils ont rendu. Laissez cuire 5 mn. Servez chaud nappé de sauce.

DESSERT

CROUSTILLANTS À LA NOIX DE COCO

POUR 4 PERSONNES :

Préparation : 30 mn. Cuisson : 15 mn.
Recette facile. Prix modéré.

200 g de sucre,
125 g de noix de coco râpée,
150 g de beurre,
150 g de farine,
2 œufs,
1/2 sachet de levure.

1. Battez les œufs dans un saladier avec le sucre. Ajoutez la noix de coco râpée, puis la farine, le beurre fondu et la levure.
2. Sur une tôle à pâtisserie recouverte de papier sulfurisé beurré, formez des petits tas de pâte de la valeur de 2 cuillerées à café.
3. Prenez soin de les espacer suffisamment pour qu'ils ne se touchent pas car ils s'étalent en cuisant. Mettez-les au four th. 6 - 180° pendant 15 mn. Laissez refroidir avant de servir.

Conseil du chef
Accompagnez les steaks de pâtes fraîches.

ENTREE

TRUITE À L'ANETH

POUR 4 PERSONNES :

Préparation : 20 mn. Pas de cuisson.
Recette facile. Prix : bon marché.

2 filets de truite,
15 cl de crème épaisse,
2 citrons,
1 bouquet d'aneth,
1 cuillerée à soupe de baies roses, noires
et vertes mélangées,
Sel.

1. A l'aide d'un long couteau souple et tranchant, détaillez les filets en tenant le couteau presque horizontalement pour obtenir des tranches larges mais fines.
2. Posez-les dans un grand plat, arrosez-les avec le jus de l'un des citrons et mettez au frais pendant 30 mn.
3. Détaillez l'aneth en petites branches et réservez-en quelques-unes pour la décoration. Hachez le reste.
4. Coupez le second citron en tranches fines. Dans un bol, versez la crème, salez légèrement et mélangez l'aneth haché.
5. Sortez le plat du réfrigérateur, saupoudrez le poisson de baies, décorez avec les rondelles de citron et les branches d'aneth. Servez bien frais avec la sauce à part.

PLAT

LOTTE AUX PATES FRAICHES

POUR 4 PERSONNES :

Préparation : 10 mn. Cuisson : 20 mn.
Recette facile. Prix modéré.

300 g de lotte,
1 blanc d'œuf,
1 cuillerée à soupe de crème fraîche,
90 g de beurre,
300 g de tagliatelle fraîches,
1 cuillerée à soupe d'huile d'olive,
Basilic haché,
Persil,
Estragon,
Sel, poivre.

1. Passez la chair de la lotte au mixeur avec le persil, l'estragon, du sel et du poivre. Incorporez la crème et le blanc d'œuf monté en neige.
2. Versez dans des ramequins beurrés et faites cuire au four au bain-marie th. 7 - 210° pendant 15 mn.
3. Faites cuire les tagliatelle dans une grande quantité d'eau bouillante salée pendant 5 mn. Egouttez-les.
4. Dans un bol, mélangez 2 cuillerées à soupe de basilic haché, 1 cuillerée à soupe d'huile d'olive et une noix de beurre. Mettez dans les pâtes et mélangez.
5. Répartissez les pâtes dans les assiettes, démoulez les ramequins au centre et servez aussitôt.

DESSERT

FROMAGE BLANC AUX HERBES

POUR 4 PERSONNES :

Préparation : 15 mn. Pas de cuisson.
Recette facile. Prix : bon marché.

200 g de fromage blanc,
4 cuillerées à soupe de crème fraîche,
2 gousses d'ail,
Persil,
Ciboulette,
Sel, poivre.

1. Hachez le persil, la ciboulette et l'ail à l'aide d'un mini-hachoir. Dans un saladier, mettez le fromage blanc, la crème fraîche, le hachis d'herbes, du sel et du poivre.
2. Mélangez le tout avec une cuillère jusqu'à ce que le mélange soit homogène. Versez dans des coupes individuelles et mettez dans le réfrigérateur jusqu'au moment de servir. Dégustez bien frais.

Conseil du chef
La truite à l'aneth doit être consommée car elle ne se conserve pas.

POUR CE
MENU LE
SOMMELIER
VOUS
PROPOSE

Un
Chiroubles

5

MAI

Ste Judith

*Escalopes
de veau
aux câpres*

ENTRÉE

ALAIS
DE CHÈVRE
À LA CIBOULETTE

POUR 4 PERSONNES :

Préparation : 20 mn. Pas de cuisson.
Recette facile. Prix : bon marché.
200 g de fromage de chèvre frais,
1 laitue,
1 cuillerée à soupe de vinaigre,
2 cuillerées à soupe d'huile d'olive,
1 cuillerée à soupe d'huile de noix
4 cuillerées à soupe de crème fraîche,
80 g de beurre fondu,
4 échalotes,
20 brins de ciboulette,
Sel, poivre.

1. Hachez la ciboulette et réservez-la. Hachez l'échalote. Dans un bol, mettez le fromage de chèvre frais, la crème fraîche, le beurre fondu, l'échalote et du poivre.
2. Mélangez à l'aide d'une fourchette en écrasant bien le fromage. Confectionnez des palais que vous roulez dans la ciboulette hachée. Mettez dans le réfrigérateur pendant 30 mn.
3. Lavez la salade et essorez-la. Dans un saladier, mélangez le vinaigre et du sel, ajouter les huiles et du poivre. Incorporez la salade et mélangez.
4. Répartissez la salade dans les assiettes et mettez des palais de chèvre frais par-dessus. Servez immédiatement.

PLAT

SCALOPES
DE VEAU
AUX CÂPRES

POUR 4 PERSONNES :

Préparation : 10 mn. Cuisson : 20 mn.
Recette facile. Prix : bon marché.
4 escalopes de veau,
80 g de beurre,
1 petit verre de vin blanc sec,
20 cl de crème fleurette,
2 cuillerées à soupe de maïzena,
1/2 citron,
1 cuillerée à soupe de câpres,
Thym,
Romarin,
Sel, poivre.

1. Faites fondre 30 g de beurre dans une grande poêle. Ajoutez les escalopes et laissez dorer 4 mn de chaque côté. Salez.
2. Arrosez avec le vin et poursuivez la cuisson à couvert 10 mn en retournant les escalopes à mi-cuisson.
3. Mettez la crème dans une casserole avec du thym et du romarin. Salez et poivrez. Portez à ébullition et délayez la maïzena dans la crème et laissez cuire 1 mn.
4. Hors du feu, ajoutez le jus du demi-citron et incorporez progressivement le reste du beurre coupé en petits morceaux. Ajoutez les câpres égouttées.
5. Disposez les escalopes dans les assiettes de service chaudes et nappez-les avec la sauce. Servez sans attendre.

DESSERT

OMMES
EN MARMELADE

POUR 4 PERSONNES :

Préparation : 20 mn. Cuisson : 30 mn.
Recette facile. Prix : bon marché.
8 pommes,
75 g de sucre,
Zeste d'un citron,
30 g de beurre,
1 gousse de vanille.

1. Pelez et coupez les pommes en quartiers, ôtez le cœur et les pépins. Mettez-les à cuire dans une casserole avec le beurre, le sucre, la vanille fendue en deux et grattée avec la pointe d'un couteau et le zeste du citron finement émincé.
2. Ajoutez 2 cuillerées à soupe d'eau. Laissez cuire à feu doux en remuant souvent pendant 30 mn. Lorsque la marmelade est cuite, versez dans des coupes individuelles et laissez-la un peu refroidir avant de servir avec des petits gâteaux secs.

Conseil du chef
La sauce aux câpres accompagne aussi magnifiquement la raie.

POUR CE
MENU LE
SOMMELIER
VOUS
PROPOSE

*Un blanc
de la Vallée
de la Loire*

6

MAI

*Ste
Prudence*

*Omelettes
printanières*

ENTRÉE

OMELETTES PRINTANIÈRES

POUR 4 PERSONNES :

Préparation : 15 mn. Cuisson : 20 mn.
Recette facile. Prix : bon marché.

6 œufs,
Persil,
Estragon,
Cerfeuil,
Ciboulette,
40 g de maïzena,
40 g de beurre,
40 cl de lait,
Sel, poivre.

1. Hachez séparément toutes les herbes. Battez 2 œufs dans un bol et ajoutez un demi-verre de lait dans lequel vous délayez 1 cuillerée à soupe de maïzena. Incorporez la moitié du persil, salez et poivrez.
2. Dans une poêle, faites fondre 10 g de beurre, lorsqu'il est chaud, versez le mélange et faites cuire l'omelette et glissez-la sur le plat de service. Saupoudrez du reste de persil haché.
3. Recommencez l'opération 3 fois en utilisant les différentes herbes. Faites glisser l'omelette suivante sur la précédente et saupoudrez d'herbes hachées à chaque fois. Servez chaud ou froid et coupez comme un gâteau en quatre parts.

PLAT

BROCHETTES DE LÉGUMES

POUR 4 PERSONNES :

Préparation : 15 mn. Cuisson : 25 mn.
Recette facile. Prix : bon marché.

300 g de brocoli,
250 g de sauce tomate,
150 g de petits maïs,
150 g de champignons de Paris,
150 g de carottes en rondelles,
2 cuillerées à soupe de basilic,
1 cuillerée à soupe de thym,
2 cuillerées à soupe d'ail,
5 cuillerées à soupe d'huile d'olive,
2 cuillerées à soupe de jus de citron,
1 cuillerée à café de moutarde,
Sel, poivre.

1. Faites cuire les légumes séparément dans une grande quantité d'eau bouillante salée en comptant 5 mn pour les brocoli, 10 pour les carottes et 12 pour les maïs après la reprise de l'ébullition.
2. Faites chauffer une poêle, ajoutez les champignons et un filet de jus de citron. Laissez suer et réservez. Egouttez tous les légumes et coupez les plus gros en 3. Réservez.
3. Mélangez 4 cuillerées à soupe d'huile, le jus de citron, la moutarde, le thym, la moitié du basilic et la moitié d'ail, salez et poivrez. Ajoutez les légumes, remuez bien, couvrez et placez au frais 4 heures.
4. Allumez le gril du four et formez des brochettes en alternant les couleurs. Faites griller 3 mn de chaque côté et réservez au chaud. Dans une poêle, faites chauffer le reste d'huile, ajoutez le reste d'ail puis la sauce tomate et enfin le basilic.
5. Laissez chauffer quelques minutes en mélangeant. Répartissez la sauce dans les assiettes et déposez sur chaque 2 brochettes. Servez aussitôt.

DESSERT

GÂTEAU AU LAIT

POUR 4 PERSONNES :

Préparation : 15 mn. Cuisson : 20 mn.
Recette facile. Prix : bon marché.

4 jaunes d'œuf,
4 cuillerées à soupe de sucre en poudre,
125 g de beurre, 1 verre de lait,
4 cuillerées à café de levure,
Un peu de muscade râpée,
1 pincée de cannelle, 500 g de farine.

1. Délayez les jaunes d'œuf avec le sucre et le lait tiède. Ajoutez la muscade râpée et le beurre ramolli. Incorporez la levure et la farine.
2. Formez une pâte épaisse, travaillez-la et formez-en un rouleau. Découpez-le en tranches épaisses. Faites lever ces tranches dans un endroit chaud pendant 1/2 heure.
3. Faites-les cuire sur une plaque beurrée, à feu vif, jusqu'à ce que la pâte soit dorée. Mettez les tranches dans un plat et trempez-les dans du lait bouillant sucré. Servez dès que le liquide a pénétré dans les tranches.

Conseil du chef
Les tranches du gâteau au lait doivent avoir doublé de volume.

133

POUR CE MENU LE SOMMELIER VOUS PROPOSE

Un Gros-Plant

ENTRÉE

ASPIC DE VIANDES

POUR 4 PERSONNES :

Préparation : 30 mn. Cuisson : 1 h 30.
Recette facile. Prix : bon marché.

200 g de viande de poulet,
200 g de viande de lapin,
100 g de ris de veau,
1 cervelle d'agneau,
Gelée,
1/2 litre de bouillon de bœuf,
Cornichons.

1. Faites cuire les viandes coupées en morceaux dans le bouillon 1 h 30. Egouttez et laissez refroidir.
2. Préparez la gelée selon le mode d'emploi. Dans une terrine, versez un peu de gelée, rangez-y les viandes en les alternant.
3. Décorez de cornichons coupés en rondelles. Recouvrez le tout de gelée. Mettez dans le réfrigérateur 24 heures.
4. Pour démouler l'aspic, trempez la terrine quelques secondes dans l'eau chaude et renversez sur le plat de service. Dégustez froid.

Conseil du chef
Accompagnez les fishburgers d'une salade verte.

PLAT

FISHBURGER

POUR 4 PERSONNES :

Préparation : 20 mn. Cuisson : 15 mn.
Recette facile. Prix : bon marché.

4 filets de cabillaud panés,
4 petits pains ronds,
8 tranches de fromage à tartiner,
2 tomates,
4 cuillerées à soupe de ketchup,
40 g de beurre,
Sel, poivre.

1. Préchauffez le four th. 7 - 210°. Lavez et essuyez les tomates et coupez-les en rondelles.
2. Dans une poêle, faites chauffer le beurre sans le laisser noircir et faites-y revenir les poissons panés 10 mn sur feu moyen.
3. Salez et poivrez-les. Sur la base des petits pains, déposez 2 tranches de tomates, 1 tranche de fromage, un poisson pané, 1 cuillerée à soupe de ketchup, 2 tranches de tomates et 1 tranche de fromage.
4. Couvrez avec le dessus des petits pains. Mettez les fishburgers dans un plat à four et enfournez-les 5 mn. Dégustez aussitôt.

DESSERT

SABAYON AU CITRON

POUR 4 PERSONNES :

Préparation : 15 mn. Cuisson : 15 mn.
Recette facile. Prix : bon marché.

3 citrons,
5 œufs,
250 g de sucre en poudre.

1. Lavez et brossez 1 citron. Râpez son zeste et réservez-le. Pressez le jus des 3 citrons. Cassez les œufs en séparant les blancs des jaunes.
2. Travaillez les jaunes d'œuf au fouet avec le sucre. Lorsque le mélange est mousseux, ajoutez le jus des citrons.
3. Versez dans une casserole et posez sur feu doux. Battez au fouet jusqu'à ce que la crème épaississe.
4. Battez les blancs d'œuf en neige, incorporez-les peu à peu à la crème encore chaude pour obtenir un mélange homogène.
5. Répartissez dans quatre coupes individuelles, saupoudrez le dessus de zeste de citron râpé et servez très frais.

POUR CE MENU LE SOMMELIER VOUS PROPOSE

Un Côte de Nuits rosé

8

MAI

Ann. 45

Salade de fruits

ENTREE

RIS DE VEAU À LA CRÈME

POUR 4 PERSONNES :

Préparation : 15 mn. Cuisson : 35 mn.
Recette facile. Prix : bon marché.

1 ris de veau,
1 litre de court-bouillon,
30 g de beurre,
1 cuillerée à café de farine,
100 g de crème,
1 jaune d'œuf,
Sel, poivre.

1. Faites tremper le ris de veau dans l'eau tiède pendant 2 heures. Mettez-le dans le court-bouillon, portez à ébullition.
2. Laissez cuire 5 mn. Enlevez la peau. Tenez au chaud. Faites fondre le beurre dans une casserole.
3. Ajoutez la farine, mouillez avec 1/2 verre de bouillon, incorporez la crème battue et le jaune d'œuf, salez et poivrez. Mélangez.
4. Disposez le ris de veau dans le plat de service préchauffé, versez la sauce à la crème chaude dessus et servez immédiatement.

PLAT

CANETTE AUX RADIS

POUR 4 PERSONNES :

Préparation : 20 mn. Cuisson : 1 h 30.
Recette facile. Prix modéré.

1 canette,
2 bottes de radis,
3 cuillerées à soupe de miel liquide,
100 g de beurre,
Sel, poivre.

1. Préchauffez le four th. 8 - 240°. Travaillez le beurre en pommade avec le miel. Disposez la canette dans un plat à four, enduisez-la du mélange beurre-miel et réservez le reste.
2. Mettez-la à cuire au four 1 heure. Nettoyez les radis et faites-les cuire 10 mn à la vapeur. Coupez-les en rondelles sauf quelques-uns pour la décoration. Découpez la canette cuite en morceaux.
3. Réservez-la au chaud. Versez la sauce de cuisson dans une cocotte, faites-y réchauffer les radis quelques minutes puis disposez-les autour de la canette.
4. Versez le reste du mélange beurre-miel dans la cocotte, salez, poivrez et réchauffez quelques minutes en fouettant. Servez la canette, les radis et la sauce en saucière.

DESSERT

SALADE DE FRUITS

POUR 4 PERSONNES :

Préparation : 20 mn. Pas de cuisson.
Recette facile. Prix : bon marché.

2 bananes,
3 kiwis,
4 clémentines,
1 citron jaune,
1 citron vert,
2 cuillerées à soupe de sucre,
Quelques morceaux de fruits confits.

1. Epluchez les bananes et les kiwis et coupez-les en rondelles. Epluchez les clémentines et détaillez-les en quartiers.
2. Prélevez le zeste du citron vert et coupez-le en fines lanières. Pressez le jus des deux citrons dans un bol et ajoutez-y le sucre.
3. Dans une coupe, disposez harmonieusement les fruits, arrosez-les des jus de citrons sucrés et décorez avec les morceaux de fruits confits et de zestes de citron vert. Servez bien frais.

Conseil du chef

Pour accompagner la canette, vous pouvez remplacer les radis par des olives vertes.

135

9

Ste Pacôme

*Colombo
de veau
à la créole*

ENTREE

CREVETTES A LA CITRONNELLE

POUR 4 PERSONNES :

Préparation : 20 mn. Cuisson : 5 mn.
Recette facile. Prix : bon marché.

600 g de crevettes,
3 cuillerées à soupe d'huile,
1 gousse d'ail,
1 bouquet de citronnelle,
Piment moulu,
Sel, poivre.

1. Décortiquez et étêtez les crevettes. Lavez la citronnelle et hachez-la. Pelez et écrasez l'ail.
2. Faites chauffer l'huile dans une poêle, faites-y revenir l'ail et les crevettes 5 mn.
3. Remuez avec une cuillère en bois, salez, poivrez et pimentez. Ajoutez la citronnelle hachée. Mélangez et servez chaud.

PLAT

COLOMBO DE VEAU A LA CRÉOLE

POUR 4 PERSONNES :

Préparation : 20 mn. Cuisson : 35 mn.
Recette facile. Prix : bon marché.

800 g de tendron de veau,
2 cuillerées à soupe d'huile,
1 oignon,
1 cuillerée à café de curry en poudre,
Quelques feuilles de coriandre,
Quelques tiges de ciboulette,
1 aubergine,
2 tomates,
1 piment rouge,
1 clou de girofle,
Sel, poivre.

1. Pelez et émincez l'oignon. Lavez et hachez les herbes. Coupez en quartiers et épépinez les tomates. Lavez et coupez l'aubergine en rondelles. Epépinez et émincez le piment.
2. Faites dorer dans l'huile chaude les morceaux de viande avec l'oignon, ajoutez le curry, salez, mélangez et laissez revenir 3 mn. Ajoutez les tomates, l'aubergine, le piment et le clou de girofle.
3. Salez, poivrez et couvrez avec de l'eau bouillante. Laissez mijoter 35 mn. Parsemez de coriandre et de ciboulette et servez bien chaud.

DESSERT

PAMPLEMOUSSES DES ILES

POUR 4 PERSONNES :

Préparation : 20 mn. Cuisson : 20 mn.
Recette facile. Prix modéré.

2 pamplemousses,
8 cuillerées à soupe de sucre en poudre,
4 noisettes de beurre,
4 cuillerées à soupe de rhum.

1. Coupez les pamplemousses en deux. Couvrez chaque demi-fruit avec 1 cuillerée à soupe de sucre en poudre et laissez macérer 30 mn.
2. Ajoutez une noisette de beurre sur chaque et recouvrez d'une cuillerée à soupe de sucre. Ajoutez 1 cuillerée à soupe de rhum sur chacun.
3. Posez les demi-pamplemousses dans un plat allant au four. Faites caraméliser le sucre au gril du four puis arrêtez la cuisson. Placez les demi-fruits au milieu du four tiède et servez chaud.

Conseil du chef
Accompagnez le colombo de veau d'un riz créole.

10
MAI

Ste Solange

Tartare de saumon

ENTRÉE

TARTARE DE SAUMON

POUR 4 PERSONNES :

Préparation : 15 mn. Pas de cuisson.
Recette facile. Prix modéré.

400 g de filet de saumon,
4 cuillerées à café de moutarde,
4 cuillerées à café d'huile d'olive,
Le jus d'un demi-citron,
Ciboulette,
Sel, poivre.

1. Coupez le saumon en dés. Hachez la ciboulette et le saumon séparément au mixeur.
2. Dans un saladier, mettez le saumon mixé, la moutarde, le jus de citron, l'huile, du sel et du poivre.
3. Mélangez bien, répartissez dans les assiettes de service et parsemez de ciboulette hachée. Servez bien frais.

PLAT

TIAN AU CHEVRE

POUR 4 PERSONNES :

Préparation : 20 mn. Cuisson : 35 mn.
Recette facile. Prix : bon marché.

3 courgettes,
3 tomates,
1 gousse d'ail,
1 bûche de fromage de chèvre,
1 cuillerée à soupe de thym,
4 cuillerées à soupe d'huile d'olive,
200 g de riz cuit,
Sel, poivre.

1. Lavez et essuyez les courgettes et les tomates. Coupez-les en rondelles. Détaillez le fromage en tranches fines.
2. Pelez la gousse d'ail. Préchauffez le four th. 6 - 180°. Huilez un plat à four en terre et frottez-le avec la gousse d'ail.
3. Etalez au fond une couche de riz, couvrez de rondelles de tomates, courgettes et chèvre en les intercalant.
4. Parsemez de thym, salez, poivrez et arrosez avec l'huile. Faites cuire 35 mn au four. Servez chaud ou tiède.

DESSERT

PETITS GATEAUX À LA VANILLE

POUR 4 PERSONNES :

Préparation : 40 mn. Cuisson : 20 mn.
Recette facile. Prix modéré.

375 g de poudre d'amandes,
375 g de sucre en poudre,
3 œufs,
1/2 cuillerée à café de vanille liquide,
250 g de pignons de pin.

1. Cassez les œufs en séparant les blancs des jaunes. Battez les blancs légèrement au fouet pour les rendre mousseux.
2. Ajoutez-leur le sucre, puis la poudre d'amandes et la vanille. Façonnez à la main des petites boules de la taille d'un œuf de caille.
3. Délayez 1 jaune d'œuf avec 1 cuillerée à soupe d'eau. Roulez les boules de pâte dans les pignons. Beurrez la plaque à pâtisserie.
4. Déposez-y les gâteaux et faites-les cuire au four th. 8 - 240° pendant 20 mn. Les pignons doivent être dorés.

Conseil du chef
Dans le tian, vous pouvez remplacer 1 tomate et 1 courgette par 2 aubergines et ajouter des rondelles d'oignon.

POUR CE MENU LE SOMMELIER VOUS PROPOSE

Un Chablis

ENTREE

PÉTONCLES SAUTÉES

POUR 4 PERSONNES :

Préparation : 15 mn. Cuisson : 1 mn.
Recette facile. Prix modéré.
28 pétoncles,
1 gousse d'ail,
1 échalote,
15 cl d'huile d'olive,
1 tomate,
Persil,
Sel, poivre.

1. Faites chauffer l'huile d'olive dans une poêle. Séchez les pétoncles sur du papier absorbant. Mettez-les à revenir dans l'huile 1 mn.
2. Incorporez l'échalote émincée et l'ail haché. Faites sauter les pétoncles. Epluchez la tomate et ajoutez-la coupée en dés.
3. Ajoutez le persil ciselé, salez et poivrez généreusement. Répartissez les pétoncles dans les assiettes de service et servez immédiatement.

Conseil du chef
Dans les pétoncles, incorporez l'ail et l'échalote hors du feu pour ne pas qu'il y ait un goût amer.

PLAT

RAIE À LA CRÈME FRAÎCHE

POUR 4 PERSONNES :

Préparation : 10 mn. Cuisson : 15 mn.
Recette facile. Prix modéré.
1 kg de raie,
1 sachet de court-bouillon,
150 g de crème fraîche épaisse,
1 cuillerée à soupe de maïzena,
50 g de beurre,
2 cuillerées à soupe de vinaigre,
1 citron,
Sel, poivre.

1. Placez la raie dans une grande casserole et saupoudrez-la du sachet de court-bouillon. Couvrez d'eau froide.
2. Portez à ébullition et laissez frémir 10 mn. Dans une petite casserole, mélangez la crème et la maïzena. Portez à ébullition sur feu doux en tournant.
3. Incorporez le beurre coupé en petits morceaux puis, hors du feu, le vinaigre. Salez, poivrez et réservez au chaud.
4. Egouttez la raie et enlevez sa peau. Disposez le poisson sur le plat de service, nappez-le de la sauce.
5. Décorez de quartiers de citron et servez accompagné de pommes de terre ou de courgettes cuites à la vapeur.

DESSERT

MANDARINES FLAMBÉES

POUR 4 PERSONNES :

Préparation : 20 mn. Cuisson : 15 mn.
Recette facile. Prix : bon marché.
800 g de mandarines,
80 g de sucre en poudre,
5 cl de Grand Marnier.

1. Lavez les mandarines sous l'eau fraîche courante et essuyez-les. A l'aide d'un couteau bien affûté, coupez-les en fines rondelles.
2. Dans un plat allant au four, disposez par couches les tranches de mandarines en les saupoudrant de sucre.
3. Laissez macérer. Mettez au four th. 3 - 150° pendant 15 mn. Au moment de servir, faites tiédir le Grand Marnier dans une petite casserole et flambez.
4. Versez-le sur les mandarines et servez immédiatement.

12
MAI

F. Jeanne d'Arc

Charlotte aux fruits rouges

ENTRÉE

JAMBON DE PAYS EN FEUILLETÉ

POUR 4 PERSONNES :

Préparation : 30 mn. Cuisson : 30 mn.
Recette facile. Prix : bon marché.
250 g de pâte feuilletée,
150 g de jambon de pays,
120 g de comté, 25 cl de lait,
30 g de beurre, 30 g de farine,
Noix de muscade, sel, poivre.

1. Dans une casserole, faites fondre le beurre, ajoutez la farine en pluie et mélangez le tout sur feu doux.
2. Hors du feu, incorporez le lait froid, remuez et poursuivez la cuisson en tournant. Ajoutez sel, poivre et muscade.
3. Incorporez le comté râpé, mélangez et laissez refroidir. Coupez le jambon en dés et ajoutez-les à la béchamel tiède.
4. Etalez la pâte et séparez-la en deux, garnissez un moule avec l'une des deux parties. Versez-y la préparation froide.
5. Recouvrez avec l'autre partie de pâte et faites cuire au four th. 6 - 180° pendant 30 mn. Servez tiède.

PLAT

SPAGHETTI AU PISTOU

POUR 4 PERSONNES :

Préparation : 10 mn. Cuisson : 10 mn.
Recette facile. Prix : bon marché.
350 g de spaghetti,
4 cuillerées à soupe d'huile d'olive,
200 g parmesan râpé,
2 gousses d'ail,
Feuilles de basilic,
2 cuillerées à soupe de pignons de pin,
1 tomate,
Sel, poivre.

1. Incisez, ébouillantez et pelez la tomate. Epépinez-la et concassez la chair. Mettez une grande quantité d'eau salée à bouillir avec 1 cuillerée à soupe d'huile d'olive.
2. Pelez et hachez finement l'ail. Mettez-le dans un saladier avec la tomate, le basilic ciselé, du sel, du poivre et le reste d'huile. Ajoutez le fromage et travaillez à la fourchette.
3. Faites cuire les spaghetti dans l'eau bouillante 8 mn. Faites griller les pignons à sec dans une poêle. Egouttez les pâtes, versez-les dans un plat creux, versez la sauce, mélangez.
4. Parsemez le tout de pignons grillés et servez sans attendre.

DESSERT

CHARLOTTE AUX FRUITS ROUGES

POUR 4 PERSONNES :

Préparation : 40 mn. Cuisson : 5 mn.
Recette facile. Prix modéré.
100 g de framboises,
100 g de mûres,
100 g de groseilles,
100 g de cassis,
40 cl de crème fleurette,
8 feuilles de gélatine,
40 g de sucre en poudre,
30 biscuits à la cuiller,
Le jus d'un demi-citron.

1. Faites tremper les feuilles de gélatine dans de l'eau froide. Réservez 30 g de chaque fruit et passez le reste au mixeur puis au chinois.
2. Ajoutez le jus de citron. Faites chauffer la préparation sur feu doux, ajoutez la gélatine égouttée pour la faire fondre et laissez refroidir à température ambiante.
3. Dans un saladier très froid, battez la crème en chantilly avec le sucre. Incorporez la purée de fruits. Garnissez un moule à charlotte avec les biscuits à la cuiller.
4. Versez la préparation, recouvrez de biscuits, mettez une assiette avec un poids dessus et gardez au frais 4 heures. Au moment de servir, démoulez la charlotte en trempant le moule dans l'eau chaude.
5. Décorez-la avec les fruits entiers réservés et servez bien frais.

Conseil du chef
Vous pouvez accompagner cette charlotte d'une crème anglaise.

POUR CE MENU LE SOMMELIER VOUS PROPOSE

Un Jurançon

ENTREE

TARTE AU ROQUEFORT

POUR 4 PERSONNES :

Préparation : 20 mn. Cuisson : 30 mn.
Recette facile. Prix modéré.
250 g de pâte brisée,
200 g de roquefort,
4 œufs,
150 g de fromage blanc,
10 cl de crème fraîche,
2 cuillerées à soupe de ciboulette hachée,
2 cuillerées à soupe de cerfeuil haché,
Poivre.

1. Etalez la pâte et garnissez-en un moule à tarte beurré. Dans un saladier, émiettez le roquefort, ajoutez le fromage blanc égoutté et la crème.
2. Préchauffez le four th. 8 - 240°. Incorporez les fines herbes et les œufs un par un. Mélangez bien, poivrez.
3. Versez la garniture sur le fond de pâte et faites cuire au four pendant 30 mn. Servez tiède avec une salade verte.

PLAT

GIGOT D'AGNEAU AU VIN BLANC

POUR 4 PERSONNES :

Préparation : 20 mn. Cuisson : 2 h 30.
Recette facile. Prix : bon marché.
1 gigot d'agneau de 1,5 kg,
6 gousses d'ail,
1 oignon,
2 branches de thym,
1 feuille de laurier,
1 branche de céleri,
1 poireau,
4 branches de persil,
25 g de beurre,
1 cuillerée à soupe d'huile,
2 cuillerées à soupe de Cognac,
1 bouteille de Monbazillac,
Sel, poivre.

1. Faites chauffer le beurre et l'huile dans une cocotte. Mettez-y le gigot à revenir sur toutes ses faces, arrosez avec le Cognac tiédi et faites flamber. Eteignez le feu sous la cocotte.
2. Enlevez la peau des gousses d'ail et disposez-les autour du gigot, salez et poivrez la viande, arrosez avec le vin et couvrez hermétiquement.
3. Introduisez la cocotte dans le four th. 5 - 150° et laissez cuire 2 h 20. Sortez le gigot et les gousses d'ail avec l'écumoire. Servez le gigot chaud avec la sauce en saucière et les gousses d'ail à part.

DESSERT

MILLAS

POUR 4 PERSONNES :

Préparation : 20 mn. Cuisson : 30 mn.
Recette facile. Prix : bon marché.
2 œufs,
80 g de sucre,
80 g de farine de maïs,
1/3 de litre de lait,
5 cl d'anisette,
Beurre.

1. Mettez le lait à bouillir. Séparez les blancs d'œuf des jaunes. Dans un saladier, mélangez les jaunes et le sucre, versez le lait bouillant dessus et mélangez.
2. Montez les blancs d'œuf en neige ferme et incorporez-les à la préparation précédente. Ajoutez l'anisette. Beurrez et sucrez des moules ronds individuels.
3. Remplissez les petits moules avec la préparation et faites-les cuire au four th. 6 - 180° pendant 30 mn. Servez tiède.

Conseil du chef
Accompagnez le gigot de fèves ou d'une purée de flageolets.

POUR CE
MENU LE
SOMMELIER
VOUS
PROPOSE

*Un Côtes
de Provence
blanc*

ENTRÉE

BARQUETTES DE CONCOMBRE

POUR 4 PERSONNES :

Préparation : 30 mn. Pas de cuisson.
Recette facile. Prix : bon marché.

2 concombres,
200 g de gruyère,
200 g de crevettes décortiquées,
1 œuf dur,
2 cuillerées à soupe de mayonnaise,
4 cuillerées à soupe de fromage blanc,
Sel, poivre.

1. Pelez les concombres, coupez-les en deux dans le sens de la longueur et épépinez-les à l'aide d'une petite cuillère.
2. Coupez deux demi-concombres et deux parties égales et détaillez le reste en petits dés. Coupez le fromage en petits cubes.
3. Dans un saladier, mélangez les dés de concombre, le fromage en cubes, les crevettes, la mayonnaise et le fromage blanc.
4. Salez légèrement, poivrez et mélangez. Disposez les 4 barquettes de concombres sur le plat de service.
5. Garnissez-les avec de la farce, décorez avec l'œuf dur coupé en rondelles et servez bien frais.

PLAT

ROUGETS À LA PROVENÇALE

POUR 4 PERSONNES :

Préparation : 15 mn. Cuisson : 15 mn.
Recette facile. Prix : bon marché.

12 filets de rouget,
200 g d'emmenthal,
1 gousse d'ail,
2 cuillerées à soupe d'huile d'olive,
12 olives noires dénoyautées,
4 tomates,
2 pincées d'origan,
1 morceau de sucre,
Sel, poivre.

1. Détaillez le fromage en fines lamelles. Ebouillantez, pelez et épépinez les tomates. Concassez leur chair. Pelez et hachez l'ail.
2. Faites chauffer 1 cuillerée à soupe d'huile dans une sauteuse, ajoutez l'ail, les tomates, le sucre, l'origan, du sel et du poivre.
3. Laissez cuire 5 mn à feu moyen en remuant souvent. Ajoutez les olives et poursuivez la cuisson 5 mn.
4. Faites chauffer une poêle anti-adhésive. Epongez le poisson dans du papier absorbant et posez-le dans la poêle. Faites-le cuire 1 mn sur chaque face à feu moyen.
5. Versez la sauce dans le plat de service, déposez les filets et garnissez avec le fromage. Servez chaud.

DESSERT

POIRES POCHÉES À LA CANNELLE

POUR 4 PERSONNES :

Préparation : 10 mn. Cuisson : 15 mn.
Recette facile. Prix : bon marché.

4 poires,
80 g de sucre,
80 cl d'eau,
40 cl de vin rouge,
1 bâton de cannelle.

1. Epluchez les poires en les gardant entières et mettez-les dans une casserole avec le sucre, le vin, l'eau et le bâton de cannelle.
2. Faites pocher 15 mn. Egouttez les poires et coupez-les en deux. Enlevez le cœur et disposez-les dans des coupes individuelles.
3. Faites réduire de moitié le jus de cuisson et versez-le sur les poires. Servez immédiatement.

Conseil du chef
Vous pouvez décorer les barquettes de concombre avec des tomates cerise coupées en deux.

POUR CE
MENU LE
SOMMELIER
VOUS
PROPOSE

Un Cahors

Navarin
d'agneau
printanier

ENTRÉE

TARTE AUX TROIS FROMAGES

POUR 4 PERSONNES :

Préparation : 20 mn. Cuisson : 30 mn.
Recette facile. Prix modéré.
250 g de pâte feuilletée,
20 g de beurre, 150 g de roquefort,
200 g de fromage blanc,
140 g d'emmenthal râpé, 3 œufs,
20 cl de crème fraîche, 1 oignon émincé,
3 cuillerées à soupe de ciboulette hachée,
Sel, poivre.

1. Préchauffez le four th. 7 - 210°. Dans un saladier, écrasez le roquefort à la fourchette en incorporant peu à peu le fromage blanc, l'emmenthal, la crème, les œufs et 2 cuillerées à soupe de ciboulette.
2. Faites revenir l'oignon dans du beurre sur feu moyen et ajoutez-le à préparation précédente. Salez, poivrez et mélangez. Etalez la pâte et garnissez-en un moule à tarte.
3. Versez-y la préparation, enfournez et laissez cuire 30 mn. Attendez 5 mn avant de le démouler. Parsemez du reste de ciboulette et servez immédiatement.

PLAT

NAVARIN D'AGNEAU PRINTANIER

POUR 4 PERSONNES :

Préparation : 30 mn. Cuisson : 2 h.
Recette facile. Prix : bon marché.
1 kg de collier d'agneau,
200 g de carottes,
200 g de navets,
200 g de petits pois,
200 g de pommes de terre,
2 gousses d'ail,
500 g de tomates,
1 bouillon-cube,
1 bouquet garni,
Sel, poivre.

1. Taillez le collier en morceaux et faites-les dorer à la poêle dans un peu d'huile. Mettez les morceaux dans une cocotte.
2. Mouillez avec de l'eau à hauteur, ajoutez le bouquet garni, les tomates, l'ail et le bouillon-cube délayé dans un peu d'eau.
3. Salez, poivrez et laissez cuire doucement 2 heures. Coupez, carottes, navets et pommes de terre épluchés en cubes.
4. Ajoutez-les à la viande 30 mn avant la fin de la cuisson. Cuisez séparément les petits pois dans de l'eau bouillante salée.
5. En fin de cuisson, retirez la viande et les légumes de la cocotte, passez la sauce et servez bien chaud.

DESSERT

GRATIN DE KAKI

POUR 4 PERSONNES :

Préparation : 20 mn. Cuisson : 3 mn.
Recette facile. Prix modéré.
Pour 4 personnes :
6 kakis,
4 jaunes d'œuf,
10 cl de liqueur de fruits exotiques,
30 g de sucre en poudre,
10 cl d'eau.

1. Epluchez 6 kakis et enlevez le pédoncule. Détaillez-les en fines tranches et déposez-les en rosace sur chaque assiette.
2. Dans un saladier, mettez les jaunes d'œuf, la liqueur, le sucre et l'eau. Mettez au bain-marie et fouettez énergiquement.
3. Nappez les kakis de ce sabayon mousseux et épais et faites gratiner 3 mn sous le gril du four. Servez de suite.

Conseil du chef
Vous pouvez remplacer le roquefort par du munster.

POUR CE MENU LE SOMMELIER VOUS PROPOSE

Un Savennières demi-sec

ENTRÉE

ŒUFS CHAMPIGNONS

POUR 4 PERSONNES :

Préparation : 30 mn. Cuisson : 10 mn.
Recette facile. Prix : bon marché.

4 œufs durs,
20 g d'emmenthal râpé,
20 g de beurre,
2 tomates,
2 cuillerées à soupe de mayonnaise,
4 feuilles de laitue.

1. Ecalez les œufs durs. Coupez une lamelle à chacun d'eux à l'extrémité la plus large pour qu'ils tiennent debout.
2. Coupez-leur également au-dessus un morceau de 1 cm d'épaisseur. Enlevez le jaune de chaque œuf délicatement.
3. Ecrasez-les avec le fromage et le beurre ramolli. Farcissez les blancs de ce mélange. Disposez-les dans le plat de service.
4. Découpez deux extrémités de chaque tomate sur une épaisseur de 2 cm pour former des chapeaux et posez-les sur les œufs farcis.
5. Piquetez les tomates de mayonnaise pour figurer les taches des champignons entourez des feuilles de laitue et servez bien frais.

Conseil du chef
Pour réaliser la recette de la forêt noire plus rapidement vous pouvez commander 2 génoises chez votre pâtissier.

PLAT

BROCHETTE DE LOTTE

POUR 4 PERSONNES :

Préparation : 20 mn. Cuisson : 15 mn.
Recette facile. Prix modéré.

800 g de filet de lotte,
200 g d'edam,
8 tranches fines de bacon,
8 petits oignons blancs,
8 tomates cerise,
2 cuillerées à soupe de chapelure,
4 cuillerées à soupe d'huile d'olive,
Sel, poivre.

1. Détaillez la lotte et le fromage en gros cubes (préparez-en un nombre multiple de 4). Coupez le bacon en lanières.
2. Mettez les cubes de lotte et de fromage dans un saladier, poivrez, ajoutez l'huile, remuez.
3. Pelez les oignons. Lavez et essuyez les tomates. Mettez la chapelure dans une assiette creuse.
4. Passez les cubes de fromage huilés dans la chapelure. Emballez chaque cube de lotte dans une lanière de bacon.
5. Composez 4 brochette en alternant les ingrédients et faites-les cuire sous le gril du four 15 mn en les retournant souvent. Salez au moment de servir.

DESSERT

FORÊT NOIRE

POUR 4 PERSONNES :

Préparation : 1 h. Cuisson : 30 mn.
Recette élaborée. Prix : bon marché.

200 g de chocolat noir à pâtisser,
500 g de cerises au sirop,
10 œufs,
150 g de beurre,
150 g de sucre en poudre,
120 g de farine,
1 pincée de sel,
2 cuillerées à soupe de kirsch,
200 g de crème fraîche,
Copeaux de chocolat.

1. Cassez le chocolat en morceaux et faites-le fondre à feu doux avec un demi-verre d'eau dans une casserole. Cassez les œufs, séparez les blancs des jaunes chacun dans un saladier.
2. Ajoutez du sel dans celui des blancs et battez les jaunes au fouet. Mélangez le chocolat fondu au beurre. Versez dans le saladier des jaunes et remuez. Montez les blancs en neige.
3. Ajoutez le sucre et fouettez. Incorporez au mélange chocolat-jaunes et saupoudrez de farine. Mélangez cette pâte et répartissez-la dans 2 moules à manqué beurrés.
4. Faites cuire 30 mn au four th. 5 - 150°. Laissez refroidir 5 mn avant de démouler puis imbiber les 2 gâteaux avec le kirsch additionné de 2 cuillerées à soupe d'eau.
5. Etalez sur chacun des gâteaux de la crème, parsemez de cerises au sirop, mettez-les l'un sur l'autre et décorez le dessus et le tour de la forêt de copeaux de chocolat. Servez frais.

POUR CE MENU LE SOMMELIER VOUS PROPOSE

Un Gaillac rosé

St Pascal

Gratin de céleri

ENTRÉE

M AQUEREAUX AU FOUR

POUR 4 PERSONNES :

Préparation : 20 mn. Cuisson : 40 mn.
Recette facile. Prix : bon marché.

4 petits maquereaux,
40 g de beurre,
2 échalotes,
2 gousses d'ail,
Persil,
Jus de citron,
Sel, poivre.

1. Dans une casserole, mettez une grande quantité d'eau froide salée. Disposez-y les poissons et portez à ébullition. Retirez la casserole du feu et laissez-y les poissons pendant 15 mn.
2. Retirez-les, égouttez-les et ouvrez-les en deux. Retirez les arêtes, les têtes et couchez-les dans un plat à four beurré.
3. Posez dessus les échalotes, l'ail et le persil hachés, arrosez d'un peu de jus de cuisson et de jus de citron.
4. Salez, poivrez, posez quelques noisettes de beurre et mettez au four th. 6 - 180° pendant 10 mn. Servez aussitôt.

PLAT

G RATIN AU CÉLERI

POUR 4 PERSONNES :

Préparation : 10 mn. Cuisson : 15 mn.
Recette facile. Prix : bon marché.

600 g de branches de céleri,
3 cuillerées à soupe de crème fraîche,
4 cuillerées à soupe de gruyère râpé,
2 cuillerées à soupe de cerfeuil haché,
Sel, poivre.

1. Epluchez les branches de céleri en retirant les filaments. Lavez-les puis coupez-les en tronçons de 5 cm. Faites-les blanchir dans l'eau bouillante salée puis égouttez-les.
2. Préchauffez le four th. 7 - 210°. Disposez le céleri dans un plat à gratin beurré. Salez et poivrez. Faites réduire la crème dans une casserole à petit feu en remuant de temps en temps.
3. Ajoutez le cerfeuil et le gruyère. Versez la préparation sur le céleri, mettez au four 15 mn. En fin de cuisson, mettez le four en position gril pour gratiner. Servez chaud.

Conseil du chef

Vous pouvez aussi accompagner le gratin de céleri d'une viande blanche.

DESSERT

G AUFRES AUX POMMES

POUR 4 PERSONNES :

Préparation : 20 mn. Cuisson : 10 mn.
Recette facile. Prix : bon marché.

150 g de farine,
1 pincée de sel,
1 pincée de levure,
1 cuillerée à soupe de sucre,
75 g de beurre,
2 œufs,
200 g de fromage blanc,
60 cl de lait,
3 pommes,
100 g de sucre,
50 g de beurre salé,
Sucre glace.

1. Dans un saladier, mélangez farine, sel, levure et sucre. Incorporez le beurre fondu, ajoutez les jaunes d'œuf, le fromage blanc et le lait. Montez les blancs d'œuf en neige et mélangez-les délicatement à la pâte. Laissez reposer 30 mn.
2. Faites cuire les gaufres 3 mn chacune dans le gaufrier. Epluchez les pommes et coupez-les en cubes. Faites-les revenir dans le sucre et, lorsqu'elles sont caramélisées, ajoutez le beurre salé. Répartissez la compote sur les assiettes et ajoutez une gaufre tiède.

18
MAI

St Eric

Terrine de primeurs

ENTRÉE

ERRINE DE PRIMEURS

POUR 4 PERSONNES :

Préparation : 30 mn. Cuisson : 45 mn.
Recette facile. Prix : bon marché.

200 g de haricots verts,
200 g de petits navets,
300 g de carottes nouvelles,
200 g de petits pois,
4 œufs,
1/3 de litre de lait,
20 g de maïzena,
Cerfeuil,
Persil,
Sel, poivre.

1. Lavez et épluchez tous les légumes et faites-les cuire séparément à l'eau bouillante salée. Rafraîchissez-les sous l'eau froide et égouttez-les.
2. Hachez finement le cerfeuil et le persil. Dans un saladier, battez les œufs, ajoutez le lait dans lequel vous aurez délayé la maïzena. Incorporez les herbes, salez, poivrez et mélangez.
3. Versez dans le fond d'un moule à cake beurré une fine couche de cette préparation, disposez dessus la moitié des carottes. Remplissez le moule en alternant les couches de légumes et la préparation aux œufs.
4. Faites cuire au four au bain-marie th. 7 - 210° pendant 45 mn. Démoulez et servez tiède coupé en tranches.

PLAT

RUITE BRAISÉE

POUR 4 PERSONNES :

Préparation : 30 mn. Cuisson : 10 mn.
Recette facile. Prix modéré.

8 filets de truites,
20 cl de vin blanc,
1 échalote,
30 g de beurre,
1,5 kg de côtes de blette,
20 cl de crème fraîche,
Sel, poivre.

1. Enlevez la peau des filets et disposez-les dans un plat avec l'échalote émincée. Salez, poivrez et ajoutez le vin blanc.
2. Recouvrez d'une feuille aluminium. Epluchez les côtes de blette. Réservez les feuilles et coupez les côtes en bâtonnets.
3. Faites-les blanchir 3 mn dans l'eau bouillante salée et égouttez-les. Versez-les dans une casserole avec la crème. Poursuivez la cuisson.
4. Taillez les feuilles de blette en chiffonnade et versez-les dans 10 g de beurre fondu. Faites-les cuire et assaisonnez-les.
5. Enfournez les filets de truites 4 mn th. 7 - 210°. Réservez-les. Faites réduire le jus de cuisson des truites.
6. Hors du feu, montez la sauce avec le reste de beurre. Servez les poissons accompagnés des côtes et des feuilles de blette nappés de sauce.

DESSERT

RÈME À LA VANILLE

POUR 4 PERSONNES :

Préparation : 15 mn. Cuisson : 30 mn.
Recette facile. Prix : bon marché.

1 litre de lait,
5 œufs,
100 g de sucre,
1 gousse de vanille.

1. Faites bouillir le lait avec le sucre et la vanille. Retirez-le du feu lorsqu'il a bouilli et laissez-le refroidir.
2. Battez 5 jaunes d'œuf et 2 blancs. Versez-les dans le lait refroidi en remuant. Passez cette crème à la passoire fine.
3. Versez-la dans des ramequins individuels que vous mettez dans un plat creux allant au four rempli d'eau pour faire un bain-marie.
4. Enfournez les ramequins pour 30 mn th. 5 - 150°. Démoulez une fois refroidi ou servez dans les ramequins.

Conseil du chef
Vous pouvez accompagner la terrine de primeurs d'une sauce beurre-citron.

145

Agneau
aux poivrons

POUR CE MENU LE SOMMELIER VOUS PROPOSE

Un Saint-Nicolas de Bourgueil

ENTRÉE

CHAMPIGNONS SAUTÉS AUX HERBES

POUR 4 PERSONNES :

Préparation : 15 mn. Cuisson : 20 mn.
Recette facile. Prix : bon marché.
500 g de champignons de Paris,
60 g de beurre,
1 cuillerée à soupe de vinaigre,
1 citron,
Persil,
Ciboulette,
Ail,
Sel, poivre.

1. Nettoyez le bout terreux des champignons et mettez-les dans de l'eau avec le vinaigre. Faites-les cuire 5 mn à l'eau bouillante salée et égouttez-les.
2. Mettez-les dans une casserole avec le beurre, le persil haché, la ciboulette ciselée et l'ail émincé. Salez, poivrez et laissez chauffer quelques instants.
3. Ajoutez le citron pressé et servez immédiatement.

PLAT

AGNEAU AUX POIVRONS

POUR 4 PERSONNES :

Préparation : 30 mn. Cuisson : 1 h 30.
Recette facile. Prix : bon marché.
1 épaule d'agneau désossée et roulée,
4 poivrons,
600 g de pommes de terre,
1 bouquet garni,
2 bouillon-cubes,
Sel, poivre.

1. Cuisez l'épaule salée et poivrez au four th. 7 - 210° pendant 1 heure avec le bouquet garni. Epluchez les poivrons, taillez-les en lanières et faites-les blanchir.
2. Epluchez les pommes de terre et coupez-les en cubes. Déglacez la plaque de cuisson de l'épaule avec 1 litre d'eau. Mettez la viande dans une cocotte, ajoutez-les bouillon-cubes délayés dans un peu d'eau.
3. Incorporez les poivrons et les pommes de terre et laissez cuire 20 mn à feu moyen. Retirez les pommes de terre de la sauce et passez cette dernière.
4. Incorporez les lanières de poivrons et servez le tout dans les assiettes bien chaud.

DESSERT

TARTE À L'ORANGE

POUR 4 PERSONNES :

Préparation : 20 mn. Cuisson : 45 mn.
Recette facile. Prix : bon marché.
250 g de farine,
125 g de beurre,
125 g de sucre en poudre,
175 g de poudre d'amandes,
1/2 zeste de citron,
4 oranges,
2 œufs.

1. Dans un saladier, disposez la farine en fontaine, mettez 1 pincée de sel, les deux œufs battus, le beurre ramolli au bain-marie, le sucre, la poudre d'amandes, le demi-zeste de citron et amalgamez le tout pour obtenir une pâte lisse.
2. Etalez la pâte au rouleau et garnissez-en une tourtière beurrée. Epluchez les oranges et séparez les quartiers. Enlevez la peau blanche qui les entoure. Disposez les quartiers sur la pâte.
3. Faites cuire au four th. 6 - 180° pendant 45 mn. Laissez refroidir la tarte avant de la démouler.

Conseil du chef
Vous pouvez recouvrir les oranges de crème chantilly.

20
MAI

St Bernardin

*Sabayon
de fruits
rouges*

ENTREE

ST JACQUES
AU WHISKY

POUR 4 PERSONNES :

*Préparation : 15 mn. Cuisson : 25 mn.
Recette facile. Prix modéré.*

12 noix de st-Jacques,

8 petits blancs de poireau,

4 échalotes,

1 verre de vin blanc sec,

1 cuillerée à soupe d'huile d'olive,

20 g de beurre,

1 cuillerée à soupe de crème épaisse,

20 cl de crème liquide,

2 cuillerées à soupe de whisky,

100 g de gruyère râpé,

Sel, poivre.

1. Nettoyez les blancs de poireau et coupez-les en fines rondelles. Faites chauffer le beurre dans une casserole et mettez les morceaux de poireau à étuver doucement 20 mn en remuant souvent.
2. Pelez et hachez finement les échalotes et mettez-les dans une petite casserole avec le vin blanc. Faites réduire à feu vif. Epongez les st-Jacques et faites-les raidir 1 mn par face dans une poêle anti-adhésive avec l'huile d'olive.
3. Préchauffez le four th. 8 - 240°. Salez et poivrez la fondue de poireau, ajoutez-y la crème épaisse, remuez bien. Disposez dans de petits plats à four individuels. Répartissez les st-Jacques sur les poireaux.
4. Versez la crème liquide et le whisky dans la réduction d'échalotes. Salez, poivrez, ajoutez le gruyère et remuez sur feu doux jusqu'à ce que la sauce soit onctueuse. Nappez les plats de sauce et passez 5 mn au gril du four. Servez très chaud.

PLAT

SPAGHETTI
AU JAMBON

POUR 4 PERSONNES :

*Préparation : 10 mn. Cuisson : 10 mn.
Recette facile. Prix : bon marché.*

250 g de spaghetti,

1 cuillerée à soupe d'huile d'olive,

4 tranches de jambon,

8 cuillerées à soupe de crème fraîche,

4 jaunes d'œuf,

Sel, poivre

1. Faites cuire les pâtes 10 mn dans une grande quantité d'eau bouillante salée additionnée de l'huile. Egouttez-les.
2. . Coupez le jambon en morceaux et mixez-le. Versez-le dans un saladier avec les jaunes d'œuf, la crème fraîche, du sel et du poivre.
3. Mélangez bien le tout à l'aide d'une cuillère. Répartissez les spaghetti chaudes dans les assiettes de service et nappez-les du mélange au jambon. Servez immédiatement.

DESSERT

SABAYON DE
FRUITS ROUGES

POUR 4 PERSONNES :

*Préparation : 15 mn. Cuisson : 15 mn.
Recette facile. Prix modéré.*

200 g de framboises,

200 g de mûres,

200 g de groseilles,

200 g de cassis,

12 jaunes d'œuf,

250 g de sucre,

1/2 litre de Monbazillac,

Feuilles de menthe

1. Dans un bain-marie, travaillez les jaunes d'œuf avec le sucre jusqu'à ce que la composition fasse un ruban. Délayez avec le vin.
2. Fouettez la composition hors du feu jusqu'à ce qu'elle devienne, en refroidissant, mousseuse et épaisse.
3. Répartissez les fruits rouges dans quatre petits moules à gratin, versez dessus le sabayon.
4. Passez quelques minutes sous le gril du four très chaud. Démoulez dans les assiettes à dessert et décorez de feuilles de menthe

Conseil du chef

Vous pouvez aussi servir le sabayon dans les ramequins.

POUR CE
MENU LE
SOMMELIER
VOUS
PROPOSE

Un Bergerac
rouge

ENTRÉE

ÉCREVISSE
À LA BORDELAISE

POUR 4 PERSONNES :

Préparation : 20 mn. Cuisson : 15 mn.
Recette facile. Prix modéré.

24 écrevisses,
50 g de beurre,
1 litre de court-bouillon,
2 verres de vin blanc sec,
3 échalotes,
1 oignon,
1 gousse d'ail,
Persil,
Sel, poivre.

1. Faites cuire les écrevisses dans le court-bouillon 10 mn. Hachez les échalotes, l'oignon, l'ail, le persil.
2. Faites fondre le beurre, ajoutez-y le hachis de fines herbes, puis le vin blanc, du sel et du poivre.
3. Réchauffez le plat de service, versez-y la sauce et posez dessus les écrevisses. Servez sans attendre.

PLAT

ROGNONS
DE BŒUF
PERSILLADE

POUR 4 PERSONNES :

Préparation: 15 mn. Cuisson : 20 mn.
Recette facile. Prix : bon marché.

800 g de rognon de bœuf,
1 gousse d'ail,
Persil,
1 cuillerée à soupe d'huile,
Sel, poivre.

1. Coupez les rognons en gros dés. Pelez et hachez l'ail avec le persil. Versez l'huile dans une poêle et faites-la chauffer.
2. Faites-y sauter les rognons sur toutes leurs faces 5 mn. Salez et poivrez-les. Ajoutez la persillade et mélangez.
3. Couvrez la poêle et poursuivez la cuisson 15 mn en remuant de temps en temps. Servez de suite.

DESSERT

FRAMBOISES
À LA MOUSSE
DE BANANE

POUR 4 PERSONNES :

Préparation : 30 mn. Pas de cuisson.
Recette facile. Prix modéré.

3 bananes,
1 citron vert,
250 g de framboises,
10 cl de crème fraîche,
1 sachet de sucre vanillé,
150 g de sucre glace,
3 blancs d'œuf.

1. Pressez le jus du citron. Epluchez les bananes, coupez-les en morceaux et arrosez-les du jus de citron.
2. Mettez-les dans le bol du mixeur avec la crème et le sucre vanillé. Mixez le tout. Battez les blancs d'œuf en neige.
3. Incorporez le sucre glace et battez 30 secondes. Mélangez la purée de banane et les blancs en neige.
4. Remplissez des coupes individuelles en alternant des couches de mousse et de framboises. Terminez par des framboises
5. Mettez dans le réfrigérateur 3 heures et consommez le jour même avec des biscuits secs.

Conseil du chef
Accompagnez les rognons de bœuf de tomates cuites au four.

POUR CE
MENU LE
SOMMELIER
VOUS
PROPOSE

*Un Saint-
Tropez rosé.*

ENTREE

CROQUETTES DE SEMOULE

POUR 4 PERSONNES :

Préparation : 5 mn. Cuisson : 10 mn.
Recette facile. Prix : bon marché.

200 g de semoule,
1/4 de litre de lait,
1 oignon,
1/2 bouquet de persil,
2 œufs,
1/2 sachet de levure,
Huile d'olive,
Sel.

1. Epluchez l'oignon, râpez-le et faites-le revenir avec le persil ciselé dans une poêle avec l'huile d'olive.
2. . Mélangez le lait, la semoule, les œufs entiers, la levure et le sel. Ajoutez-y l'oignon et le persil.
3. Avec cette pâte, confectionnez des boulettes et jetez-les une par une dans l'huile chaude.
4. Sortez les croquettes à l'aide d'une écumoire et égouttez-les sur du papier absorbant. Servez-les chaudes ou froides.

PLAT

CÔTES DE PORC EN SAUCE

POUR 4 PERSONNES :

Préparation : 20 mn. Cuisson : 30 mn.
Recette facile. Prix : bon marché.

4 côtes de porc,
30 g de beurre,
1 cuillerée à soupe de farine,
1 verre de bouillon,
1 petite boîte de concentré de tomates,
3 cornichons,
1 cuillerée à café de vinaigre,
Sel, poivre.

1. Salez et poivrez les côtes de porc et faites-les cuire au beurre à la poêle 10 mn sur chaque face. Réservez-les au chaud..
2. Faites un roux avec le beurre dans la poêle, mouillez avec le bouillon, ajoutez le concentré de tomates.
3. . Coupez les cornichons en rondelles et incorporez-les dans la poêle avec le vinaigre. Salez, poivrez et faites chauffer quelques minutes.
4. Disposez les côtes dans les assiettes et arrosez-les avec la sauce aux cornichons. Servez immédiatement.

DESSERT

MINI-CREPES AUX GRIOTTES

POUR 4 PERSONNES :

Préparation : 10 mn. Cuisson : 25 mn.
Recette facile. Prix : bon marché.

1 saladier de pâte à crêpes,
2 cuillerées à soupe de sucre en poudre,
1/2 cuillerée à café de cannelle en poudre,
1 pot de compote de griottes.

1. Laissez reposer la pâte pendant 2 heures et ajoutez-lui le sucre et la cannelle. A l'aide d'une poêle à blinis, confectionnez des petites crêpes fines.
2. . Réservez les crêpes au chaud dans un plat placé sur une casserole remplie d'eau chaude.
3. Répartissez les crêpes dans les assiettes et versez dessus de la compote de griottes. Servez aussitôt.

Conseil du chef
Vous pouvez réaliser la même recette avec des côtes de veau.

149

St Didier

Sauté de bœuf aux olives

POUR CE MENU LE SOMMELIER VOUS PROPOSE

Un Bourgogne aligoté.

ENTRÉE

ŒUFS PERDUS

POUR 4 PERSONNES :

Préparation : 15 mn. Cuisson : 10 mn.
Recette facile. Prix : bon marché.

4 œufs,
120 g de crème fraîche,
Sel.

1. Cassez les œufs et séparez les blancs des jaunes. Mettez les jaunes dans un plat allant au four en les espaçant.
2. Entourez chaque jaune d'œuf de crème fraîche puis saupoudrez-les de sel. Battez les blancs en neige ferme.
3. Salez les blancs d'œuf en neige. Versez les blancs battus dans le plat autour des jaunes d'œuf et de la crème.
4. Mettez le plat au four th. 6 - 180° pendant 10 mn. Servez chaud avec des toasts.

Conseil du chef
Vous pouvez accompagner le crumble de crème fraîche.

PLAT

SAUTÉ DE BŒUF AUX OLIVES

POUR 4 PERSONNES :

Préparation : 25 mn. Cuisson : 2 h 30.
Recette facile. Prix : bon marché.

800 g de collier de bœuf en morceaux,
120 g d'olives vertes dénoyautées,
2 poivrons rouges,
2 courgettes,
4 tomates,
4 échalotes,
50 cl de vin blanc,
75 cl d'eau,
2 cuillerées à soupe d'huile d'olive,
Sel, poivre.

1. Pelez et émincez finement les échalotes. Coupez les poivrons et les tomates en quartiers et épépinez-les. Pelez et taillez en dés les courgettes.
2. Dans une grande cocotte, faites revenir les morceaux de viande dans l'huile d'olive, ajoutez les échalotes et les olives.
3. Incorporez le vin blanc, l'eau, les tomates et les poivrons. Laissez cuire 2 h 30. Quinze minutes avant la fin de leur cuisson, passez les courgettes à la poêle dans une cuillerée à soupe d'huile d'olive.
4. Répartissez dans les assiettes la viande en morceaux, les tomates et les poivrons fondus et les courgettes poêlées. Servez chaud.

DESSERT

CRUMBLE AUX FRUITS ROUGES

POUR 4 PERSONNES :

Préparation : 10 mn. Cuisson : 25 mn.
Recette facile. Prix modéré.

200 g de framboises,
200 g de mûres,
200 g de groseilles,
200 g de cassis,
Le jus d'un citron,
150 g de beurre,
150 g de sucre cristallisé,
1 sachet de sucre vanillé,
200 g de farine.

1. Préchauffez le four th. 7 - 210°. Nettoyez les fruits et épongez-les soigneusement. Etalez-les dans un plat à four.
2. Arrosez-les de jus de citron et de sucre vanillé. Réservez. Dans un saladier, mettez le sucre et la farine, ajoutez le beurre coupé en parcelles.
3. Mélangez à la main pour former un sable. Lorsqu'il est homogène, répartissez-le sur les fruits et mettez au four 25 mn. Servez tiède ou froid.

ENTRÉE

FRISÉE
AUX LARDONS

POUR 4 PERSONNES :

Préparation : 20 mn. Cuisson : 5 mn.
Recette facile. Prix : bon marché.

1 frisée,
2 petits oignons,
150 g de lard,
1 cuillerée à soupe d'huile,
2 cuillerées à café de vinaigre,
1 cuillerée à café de moutarde,
4 cuillerées à soupe d'huile,
Paprika.

1. Effeuillez puis lavez la frisée. Egouttez-la. Pelez les oignons et coupez-les en anneaux.
2. Coupez le lard en dés, faites chauffer l'huile dans une poêle et faites-y revenir les lardons 5 mn à feu vif en les remuant. Egouttez-les.
3. Cassez les feuilles de salade et placez-les dans un saladier. Ajoutez les anneaux d'oignons puis les lardons. Mélangez.
4. Dans un bol, battez ensemble le vinaigre et la moutarde puis ajoutez l'huile toujours en battant. Recouvrez la salade de la sauce et servez aussitôt.

PLAT

MAGRETS
SAUCE ORANGE

POUR 4 PERSONNES :

Préparation : 20 mn. Cuisson : 20 mn.
Recette facile. Prix modéré.

2 magrets de canard,
30 g de beurre,
2 oranges,
1/4 de litre de jus d'orange,
1 cuillerée à café de sucre en poudre,
1 cuillerée à café de moutarde,
Sel, poivre.

1. Pelez le zeste d'une orange, faites-le blanchir et coupez-le en fines lamelles. Pelez l'autre orange à vif, coupez-la en quartiers en ôtant la peau blanche.
2. Faites fondre le beurre dans une sauteuse et mettez les magrets à cuire 15 mn. Salez-les, retirez-les et tenez-les au chaud. Déglacez le jus de cuisson avec le jus d'orange puis ajoutez le zeste et les morceaux de pulpe.
3. Faites bouillir 5 mn pour que la sauce devienne sirupeuse, ajoutez le sucre, la moutarde, du sel et du poivre. Coupez les magrets en tranches fines, disposez-les sur le plat de service chaud et nappez-les de sauce. Servez de suite.

DESSERT

CREMETS

POUR 4 PERSONNES :

Préparation : 20 mn. Pas de cuisson.
Recette facile. Prix : bon marché.

25 cl de crème fraîche,
3 blancs d'œuf,
60 g de sucre en poudre,
4 carrés de gaze.

1. Mettez au froid pendant 1 heure le saladier et les fouets du batteur électrique. Dans le saladier, versez la crème fraîche bien froide, ajoutez le sucre et battez en chantilly.
2. Gardez au froid. Battez les blancs d'œuf en neige très ferme, ajoutez-les très délicatement à la crème chantilly. Déposez un carré de gaze dans 4 ramequins puis répartissez-y la préparation.
3. Mettez au froid 2 heures. Au moment de servir, retournez les ramequins sur les assiettes de service et retirez délicatement la gaze. Accompagnez de fruits rouges.

Conseil du chef
Accompagnez les magrets à l'orange d'un riz cuit à la vapeur.

151

POUR CE
MENU LE
SOMMELIER
VOUS
PROPOSE

*Un
Muscadet*

25
MAI

Ste Sophie

*Brochettes
d'abats*

MÂCHE AUX ŒUFS

POUR 4 PERSONNES :

Préparation : 25 mn. Pas de cuisson.
Recette facile. Prix : bon marché.

300 g de mâche, 1 botte de radis,
4 œufs durs, 1/2 oignon, 1/2 piment,
3 cuillerées à café de vinaigre,
1 cuillerée à café de Cognac,
4 cuillerées à soupe d'huile, sel, poivre.

1. Lavez la mâche et égouttez-la. Nettoyez les radis, épongez-les sur du papier absorbant et coupez-les en rondelles.
2. Ecalez les œufs et coupez-les aussi en rondelles. Pelez l'oignon et hachez-le. Hachez menu le piment.
3. Dans un saladier, mélangez le vinaigre, l'oignon, le Cognac, le piment, du sel et du poivre. Ajoutez l'huile en battant vigoureusement.
4. Mettez la mâche dans le saladier et mélangez-la à la sauce. Ajoutez les rondelles de radis et d'œufs et servez immédiatement.

Conseil du chef
Pour réhausser le goût et la saveur des abats, vous pouvez les faire mariner.

BROCHETTES D'ABATS

POUR 4 PERSONNES :

Préparation : 15 mn. Cuisson : 1 h.
Recette facile. Prix modéré.

200 g de rognons de veau,
200 g de cœur de bœuf,
200 g de foie d'agneau,
2 poivrons rouges,
2 oignons,
2 tomates,
200 g de haricots blancs,
2 gousses d'ail,
2 feuilles de laurier,
Sel, poivre.

1. Faites tremper les haricots blancs la veille, égouttez-les et incorporez-y les tomates, l'ail, le laurier, du sel et du poivre.
2. Mouillez à hauteur et cuisez à feu doux 1 heure. Confectionnez les brochettes en alternant les différents abats, les poivrons et les oignons coupés en morceaux.
3. Faites-les griller, salez et poivrez-les. Après cuisson, égouttez les haricots, passez au chinois le jus de cuisson et les ingrédients aromatiques. Réincorporez les haricots et servez sans attendre.

SOUFFLÉ AU GRAND MARNIER

POUR 4 PERSONNES :

Préparation : 30 mn. Cuisson : 15 mn.
Recette élaborée. Prix : bon marché.

4 œufs,
100 g de sucre en poudre,
1 sachet de sucre vanillé,
30 g de maïzena,
1/3 de litre de lait,
20 g de beurre,
4 biscuits à la cuiller,
5 cl de Grand Marnier.

1. Beurrez 4 petits moules à soufflé. Séparez les blancs des jaunes d'œuf et travaillez les jaunes avec le sucre. Ajoutez la maïzena puis versez peu à peu le lait chaud.
2. Reversez dans la casserole et remuez sur feu moyen. Hors du feu, ajoutez le beurre. Faites gonfler les biscuits dans la liqueur, écrasez-les et ajoutez le tout à la crème.
3. Battez les blancs d'œuf en neige très ferme, puis ajoutez le sucre vanillé et fouettez quelques secondes. Mélangez délicatement les blancs battus à la crème au Grand Marnier.
4. Versez dans les moules aux 3/4 de la hauteur. Mettez au four th. 7 - 210° pendant 15 mn. Servez dès que les soufflés sont gonflés et dorés.

ENTRÉE
CROSTINI

POUR 4 PERSONNES :

Préparation : 15 mn. Cuisson : 10 mn.
Recette facile. Prix : bon marché.
4 tranches de pain de campagne,
200 g de gruyère en fines lamelles,
1/2 boîte de ratatouille, 1 gousse d'ail,
2 cuillerées à soupe d'huile d'olive,
4 filets d'anchois,
Quelques petites olives noires de Nice,
1 cuillerée à café de thym, sel, poivre.

1. Préchauffez le four th. 7 - 210°. Coupez la gousse d'ail en deux et frottez-en les tranches de pain.
2. Arrosez-les d'un filet d'huile d'olive et posez-les dans un plat à four. Répartissez la ratatouille sur les crostini.
3. Posez dessus les anchois, les olives, du sel et du poivre. Recouvrez de fines lamelles de fromage, parsemez de thym.
4. Faites cuire au four 10 mn jusqu'à ce que le fromage soit bien fondu et servez immédiatement.

Conseil du chef
Demander à votre boucher de vous présenter le carré d'agneau en couronne.

PLAT
AGNEAU AUX PETITS LÉGUMES

POUR 4 PERSONNES :

Préparation : 45 mn. Cuisson : 1 h 30.
Recette facile. Prix : bon marché.
1 carré d'agneau,
1 botte de carottes nouvelles,
1 botte de navets nouveaux,
8 petits oignons nouveaux,
1/3 de litre d'eau,
1 cuillerée à café de sel fin,
40 g de beurre,
20 g de sucre en poudre,
Persil haché.

1. Epluchez les légumes et mettez-les dans une cocotte. Ajoutez le sel, l'eau, le beurre et le sucre. Couvrez.
2. Laissez mijoter à feu doux pendant 1 heure, retirez le couvercle et laissez évaporer complètement le jus de cuisson.
3. Surveillez pour que les légumes ne colorent pas. Faites cuire l'agneau. Saupoudrez-le de sel à la sortie du four.
4. . Placez une papillote sur le manche de chaque côtelette. Posez sur le plat de service chaud entouré des petits légumes poudrés de persil haché.

DESSERT
BAVAROIS PRALINÉ

POUR 4 PERSONNES :

Préparation : 30 mn. Réfrigération : 5 h.
Recette élaborée. Prix : bon marché.
160 g de pralin,
4 feuilles de gélatine,
1 verre à liqueur de kirsch,
200 g de crème fraîche,
1/4 de litre de lait,
2 jaunes d'œuf,
20 g de sucre en poudre,
1/2 gousse de vanille.

1. Faites bouillir le lait avec la demi-gousse de vanille fendue dans le sens de la longueur. Travaillez les jaunes d'œuf avec le sucre. Lorsque le mélange devient onctueux, versez dessus peu à peu le lait chaud vanillé.
2. Mettez dans une casserole et faites épaissir sur feu moyen en remuant à l'aide d'une cuillère en bois. Retirez du feu dès que la crème nappe la cuillère avant l'ébullition. Votre crème anglaise est prête.
3. Faites tremper les feuilles de gélatine dans un bol d'eau fraîche. Dès qu'elles deviennent molles, égouttez-les et mettez-les dans la crème encore chaude. Remuez et laissez complètement refroidir.
4. Incorporez à la crème froide le pralin, le kirsch et la crème fouettée. Huilez un moule à bavarois et versez-y la préparation. Mettez au frais 5 heures. Démoulez sur un plat froid au moment de servir.

27
MAI

St Augustin
de C.

Bavette
à l'estragon

POUR CE MENU LE SOMMELIER VOUS PROPOSE

Un Gaillac rosé

ENTRÉE

FENOUIL BULGARE

POUR 4 PERSONNES :

Préparation : 20 mn. Pas de cuisson.
Recette facile. Prix : bon marché.

2 bulbes de fenouil,
3 tomates,
1 oignon,
150 g de jambon blanc,
1 yaourt bulgare,
3 cuillerées à café de vinaigre,
1 cuillerée à soupe d'huile d'olive,
Quelques branches d'aneth,
Quelques branches de ciboulette,
Sel, poivre.

1. Otez la partie verte du fenouil, retirez les feuilles extérieures et coupez le bulbe en fines lamelles. Plongez les tomates dans de l'eau en ébullition, passez-les sous l'eau froide, pelez-les, coupez-les en deux puis ôtez les pépins et coupez-les en rondelles.
2. Pelez l'oignon et coupez-le en fins anneaux. Coupez le jambon en bandelettes de 4 cm de longueur. Placez sur les assiettes un tas de fenouil, quelques rondelles de tomates, quelques lanières de jambon.
3. Parsemez avec les anneaux d'oignons. Mélangez le yaourt, le vinaigre, du sel et du poivre puis émulsionnez avec l'huile. Hachez les herbes et ajoutez-les à la sauce mais gardez quelques branches d'aneth entières pour décorer.
4. Répartissez un peu de sauce autour des légumes et présentez le reste en saucière. Garnissez avec une branche d'aneth.

PLAT

BAVETTE À L'ESTRAGON

POUR 4 PERSONNES :

Préparation : 30 mn. Cuisson : 30 mn.
Recette facile. Prix : bon marché.

4 tranches de bavette,
1/2 botte d'estragon,
1 échalote,
1/2 bouillon de volaille,
4 cl de vin blanc,
8 cl d'eau,
6 cl de crème fraîche,
1 kg de carottes,
1 poivron rouge.

1. Coupez les carottes en rondelles, cuisez-les à la vapeur. Coupez le poivron en cubes, blanchissez-le. Mélangez-les.
2. Cuisez la bavette dans une poêle huilée, retirez les branches, réservez-les au chaud. Dégraissez la poêle.
3. Emincez finement l'échalote, mettez-la dans la poêle, incorporez l'eau et le vin, laissez réduire de moitié.
4. Incorporez le bouillon de volaille et la crème fraîche, cuisez 5 mn. Ajoutez les feuilles d'estragon hachées, donnez une dernière ébullition et servez de suite.

DESSERT

GAUFRES À LA CREME

POUR 4 PERSONNES :

Préparation : 10 mn. Cuisson : 6 mn par gaufre.
Recette facile. Prix : bon marché

250 g de farine,
50 g de sucre en poudre,
1 pincée de sel,
2 œufs,
12,5 cl de lait,
125 g de crème fraîche,
75 g de beurre.

1. Mettez la farine dans un saladier et faites un puits au centre. Mettez-y le sucre et le sel. Séparez les blancs des jaunes d'œuf.
2. Mettez les jaunes dans le puits avec l'eau, la crème et le beurre fondu, délayez pour obtenir une pâte lisse.
3. Battez les blancs d'œuf en neige et incorporez-les délicatement à la préparation. Faites cuire la pâte obtenue dans un moule à gaufres. Tenez-les au chaud et saupoudrez-les de sucre au moment de servir.

Conseil du chef
Vous pouvez blanchir le fenouil avant de l'incorporer dans la salade.

St Germain

Quatre quarts aux framboises

E N T R É E

CHOU ROUGE EN SALADE

POUR 4 PERSONNES :

Préparation : 20 mn. Cuisson : 10 mn.
Recette facile. Prix : bon marché.

750 g de chou rouge,

2 pommes,

1 orange,

5 cuillerées à café de vinaigre,

1 pincée de sucre,

1 pincée de paprika,

Le jus d'une orange,

125 g de crème fraîche,

2 cuillerées à soupe d'huile,

Sel, poivre.

1. Lavez le chou à l'eau vinaigrée, coupez-le en 4 et découpez les quartiers en fines lanières. Faites bouillir une grande quantité d'eau bouillante salée et faites-y cuire les lanières de chou 10 mn.
2. Egouttez-les et passez-les sous l'eau froide. Pelez les pommes, coupez-les en quartiers, ôtez les pépins et la partie dure et coupez les quartiers en tranches fines.
3. Pelez l'orange à vif, coupez-la en quartiers et ôtez la peau blanche. Mélangez le chou, les pommes et l'orange dans un saladier. Dans un bol, mélangez le vinaigre, les aromates, les épices et le jus d'orange.
4. Ajoutez la crème fraîche en battant au fouet puis l'huile en mince filet. Versez sur la salade et mélangez bien. Placez dans le réfrigérateur 30 mn avant de servir.

P L A T

LAPIN AU MUSCAT

POUR 4 PERSONNES :

Préparation : 35 mn. Cuisson : 45 mn.
Recette facile. Prix modéré.

1 lapin de 1 kg, 1 branche de thym,

75 cl de muscat,

1 cuillerée à soupe de sucre en poudre,

3 cuillerées à soupe d'huile d'olive,

150 g de lard fumé,

500 g de raisin muscat noir, sel, poivre.

1. Coupez le lapin en morceaux et mettez-le dans une terrine avec du sel, du poivre, le thym. Ajoutez le sucre et versez le muscat. Laissez macérer 12 heures.
2. Egouttez et séchez les morceaux de lapin. Faites suer les lardons dans une poêle sèche sur feu modéré. Otez-les et jetez la graisse obtenue. Versez l'huile d'olive et mettez à dorer les morceaux de lapin sur toutes leurs faces.
3. Remettez les lardons et mouillez avec le jus de la marinade filtré et 1/4 de litre d'eau. Laissez cuire en ôtant le couvercle 10 mn avant la fin de la cuisson.
4. Lavez et essuyez les raisins, mettez-les à chauffer dans le jus 5 mn avant de servir. Servez chaud.

Conseil du chef
Accompagnez le lapin de pâtes fraîches.

D E S S E R T

QUATRE QUARTS AUX FRAMBOISES

POUR 4 PERSONNES :

Préparation : 30 mn. Cuisson : 25 mn.
Recette facile. Prix modéré.

2 œufs,

leur poids en farine,

leur poids en sucre,

leur poids en beurre,

1/2 sachet de levure,

300 g de framboises,

150 g de sucre glace,

1 cuillerée à soupe d'eau,

1 cuillerée à soupe de kirsch

1. Séparez les blancs des jaunes d'œuf. Travaillez les jaunes avec le sucre, ajoutez peu à peu la farine, en alternant avec le beurre fondu.
2. Incorporez la levure. Battez les blancs d'œuf en neige ferme. Mélangez-les délicatement à la pâte. Versez dans un moule à manqué beurré et fariné.
3. Faites cuire 25 mn th. 6 - 180°. Démoulez. Mettez le sucre glace dans un bol, faites un puits, mélangez eau et kirsch et versez dans le puits. Délayez.
4. Versez au centre du gâteau, inclinez pour obtenir un nappage régulier, disposez sur ce glaçage les framboises fraîches et servez immédiatement

POUR CE
MENU LE
SOMMELIER
VOUS
PROPOSE

*Un Coteau
du Layon
blanc*

ENTREE

ALADE D'AUBERGINES

POUR 4 PERSONNES :

*Préparation : 20 mn. Macération : 1 h
Recette facile. Prix : bon marché*

500 g d'aubergines,
100 g d'olives noires,
1 gousse d'ail hachée,
Le jus d'un citron,
4 cuillerées à soupe d'huile d'olive,
Thym,
Sel, poivre.

1. Lavez les aubergines, essuyez-les et coupez-les en rondelles. Faites-les revenir sur feu vif 5 mn de chaque côté.
2. Rangez les rondelles d'aubergines dans le plat de service, ajoutez les olives. Mélangez le jus de citron avec du sel et du poivre.
3. Effeuillez le thym et ajoutez-le. Ajoutez la gousse d'ail et versez l'huile. Mélangez. Recouvrez les aubergines de cette sauce et laissez macérer 1 heure dans le réfrigérateur. Servez bien frais.

Conseil du chef
Si vous ne faites pas revenir les aubergines, faites-les dégorger avec du gros sel.

PLAT

IZ DU PECHEUR

POUR 4 PERSONNES :

*Préparation : 30 mn. Cuisson : 30 mn.
Recette facile. Prix modéré.*

8 filets de sole,
8 filets de rouget,
4 filets de rascasse,
2 litre de fumet de poisson,
200 g de riz,
1 fenouil,
4 tomates,
2 oignons,
2 gousses d'ail,
1 g de safran,
1 pincée de piment de Cayenne,
1 cuillerée à soupe d'huile d'olive,
Quelques feuilles de persil plat,
Sel, poivre.

1. Pelez les oignons et l'ail et émincez-les finement. Pelez les tomates après les avoir plongées dans de l'eau bouillante 1 mn. Epépinez-les et concassez leur chair.
2. Nettoyez le fenouil et émincez-le finement. Dans un grand faitout, faites chauffer l'huile, faites-y revenir les oignons, l'ail et le fenouil 5 mn en remuant
3. Ajoutez les tomates, le safran et le riz. Mélangez bien le tout. Mouillez avec le fumet, laissez cuire sur feu doux 20 mn. Ajoutez le piment, du sel et du poivre.
4. Déposez-y les filets de poissons et laissez cuire 8 mn à feu très doux. Dans les assiettes, disposez les filets, le riz, mouillez avec du bouillon, décorez de persil et servez aussitôt.

DESSERT

UFS À LA NEIGE AUX AMANDES

POUR 4 PERSONNES :

*Préparation : 30 mn. Pas de cuisson.
Recette facile. Prix : bon marché.*

4 œufs,
120 g de sucre en poudre,
1/2 litre de lait,
1/2 gousse de vanille,
25 g d'amandes effilées,
15 g de sucre glace.

1. Fendez la demi-gousse de vanille dans le sens de la longueur. Mettez-la dans le lait et portez à ébullition. Laissez infuser 10 mn hors du feu.
2. Travaillez les jaunes d'œuf avec la moitié du sucre et délayez progressivement avec le lait chaud. Reversez dans la casserole et faites chauffer sur feu moyen en remuant.
3. Retirez du feu et versez aussitôt dans un saladier bien froid. Battez les blancs d'œuf en neige ferme et incorporez-les au reste du sucre. Battez à nouveau quelques instants.
4. Faites chauffer une grande casserole d'eau. A l'aide de deux cuillères à soupe, moulez un œuf de blancs en neige, faites-les glisser dans l'eau frémissante.
5. Retournez au bout de 15 secondes et égouttez après 15 secondes. Déposez sur une assiette. Disposez dans un saladier les blancs en neige sur la crème froide. Mélangez les amandes et le sucre glace.
6. Faites-les dorer à sec à la poêle, écrasez-les à l'aide d'un rouleau à pâtisserie et parsemez sur les blancs au moment de servir.

POUR CE MENU LE SOMMELIER VOUS PROPOSE

Un Bergerac sec

ENTREE

DOME EN GELÉE

POUR 4 PERSONNES :

Préparation : 1 h. Réfrigération : 4 h.
Recette facile. Prix : bon marché.
2 blancs de poulet cuits froids,
2 sachets de gelée,
3 œufs durs,
300 g d'olives noires,
1 grosse boîte de petits pois,
1 grosse boîte de petites carottes,
2 tomates.

1. Préparez la gelée selon le mode d'emploi. Versez-en une couche de 1 cm au fond d'un moule passé à l'eau froide. Faites prendre au frais. Egouttez les petits pois et les carottes.
2. Découpez le poulet en lanières. Garnissez le fond du moule avec des carottes, des olives, des petits pois et une rondelle de tomate. Recouvrez de gelée et faites prendre au frais. Continuez le remplissage avec des petits pois et des demi-rondelles d'œufs durs.
3. Placez au milieu les lanières de poulet, coulez de la gelée, faites prendre de nouveau. Mettez une rangée de tomates coupées en triangle, puis finissez avec des petits pois, du poulet, des olives. Versez le reste de la gelée et faites prendre dans le réfrigérateur.

PLAT

ŒUFS COCOTTE DAUPHINOIS

POUR 4 PERSONNES :

Préparation : 5 mn. Cuisson : 20 mn.
Recette facile. Prix : bon marché.
800 g de gratin dauphinois,
4 œufs,
40 g de gruyère râpé,
1 cuillerée à soupe de persil haché,
Beurre,
Sel, poivre.

1. Préchauffez le four th. 7 - 210°. Etalez délicatement en fines couches successives le gratin dauphinois dans le plat à gratin beurré. Faites chauffer à mi-hauteur du four 10 mn.
2. Retirez du four. A l'aide d'une cuillère à soupe, formez 4 creux sur la surface du gratin et cassez dans chacun d'eux un œuf. Salez, poivrez et parsemez de persil et de gruyère.
3. Remettez à cuire 10 mn et dégustez bien chaud.

DESSERT

FROMAGES FRAIS AUX FRUITS

POUR 4 PERSONNES :

Préparation : 20 mn. Pas de cuisson.
Recette facile. Prix : modéré
4 petits fromages frais,
200 g de groseilles,
200 g de fraises des bois,
4 cuillerées à soupe de sucre,
Quelques feuilles de menthe fraîche.

1. Lavez et égrénez les groseilles, triez les fraises. Saupoudrez-les de sucre et laissez-les macérer.
2. Démoulez chaque fromage sur une assiette à dessert. Entourez de quelques cuillerées de salade de fruits sucrée.
3. Parsemez de feuilles de menthe ciselées. Servez immédiatement.

Conseil du chef
Pour démouler le dôme, décollez le bord du moule avec la pointe d'un couteau puis trempez le moule dans l'eau tiède.

POUR CE MENU LE SOMMELIER VOUS PROPOSE

Un Corbières

31

MAI

Visitation

Daube marinée

 *ENTREE*

BETTERAVE AU POULET

 *PLAT*

DAUBE MARINÉE

 *DESSERT*

SORBET DE CARAMBOLES

BETTERAVE AU POULET

POUR 4 PERSONNES :
Préparation : 1 h. Macération : 30 mn.
Recette facile. Prix : bon marché.

4 pommes de terre cuites,
200 g de jambon,
1 betterave,
3 cuillerées à café de vinaigre,
1 cuillerée à soupe de moutarde,
2 cuillerées à soupe de mayonnaise,
3 cuillerées à soupe d'huile,
1 petit piment fort,
Sel, poivre.

1. Pelez les pommes de terre et coupez-les en cubes ainsi que le jambon et la betterave. Déposez-les dans un grand saladier.
2. Dans un bol, mélangez le vinaigre, la moutarde, du sel, du poivre, le piment haché menu, l'huile en filet et battez au fouet.
3. Ajoutez la mayonnaise, mélangez. Versez cette sauce sur la salade, mélangez et mettez dans le réfrigérateur 30 mn. Servez bien frais.

DAUBE MARINÉE

POUR 4 PERSONNES :
Préparation : 15 mn. Cuisson : 1 h 30.
Recette facile. Prix : bon marché.

1,2 kg de gîte sans os,
1 orange,
3 oignons,
1 tête d'ail,
75 cl de vin rouge,
1 branche de thym,
1 feuille de laurier,
1 bouquet de persil,
2 clous de girofle,
12 olives noires,
4 cuillerées à soupe d'huile,
Sel, poivre.

1. Coupez la viande en cubes, placez-les dans une terrine, ajoutez le vin, le laurier, le thym, 1 gousse d'ail pelée et écrasée, les clous de girofle, 1 oignon pelé et coupé en rondelles, le jus et le zeste de l'orange.
2. Couvrez et laissez mariner 12 heures au frais. Egouttez la viande, réservez la marinade, ôtez les clous de girofle. Pelez et émincez le reste des oignons.
3. Epluchez le reste d'ail. Faites chauffer l'huile dans un autocuiseur, mettez-y les morceaux de viande et les oignons à dorer sur toutes leurs faces 5 mn.
4. Eteignez le feu, versez la marinade, ajoutez les gousses d'ail, du sel et du poivre. Couvrez et laissez cuire 1 h 30. Au moment de servir, ajoutez les olives et accompagnez de macaroni.

SORBET DE CARAMBOLES

POUR 4 PERSONNES :
Préparation : 20 mn. Congélation : 2 h.
Recette facile. Prix : bon marché.

400 g de caramboles + 2 caramboles,
200 g de sucre en poudre,
3 citrons verts,
1 verre d'eau.

1. Lavez et séchez les caramboles puis coupez-les en morceaux sauf deux.
2. Dans le bol du mixeur, réunissez les morceaux de fruits, le sucre, l'eau et le jus d'un citron vert.
3. Mixez et filtrez à travers une grosse passoire. Faites congeler en sorbetière pendant 2 heures minimum.
4. Pour servir, moulez des boules de glace à l'aide d'un portionneur et disposez-les dans des coupes individuelles.
5. Tranchez les deux caramboles ainsi que les deux citrons verts et décorez avec les rondelles de citrons et les étoiles de caramboles. Servez de suite.

Conseil du chef
Vous pouvez aussi faire cuire la daube dans une cocotte au four pendant 3 heures.

158

POUR CE
MENU LE
SOMMELIER
VOUS
PROPOSE

*Un Bordeaux
blanc*

1er

JUIN

St Justin

*Framboisine
quadrillée*

ENTREE

SALADE À L'ORANGE

POUR 4 PERSONNES :

Préparation : 20 mn. Pas de cuisson.
Recette facile. Prix : bon marché.

1 salade romaine, 1 bouquet de persil,
1 bouquet de menthe, 3 oranges,
100 g de raisins secs, 2 citrons,
3 cuillerées à soupe d'huile d'olive,
Sel, poivre.

1. Lavez la romaine et coupez-la en
lanières. Lavez et ciselez le persil et la
menthe. Mélangez-les dans un grand
saladier.
2. Pelez les oranges à vif et coupez-les
en dés au-dessus d'un bol pour recueillir
le jus. Ajoutez-les dans le saladier.
3. Incorporez également les raisins
secs dans le saladier. Dans un bol,
mélangez l'huile avec le jus des citrons,
du sel et du poivre.
4. Versez cette sauce sur la salade et
mélangez. Mettez dans le réfrigérateur
jusqu'au moment de servir.

Conseil du chef
Vous pouvez corser
la sauce du sauté
de dindonneau
en remplaçant le bouillon
par du vin blanc.

PLAT

SAUTÉ DE DINDONNEAU

POUR 4 PERSONNES :

Préparation : 10 mn. Cuisson : 40 mn.
Recette facile. Prix : bon marché.

600 g de sauté de dindonneau,
250 g de sauce tomate,
250 g de pâtes fraîches,
100 g de champignons de Paris émincés,
100 g d'oignons émincés,
1 cuillerée à soupe de persil ciselé,
1 cuillerée à café d'ail pilé,
1 cuillerée à café de thym émietté,
1/4 de litre de bouillon de volaille,
120 g d'olives noires dénoyautées,
4 cuillerées à soupe de farine,
3 cuillerées à soupe d'huile d'olive,
Sel, poivre.

1. Dans une cocotte, faites chauffer
l'huile et mettez le sauté de dindonneau à dorer après avoir roulé chaque
morceau dans la farine.
2. Lorsqu'ils sont colorés, retirez-les et
réservez-les. A la place, faites blondir
les oignons en mélangeant régulièrement.
3. Versez la sauce tomate, le bouillon,
les olives et les aromates. Ajoutez la
viande, salez, poivrez et laissez cuire à
couvert 20 mn sur feu doux.
4. Incorporez les champignons et prolongez la cuisson à couvert 10 mn.
Portez une grande quantité d'eau salée
à ébullition et faites cuire les pâtes
5 mn après la reprise des bouillonnements.
5. Egouttez-les, mettez-les dans le plat
de service chaud, placez la viande au
milieu et servez immédiatement.

DESSERT

FRAMBOISINE QUADRILLÉE

POUR 4 PERSONNES :

Préparation : 30 mn. Cuisson : 40 mn.
Recette facile. Prix modéré.

100 g de farine, 140 g de sucre,
40 g de beurre, 60 g d'amandes râpées,
1 œuf dur,
1/4 de cuillerée à café de cannelle,
1 cuillerée à soupe de lait,
300 g de framboises, 1/2 citron,
2 cuillerées à soupe de gelée de framboises.

1. Sur une planche à pâtisserie, écrasez
l'œuf dur finement à la fourchette.
Faites un puits avec la farine, mettez au
centre 40 g d'amandes, 40 g de sucre,
le beurre mou, l'œuf dur haché, la cannelle et le lait.
2. Mélangez le tout pour former une
pâte. Pétrissez-la un peu pour la rendre
homogène et laissez-la reposer un
moment dans le réfrigérateur.
3. Faites chauffer les framboises, le
reste du sucre et le jus du demi-citron
jusqu'à ébullition. Retirez du feu, écrasez grossièrement les framboises et
ajoutez le reste des amandes.
4. Etalez la pâte sur 4 mm d'épaisseur
et garnissez-en un moule beurré. Etalez
la gelée de framboises sur le fond de
pâte et remplissez avec la purée de
framboises.
5. Dans les chutes de pâte, découpez
des bandes de 1,5 cm de large et disposez-les en croisillons sur la tarte.
Faites-la cuire th. 6 - 180° pendant
40 mn. Laissez-la refroidir avant de la
démouler et servez-la froide.

2

JUIN

Fête des mères

Haddock au riz

POUR CE MENU LE SOMMELIER VOUS PROPOSE

Un Riesling

ENTREE

GRATIN D'AUBERGINES

POUR 4 PERSONNES :

Préparation : 20 mn. Cuisson : 40 mn.
Recette facile. Prix : bon marché.

12 carrés frais de 25 g,
700 g d'aubergines,
500 g de sauce tomate,
1 gousse d'ail,
2 cuillerées à soupe d'herbes de Provence,
Sel, poivre.

1. Préchauffez le four th. 6 - 180°. Coupez les aubergines en fines rondelles, mettez-les dans une passoire, salez et poivrez-les et laissez-les rendre leur eau.
2. Frottez le fond d'un plat à gratin avec la gousse d'ail épluchée. Superposez-y les aubergines, la sauce tomate, les carrés frais coupés en grosses lamelles et les herbes de Provence. Salez et poivrez.
3. Couvrez le plat d'une feuille aluminium et enfournez pour 40 mn. Cinq minutes avant la fin de la cuisson, retirez l'aluminium et laissez dorer. Servez chaud.

PLAT

HADDOCK AU RIZ

POUR 4 PERSONNES :

Préparation : 20 mn. Cuisson : 30 mn.
Recette facile. Prix modéré.

4 filets de haddock, 200 g de riz,
1 litre de lait, 2 œufs durs,
2 sachets de sauce au beurre blanc,
Ciboulette,
2 litre de fumet de poisson, sel, poivre.

1. La veille, faites tremper les filets de haddock dans le lait. Le jour même du repas, faites cuire le riz dans le fumet de poisson 20 mn en remuant de temps en temps. Egouttez-le.
2. Ecalez les œufs et écrasez-les à la fourchette. Faites chauffer de l'eau et faites-y pocher les filets de haddock 5 mn. Egouttez-les et effeuillez leur chair en retirant les arêtes.
3. Faites chauffer le beurre blanc. Ajoutez le haddock au riz, mélangez délicatement. Dans les assiettes de service, déposez le riz et le haddock, nappez de beurre blanc, décorez d'œufs durs hachés et de ciboulette ciselée. Servez aussitôt.

DESSERT

MYRTILLES AUX MERINGUES

POUR 4 PERSONNES :

Préparation : 30 mn. Pas de cuisson.
Recette facile. Prix modéré.

400 g de myrtilles,
20 cl de crème fraîche,
12 petites meringues,
60 g de sucre en poudre,
20 g de sucre glace.

1. Lavez et égouttez les myrtilles et réservez-en la moitié. Mettez le reste dans une casserole avec 1/2 verre d'eau. Faites chauffer 5 mn.
2. Pressez, filtrez, puis ajoutez le sucre en poudre à la purée liquide obtenue. Laissez refroidir. Fouettez la crème en chantilly et ajoutez le sucre glace.
3. Cassez en petits morceaux 8 meringues. Mélangez délicatement la crème, les myrtilles réservées sauf une poignée pour la décoration et les morceaux de meringues.
4. Répartissez la purée de myrtilles au fond de 4 coupes individuelles. Remplissez avec la préparation à la crème, posez une meringue au sommet et décorez avec les myrtilles restantes. Servez bien frais.

Conseil du chef
Vous pouvez ajouter une pincée de noix de muscade au gratin d'aubergines.

*Flan
de courgettes*

ENTRÉE

LAN
DE COURGETTES

POUR 4 PERSONNES :

Préparation : 20 mn. Pas de cuisson.
Recette facile. Prix : bon marché.
200 g de courgette,
4 blancs d'œuf,
4 cuillerées à soupe de crème fraîche,
Sel, poivre.

1. Lavez la courgette, ôtez la queue et coupez-la en morceaux. Mettez-les dans le bol du mixeur et réduisez-les en purée.
2. Dans un saladier, versez les courgettes hachées, les blancs d'œuf, la crème fraîche, du sel et du poivre et mélangez le tout à la cuillère jusqu'à l'obtention d'une préparation homogène.
3. Versez-la dans quatre ramequins beurrés et cuisez au four th. 5 - 150° pendant 15 mn. Démoulez et accompagnez d'un coulis de tomate.

Conseil du chef
Décorez le gâteau de fruits confits hachés et accompagnez-le d'une crème anglaise.

PLAT

UEUES
DE LANGOUSTE
SAUCE CREVETTE

POUR 4 PERSONNES :

Préparation : 30 mn. Cuisson : 1 h.
Recette facile. Prix : cher.
2 queues de langouste,
150 g de champignons de Paris émincés,
150 g de crevettes décortiquées,
50 g d'oignons émincés, 50 g de beurre,
2 cuillerées à soupe de farine,
2 cuillerées à soupe de crème fraîche,
1 sachet de court-bouillon déshydraté,
1 jaune d'œuf, sel, poivre.

1. Préchauffez le four th. 5 - 150°. Dans une grande casserole, reconstituez le court-bouillon dans 3 litres d'eau et portez à ébullition. Passez les queues de langouste sous l'eau froide, plongez-les dans le court-bouillon et laissez cuire 12 mn.
2. Dans une poêle, faites fondre 20 g de beurre, ajoutez les oignons et laissez rissoler. Versez les champignons et poursuivez la cuisson 10 mn en mélangeant régulièrement. Sortez les langoustes, retirez leur carapace et coupez-les en deux dans la longueur.
3. Disposez-les dans un plat. Filtrez 1/2 litre de court-bouillon et réservez-le. Dans une casserole, faites fondre le reste du beurre, ajoutez la farine, mélangez bien et laissez cuire quelques minutes. Mouillez avec le court-bouillon et faites cuire 12 mn tout en fouettant. Retirez du feu.
4. Battez à part le jaune d'œuf et la crème, versez dans la sauce puis incorporez les champignons rissolés et les crevettes bien égouttées sur du papier absorbant. Nappez les queues de langouste de cette préparation et enfournez 30 mn. Servez bien chaud.

DESSERT

ATEAU AUX
PETITS SUISSES

POUR 4 PERSONNES :

Préparation : 25 mn. Cuisson : 40 mn.
Recette facile. Prix : bon marché.
4 petits suisses,
160 g de sucre glace,
80 g de cacao amer,
80 g de maïzena,
120 g de sucre en poudre,
4 œufs,
1 orange,
2 cuillerées à soupe de jus de citron,
2 cuillerées à soupe de rhum,
Beurre,
Sel.

1. Mélangez au fouet le cacao, les petits suisses et le sucre en poudre. Ajoutez les jaunes d'œuf un à un et la maïzena en pluie.
2. Incorporez le zeste de l'orange râpé et le rhum. Préchauffez le four th. 6 - 180°. Montez les blancs d'œuf en neige très ferme avec une pincée de sel.
3. Incorporez-les à la préparation en battant énergiquement. Beurrez un moule à génoise, versez-y la préparation et enfournez pour 40 mn. Laissez refroidir.
4. Mélangez le sucre glace et le jus de citron avec 4 cuillerées à soupe d'eau chaude, étalez sur le gâteau et servez sans attendre.

POUR CE
MENU LE
SOMMELIER
VOUS
PROPOSE

*Un Gris
de Chateau-
meillant*

ENTRÉE

TOMATES AUX
CREVETTES GRISES

POUR 4 PERSONNES :

Préparation : 20 mn. Pas de cuisson.
Recette facile. Prix : bon marché.

4 tomates,
200 g de crevettes grises,
20 cl de mayonnaise,
2 cuillerées à soupe de persil haché,
1 filet de citron,
1 mâche,
Sel.

1. Plongez les tomates cinq minutes dans l'eau bouillante, rafraîchissez-les et pelez-les. Coupez la partie supérieure et conservez le chapeau.
2. Evidez-les à l'aide d'une petite cuillère. Salez l'intérieur et retournez-les pour les laisser égoutter. Décortiquez les crevettes grises.
3. Dans un saladier, mélangez crevettes, mayonnaise, persil haché et filet de citron. Farcissez chaque tomate de cette préparation en terminant par le chapeau.
4. Lavez et essorez la mâche, répartissez-la dans les assiettes de service, disposez les tomates dessus et servez très frais.

PLAT

KEFTAS
D'AGNEAU

POUR 4 PERSONNES :

Préparation : 10 mn. Cuisson : 15 mn.
Recette facile. Prix : bon marché.

750 g d'épaule d'agneau désossée,
1 oignon,
2 gousses d'ail,
1 pointe de Cayenne,
1 œuf,
Sel.

1. Préparez le feu dans le barbecue suffisamment à l'avance pour avoir des braises au moment voulu.
2. Hachez la viande. Pelez et hachez l'oignon et l'ail. Ajoutez les épices et l'œuf entier. Salez.
3. Laissez reposer 30 mn au frais. Divisez le hachis en quatre parts égales. Roulez chaque part avec les mains humides autour d'une brochette pour former des boulettes allongées.
4. Faites-les griller 15 mn en les retournant plusieurs fois. Servez immédiatement.

DESSERT

BRIOCHE
AUX POIRES

POUR 4 PERSONNES :

Préparation : 15 mn. Cuisson : 5 mn.
Recette facile. Prix : bon marché.

250 g de brioche,
50 cl de lait,
1/2 gousse de vanille,
100 g de sucre,
2 œufs,
100 g de beurre,
2 poires,
Sucre glace.

1. Coupez la brioche en grosses tranches épaisses. Faites chauffer le lait jusqu'à ébullition avec la vanille fendue dans le sens de la longueur, grattez et ajoutez 80 g de sucre.
2. Eteignez le feu et laissez tiédir. Battez les œufs en omelette avec 20 g de sucre. Trempez les tranches de brioche dans le lait. Egouttez-les.
3. Passez-les dans les œufs battus. Faites-les dorer à la poêle de chaque côté dans 80 g de beurre. Saupoudrez-les de sucre glace. Posez dessus des morceaux de poires pelés et rôtis dans le beurre. Servez sans attendre.

Conseil du chef

Accompagnez les keftas d'agneau d'une salade verte agrémentée de rondelles de radis roses.

POUR CE
MENU LE
SOMMELIER
VOUS
PROPOSE

*Un Costières
du Gard*

ENTRÉE

ARI DE GAMBAS

POUR 4 PERSONNES :

Préparation : 20 mn. Cuisson : 20 mn.
Recette facile. Prix modéré.

1 kg de gambas,
3 cuillerées à soupe d'huile,
2 oignons,
1 gousse d'ail,
3 tomates,
1 bouquet garni,
2 cuillerées à café de curcuma,
Sel, poivre.

1. Rincez les gambas à l'eau froide. Epluchez et hachez les oignons et l'ail. Faites revenir les aromates dans l'huile chaude.
2. Ajoutez les tomates pelées, épépinées et concassées, les gambas décortiquées, le bouquet garni, le curcuma, salez et poivrez.
3. Couvrez et laissez mijoter 20 mn en surveillant le niveau de sauce. Mouillez avec 1 verre d'eau si nécessaire. Servez bien chaud.

PLAT

ADDOCK À LA CRÈME

POUR 4 PERSONNES :

Préparation : 30 mn. Cuisson : 10 mn.
Recette facile. Prix modéré.

500 g de haddock,
50 cl de lait,
1/4 de chou vert frisé,
1 pamplemousse rose,
1 patate douce,
1 cuillerée à café de beurre,
1 échalote,
20 cl de crème fraîche,
Sel, poivre.

1. Faites pocher le haddock dans le lait additionné de la même quantité d'eau. Aux premiers frémissements, coupez le feu et sortez le poisson. Faites blanchir le chou quelques minutes dans l'eau bouillante salée.
2. Egouttez-le et émincez-le. Pelez à vif le pamplemousse. Au-dessus d'un récipient, séparez les tranches. Emincez la patate douce et faites frire les tranches dans l'huile. Retirez-les et égouttez-les.
3. Emincez l'échalote et faites-la suer dans le beurre. Ajoutez la crème, salez, poivrez. Répartissez le chou dans les assiettes, disposez le poisson poché au milieu, intercalez pamplemousse et patate douce et nappez de sauce. Servez de suite.

DESSERT

ÉRIENNE AU CHOCOLAT

POUR 4 PERSONNES :

Préparation : 20 mn. Cuisson : 5 mn.
Recette facile. Prix : bon marché.

4 œufs,
100 g de sucre en poudre,
1/2 verre de crème fraîche,
75 g de chocolat à pâtisser noir.

1. Faites fondre à feu doux le chocolat dans 3 cuillerées à soupe d'eau. Ne le faites pas cuire. Battez les jaunes d'œuf dans un saladier, ajoutez-leur le sucre, le chocolat puis la crème fraîche.
2. Mélangez le tout vigoureusement. Dans un autre saladier, battez les blancs d'œuf en neige très ferme. Incorporez-leur doucement le mélange précédent jusqu'à ce qu'il soit homogène.
3. Mettez le saladier dans le réfrigérateur jusqu'à ce que la mousse prenne. Servez très frais.

Conseil du chef
Décorez l'aérienne de copeaux de chocolat faits à partir d'une tablette que vous aurez râpée.

POUR CE
MENU LE
SOMMELIER
VOUS
PROPOSE

*Un
Cheverny*

ENTRÉE

CROUSTILLANT DE SARDINES

POUR 4 PERSONNES :

Préparation : 45 mn. Cuisson : 5 mn.
Recette facile. Prix : bon marché.

16 sardines,
8 feuilles de pâte à filo,
4 tomates,
1 courgette,
30 g de gouda,
1 cuillerée à soupe de crème épaisse,
8 feuilles de menthe,
50 g de beurre,
10 cl de vinaigrette,
Fines herbes,
Sel, poivre.

1. Ecaillez les sardines, passez-les sous l'eau courante et épongez-les. Levez les filets et réservez-les. Ebouillantez les tomates, épluchez-les épépinez-les et coupez-les en petits dés.
2. Taillez la courgette et le gouda en dés. Ciselez la menthe. Mélangez tomates, courgette, fromage et menthe. Assaisonnez et liez cette farce avec la crème.
3. Coupez une feuille de pâte à filo en deux, badigeonnez-la de beurre fondu à l'aide d'un pinceau. Disposez 1 filet de sardine sur une moitié. Recouvrez de farce, posez un autre filet dessus.
4. Salez, poivrez et repliez en portefeuille. Renouvelez l'opération avec les autres filets. Poêlez 2 mn de chaque côté dans une poêle anti-adhésive légèrement beurrée.
5. Servez avec les fines herbes et la vinaigrette.

PLAT

PAPILLOTES DE CABILLAUD

POUR 4 PERSONNES :

Préparation : 10 mn. Cuisson : 10 mn.
Recette facile. Prix : bon marché.

4 filets de cabillaud,
200 g de julienne de légumes,
250 g de mimolette,
1 cuillerée à soupe de ciboulette ciselée,
40 g de beurre, sel, poivre.

1. Découpez 4 grands carrés de papier sulfurisé. Epongez les filets de cabillaud. Détaillez le fromage en fines lamelles.
2. Répartissez la moitié des lamelles de fromage ainsi que de la julienne de légumes au centre des carrés de papier.
3. Poivrez et posez les filets de cabillaud dessus puis recouvrez avec le reste de fromage et de julienne. Salez, poivrez.
4. Parsemez de ciboulette et de noisettes de beurre. Fermez les papillotes hermétiquement et faites-les cuire 10 mn à la vapeur. Servez-les aussitôt.

DESSERT

TERRINE DE MANGUE

POUR 4 PERSONNES :

Préparation : 50 mn. Cuisson : 45 mn.
Recette facile. Prix modéré.

2 mangues,
7 pamplemousses roses,
100 g de sucre semoule,
2 gousses de vanille,
10 cl d'eau,
4 feuilles de gélatine,
Feuilles de menthe.

1. Confectionnez un sirop avec l'eau, le sucre et 1 gousse de vanille coupée en deux et grattée. Ramollissez la gélatine dans l'eau froide et plongez-la dans le sirop. Epluchez à vif 6 pamplemousses.
2. Séparez-les en tranches au-dessus d'un bol et récupérez le jus. Pelez les mangues. Montez la terrine en intercalant tranches de mangues et tranches de pamplemousses.
3. Arrosez chaque couche de sirop vanillé. Recouvrez la terrine avant de la faire cuire au four th. 4 - 120° pendant 45 mn. Laissez tiédir et mettez au frais. Mixez le reste de chair des mangues avec le jus des pamplemousses et les graines d'une demi-gousse de vanille. Servez avec la terrine.

Conseil du chef
Respectez la température du four pour la terrine de mangue pour une meilleure répartition de la gélatine.

7 JUIN

St Gilbert

Œufs mollets aux tomates

ENTRÉE

ŒUFS MOLLETS
AUX TOMATES

POUR 4 PERSONNES :

Préparation : 20 mn. Cuisson : 15 mn.
Recette facile. Prix : bon marché.

4 œufs, 500 g de haricots verts,
25 g de crème fraîche, 2 tomates,
1 blanc d'œuf, 1 échalote,
Le jus d'un demi-citron,
1 cuillerée à café de ciboulette hachée,
Sel, poivre.

1. Faites cuire les haricots verts à la vapeur 10 mn en autocuiseur. Faites cuire les œufs dans l'eau bouillante 4 mn et écalez-les.
2. Disposez les haricots verts dans les assiettes de service, posez chaque œuf coupé en deux au milieu.
3. Pelez, épépinez et passez les tomates au mixeur. Ajoutez le blanc d'œuf monté en neige, la crème fraîche, le jus de citron, l'échalote hachée, la ciboulette, du sel et du poivre.
4. Mélangez le tout et versez cette mousseline de tomates sur les haricots. Servez immédiatement.

Conseil du chef
Vous pouvez décorez les tagliatelle aux langoustines de rondelles de citron.

PLAT

TAGLIATELLE
AUX LANGOUSTINES

POUR 4 PERSONNES :

Préparation : 20 mn. Cuisson : 20 mn.
Recette facile. Prix modéré.

400 g de tagliatelle,
24 langoustines cuites,
2 tranches de saumon fumé,
1 citron,
4 cuillerées à soupe d'huile d'olive,
Aneth,
3 cuillerées à soupe de vinaigre,
Tabasco,
Sel, poivre.

1. Faites cuire les tagliatelle 10 mn dans une grande quantité d'eau bouillante salée additionnée d'une cuillerée à soupe d'huile d'olive.
2. Egouttez-les et réservez-les au chaud. Mélangez dans un bol le vinaigre, du sel, du poivre, le jus de citron, une goutte de tabasco, puis versez l'huile.
3. Dans les assiettes, répartissez les pâtes, la sauce, les langoustines décortiquées, le saumon découpé en lanières, l'aneth ciselé. Servez aussitôt.

DESSERT

GATEAUX
AUX FRAMBOISES

POUR 4 PERSONNES :

Préparation : 40 mn. Cuisson : 10 mn.
Recette facile. Prix : bon marché.

450 g de framboises,
400 g de crème anglaise,
200 g de coulis de framboises,
1 quatre-quarts, 50 g de sucre,
3 feuilles de gélatine,
1 cuillerée à café de kirsch.

1. Découpez le quatre-quarts dans le sens de la longueur de façon à obtenir 4 grandes tranches de 6 mm d'épaisseur. Dans chacune d'elles, taillez 2 cercles de 8 cm de diamètre.
2. Mettez la gélatine à ramollir dans un grand bol d'eau froide. Dans une casserole, faites chauffer la crème anglaise sur feu doux sans bouillir.
3. Retirez du feu et incorporez la gélatine égouttée en mélangeant bien. Laissez refroidir puis mettez au frais 20 mn. Dans une casserole, versez 10 cl d'eau, le sucre et portez sur le feu 20 mn.
4. Ajoutez le kirsch puis à l'aide d'un pinceau, imbibez chaque quatre-quarts. Sur les assiettes, placez 1 fond de gâteau, entourez-les d'un carton recouvert d'aluminium en serrant bien. Fixez avec du scotch.
5. Garnissez avec les framboises sur deux rangées, nappez avec la crème et couvrez avec un cercle de quatre-quarts et placez dans le réfrigérateur jusqu'au repas.
6. Démoulez délicatement en retirant le carton, nappez chaque gâteau d'un peu de coulis et répartissez le reste autour. Servez sans attendre.

POUR CE MENU LE SOMMELIER VOUS PROPOSE

Un rosé de Provence

ENTRÉE

TARTARE DE CANARD

POUR 4 PERSONNES :

Préparation : 25 mn. Pas de cuisson.
Recette facile. Prix modéré.

200 g de magret de canard,
1 cuillerée à soupe d'huile d'olive,
4 cuillerées à soupe de mayonnaise,
1 jaune d'œuf dur,
2 cornichons en rondelles,
1 cuillerée à soupe de persil,
1 cuillerée à soupe de câpres,
2 gouttes de tabasco,
Sel, poivre.

1. Hachez le magret de canard au mixeur. Assaisonnez d'huile d'olive, de tabasco, de la moitié des câpres, des cornichons et de persil. Salez et poivrez.
2. Mélangez l'ensemble et réservez au frais. Amalgamez l'œuf dur écrasé au reste de cornichons, persil et câpres. Liez avec la mayonnaise.
3. Disposez tous ces ingrédients dans les assiettes de service et servez immédiatement très frais.

PLAT

BROCHETTES DE BŒUF À LA TURQUE

POUR 4 PERSONNES :

Préparation : 15 mn. Cuisson : 10 mn.
Recette facile. Prix : bon marché.

500 g de bœuf coupé épais,
10 cl d'huile,
1 oignon,
1 cuillerée à soupe de paprika,
1 yaourt bulgare,
1 pointe de Cayenne,
2 tomates,
1 gousse d'ail,
1 citron,
4 tranches de pain de campagne,
Sel, poivre.

1. Préparez le feu dans le barbecue. Mettez dans l'huile l'oignon pelé et haché, le paprika, du sel, du poivre et mélangez.
2. Coupez la viande en cubes de 3 cm de côté. Faites-la mariner dans l'huile pendant 1 heure.
3. Ebouillantez, pelez, épépinez les tomates. Mixez leur chair avec l'ail épluché, ajoutez le jus de citron, assaisonnez et réservez au frais.
4. Enfilez les cubes de viande sur quatre brochettes, faites-les griller en les retournant une fois. Chauffez 2 mn la purée de tomates et incorporez le yaourt.
5. Placez une tranche de pain sur chaque assiette et posez-y une brochette, arrosez avec une cuillerée à soupe de sauce et servez le reste en saucière.

DESSERT

SORBET AU CITRON VERT

POUR 4 PERSONNES :

Préparation : 10 mn. Cuisson : 5 mn.
Recette facile. Prix : bon marché.

250 g de yaourt,
500 g de sucre,
1 litre d'eau,
4 feuilles de citron vert.

1. Versez dans une casserole le sucre et l'eau, portez à ébullition et plongez-y les feuilles de citron vert.
2. Eteignez le feu et laissez refroidir. Filtrez et mélangez le sirop au yaourt. Turbinez dans la sorbetière.
3. Faites glacer selon le temps indiqué sur le mode d'emploi. Lorsque le sorbet est pris, confectionnez des boules à l'aide d'un portionneur à glace et servez sans attendre.

Conseil du chef
Accompagnez les brochettes de pommes de terre en papillotes.

POUR CE MENU LE SOMMELIER VOUS PROPOSE

Un Touraine blanc

Fête-Dieu

Succulent à la rhubarbe

ENTREE

SALADE TIÈDE DE FRUITS DE MER

POUR 4 PERSONNES :

Préparation : 10 mn. Cuisson : 25 mn.
Recette facile. Prix modéré.
250 g de crevettes roses cuites,
250 g de moules cuites,
200 g de maïs,
100 g de sauce armoricaine,
2 cuillerées à soupe d'échalote hachée,
1 laitue,
1 cuillerée à soupe d'huile d'olive,
1 cuillerée à café de crème fraîche,
Sel, poivre.

1. Dans une casserole d'eau bouillante, versez le maïs et laissez cuire à petits frémissements 8 mn.
2. Réchauffez la sauce armoricaine sur feu doux, retirez du feu, incorporez la crème fraîche et réservez.
3. Egouttez le maïs. Décortiquez les crevettes et décoquillez les moules. Dans une poêle, faites chauffer l'huile d'olive et ajoutez les échalotes, laissez revenir quelques minutes, mélangez.
4. Versez-y les fruits de mer et faites chauffez 12 mn sur feu vif en remuant. Retirez du feu, ajoutez le maïs et la sauce, mélangez et laissez tiédir.
5. Tapissez les assiettes de feuilles de salade lavées et égouttées, disposez au centre des fruits de mer et servez aussitôt.

PLAT

TARTIFLETTE AU VACHERIN

POUR 4 PERSONNES :

Préparation : 30 mn. Cuisson : 20 mn.
Recette facile. Prix modéré.
800 g de pommes de terre,
200 g d'échalotes,
350 g de poitrine fumée,
1 gousse d'ail,
3 brins de thym,
10 cl de crème fraîche,
1 vacherin,
Sel, poivre.

1. Lavez les pommes de terre, épluchez-les et taillez-les en petits dés. Coupez aussi la poitrine fumée en petits dés. Coupez les échalotes. Faites blanchir les pommes de terre dans l'eau bouillante salée et égouttez-les.
2. Préchauffez le four th. 7 - 210°. Poêlez les échalotes et les dés de poitrine fumée dans une poêle anti-adhésive. Ajoutez-y les pommes de terre, salez, poivrez et ajoutez le thym émietté. Faites cuire 15 mn, retirez et réservez.
3. Frottez un plat en terre avec la gousse d'ail épluchée. Déposez-y les pommes de terre poêlées, la crème, recouvrez de vacherin coupé en morceaux. Mettez à cuire 20 mn au four th. 7 - 210° et servez chaud.

DESSERT

SUCCULENT À LA RHUBARBE

POUR 4 PERSONNES :

Préparation : 30 mn. Cuisson : 35 mn.
Recette facile. Prix modéré.
400 g de rhubarbe, 3 œufs,
6 cuillerées à soupe de sucre en poudre,
8 cuillerées à soupe de farine,
1/2 sachet de levure,
4 cuillerées à soupe de lait,
4 cuillerées à soupe d'huile,
20 g de beurre.

1. Cassez 2 œufs dans un saladier, mettez 4 cuillerées à soupe de sucre et mélangez bien. Ajoutez la farine avec la levure en alternant avec le lait et l'huile.
2. Beurrez un moule à manqué et versez-y la pâte, répartissez la rhubarbe épluchée et coupée en tronçons d'un centimètre. Faites cuire au four th. 7 - 210° pendant 25 mn.
3. Mélangez l'œuf et le sucre restant avec le beurre ramolli. Etalez ce glaçage sur le gâteau cuit et remettez au four 10 mn. Laissez refroidir avant de démouler. Servez nature ou accompagné d'une crème fouettée.

Conseil du chef
Vous pouvez ajouter de la chapelure sur la tartiflette 5 mn avant la fin de la cuisson.

10

JUIN

St Landry

Fricassée
de cervelle
d'agneau

POUR CE
MENU LE
SOMMELIER
VOUS
PROPOSE

Un Tavel

ENTREE

ALADE VERTE
AU CONCOMBRE

POUR 4 PERSONNES :

Préparation : 25 mn. Pas de cuisson.
Recette facile. Prix : bon marché.
1 concombre,
1 botte de cresson,
4 oignons blancs coupés en lamelles,
1 cuillerée à café de moutarde,
3 cuillerées à soupe d'huile,
1 cuillerée à soupe de vinaigre,
Sel, poivre.

1. Lavez et essuyez le concombre.
Débitez-le en fines rondelles, disposez-
les sur un plat et salez-les pour les faire
dégorger.
2. Lavez le cresson, égouttez-le, triez
les feuilles et ôtez les tiges. Egouttez
les rondelles de concombre et disposez-les dans le plat de service.
3. Rangez le cresson en petits bouquets au-dessus des rondelles de
concombre. Parsemez de lamelles d'oignons. Mélangez le vinaigre avec le
poivre et la moutarde.
4. Versez l'huile en filet et mélangez
jusqu'à ce que la sauce soit onctueuse.
Arrosez-en la salade et servez immédiatement.

PLAT

RICASSÉE DE
CERVELLE D'AGNEAU

POUR 4 PERSONNES :

Préparation : 15 mn. Cuisson : 20 mn.
Recette facile. Prix : bon marché.
4 cervelles d'agneau,
1 poivron rouge, 1/2 bouillon-cube,
1/2 cuillerée à café de curry,
1 cuillerée à soupe de crème fraîche,
1 citron, 150 g de riz, sel, poivre.

1. Blanchissez les cervelles et faites-les
sauter à la poêle dans l'huile. Salez et
poivrez-les et faites-les cuire 10 mn.
2. Délayez dans l'eau le bouillon de
volaille, ajoutez la crème, faites réduire
à feu doux 10 mn. Incorporez le jus de
citron et le curry.
3. Emincez le poivron rouge en petits
cubes et ajoutez-les à la sauce. Cuisez
le riz dans une grande quantité d'eau
bouillante salée.
4. Egouttez-le et répartissez-le dans les
assiettes, disposez les cervelles au
milieu et nappez de sauce. Servez aussitôt.

Conseil du chef
Les cervelles d'agneau
sont très fragiles,
il faut les manipuler
avec précaution.

DESSERT

OURONNE
DE MERINGUE
AUX FRAMBOISES

POUR 4 PERSONNES :

Préparation : 40 mn. Pas de cuisson.
Recette élaborée. Prix modéré.
2 œufs,
50 g de sucre en poudre,
50 g de sucre glace,
10 cl de crème fraîche,
1 cuillerée à café d'extrait de vanille,
2 grosses meringues,
200 g de framboises.

1. Séparez les blancs des jaunes d'œuf.
Travaillez les jaunes avec 25 g de sucre
en poudre jusqu'à ce que le mélange
blanchisse. Ajoutez la vanille et la
crème.
2. Battez en neige les blancs d'œuf,
puis incorporez délicatement le sucre
glace. Mélangez les deux préparations.
3. Versez la moitié de la mousse dans
un moule à savarin, déposez dessus les
meringues concassées et recouvrez
avec le reste de mousse. Faites congeler 3 heures.
4. Passez le tiers des framboises au
mixeur, ajoutez le sucre en poudre restant. Démoulez en trempant le moule
quelques secondes dans de l'eau
tiède, et retournez-le sur le plat de service.
5. Remplissez le centre de la couronne
de framboises lavées et épongées
dans du papier absorbant et servez
avec le coulis à part.

POUR CE MENU LE SOMMELIER VOUS PROPOSE

Un Muscadet de Sèvre-et-Maine

ENTRÉE

RUITES EN GELÉE

POUR 4 PERSONNES :

Préparation : 20 mn. Cuisson : 15 mn.
Recette facile. Prix modéré.

1 kg de filets de truite,
1 kg de blancs de poireaux,
3 sachets de gelée au Madère,
2 tomates,
15 grains de coriandre,
1 sachet de court-bouillon,
Aneth.

1. Préparez la gelée selon le mode d'emploi, ajoutez-y l'aneth ciselé et les grains de coriandre. Laissez infuser 15 mn.
2. Passez au chinois puis pochez 5 mn les filets de truite dans le court-bouillon. Faites cuire les blancs de poireaux 10 mn.
3. Coupez les tomates en petits dés et mettez-les dans la gelée. Dans une terrine, versez 1 cm de gelée et laissez prendre au frais.
4. Disposez successivement poireaux et truites. Finissez par une couche de poireaux, versez le reste de gelée. Tassez l'ensemble.
5. Faites prendre dans le réfrigérateur 12 heures. Démoulez sur le plat de service et coupez en tranches.

PLAT

LÉTAN SAUCE HOLLANDAISE

POUR 4 PERSONNES :

Préparation : 10 mn. Cuisson : 15 mn.
Recette facile. Prix : bon marché.

4 filets de flétan, le jus d'un citron,
1/2 oignon émincé, 1 feuille de laurier,
6 grains de poivre noir,
1 sachet de sauce hollandaise,
1 botte de cresson,
2 citrons coupés en quartiers, sel.

1. Placez les filets de flétan dans une sauteuse, recouvrez-les d'eau, ajoutez le jus du citron, la feuille de laurier et les grains de poivre.
2. Portez à ébullition, réduisez le feu et laissez frémir 15 mn. Enlevez les filets de la sauteuse, épongez-les sur du papier absorbant.
3. Disposez-les sur le plat de service préchauffé, versez la sauce hollandaise dessus, garnissez de feuilles de cresson lavées, égouttées et équeutées.
4. Décorez de quartiers de citron et servez immédiatement.

DESSERT

RÈME AU CASSIS

POUR 4 PERSONNES :

Préparation : 25 mn. Cuisson : 15 mn.
Recette facile. Prix modéré.

500 g de cassis,
2 cuillerées à soupe de jus de citron,
250 g de sucre semoule,
3 cuillerées à soupe de crème de cassis,
25 cl de crème fraîche.

1. Lavez le cassis, égouttez-le et égrenez-le à la fourchette. Mettez les grains dans une casserole, ajoutez le sucre et le jus de citron.
2. Mélangez 5 mn à feu doux. Laissez cuire ensuite 10 mn à feu doux en mélangeant de temps à autre.
3. Ecrasez le cassis dans un tamis au-dessus d'un saladier avec le dos d'une cuillère. Incorporez la crème de cassis à la purée obtenue.
4. Mettez le tout 1 heure dans le réfrigérateur. Versez la crème dans un saladier et fouettez-la. Prélevez 4 cuillerées à soupe de la purée de cassis et répartissez le reste dans 4 coupes individuelles.
5. Déposez le quart de la crème fouettée sur le dessus de chaque coupe et versez dessus 1 cuillerée à soupe de purée de cassis. Servez de suite.

Conseil du chef
Vous pouvez préparer la truite en gelée la veille et la présenter sans la démouler.

POUR CE MENU LE SOMMELIER VOUS PROPOSE

Un Sancerre rosé

12

JUIN

St Guy

Brochettes au maïs

 *ENTREE*

 *PLAT*

 *DESSERT*

TOMATES AUX ŒUFS

POUR 4 PERSONNES :

Préparation : 20 mn. Cuisson : 10 mn.
Recette facile. Prix : bon marché.
2 œufs,
4 tomates,
2 branches de céleri émincées,
12 cl de mayonnaise,
1 cuillerée à café de moutarde,
2 cuillerées à café de jus de citron,
1 pincée de poivre de Cayenne,
Persil haché,
Ciboulette ciselée,
Sel, poivre.

1. Faites cuire les œufs 10 mn dans l'eau bouillante. Plongez-les dans l'eau froide pour les refroidir.
2. Coupez 1 cm de la partie supérieure des tomates et creusez l'intérieur à la petite cuillère. Salez et poivrez l'intérieur de chaque tomate.
3. Ecalez les œufs et écrasez-les à la fourchette. Dans un saladier, mélangez les œufs, le céleri, la mayonnaise, la moutarde et le jus de citron. Ajoutez du sel, du poivre, le Cayenne et mélangez.
4. Remplissez les tomates avec cette préparation et parsemez la surface de persil et ciboulette. Servez sans attendre.

BROCHETTES AU MAÏS

POUR 4 PERSONNES :

Préparation : 15 mn. Cuisson : 15 mn.
Recette facile. Prix : bon marché.
4 brochettes de dinde,
1/2 verre d'huile,
1 citron,
2 gousses d'ail,
1/2 cuillerée à soupe de sucre roux,
1 verre de ketchup épicé,
4 épis de maïs,
1 plaquette de beurre,
Sel, poivre.

1. Dans un plat creux, versez l'huile, le jus du citron, l'ail écrasé, du sel et du poivre. Déposez les brochettes dans le plat et laissez-les mariner 6 heures en les retournant de temps en temps.
2. Dans un bol, mélangez le sucre roux et le ketchup épicé. Allumez le barbecue et lorsque les braises sont chaudes, faites rôtir les brochettes sur le gril en les badigeonnant régulièrement de sauce.
3. En fin de cuisson, faites griller les épis de maïs sur le barbecue. Roulez les épis sur la plaquette de beurre, salez et poivrez-les et servez-les en même temps que les brochettes de dinde.

SABAYON AU PORTO

POUR 4 PERSONNES :

Préparation : 10 mn. Cuisson : 10 mn.
Recette facile. Prix : bon marché.
6 jaunes d'œuf,
20 cl de Porto,
5 cl de vin blanc sec,
50 g de sucre semoule,
Le jus d'un demi-citron,
Noix de muscade râpée.

1. Préparez un bain-marie. Mettez les jaunes d'œuf et le sucre dans un récipient en inox et battez au fouet jusqu'à ce que le mélange blanchisse.
2. Lorsque l'eau frémit, placez-y le récipient, ajoutez peu à peu le vin blanc et le Porto en fouettant pendant 10 mn jusqu'à ce que le mélange soit mousseux.
3. Incorporez le jus de citron et la noix de muscade. Versez le sabayon dans des coupes individuelles et servez aussitôt.

Conseil du chef
Ce sabayon peut accompagner une charlotte.

POUR CE MENU LE SOMMELIER VOUS PROPOSE

Un Saumur-Champigny blanc

Tarte aux framboises

ENTRÉE

REVETTES AUX CHAMPIGNONS

POUR 4 PERSONNES :

Préparation : 20 mn. Pas de cuisson.
Recette facile. Prix : bon marché.
175 g de champignons de Paris,
200 g de crevettes décortiquées cuites,
8 cuillerées à soupe d'huile d'olive,
2 cuillerées à soupe de vinaigre,
1/2 cuillerée à café de moutarde,
2 cuillerées à soupe de persil haché,
Le jus d'un citron,
1 pincée de sucre,
1 pincée de Cayenne,
Quelques feuilles de laitue,
Ciboulette ciselée,
Sel, poivre.

1. Otez le bout terreux des champignons, lavez-les et essuyez-les. Mélangez la moutarde et le vinaigre, ajoutez l'huile, le persil, le sucre, du sel et du poivre.
2. Emincez les champignons et mettez-les dans la vinaigrette. Mélangez, couvrez le saladier et laissez mariner 1 heure. Mettez les crevettes dans un autre saladier, arrosez-les du jus de citron, ajoutez le Cayenne, salez et mélangez.
3. Mettez les feuilles de laitue dans le plat de service, égouttez les crevettes et ajoutez-les aux champignons. Mélangez et disposez au milieu du plat. Parsemez de ciboulette et servez de suite.

PLAT

RATIN DE POULET

POUR 4 PERSONNES :

Préparation : 15 mn. Cuisson : 25 mn.
Recette facile. Prix : bon marché.
400 g de blanc de poulet cuit,
30 cl de lait, 15 cl de crème épaisse,
6 cuillerées à soupe de chapelure,
4 cuillerées à soupe de farine, 1 œuf,
65 g de beurre, piment de Cayenne,
Persil, sel, poivre.

1. Faites fondre 50 g de beurre dans une casserole sur feu doux et jetez-y la farine en pluie. Remuez 2 mn. Versez peu à peu le lait, portez à ébullition et laissez cuire 15 mn à petits frémissements.
2. Coupez le blanc de poulet en petits dés. Incorporez les 2/3 de la crème dans la sauce, versez 30 cl de la préparation sur le poulet. Assaisonnez de Cayenne, de sel et de poivre.
3. Mélangez et versez dans un plat à gratin. Battez l'œuf en omelette, fouettez le reste de crème. Ajoutez l'œuf et la crème au reste de la sauce, mélangez et nappez-en le plat.
4. Parsemez de chapelure et de noisettes de beurre. Mettez le plat au four et laissez gratiner 10 mn th. 4 - 120°. Parsemez de persil et servez sans attendre.

Conseil du chef
Vous pouvez remplacer le poulet par des blancs de dindonneau.

DESSERT

ARTE AUX FRAMBOISES

POUR 4 PERSONNES :

Préparation : 1 h. Cuisson : 20 mn.
Recette facile. Prix modéré.
250 g de pâte brisée, 750 g de framboises,
15 g de gélatine en poudre,
4 cuillerées à soupe de sucre glace,
30 cl de lait, 1 cuillerée à café de maïzena,
2 cuillerées à soupe de kirsch,
3 cuillerées à soupe de gelée de groseilles,
2 jaunes d'œuf,
4 cuillerées à soupe de crème épaisse.

1. Préparez un bain-marie dans une grande casserole. Versez le sucre glace, la maïzena et les jaunes d'œuf dans un saladier résistant à la chaleur et mélangez avec une cuillère en bois.
2. Faîtes bouillir le lait et versez-le dans le saladier en remuant. Placez celui-ci dans le bain-marie frémissant et cuisez 20 mn en battant au fouet. Ajoutez 1 cuillerée à soupe de kirsch.
3. Mélangez et laissez refroidir hors du bain-marie. Versez 3 cuillerées à soupe d'eau dans un bol résistant à la chaleur et jetez-y la gélatine. Laissez ramollir quelques minutes et faites fondre au bain-marie. Incorporez-la à la crème.
4. Laissez refroidir complètement la crème en remuant de temps en temps. Fouettez la crème fraîche. Incorporez la crème fouettée et versez-la sur la pâte cuite à blanc, étalée et disposée dans un moule.
5. Mettez dans le réfrigérateur 30 mn. Disposez les framboises sur la crème, versez la gelée de groseilles et le reste du kirsch dans une petite casserole et faites chauffer à feu doux. Mélangez.
6. Laissez tiédir puis badigeonnez-en les framboises. Laissez au frais jusqu'au moment de servir.

POUR CE MENU LE SOMMELIER VOUS PROPOSE

Un Brouilly

ENTREE

SALADE ARTICHAUT-AVOCAT

POUR 4 PERSONNES :

Préparation : 10 mn. Pas de cuisson.
Recette facile. Prix : bon marché.

1 laitue,
100 g d'épinards,
1 avocat bien mûr,
400 g de cœur d'artichaut,
2 cuillerées à soupe de jus de citron,
1/2 gousse d'ail,
2 cuillerées à soupe de persil haché,
1/4 de cuillerée à café d'origan séché,
6 cuillerées à soupe d'huile d'olive,
Sel, poivre.

1. Pelez l'ail et hachez-le. Mettez-le dans un saladier et mélangez-le au jus de citron, ajoutez du sel et du poivre. Versez l'huile, parsemez de persil et d'origan et émulsionnez à la fourchette.
2. Egouttez les cœurs d'artichaut, coupez l'avocat en deux dans le sens de la longueur, retirez le noyau et la peau et détaillez la chair en fines lamelles. Mettez-les dans le saladier avec l'artichaut.
3. Mélangez et laissez mariner 30 mn. Effeuillez la laitue, lavez-la et essorez-la. Triez les épinards, lavez-les et essorez-les. Mettez les feuilles de laitue et d'épinards dans un saladier et mélangez-les.
4. Ajoutez-leur l'avocat et l'artichaut marinés, versez également la sauce et mélangez le tout. Servez sans attendre.

PLAT

AGNEAU AU GINGEMBRE

POUR 4 PERSONNES :

Préparation : 40 mn. Cuisson : 40 mn.
Recette facile. Prix modéré.

1 kg de collier d'agneau en morceaux,
3 cm de racine de gingembre frais,
2 cuillerées à soupe d'huile,
1/2 cuillerée à café de curcuma,
2 oignons,
1/2 tablette de bouillon de légumes,
Sel, poivre.

1. Faites chauffer la moitié de l'huile dans une grande cocotte et mettez-y les morceaux d'agneau à revenir sur toutes leurs faces. Couvrez d'eau, ajoutez la demi-tablette de bouillon et laissez mijoter à petit feu 20 mn.
2. Laissez refroidir puis mettez au frais 1 h 30. Retirez la pellicule de graisse figée à la surface, égouttez la viande. Pelez et émincez les oignons. Epluchez et râpez le gingembre.
3. Dans une cocotte, faites chauffer le reste d'huile, mettez-y les oignons et le gingembre à étuver doucement 10 mn. Remettez la viande et un peu de son bouillon.
4. Ajoutez le curcuma, salez, poivrez et laissez réchauffer 10 mn. Servez très chaud. Accompagnez de pâtes fraîches.

DESSERT

ORANGES AUX AMANDES

POUR 4 PERSONNES :

Préparation : 40 mn. Pas de cuisson.
Recette facile. Prix modéré.

4 oranges,
20 cl de crème fraîche,
40 g de poudre d'amandes,
75 g de sucre semoule,
3 cuillerées à soupe de curaçao.

1. Lavez les oranges, essuyez-les et découpez-leur un chapeau. Evidez les oranges, pressez la pulpe et filtrez le jus obtenu. Dans un saladier, versez 4 cuillerées à soupe de jus d'orange, la crème fraîche et le curaçao et mélangez.
2. Incorporez le sucre en battant au fouet, puis la poudre d'amandes et battez le tout. Remplissez les coques d'oranges de cette préparation et remettez les chapeaux. Rangez les oranges dans un plat et placez-le dans le réfrigérateur pendant 2 heures.
3. Disposez chaque orange dans une coupe individuelle et dégustez immédiatement.

Conseil du chef
Accompagnez l'agneau de pâtes au beurre ou de riz pilaf.

Ste Germaine

Flans de tomates à l'edam

ENTRÉE

FLANS DE TOMATES À L'EDAM

POUR 4 PERSONNES :

Préparation : 35 mn. Cuisson : 25 mn.
Recette facile. Prix : bon marché.

800 g de tomates,
5 biscottes,
3 œufs,
150 g d'edam râpé,
Basilic,
Huile,
Sel, poivre.

1. Faites fondre doucement, dans une poêle anti-adhésive, les tomates coupées en quartiers. Salez, poivrez, parfumez de basilic haché et laissez mijoter 1/2 heure.
2. Battez les œufs en omelette, écrasez les biscottes en chapelure, ajoutez-les aux œufs, salez, poivrez et mélangez. Passez les tomates au mixeur.
3. Mélangez-les aux œufs, ajoutez 100 g d'edam. Huilez des petits moules individuels. Répartissez-y le mélange et saupoudrez du reste d'edam.
4. Faites cuire au four th. 6 - 180° pendant 25 mn. Servez très chaud dans les moules de cuisson.

Conseil du chef
Vous pouvez aussi réaliser le flan de tomates dans un grand moule.

PLAT

SAUCISSES GRILLÉES

POUR 4 PERSONNES :

Préparation : 10 mn. Cuisson : 15 mn.
Recette facile. Prix : bon marché.

600 g de saucisses de Toulouse,
6 cl de moutarde,
Un peu d'huile d'olive,
Quelques rondelles de citron coupées en deux,
Quelques brins de persil,
Sel, poivre.

1. Préparez le barbecue. Piquez les saucisses avec une fourchette et faites sur chaque saucisse 3 entailles sur chaque face.
2. Mettez un peu de moutarde sur chaque entaille. Huilez la grille du barbecue et rangez dessus les saucisses.
3. Faites-les cuire pendant 15 mn en les retournant souvent. Servez les saucisses bien chaudes garnies de citron et de persil.

DESSERT

CRÈME AUX GROSEILLES

POUR 4 PERSONNES :

Préparation : 25 mn. Cuisson : 20 mn.
Recette facile. Prix : bon marché.

800 g de groseilles,
3 jaunes d'œuf,
20 cl de lait,
20 cl de crème épaisse,
1 cuillerée à soupe de jus de citron,
1 orange,
3 cuillerées à soupe de sucre semoule,
1 cuillerée à soupe de maïzena.

1. Egouttez les groseilles, gardez-en 8 pour la décoration et passez les autres au mixeur. Préparez un bain-marie. Mélangez le sucre, la maïzena et les jaunes d'œuf dans une casserole.
2. Faites chauffer le lait, versez-le sur la préparation aux œufs et battez le tout. Placez la casserole dans le bain-marie et laissez cuire pendant 20 mn en mélangeant constamment.
3. Retirez la préparation du bain-marie et laissez-la refroidir. Lavez l'orange, essuyez-la et râpez finement son zeste au-dessus de la préparation précédente. Ajoutez la purée de groseilles.
4. Incorporez le jus de citron, la crème, mélangez et répartissez dans 4 coupes individuelles et mettez 2 heures au frais. Fouettez la crème et répartissez-la au-dessus de chaque coupe ainsi que 2 groseilles entières. Servez de suite.

16

JUIN

Fête
des pères

Mignon
de veau
aux légumes

POUR CE MENU LE SOMMELIER VOUS PROPOSE

Un Gaillac rosé

ENTRÉE

VELOUTÉ GLACÉ AUX TOMATES

POUR 4 PERSONNES :

Préparation : 20 mn. Pas de cuisson.
Recette facile. Prix : bon marché.
1 kg de tomates mûres, lavées et hachées,
1 oignon, 1 cuillerée à soupe de sucre,
1 cuillerée à café de sel,
Jus et zeste râpé d'un demi-citron,
12 cl de crème fraîche,
2 tranches de jambon coupées en dés,
1/4 de concombre pelé et coupé en dés,
2 cuillerées à soupe de persil haché.

1. Réduisez les tomates en purée et ôtez les peaux. Mettez-la dans le réfrigérateur. Pelez l'oignon, mixez-le et récupérez son jus.
2. Ajoutez le sucre à la tomate, du sel, le jus d'oignon, le jus de citron et le zeste râpé.
3. Battez le mélange puis incorporez la crème fraîche. Ajoutez le jambon et le concombre et répartissez le velouté dans des bols individuels. Garnissez de persil haché et servez bien frais.

Conseil du chef

Le "lemon curd" est une crème épaisse parfumée au citron.

PLAT

MIGNON DE VEAU AUX LÉGUMES

POUR 4 PERSONNES :

Préparation : 35 mn. Cuisson : 30 mn.
Recette élaborée. Prix : bon marché.
2 filets mignons de veau,
150 g de crépine, 4 gousses d'ail,
10 cl d'huile d'olive,
1 litre de bouillon de poule,
150 g de carottes, 2 branches de céleri,
200 g de champignons de Paris,
1 oignon, 50 g de poitrine fumée,
4 cœurs de batavia, 200 g de penne,
40 g de parmesan, 150 g de beurre,
Sel, poivre.

1. Epluchez les carottes, le céleri, les champignons et l'oignon. Taillez-les en petits dés et faites-les cuire à l'étuvée dans 50 g de beurre. Réservez-les au chaud.
2. Faites cuire les pâtes 10 mn dans une grande quantité d'eau bouillante salée additionnée d'un filet d'huile. Egouttez-les. Lavez et essorez les cœurs de batavia.
3. Placez-les dans une sauteuse avec 50 g de beurre et la poitrine fumée coupée en fins bâtonnets. Laissez cuire 8 mn. Salez et poivrez. Découpez chaque filet de veau en 4 noisettes et faites-les saisir dans un peu de matière grasse 1 mn de chaque côté.
4. Couvrez-les d'une cuillerée à soupe de légumes et enveloppez-les de crépine. Poêlez-les dans 4 cuillerées à soupe d'huile 2 mn de chaque côté. Disposez sur chaque assiette chaude un cœur de batavia.
5. Ajoutez les pâtes garnies d'un morceau de beurre et saupoudrées de parmesan, 2 noisettes de veau et les légumes. Servez aussitôt.

DESSERT

POMMES FARCIES AU FOUR

POUR 4 PERSONNES :

Préparation : 15 mn. Cuisson : 40 mn.
Recette facile. Prix : bon marché.
4 pommes,
1 orange,
75 g de dattes,
3 cuillerées à soupe de "lemon curd",
75 g de raisins secs,
4 cuillerées à café de sucre roux,
Crème fraîche épaisse.

1. Faites chauffer le four th. 6 - 180°. Lavez les pommes, essuyez-les et évidez-les avec un vide-pommes. Posez-les côte à côte dans un plat allant au four.
2. Coupez l'orange en deux et pressez-la. Dénoyautez les dattes et hachez-les grossièrement. Rincez les raisins. Mettez les dattes, les raisins, le jus d'orange et le lemon curd dans un saladier.
3. Mélangez et remplissez les pommes de cette préparation. Saupoudrez de sucre roux. Mettez au four et laissez cuire 40 mn. Arrosez les pommes de temps en temps avec le liquide de cuisson.
4. Posez les pommes sur les assiettes à dessert et servez-les aussitôt avec de la crème fraîche épaisse.

17

JUIN

St Hervé

Entremets au chocolat

ENTRÉE

ŒUFS BROUILLÉS AU SAUMON

POUR 4 PERSONNES :

Préparation : 5 mn. Cuisson : 5 mn.
Recette facile. Prix modéré.

9 œufs,

200 g de saumon fumé,

4 cuillerées à soupe de crème fraîche,

40 g de beurre,

Quelques gouttes de jus de citron,

3 cuillerées à soupe de ciboulette hachée,

Sel, poivre.

1. Cassez les œufs dans un saladier, salez légèrement, poivrez et mélangez à la fourchette. Incorporez la crème.
2. Coupez le saumon en fines lanières. Faites fondre le beurre dans une poêle et faites-y revenir le saumon quelques secondes à feu doux.
3. Versez les œufs dessus et mélangez jusqu'à ce que les œufs commencent à prendre consistance en restant moelleux. Retirez du feu.
4. Arrosez les œufs de jus de citron, parsemez-les de ciboulette et servez immédiatement dans les assiettes de service chaudes.

Conseil du chef

Accompagnez les œufs brouillés de tranches de pain de mie grillées.

PLAT

STEAKS DE SAUMON AU POIVRE

POUR 4 PERSONNES :

Préparation : 10 mn. Cuisson : 20 mn.
Recette facile. Prix modéré.

4 tranches de saumon frais,

Le jus d'un demi-citron,

40 g de beurre,

3 cuillerées à soupe de poivre concassé,

4 rondelles de citron,

2 cuillerées à soupe de persil haché,

1 brin de persil,

Sel.

1. Allumez le gril du four. Epongez le poisson dans du papier absorbant et saupoudrez-le de poivre concassé sur les deux faces. Salez.
2. Faites fondre le beurre et badigeonnez chaque tranche avec la moitié du beurre fondu. Arrosez le poisson de jus de citron. Recouvrez la grille de la lèchefrite d'une feuille d'aluminium et posez les tranches dessus.
3. Faites griller le poisson au four 10 mn. Retournez-le, badigeonnez l'autre face de beurre fondu et laissez cuire encore 10 mn. Disposez le saumon sur le plat de service chaud, saupoudrez de persil haché, posez une rondelle de citron sur chaque tranche, décorez avec le brin de persil et servez chaud.

DESSERT

ENTREMETS AU CHOCOLAT

POUR 4 PERSONNES :

Préparation : 15 mn. Cuisson : 30 mn.
Recette facile. Prix : bon marché.

30 cl de lait,

15 cl de crème fraîche,

75 g de chocolat à pâtisser,

3 œufs,

25 g de sucre semoule,

30 cl d'eau bouillante.

1. Dans une casserole, mettez le lait, la crème et le chocolat coupé en morceaux. Retirez du feu dès le premier bouillon et remuez jusqu'à ce que le chocolat soit fondu.
2. Mélangez les œufs et le sucre et incorporez-y le lait au chocolat. Beurrez un grand moule à côtes et remplissez-le avec la préparation. Couvrez avec du papier d'aluminium et faites cuire au four th. 6 - 180° pendant 30 mn.
3. Sortez le moule du four, retirez l'aluminium et laissez refroidir. Mettez dans le réfrigérateur 2 heures et décorez de vermicelles multicolores avant de servir bien frais.

POUR CE MENU LE SOMMELIER VOUS PROPOSE

Un Touraine-Mesland rosé

ENTRÉE

*J*AMBON AUX CHAMPIGNONS

POUR 4 PERSONNES :

Préparation : 15 mn. Cuisson : 3 mn.
Recette facile. Prix : bon marché.
500 g de champignons de Paris,
4 tranches de jambon,
1 oignon,
1 cuillerée à soupe de ciboulette hachée,
2 cuillerées à soupe de persil haché,
3 cuillerées à soupe de jus de citron,
15 g de beurre,
8 cuillerées à soupe d'huile d'olive,
Sel, poivre.

1. Nettoyez les champignons puis émincez-les finement. Mettez-les dans un saladier et arrosez-les de jus de citron et d'huile. Pelez l'oignon et hachez-le finement. Ajoutez-le aux champignons, salez, poivrez et mélangez.
2. Couvrez et laissez 2 heures au frais. Coupez le jambon en fines lanières. Faites fondre le beurre dans une poêle à feu moyen et faites-y sauter les lanières de jambon 3 mn.
3. Egouttez-les. Egouttez les champignons. Réunissez le tout dans un saladier, parsemez de ciboulette et de persil. Servez aussitôt.

PLAT

*L*ANGUE DE BŒUF MARAÎCHÈRE

POUR 4 PERSONNES :

Préparation : 20 mn. Cuisson : 2 h 30.
Recette facile. Prix : bon marché.
1 langue de bœuf,
800 g de tomates,
1/2 bouillon-cube de volaille,
3 cuillerées à soupe d'eau,
1 cuillerée à soupe de moutarde,
1 cuillerée à soupe de crème fraîche,
1 tête d'ail,
1 botte de persil,
Chapelure,
2 carottes,
1 branche de céleri,
1 feuille de laurier,
1 oignon,
3 clous de girofle,
Sel, poivre.

1. Mettez la langue dans une casserole, mouillez à hauteur, ajoutez les carottes, le céleri, le laurier, l'oignon, les clous de girofle, du sel et du poivre et laissez frémir 2 h 30.
2. Retirez le pédoncule des tomates, coupez-les en deux et ôtez les graines. Hachez l'ail et le persil, farcissez-en les tomates et saupoudrez-les de chapelure.
3. Cuisez-les au four th. 8 - 240° pendant 15 mn. Délayez la moutarde dans l'eau, incorporez le bouillon de volaille et la crème fraîche dans une casserole à feu doux.
4. Epluchez la langue, présentez-la sur le plat de service préchauffé coupée en tranches. Servez immédiatement.

DESSERT

*C*OUPES DE FRUITS ROUGES

POUR 4 PERSONNES :

Préparation : 20 mn. Pas de cuisson.
Recette facile. Prix modéré.
500 g de groseilles, 500 g de framboises,
1/2 citron, 2 cuillerées à soupe de Cognac,
Sucre glace, 250 g de cassis,
2 cuillerées à soupe de jus de citron,
3 cuillerées à soupe de sucre glace.

1. Lavez les cassis et égouttez-les. Passez-les au mixeur, ajoutez les 2 cuillerées à soupe de jus de citron et les 3 cuillerées de sucre glace. Mélangez et versez dans un bol. Mettez dans le réfrigérateur.
2. Lavez rapidement les groseilles et les framboises. Egrénez les groseilles. Mettez-les dans une grande coupe. Pressez le demi-citron et versez son jus sur les fruits. Ajoutez le Cognac, saupoudrez de sucre glace et mélangez délicatement.
3. Mettez dans le réfrigérateur. Au moment de servir, présentez dans des coupes individuelles avec le coulis à part.

Conseil du chef
La langue peut s'accompagner également d'une sauce gribiche ou piquante.

19
JUIN

St Romuald

*Salade
printanière*

ENTREE

SALADE PRINTANIÈRE

POUR 4 PERSONNES :

Préparation : 30 mn. Pas de cuisson.
Recette facile. Prix : bon marché.

4 tomates,
1 botte de radis,
1 concombre,
1 laitue,
2 citrons verts,
1 bouquet de ciboulette,
1 jaune d'œuf,
10 cl d'huile de tournesol,
1 cuillerée à café de moutarde,
Sel, poivre.

1. Plongez deux tomates dans l'eau bouillante, pelez-les et épépinez-les. Réduisez-les en purée. Montez une mayonnaise avec la moutarde, le jaune d'œuf et l'huile. Salez et poivrez.
2. Ajoutez la pulpe de tomate, le jus d'un demi-citron et la ciboulette hachée. Lavez tous les légumes. Coupez les tomates en petits quartiers et le concombre évidé en rondelles.
3. Gardez quelques radis entiers et coupez les autres en rondelles. Dans les assiettes, répartissez tous les légumes sur un lit de laitue. Décorez de rondelles de citron vert et de radis entiers. Nappez de sauce au moment de servir.

PLAT

CÔTELETTES D'AGNEAU PANÉES

POUR 4 PERSONNES :

Préparation : 10 mn. Cuisson : 5 mn.
Recette facile. Prix : bon marché.

8 côtelettes d'agneau,
Huile pour friture,
30 g de farine,
30 g de parmesan râpé,
30 g de mie de pain rassise,
2 œufs,
Quartiers de citron,
Persil haché,
8 papillotes,
Sel, poivre.

1. Passez la mie de pain à la moulinette et mélangez-le au parmesan. Cassez les œufs dans une assiette creuse et battez-les à la fourchette. Mettez la farine et le mélange mie de pain/parmesan dans des assiettes différentes.
2. Salez et poivrez les côtelettes, passez-les dans la farine, dans les œufs et dans la chapelure. Faites chauffer la friture à 180°. Plongez-y la moitié des côtelettes et laissez-les frire 5 mn. Egouttez-les sur du papier absorbant et tenez-les au chaud.
3. Procédez de la même façon pour les autres côtelettes. Garnissez le manche des côtelettes avec une papillote. Disposez la viande sur un plat de service chaud. Décorez avec les quartiers de citron et le persil haché. Servez sans attendre.

DESSERT

ORANGES À LA NOIX DE COCO

POUR 4 PERSONNES :

Préparation : 10 mn. Pas de cuisson.
Recette facile. Prix : bon marché.

4 oranges,
6 cl de Cointreau,
3 cl de jus de citron,
4 cuillerées à soupe de noix de coco râpée.

1. Pelez les oranges à vif, coupez-les en tranches, enlevez les pépins. Rangez les tranches d'orange dans une grande coupe et arrosez-les du Cointreau et du jus de citron.
2. Mettez-les à rafraîchir dans le réfrigérateur plusieurs heures. Au moment de servir, répartissez les oranges dans des coupes individuelles, arrosez-les du jus de marinade, parsemez de noix de coco et servez aussitôt.

Conseil du chef
Versez un peu de mayonnaise sur la salade et présentez le reste en saucière.

177

POUR CE MENU LE SOMMELIER VOUS PROPOSE

Un Côteaux d'Aix blanc

20
JUIN

St Silvère

Lapin
aux artichauts

ENTREE

ST JACQUES GRILLÉES

POUR 4 PERSONNES :

Préparation : 20 mn. Cuisson : 10 mn. Recette facile. Prix modéré.

16 noix de st Jacques,

8 cuillerées à soupe de vin blanc sec,

1 oignon,

1 gousse d'ail,

1 bouquet garni,

3 cuillerées à soupe de persil haché,

3 cuillerées à soupe de mie de pain rassise,

30 g de beurre,

3 cuillerées à soupe d'huile,

Sel, poivre.

1. Rincez les noix de st Jacques, séparez les noix des coraux, épongez-les, coupez les noix en deux. Pelez l'ail et l'oignon et hachez-les séparément. Passez la mie de pain à la moulinette.
2. Mettez les noix dans une casserole, ajoutez le vin blanc, 6 cuillerées à soupe d'eau, les coraux, l'oignon et le bouquet garni. Salez, poivrez et portez à ébullition sur feu doux.
3. Laissez frémir 5 mn à couvert. Egouttez le contenu de la casserole et mettez-le dans un plat allant au four. Otez le bouquet garni, ajoutez le persil et la mie de pain, salez, poivrez et mélangez.
4. Allumez le gril du four. Faites chauffer l'huile dans une petite casserole, ajoutez le beurre. Lorsqu'il est fondu, ajoutez l'ail. Versez le mélange sur les st Jacques. Cuisez au four 5 mn et servez de suite.

PLAT

LAPIN AUX ARTICHAUTS

POUR 4 PERSONNES :

Préparation : 20 mn. Cuisson : 50 mn. Recette facile. Prix : bon marché.

1 lapin coupé en morceaux,

8 fonds d'artichaut,

200 g d'oignons grelots,

10 cl de vin blanc sec,

1/2 cuillerée à soupe de moutarde de Meaux,

4 cuillerées à soupe de crème fraîche,

6 brins de ciboulette,

40 g de beurre,

Sel, poivre.

1. Pelez les oignons. Faites cuire les fonds d'artichaut à la vapeur 6 mn et coupez-les en morceaux.
2. Dans une cocotte, faites chauffer le beurre, faites-y revenir les morceaux de lapin sur toutes leurs faces.
3. Ajoutez les oignons, mouillez avec le vin blanc, salez et poivrez. Couvrez et laissez cuire 35 mn.
4. Ajoutez les fonds d'artichaut, couvrez et faites cuire 10 mn. Délayez la moutarde avec la crème, ajoutez-les à la préparation.
5. Mélangez bien, portez à ébullition. Déposez les morceaux de lapin, les fonds d'artichaut et les oignons dans le plat de service, nappez de sauce et décorez de ciboulette ciselée. Servez bien chaud.

DESSERT

BANANES FLAMBÉES

POUR 4 PERSONNES :

Préparation : 15 mn. Cuisson : 10 mn. Recette facile. Prix : bon marché.

4 bananes,

4 cuillerées à soupe de jus de citron,

2 oranges,

60 g de beurre,

4 cuillerées à soupe de rhum,

20 g de sucre,

Crème fouettée.

1. Epluchez les bananes, arrosez-les du jus de citron et laissez-les macérer quelques minutes. Lavez et épongez les oranges. Râpez-en le zeste, coupez-les en deux et pressez-les.
2. Mettez le beurre dans une grande poêle, ajoutez-y le sucre, le jus et le zeste des oranges. Faites chauffer à feu très doux.
3. Ajoutez le jus de citron, les bananes et faites-les dorer des deux côtés 10 mn. Retirez du feu, versez le rhum et flambez immédiatement. Servez avec la crème fouettée.

Conseil du chef
Vous pouvez chauffer le rhum avant de le verser dans la poêle.

POUR CE MENU LE SOMMELIER VOUS PROPOSE

Un Quincy

CRESSON AU ROQUEFORT

POUR 4 PERSONNES :

Préparation : 15 mn. Pas de cuisson. Recette facile. Prix modéré.

1 petite laitue,
1 botte de cresson,
25 g de roquefort,
1 œuf dur,
2 cuillerées à soupe de crème liquide,
2 cuillerées à soupe de vinaigre,
6 cuillerées à soupe d'huile d'olive,
Poivre.

1. Nettoyez les salades, effeuillez la laitue, ôtez les tiges du cresson. Egouttez-les et essorez-les. Emiettez le roquefort à la fourchette. Ecalez l'œuf et hachez-le finement.
2. Dans un bol, mettez le roquefort, la crème, le vinaigre et l'huile, émulsionnez le tout à la fourchette. Poivrez et mélangez, ajoutez l'œuf dur haché et mélangez à nouveau.
3. Mettez la laitue et le cresson dans un saladier, versez la sauce dessus, mélangez bien et servez immédiatement.

RAIE BEURRE NOISETTE

POUR 4 PERSONNES :

Préparation : 10 mn. Cuisson : 10 mn. Recette facile. Prix modéré.

1 kg de raie,
1 bouquet garni,
4 cuillerées à soupe de persil haché,
2 cuillerées à soupe de câpres,
6 cuillerées à soupe de vinaigre,
125 g de beurre,
1 citron,
Sel, poivre.

1. Lavez la raie. Remplissez à demi une casserole d'eau, ajoutez le bouquet garni, 2 cuillerées à soupe de vinaigre, du sel et la raie en morceaux.
2. Portez à ébullition et laissez cuire doucement 10 mn à petits frémissements. Hachez grossièrement les câpres. Faites fondre le beurre dans une poêle jusqu'à ce qu'il soit couleur noisette.
3. Retirez la poêle du feu, ajoutez-y le reste du vinaigre, le persil et les câpres. Salez, poivrez, mélangez et couvrez. Pour servir, retirez la peau et les cartilages de la raie.
4. Disposez le poisson sur un plat de service chaud et arrosez-le de beurre aux câpres. Lavez le citron, essuyez-le et coupez-le en rondelles et décorez-en la raie. Servez aussitôt.

CRÊPES AMÉRICAINES

POUR 4 PERSONNES :

Préparation : 30 mn. Cuisson : 30 mn. Recette facile. Prix : bon marché.

150 g de farine de sarrazin,
25 g de sucre en poudre,
1/4 de litre de lait,
3 œufs,
25 g de beurre,
1/2 cuillerée à café de sel,
1/2 sachet de levure.

1. Versez la farine dans un saladier, ajoutez la levure, le sel et 25 g de sucre en poudre. Mélangez. Faites un puits au centre, versez-y le lait, 3 œufs battus en omelette et 25 g de beurre fondu.
2. Mélangez jusqu'à obtenir une pâte homogène. Badigeonnez d'huile une petite poêle et chauffez-la à feu vif. Versez-y une louche de pâte et faites-la dorer 3 mn de chaque côté.
3. Recommencez l'opération 3 fois. Réservez les crêpes au chaud et servez-les avec du sirop d'érable.

Conseil du chef
Le roquefort étant déjà salé, il n'est pas nécessaire de saler la salade.

179

St Alban

Paëlla

POUR CE MENU LE SOMMELIER VOUS PROPOSE

Un Entre-Deux-Mers

ENTREE

HARENGS MARINÉS

POUR 4 PERSONNES :

Préparation : 20 mn. Pas de cuisson.
Recette facile. Prix : bon marché.

8 filets de harengs saur, 2 carottes,
1 citron, 1 oignon, 2 feuilles de laurier,
15 cl de lait, 25 cl d'huile d'olive,
8 grains de poivre noir.

1. Rincez les filets de harengs, ôtez-leur la peau et rangez-les dans un plat creux. Délayez le lait avec la même quantité d'eau. Recouvrez le poisson de ce liquide. Laissez tremper 24 heures.
2. Egouttez les filets, épongez-les dans du papier absorbant et disposez-les côte à côte dans un grand plat de service creux. Epluchez les carottes et coupez-les en rondelles.
3. Lavez le citron et coupez-le en fines rondelles. Pelez l'oignon et émincez-le finement. Recouvrez les harengs avec les carottes, les oignons, les feuilles de laurier, les grains de poivre.
4. Posez dessus les rondelles de citron, versez l'huile, couvrez le plat d'une feuille de cellophane et laissez mariner 48 heures dans le bas du réfrigérateur.

Conseil du chef
Vous pouvez également ajouter à la paëlla des poivrons verts et rouges coupés en lanières.

PLAT

PAELLA

POUR 4 PERSONNES :

Préparation : 30 mn. Cuisson : 30 mn.
Recette élaborée. Prix modéré.

200 g de riz,
250 g de blancs de calamars,
1/2 litre de bouillon de bœuf,
1 litre de moules,
250 g de lotte,
200 g de crevettes décortiquées,
4 langoustines,
1 tablette de court-bouillon,
2 blancs de poulet,
4 tomates pelées,
1 tasse de petits pois,
4 cuillerées à soupe d'huile d'olive,
Safran,
Sel, poivre.

1. Dans une grande poêle, faites chauffer l'huile, ajoutez le riz et faites cuire 5 mn. Mouillez avec le bouillon de bœuf additionné d'une pincée de safran.
2. Ajoutez les blancs de poulet coupés en lanières, la lotte coupée en cubes, les calamars, les tomates coupées en quartiers, les petits pois, du sel, du poivre et laissez cuire à feu doux à découvert 30 mn en remuant.
3. Faites ouvrir les moules, décortiquez-les. Dix minutes avant la fin de la cuisson, ajoutez-les dans la poêle avec les crevettes et couvrez. Faites pocher rapidement les langoustines au court-bouillon et ajoutez-les à la poêle au moment de servir.

DESSERT

SORBET À L'ORANGE

POUR 4 PERSONNES :

Préparation : 20 mn. Cuisson : 10 mn.
Recette facile. Prix : bon marché.

30 cl de jus d'orange,
10 cl de jus de citron,
2 oranges,
1 citron,
250 g de sucre,
4 rondelles d'orange.

1. Versez le sucre dans une grande casserole, ajoutez 60 cl d'eau et portez à ébullition doucement. Laissez bouillir 10 mn et laissez refroidir complètement ce sirop de sucre.
2. Lavez les oranges et le citron, essuyez-les et râpez-en finement le zeste. Ajoutez les jus et zestes d'orange et de citron au sirop de sucre froid. Mélangez bien et versez dans un bac à glace.
3. Mettez dans le freezer et laissez prendre 1 heure. Battez à la fourchette. Laissez prendre 1 h 30. Battez toutes les 30 mn. Laissez prendre 2 heures sans y toucher.
4. Trente minutes avant de servir, sortez le sorbet du freezer et mettez-le dans le réfrigérateur. Façonnez-le en boules pour servir et répartissez-les dans des coupes et décorez de rondelles d'orange.

POUR CE MENU LE SOMMELIER VOUS PROPOSE

Un Saint-Tropez rosé

ENTRÉE

ŒUFS À L'OSEILLE

POUR 4 PERSONNES :

Préparation : 15 mn. Cuisson : 5 mn.
Recette facile. Prix : bon marché.

4 œufs,
300 g d'oseille,
40 g de beurre,
100 g de feta,
1 bouquet de ciboulette,
2 tomates,
Sel, poivre.

1. Otez un chapeau à chaque œuf et versez son contenu dans une poêle chaude avec l'oseille équeutée et découpée en lanières. Conservez les plus grandes coquilles.
2. Mélangez les œufs et l'oseille sans arrêt jusqu'à ce que les œufs soient pris. Hors du feu, ajoutez la feta émiettée et la ciboulette hachée. Salez et poivrez.
3. Remplissez les 4 coquilles de ce mélange et servez-les bien chaud avec quelques rondelles de tomates lavées et essuyées.

Conseil du chef
Vous pouvez faire cuire plus longtemps les faux-filets si vous ne les aimez pas saignants.

PLAT

FAUX-FILETS AU COGNAC

POUR 4 PERSONNES :

Préparation : 25 mn. Cuisson : 5 mn.
Recette facile. Prix : bon marché.

4 tranches de faux-filet,
2 oignons nouveaux,
4 cuillerées à soupe de Xérès,
2 cuillerées à soupe de Cognac,
50 g de beurre,
1 cuillerée à soupe d'huile,
Sel, poivre.

1. Epluchez les oignons et émincez-les finement ainsi que leurs tiges. Poivrez les morceaux de viande. Placez une poêle sur feu vif et passez-y un coton imbibé d'huile.
2. Mettez 2 tranches de viande dans la poêle et saisissez-les 1 mn sur chaque face, retirez-les, tenez-les au chaud et faites de même avec les 2 autres tranches.
3. Retirez la poêle du feu et mettez-y les 4 tranches. Versez le Xérès et le Cognac et flambez. Mettez les faux-filets sur un plat de service et réservez-les au chaud.
4. Mettez le beurre dans la poêle à feu moyen et portez le jus de cuisson à ébullition. Parsemez de l'oignon haché, salez et arrosez la viande avec cette sauce. Servez sans attendre.

DESSERT

PETITS GATEAUX BLANCS

POUR 4 PERSONNES :

Préparation : 25 mn. Cuisson : 15 mn.
Recette facile. Prix : bon marché.

100 g de farine,
1 pincée de sel,
1 cuillerée à café de levure,
100 g de beurre ramolli,
100 g de sucre semoule,
2 œufs battus,
Le zeste râpé d'une orange,
4 cuillerées à soupe de confiture de cerises,
50 g de noix de coco râpée.

1. Préchauffez le four th. 7 - 210°. Mélangez la farine, le sel et la levure. Beurrez 4 moules individuels. Travaillez le beurre ramolli avec le sucre, incorporez les œufs, battez le mélange et ajoutez le zeste d'orange.
2. Incorporez la farine et mélangez. Remplissez les moules de cette pâte, placez-les dans le four et laissez cuire 15 mn. Démoulez les gâteaux et laissez-les refroidir.
3. Chauffez la confiture de cerises dans une petite casserole et badigeonnez-en chaque gâteau. Au moment de servir, mettez la noix de coco râpée dans une assiette et roulez-y chaque gâteau.

St Jean-
Baptiste

Ris de veau
au poivron

POUR CE MENU LE SOMMELIER VOUS PROPOSE

Un Côtes de Provence

ENTREE

CHAMPIGNONS AU RIZ

POUR 4 PERSONNES :

Préparation : 15 mn. Cuisson : 15 mn.
Recette facile. Prix : bon marché.
225 g de riz,
100 g de champignons de Paris,
5 cuillerées à soupe d'huile de maïs,
1 oignon haché,
1 cuillerée à soupe de sauce soja,
Poivre noir.

1. Chauffez 2 cuillerées à soupe d'huile dans une grande poêle et faites revenir l'oignon 10 mn. Ajoutez 1 cuillerée à soupe d'huile et les champignons et faites revenir le mélange 5 mn.
2. Ajoutez 2 cuillerées à soupe d'huile et le riz cuit dans une grande quantité d'eau bouillante salée. Faites revenir 5 mn. Versez la sauce soja, ajoutez du poivre et faites revenir encore 2 mn.
3. Répartissez les champignons au riz dans les assiettes de service et servez immédiatement.

Conseil du chef
Les ris de veau peuvent se servir également sautés, frits ou braisés.

PLAT

RIS DE VEAU AU POIVRON

POUR 4 PERSONNES :

Préparation : 20 mn. Cuisson : 30 mn.
Recette facile. Prix : bon marché.
400 g de ris de veau,
1 poivron rouge,
1/2 botte de ciboulette,
1,5 bouillon-cube de volaille,
1/4 de litre d'eau,
600 g de pommes de terre,
1/4 de litre de lait,
50 g de crème fraîche,
Sel, poivre.

1. Faites pocher les ris de veau quelques minutes puis émincez-les. Faites-les colorer dans une poêle anti-adhésive. Déglacez la poêle avec le bouillon de volaille.
2. Salez, poivrez et laissez réduire. Ajoutez le poivron rouge coupé en dés et la ciboulette hachée. Faites cuire les pommes de terre épluchées dans une grande quantité d'eau bouillante salée.
3. Ecrasez-les avec un presse-purée, ajoutez le lait et la crème fraîche. Mélangez et servez avec les ris de veau bien chaud.

DESSERT

GLACE À LA VANILLE

POUR 4 PERSONNES :

Préparation : 20 mn. Cuisson : 10 mn.
Recette facile. Prix : bon marché.
40 cl de crème fraîche épaisse,
20 cl de lait,
1 gousse de vanille,
6 cuillerées à soupe de sucre,
6 jaunes d'œuf.

1. Fendez la gousse de vanille en deux et mettez-la dans une casserole. Ajoutez la crème, le lait, le sucre, mélangez et portez à ébullition. Retirez du feu, couvrez et laissez infuser 20 mn.
2. Préparez un bain-marie. Versez les jaunes d'œuf dans une casserole et battez-les à la fourchette. Arrosez-les avec le lait aromatisé. Retirez la gousse de vanille.
3. Placez la casserole dans le bain-marie et faites cuire en mélangeant avec une cuillère en bois. Versez la crème dans un saladier et laissez refroidir. Couvrez et mettez 2 heures au frais.
4. Versez la crème dans un bac à glace, couvrez d'une feuille d'aluminium et laissez 2 heures dans le freezer. Battez à la fourchette puis remettez 5 heures.
5. Une heure avant de servir, sortez la glace du freezer et mettez-la dans le réfrigérateur. Au moment de servir, répartissez des boules dans des coupes.

POUR CE
MENU LE
SOMMELIER
VOUS
PROPOSE

*Un Côtes
du Lubéron
rosé*

ENTRÉE

BETTERAVE EN SALADE

POUR 4 PERSONNES :

Préparation : 20 mn. Pas de cuisson.
Recette facile. Prix : bon marché.
500 g de betterave cuite,
1 pomme type Canada,
4 cuillerées à soupe d'oignon finement haché,
2 cuillerées à soupe de persil haché,
8 cuillerées à soupe d'huile d'olive,
3 cuillerées à soupe de jus de citron,
Sel, poivre.

1. Pelez les betteraves et coupez-les en bâtonnets de 5 cm de long et 2 mm d'épaisseur. Pelez la pomme et coupez-la en bâtonnets de la même taille. Ajoutez la pomme aux betteraves.
2. Ajoutez l'oignon et le persil hachés, l'huile d'olive, le jus de citron, du sel et du poivre. Mélangez délicatement. Mettez le tout dans le réfrigérateur 1 heure.
3. Juste avant de servir, mélangez à nouveau la salade et servez-la immédiatement bien fraîche.

PLAT

CABILLAUD À LA CRÈME

POUR 4 PERSONNES :

Préparation : 10 mn. Cuisson : 25 mn.
Recette facile. Prix : bon marché.
1 kg de filets de cabillaud,
30 cl de crème,
3 cuillerées à soupe de jus de citron,
Piment de Cayenne,
3 cuillerées à soupe de ciboulette hachée,
20 g de beurre,
Sel, poivre.

1. Préchauffez le four th. 6 - 180°. Epongez les filets avec du papier absorbant, salez et poivrez-les.
2. Beurrez un plat à feu et rangez-y les filets côte à côte. Dans un saladier, mélangez la crème, le jus de citron, la ciboulette, 1 pincée de Cayenne, du sel et du poivre.
3. Nappez les filets avec cette sauce. Mettez au four et laissez cuire 25 mn. Servez bien chaud.

DESSERT

FLAN AUX ŒUFS

POUR 4 PERSONNES :

Préparation : 15 mn. Cuisson : 30 mn.
Recette facile. Prix : bon marché.
3 œufs,
4 cuillerées à soupe de sucre,
2 cuillerées à soupe de crème fraîche,
10 g de maïzena,
2 cl d'extrait de vanille liquide.

1. Dans un saladier, cassez les œufs et battez-les en omelette. Ajoutez le sucre, la crème fraîche et la maïzena. Mélangez soigneusement.
2. Beurrez un plat allant au four et versez-y la préparation précédente. Mettez au four th. 7 - 210° pendant 30 mn. Laissez refroidir avant de démouler.

Conseil du chef
Vous pouvez aussi ajouter des cerneaux de noix à la betterave en salade.

183

St Anthelme

Escalopes
à la tomate

POUR CE MENU LE SOMMELIER VOUS PROPOSE

Un Touraine rosé

ENTREE

VELOUTÉ D'ÉPINARDS

POUR 4 PERSONNES :

Préparation : 15 mn. Cuisson : 10 mn.
Recette facile. Prix : bon marché.

1 kg d'épinards,
30 cl de bouillon de volaille,
20 cl de crème fraîche épaisse,
50 g de beurre,
Sel, poivre.

1. Triez les épinards, lavez-les, égouttez-les et hachez-les. Faites fondre le beurre dans un faitout à feu doux et faites-y revenir les épinards 5 mn en mélangeant.
2. Passez-les au mixeur et mettez-les dans une casserole avec le bouillon et les 3/4 de la crème fraîche. Salez, poivrez et faites réchauffer à feu modéré en remuant sans laisser bouillir.
3. Versez dans des assiettes creuses chaudes, répartissez le reste de la crème et servez sans attendre.

PLAT

ESCALOPES À LA TOMATE

POUR 4 PERSONNES :

Préparation : 20 mn. Cuisson : 15 mn.
Recette facile. Prix : bon marché.

4 escalopes de dindonneau,
1 petite boîte de sauce tomate,
1 cuillerée à café de concentré de tomate,
1 pincée de poivre de Cayenne,
1 échalote,
1 gousse d'ail,
Persil haché,
Huile,
Sel, poivre.

1. Versez la sauce tomate dans une casserole, faites-y dissoudre le concentré de tomate, ajoutez le poivre de Cayenne, l'échalote et l'ail finement hachés.
2. Laissez cuire à petits feux et à couvert 10 mn. Enduisez légèrement les escalopes d'huile et faites-les griller 5 mn sur chaque face, salez et poivrez-les.
3. Passez la sauce tomate au mixeur, versez-la dans le fond du plat de service, disposez dessus les escalopes, saupoudrez de persil haché et servez aussitôt.

DESSERT

FRUITS AU KIRSCH

POUR 4 PERSONNES :

Préparation : 25 mn. Pas de cuisson.
Recette facile. Prix modéré.

1 ananas,
2 oranges,
3 cuillerées à soupe de sucre glace,
3 cuillerées à soupe de kirsch.

1. Coupez les extrémités de l'ananas, pelez-le à l'aide d'un grand couteau, coupez la pulpe en tranches de 2 cm d'épaisseur et retirez la partie fibreuse du centre.
2. Pelez les oranges à vif et coupez-les en fines rondelles. Posez 1 rondelles d'orange sur chaque tranche d'ananas et disposez-les dans le plat de service.
3. Saupoudrez le tout de sucre glace et arrosez de kirsch. Mettez dans le réfrigérateur 1 heure avant de servir.

Conseil du chef
Vous pouvrez saupoudrer le velouté d'épinards de fines herbes fraîches.

27
JUIN

St Fernand

Pourpier au saumon fumé

ENTRÉE

POURPIER AU SAUMON FUMÉ

POUR 4 PERSONNES :

Préparation : 30 mn. Pas de cuisson.
Recette facile. Prix modéré.

150 g de pourpier,
120 g de saumon fumé,
250 g de gouda,
1 jaune d'œuf,
30 cl d'huile,
6 cuillerées à soupe d'huile d'olive,
1 cuillerée à soupe de vinaigre,
1 cuillerée à café de moutarde,
8 brins d'aneth,
Le jus d'un citron vert,
Sel, poivre.

1. Dans un bol, mettez une pincée de sel, une de poivre, le jaune d'œuf et la moutarde. Versez l'huile en filet et fouettez. Ajoutez 2 cuillerées à soupe de jus de citron, remuez et réservez au frais.
2. Coupez le gouda en fines lamelles. Posez les tranches de saumon sur le plan de travail, couvrez-les de lamelles de gouda, ajoutez la moitié de l'aneth, quelques gouttes d'huile d'olive et de citron vert.
3. Poivrez, roulez l'ensemble et mettez ces rouleaux au frais. Lavez le pourpier et épongez-le. Dans un bol, mettez du sel, du poivre, le vinaigre et de l'huile d'olive. Ajoutez le reste d'aneth et mélangez.
4. Versez sur le pourpier et remuez. Sur les assiettes de service, répartissez la salade, posez les rouleaux au centre et servez avec la mayonnaise en saucière.

PLAT

POULET AU CURRY

POUR 4 PERSONNES :

Préparation : 15 mn. Cuisson : 25 mn.
Recette facile. Prix : bon marché.

700 g de blanc de poulet cuit,
200 g de riz, 1 oignon,
1 gousse d'ail, 50 g de beurre,
2 cuillerées à soupe de persil haché,
40 cl de bouillon de volaille,
1 cuillerée à soupe de farine,
2 cuillerées à soupe de curry, sel, poivre.

1. Faites bouillir de l'eau salée dans une grande casserole, jetez-y le riz et laissez cuire à gros bouillons 15 mn. Coupez le blanc de poulet en cubes. Pelez l'ail et l'oignon et hachez-les séparément.
2. Faites fondre le beurre dans une grande poêle et faites-y revenir l'oignon, ajoutez l'ail et la farine. Mélangez et laissez cuire quelques minutes. Versez peu à peu le bouillon.
3. Portez à ébullition et remuez sans arrêt. Laissez frémir 5 mn. Ajoutez les morceaux de poulet, le persil, le curry et 1 pincée de poivre. Mélangez, couvrez et laissez cuire 10 mn à feu doux.
4. Egouttez le riz, disposez-le dans le plat de service, versez au centre le poulet au curry et servez bien chaud.

Conseil du chef
Vous pouvez remplacer le pourpier par du mesclun.

DESSERT

TARTE SOUFFLÉE AU CITRON

POUR 4 PERSONNES :

Préparation : 20 mn. Cuisson : 40 mn.
Recette facile. Prix : bon marché.

250 g de pâte brisée,
1 citron,
175 g de sucre semoule,
4 œufs + 1 blanc,
1 cuillerée à café d'extrait de vanille,
1 pincée de noix de muscade,
10 g de beurre,
Sel.

1. Préchauffez le four th. 6 - 180°. Etalez la pâte sur 3 mm d'épaisseur. Beurrez un moule à tarte et garnissez-le avec la pâte. Piquez celle-ci avec les dents d'une fourchette et faites-la cuire à blanc 10 mn.
2. Lavez le citron, essuyez-le et râpez-en le zeste. Coupez-le en deux et pressez-le. Cassez les œufs en séparant les blancs des jaunes. Versez les jaunes dans un saladier résistant à la chaleur, ajoutez 4 cuillerées à soupe de jus de citron, 100 g de sucre et la noix de muscade.
3. Battez le tout et faites cuire au bain-marie 10 mn en battant. Retirez du bain-marie, incorporez le zeste et l'extrait de vanille. Ajoutez 1 pincée de sel aux blancs d'œuf et battez-les en neige ferme. Incorporez-y le reste du sucre en battant.
4. Incorporez les œufs en neige à la crème et versez sur la pâte. Mettez au four et cuisez 30 mn. Servez sans attendre.

POUR CE MENU LE SOMMELIER VOUS PROPOSE

*Un
Marsannay*

ENTRÉE

Moules au céleri

POUR 4 PERSONNES :

*Préparation : 30 mn. Cuisson : 15 mn.
Recette facile. Prix modéré.*

1 litre de moules,
1/2 céleri en branches,
1 cuillerée à soupe d'échalote hachée,
7 cl de vin blanc sec,
2 cuillerées à soupe de vinaigre,
8 cuillerées à soupe d'huile d'olive,
1 gousse d'ail écrasée,
1 cuillerée à soupe de persil haché,
1 cuillerée à soupe de ciboulette hachée,
Sel, poivre.

1. Grattez les moules et lavez-les. Mettez-les dans une grande casserole, avec l'échalote, le persil, le sel et le vin. Couvrez et faites ouvrir à feu vif 5 mn en secouant le récipient de temps en temps.
2. Faites-les égoutter et décoquillez-les. Réservez. Lavez et épongez le céleri, coupez les branches en tronçons et faites-les blanchir dans de l'eau bouillante salée 5 mn. Rafraîchissez-les et égouttez-les.
3. Essuyez-les avec du papier absorbant. Dans un bol, mélangez le sel, le poivre et le vinaigre. Ajoutez l'huile, l'ail, la ciboulette et remuez. Dans un saladier, mélangez les moules et le céleri. Versez la vinaigrette par-dessus et servez immédiatement.

PLAT

Tendrons de veau grillés

POUR 4 PERSONNES :

*Préparation : 10 mn. Cuisson : 20 mn.
Recette facile. Prix : bon marché.*

4 tendrons de veau,
2 citrons,
7 cuillerées à soupe d'huile d'olive,
1 gousse d'ail,
3 tomates,
1 cuillerée à café de thym,
Sel, poivre.

1. Pelez et hachez finement l'ail. Déposez les tendrons dans un plat creux, ajoutez l'ail, le jus des citrons, 6 cuillerées à soupe d'huile. Retournez les tendrons pour les imprégner de la marinade.
2. Couvrez et laissez reposer 3 heures dans un endroit frais. Ébouillantez les tomates quelques secondes, pelez-les et coupez-les en deux. Pressez-les et hachez la chair. Assaisonnez-les de thym, sel et poivre.
3. Ajoutez le reste d'huile, remuez, conservez à température ambiante. Faites chauffer un gril en fonte, grillez-y les tendrons égouttés 10 mn sur chaque face. Salez et poivrez-les. Servez très chaud avec la sauce à part.

DESSERT

Fromage blanc à la crème

POUR 4 PERSONNES :

*Préparation : 15 mn. Pas de cuisson.
Recette facile. Prix : bon marché.*

250 g de fromage blanc,
20 cl de crème fraîche épaisse,
2 cuillerées à soupe de sucre glace,
1/4 de cuillerée à café d'extrait de vanille,
Sucre semoule.

1. Versez le fromage blanc dans un saladier et battez-le au fouet pour le rendre homogène. Ajoutez le sucre glace et la vanille et battez à nouveau. Battez la crème fraîche et incorporez-la au fromage blanc.
2. Versez cette préparation dans quatre moules individuels et mettez-les dans le réfrigérateur 12 heures. Démoulez sur les assiettes à dessert et servez avec le sucre semoule à part.

Conseil du chef
Vous pouvez mettre les tendrons de veau à mariner la veille, ils n'en seront que plus moelleux.

POUR CE MENU LE SOMMELIER VOUS PROPOSE

Un Côtes du Rhône blanc

ENTRÉE

ŒUFS ET AVOCATS

POUR 4 PERSONNES :

Préparation : 45 mn. Cuisson : 10 mn.
Recette facile. Prix : bon marché.
2 avocats bien mûrs,
4 œufs,
4 feuilles de laitue,
4 cuillerées à soupe de cerneaux de noix,
3 cuillerées à soupe d'huile,
6 cuillerées à soupe de yaourt nature,
1/2 cuillerée à café de paprika,
1 pincée de piment de Cayenne,
1 cuillerée à soupe de vinaigre,
Sel, poivre.

1. Faites cuire les œufs 10 mn dans de l'eau bouillante. Rafraîchissez-les et écalez-les. Coupez les avocats en deux dans le sens de la longueur et ôtez leur noyau.
2. Pelez-les et coupez-les en morceaux. Dans un bol, mélangez le vinaigre, le piment, du sel, du poivre, ajoutez l'huile et battez à la fourchette. Versez le yaourt et mélangez.
3. Saupoudrez la sauce de paprika. Coupez les œufs en rondelles. Lavez les feuilles de laitue et essorez-les. Tapissez-en un plat de service. Répartissez les rondelles d'œufs, les morceaux d'avocats.
4. Arrosez le tout de sauce au yaourt, parsemez de cerneaux de noix hachés et servez immédiatement.

PLAT

CUISSES DE POULET PANÉES

POUR 4 PERSONNES :

Préparation : 15 mn. Cuisson : 1 h.
Recette facile. Prix : bon marché.
4 cuisses de poulet,
6 cuillerées à soupe de farine,
2 cuillerées à soupe de paprika,
2 œufs,
100 g de chapelure,
75 g de beurre,
6 cuillerées à soupe d'huile d'olive,
Sel, poivre.

1. Dans un saladier, mélangez la farine, le paprika, du sel et du poivre. Battez les œufs en omelette. Etalez la chapelure dans une assiette. Roulez les cuisses de poulet dans la farine.
2. Passez les cuisses de poulet dans les œufs battus, puis dans la chapelure. Chauffez le beurre et l'huile dans une grande poêle. Faites-y saisir le poulet à feu vif 5 mn de chaque côté.
3. Réduisez le feu, couvrez la poêle et faites cuire 25 mn de chaque côté. Découvrez puis cuisez encore 10 mn. Egouttez les morceaux de poulet et servez immédiatement.

DESSERT

PUDDING À LA VANILLE

POUR 4 PERSONNES :

Préparation : 15 mn. Cuisson : 15 mn.
Recette facile. Prix : bon marché.
4 jaunes d'œuf,
8 cuillerées à soupe de sucre glace,
1 cuillerée à soupe de fécule,
50 cl de lait,
1/2 cuillerée à café d'extrait de vanille,
Quelques raisins secs, sucre candi.

1. Faites chauffer le lait dans une casserole. Dans un autre récipient, mélangez les jaunes d'œuf, le sucre et la fécule.
2. Versez peu à peu le lait sur les jaunes d'œuf en fouettant. Placez la casserole au bain-marie et laissez cuire 15 mn à feu doux en mélangeant constamment.
3. Retirez du bain-marie, ajoutez l'extrait de vanille. Mélangez et versez dans des petits moules individuels. Laissez refroidir et mettez dans le réfrigérateur 2 heures.
4. Servez dans les moules décoré de raisins secs et de morceaux de sucre candi.

Conseil du chef
Vous pouvez aussi servir le poulet pané froid.

POUR CE MENU LE SOMMELIER VOUS PROPOSE

Un Mercurey

ENTREE

TARTELETTES AUX CREVETTES

POUR 4 PERSONNES :

Préparation : 10 mn. Cuisson : 15 mn.
Recette facile. Prix : bon marché.

4 fonds de tartelette cuits à blanc,
50 g de crevettes décortiquées,
15 cl de crème fraîche,
2 cuillerées à soupe de persil haché,
1 œuf + 1 jaune,
1 oignon,
15 g de beurre,
Sel, poivre.

1. Coupez les crevettes en morceaux. Pelez l'oignon et hachez-le. Faites fondre le beurre dans une poêle et faites-y revenir l'oignon 5 mn.
2. Egouttez-le. Mélangez, les crevettes, l'oignon et le persil. Battez l'œuf et le jaune avec la crème dans un bol. Salez et poivrez.
3. Préchauffez le four th. 5 - 150°. Répartissez la garniture dans les fonds de tartelette et faites cuire 15 mn. Servez tiède ou froid.

Conseil du chef
Accompagnez la dorade de tagliatelle fraîches.

PLAT

DORADE AUX AGRUMES

POUR 4 PERSONNES :

Préparation : 20 mn. Cuisson : 30 mn.
Recette facile. Prix modéré.

1 dorade de 1,2 kg,
1 pamplemousse,
1/2 citron,
1 tomate,
1 gousse d'ail,
1 oignon,
2 feuilles de laurier,
5 cl de vin blanc sec,
75 g de beurre,
Huile,
Sel, poivre.

1. Préchauffez le four th. 7 - 210°. Farcissez la dorade avec le laurier. Dans un plat à four huilé, disposez la dorade, salez et poivrez.
2. Entourez avec la tomate coupée en dés, l'ail et l'oignon finement émincés, les quartiers de pamplemousse épluchés et épépinés, la pulpe du demi-citron avec son zeste.
3. Arrosez avec le vin blanc et enfournez pour 30 mn. Sortez la dorade du four, ôtez la peau et les arêtes et réservez au chaud. Mixez les agrumes et les aromates sans le jus avec le beurre.
4. Sur chaque assiette, disposez un peu de pulpe, un morceau de poisson, nappez de sauce et servez aussitôt.

DESSERT

POIRES À L'EAU-DE-VIE

POUR 4 PERSONNES :

Préparation : 10 mn. Cuisson : 40 mn.
Recette facile. Prix : bon marché.

4 poires non mûres,
Le jus d'un demi-citron,
1 clou de girofle,
1 morceau de zeste d'orange,
250 g de sucre semoule,
15 cl de crème fraîche épaisse,
1 cuillerée à soupe d'eau-de-vie de poires.

1. Versez 1 litre d'eau dans un saladier, ajoutez-y le jus du demi-citron et mélangez. Pelez les poires entières sans ôter la queue et plongez-les dans l'eau citronnée.
2. Mettez le clou de girofle, le zeste d'orange, le sucre et 15 cl d'eau dans une casserole. Portez à ébullition, mélangez et posez-y les poires debout.
3. Couvrez et laissez cuire 15 mn à feu doux. Découvrez et prolongez la cuisson 30 mn à feu doux. Mettez les poires dans la coupe de service à l'aide d'une écumoire.
4. Otez le clou de girofle et le zeste d'orange, augmentez le feu sous la casserole et faites réduire le liquide de cuisson. Hors du feu, versez l'eau-de-vie de poires, nappez les poires de ce sirop.
5. Laissez refroidir puis mettez dans le réfrigérateur 2 heures. Au moment de servir, fouettez la crème et servez-la à part avec les poires.

1er

JUILLET

St Thierry

Salade
de fruits
de mer

POUR CE
MENU LE
SOMMELIER
VOUS
PROPOSE

*Un Bandol
rosé*

ENTREE

SALADE DE FRUITS DE MER

POUR 4 PERSONNES :

Préparation : 10 mn. Pas de cuisson.
Recette facile. Prix modéré.

100 g de calamars pochés et coupés en rondelles,
200 g de crevettes roses,
200 g de moules, 200 g de gambas,
200 g de coques cuites et décortiquées,
4 cuillerées à soupe d'huile d'olive,
1 cuillerée à soupe d'ail,
Le jus de 2 citrons verts, sel, poivre.

1. Disposez les fruits de mer dans un saladier. Faites chauffer l'ail et le jus des citrons à feu doux dans une casserole.
2. Lorsque le mélange frémit, otez la casserole du feu et laissez refroidir 15 mn.
3. Battez la préparation en ajoutant progressivement l'huile. Salez et poivrez. Versez la sauce sur les fruits de mer et laissez mariner 2 heures au frais. Servez avec des feuilles d'endives ou de mesclun.

Conseil du chef
Vous pouvez ajouter
des dés d'aubergine
dans la sauce
des fruits de mer.

PLAT

ROUGETS EN PAPILLOTE

POUR 4 PERSONNES :

Préparation : 20 mn. Cuisson : 15 mn.
Recette facile. Prix : bon marché.

4 rougets,
4 fines tranches de poitrine de porc,
10 cl d'huile d'olive,
Le jus d'un demi-citron,
5 branches de thym,
1 branche de romarin,
2 feuilles de laurier,
Sel, poivre.

1. Préparez la marinade en versant dans un grand saladier l'huile d'olive et le jus de citron. Ajoutez le thym et le romarin émietté puis le laurier.
2. Faites mariner les rougets pendant 3 heures au frais. Préchauffez le four thermostat 7 - 210°C.
3. Préparez la sauce en versant dans une casserole 3 cuillerées à soupe de marinade. Faites réduire quelques minutes à feu doux.
4. Répartissez cette sauce sur 4 feuilles de papier aluminium ménager et posez sur chacune un poisson farci d'une tranche de poitrine de porc.
5. Salez légèrement et poivrez. Fermez les papillotes et mettez-les au four pendant 15 mn.

DESSERT

SOUPE DE PÊCHE

POUR 4 PERSONNES :

Préparation : 15 mn. Cuisson : 10 mn.
Recette facile. Prix : bon marché.

8 pêches,
75 cl de vin rouge,
300 g de sucre semoule,
1 bâton de cannelle,
8 feuilles de menthe.

1. Versez le vin rouge dans une casserole, ajoutez le sucre et la cannelle. Plongez les pêches dans ce mélange et laissez cuire 10 mn.
2. Sortez les pêches, épluchez-les et coupez-les en quatre. Remettez le jus de cuisson sur le feu jusqu'à ce que de gros bouillons apparaissent puis laissez refroidir.
3. Disposez les quartiers de pêche pochés dans le fond d'une grande coupe et versez dessus le jus refroidi. Incorporez les feuilles de menthe et tenez au frais pendant 1 heure avant de servir.

POUR CE MENU LE SOMMELIER VOUS PROPOSE

Un Brouilly

TOMATES AIOLI

POUR 4 PERSONNES :

Préparation : 10 mn. Pas de cuisson.
Recette facile. Prix : bon marché.

4 tomates,
50 g d'olives vertes et noires,
20 g de pignon,
2 gousses d'ail,
100 g de fromage blanc,
2 brins de basilic,
1 cuillerée à café d'huile d'olive,
Sel, poivre.

1. Evidez les tomates. Dénoyautez les olives et hachez leur chair avec celle des tomates. Pressez l'ail et ciselez quelques feuilles de basilic.
2. Mélangez tous les ingrédients avec le fromage bien égoutté. Ajoutez l'huile et les pignons. Salez et poivrez.
3. Farcissez les tomates de ce mélange et mettez-les à rafraîchir 1 heure dans le réfrigérateur. Piquez une ou deux feuilles de basilic en garniture. Servez frais avec une tranche de pain de campagne.

ESCALOPES DE DINDE GRATINÉES

POUR 4 PERSONNES :

Préparation : 10 mn. Cuisson : 20 mn.
Recette facile. Prix : bon marché.

4 escalopes de dinde,
10 cl de vin blanc sec,
1 cuillerée à soupe de moutarde,
3 cuillerées à soupe de crème fraîche,
10 g de beurre,
Sel, poivre.

1. Laissez fondre puis chauffer le beurre dans une poêle. Faites-y dorer puis cuire les escalopes pendant 5 mn sur chaque face. Salez, poivrez, puis réservez dans un plat à gratin beurré.
2. Déglacez la poêle avec le vin blanc et laissez bouillonner 3 mn. Ajoutez la moutarde puis la crème fraîche. Laissez chauffer doucement en tournant.
3. Versez cette sauce sur les escalopes puis passez sous le gril chaud pendant 5 mn. Servez avec des pâtes fraîches nappées d'un coulis de tomate.

FLANS AUX FRUITS D'ÉTÉ

POUR 4 PERSONNES :

Préparation : 15 mn. Cuisson : 25 mn.
Recette facile. Prix : bon marché.

4 abricots,
100 g de cassis, myrtilles et groseilles mélangés,
10 cl de lait,
10 g de maïzena,
2 œufs,
4 cuillerées à soupe de sucre,
1 citron,
Un peu de crème fraîche.

1. Lavez les fruits et coupez les abricots en lamelles. Dans des petits plats à tarte individuels, disposez les lamelles en rond comme pour former une fleur, ajoutez les petits fruits rouges au centre.
2. Battez ensemble les œufs, le lait, le sucre et le jus de citron. Versez la crème sur les fruits et mettez au four thermostat 5 - 150°C pendant 25 mn.
3. Laissez refroidir et mettez dans le réfrigérateur pour servir très frais. Décorez d'un peu de crème fraîche.

Conseil du chef
Les flans peuvent également être servis tièdes en automne et en hiver avec des fruits de saison.

190

POUR CE
MENU LE
SOMMELIER
VOUS
PROPOSE

*Un rosé de
Provence*

ENTRÉE

D ARIOLES
DE COURGETTES

POUR 4 PERSONNES :

Préparation : 20 mn. Cuisson : 30 mn.
Recette facile. Prix : bon marché.
1 kg de petites courgettes, 3 œufs,
2 cuillerées à soupe de crème épaisse,
2 cuillerées à café d'huile d'olive,
1 pointe de couteau de noix de muscade
râpée, sel, poivre.

1. Lavez et essuyez les courgettes.
Pelez-les à l'aide d'un couteau économe en faisant de longues lanières de
peau. Réservez-les. Coupez la chair en
cubes.
2. Dans une cocotte, faites chauffer la
moitié de l'huile, faites-y revenir les
cubes de courgette, salez, poivrez et
faites cuire à feu moyen pendant
15 mn.
3. Faites pocher les lanières de peau
pendant 2 mn dans une casserole
d'eau bouillante salée. Egouttez, rafraîchissez sous l'eau froide et étalez-les
sur du papier absorbant pour les
sécher. A l'aide d'un couteau bien
aiguisé, coupez les bords externes des
lanières pour former des bandes régu-
lières.
4. Huilez 4 moules à darioles avec le
reste d'huile. Disposez les bandes de
peau en croix au fond des moules et
coupez-les au ras du bord.
5. Versez les courgettes cuites dans un
grand récipient, écrasez-les grossièrement à la fourchette, ajoutez les oeufs
entiers, la crème, la muscade, le sel et
le poivre puis mélangez bien. Versez la
préparation dans les moules et faites
cuire 15 mn au bain-marie. Servez
chaud ou froid.

PLAT

M AGRETS
DE CANARD
AUX PÊCHES

POUR 4 PERSONNES :

Préparation : 10 mn. Cuisson : 10 mn.
Recette facile. Prix modéré.
2 magrets de canard,
1 boîte de pêches au sirop,
1 cuillerée à soupe de vinaigre.

1. Allumez le gril du four. Déposez les
magrets dans un plat côté peau à l'ex-
térieur. Faites-les cuire 7 mn de chaque
côté sous le gril.
2. Emincez les pêches et conservez le
sirop. Faites-les réchauffer sur feu doux
dans un peu de sirop.
3. Déposez les pêches dans le fond du
plat de service. Coupez les magrets
cuits en tranches. Disposez-les dans le
plat et réservez au chaud.
4. Déglacez le jus de cuisson avec le
vinaigre et 2 cuillerées à soupe de sirop
de pêches. Nappez les magrets de
cette sauce et servez aussitôt.

DESSERT

C OUPES
AUX FRAISES

POUR 4 PERSONNES :

Préparation : 10 mn. Cuisson : 20 mn.
Recette facile. Prix modéré.
8 belles fraises,
3/4 de litre de jus de raisin noir,
10 cl d'eau-de-vie de poire,
Le zeste d'un citron.

1. Dans un grand saladier, versez le jus
de raisin et mettez au frais pendant
2 heures.
2. Lavez et équeutez les fraises.
Ajoutez au jus de raisin l'eau-de-vie de
poire et les fraises coupées en deux,
laissez macérer 15 mn.
Retirez le zeste du citron à l'aide d'un
couteau économe.
3. Dans quatre coupes, déposez les
fraises et les zestes de citron. Versez le
mélange jus de raisin eau-de-vie de
poire par-dessus. Servez aussitôt.

Conseil du chef
Vous pouvez
accompagner les darioles
d'un coulis de tomates
fraîches bien relevé.

St Florent

Œufs brouillés à la mimolette

ENTRÉE

REVETTES SAUCE AU BLEU

POUR 4 PERSONNES :

Préparation : 20 mn. Cuisson : 5 mn.
Recette facile. Prix : bon marché.
500 g de crevettes décortiquées,
8 feuilles de laitue,
1/2 citron,
2 cuillerées à soupe de persil haché,
1 pincée de piment de Cayenne,
65 g de bleu d'Auvergne,
2 cuillerées à soupe de ketchup,
4 cuillerées à soupe de crème fraîche,
Sel, poivre.

1. Mettez les crevettes dans un plat, arrosez-les du jus de citron, parsemez-les de piment de Cayenne et de poivre. Mélangez et laissez refroidir dans le réfrigérateur.
2. Emiettez finement le fromage à l'aide d'une fourchette et mettez-le dans un saladier. Ajoutez le ketchup, la crème et mélangez. Mettez également dans le réfrigérateur.
3. Au moment de servir, lavez les feuilles de laitue, essorez-les et tapissez-en le fond de 4 coupelles. Versez les crevettes dans le saladier de sauce et mélangez.
4. Répartissez les crevettes enrobées de sauce dans les coupelles, saupoudrez de persil haché et servez immédiatement.

PLAT

ŒUFS BROUILLÉS À LA MIMOLETTE

POUR 4 PERSONNES :

Préparation : 10 mn. Cuisson : 10 mn.
Recette facile. Prix : bon marché.
8 œufs,
3 cuillerées à soupe de crème,
30 g de beurre,
200 g de mimolette,
1 cuillerée à café de paprika,
Sel, poivre.

1. Détaillez le fromage en cubes. Cassez 7 œufs dans un saladier et séparez le blanc du jaune du huitième. Ajoutez le jaune aux autres œufs. Salez, poivrez et remuez légèrement.
2. Mettez le blanc dans une assiette creuse, ajoutez les dés de mimolette et mélangez pour qu'ils soient tous enduits. Poudrez de paprika et mélangez jusqu'à ce que le fromage soit coloré.
3. Faites chauffer le beurre dans une poêle anti-adhésive, versez-y les œufs et remuez aussitôt avec une spatule en bois.
4. Dès qu'ils commencent à prendre, versez les cubes de fromage, laissez encore 3 mn sur feu doux, puis couvrez la poêle et éteignez le feu.
5. Laissez reposer 5 mn et faites glisser dans un plat de service. Servez avec des toasts.

DESSERT

RÈME D'ABRICOTS

POUR 4 PERSONNES :

Préparation : 20 mn. Pas de cuisson.
Recette facile. Prix modéré.
400 g d'abricots, 1/3 de litre d'eau,
150 g de sucre en poudre,
2 feuilles de gélatine, 2 œufs,
10 cl de crème fraîche.

1. Lavez les abricots, coupez-les en deux, dénoyautez-les et mettez-les à cuire dans une casserole avec l'eau et 120 g de sucre. Passez-les au mixeur.
2. Faites ramollir la gélatine 5 mn dans un bol d'eau froide. Ajoutez-la à la purée d'abricots chaude. Ajoutez les jaunes d'œuf en battant. Laissez refroidir.
3. Battez la crème fraîche, battez en neige ferme les blancs d'œuf et ajoutez-y le sucre restant. Incorporez délicatement la crème battue et les blancs d'œuf à la purée d'abricots froide.
4. Versez dans une grande coupe et mettez dans le réfrigérateur 2 heures. Servez bien frais.

Conseil du chef

Pour une sauce au bleu plus relevée, vous pouvez ajouter quelques gouttes de tabasco.

POUR CE
MENU LE
SOMMELIER
VOUS
PROPOSE

Un Juliénas

ENTRÉE

FUSILLI EN SALADE

POUR 4 PERSONNES :

Préparation : 20 mn. Cuisson : 10 mn.
Recette facile. Prix : bon marché.

300 g de fusilli,

3 tomates,

10 feuilles de basilic,

3 cuillerées à soupe d'huile d'olive,

125 g de thon à l'huile,

50 g de parmesan,

1 cuillerée à soupe de câpres,

Sel.

1. Ebouillantez les tomates 1 mn,
pelez-les et épépinez-les. Passez-les au
mixeur avec l'huile d'olive, les feuilles
de basilic, les câpres et une pincée de
sel.
2. Mixez jusqu'à l'obtention d'une
sauce lisse. Cuisez les pâtes dans une
grande quantité d'eau bouillante salée
9 mn. Rafraîchissez-les sous l'eau courante et égouttez-les.
3. Versez la sauce sur les pâtes, ajoutez
le thon émietté et le fromage coupé en
dés. Mélangez délicatement et mettez
dans le réfrigérateur 1 heure. Servez
froid.

PLAT

GRILLADES À LA DIABLE

POUR 4 PERSONNES :

Préparation : 30 mn. Cuisson : 30 mn.
Recette facile. Prix : bon marché.

4 grillades de porc,

40 g de beurre,

3 cuillerées à soupe d'huile d'olive,

2 cuillerées à soupe de ciboulette hachée,

4 échalotes hachées,

15 cl de vin blanc sec,

15 cl de bouillon de bœuf,

6 cl de purée de tomates,

15 cl de crème épaisse,

25 g de beurre coupé en dés.

1. Dans une petite casserole, mélangez
les échalotes et le vin. Faites réduire à
feu vif. Ajoutez le bouillon et la purée
de tomates. Couvrez et laissez mijoter
à feu doux 15 mn.
2. Ajoutez la crème et faites cuire encore 15 mn. Faites des entailles sur les
bords des grillades. Chauffez le beurre
et l'huile dans une grande poêle et
faites-y cuire les grillades 5 mn de
chaque côté à feu doux.
3. Réservez-les au chaud. Passez la
sauce et incorporez-y le beurre en dés.
Mettez les grillades dans le plat de service réchauffé et nappez-les de la
sauce, parsemez de ciboulette et servez de suite.

DESSERT

GLACE AUX FRUITS

POUR 4 PERSONNES :

Préparation : 20 mn. Cuisson : 1 mn.
Recette facile. Prix modéré.

1/4 de litre de glace à la vanille,

2 pêches, 400 g de framboises,

200 g de fraises,

2 cuillerées à soupe de sucre glace,

2 cuillerées à soupe de kirsch.

1. Plongez les pêches dans l'eau bouillante 1 mn. Rafraîchissez-les et pelez-les.
Coupez-les en deux et retirez leur noyau.
Mettez-les dans le réfrigérateur.
2. Ecrasez les framboises et ajoutez-
leur le sucre glace et le kirsch. Mettez
ce coulis dans le réfrigérateur. Sortez la
glace du freezer et mettez-la 30 mn
dans le réfrigérateur.
3. Lavez les fraises, égouttez-les et
équeutez-les. Coupez-les en deux. Au
moment de servir, déposez 1 boule de
glace au fond de 4 coupes, déposez-y
une demi-pêche, un peu de coulis de
framboises et quelques demi-fraises.
Servez sans attendre.

Conseil du chef
Vous pouvez ajouter
à la sauce des pâtes
des petits morceaux
de poivron vert.

193

POUR CE
MENU LE
SOMMELIER
VOUS
PROPOSE

*Un
Côtes
d'Auvergne
Corent rosé*

ENTRÉE

ŒUFS AU SAUMON FUMÉ

POUR 4 PERSONNES :

Préparation : 5 mn. Cuisson : 10 mn.
Recette facile. Prix : bon marché.

4 œufs,
12 cl de mayonnaise,
2 tranches de saumon fumé,
4 feuilles de laitue.

1. Faites cuire les œufs dans de l'eau bouillante 10 mn. Rafraîchissez-les et écalez-les. Lavez la laitue et disposez-la dans le fond de 4 assiettes.
2. Coupez chaque œuf en deux et mettez-le sur la feuille de laitue. Coupez les tranches de saumon fumé en lanières et répartissez-les sur les œufs.
3. Versez la mayonnaise par-dessus et conservez dans le réfrigérateur 30 mn avant de servir.

PLAT

NOISETTES D'AGNEAU À LA MENTHE

POUR 4 PERSONNES :

Préparation : 10 mn. Cuisson : 10 mn.
Recette facile. Prix : bon marché.

12 noisettes d'agneau,
3 cuillerées à soupe d'huile d'olive,
1/2 citron,
1 branche de menthe fraîche,
Sel, poivre.

1. Mélangez l'huile d'olive et le jus de citron dans un bol. Incorporez-y les feuilles de menthe hachées. Mettez les noisettes d'agneau dans ce mélange et faites-les mariner 2 heures dans le réfrigérateur en les retournant de temps en temps.
2. Faites chauffer un plat brunisseur 8 mn à puissance maximale (100°). Dès qu'il est chaud, faites-y cuire la viande 30 secondes par face. Salez et poivrez en fin de cuisson et servez bien chaud.

DESSERT

ÎLE AUX FRAMBOISES

POUR 4 PERSONNES :

Préparation : 15 mn. Cuisson : 5 mn.
Recette facile. Prix : bon marché.

1 bac de sorbet framboises,
2 sachets de crème anglaise,
1 sachet de coulis de framboises,
1 blanc d'œuf,
1 sachet de sucre vanillé,
1 pincée de sel.

1. Dans une cocotte en fonte, faites bouillir une grande quantité d'eau. Montez le blanc d'œuf en neige ferme avec la pincée de sel. Ajoutez le sucre vanillé et continuez à fouetter quelques minutes.
2. Retirez la cocotte du feu. A l'aide de 2 cuillères à soupe, moulez le blanc en neige de façon à obtenir des boules de la taille d'un œuf. Disposez-les dans la cocotte, couvrez et laissez cuire 5 mn.
3. Retirez-les à l'aide d'une écumoire et laissez-les égoutter sur un plat couvert d'un torchon propre. Etalez le coulis de framboises sur une moitié des assiettes de service.
4. Versez la crème anglaise sur l'autre moitié des assiettes. Coupez les blancs d'œuf refroidis en lamelles et répartissez-les sur le coulis. Au moment de servir, déposez une boule de sorbet dans chaque assiette. Servez de suite.

Conseil du chef

Accompagnez les noisettes d'agneau de courgettes sautées ou de petits artichauts.

POUR CE MENU LE SOMMELIER VOUS PROPOSE

Un Côtes du Tarn rouge

ENTRÉE

S ALADE
AU LARD

POUR 4 PERSONNES :

Préparation : 30 mn. Pas de cuisson.
Recette facile. Prix : bon marché.

1 laitue,

1 œuf,

1 tranche fine de lard,

30 g de morbier,

2 cuillerées à soupe de crème épaisse,

2 cuillerées à soupe de vinaigre,

6 cuillerées à soupe d'huile d'olive,

Poivre.

1. Faites cuire l'œuf dans l'eau bouillante 10 mn. Rafraîchissez-le sous l'eau courante, écalez-le et hachez-le menu. Otez la couenne du lard et faites-le frire dans une poêle anti-adhésive.
2. Coupez-le en petits morceaux. Lavez la laitue et essorez-la. Dans un saladier, mettez le morbier coupé en petits morceaux, la crème, le vinaigre, l'huile et battez le tout au fouet.
3. Ajoutez 1 pincée de poivre, la moitié de l'œuf haché et la moitié du lard. Mélangez à nouveau. Au moment de servir, mettez la laitue dans un saladier et versez l'assaisonnement dessus.
4. Mélangez délicatement et parsemez la salade du reste d'œuf haché et du reste de lard. Servez aussitôt.

PLAT

F AUX-FILETS
À LA BIÈRE

POUR 4 PERSONNES :

Préparation : 10 mn. Cuisson : 15 mn.
Recette facile. Prix : bon marché.

4 tranches de faux-filet,

Huile d'olive,

1 gousse d'ail écrasée,

90 g de beurre,

350 g de champignons de Paris émincés,

1 cuillerée à soupe de jus de citron,

1 cuillerée à soupe de farine,

15 cl de bière blonde,

Sel, poivre.

1. Huilez les faux-filets et parsemez-les de la moitié de l'ail écrasé, salez et poivrez. Faites revenir les champignons dans 40 g de beurre et le jus de citron 5 mn.
2. Ajoutez la farine et faites revenir 2 mn, portez à ébullition et versez la bière. Portez à nouveau à ébullition. Faites bouillir la sauce 2 mn, ajoutez le reste d'ail, du sel et du poivre.
3. Gardez la sauce au chaud. Faites chauffer le reste du beurre dans une grande poêle et faites-y cuire les faux-filets 5 mn de chaque côté. Rangez-les dans le plat de service préchauffé.
4. Coupez-les en lamelles et versez la sauce à la bière dessus. Servez immédiatement.

DESSERT

T ARTE FRAISES
RHUBARBE

POUR 4 PERSONNES :

Préparation : 20 mn. Cuisson : 40 mn.
Recette facile. Prix modéré.

250 g de farine, 120 g de beurre, eau,

1 botte de rhubarbe, 500 g de fraises,

160 g de sucre en poudre, sel.

1. Découpez 100 g de beurre en petits cubes. Mettez la farine sur le plan de travail avec le sel. Travaillez le beurre du bout des doigts avec la farine. Ajoutez l'eau pour former une boule et laissez reposer la pâte au frais.
2. Pelez les tiges de rhubarbe et découpez-les en tronçons. Faites-les cuire doucement dans une cocotte avec le sucre et 5 cl d'eau. Ajoutez le reste de beurre et mélangez.
3. Etalez la pâte et garnissez-en un moule à tarte beurré. Cuisez-la au four th. 5 - 150° pendant 20 mn. Versez sur la pâte la compote de rhubarbe, répartissez les fraises lavées et égouttées par-dessus.

Conseil du chef
Décorez la tarte fraises rhubarbe de feuilles de menthe fraîches.

POUR CE
MENU LE
SOMMELIER
VOUS
PROPOSE

*Un Saint-
Pourçain*

ENTREE

SAUMON MARINÉ

POUR 4 PERSONNES :

Préparation : 15 mn. Pas de cuisson.
Recette facile. Prix : bon marché.
8 tranches de saumon fumé,
1 oignon,
2 gousses d'ail,
4 cuillerées à soupe de vinaigre,
1 feuille de laurier,
10 cuillerées à soupe d'huile,
Sel, poivre.

1. Pelez l'oignon et coupez-le en rondelles fines. Epluchez l'ail et écrasez-le
au-dessus d'un saladier. Ajoutez-y le
vinaigre et l'huile et battez le tout à la
fourchette. Ajoutez le laurier, salez et
poivrez.
2. Posez 1 tranche de saumon, parsemez d'anneaux d'oignon. Continuez à
alterner jusqu'à épuisement des ingrédients. Versez la marinade par-dessus,
couvrez et laissez au frais 4 jours.
3. Egouttez le saumon et servez-le bien
frais dans les assiettes de service.

PLAT

TRUITES AU JUS D'ORANGE

POUR 4 PERSONNES :

Préparation : 20 mn. Cuisson : 5 mn.
Recette facile. Prix modéré.
400 g de filets de truite,
150 g de mesclun,
100 g de mie de pain,
200 g de beurre,
80 g de gouda râpé,
1/2 gousse d'ail,
20 cl de jus d'orange frais,
1 cuillerée à soupe de vinaigre,
3 cuillerées à soupe d'huile d'olive,
2 cuillerées à soupe de ciboulette hachée,
Sel, poivre.

1. Détaillez les filets en cubes et posez-
les sur une plaque anti-adhésive. Faites
fondre la moitié du beurre dans une
casserole, ajoutez la mie de pain, la
demi-gousse d'ail écrasée, le gouda.
2. Salez, poivrez et mélangez. Mettez
dans le réfrigérateur. Répartissez ce
beurre parfumé sur le poisson et réservez au frais. Mettez le jus d'orange
dans une petite casserole et faites
réduire à feu moyen.
3. Préchauffez le four th. 6 - 180°.
Mélangez le sel, le poivre, le vinaigre et
l'huile. Emulsionnez à la fourchette.
Versez sur le mesclun et mélangez.
Enfournez le poisson et cuisez 5 mn.
4. Incorporez le reste de beurre en parcelles au jus d'orange en fouettant.
Répartissez la salade sur les assiettes,
entourez de beurre d'orange, posez le
poisson et servez immédiatement.

DESSERT

CERISES FLAMBÉES

POUR 4 PERSONNES :

Préparation : 10 mn. Cuisson : 5 mn.
Recette facile. Prix : bon marché.
400 g de cerises dénoyautées,
150 g de gelée de groseilles,
2 cuillerées à soupe de sucre semoule,
3 cuillerées à soupe de kirsch,
Jus d'un citron,
1 pincée de cannelle,
1/2 litre de glace à la vanille.

1. Mettez la gelée, le sucre et la cannelle dans une casserole et portez doucement à ébullition. Réduisez le feu et
laissez cuire à petits frémissements
5 mn en mélangeant.
2. Ajoutez les cerises et faites-les
réchauffer 3 mn à feu doux. Egouttez-
les. Ajoutez le jus de citron à la gelée,
mélangez et versez sur les cerises.
3. Versez le kirsch dans une louche au-
dessus d'une flamme, flambez et versez sur les cerises. Servez avec deux
boules de glace à la vanille.

Conseil du chef
Vous pouvez ajouter
de l'aneth dans
la marinade
du saumon fumé.

196

9
JUILLET

Ste Amandine

Frisée à la poire

ENTREE

FRISÉE À LA POIRE

POUR 4 PERSONNES :

Préparation : 30 mn. Cuisson : 20 mn.
Recette facile. Prix : bon marché.

2 artichauts,
4 tomates,
1 poire,
1/2 frisée,
4 œufs,
1 citron,
3 cuillerées à soupe d'huile,
3 cuillerées à soupe de vinaigre,
1 gousse d'ail,
Sel, poivre.

1. Lavez les artichauts et faites-les cuire 15 mn en autocuiseur. Egouttez-les, ôtez les feuilles et le foin. Coupez les fonds en petits morceaux.
2. Pelez la poire, coupez-la en fines lamelles et versez dessus le jus du citron. Coupez les tomates en rondelles. Lavez la frisée, essorez-la et coupez-la en chiffonnade.
3. Faites bouillir 1 litre et demi d'eau avec le vinaigre. Cassez 1 œuf et glissez-le dans l'eau très doucement. Ramenez le blanc sur le jaune et faites de même avec les trois autres œufs.
4. Cuisez-les 4 mn. Egouttez-les. Dans un bol, mélangez 1 cuillerée à soupe de vinaigre, du sel, du poivre et l'huile. Ajoutez l'ail pelé et pressé. Dans les assiettes, disposez la salade, et les rondelles de tomates,.
5. Parsemez de dés d'artichauts, de lamelles de poire, déposez 1 œuf poché. Arrosez de vinaigrette et décorez de quelques feuilles d'artichauts. Servez de suite.

PLAT

POULET AUX FINES HERBES

POUR 4 PERSONNES :

Préparation : 10 mn. Cuisson : 45 mn.
Recette facile. Prix : bon marché.

4 cuisses de poulet,
1 citron,
6 cuillerées à soupe de farine,
1 œuf,
4 cuillerées à soupe de lait,
2 cuillerées à soupe de persil haché,
2 cuillerées à café d'estragon séché,
1 cuillerée à café de romarin séché,
1/2 cuillerée à café de grains de poivre,
50 g de beurre,
4 cuillerées à soupe d'huile d'olive,
1 cuillerée à café de sel.

1. Lavez le citron, essuyez-le et râpez-en finement le zeste au-dessus d'une assiette. Ajoutez-y la farine, le persil, l'estragon, le romarin, le poivre, du sel et mélangez.
2. Cassez l'œuf dans une autre assiette, battez-le à la fourchette et incorporez-y le lait. Passez les cuisses de poulet dans l'œuf battu, dans la farine et posez-les dans un plat.
3. Mettez dans le réfrigérateur 2 heures. Faites préchauffer le four th. 7 - 210°. Faites chauffer l'huile dans un plat à feu, ajoutez le beurre. Rangez-y les cuisses de poulet.
4. Mettez au four et cuisez 45 mn en retournant les morceaux à mi-cuisson. Disposez le poulet sur le plat de service chaud. Posez le plat de cuisson sur feu moyen et mélangez le jus.
5. Filtrez cette sauce et arrosez-en le poulet. Servez immédiatement.

DESSERT

PÊCHES AU JUS DE GROSEILLES

POUR 4 PERSONNES :

Préparation : 30 mn. Pas de cuisson.
Recette facile. Prix : bon marché.

4 pêches,
1 verre d'eau,
100 g de sucre en poudre,
160 g de groseilles rouges.

1. Pelez les pêches et ouvrez-les en deux, ôtez leur noyau. Dans une casserole, mettez l'eau et le sucre et portez à ébullition.
2. Faites pocher les demi-pêches dans ce sirop 7 mn, égouttez-les et mettez-les dans des coupes individuelles.
3. Versez les groseilles dans le jus de cuisson des pêches, faites-les bouillir 1 mn et passez-les au mixeur. Filtrez.
4. Versez ce jus sur les pêches et servez bien frais accompagné d'une boule de sorbet à la menthe.

Conseil du chef
Pour conserver les artichauts, taillez leur tige et trempez-les dans un saladier rempli d'eau.

Chiche
kebab

POUR CE MENU LE SOMMELIER VOUS PROPOSE

Un Côteaux d'Aix rosé

ENTRÉE

SOUPE À LA TOMATE

POUR 4 PERSONNES :

Préparation : 20 mn. Cuisson : 10 mn.
Recette facile. Prix : bon marché.

1 kg de tomates,
60 cl de bouillon de bœuf,
1 pincée de sucre,
2 cuillerées à café de concentré
de tomates,
50 g de riz cuit,
Aneth,
Sel, poivre.

1. Lavez les tomates et coupez-les en deux. Pressez-les pour enlever les graines et hachez leur chair. Versez le bouillon de bœuf dans une casserole, ajoutez la chair des tomates et portez à ébullition à feu vif.
2. Réduisez le feu et laissez cuire à petits bouillons 10 mn. Laissez refroidir légèrement et passez la préparation au mixeur. Filtrez pour enlever la peau des tomates.
3. Remettez la soupe dans la casserole, portez à ébullition, ajoutez le sel, le poivre et le sucre. Versez le concentré de tomates. Au moment de servir, incorporez le riz cuit et garnissez de brins d'aneth. Servez aussitôt.

PLAT

CHICHE KEBAB

POUR 4 PERSONNES :

Préparation : 15 mn. Cuisson : 10 mn.
Recette facile. Prix : bon marché.

800 g d'épaule d'agneau,
1 cuillerée à soupe d'huile,
4 cuillerées à soupe de cerfeuil,
4 cuillerées à soupe de persil,
4 cuillerées à soupe d'estragon,
200 g de beurre,
1 citron,
4 tranches de pain de campagne,
Sel.

1. Préparez les braises dans le barbecue. Coupez la viande en cubes et préparez 8 brochettes. Badigeonnez la viande avec l'huile.
2. Placez les brochettes sur feu vif et faites-les griller 10 mn en les retournant sur toutes les faces. Salez-les en cours de cuisson.
3. Mélangez les herbes et le beurre, ajoutez le jus du citron. Grillez les tranches de pain et tartinez-les avec le beurre d'herbes. Servez avec les brochettes.

DESSERT

BROWNIES AU CHOCOLAT

POUR 4 PERSONNES :

Préparation : 20 mn. Cuisson : 20 mn.
Recette facile. Prix : bon marché.

50 g de chocolat à pâtisser,
100 g de farine,
1/2 cuillerée à café de levure,
1 pincée de sel,
100 g de beurre,
225 g de sucre, 50 g de cerneaux de noix
2 œufs.

1. Préchauffez le four th. 5 - 150°. Beurrez un moule rectangulaire et tapissez le fond avec du papier sulfurisé. Beurrez le papier.
2. Faites fondre le chocolat au bain-marie. Mélangez la farine avec le sel et la levure. Battez le beurre avec le sucre et ajoutez-y les œufs puis le chocolat.
3. Incorporez-y la farine, les noix en petits morceaux et versez la préparation dans le moule et faites cuire 20 mn. Laissez le gâteau refroidir dans le moule avant de le démouler. Coupez le gâteau en 12 carrés.

Conseil du chef
Vous pouvez alterner des morceaux de poivrons, oignons et tomates entre les cubes de viande.

POUR CE MENU LE SOMMELIER VOUS PROPOSE

Un Retzine grec

ENTREE

 **ALADE DE TOMATES ET CONCOMBRE**

POUR 4 PERSONNES :

Préparation : 30 mn. Pas de cuisson.
Recette facile. Prix : bon marché.

4 tomates,
1 concombre,
6 cuillerées à soupe d'huile d'olive,
6 cuillerées à soupe de vinaigre,
Sel, poivre.

1. Coupez la partie supérieure des tomates et évidez-les. Saupoudrez l'intérieur de sel et de poivre. Coupez les deux extrémités du concombre et évidez-le.
2. Coupez-le en rondelles et épongez-les dans du papier absorbant. Dans un saladier, mélangez le vinaigre, du sel, du poivre et versez l'huile. Mélangez à nouveau et ajoutez-y le concombre.
3. Remplissez les tomates de rondelles de concombre et gardez au frais jusqu'au moment de servir.

PLAT

ESCALOPES PANÉES

POUR 4 PERSONNES :

Préparation : 15 mn. Cuisson : 10 mn.
Recette facile. Prix : bon marché.

4 escalopes de veau,
75 g de chapelure,
25 g de farine,
1 œuf,
100 g de beurre,
2 cuillerées à soupe d'huile,
1 citron,
1 cuillerée à soupe de persil haché,
Sel, poivre.

1. Mettez la chapelure et la farine dans une assiette. Cassez l'œuf dans une autre assiette et battez-le à la fourchette.
2. Passez les escalopes dans l'œuf puis dans la chapelure. Faites chauffer l'huile dans une grande poêle.
3. Ajoutez le beurre et faites-y cuire les escalopes 5 mn de chaque côté sur feu moyen. Coupez le citron en quartiers.
4. Disposez les escalopes dans le plat de service chaud. Décorez avec le citron et parsemez avec le persil. Servez sans attendre.

DESSERT

ORBET POMME ET CALVADOS

POUR 4 PERSONNES :

Préparation : 30 mn. Pas de cuisson.
Recette facile. Prix modéré.

1/2 litre de sorbet à la pomme verte,
1/2 litre de glace à la vanille,
2 pommes type Granny Smith,
400 g de fraises, 20 cl de crème liquide,
10 cl de Calvados, le jus d'un citron,
40 g de sucre.

1. A l'aide d'un portionneur, formez des boules de glace à la vanille et de sorbet à la pomme. Disposez-les dans des assiettes à dessert.
2. Lavez, égouttez et équeutez les fraises. Pelez les pommes, retirez les cœurs et les pépins et coupez la chair en lamelles.
3. Dans un saladier bien froid, versez la crème très froide, ajoutez le sucre et montez en chantilly.
4. Au moment de servir, versez un peu de Calvados dans les assiettes, ajoutez les fruits et décorez de crème. Servez de suite.

Conseil du chef
Vous pouvez remplacer les fraises par des mûres.

St Olivier

Filets
de dinde
aigre-doux

POUR CE MENU LE SOMMELIER VOUS PROPOSE

Un Médoc

ENTRÉE

SALADE D'ŒUFS

POUR 4 PERSONNES :

Préparation : 10 mn. Cuisson : 10 mn.
Recette facile. Prix : bon marché.

4 œufs,

4 oignons nouveaux,

100 g de mozzarella,

4 cuillerées à soupe de crème liquide,

25 g de roquefort,

8 feuilles de laitue,

4 tranches de pain de mie,

2 cuillerées à soupe de vinaigre,

Piment de Cayenne.

1. Faites bouillir une casserole remplie d'eau, plongez-y les œufs et laissez-les cuire 10 mn. Faites-les refroidir dans l'eau froide.
2. Otez les racines des oignons et coupez la moitié des tiges. Lavez les bulbes, égouttez-les et coupez-les en anneaux.
3. Lavez les tiges et ciselez-les. Coupez la mozzarella en tout petits dés, écrasez le roquefort à la fourchette, ajoutez 1 pincée de Cayenne et le vinaigre.
4. Mélangez et ajoutez la crème. Ecalez les œufs durs et hachez-les au couteau. Mélangez-les à la mozzarella et aux oignons hachés. Ajoutez la sauce et mélangez délicatement.
5. Lavez les feuilles de laitue, essorez-les. Faites griller les tranches de pain. Tapissez les assiettes avec la laitue, répartissez-y la préparation aux œufs, parsemez de tiges d'oignons et déposez 1 tranche de pain sur le bord de chaque assiette. Servez aussitôt.

PLAT

FILETS DE DINDE AIGRE-DOUX

POUR 4 PERSONNES :

Préparation : 15 mn. Cuisson : 15 mn.
Recette facile. Prix : bon marché.

4 filets de dinde,

2 échalotes hachées,

4 cornichons coupés en rondelles,

4 morceaux de sucre,

1 cuillerées à soupe de vinaigre,

10 cl de vin blanc sec,

Beurre,

Sel, poivre.

1. Chauffez le beurre dans une poêle et faites-y dorer les filets de dinde 5 mn sur chaque face.
2. Salez, poivrez et réservez au chaud. Jetez les échalotes dans la poêle et faites-les fondre à petit feu en remuant.
3. Ajoutez le sucre, laissez caraméliser légèrement, déglacez avec le vinaigre et ajoutez le vin blanc.
4. Laissez réduire quelques minutes, ajoutez les cornichons, laissez chauffer et versez sur les filets. Servez immédiatement.

Conseil du chef

Acccompagnez les filets de dinde d'un riz blanc cuit à la vapeur.

DESSERT

TARTE SOUFFLÉE À L'ORANGE

POUR 4 PERSONNES :

Préparation : 10 mn. Cuisson : 50 mn.
Recette facile. Prix : bon marché.

250 g de pâte brisée,

1 orange,

175 g de sucre semoule,

4 œufs + 1 blanc,

10 g de beurre,

Sel.

1. Préchauffez le four th. 6 - 180°. Etalez la pâte et garnissez-en un moule à tarte beurré. Piquez la pâte avec une fourchette, couvrez d'une feuille d'aluminium et faites-la cuire à blanc 10 mn.
2. Réduisez la température du four th. 5 - 150°, retirez l'aluminium et poursuivez la cuisson 10 mn. Lavez l'orange, essuyez-la et râpez-en le zeste. Coupez-la en deux et pressez-la.
3. Cassez les œufs en séparant les blancs des jaunes. Versez les jaunes dans un saladier résistant à la chaleur, ajoutez-leur 4 cuillerées à soupe de jus d'orange et 100 g de sucre.
4. Battez et faites cuire au bain-marie 10 mn en battant. Retirez le saladier du bain-marie, incorporez le zeste d'orange rapé. Ajoutez 1 pincée de sel aux 5 blancs d'œuf et battez-les en neige ferme.
5. Incorporez-y le reste du sucre et battez au fouet. Incorporez les blancs d'œuf au saladier et versez la préparation sur la pâte. Mettez au four et cuisez 30 mn. Servez sans attendre.

13

JUILLET

St Henri
et Joël

Langoustines
aux lardons

POUR CE MENU LE SOMMELIER VOUS PROPOSE

Un Costières de Nîmes rosé

ENTRÉE

LANGOUSTINES AUX LARDONS

POUR 4 PERSONNES :

Préparation : 20 mn. Cuisson : 10 mn.
Recette facile. Prix modéré.
24 langoustines cuites,
60 g de lardons,
200 g de mâche,
3 cuillerées à soupe de vinaigre,
3 cuillerées à soupe d'huile d'olive,
15 cl de crème liquide,
1 cuillerée à café de maïzena,
1 échalote,
Ciboulette,
Sel, poivre.

1. Décortiquez les langoustines. Nettoyez et essorez la mâche. Dans une poêle anti-adhésive, faites dorer les lardons sans matière grasse puis égouttez-les.
2. Dans la même poêle, faites dorer dans 1 cuillerée à soupe d'huile d'olive les langoustines 3 mn. Retirez-les et réservez-les.
3. Toujours dans la poêle, faites revenir l'échalote émincée. Ajoutez le vinaigre, la maïzena délayée dans la crème et portez à ébullition en mélangeant.
4. Hors du feu, ajoutez 2 cuillerées à soupe d'huile d'olive, salez et poivrez. Répartissez la mâche dans les assiettes, ajoutez les langoustines et les lardons. Nappez de la sauce tiède et parsemez de ciboulette hachée. Servez aussitôt.

PLAT

ROGNON DE VEAU AU PORTO

POUR 4 PERSONNES :

Préparation : 15 mn. Cuisson : 10 mn.
Recette facile. Prix : bon marché.
1 rognon de veau,
50 g de champignons de Paris,
6 cuillerées à soupe de Porto,
2 cuillerées à soupe de farine,
2 cuillerées à soupe d'huile,
65 g de beurre, sel, poivre.

1. Otez la graisse et les membranes du rognon et coupez-le en tranches. Otez le bout terreux des champignons, lavez-les, épongez-les et coupez-les en lamelles.
2. Versez la farine dans une assiette, salez et poivrez. Faites chauffer l'huile dans une poêle, ajoutez-y le beurre. Roulez les tranches de rognon dans la farine.
3. Faites revenir les morceaux de rognon dans la poêle 30 secondes sur chaque face. Retirez-les à l'aide d'une écumoire, égouttez-les et gardez-les au chaud.
4. Dans la poêle de cuisson du rognon, ajoutez les champignons et le Porto. Salez et poivrez. Faites cuire 10 mn en mélangeant. Dans chaque assiette, répartissez le rognon et les champignons. Nappez-les de sauce au Porto et servez sans attendre.

Conseil du chef

Vous pouvez servir des tranches de pain de campagne grillées avec le rognon de veau.

DESSERT

ENTREMETS AUX PÊCHES ET FRAISES

POUR 4 PERSONNES :

Préparation : 30 mn. Pas de cuisson.
Recette facile. Prix modéré.
500 g de pêches, 400 g de fraises,
15 cl de crème fraîche,
125 g de sucre en poudre,
1 cuillerée à café d'eau-de-vie
de framboises,
1/2 gousse de vanille, 6 cl d'eau.

1. Plongez les pêches quelques secondes dans l'eau bouillante et pelez-les. Conservez-les entières. Faites bouillir 2 mn l'eau, la vanille et le sucre. Mettez-y les pêches et laissez-les pocher 10 mn.
2. Retirez du feu, ajoutez l'eau-de-vie et laissez refroidir dans le sirop. Egouttez les pêches. Lavez et équeutez les fraises. Réservez-en une dizaine pour le décor et écrasez le reste en purée.
3. Fouettez la crème fraîche. Mélangez-la délicatement à la purée de fraises et au sirop de pêches. Faites prendre en sorbetière 2 h 30. Mettez l'entremets glacé dans un moule à manqué garni d'une feuille d'aluminium puis remettez dans le congélateur.
4. Au moment de servir, démoulez la glace au centre d'un plat et entourez-la de pêches pochées. Décorez avec les fraises réservées et servez immédiatement.

**POUR CE
MENU LE
SOMMELIER
VOUS
PROPOSE**

*Un
Chiroubles*

ENTREE

ROULEAUX DE JAMBON AU PATÉ

POUR 4 PERSONNES :

Préparation : 15 mn. Pas de cuisson.
Recette facile. Prix : bon marché.
4 feuilles de laitue,
2 tranches de jambon,
50 g de pâté de foie,
1 cuillerée à soupe de Porto,
1/2 cuillerée à café de gelée instantanée,
15 g de beurre,
Poivre.

1. Travaillez ensemble le pâté, la moitié du Porto et le beurre. Poivrez. Etalez cette préparation sur les tranches de jambon.
2. Roulez-les bien serrées et mettez-les dans le réfrigérateur. Faites fondre la gelée avec 3 cuillerées à soupe d'eau.
3. Incorporez-y le reste du Porto et mélangez jusqu'à ce que la gelée prenne. Nappez-en les rouleaux de jambon.
4. Remettez dans le réfrigérateur. Pour servir, coupez les rouleaux de jambon en deux. Déposez 1 feuille de laitue lavée et essorée au fond de chaque assiette et déposez au milieu un demi-rouleau.

PLAT

BŒUF À LA TOMATE

POUR 4 PERSONNES :

Préparation : 20 mn. Cuisson : 15 mn.
Recette facile. Prix modéré.
600 g de filet de bœuf,
4 tomates,
8 cornichons,
1 kg de brocoli,
2 bouillon-cubes de volaille,
1 cuillerée à café d'huile d'olive,
Sel, poivre.

1. Découpez les cornichons en fines lamelles. Nettoyez les brocoli et faites-les cuire 10 mn à l'eau bouillante salée.
2. Faites pocher le filet de bœuf 10 mn dans 1 litre d'eau bouillante additionnée des bouillon-cubes de volaille.
3. Pelez, épépinez et mixez les tomates avec l'huile d'olive, du sel et du poivre. Passez cette purée au chinois, ajoutez un peu de bouillon et laissez chauffer à feu très doux.
4. Sortez la viande, émincez-la finement et déposez-la sur les assiettes avec les brocoli. Nappez du coulis de tomates et décorez avec les rondelles de cornichons. Servez sans attendre.

DESSERT

GRATIN D'ABRICOTS

POUR 4 PERSONNES :

Préparation : 20 mn. Cuisson : 30 mn.
Recette facile. Prix : bon marché.
800 g d'abricots, 30 g de beurre,
100 g de brioche,
40 g de poudre d'amandes,
60 g de sucre roux, 2 œufs,
15 cl de crème fraîche,
100 g de sucre en poudre,
1/2 sachet de sucre vanillé.

1. Beurrez largement un grand plat en terre et rangez-y les tranches de brioche de façon à en couvrir le fond.
2. Lavez les abricots, coupez-les en deux et dénoyautez-les. Rangez-les bien serrés sur la brioche.
3. Saupoudrez de poudre d'amandes et de sucre roux. Battez les œufs avec le sucre en poudre, la crème et le sucre vanillé.
4. Versez cette crème sur les abricots et faites cuire au four th. 6 - 180° pendant 30 mn. Servez froid.

Conseil du chef
Vous pouvez accompagnez les rouleaux de jambon de toasts.

POUR CE MENU LE SOMMELIER VOUS PROPOSE

*Un
Pécharmant*

ENTRÉE

OMMES DE TERRE EN SALADE

POUR 4 PERSONNES :

*Préparation : 15 mn. Cuisson : 20 mn.
Recette facile. Prix : bon marché.*

300 g de pommes de terre,
300 g de haricots verts,
200 g de lard de poitrine fumé,
1 oignon,
3 cuillerées à soupe de vinaigre,
20 g de beurre,
2 cuillerées à soupe de persil haché,
Sel, poivre.

1. Faites cuire les pommes de terre en robe des champs dans de l'eau bouillante salée 20 mn. Faites bouillir une autre casserole d'eau salée et plongez-y les haricots équeutés 20 mn.
2. Otez la couenne du lard et coupez-le en fins bâtonnets. Epluchez l'oignon et hachez-le menu. Faites fondre le beurre dans une poêle et faites-y revenir les lardons et l'oignon à feu vif 10 mn en mélangeant.
3. Réduisez le feu et versez le vinaigre dans la poêle. Cuisez 5 mn à feu doux en remuant. Salez, poivrez et retirez du feu. Egouttez les pommes de terre et les haricots. Pelez les pommes de terre et coupez-les en rondelles.
4. Mettez les pommes de terre, les haricots, les lardons et l'oignon dans un saladier. Mélangez, parsemez de persil et servez tiède.

PLAT

OULET À L'ORIGAN

POUR 4 PERSONNES :

*Préparation : 10 mn. Cuisson : 35 mn.
Recette facile. Prix : bon marché.*

1 poulet,
2 cuillerées à soupe d'origan séché,
2 cuillerées à soupe de persil haché,
4 cuillerées à soupe de jus de citron,
6 cuillerées à soupe d'huile d'olive,
1 gousse d'ail,
Sel, poivre.

1. Coupez le poulet en 4 morceaux et posez-les dans un grand plat creux. Pelez l'ail et hachez-le finement. Mettez-le dans un bol avec l'origan, le persil, le jus de citron et l'huile d'olive.
2. Salez, poivrez et émulsionnez le tout à la fourchette. Arrosez les morceaux de poulet avec cette préparation et laissez mariner 2 heures dans le réfrigérateur en les retournant 2 fois.
3. Allumez le gril du four. Egouttez les morceaux de poulet et posez-les sur la grille de la lèchefrite. Badigeonnez le poulet de la marinade et laissez cuire 15 mn en continuant à badigeonner régulièrement.
4. Retournez les morceaux de volaille, badigeonnez-les de marinade et laissez cuire à nouveau 15 mn en les arrosant du jus de cuisson. Disposez-les sur le plat de service chaud et servez de suite.

DESSERT

RAISES À LA GELÉE D'ORANGE

POUR 4 PERSONNES :

*Préparation : 20 mn. Cuisson : 5 mn.
Recette facile. Prix modéré.*

1 kg de fraises, 3 bananes, 2 citrons,
1 orange, 4 feuilles de gélatine,
100 g de sucre, feuilles de menthe.

1. Lavez et équeutez les fraises. Ecrasez-en 300 g et passez la purée obtenue au chinois. Versez le jus recueilli dans une casserole, ajoutez 50 g de sucre, les jus d'un citron et de l'orange, le zeste émincé d'un demi-citron.
2. Portez à ébullition, ajoutez les feuilles de gélatine humidifiées, mélangez bien et versez ce mélange dans un bac à glace. Laissez refroidir. Ajoutez quelques feuilles de menthe hachées.
3. Mettez dans le réfrigérateur 1 heure. Pelez et coupez les bananes en rondelles, mettez-les dans un saladier avec le reste des fraises, arrosez-les avec le jus d'un citron, saupoudrez de sucre et mettez au froid.
4. Au moment de servir, démoulez la gelée et coupez-la en dés, servez dans des coupes individuelles, accompagnée des fraises et des bananes, saupoudrez de menthe hachée.

Conseil du chef
Vous pouvez remplacer le lard de poitrine fumé par du jambon fumé.

POUR CE MENU LE SOMMELIER VOUS PROPOSE

Un Muscadet sur Lie

ENTRÉE

POIVRONS MARINÉS

POUR 4 PERSONNES :

Préparation : 15 mn. Cuisson : 15 mn.
Recette facile. Prix : bon marché.

1 poivron rouge,
1 poivron vert,
1 poivron jaune,
50 g d'olives vertes dénoyautées,
50 g d'anchois farcis aux câpres,
1 cuillerée à soupe de persil haché,
1 cuillerée à soupe de vinaigre,
1 pincée de thym,
4 cuillerées à soupe d'huile d'olive,
Sel, poivre.

1. Allumez le gril du four. Rangez les poivrons sur la plaque et faites-les griller sur toutes leurs faces. Rafraîchissez-les sous l'eau courante, pelez-les, fendrez-les en deux, ôtez le pédoncule, les graines et les filaments. Coupez-les en lanières.
2. Disposez-les dans un plat creux. Mettez le vinaigre, du sel et du poivre dans un bol. Mélangez, ajoutez l'huile d'olive, le thym et mélangez à nouveau. Versez sur les poivrons.
3. Couvrez d'une feuille de papier sulfurisé et mettez 8 heures dans le réfrigérateur. Au moment de servir, décorez avec les anchois et les olives. Saupoudrez de persil haché.

PLAT

RIZ AUX FRUITS DE MER

POUR 4 PERSONNES :

Préparation : 45 mn. Cuisson : 40 mn.
Recette facile. Prix modéré.

250 g de riz, 4 gambas, 3 encornets,
1 litre de moules, 600 g de pétoncles,
2 échalotes, 2 gousses d'ail,
2 branches de fenouil,
1 litre de fumet de poisson,
10 cl de vin blanc sec,
10 cuillerées à soupe d'huile d'olive,
Sel, poivre.

1. Nettoyez les encornets et coupez-les en lamelles. Retirez les pétoncles de leur coquille et nettoyez-les. Nettoyez les moules, mettez-les dans une grande casserole, ajoutez un peu d'eau.
2. Couvrez et faites ouvrir les moules sur feu moyen. Laissez tiédir. Décoquillez-les, filtrez le jus de cuisson et réservez. Décortiquez les gambas. Pelez et émincez les échalotes et l'ail.
3. Dans une grande sauteuse, faites chauffer 2 cuillerées à soupe d'huile d'olive, faites-y revenir les gambas 2 mn de chaque côté. Réservez. Mettez les encornets dans la poêle et faites-les revenir 2 mn. Réservez.
4. Recommencez l'opération avec les pétoncles. Versez le reste d'huile dans la sauteuse, faites-y revenir les échalotes et l'ail. Ajoutez le riz, mouillez avec le fumet de poisson et le vin blanc.
5. Salez et poivrez, ajoutez le fenouil, laissez cuire sur feu doux 20 mn en remuant. Lorsque le riz est cuit, ajoutez les moules, les pétoncles, les encornets, les gambas. Mélangez.
6. Laissez cuire encore 15 mn sur feu doux et servez immédiatement.

DESSERT

CRÈME DE CERISES

POUR 4 PERSONNES :

Préparation : 25 mn. Cuisson : 20 mn.
Recette facile. Prix modéré.

500 g de cerises,
15 cl de Bordeaux rouge,
1/3 de litre d'eau,
100 g de sucre en poudre,
Le zeste d'un demi-citron, 30 g de maïzena.

1. Lavez les cerises et dénoyautez-les. Écrasez quelques noyaux et ajoutez-y le zeste de citron, enfermez dans de la mousseline.
2. Dans une casserole, mettez l'eau, le vin, le sucre et le sachet de mousseline. Lorsque le mélange bout, ajoutez les cerises et faites cuire 20 mn.
3. Retirez le sachet de mousseline et 12 cerises, passez le reste au mixeur. Diluez la maïzena dans 1/2 verre d'eau froide, versez-la dans la préparation aux cerises.
4. Portez à ébullition en remuant. Retirez du feu, ajoutez les cerises réservées, coupées en morceaux et laissez refroidir. Servez froid.

Conseil du chef
Servez la crème de cerises avec des tranches de brioche.

POUR CE MENU LE SOMMELIER VOUS PROPOSE

Un Saumur-Champigny

ENTRÉE

Morue AUX PIMENTS

POUR 4 PERSONNES :

Préparation : 40 mn. Cuisson : 25 mn.
Recette facile. Prix : bon marché.
200 g de morue salée, 1/2 litre de lait,
12 piments, 1 sachet d'encre de seiche,
300 g de gouda,
6 cuillerées à soupe d'huile d'olive,
30 g de beurre, 15 cl de crème,
1 bouillon-cube de volaille,
1 cuillerée à soupe de jus de citron,
1 cuillerée à soupe de persil haché,
1 gousse d'ail, sel, poivre.

1. Découpez 200 g de gouda en petits dés et le reste en fines tranches. Dans les tranches, découpez des cercles de 3 cm de diamètre. Rincez la morue dessalée et épongez-la.
2. Mettez-la dans une casserole, couvrez de lait et portez à ébullition. Au premier bouillon, éteignez, égouttez la morue et effeuillez-la. Faites chauffer 2 cuillerées d'huile dans une casserole.
3. Mettez-y l'ail pelé à infuser 1 mn et ajoutez la morue. Remuez, poivrez, ajoutez la crème, le persil et les dés de gouda. Laissez 5 mn sur feu doux en remuant. Préchauffez le four th. 4 - 120°.
4. Huilez la plaque à pâtisserie et posez-y les cercles de gouda. Enfournez 10 mn. Laissez refroidir. Montez la température th. 7 - 210°. Beurrez un plat à four. Farcissez les piments de brandade.
5. Posez-les dans le plat, arrosez avec 10 cl de bouillon de volaille, couvrez avec une feuille de papier sulfurisé beurré et cuisez 15 mn. Sortez les piments du plat et réservez-les au chaud.
6. Versez leur jus dans une casserole, ajoutez-y l'encre de seiche, une noix de beurre, quelques gouttes de jus de citron, assaisonnez et fouettez. Répartissez les piments sur les assiettes, nappez de sauce.
7. Décorez avec les chips de gouda et servez.

PLAT

Gigot À LA MOUTARDE

POUR 4 PERSONNES :

Préparation : 15 mn. Cuisson : 1 h 30.
Recette facile. Prix modéré.
1 kg de gigot,
1 gousse d'ail,
2 cuillerées à soupe de moutarde,
1 cuillerées à soupe d'huile d'olive,
Sel, poivre.

1. Pelez l'ail et hachez-le menu. Mettez-le dans un saladier avec la moutarde et mélangez au fouet. Versez l'huile en battant. Poivrez le gigot, placez-le dans un plat à rôtir et enduisez-le du mélange précédent.
2. Couvrez-le de papier d'aluminium et laissez mariner 4 heures dans le réfrigérateur. Préchauffez le four th. 6 - 180°. Salez le gigot et faites-le cuire 1 h 30 en le retournant 2 fois. Servez-le chaud.

DESSERT

Nectarines AU VIN

POUR 4 PERSONNES :

Préparation : 30 mn. Cuisson : 20 mn.
Recette facile. Prix : bon marché.
4 nectarines,
50 cl de Bordeaux rouge,
100 g de sucre en poudre,
150 g de gelée de groseilles.

1. Ebouillantez les nectarines et pelez-les. Laissez-les entières et disposez-les dans une casserole. Ajoutez le sucre et recouvrez de vin.
2. Couvrez et faites cuire doucement 20 mn. Laissez tiédir dans le jus, ôtez les nectarines et disposez-les dans un plat.
3. Faites réduire le jus de cuisson de moitié, ajoutez la gelée de groseilles. Laissez bouillir quelques minutes.
4. Nappez les nectarines avec le jus et servez bien frais.

Conseil du chef
Si vous ne trouvez pas de piments, utilisez des tomates en branches.

POUR CE MENU LE SOMMELIER VOUS PROPOSE

Un Côtes roannaises

ENTRÉE

CONSOMMÉ AU CONCOMBRE

POUR 4 PERSONNES :

Préparation : 30 mn. Cuisson : 30 mn.
Recette facile. Prix : bon marché.

1 concombre pelé et épépiné,
225 g de petits pois,
1 pomme de terre émincée,
1/2 oignon émincé,
1 litre de bouillon de poulet,
50 g de beurre,
2 jaunes d'œuf,
15 cl de crème fraîche,
Sel, poivre.

1. Mettez les petits pois, la pomme de terre et l'oignon épluchés dans un faitout. Ajoutez 30 cl de bouillon de poulet et 25 g de beurre.
2. Portez à ébullition et laissez mijoter à feu doux 25 mn. Laissez un peu refroidir. Versez le contenu du faitout dans le bol du mixeur.
3. Ajoutez 12 cl d'eau et réduisez le tout en crème. Coupez le concombre en petits bâtonnets. Faites fondre le reste du beurre dans une poêle.
4. Faites-y cuire le concombre à petit feu 10 mn. Retirez la poêle du feu. Battez les jaunes d'œuf, ajoutez la crème fraîche et les légumes en purée et continuez à battre. Chauffez le reste de bouillon.
5. Ajoutez le mélange petits pois-jaunes d'œuf-crème et faites cuire à feu doux en mélangeant. Salez et poivrez, ajoutez le concombre et servez bien chaud.

PLAT

SAUTÉ D'AGNEAU AU GINGEMBRE

POUR 4 PERSONNES :

Préparation : 30 mn. Cuisson : 20 mn.
Recette facile. Prix modéré.

600 g de noix d'agneau,
10 g de gingembre,
4 tomates,
1 tête d'ail,
350 g de persil,
1 bouillon-cube,
Chapelure,
Sel, poivre.

1. Coupez la viande en petits cubes. Faites-les sauter à la poêle dans très peu d'huile, salez, poivrez et réservez.
2. Déglacez la poêle avec 3 verres d'eau, ajoutez le bouillon-cube délayé dans un peu d'eau et le gingembre taillé très fin.
3. Coupez les tomates en deux, épépinez-les. Hachez l'ail et le persil. Garnissez les tomates de ce mélange, salez, poivrez. Saupoudrez de chapelure.
4. Cuisez au four th. 8 - 240° pendant 15 mn les tomates et les morceaux d'agneau. Servez immédiatement.

DESSERT

PÊCHES GRATINÉES

POUR 4 PERSONNES :

Préparation : 30 mn. Cuisson : 1 h.
Recette facile. Prix modéré.

4 pêches,
1 petit pain de mie,
60 g de beurre,
60 g de sucre en poudre.

1. Beurrez le fond d'un moule à gratin. Recouvrez le fond du plat de petits carrés de pain de mie beurrés et saupoudrés de sucre.
2. Pelez les pêches, coupez-les en deux et ôtez le noyau. Disposez-les sur le pain, partie creuse au-dessus.
3. Mettez une noisette de beurre dans chaque cavité et 1 cuillerée à café de sucre en poudre.
4. Cuisez au four th. 5 - 150° pendant 1 heure. Servez tiède ou froid.

Conseil du chef

Surveillez la cuisson des pêches gratinées car le pain ne doit pas brûler.

POUR CE MENU LE SOMMELIER VOUS PROPOSE

Un Bergerac blanc

19

JUILLET

St Arsène

Mini-charlottes aux framboises

ENTRÉE

 ARENGS À LA CRÈME

POUR 4 PERSONNES :

Préparation : 25 mn. Pas de cuisson.
Recette facile. Prix : bon marché.

300 g de filets de harengs fumés,
150 g de cornichons,
1 betterave,
2 œufs durs,
1 bouquet de persil,
1/2 petit pot de crème fraîche,
2 cuillerées à café de jus de citron,
3 cuillerées à café d'oignons hachés,
2 cuillerées à soupe d'huile,
Sel, poivre.

1. Coupez les filets de harengs en fines bandelettes. Hachez grossièrement les cornichons, la betterave et les œufs en séparant les blancs des jaunes.
2. Hachez finement le persil. Mettez tous les ingrédients dans un saladier. Dans un bol, mélangez la crème, le jus de citron, les oignons hachés, l'huile, du sel et du poivre.
3. Mélangez cette sauce et versez dans le saladier. Mélangez à nouveau pour que tous les ingrédients soient bien imprégnés. Servez immédiatement.

PLAT

OLES À LA NORMANDE

POUR 4 PERSONNES :

Préparation : 20 mn. Cuisson : 35 mn.
Recette facile. Prix modéré.

8 filets de soles,
1 litre de moules,
2 échalotes,
40 g de beurre,
30 g de maïzena,
1 verre de vin blanc sec,
20 cl de crème fraîche,
Sel, poivre.

1. Grattez les moules. Dans une cocotte, faites fondre le beurre, ajoutez-y les échalotes émincées. Ajoutez les moules, le vin, du sel, du poivre, couvrez et laissez cuire sur feu vif 5 mn.
2. Décoquillez les moules, passez le jus de cuisson, réservez-en 1 verre et gardez le reste. Préchauffez le four th. 6 - 180°. Dans une casserole, rangez les filets de soles roulés.
3. Couvrez-les avec le jus de cuisson des moules et faites cuire à feu moyen 10 mn. Rangez les filets dans un plat à gratin, ajoutez les moules. Délayez la maïzena dans le verre de jus de cuisson.
4. Mélangez avec le jus de cuisson des soles, faites chauffer en tournant jusqu'à ce qu'il épaississe, ajoutez la crème fraîche. Versez sur les filets et passez au four 10 mn. Servez sans attendre.

DESSERT

INI-CHARLOTTES AUX FRAMBOISES

POUR 4 PERSONNES :

Préparation : 30 mn. Pas de cuisson.
Recette facile. Prix : bon marché.

250 g de mini-roulés, 150 g de framboises,
2 cuillerées à soupe de gelée de framboises,
1 cuillerée à soupe de liqueur de framboises,
3 petits suisses,
10 cl de crème fraîche.

1. Coupez les mini-roulés en 12 ronds et disposez-les dans 4 ramequins beurrés. Réservez quelques framboises pour la décoration.
2. Dans une casserole, faites fondre la gelée avec la liqueur. Mélangez avec les petits suisses. Incorporez les framboises restantes.
3. Ajoutez la crème fraîche fouettée. Versez dans les ramequins. Recouvrez avec le reste de roulé. Faites prendre dans le réfrigérateur 4 heures.
4. Démoulez en trempant les moules quelques instants dans l'eau tiède. Décorez avec les framboises réservées et servez bien frais.

Conseil du chef
Prenez des mini-roulés à la confiture de fraises.

207

POUR CE
MENU LE
SOMMELIER
VOUS
PROPOSE

Un
Beaujolais-
Village

ENTRÉE

FLAN AUX ASPERGES

POUR 4 PERSONNES :

Préparation : 20 mn. Cuisson : 55 mn.
Recette facile. Prix modéré.

1 kg d'asperges,
6 œufs,
20 g de maïzena,
25 cl de lait,
Sel, poivre.

1. Epluchez les asperges, coupez-les
en tronçons et faites-les cuire dans de
l'eau bouillante salée. Egouttez-les.
2. Dans un grand bol, délayez la maïzena dans le lait froid. Battez les œufs
et mélangez-les à la maïzena. Salez et
poivrez.
3. Ajoutez les morceaux d'asperges
sauf les pointes. Versez dans un moule
à charlotte beurré et faites cuire au four
th. 6 - 180° au bain-marie 45 mn.
4. Démoulez sur le plat de service,
décorez avec les pointes d'asperges et
servez aussitôt.

PLAT

BROCHETTES DE BŒUF AUX OLIVES

POUR 4 PERSONNES :

Préparation : 10 mn. Cuisson : 15 mn.
Recette facile. Prix : bon marché.

600 g de gîte,
2 poivrons rouges,
2 oignons,
16 olives vertes dénoyautées,
Sel, poivre.

1. Pelez et coupez en quartiers les
oignons. Epépinez et coupez en carrés
les poivrons. Découpez la viande en
cubes.
2. Composez les brochettes en intercalant cubes de viande, carrés de poivrons, quartiers d'oignons et olives.
3. Faites-les griller sur un barbecue ou
sous le gril du four préalablement
chauffé 15 mn.
4. Salez, poivrez et servez les brochettes bien chaudes agrémentées de
fines herbes.

DESSERT

PÊCHES MACÉRÉES

POUR 4 PERSONNES :

Préparation : 10 mn. Cuisson : 30 mn.
Recette facile. Prix modéré.

4 pêches,
4 cuillerées à soupe de sucre en poudre,
40 cl de Bordeaux rouge,
8 morceaux de sucre,
1 cuillerée à café de cannelle en poudre.

1. Pelez les pêches, coupez-les en
deux, ôtez leur noyau et saupoudrez-les
de sucre. Laissez-les macérer 1 heure.
2. Dans une casserole, faites bouillir le
vin rouge avec les morceaux de sucre
et la cannelle 10 mn. Faites-y pocher
les pêches et leur jus de macération.
3. Lorsque les fruits sont cuits, égouttez-les puis présentez-les dans des
coupes individuelles. Faites réduire le
vin de moitié et nappez-en les pêches.
4. Tenez au frais et servez accompagné
d'une brioche coupée en tranches
sucrées et grillées au four.

Conseil du chef

Accompagnez
les brochettes de bœuf
d'une salade verte.

21
JUILLET

St Victor

Petits légumes farcis

ENTRÉE

 PETITS LÉGUMES FARCIS

POUR 4 PERSONNES :

Préparation : 45 mn. Cuisson : 2 h.
Recette facile. Prix : bon marché.

2 tomates, 2 courgettes, 2 aubergines,
6 oignons, 600 g de macreuse,
3 gousses d'ail, 1 bouquet garni,
100 g de riz cuit, 2 œufs,
1 cuillerée à soupe de thym,
6 cuillerées à soupe d'huile d'olive,
Sel, poivre.

1. Mettez la viande dans un faitout, couvrez d'eau froide, ajoutez le bouquet garni, 1 gousse d'ail, 1 oignon pelé et coupé en deux, sel et poivre. Faites cuire 1 heure en autocuiseur.
2. Laissez tiédir dans le bouillon. Lavez les tomates, les courgettes et les aubergines. Otez le chapeau des tomates, creusez-les, salez l'intérieur. Pelez les oignons, évidez-les.
3. Coupez les aubergines en 2 et creusez-les. Evidez les courgettes. Faites précuire à la vapeur 10 mn les courgettes, les aubergines et les oignons. Pelez et hachez l'oignon et le reste d'ail.
4. Egouttez et hachez la viande. Faites chauffer 2 cuillerées à soupe d'huile et revenir le hachis ail-oignon, ajoutez la viande, le riz, le thym, sel, poivre et laissez cuire 5 mn.
5. Versez dans un saladier, ajoutez les œufs et remuez pour obtenir une farce homogène. Huilez un grand plat à four et préchauffez le four th. 6 - 180°. Garnissez les légumes de farce.
6. Placez-les dans le plat. Remettez les chapeaux sur les tomates et les courgettes. Versez le reste d'huile et un verre d'eau dans le plat et couvrez d'aluminium. Faites cuire 30 mn au four.
7. Otez l'aluminium, augmentez la chaleur th. 8 - 240° et poursuivez la cuisson 15 mn. Servez très chaud dans le plat de cuisson.

PLAT

PAIN DE LIEU À L'ESTRAGON

POUR 4 PERSONNES :

Préparation : 15 mn. Cuisson : 35 mn.
Recette facile. Prix : bon marché.

800 g de filets de lieu,
30 g de maïzena,
1 verre de lait,
12 cl de crème fraîche,
3 œufs,
1 bouquet d'estragon,
Sel, poivre.

1. Passez la chair du lieu au mixeur. Préchauffez le four th. 6 - 180°. Délayez la maïzena dans le lait. Séparez les blancs des jaunes d'œuf.
2. Battez les blancs en neige très ferme. Dans un saladier, mélangez le poisson, les jaunes d'œuf, la crème, les 2/3 de l'estragon hachée et la maïzena délayée. Salez et poivrez.
3. Incorporez les blancs en neige et versez dans un moule à cake beurré. Faites cuire au four 35 mn. Démoulez et saupoudrez du reste d'estragon haché avant de servir.

Conseil du chef
Vous pouvez ajouter la pulpe des légumes dans la farce.

DESSERT

MOUSSE AU CITRON

POUR 4 PERSONNES :

Préparation : 25 mn. Cuisson : 5 mn.
Recette facile. Prix : bon marché.

2 citrons,
4 œufs,
150 g de sucre,
10 g de maïzena,
1/4 de litre d'eau,
1 blanc d'œuf battu en neige,
1 cuillerée à soupe de crème fraîche.

1. Râpez le zeste des citrons et pressez leur jus. Réservez. Battez vivement dans un saladier les œufs en ajoutant peu à peu le sucre.
2. Ajoutez la maïzena, le zeste et le jus des citrons. Ajoutez l'eau bouillante en continuant de battre. Versez dans une casserole.
3. Faites cuire à feu doux 5 mn en tournant. Retirez du feu et battez jusqu'à ce que la mousse soit tiède. Ajoutez le blanc d'œuf en neige.
4. Ajoutez la crème fraîche fouettée avec 1 cuillerée à soupe d'eau glacée. Mettez dans le réfrigérateur et battez juste avant de servir.

**POUR CE
MENU LE
SOMMELIER
VOUS
PROPOSE**

*Un
Corbières*

Ste Marie-
Madeleine

*Mixed grill
d'agneau*

ENTRÉE

QUICHE AUX POIREAUX

POUR 4 PERSONNES :

Préparation : 15 mn. Cuisson : 40 mn.
Recette facile. Prix : bon marché.

250 g de pâte brisée,
50 g de beurre, 4 poireaux, 2 œufs,
1/4 de litre de lait,
20 g de maïzena,
50 g de gruyère râpé,
Noix de muscade râpée,
Sel, poivre.

1. Etalez la pâte et garnissez-en un moule à tarte beurré. Dans une sauteuse, faites fondre dans le beurre les poireaux épluchés, lavés et coupés finement.
2. Préchauffez le four th. 7 - 210°. Délayez la maïzena dans le lait froid, ajoutez les œufs, du sel, du poivre et la noix de muscade.
3. Battez le tout et garnissez-en la pâte. Ajoutez-y les poireaux fondus, saupoudrez de gruyère et faites cuire au four 40 mn. Servez tiède ou froid.

PLAT

MIXED GRILL D'AGNEAU

POUR 4 PERSONNES :

Préparation : 15 mn. Cuisson : 5 mn.
Recette facile. Prix : bon marché.

8 côtelettes d'agneau,
4 rognons d'agneau,
200 g de foie d'agneau,
20 g de beurre,
4 cuillerées à soupe d'huile,
Sel, poivre.

1. Coupez les rognons en deux et répartissez-les sur 4 piques en bois. Coupez le foie en petits cubes et enfilez-le sur 4 autres bâtonnets.
2. Laissez fondre le beurre dans une petite casserole, ajoutez l'huile, fouettez, badigeonnez-en les viandes. Salez et poivrez.
3. Faites chauffer le gril à chaleur vive, faites-y cuire les côtelettes 1 mn par face ainsi que les brochettes de rognons et de foie.
4. Retournez-les 1 fois et servez-les sans attendre.

DESSERT

SABLÉS À LA VANILLE

POUR 4 PERSONNES :

Préparation : 20 mn. Cuisson : 20 mn.
Recette facile. Prix : bon marché.

80 g de farine,
80 g de maïzena,
80 g de beurre,
80 g de sucre,
2 sachets de sucre vanillé,
1 œuf,
1 pincée de sel.

1. Dans un saladier, mélangez la farine, la maïzena, le sel, le sucre et le sucre vanillé. Incorporez-y le beurre coupé en petits morceaux.
2. Travaillez du bout des doigts. Quand le mélange est sableux, cassez-y l'œuf et mélangez. Mettez la pâte par petites noix sur une plaque beurrée.
3. Ecrasez ces petits tas du bout des doigts. Faites-les cuire au four th. 6 - 180° pendant 20 mn. Servez-les froid.

Conseil du chef
Accompagnez
le mixed grill
d'une salade verte.

Tarte
aux fraises

ENTRÉE

SALADE DE SAUCISSE

POUR 4 PERSONNES :

Préparation : 15 mn. Pas de cuisson.
Recette facile. Prix : bon marché.

300 g de saucisse cuites, 1 oignon rouge,

4 radis, 1 poivron rouge,

1 bouquet de ciboulette,

1 botte de cresson,

2 cuillerées à soupe de vinaigre,

3 cuillerées à soupe d'huile, sel, poivre.

1. Otez la peau des saucisses et coupez-les en rondelles. Epluchez l'oignon et coupez-le en rondelles. Détaillez les radis en fines rondelles.
2. Lavez, égouttez, épépinez le poivron et coupez-le en lanières. Triez, lavez et hachez grossièrement les fines herbes.
3. Mettez tous les ingrédients dans un saladier et mélangez-les délicatement. Dans un bol, mélangez le vinaigre avec du sel et du poivre.
4. Ajoutez l'huile et mélangez à nouveau. Versez cette sauce sur la salade. Laissez mariner 5 mn et servez.

Conseil du chef

Vous pouvez saupoudrer les fraises de sucre roux.

PLAT

SPAGHETTI MILANAISE

POUR 4 PERSONNES :

Préparation : 15 mn. Cuisson : 10 mn.
Recette facile. Prix : bon marché.

400 g de spaghetti cuits,

4 cuillerées à soupe de beurre,

200 g de lard fumé,

4 tranches de mortadelle,

4 tranches de salami,

1 oignon,

1 gousse d'ail,

2 tomates,

1 cuillerée à café de basilic haché,

4 cuillerées à soupe de parmesan râpé,

Sel, poivre.

1. Faites chauffer le beurre dans une poêle, faites-y revenir le lard coupé en dés. Ajoutez l'oignon finement haché. Faites revenir.
2. Coupez la mortadelle et le salami en lanières, ajoutez-les au lard avec la gousse d'ail écrasée et du sel. Laissez cuire 5 mn.
3. Ajoutez les pâtes et les tomates coupées en dés, le basilic, du sel et du poivre. Laissez mijoter 5 mn à feu moyen. Saupoudrez de parmesan et servez sans attendre.

DESSERT

TARTE AUX FRAISES

POUR 4 PERSONNES :

Préparation : 20 mn. Cuisson : 45 mn.
Recette facile. Prix modéré.

250 g de pâte sablée,

500 g de fraises,

500 g de fromage blanc,

10 cl de crème fraîche,

100 g de sucre,

1 sachet de sucre vanillé,

2 cuillerées à soupe de maïzena,

3 œufs.

1. Etalez la pâte et garnissez-en un moule à tarte beurré. Piquez la pâte avec une fourchette et faites-la cuire au four th. 6 - 180° à blanc 15 mn. Laissez refroidir.
2. Mélangez le fromage blanc avec la crème fraîche, la maïzena, le sucre, le sucre vanillé et les jaunes d'œuf. Battez les blancs en neige ferme et incorporez-les délicatement à la préparation.
3. Versez sur la pâte et faites cuire 35 mn. Laissez refroidir. Disposez les fraises lavées, équeutées et coupées en deux sur le dessus de la tarte. Servez frais.

POUR CE MENU LE SOMMELIER VOUS PROPOSE

Un Chablis

ENTRÉE

SALADE SAUCE COCKTAIL

POUR 4 PERSONNES :

Préparation : 15 mn. Pas de cuisson.
Recette facile. Prix : bon marché.

1 batavia,
2 tomates,
1 concombre,
8 radis,
2 tranches de jambon,
2 tranches de bonbel,
100 g de tortellini cuites,
8 cuillerées à soupe de sauce cocktail.

1. Epluchez et lavez la batavia. Coupez les feuilles en chiffonnade. Lavez les tomates et détaillez-les en quartiers. Epluchez le concombre et coupez-le en minces rondelles.
2. Lavez les radis, ôtez leur queue et coupez-les en rondelles. Détaillez le jambon et le fromage en lanières. Mettez tous ces ingrédients et les pâtes dans un grand saladier.
3. Remuez, versez la sauce sur la salade et mélangez à nouveau. Servez bien frais.

PLAT

ŒUFS BROUILLÉS NAPOLITAINE

POUR 4 PERSONNES :

Préparation : 10 mn. Cuisson : 10 mn.
Recette facile. Prix : bon marché.

6 œufs,
190 g de sauce tomate,
1 cuillerée à soupe de crème fraîche,
1 cuillerée à soupe de persil haché,
20 g de beurre,
Ciboulette,
4 tranches de pain grillées,
Sel, poivre.

1. Cassez les œufs dans un saladier, ajoutez la sauce tomate et le persil haché. Salez et poivrez.
2. Battez l'ensemble à la fourchette. Dans une casserole, faites fondre le beurre, versez-y les œufs battus et faites-les cuire 5 mn à feu très doux en remuant à la fourchette.
3. Ajoutez la crème fraîche en fin de cuisson, saupoudrez de ciboulette hachée et servez chaud avec le pain grillé.

DESSERT

CHARLOTTE AUX CERISES

POUR 4 PERSONNES :

Préparation : 40 mn. Pas de cuisson.
Recette facile. Prix modéré.

800 g de cerises,
36 biscuits à la cuiller,
300 g de fromage blanc,
125 g de sucre en poudre,
3 cuillerées à soupe de gelée de groseilles.

1. Lavez et dénoyautez les cerises, saupoudrez-les de 50 g de sucre et laissez-les macérer 3 heures.
2. Battez le fromage blanc avec 50 g de sucre. Faites bouillir un demi-verre d'eau additionnée du sucre restant et retirez du feu.
3. Garnissez le moule à charlotte de biscuits à la cuiller trempés dans le sirop. Remplissez le centre en alternant les cerises macérées, le fromage blanc et les biscuits. Terminez par des biscuits.
4. Mettez une assiette avec un poids sur le dessus du moule et placez dans le réfrigérateur. Au moment de servir, démoulez la charlotte.
5. Décorez de quelques cerises. Diluez la gelée de groseilles avec le jus de macération des cerises et présentez cette sauce à part.

Conseil du chef
Vous pouvez utiliser de la sauce tomate à la viande pour les œufs brouillés.

POUR CE
MENU LE
SOMMELIER
VOUS
PROPOSE

Un Buzet

25
JUILLET

St Jacques

Carpaccio
de bœuf

ENTRÉE

CARPACCIO
DE BŒUF

POUR 4 PERSONNES :

Préparation : 15 mn. Pas de cuisson.
Recette facile. Prix : bon marché.
800 g de filet de bœuf coupé très fin,
2 citrons,
12 cuillerées à soupe d'huile d'olive,
100 g de parmesan en copeaux,
4 cuillerées à soupe de basilic haché,
Sel, poivre.

1. Disposez les tranches de filet cru dans un plat sans qu'elles se chevauchent. Dans un bol, mettez le sel, le poivre et arrosez avec le jus des citrons, ajoutez l'huile et fouettez.
2. Versez sur les tranches de filet. Parsemez de copeaux de parmesan et de basilic haché. Mettez dans le réfrigérateur jusqu'au moment de servir.

PLAT

TENDRONS
AUX POIVRONS

POUR 4 PERSONNES :

Préparation : 15 mn. Cuisson : 35 mn.
Recette facile. Prix : bon marché.
1 kg de tendrons de veau en tranches,
4 cuillerées à soupe d'huile d'olive,
1 poivron rouge,
1 poivron vert,
10 g de maïzena,
1 bouillon-cube de bœuf,
1 verre de vin blanc sec,
1 gousse d'ail,
Sel, poivre.

1. Dans une sauteuse, faites chauffer l'huile et faites-y dorer la viande de tous côtés. Retirez-la et mettez à la place les poivrons épépinés et coupés en lanières avec la gousse d'ail écrasée.
2. Mélangez. Remettez la viande sur les poivrons, salez et poivrez. Délayez la maïzena dans 1 verre d'eau et versez dans la sauteuse. Ajoutez le bouillon-cube et le vin blanc.
3. Mélangez, couvrez et laissez mijoter à feu doux 35 mn. Servez bien chaud avec des pâtes fraîches.

DESSERT

ORANGES
À L'ANIS

POUR 4 PERSONNES :

Préparation : 10 mn. Pas de cuisson.
Recette facile. Prix : bon marché.
4 oranges,
4 cuillerées à soupe de beurre,
4 cuillerées à soupe de sucre,
10 cl de vin blanc,
10 cl de liqueur d'orange,
2 cuillerées à soupe de pistaches hachées,
2 cuillerées à soupe de pignons,
1/2 sachet de sucre vanillé,
5 g d'anis en poudre,
Quelques branches de menthe.

1. Pelez les oranges à vif et coupez-les en tranches. Faites chauffer le beurre dans une poêle et faites-y caraméliser le sucre.
2. Versez le vin blanc, portez à ébullition. Ajoutez les tranches d'oranges, parfumez avec la liqueur. Portez à ébullition.
3. Saupoudrez de pistaches et de pignons. Aromatisez avec le sucre vanillé et l'anis. Répartissez sur les assiettes et décorez de feuilles de menthe. Servez tiède ou froid.

Conseil du chef
Faites couper votre filet de bœuf à la machine par votre boucher.

26 JUILLET

Ste Anne

Croque monsieur

FETA EN SALADE

POUR 4 PERSONNES :

Préparation : 10 mn. Pas de cuisson.
Recette facile. Prix : bon marché.

100 g de feta,
1 oignon rouge,
2 tomates,
1 poivron jaune,
8 olives noires,
100 g de thon à l'huile,
2 œufs durs,
8 cuillerées à soupe de vinaigrette.

1. Coupez l'oignon en rondelles, les tomates en quartiers, le poivron en lanières. Ajoutez les olives dans le saladier.
2. Remuez avec précaution. Emiettez le thon, écalez les œufs et coupez-les en 4. Coupez la feta en petits dés.
3. Ajoutez-les dans le saladier. Versez la sauce et mélangez délicatement. Servez immédiatement.

CROQUE MONSIEUR

POUR 4 PERSONNES :

Préparation : 20 mn. Cuisson : 5 mn.
Recette facile. Prix : bon marché.

8 tranches de pain de mie,
20 cl de lait,
5 cuillerées à soupe de maïzena,
25 cl de bière blonde,
2 cuillerées à soupe de moutarde,
200 g de cheddar,
4 tranches de bacon,
2 tomates,
1/2 cuillerée à café de paprika,
Sel, poivre.

1. Toastez les tranches de pain de mie et déposez-en 4 dans un plat à gratin beurré. Râpez le cheddar. Coupez les tomates en fines rondelles.
2. Faites chauffer le lait dans une casserole avec la bière et la moutarde. Dès ébullition, délayez la maïzena et laissez frémir 1 mn. Hors du feu, ajoutez le cheddar, le paprika, du sel, du poivre.
3. Mélangez bien. Faites dorer les tranches de bacon dans une poêle et déposez-les sur les tranches dans le plat. Recouvrez d'une cuillerée de préparation au fromage.
4. Posez dessus la seconde tranche de pain de mie, répartissez les rondelles de tomates et nappez le tout avec la sauce restante. Faites dorer sous le gril du four 5 mn.

CAKE AU CITRON

POUR 4 PERSONNES :

Préparation : 10 mn. Cuisson : 40 mn.
Recette facile. Prix : bon marché.

120 g de farine,
40 g de maïzena,
225 g de sucre,
Le zeste d'un citron,
1/2 verre d'huile,
1/2 verre de lait,
3 œufs,
1/2 cuillerée à café de cannelle en poudre,
1/2 sachet de levure.

1. Battez les œufs dans un grand saladier, ajoutez le sucre, la cannelle, le zeste du citron râpé, le lait et l'huile.
2. Battez le mélange et incorporez-y la farine, la maïzena et la levure. Beurrez un moule à cake et versez-y la préparation.
3. Saupoudrez de sucre en poudre et faites cuire au four th. 6 - 180° pendant 40 mn. Démoulez et laissez refroidir avant de déguster.

Conseil du chef
A mi-cuisson du cake, posez dessus une feuille de papier sulfurisé pour qu'il ne brunisse pas trop.

27

JUILLET

Ste Nathalie

Kissel aux framboises

ENTREE

CREVETTES EN BRIOCHE

POUR 4 PERSONNES :

Préparation : 20 mn. Cuisson : 25 mn.
Recette facile. Prix : bon marché.

250 g de crevettes grises,
4 petites brioches,
1 petit bouquet de ciboulette,
1 verre de lait,
6 cl de crème fraîche,
2 œufs,
10 g de maïzena,
Sel, poivre.

1. Décortiquez les crevettes. Délayez la maïzena dans le lait froid, ajoutez les œufs, du sel, du poivre et battez à la fourchette.
2. Faites chauffer doucement le mélange dans une petite casserole. Quand il a épaissi, retirez-le du feu, ajoutez les crevettes décortiquées, la ciboulette hachée.
3. Enlevez une partie de la mie des brioches, remplissez-les de la préparation aux crevettes et remettez les chapeaux.
4. Posez les brioches dans un plat allant au four et laissez chauffer 20 mn th. 5 - 150°. Servez bien chaud.

PLAT

BLANQUETTE DE LAPIN

POUR 4 PERSONNES :

Préparation : 15 mn. Cuisson : 1 h 10.
Recette facile. Prix : bon marché.

1 lapin,
1 verre de vin blanc sec,
2 carottes,
2 oignons,
1 bouquet garni,
40 g de beurre,
30 g de maïzena,
25 cl de crème fraîche,
Sel, poivre.

1. Découpez le lapin en morceaux et mettez-les dans une cocotte. Ajoutez les oignons et les carottes émincés, le bouquet garni, le vin blanc, du sel et du poivre.
2. Couvrez d'eau froide et portez à ébullition. Ecumez et laissez frémir 1 heure. Egouttez les morceaux et réservez-les au chaud. Passez le jus de cuisson.
3. Délayez la maïzena dans un verre d'eau froide, mélangez à 3 verres de jus de cuisson du lapin, faites chauffer ce mélange en tournant jusqu'à ce qu'il épaississe.
4. Ajoutez le beurre et la crème fraîche. Remettez les morceaux dans la sauce et présentez la cocotte sur la table.

DESSERT

KISSEL AUX FRAMBOISES

POUR 4 PERSONNES :

Préparation : 10 mn. Cuisson : 5 mn.
Recette facile. Prix : modéré.

400 g de framboises,
100 g de sucre en poudre,
1/3 de litre d'eau,
2 cuillerées à soupe de fécule de pommes de terre.

1. Lavez les framboises et mettez-les dans une casserole avec l'eau. Portez à ébullition tout en pressant les fruits sur le bord de la casserole avec une écumoire.
2. Egouttez sur un tamis fin en pressant de façon à recueillir le maximum de jus. Ajoutez-y le sucre. Délayez la fécule dans un verre d'eau froide.
3. Versez dans le jus de fruits et portez à ébullition en remuant sans arrêt. Versez dans un saladier à dessert et mettez au frais. Servez bien froid.

Conseil du chef
Vous pouvez réaliser le même dessert avec des groseilles, des mûres ou des cassis.

POUR CE
MENU LE
SOMMELIER
VOUS
PROPOSE

Un
Marsannay

ENTREE

BEIGNETS DE FROMAGE

POUR 4 PERSONNES :

Préparation : 20 mn. Cuisson : 15 mn.
Recette facile. Prix : bon marché.

300 g de comté,
100 g de maïzena,
100 g de farine,
3 œufs,
1 verre de lait,
1 sachet de levure,
Huile pour friture,
Sel, poivre.

1. Dans un saladier, mélangez la farine, la maïzena, les œufs, le lait, du sel, du poivre et la levure. Battez jusqu'à ce que le mélange soit lisse.
2. Coupez le fromage en bâtonnets. Faites chauffer la friture. Plongez un à un les bâtonnets de fromage dans la pâte à frire puis dans la friture.
3. Laissez cuire jusqu'à ce que les beignets soient dorés. Egouttez-les sur du papier absorbant et servez-les très chauds.

PLAT

BROCHETTES DE PORC AU SÉSAME

POUR 4 PERSONNES :

Préparation : 10 mn. Cuisson : 15 mn.
Recette facile. Prix : bon marché.

750 g de poitrine de porc,
20 cl d'eau,
2 cuillerées à soupe de graines de sésame,
3 gousses d'ail hachées,
1 cuillerée à café d'huile,
Poivre.

1. Dans un plat creux, mettez l'eau, les graines de sésame, l'ail haché, l'huile et du poivre. Coupez la poitrine de porc en lamelles.
2. Disposez-les dans la marinade pendant 1 h 30. Egouttez les lamelles de viande. Enfilez-les sur des brochettes.
3. Faites-les cuire au gril du four 15 mn en les tournant. Servez-les très chaudes avec un riz aux poivrons.

DESSERT

CRUMBLE AUX MYRTILLES

POUR 4 PERSONNES :

Préparation : 15 mn. Cuisson : 30 mn.
Recette facile. Prix modéré.

180 g de beurre,
180 g de sucre,
80 g de farine,
400 g de myrtilles,
80 g de poudre d'amandes,
10 cl de crème fraîche,
2 œufs,
50 g de maïzena.

1. Dans un saladier, mélangez 20 g de maïzena avec la poudre d'amandes. Ajoutez 60 g de sucre, la crème, les œufs et 60 g de beurre en morceaux.
2. Battez au fouet électrique à petite vitesse 2 mn. Incorporez les myrtilles et mélangez avec une cuillère en bois.
3. Versez ce mélange dans un plat allant au four. Préchauffez le four th. 6 - 180°. Dans un autre saladier, mélangez la farine et le reste de maïzena, ajoutez le reste de sucre et le reste de beurre en petits morceaux.
4. Travaillez du bout des doigts jusqu'à ce que le mélange devienne sableux, répartissez-les sur le mélange aux myrtilles.
5. Faites cuire au four 30 mn. Servez tiède ou froid avec de la crème fraîche.

Conseil du chef
Congelez la poitrine de porc, il vous sera alors plus facile de la couper en lamelles.

29
JUILLET

Ste Marthe

Saumon en gelée au concombre

ENTRÉE

SAUMON EN GELÉE AU CONCOMBRE

POUR 4 PERSONNES :

Préparation : 30 mn. Cuisson : 15 mn.
Recette élaborée. Prix modéré.

600 g de fromage blanc,

4 tranches de saumon fumé,

150 g de gouda,

1 concombre,

1 cuillerée à soupe d'aneth haché,

1 sachet de gelée instantanée au Madère,

20 g de beurre,

1 cuillerée à café de baies roses,

Sel, poivre.

1. Pelez le concombre, coupez-le en deux dans le sens de la longueur et épépinez-le. Détaillez-le en lamelles. Faites chauffer le beurre dans une poêle. Mettez-y les lamelles de concombre à étuver 10 mn.
2. Salez, poivrez et égouttez. Diluez la gelée dans 10 cl d'eau froide, portez à ébullition et laissez tiédir. Tapissez 4 petits moules ronds avec les tranches de saumon, coupez le fromage en bâtonnets.
3. Dans un saladier, mélangez le fromage blanc, le gouda, la gelée, le concombre, l'aneth, les baies et du poivre. Versez dans les petits moules, couvrez d'un film plastique et mettez 12 heures au frais. Démoulez-les dans les assiettes au moment de servir.

PLAT

TRUITE EN PAPILLOTE

POUR 4 PERSONNES :

Préparation : 15 mn. Cuisson : 35 mn.
Recette facile. Prix : bon marché.

1 truite de 1 kg vidée,

10 g de maïzena,

1 verre de lait,

12 cl de crème fraîche,

2 citrons,

Sel, poivre.

1. Préchauffez le four th. 6 - 180°. Posez la truite nettoyée sur une grande feuille d'aluminium. Salez et posez un citron coupé en tranches fines sur le poisson.
2. Fermez la papillote et faites-la cuire au four 35 mn. Délayez la maïzena dans le lait, faites chauffer le mélange en tournant jusqu'à ce qu'il épaississe, réduisez le feu, ajoutez la crème, tournez quelques minutes.
3. Salez, poivrez, retirez du feu et ajoutez le jus du second citron. Ouvrez la papillote sur le plat de service et servez la sauce en saucière.

Conseil du chef
Vous pouvez aussi réaliser le savarin au citron.

DESSERT

SAVARIN À L'ORANGE

POUR 4 PERSONNES :

Préparation : 20 mn. Cuisson : 30 mn.
Recette facile. Prix : bon marché.

4 oranges,

180 g de sucre,

2 œufs,

2 cuillerées à soupe d'eau chaude,

2 cuillerées à soupe de vin blanc doux,

1/2 sachet de sucre vanillé,

60 g de farine,

50 g de maïzena,

1/2 sachet de levure,

1 pincée de sel.

1. Dans une casserole, faites un caramel avec 40 g de sucre et 3 cuillerées à soupe d'eau. Versez-le dans le moule à savarin en nappant tout l'intérieur.
2. Mélangez dans un saladier 60 g de sucre, le sucre vanillé, les œufs et l'eau chaude jusqu'à ce que le mélange blanchisse. Ajoutez la maïzena, la farine, le vin, la levure et le sel.
3. Mélangez bien et versez cette pâte lisse dans le moule. Faites cuire au four th. 6 - 180° pendant 30 mn. Faites bouillonner 3 mn le jus de 2 oranges avec 80 g de sucre. Retirez du feu.
4. Démoulez le gâteau cuit et mettez-le sur une grille au-dessus d'un plat creux. Versez dessus le sirop à l'orange jusqu'à ce qu'il soit complètement imprégné. Décorez-le de rondelles d'orange et servez une fois refroidi.

POUR CE MENU LE SOMMELIER VOUS PROPOSE

Un Irouléguy

ENTRÉE

CRÈME DE CHOU-FLEUR

POUR 4 PERSONNES :

Préparation : 10 mn. Cuisson : 20 mn.
Recette facile. Prix : bon marché.

1 chou-fleur,
20 g de maïzena,
30 g de beurre,
1/2 litre de lait,
Muscade râpée,
50 g de parmesan,
Sel, poivre.

1. Faites cuire le chou-fleur à la vapeur 15 mn. Egouttez-le et écrasez-le à la fourchette.
2. Mettez-le dans une petite cocotte avec le beurre. Mélangez avec la maïzena délayée dans le lait froid.
3. Salez, poivrez, ajoutez la muscade et faites chauffer doucement en remuant de temps en temps.
4. Ajoutez le parmesan râpé, mélangez et servez immédiatement.

PLAT

DINDE À L'AIGRE-DOUX

POUR 4 PERSONNES :

Préparation : 20 mn. Cuisson : 45 mn.
Recette facile. Prix : bon marché.

4 cuisses de dinde,
1 verre de bouillon de volaille,
2 cuillerées à soupe d'huile,
5 cuillerées à soupe de ketchup épicé,
3 cuillerées à soupe de miel,
3 cuillerées à soupe de moutarde,
2 cuillerées à soupe de vinaigre,
1 gousse d'ail,
1 oignon,
Sel, poivre.

1. Epluchez et émincez finement l'oignon. Pressez l'ail. Dans une casserole, faites revenir l'oignon et l'ail dans l'huile.
2. Ajoutez le vinaigre, le bouillon, le miel, le ketchup, la moutarde, mélangez et laissez bouillir 10 mn.
3. Préchauffez le four th. 7 - 210°. Posez les cuisses de dinde dans un plat à feu et badigeonnez-les de sauce.
4. Laissez cuire 45 mn en les enduisant toutes les 10 mn. Récupérez le jus de cuisson. Disposez les cuisses sur le plat de service.
5. Nappez-les avec la sauce et servez aussitôt.

DESSERT

FRANGIPANE DE GROSEILLES

POUR 4 PERSONNES :

Préparation : 15 mn. Cuisson : 50 mn.
Recette facile. Prix modéré.

100 g de poudre d'amandes,
150 g de beurre,
2 œufs,
80 g de sucre,
20 g de maïzena,
200 g de groseilles.

1. Mélangez le sucre et la maïzena, battez le mélange avec les œufs entiers dans un grand saladier, ajoutez la poudre d'amandes, le beurre ramolli et coupé en petits morceaux et continuez de battre avec le fouet électrique 3 mn.
2. Préchauffez le four th. 5 - 150°. Egrénez les groseilles, incorporez-les au mélange et versez la pâte obtenue dans un moule à manqué beurré.
3. Faites cuire au four 50 mn. Démoulez sur le plat de service et servez tiède ou froid.

Conseil du chef

Servez la dinde avec des tranches d'ananas.

POUR CE MENU LE SOMMELIER VOUS PROPOSE

Un Côte de Bergerac

ENTRÉE

ASSIETTE ITALIENNE

POUR 4 PERSONNES :

Préparation : 5 mn. Pas de cuisson.
Recette facile. Prix : bon marché.

4 tomates,
400 g de mozzarella,
4 oignons rouges,
4 cuillerées à soupe d'huile d'olive,
1 bouquet de ciboulette,
Sel, poivre.

1. Coupez les tomates en rondelles et disposez-les dans les assiettes de service. Coupez la mozzarella en tranches fines et posez-les sur les rondelles de tomates.
2. Coupez les oignons en anneaux et répartissez-les sur la mozzarella. Salez, poivrez, ajoutez l'huile d'olive. Saupoudrez de ciboulette hachée et servez bien frais.

PLAT

VEAU AU CITRON

POUR 4 PERSONNES :

Préparation : 10 mn. Cuisson : 1 h 20.
Recette facile. Prix : bon marché.

800 g de veau,
30 g de beurre,
1 oignon,
1 verre de vin blanc,
1 citron,
20 cl de crème fraîche,
15 g de maïzena,
Sel, poivre.

1. Dans une cocotte, faites fondre le beurre, faites-y dorer l'oignon émincé, ajoutez les morceaux de veau.
2. Salez, poivrez, mouillez avec le vin blanc, ajoutez le zeste du citron râpé, couvrez d'eau et laissez mijoter 1 h 15.
3. Faites refroidir une louche de bouillon de cuisson. Délayez-y la maïzena, versez sur le veau. Mélangez bien.
4. Laissez épaissir quelques minutes, ajoutez le jus du citron, tournez sur feu vif. Retirez du feu.
5. Ajoutez la crème, mélangez et servez aussitôt.

DESSERT

FRAISES AU VIN

POUR 4 PERSONNES :

Préparation : 10 mn. Cuisson : 5 mn.
Recette facile. Prix modéré.

500 g de fraises,
1/2 litre de vin rouge,
125 g de sucre,
1 sachet de thé,
Quelques grains de poivre vert,
Feuilles de menthe,
4 boules de glace vanille.

1. Faites chauffer le vin, ajoutez le sucre, le poivre vert et le sachet de thé. Amenez le tout à un sirop léger.
2. Plongez-y les fraises lavées et équeutées. Laissez frémir quelques minutes et laissez reposer. Retirer le sachet de thé.
3. Egouttez les fraises et réservez le jus de cuisson.
4. Dressez les fraises sur des assiettes creuses, décorez de feuilles de menthe. Nappez du jus, ajoutez une boule vanille et servez immédiatement.

Conseil du chef
Vous pouvez accompagner l'assiette italienne d'une tartine de pain au beurre d'estragon.

POUR CE MENU LE SOMMELIER VOUS PROPOSE

Un Monthélie

1er

AOUT

St Alphonse

Rognonnade de veau aux pêches

 *ENTREE*    *PLAT*    *DESSERT*

MACÉDOINE AU JAMBON

POUR 4 PERSONNES :

Préparation : 20 mn. Cuisson : 10 mn.
Recette facile. Prix : bon marché.

4 carottes,
2 poivrons rouges,
200 g de chou-fleur,
200 g de brocoli,
1 verre de vin blanc sec,
1 verre de bouillon de viande,
Le jus de 2 citrons,
3 cuillerées à soupe de vinaigre,
200 g de jambon cuit,
200 g de yaourt,
2 cuillerées à soupe de moutarde,
Sel, poivre.

1. Pelez et coupez les carottes en bâtonnets. Coupez les poivrons en deux, épépinez-les et détaillez-les en lanières. Détaillez le chou-fleur et les brocoli en bouquets. Mettez tous les légumes dans une casserole.
2. Ajoutez le vin blanc, le bouillon, le jus des citrons et le vinaigre. Couvrez et laissez mijoter 10 mn à feu moyen, puis couvrez d'eau froide. Ajoutez du sel et du poivre.
3. Incorporez le jambon coupé en lanières. Mélangez le yaourt et la moutarde, salez, poivrez et versez sur les légumes. Mélangez et servez bien frais.

ROGNONNADE DE VEAU AUX PÊCHES

POUR 4 PERSONNES :

Préparation : 25 mn. Cuisson : 1 h 50.
Recette facile. Prix : bon marché.

1 kg de rognonnade de veau, 4 pêches,
1 oignon, 1 carotte, 1 branche de céleri,
120 g de beurre, 1 bouquet garni,
15 cl de Banyuls sec,
10 cl de bouillon de bœuf,
Quelques feuilles de basilic,
Sel, poivre.

1. Epluchez et émincez finement les légumes, faites-les fondre sur feu doux, dans un peu de beurre 10 mn sans colorer. Etalez-les dans un plat à four beurré, salez, poivrez et ajoutez le bouquet garni.
2. Versez dessus le bouillon et la moitié du Banyuls. Beurrez la rognonnade, salez et poivrez-la. Posez-la dans le plat et faites cuire à four moyen th. 7 - 210° pendant 1 h 30. Arrosez souvent avec le jus de cuisson.
3. Quinze minutes avant la fin de la cuisson, pelez les pêches et coupez-les en deux. Enlevez les noyaux. Pochez les pêches 10 mn dans le reste de Banyuls allongé d'eau en les retournant.
4. Retirez la rognonnade du plat et maintenez-la au chaud. Passez le jus de cuisson au chinois et ajoutez-lui celui des pêches. Laissez réduire. Coupez la rognonnade en tranches et servez-les avec les demi-pêches, décorez avec le basilic et présentez la sauce à part.

DÉLICE AU CHOCOLAT

POUR 4 PERSONNES :

Préparation : 10 mn. Cuisson : 45 mn.
Recette facile. Prix : bon marché.

100 g de chocolat noir,
100 g de beurre,
80 g de sucre,
1 sachet de sucre vanillé,
2 cuillerées à soupe de lait,
50 g de maïzena,
2 œufs,
1/2 sachet de levure.

1. Faites fondre le chocolat dans le lait à feu très doux. Dans un saladier, mélangez le beurre ramolli, le sucre, le sucre vanillé et les œufs.
2. Ajoutez la maïzena, la levure et le chocolat fondu. Beurrez un moule à manqué, versez-y la préparation et faites cuire au four th. 5 - 150° au bain-marie pendant 45 mn. Démoulez sur le plat de service.

Conseil du chef
Servez le délice au chocolat avec une crème fouettée ou une crème anglaise.

POUR CE
MENU LE
SOMMELIER
VOUS
PROPOSE

Un Brouilly

St Julien Ey.

Melon
à la noix
de coco

ENTREE

MELON
À LA NOIX DE COCO

POUR 4 PERSONNES :

Préparation : 30 mn. Cuisson : 10 mn.
Recette facile. Prix : bon marché.

1 melon,

1 concombre,

Quelques feuilles de laitue,

250 g de pommes de terre,

6 bâtonnets de surimi,

6 cuillerées à soupe de noix de coco râpée,

6 cuillerées à soupe de lait,

4 cuillerées à soupe de crème fraîche,

1 bouquet de ciboulette,

Sel, poivre.

1. Faites cuire les pommes de terre 10 mn à la vapeur. Pelez-les et coupez-les en rondelles. Coupez le concombre en lanières, coupez le melon en deux, ôtez les pépins et découpez sa chair en morceaux.
2. Lavez la laitue et essorez-la. Mélangez la noix de coco, le lait, la crème, salez et poivrez. Ajoutez la ciboulette hachée. Dans les assiettes, répartissez le concombre, le melon et les pommes de terre sur la laitue.
3. Parsemez les bâtonnets de surimi effilés. Nappez de sauce juste au moment de servir.

PLAT

PALETS DE
BŒUF AUX HERBES

POUR 4 PERSONNES :

Préparation : 15 mn. Cuisson : 15 mn.
Recette facile. Prix : bon marché.

500 g de bœuf,

10 g de maïzena,

1/2 verre de lait,

2 oignons émincés,

1 bouquet de persil,

4 biscottes,

1 œuf,

2 cuillerées à soupe d'huile d'olive,

Sel, poivre.

1. Délayez la maïzena dans le lait. Hachez la viande, écrasez les biscottes. Dans un grand saladier, mélangez tous les ingrédients.
2. Salez et poivrez. Avec les mains, formez des boules de la grosseur d'un petit œuf. Aplatissez-les.
3. Dans une poêle, faites chauffer l'huile d'olive, déposez-y les palets de viande et laissez-les cuire à feu moyen 7 mn de chaque côté. Posez-les sur une feuille de papier absorbant pour les égoutter et servez-les chauds.

DESSERT

MOUSSE
DE POMME

POUR 4 PERSONNES :

Préparation : 10 mn. Pas de cuisson.
Recette facile. Prix : bon marché.

2 tasses de compote de pommes,

4 cuillerées à soupe de crème fraîche,

4 cuillerées à café de sucre vanillé,

4 cuillerées à soupe de sucre,

1 pincée de cannelle,

4 boules de glace vanille,

4 biscuits à la cuiller.

1. Dans un saladier, mettez la compote de pommes, incorporez-y délicatement la crème fraîche fouettée.
2. Ajoutez le sucre vanillé, le sucre, la cannelle. Répartissez dans 4 coupes individuelles.
3. Disposez 1 boule de glace vanille dans chaque coupe et 1 biscuit à la cuiller. Servez bien frais.

Conseil du chef

Vous pouvez aussi déguster les palets froids accompagnés d'une salade verte.

POUR CE MENU LE SOMMELIER VOUS PROPOSE

Un Côtes-du-Rhône rosé

ENTRÉE

ONDANTS AU CHESTER

POUR 4 PERSONNES :

Préparation : 20 mn. Cuisson : 30 mn.
Recette facile. Prix : bon marché.
125 g de Chester râpé,
1/2 tasse de béchamel,
1 jaune d'œuf,
1 pointe de Cayenne,
200 g de pâte feuilletée.

1. Mélangez le Chester avec la béchamel et le jaune d'œuf. Ajoutez le Cayenne. Remuez.
2. Étalez la pâte feuilletée et découpez à l'aide d'un bol 4 ronds dans la pâte.
3. Répartissez avec une cuillère sur les ronds de pâte de la crème au Chester. Roulez la pâte pour enrouler le fromage.
4. Soudez les bords et mettez au four th. 8 - 240° pendant 30 mn. Servez très chaud.

Conseil du chef
Les tacos sont des galettes de maïs, vous les trouverez au rayon "produits exotiques".

PLAT

ACOS GÉANTS

POUR 4 PERSONNES :

Préparation : 25 mn. Cuisson : 35 mn.
Recette facile. Prix : bon marché.
8 tacos géants, 800 g de steak haché,
400 g de tomates, 2 pommes, 1 citron,
1 gousse d'ail,
1 piment rouge,
50 g de raisins secs,
12 olives vertes dénoyautées,
1 pincée de cannelle en poudre,
1 clou de girofle,
100 g d'amandes effilées,
2 cuillerées à soupe d'huile,
Sel, poivre.

1. Ebouillantez, pelez et épépinez les tomates, coupez leur chair en dés. Evidez et pelez les pommes, coupez-les en dés et arrosez-les de jus de citron. Pelez et hachez les oignons.
2. Dans une sauteuse sur feu doux, faites revenir les oignons dans l'huile 7 mn en remuant. Ajoutez l'ail pilé, le steak haché et remuez. Ajoutez les dés de tomates et de pommes, le piment émincé.
3. Incorporez les raisins, les olives, la cannelle, le clou de girofle, du sel et du poivre. Laissez mijoter sans couvrir pendant 20 mn en remuant. Trois minutes avant la fin de la cuisson, grillez les amandes à sec dans une poêle.
4. Faites réchauffer les tacos au four préchauffé th. 5 - 150°. Mélangez les amandes au contenu de la sauteuse, garnissez les tacos de cette préparation et servez.

DESSERT

ATEAU AU PRALIN

POUR 4 PERSONNES :

Préparation : 10 mn. Cuisson : 45 mn.
Recette facile. Prix : bon marché.
60 g de farine,
60 g de maïzena,
60 g de beurre,
260 g de sucre,
3 œufs,
40 g de noisettes grillées hachées.

1. Travaillez les noisettes avec le sucre, 1 œuf et 2 jaunes. Ajoutez la farine, la maïzena et le beurre fondu.
2. Battez les 2 blancs d'œuf restants en neige ferme et incorporez-les au mélange précédent.
3. Versez dans un moule à manqué beurré et faites cuire au four th. 6 - 180° pendant 45 mn. Servez avec une crème anglaise.

4

AOUT

St J.M.
Vianney

Chaud-froid
aux prunes

POUR CE
MENU LE
SOMMELIER
VOUS
PROPOSE

Un Muscadet
de Sèvre-
et-Maine

 *ENTREE*

 *PLAT*

DESSERT

CÉLERI RÉMOULADE

POUR 4 PERSONNES :

Préparation : 15 mn. Cuisson : 5 mn.
Recette facile. Prix : bon marché.

1 céleri-rave,
2 jaunes d'œuf,
Huile,
1 cuillerée à soupe de vinaigre,
1 cuillerée à soupe de moutarde,
Sel, poivre.

1. Plongez le céleri dans l'eau bouillante 5 mn pour l'attendrir. Egouttez-le. Taillez-le en fine julienne.
2. Dans un bol, mélangez la moutarde, les jaunes d'œuf, le vinaigre, du sel et du poivre.
3. Ajoutez l'huile en filet en remuant constamment. Mettez le céleri dans un saladier et versez dessus la sauce. Remuez et servez immédiatement.

MERLANS EN GRATIN

POUR 4 PERSONNES :

Préparation : 20 mn. Cuisson : 30 mn.
Recette facile. Prix : bon marché.

4 filets de merlan,
125 g de champignons de Paris,
2 cuillerées à soupe d'huile,
1 cuillerée à café d'échalote hachée,
1/2 verre de vin blanc,
1 cuillerée à café de concentré de tomates,
1 cuillerée à soupe de persil haché,
Chapelure,
20 g de beurre,
1 citron,
Sel, poivre.

1. Nettoyez les champignons, ôtez le bout terreux et émincez-les. Faites-les revenir dans l'huile, ajoutez les échalotes, le vin blanc et laissez réduire de moitié.
2. Ajoutez le concentré de tomates, du sel, du poivre et le persil haché. Mettez le poisson dans un plat à gratin beurré. Versez la sauce sur les merlans.
3. Saupoudrez de chapelure, arrosez avec le beurre fondu et mettez au four th. 8 - 240° pendant 20 mn. Arrosez de jus de citron et servez sans attendre.

CHAUD-FROID AUX PRUNES

POUR 4 PERSONNES :

Préparation : 20 mn. Cuisson : 40 mn.
Recette facile. Prix modéré.

1 litre de glace à la vanille,
500 g de prunes rouges,
100 g de sucre en poudre,
1 gousse de vanille,
10 cl d'Armagnac,
Le jus d'un citron.

1. A l'aide d'un portionneur, formez 8 boules de glace vanille et réservez-les dans le congélateur.
2. Lavez les prunes, coupez-les en deux et retirez leur noyau. Dans une casserole, mettez le sucre, la gousse de vanille fendue dans le sens de la longueur, le jus de citron et 20 cl d'eau.
3. Faites chauffer 20 mn pour obtenir un sirop épais. Retirez la gousse de vanille, ajoutez les prunes et l'Armagnac.
4. Laissez cuire sur feu très doux jusqu'à ce que les prunes soient enrobées de caramel. Dans les assiettes à dessert, déposez les prunes au caramel et les boules de glace et servez aussitôt.

Conseil du chef

Pour éviter que votre mayonnaise tourne, ajoutez 1 cuillerée à soupe d'eau chaude.

POUR CE MENU LE SOMMELIER VOUS PROPOSE

Un rouge de Provence

St Abel

Brochettes méditerra-néennes

ENTREE

COURGETTES MARINÉES

POUR 4 PERSONNES :

Préparation : 15 mn. Cuisson : 15 mn.
Recette facile. Prix : bon marché.

4 courgettes,
4 cuillerées à soupe d'huile d'olive,
2 cuillerées à soupe de vinaigre,
1 boîte de filets d'anchois,
2 gousses d'ail,
4 tranches de pain de campagne,
1 bouquet de basilic,
Sel, poivre.

1. Dans un bol, mélangez le basilic et 1 gousse d'ail hachés, l'huile d'olive, le sel et le poivre.
2. Portez le vinaigre à ébullition et versez-le dans le bol. Laissez mariner 1 heure dans le réfrigérateur.
3. Faites cuire les courgettes 5 mn en autocuiseur. Coupez-les en 4 dans le sens de la longueur.
4. Disposez-les en éventail sur le plat de service. Coupez la seconde gousse d'ail en lamelles et parsemez-les sur les courgettes.
5. Ajoutez les anchois. Faites griller le pain et servez avec la sauce en saucière.

PLAT

BROCHETTES MÉDITERRANÉENNES

POUR 4 PERSONNES :

Préparation : 15 mn. Cuisson : 15 mn.
Recette facile. Prix : bon marché.

750 g d'épaule d'agneau désossée,
2 aubergines,
2 tomates,
1 poivron vert,
2 cuillerées à soupe d'huile d'olive,
Thym,
Sel, poivre.

1. Préparez le feu dans le barbecue. Coupez la viande en cubes. Lavez et essuyez les légumes.
2. Coupez les aubergines en 2 dans le sens de la longueur puis détaillez-les en tronçons.
3. Epépinez et coupez les tomates en quartiers et le poivron en lanières. Enfilez-les en les alternant sur des brochettes.
4. Badigeonnez-les d'huile, salez et poivrez-les. Faites-les griller 15 mn en les retournant. Parsemez de thym au moment de servir.

DESSERT

TARTE QUETSCHES AMANDES

POUR 4 PERSONNES :

Préparation : 20 mn. Cuisson : 30 mn.
Recette facile. Prix modéré.

250 g de pâte brisée,
475 g de quetsches,
75 g d'amandes effilées,
20 g de beurre,
30 g de sucre.

1. Préchauffez le four th. 6 - 180°. Sur un plan de travail fariné, étalez le bloc de pâte au rouleau et garnissez-en un moule à tarte beurré.
2. Dans le bol du mixeur, versez les amandes, le beurre et le sucre. Mixez brièvement jusqu'à l'obtention d'une texture granuleuse.
3. Garnissez la pâte avec la moitié de cette préparation. Lavez les quetsches, coupez-les en deux et ôtez leur noyau.
4. Disposez les oreillons de quetsches côté bombé sur la pâte. Mettez le restant de la préparation aux amandes sur les quetsches.
5. Enfournez pour 30 mn et servez cette tarte tiède ou froide.

Conseil du chef
Accompagnez les brochettes d'un riz sauvage.

Transfigu-
ration

Langoustines
à l'estragon

ENTRÉE

L ANGOUSTINES À L'ESTRAGON

POUR 4 PERSONNES :

Préparation : 5 mn. Cuisson : 10 mn.
Recette facile. Prix modéré.
24 langoustines,
4 cuillerées à soupe d'échalotes hachées,
2 cuillerées à soupe d'estragon haché,
1 citron vert,
150 g de beurre,
2 cuillerées à soupe d'huile d'olive,
Sel, poivre.

1. Faites chauffer l'huile dans une grande casserole, jetez-y les langoustines, salez, poivrez. Remuez bien et couvrez la casserole.
2. Laissez cuire sur feu vif 5 mn. Retirez la casserole du feu et mettez les langoustines dans un saladier.
3. Couvrez-les pour les maintenir au chaud. Videz l'huile de cuisson de la casserole, mettez-y le beurre et faites-le fondre.
4. Ajoutez l'échalote, l'estragon, le jus de citron, du sel et du poivre. Mélangez et faites cuire sur feu doux 5 mn en surveillant.
5. Fendez les langoustines en deux dans le sens de la longueur et disposez-les dans un plat chaud. Arrosez-les de beurre fondu à l'estragon et servez aussitôt.

PLAT

C OLIN À LA TOMATE

POUR 4 PERSONNES :

Préparation : 20 mn. Cuisson : 20 mn.
Recette facile. Prix : bon marché.
4 filets de colin,
1 verre de vin blanc sec,
70 g de beurre,
100 g d'oignons émincés,
500 g de tomates pelées,
1 cuillerée à soupe de farine,
2 cuillerées à soupe de persil haché,
Sel, poivre.

1. Faites cuire les filets de colin avec le vin blanc, du sel et du poivre sur feu moyen. A part, faites fondre 20 g de beurre, jetez-y les oignons, ajoutez les tomates.
2. Egouttez le colin et versez son jus de cuisson sur les tomates. Pétrissez le reste du beurre avec la farine et ajoutez à la sauce tomate. Mélangez pour lier. Salez et poivrez.
3. Mettez le persil dans la sauce. Disposez les filets de poisson dans le plat de service chaud, versez la sauce dessus et servez de suite.

DESSERT

M ELON SUCRÉ

POUR 4 PERSONNES :

Préparation : 20 mn. Pas de cuisson.
Recette facile. Prix modéré.
1 melon, 2 pêches,
150 g de framboises,
150 g de fraises des bois,
100 g de sucre en poudre,
Le jus d'un citron,
Feuilles de menthe.

1. Pelez et dénoyautez les pêches puis coupez-les en cubes. Triez les framboises et les fraises des bois.
2. Dans un grand saladier, réunissez les fruits avec le sucre et le jus de citron. Laissez en attente au frais.
3. A l'aide d'un couteau bien affûté, épluchez le melon sans le couper, coupez-le en rondelles et enlevez les graines.
4. Répartissez les rondelles de melon sur les assiettes, remplissez-en le centre de la salade de fruits fraîche et décorez de feuilles de menthe. Servez immédiatement.

Conseil du chef
Vous pouvez réaliser la même recette avec de la lotte.

POUR CE
MENU LE
SOMMELIER
VOUS
PROPOSE

*Un rosé du
Tarn*

ENTRÉE
ARTICHAUTS À LA GRECQUE

POUR 4 PERSONNES :

Préparation : 25 mn. Cuisson : 15 mn.
Recette facile. Prix : bon marché.
4 artichauts,
3 citrons,
Quelques feuilles de laitue,
2 gousses d'ail,
Quelques olives noires,
1 cuillerée à soupe d'huile d'olive,
1 cuillerée à café de coriandre en poudre,
1 branche de thym,
1 branche de romarin,
250 g de feta,
Sel, poivre.

1. Otez les feuilles et le foin des artichauts. Citronnez les fonds d'artichaut. Dans une casserole, mettez 1 litre d'eau, l'ail, le coriandre, le thym, le romarin, du sel et du poivre.
2. Plongez-y les fonds d'artichaut et laissez cuire 15 mn après la reprise de l'ébullition. Egouttez et laissez refroidir. Dans un bol, mélangez le jus de 2 citrons, l'huile d'olive, la feta écrasée, du sel et du poivre.
3. Répartissez la sauce dans les fonds d'artichaut, entourez-les de feuilles de laitue, de rondelles du citron restant et d'olives. Servez sans attendre.

PLAT
GRATIN MÉRIDIONAL

POUR 4 PERSONNES :

Préparation : 10 mn. Cuisson : 35 mn.
Recette facile. Prix : bon marché.
500 g de tomates,
500 g de courgettes,
500 g d'aubergines,
2 cuillerées à soupe d'huile d'olive,
3 cuillerées à soupe d'oignons émincés,
2 cuillerées à soupe d'herbes de Provence,
Sel, poivre.

1. Essuyez et coupez les courgettes et les aubergines en rondelles. Faites-les blanchir 5 mn. Lavez et essuyez les tomates, coupez-les en rondelles.
2. Faites revenir doucement l'oignon dans l'huile d'olive et tapissez-en le fond d'un plat à gratin beurré. Recouvrez d'une couche d'aubergines, de tomates et de courgettes en alternance, comme sur la photo.
3. Salez, poivrez, saupoudrez d'herbes de Provence et arrosez d'un filet d'huile d'olive. Garnissez ainsi tout le plat.
4. Faites cuire au four th. 6 - 180° pendant 35 mn. Servez bien chaud.

DESSERT
FLAN AUX MIRABELLES

POUR 4 PERSONNES :

Préparation : 30 mn. Cuisson : 45 mn.
Recette facile. Prix : bon marché.
500 g de mirabelles, 80 g de farine,
80 g de sucre, 3 œufs,
1/3 de litre de lait, 60 g de beurre,
1 cuillerée à soupe de d'eau-de-vie de mirabelles.

1. Lavez les mirabelles, coupez-les en deux et ôtez leur noyau. Beurrez un moule en porcelaine avec le 1/3 du beurre.
2. Disposez-y les mirabelles, face bombée en-dessous. Dans un saladier, mettez la farine et le sucre. Délayez-y les œufs un par un.
3. Fouettez bien le mélange, ajoutez le reste du beurre fondu puis le lait. Versez l'eau-de-vie de mirabelles.
4. Versez délicatement cette préparation sur les fruits et faites cuire au four th. 6 - 180° pendant 15 mn puis th. 4 - 120° pendant 30 mn. Servez une fois refroidi.

Conseil du chef
Accompagnez le gratin d'un rôti de veau ou d'une viande grillée.

POUR CE MENU LE SOMMELIER VOUS PROPOSE

Un Beaujolais

POLENTA À LA MOZZARELLA

POUR 4 PERSONNES :

Préparation : 25 mn. Cuisson : 20 mn.
Recette facile. Prix : bon marché.
350 g de semoule de maïs,
150 g de mozzarella,
250 g de tomates,
3 cuillerées à soupe d'huile d'olive,
1 cuillerée à soupe d'origan séché,
50 g de parmesan,
Sel, poivre.

1. Jetez la semoule en pluie dans 2 fois son volume en eau bouillante et remuez sur feu doux 2 mn.
2. Egouttez-la, étalez-la sur la plaque et laissez-la refroidir. Coupez les tomates en tranches ainsi que la mozzarella.
3. Découpez la semoule solidifiée en 4 morceaux. Dans un plat à four, posez sur chaque morceau de semoule, une tranche de mozzarella, une rondelle de tomate, de l'origan, de l'huile, du sel et du poivre. Terminez par du parmesan.
4. Préchauffez le four th. 7 - 210° et faites cuire pendant 20 mn. Servez avec la tomate restante et des olives noires.

JAMBON PERSILLÉ

POUR 4 PERSONNES :

Préparation : 20 mn. Cuisson : 25 mn.
Recette facile. Prix : bon marché.
2 tranches épaisses de jambon persillé,
500 g de pommes de terre nouvelles,
100 g d'amandes effilées,
50 g de beurre,
250 g de mesclun,
Quelques brins de cerfeuil,
Paprika,
3 cuillerées à soupe d'huile de maïs,
1 cuillerée à soupe de vinaigre,
Sel, poivre.

1. Pelez les pommes de terre et faites-les cuire entières à la vapeur 15 mn. Coupez-les en grosses rondelles dans le sens de la longueur.
2. Rangez-les dans un plat à gratin, saupoudrez la moitié d'entre elles d'amandes effilées et l'autre moitié de paprika.
3. Parsemez le tout de noisettes de beurre. Lavez et essorez le mesclun. Mélangez le sel et le vinaigre, poivrez, versez l'huile et saupoudrez de cerfeuil.
4. Découpez le jambon en carrés. Sous le gril du four préalablement chauffé th. 7 - 210°, faites dorer les pommes de terre quelques minutes.
5. Répartissez dans chaque assiette la salade assaisonnée, les carrés de jambon et les pommes de terre chaudes.

PASTÈQUE SURPRISE

POUR 4 PERSONNES :

Préparation : 20 mn. Cuisson : 30 mn.
Recette facile. Prix modéré.
1 pastèque, 4 pêches,
Le zeste d'un citron vert,
75 g de sucre roux,
1 sachet de sucre vanillé,
1/4 de litre d'eau, quelques cerises.

1. Coupez un quart de la pastèque et, par cette ouverture, retirez les graines. Détachez toute la chair et coupez-la en dés.
2. Epluchez les pêches, coupez-les en deux et dénoyautez-les. Coupez-les en quartiers. Faites bouillir l'eau et les sucres.
3. Faites-y pocher les pêches 5 mn et égouttez-les. Dans 10 cl de sirop de cuisson des pêches, ajoutez le zeste de citron râpé.
4. Mélangez les morceaux de pêche et de pastèque, garnissez-en l'écorce de la pastèque, arrosez avec le sirop et mettez au frais.
5. Au moment de servir, décorez avec les cerises entières et servez bien frais.

Conseil du chef

L'entrée peut parfaitement servir de plat si vous augmentez les quantités.

POUR CE
MENU LE
SOMMELIER
VOUS
PROPOSE

*Un Côteaux
du Layon*

St Amour

Poulet
au citron

ENTRÉE

CROQUETTES DE RIZ AUX PETITS POIS

POUR 4 PERSONNES :

Préparation : 25 mn. Cuisson : 15 mn.
Recette facile. Prix : bon marché.
250 g de petits pois cuits,
150 g de riz,
2 tranches de pain de mie,
4 cuillerées à soupe de lait,
1 blanc de poulet,
1 œuf,
Sel, poivre.

1. Faites tremper la mie de pain quelques minutes dans le lait. Mixez le pain égoutté avec les petits pois, le poulet en petits morceaux, l'œuf, du sel et du poivre.
2. Façonnez des petites boules. Faites cuire le riz à la vapeur 10 mn. Roulez les boulettes dans le riz égoutté et finissez la cuisson à la vapeur 5 mn.
3. Répartissez les croquettes dans les assiettes et servez aussitôt.

Conseil du chef
Accompagnez le poulet de courgettes en rondelles cuites à la vapeur.

PLAT

POULET AU CITRON

POUR 4 PERSONNES :

Préparation : 15 mn. Cuisson : 40 mn.
Recette facile. Prix : bon marché.
1 poulet de 1 kg en morceaux,
2 oignons,
Le jus de 2 citrons,
1 sachet de court-bouillon,
1/2 litre d'eau froide,
2 cuillerées à soupe de sucre,
10 cl de vinaigre,
2 cuillerées à soupe de crème fraîche,
Sel, poivre.

1. Versez le sachet de court-bouillon dans l'eau froide, ajoutez le jus des citrons et les oignons coupés en rondelles. Faites-y mariner les morceaux de poulet 12 heures dans le réfrigérateur.
2. Une fois égoutté, faites cuire le poulet au gril du four 40 mn. Faites réduire la marinade de moitié et filtrez-la. Dans une casserole, portez à ébullition le sucre et le vinaigre.
3. Ajoutez-y la marinade. Laissez cuire doucement quelques minutes, ajoutez la crème fraîche, salez et poivrez. Servez le poulet nappé de cette sauce.

DESSERT

PUDDING AUX PRUNES

POUR 4 PERSONNES :

Préparation : 40 mn. Cuisson : 45 mn.
Recette facile. Prix modéré.
500 g de prunes jaunes,
1 pain au lait rassis,
1/2 verre de lait,
60 g de beurre,
40 g de sucre en poudre,
40 g de poudre d'amandes,
2 œufs,
1/2 cuillerée à café de cannelle,
15 g d'amandes effilées.

1. Détaillez le pain au lait en morceaux, arrosez-les de lait chaud. Laissez-les tremper et écrasez-les à la fourchette. Réduisez 30 g de beurre en crème, ajoutez le sucre et mélangez bien.
2. Séparez les blancs des jaunes d'œuf. Ajoutez les jaunes au mélange beurre-sucre, incorporez la poudre d'amandes et la purée de pain au lait. Ajoutez la cannelle.
3. Battez les blancs d'œuf en neige et incorporez-les délicatement à la pâte. Lavez, essuyez, coupez les prunes en deux et dénoyautez-les. Ajoutez-les à la pâte.
4. Beurrez un moule en terre avec le beurre restant, versez-y la pâte et parsemez d'amandes effilées. Faites cuire au four th. 6 - 180° pendant 45 mn. Servez froid sans démouler.

POUR CE MENU LE SOMMELIER VOUS PROPOSE

Un rosé de Provence

ENTRÉE

SALADE DE CALAMARS

POUR 4 PERSONNES :

Préparation : 15 mn. Cuisson : 15 mn.
Recette facile. Prix modéré.
500 g de calamars préparés,
250 g de mesclun,
Le jus et le zeste d'un citron,
1 bouquet garni,
4 cuillerées à soupe d'huile d'olive,
2 cuillerées à soupe de câpres égouttées,
2 cuillerées à soupe de cornichons hachés,
1 bouquet de ciboulette hachée,
1 bouquet de persil haché,
Sel, poivre.

1. Nettoyez, lavez et égouttez le mesclun et mettez-le dans un saladier. Dans une casserole, faites cuire à l'eau bouillante salée avec le bouquet garni les calamars 15 mn.
2. Egouttez-les et ajoutez-les au mesclun. Dans un bol, mélangez l'huile d'olive, le jus et le zeste râpé du citron, les câpres, les cornichons, la ciboulette et le persil.
3. Salez, poivrez et mélangez la sauce avec les calamars et le mesclun. Servez immédiatement.

PLAT

POITRINE FUMÉE AUX BLETTES

POUR 4 PERSONNES :

Préparation : 30 mn. Cuisson : 25 mn.
Recette facile. Prix : bon marché.
8 tranches de poitrine fumée,
1 kg de blettes,
6 gousses d'ail,
2 cuillerées à soupe de persil haché,
2 cuillerées à soupe de moutarde,
2 cuillerées à soupe d'huile,
1 cuillerée à soupe de vinaigre,
Sel, poivre.

1. Effeuillez les côtes de blette et effilez-les. Lavez-les et découpez-les en tronçons. Plongez-les dans une casserole d'eau bouillante salée. Faites cuire à découvert 15 mn.
2. Ajoutez les gousses d'ail entières et poursuivez la cuisson 5 mn. Découpez la poitrine fumée en petits morceaux et faites-les revenir dans une poêle anti-adhésive en les retournant souvent.
3. Réservez au chaud. Egouttez les blettes, tenez-les au chaud et pelez les gousses d'ail. Mixez celles-ci avec le persil haché, la moutarde, l'huile et le vinaigre.
4. Mélangez la poitrine fumée aux blettes et disposez-les dans les assiettes avec la crème d'ail. Décorez de persil et servez de suite.

DESSERT

CROUSTILLANTS D'ANANAS

POUR 4 PERSONNES :

Préparation : 20 mn. Cuisson : 30 mn.
Recette facile. Prix modéré.
1 ananas,
2 œufs,
1 cuillerée à soupe d'huile,
150 g de farine,
25 cl de lait,
Bain de friture,
Sel.

1. Dans un saladier, mélangez la farine, les jaunes d'œuf, le lait, l'huile et une pointe de sel. Montez les blancs en neige ferme et incorporez-les délicatement au mélange précédent.
2. Pelez l'ananas, coupez-le en tranches et retirez le cœur dur. Découpez l'ananas en bâtonnets et enrobez-les de pâte à frire. Plongez-les dans l'huile bien chaude et laissez dorer 2 mn.
3. Egouttez sur du papier absorbant et servez les croustillants d'ananas bien chauds.

Conseil du chef
Vous pouvez accompagnez les croustillants d'ananas d'un coulis de kiwis.

229

POUR CE MENU LE SOMMELIER VOUS PROPOSE

Un Côteaux d'Ancenis

11

AOUT

Ste Claire

Brochettes de cabillaud

ENTRÉE

ENDIVES À LA MOUSSE DE POISSON

POUR 4 PERSONNES :

Préparation : 25 mn. Cuisson : 5 mn.
Recette facile. Prix : bon marché.

4 endives,
1 filet de merlan,
4 tranches de pain de mie,
2 gousses d'ail,
2 cuillerées à soupe de mayonnaise,
3 citrons verts,
100 g de fromage blanc,
25 cl de lait,
2 cuillerées à soupe de ciboulette,
2 pincées de paprika,
Sel, poivre.

1. Faites cuire le poisson à la vapeur 5 mn et laissez-le refroidir. Dans un saladier, trempez les tranches de pain de mie dans le lait quelques minutes. Egouttez-les.
2. Mixez le poisson avec les gousses d'ail pelées et le pain de mie. Ajoutez le fromage blanc, la mayonnaise, le jus d'un citron et son zeste râpé, la ciboulette hachée, du sel et du poivre.
3. Mixez à nouveau. Effeuillez les endives, essuyez-les et disposez-les sur les assiettes. Posez un peu de sauce dans chaque feuille, décorez de zeste et de rondelles de citron, saupoudrez de paprika. Servez immédiatement.

PLAT

BROCHETTES DE CABILLAUD

POUR 4 PERSONNES :

Préparation : 40 mn. Cuisson : 10 mn.
Recette facile. Prix : bon marché.

800 g de filets de cabillaud,
1 citron vert,
4 cuillerées à soupe d'huile d'olive,
2 poivrons jaunes,
24 olives noires dénoyautées,
2 cuillerées à soupe d'aneth,
Riz safrané cuit,
Sel, poivre.

1. Coupez les filets de cabillaud en dés. Lavez et essuyez le citron, prélevez son zeste en fines lanières et placez-les dans un plat creux.
2. Ajoutez-y le jus de citron, la moitié de l'huile d'olive et mélangez. Placez les dés de poisson dans la marinade et retournez-les. Laissez-les mariner 30 mn dans le réfrigérateur.
3. Epépinez les poivrons, coupez-les en dés et disposez-les dans un plat avec l'aneth et les olives. Arrosez du reste d'huile d'olive. Sur des brochettes, enfilez des dés de cabillaud, de poivrons et les olives en les alternant.
4. Faites-les cuire 10 mn à la braise ou sous le gril du four en les arrosant de la marinade 10 mn. Dans chaque assiette, disposez une timbale de riz safrané, 2 brochettes de cabillaud et arrosez de jus de cuisson. Servez sans attendre.

DESSERT

ÎLES DE KIWIS

POUR 4 PERSONNES :

Préparation : 30 mn. Cuisson : 15 mn.
Recette facile. Prix : bon marché.

4 kiwis, le zeste d'une orange,
3 jaunes d'œuf, 60 g de sucre en poudre,
1 sachet de sucre vanillé,
1 gousse de vanille, 1/4 de litre de lait.

1. Pelez et découpez les kiwis en rondelles. Réservez. Faites bouillir le lait avec la gousse de vanille fendue en deux dans le sens de la longueur et laissez infuser 10 mn.
2. Dans un saladier, fouettez les jaunes d'œuf avec le sucre en poudre et le sucre vanillé et versez le lait chaud en tournant. Remettez tout dans la casserole et remuez sur feu doux.
3. Mettez la casserole dans un bain-marie d'eau froide. Laissez refroidir 20 mn en remuant de temps en temps. Répartissez les tranches de kiwi dans des coupes individuelles.
4. Versez la crème anglaise autour et décorez de zestes d'orange. Servez bien frais avec des tuiles aux amandes.

Conseil du chef
Vous pouvez remplacer les kiwis par des mangues.

POUR CE MENU LE SOMMELIER VOUS PROPOSE

Un Côtes-de-Provence rosé

12

AOUT

Ste Clarisse

Melon aux abricots

ENTRÉE

FENOUIL AUX CROÛTONS

POUR 4 PERSONNES :

Préparation : 20 mn. Cuisson : 5 mn.
Recette facile. Prix : bon marché.
3 fenouils,
3 tranches de pain de campagne rassis,
2 gousses d'ail,
4 cuillerées à soupe d'huile,
1 cuillerée à soupe de vinaigre,
30 g de parmesan râpé,
Sel, poivre.

1. Frottez l'ail sur les deux faces du pain et coupez-le en dés. Faites-les revenir à feu vif dans 2 cuillerées à soupe d'huile. Egouttez-les sur du papier absorbant.
2. Epluchez les fenouils, lavez-les et essuyez-les. Coupez-les en fines tranches. Dans un saladier, mélangez du sel, du poivre et le vinaigre. Ajoutez l'huile.
3. Mettez les tranches de fenouil et les croûtons dans le saladier. Mélangez bien, saupoudrez de parmesan râpé et servez aussitôt.

Conseil du chef
Vous pouvez remplacer les blancs de poulet par des escalopes de veau.

PLAT

BROCHETTES DE POULET

POUR 4 PERSONNES :

Préparation : 25 mn. Cuisson : 20 mn.
Recette facile. Prix : bon marché.
4 blancs de poulet,
500 g d'oignons blancs nouveaux,
40 g de beurre,
1/2 verre de vin blanc sec,
1 bouquet d'estragon,
Sel, poivre.

1. Epluchez les oignons en conservant 5 cm de leur tige. Coupez le bulbe en 4 et séparez les pétales. Coupez chaque blanc de poulet en 2 dans le sens de la longueur. Piquez-les sur des bâtonnets en bois.
2. Dans une poêle, faites-les revenir à feu vif dans le beurre 10 mn en les retournant souvent. Salez et poivrez. Réservez au chaud.
3. Déglacez la poêle avec le vin blanc chaud.
4. Mélangez les oignons et l'estragon et faites-les cuire à la vapeur 10 mn. Salez et poivrez.
5. Dans les assiettes, présentez les oignons en fleur et les brochettes. Versez de la sauce et décorez avec de l'estragon. Servez de suite.

DESSERT

MELON AUX ABRICOTS

POUR 4 PERSONNES :

Préparation : 40 mn. Pas de cuisson.
Recette facile. Prix modéré.
1 litre de sorbet abricot,
2 petits melons,
4 abricots,
4 cuillerées à soupe de miel,
Feuilles de menthe,
Zestes de citron.

1. A l'aide d'un portionneur, formez des boules de sorbet abricot. Réservez-les dans le congélateur.
2. Coupez chaque melon en deux et retirez les graines. Formez des boules de melon à l'aide d'une cuillère parisienne.
3. Réservez-les. Gardez les écorces vides. Lavez les abricots, coupez-les en deux et retirez les noyaux. Coupez leur chair en fines lamelles. Au moment de servir, déposez des boules de melon et des lamelles d'abricot dans les écorces de melon.
4. Nappez de miel, ajoutez les boules de sorbet abricot, décorez de feuilles de menthe et de zestes de citron. Servez sans attendre.

St Hippolyte

*Galette
aux œufs*

POUR CE MENU LE SOMMELIER VOUS PROPOSE

Un Vouvray

ENTREE

BRICKS AU SAUMON

POUR 4 PERSONNES :

*Préparation : 20 mn. Cuisson : 30 mn.
Recette facile. Prix modéré.*

12 feuilles de brick,

4 tranches de saumon fumé,

1 petit chou-fleur,

100 g de crème fraîche,

30 g de beurre,

4 brins de ciboulette,

1 citron vert,

Sel, poivre.

1. Préchauffez le four th. 6 - 180°. Etalez 4 fois 3 feuilles de brick superposées sur un carré d'aluminium et façonnez-en les bords pour leur donner une forme de coupe.
2. Au centre, déposez une petite parcelle de beurre. Enfournez 15 mn.
3. Epluchez et lavez le chou-fleur dans de l'eau vinaigrée, détaillez-le en bouquets et faites-les cuire à la vapeur 5 mn en autocuiseur.
4. Aromatisez la crème fraîche avec le jus d'un demi-citron vert, du sel, du poivre et de la ciboulette hachée. Réservez au frais. Dans les bricks, répartissez le chou-fleur et le saumon fumé.
5. Décorez avec une rondelle de citron et quelques brins de ciboulette. Nappez de crème fraîche citronnée et servez bien frais.

PLAT

GALETTE AUX ŒUFS

POUR 4 PERSONNES :

*Préparation : 30 mn. Cuisson : 25 mn.
Recette facile. Prix modéré.*

250 g de farine,

1/2 litre de lait,

3 œufs,

2 cuillerées à soupe d'huile,

300 g de mimolette,

8 œufs de caille,

40 g de beurre,

Sel, poivre.

1. Dans un saladier, mettez la farine, faites un puits au centre et cassez-y les œufs. Ajoutez l'huile et une pincée de sel. Remuez avec un fouet en incorporant le lait peu à peu.
2. Laissez reposer cette pâte à crêpes 1 heure. Faites chauffer une poêle huilée, faites-y cuire 8 petites crêpes épaisses. Tapissez d'une feuille d'aluminium la lèchefrite du four.
3. Préchauffez le four th. 8 - 240°. Disposez les crêpes sur la lèchefrite, recouvrez-les de lamelles de fromage, cassez un œuf de caille sur chaque crêpe.
4. Enfournez pour 5 mn en surveillant que le blanc soit pris, mais le jaune liquide. Servez aussitôt.

DESSERT

CROUSTADES DE PÊCHES

POUR 4 PERSONNES :

*Préparation : 15 mn. Cuisson : 15 mn.
Recette facile. Prix modéré.*

4 pêches,

4 tranches de pain de campagne,

4 cuillerées à soupe de sucre roux,

1 citron jaune,

1 citron vert,

30 g de beurre.

1. Pelez les pêches, coupez-les en deux et ôtez leur noyau. Détaillez leur chair en tranches. Arrosez-les avec le jus du citron jaune et placez-les dans le réfrigérateur 30 mn.
2. Répartissez les pêches sur les tranches de pain, saupoudrez de sucre et mettez une noisette de beurre. Faites dorer 15 mn sous le gril du four.
3. Servez tiède avec des tranches et des zestes du citron vert.

Conseil du chef
Vous pouvez réaliser la même recette avec des brugnons.

POUR CE
MENU LE
SOMMELIER
VOUS
PROPOSE

Un Muscat

ENTRÉE

ROLL-MOPS EN SALADE

POUR 4 PERSONNES :

Préparation : 20 mn. Cuisson : 20 mn.
Recette facile. Prix : bon marché.

1 bocal de roll-mops,
800 g de petites pommes de terre,
250 g d'edam,
4 cuillerées à soupe d'aneth,
1 yaourt bulgare,
15 cl de crème liquide,
1 cuillerées à soupe de moutarde
à l'ancienne,
1 cuillerée à café de sucre en poudre,
1/2 cuillerée à café de curry en poudre,
Sel.

1. Lavez les pommes de terre et cuisez-les à la vapeur 20 mn. Dans un bol, mélangez la crème, le yaourt, la moutarde, le sucre, le curry et une pincée de sel.
2. Emulsionnez à la fourchette pour que cette sauce soit homogène. Coupez le fromage en fines lamelles. Laissez tiédir les pommes de terre, pelez-les et détaillez-les en gros dés.
3. Egouttez les roll-mops, déroulez-les et faites-en des tronçons. Dans les assiettes, déposez les pommes de terre, le fromage et les roll-mops. Répartissez la sauce.
4. Parsemez d'aneth et servez immédiatement la salade pendant que les pommes de terre sont encore tièdes.

PLAT

HARENGS EN GRATIN

POUR 4 PERSONNES :

Préparation : 20 mn. Cuisson : 40 mn.
Recette facile. Prix : bon marché.

8 filets de harengs marinés,
1 kg de pommes de terre nouvelles,
200 g de fromage blanc,
1 yaourt bulgare,
3 œufs,
50 g de beurre,
10 cl d'huile,
1 cuillerée à café de moutarde,
1 citron,
2 gousses d'ail,
Sel, poivre.

1. Lavez les pommes de terre et coupez-les en tranches. Dans un plat à gratin beurré, placez une première couche de pommes de terre, puis une couche d'un mélange beurre fondu-fromage blanc-ail haché-sel-poivre.
2. Recommencez l'opération. Mettez au four th. 7 - 210° pendant 30 mn. Battez le yaourt avec 2 œufs, salez et poivrez. Versez sur le gratin et replacez au four pour dorer.
3. Mélangez 1 jaune d'œuf, la moutarde et l'huile. Incorporez le blanc d'œuf battu en neige ferme. Salez et poivrez. Dans les assiettes, répartissez le gratin froid, les harengs et des rondelles de citron.
4. Versez un peu de mayonnaise dessus et servez immédiatement.

DESSERT

GATEAU AUX CERISES

POUR 4 PERSONNES :

Préparation : 40 mn. Pas de cuisson.
Recette facile. Prix modéré.

300 g de cerises dénoyautées,
175 g de petits "beurre",
100 g de beurre ramolli,
250 g de fromage blanc,
20 cl de crème fleurette,
1 sachet de sucre vanillé,
100 g de sucre en poudre,
Quelques feuilles de menthe.

1. Emiettez les petits "beurre" et mélangez-les avec le beurre ramolli. Mixez et étalez la pâte obtenue dans le fond d'un moule. Placez dans le réfrigérateur.
2. Battez le fromage blanc, ajoutez-lui 70 g de sucre. Montez la crème fraîche en chantilly avec le reste de sucre et le sucre vanillé. Incorporez celle-ci au fromage blanc.
3. Equeutez et lavez les cerises. Essuyez-les, coupez-les en 4 et ajoutez-les au fromage blanc. Versez cette préparation sur la pâte et faites prendre dans le réfrigérateur 2 heures.
4. Servez très frais avec quelques cerises entières et décorez de feuilles de menthe.

Conseil du chef
Décorez les harengs
en gratin de baies roses.

233

POUR CE MENU LE SOMMELIER VOUS PROPOSE

Un Muscadet sur Lie

 *ENTREE*

 *PLAT*

DESSERT

BOUQUETS À LA MENTHE

POUR 4 PERSONNES :

Préparation : 20 mn. Pas de cuisson.
Recette facile. Prix modéré.
200 g de crevettes bouquets cuites,
4 crevettes roses décortiquées,
1 concombre,
250 g de fromage blanc,
1/2 citron,
1 bouquet de menthe,
Sel, poivre.

1. Lavez le concombre et essuyez-le. Coupez-le en deux. A l'aide d'un couteau économe, prélevez des lamelles de peau sur une moitié puis coupez le concombre en rondelles.
2. Pelez l'autre moitié complètement et découpez-la en fines lanières. Egouttez le fromage blanc et mélangez-le aux bouquets décortiquées. Ajoutez la menthe hachée et le jus de citron.
3. Salez et poivrez. Dans des coupes individuelles, disposez des rondelles de concombre autour, placez par couches, le fromage blanc et les lamelles de concombre.
4. Mettez 2 heures dans le réfrigérateur. Décorez avec les crevettes roses et une feuille de menthe. Servez bien frais.

FEUILLETÉS DE JARRET DE PORC

POUR 4 PERSONNES :

Préparation : 1 h. Cuisson : 1 h.
Recette élaborée. Prix : modéré.
350 g de jarret de porc demi-sel,
250 g de gouda, 100 g de beurre,
1 oignon, 100 g d'épinards, 5 gousses d'ail,
50 cl de bière blonde, 4 feuilles de filo,
4 cuillerées à soupe de gros sel,
Sel, poivre.

1. Mettez le jarret de porc dans une casserole. Couvrez d'eau froide, portez à ébullition et laissez frémir 45 mn. Préchauffez le four th. 6 - 180°. Mettez le gros sel dans un petit plat.
2. Posez les gousses d'ail dessus et faites-les cuire 30 mn. Fendez la peau avec un couteau et récupérez la chair. Triez, équeutez et lavez les épinards. Détaillez le gouda en petits dés.
3. Mettez la bière dans une casserole et laissez réduire à petit frémissement. Ajoutez les dés de gouda et laissez fondre en remuant. Réservez. Découpez 6 cercles de 8 cm de diamètre par feuille de filo.
4. Faites fondre 50 g de beurre et badigeonnez-en les cercles de filo. Posez-les sur la plaque à pâtisserie, posez une autre plaque dessus et enfournez-les th. 8 - 240° pendant 5 mn.
5. Otez la plaque du dessus et laissez dorer quelques secondes. Egouttez le jarret, découpez-le en petits dés. Pelez et hachez finement l'oignon. Faites chauffer 30 g de beurre dans une sauteuse.
6. Mettez-y l'oignon à colorer, ajoutez le jarret, les épinards et l'ail. Ajoutez le gouda à la bière, remuez et laissez compoter sur feu doux. Alternez les couches de filo et les couches de garniture et servez aussitôt.

KIWIS AUX ORANGES

POUR 4 PERSONNES :

Préparation : 25 mn. Pas de cuisson.
Recette facile. Prix : bon marché.
8 kiwis, 3 oranges,
4 écorces d'orange confites,
3 jaunes d'œuf,
100 g de chocolat à pâtisser,
100 g de sucre semoule, menthe fraîche.

1. Emincez finement les zestes confits. Pelez les kiwis et mixez-en 6. Ajoutez-leur les jaunes d'œuf, le sucre, le jus d'une demi-orange et 1/3 des zestes confits.
2. Laissez refroidir dans le réfrigérateur 2 heures. Faites fondre au bain-marie le chocolat en morceaux. A l'aide d'une spatule, étalez-en une couche sur une plaque à pâtisserie et raclez avec la lame d'un couteau pour former des copeaux.
3. Servez la mousse de kiwis dans des coupelles avec des rondelles d'orange, des copeaux de chocolat et des rondelles de kiwis. Parsemez de zestes confits et décorez d'une feuille de menthe.

Conseil du chef
Vous trouverez les feuilles de filo dans les épiceries grecques.

Ste Armel

Fromage caillé aux fraises

POUR CE MENU LE SOMMELIER VOUS PROPOSE

Un Chablis

E N T R É E

*A*RTICHAUTS AUX ST JACQUES

POUR 4 PERSONNES :

Préparation : 20 mn. Cuisson : 20 mn.
Recette facile. Prix : bon marché.

4 artichauts,

4 noix de coquilles st Jacques et leur corail,

1 pamplemousse rose,

1 pamplemousse jaune,

50 g de crème fraîche,

Sel, poivre.

1. Retirez la tige de chaque artichaut et les premières feuilles. Lavez les artichauts à l'eau vinaigrée et plongez-les dans l'eau bouillante salée. Laissez-les cuire à gros bouillons 10 mn en auto-cuiseur.
2. Egouttez-les dans une passoire. Nettoyez et rincez les noix de st Jacques. Epluchez les pamplemousses à vif. Préparez une papillote avec du papier d'aluminium, mettez-y les st Jacques.
3. Ajoutez quelques quartiers de pamplemousses et du sel. Fermez la papillote et faites-la cuire 10 mn à la vapeur. Chauffez la crème fraîche avec du sel et du poivre.
4. Aromatisez-la avec des quartiers de pamplemousses écrasés. Dégagez les fonds d'artichaut, disposez dessus une noix de st Jacques, des pamplemousses cuits, nappez de crème et décorez avec les quartiers de pamplemousses restants. Servez tiède.

P L A T

*S*AUMON À LA CRÈME D'ASPERGE

POUR 4 PERSONNES :

Préparation : 25 mn. Cuisson : 30 mn.
Recette facile. Prix modéré.

4 darnes de saumon,

1 kg d'asperges blanches,

1/2 litre de crème fleurette,

1 bouquet de ciboulette,

Sel, poivre.

1. Pelez les asperges, coupez les pointes avec un peu de blanc et détaillez le reste des tiges en tronçons. Faites-les cuire dans 2 litres d'eau salée 15 mn. Cuisez les pointes 5 mn à la vapeur.
2. Egouttez les tronçons et mixez-les avec la crème fleurette et une cuillerée à soupe de ciboulette hachée. Salez, poivrez et réchauffez doucement sans laisser bouillir. Réservez au chaud.
3. Faites cuire le poisson à la vapeur 10 mn. Réservez au chaud. Plongez 12 brins de ciboulette dans de l'eau très chaude afin de les utiliser pour ficeler les pointes d'asperge en petites bottes.
4. Disposez le poisson, les bottes d'asperges dans les assiettes. Nappez de crème et servez bien chaud.

D E S S E R T

*F*ROMAGE CAILLÉ AUX FRAISES

POUR 4 PERSONNES :

Préparation : 20 mn. Pas de cuisson.
Recette facile. Prix modéré.

500 g de fromage caillé,

500 g de fraises,

100 g de sucre en poudre,

1/4 de litre d'eau,

1 cuillerée à café de grains d'anis.

1. Egouttez le fromage blanc et placez-le dans le réfrigérateur dans des moules individuels en forme de cœur ou autre.
2. Dans une casserole, faites un sirop avec l'eau et le sucre. Ajoutez les grains d'anis broyés hors du feu. Laissez refroidir.
3. Faites-y mariner les fraises lavées, essuyées, équeutées et coupées en tranches 1 heure.
4. Servez le fromage blanc démoulé, piqué de fleurs d'anis, décoré de tranches de fraises et nappé du sirop.

Conseil du chef
Vous pouvez remplacer les st Jacques par du haddock.

POUR CE MENU LE SOMMELIER VOUS PROPOSE

Un Tavel

ENTREE | PLAT | DESSERT

SALADE AU CHOU-FLEUR

POUR 4 PERSONNES :

Préparation : 20 mn. Pas de cuisson.
Recette facile. Prix : bon marché.

1 chou-fleur,
2 tomates,
Quelques feuilles de laitue,
1 bouquet d'estragon,
2 échalotes,
1 citron,
2 yaourts,
Sel, poivre.

1. Lavez tous les légumes. Coupez le chou-fleur en petits bouquets et les tomates en quartiers.
2. Dans un bol, mélangez les yaourts, les échalotes hachées, du sel et du poivre. Ajoutez l'estragon haché et le jus de citron.
3. Dans le plat de service, disposez les feuilles de laitue lavées et essorées, les bouquets de chou-fleur et les tomates. Nappez de sauce au moment de servir.

BROCHETTES DE DINDONNEAU

POUR 4 PERSONNES :

Préparation : 30 mn. Cuisson : 10 mn.
Recette facile. Prix : bon marché.

800 g de sauté de dindonneau,
250 g de foie de dindonneau,
250 g de champignons de Paris,
8 tomates olivette,
16 oignons grelot,
Sauce soja,
Poivre.

1. Coupez la viande et le foie en cubes. Nettoyez les champignons et ôtez le bout terreux. Coupez-les en deux. Coupez les tomates en quatre. Epluchez les oignons.
2. Embrochez en alternance viande, champignon, foie, tomate, oignon, etc. Badigeonnez les brochettes avec la sauce soja et poivrez-les. Faites-les griller sur le barbecue ou sous le gril du four 10 mn.
3. Retournez-les plusieurs fois et servez-les bien chaudes avec une salade de saison.

Conseil du chef
Pour préparer les brochettes, vous pouvez prendre aussi une cuisse de dinde désossée.

ŒUFS EN NEIGE AUX CERISES

POUR 4 PERSONNES :

Préparation : 30 mn. Cuisson : 20 mn.
Recette facile. Prix modéré.

5 blancs d'œuf,
1 sachet de sucre vanillé,
150 g de cerises dénoyautées,
300 g de fraises,
50 g de sucre en poudre,
10 morceaux de sucre,
Sel.

1. Lavez et équeutez les fraises. Passez-les dans le mixeur avec le sucre en poudre 2 mn. Réservez au frais.
2. Ajoutez du sel aux blancs d'œuf et montez-les en neige ferme. Incorporez le sucre vanillé et battez quelques instants.
3. Faites chauffer de l'eau dans une casserole. A l'aide de deux cuillères à soupe, formez une boule de blancs en neige et déposez-la sur l'eau frémissante.
4. Retournez au bout de 30 secondes et faites cuire 1 mn en tout. Egouttez dans une passoire. Faites-en trois autres de la même façon. Laissez refroidir.
5. Sur les assiettes, nappez de coulis de fraises, déposez au centre une boule d'œufs à la neige et parsemez celle-ci de quelques cerises. Faites fondre le sucre en morceaux dans 1 cuillerée à soupe d'eau et versez ce caramel sur chaque boule de neige.

POUR CE MENU LE SOMMELIER VOUS PROPOSE

Un Côte de Duras blanc

ENTREE

MELON EN SALADE

POUR 4 PERSONNES :

Préparation : 15 mn. Pas de cuisson.
Recette facile. Prix : bon marché.

2 melons,
2 kiwis,
1 yaourt,
1/2 concombre,
1 citron,
1 pincée de gingembre,
4 branches de menthe fraîche.

1. Coupez les melons en deux et enlevez les pépins et la pulpe. Coupez cette dernière en dés ainsi que les kiwis et le demi-concombre.
2. Dans un bol, mélangez le yaourt, le jus de citron et le gingembre. Arrosez-en les dés de melon, kiwi et concombre. Mélangez bien.
3. Remplissez les demi-écorces des melons avec ce mélange et conservez-les dans le réfrigérateur jusqu'au moment de servir.
4. Garnissez chaque melon avec une branche de menthe fraîche.

PLAT

ST JACQUES EN PAPILLOTE

POUR 4 PERSONNES :

Préparation : 30 mn. Cuisson : 15 mn.
Recette facile. Prix modéré.

8 noix de st Jacques,
500 g de coques,
200 g d'oseille,
1 citron,
4 cuillerées à café de crème fraîche,
20 g de beurre,
12 baies roses,
Quelques brins de cerfeuil,
Sel, poivre.

1. Lavez les st Jacques et épongez-les. Faites tremper les coques 1 heure pour les désabler. Faites-les ouvrir à sec à feu vif et décoquillez-les.
2. Découpez 4 feuilles d'aluminium et déposez sur chacune d'elles 4 feuilles d'oseille lavées et essorées, 2 st Jacques et des coques. Ajoutez 1 cuillerée à café de crème fraîche, 1 noisette de beurre, 3 baies roses, 1 filet de citron et quelques zestes effilés.
3. Salez et poivrez. Roulez chaque papillote et faites-les cuire au four th. 6 - 180° pendant 15 mn. Servez dans la papillote entrouverte et parsemez de pluches de cerfeuil.

DESSERT

BANANES À LA NOIX DE COCO

POUR 4 PERSONNES :

Préparation : 15 mn. Pas de cuisson.
Recette facile. Prix : bon marché.

4 bananes,
100 g de noix de coco râpée,
3 citrons,
2 cuillerées à soupe de sucre roux
en poudre,
2 cuillerées à soupe de feuilles
de menthe hachées.

1. Pelez les bananes et coupez-les en tronçons. Faites-les mariner dans le jus de 2 citrons, le sucre et la menthe hachée 1 heure dans le réfrigérateur.
2. Roulez les tronçons de bananes dans la noix de coco et répartissez-les sur 4 piques en bois en intercalant des petits morceaux de citron.
3. Servez nature ou avec des gaufrettes.

Conseil du chef
Vous pouvez remplacer les bananes par des tranches d'ananas coupées en 4.

237

POUR CE MENU LE SOMMELIER VOUS PROPOSE

Un Sainte Croix du Mont

19

AOUT

St Jean Eudes

Rillons de tête de veau

Rillons de tête de veau

ENTRÉE

SALADE D'AVOCAT AUX FRAISES

POUR 4 PERSONNES :

Préparation : 20 mn. Pas de cuisson.
Recette facile. Prix modéré.

2 avocats,
250 g de fraises,
1 cœur de laitue,
1 cuillerée à soupe d'huile de noix,
1 cuillerée à soupe d'huile de tournesol,
100 g de framboises,
2 citrons,
1 petit bouquet d'estragon,
Sel, poivre.

1. Lavez les fraises, équeutez-les et coupez-les en 4. Pelez les avocats, coupez-les en 2 et ôtez leur noyau. Découpez-les en tranches.
2. Citronnez-les. Lavez la salade et essorez-la. Mixez les framboises. Dans un bol, mélangez le coulis de framboises, l'huile de noix et de tournesol, le jus d'un des deux citrons, l'estragon haché, du sel et du poivre.
3. Disposez les fraises et les avocats sur un lit de salade, parsemez un peu d'estragon haché et servez avec la sauce à part.

PLAT

RILLONS DE TÊTE DE VEAU

POUR 4 PERSONNES :

Préparation : 40 mn. Cuisson : 2 h.
Recette élaborée. Prix modéré.

4 petites pommes de terre,
4 fines tranches de viande des grisons,
1/2 tête de veau, 120 g de gouda,
1/3 de litre de Madère,
4 cuillerées à soupe de fond de veau déshydraté,
1 carotte, 1 oignon, 1 branche de céleri,
1 échalote, 1 bouquet garni,
100 g de beurre,
1 cuillerée à café de cumin,
1 pincée de gingembre, sel, poivre.

1. Coupez la tête de veau en cubes et blanchissez-les en les plongeant 1 mn dans de l'eau bouillante salée. Egouttez-les. Pelez la carotte, l'oignon, le céleri et l'échalote. Mettez-les dans une casserole avec le Madère et le fond de veau.
2. Ajoutez 1/2 litre d'eau, le bouquet garni, le cumin et le gingembre. Salez, poivrez, portez à ébullition, réglez le feu pour que le liquide frémisse. Versez les cubes de tête de veau et laissez mijoter 1 heure 30 mn.
3. Egouttez la viande en filtrant le jus de cuisson. Remettez le jus filtré dans une casserole et faites-le réduire à feu doux. Pelez les pommes de terre et coupez-les en rondelles. Beurrez 4 moules à tartelettes et rangez-y la moitié des rondelles en rosace.
4. Couvrez d'une tranche de viande des grisons, de lamelles de gouda, poivrez et remettez une autre rosace de pommes de terre. Arrosez de beurre fondu et faites cuire 20 mn au four th. 6 - 180° en retournant à mi-cuisson.
5. Faites chauffer une noix de beurre dans une poêle et mettez les rillons de tête de veau à revenir 5 mn à feu doux. Au centre des assiettes, déposez une galette de pommes de terre entourée de rillons nappés de sauce et servez aussitôt.

DESSERT

MANGUES AU MIEL

POUR 4 PERSONNES :

Préparation : 15 mn. Pas de cuisson.
Recette facile. Prix modéré.

4 mangues,
2 citrons,
4 cuillerées à soupe de miel liquide,
1 bouquet de menthe fraîche,
4 graines d'anis étoilé.

1. Pelez les mangues et détachez la chair du noyau. Coupez celle-ci en fins rubans. Réservez au frais. Prélevez quelques zestes sur un des 2 citrons.
2. Pressez les citrons. Dans leur jus, faites macérer les graines d'anis 15 mn. Filtrez le jus et ajoutez-lui 4 cuillerées à soupe de miel. Disposez les rubans de mangue dans les assiettes.
3. Nappez-les avec le sirop miel-citron, décorez de feuilles de menthe, de zestes de citron et de rondelles de citron. Servez très frais avec les graines d'anis en décoration.

Conseil du chef
Pour dégager la chair de la mangue, ne la coupez pas en deux, mais pelez-la et coupez-la en lamelles.

St Bernard

Gateau
aux pêches

POUR CE MENU LE SOMMELIER VOUS PROPOSE

Un Saint-Pourçain blanc

ENTRÉE

MACHE AUX COQUES

POUR 4 PERSONNES :

Préparation : 30 mn. Cuisson : 5 mn.
Recette facile. Prix modéré.

1 kg de coques,
300 g de mâche,
1 cuillerée à soupe de gros sel,
1 botte de cerfeuil,
1 cuillerée à soupe de vinaigre,
3 cuillerées à soupe d'huile,
1/2 cuillerée à soupe de jus de cuisson des coques,
Poivre.

1. Laissez tremper les coques dans de l'eau froide salée 20 mn. Lavez-les et cuisez-les à couvert 5 mn.
2. Dans un bol, mélangez le vinaigre, l'huile, le poivre, une 1/2 cuillerée à soupe de jus de cuisson et le cerfeuil haché. Triez et lavez la mâche.
3. Décoquillez les coques. Mettez-les dans un saladier avec la vinaigrette et le cerfeuil.
4. Ajoutez la mâche, mélangez et servez aussitôt.

PLAT

COLIN POELÉ AUX POIVRONS

POUR 4 PERSONNES :

Préparation : 30 mn. Cuisson : 20 mn.
Recette facile. Prix : bon marché.

800 g de colin en tranches,
4 cuillerées à soupe d'huile,
2 tomates, 2 poivrons rouges,
2 échalotes hachées,
10 cl de vin blanc, 20 cl de crème fraîche,
Sel, poivre.

1. Coupez les poivrons en lanières. Coupez les tomates en tranches. Faites revenir les poivrons dans un peu d'huile quelques minutes.
2. Ajoutez les tomates, les échalotes, du sel et du poivre. Laissez cuire doucement. Farinez les tranches de colin.
3. Passez-les à la poêle dans l'huile et laissez-les colorer de chaque côté. Cuisez 10 mn. Ajoutez le vin blanc aux légumes.
4. Incorporez la crème, cuisez 2 mn et servez bien chaud en posant les tranches de colin sur la sauce et les légumes.

DESSERT

GATEAU AUX PÊCHES

POUR 4 PERSONNES :

Préparation : 20 mn. Cuisson : 35 mn.
Recette facile. Prix modéré.

400 g de pêches,
2 œufs,
80 g de sucre,
1 sachet de sucre vanillé,
60 g de farine,
50 g de maïzena,
1/2 sachet de levure,
100 g de beurre,
1 pincée de sel.

1. Préchauffez le four th. 6 - 180°. Epluchez les pêches, coupez-les en deux et enlevez le noyau. Posez-les côté bombé au fond d'un moule à manqué beurré.
2. Dans un saladier, battez les œufs entiers, le sucre et le sucre vanillé jusqu'à ce que le mélange blanchisse. Ajoutez la farine, la maïzena, la levure, le beurre fondu et le sel.
3. Fouettez le tout quelques instants. Versez cette préparation sur les fruits et faites cuire au four th. 6 - 180° pendant 35 mn. Démoulez et servez tiède.

Conseil du chef
Accompagnez le colin de légumes cuits à la vapeur.

21
AOUT

St
Christophe

*Tomates
gratinées*

BEIGNETS DE RAIE

POUR 4 PERSONNES :
Préparation : 30 mn. Cuisson : 10 mn.
Recette facile. Prix modéré.

1 kg de raie,
2 cuillerées à soupe d'huile,
Le jus de deux citrons,
2 échalotes hachées,
50 g de persil haché,
1 branche de thym,
200 g de farine,
2 œufs,
5 cl d'huile,
30 cl de bière,
1 litre d'huile de friture,
Sel.

1. Epluchez la raie et découpez-la en tranches de 2 cm de large. Faites-les mariner 1 heure dans 2 cuillerées à soupe d'huile, le jus des 2 citrons, les échalotes et les herbes.
2. Tournez-les de temps en temps. Mélangez la farine, les œufs, 5 cl d'huile, la bière et du sel. Remuez jusqu'à obtenir une pâte à frire homogène.
3. Egouttez les tranches de raie, enrobez-les de pâte et plongez-les dans le bain de friture chaud 5 par 5. Laissez cuire 5 mn, égouttez-les sur du papier absorbant et servez chaud.

TOMATES GRATINÉES

POUR 4 PERSONNES :
Préparation : 15 mn. Cuisson : 1 h.
Recette facile. Prix : bon marché.

4 tomates,
150 g de chair à saucisse,
150 g de steak haché,
1 œuf,
50 g de gouda coupé en dés,
4 tranches de gouda,
1 oignon,
Persil,
Thym émietté,
Sel, poivre.

1. Otez et réservez les chapeaux des tomates. Creusez celles-ci et salez l'intérieur. Dans un saladier, mélangez la chair à saucisse, le steak haché, l'œuf, l'oignon émincé, le gouda en dés, le persil haché, le thym, du sel et du poivre.
2. Remplissez les tomates de cette farce et remettez les chapeaux. Disposez-les dans un plat à gratin beurré en répartissant la pulpe autour. Faites cuire 1 heure dans le four préchauffé th. 6 - 180°.
3. Cinq minutes avant la fin de la cuisson, posez une tranche de gouda sur chaque tomate et remettez au four. Servez bien chaud.

MELON MERINGUÉ

POUR 4 PERSONNES :
Préparation : 15 mn. Cuisson : 1 mn.
Recette facile. Prix : bon marché.

2 melons,
4 blancs d'œuf,
4 cuillerées à soupe de sucre en poudre,
1 cuillerée à soupe de zestes
de citron râpé.

1. Coupez les melons en deux, retirez les graines et placez-les dans le réfrigérateur.
2. Dans un saladier bien froid, versez les blancs d'œuf et incorporez-y les zestes de citron et le sucre. Battez les blancs en neige bien ferme.
3. Remplissez les demi-melons de cette crème et placez-les sous le gril du four chaud 1 mn pour que la meringue dore. Servez aussitôt.

Conseil du chef
Accompagnez les beignets de raie d'une sauce aux tomates fraîches.

St Fabrice

Terrine de poisson

ENTRÉE

TERRINE DE POISSON

POUR 4 PERSONNES :

Préparation : 30 mn. Cuisson : 50 mn. Recette élaborée. Prix : bon marché.

700 g de cabillaud,
300 g de mie de pain rassis,
80 g de beurre mou,
25 cl de lait,
20 cl de crème fraîche,
1 botte de ciboulette hachée,
6 œufs,
1 citron vert,
4 tomates cerise,
Sel, poivre.

1. Trempez la mie de pain 30 mn dans le lait, essorez-la entre vos doigts et séchez-la à feu doux en l'écrasant avec une cuillère en bois.
2. Mélangez avec le beurre et laissez refroidir. Incorporez le poisson émietté à la mie, la crème, du sel et du poivre. Ajoutez les jaunes d'œuf et la ciboulette.
3. Remuez jusqu'à l'obtention d'une pâte homogène. Incorporez délicatement les blancs d'œuf battus en neige avec une pincée de sel. Versez dans un moule beurré.
4. Cuisez 50 mn au four au bain-marie th. 5 - 150°. Démoulez chaud et servez avec une sauce tartare à la ciboulette hachée. Décorez de tomates cerises coupées en deux et de rondelles de citron.

PLAT

LOTTE À LA FONDUE DE TOMATE

POUR 4 PERSONNES :

Préparation : 30 mn. Cuisson : 20 mn. Recette facile. Prix modéré.

800 g de filets de lotte,
4 cuillerées à soupe d'huile,
4 tomates,
2 échalotes hachées,
2 gousses d'ail,
1 oignon,
1 branche de persil,
1 branche de thym,
1 feuille de laurier,
1 branche d'estragon,
1 branche de romarin,
15 cl de crème fraîche,
Sel, poivre.

1. Coupez la lotte en escalopes, salez et poivrez-les et faites-les revenir dans une cocotte dans l'huile 2 mn de chaque côté.
2. Retirez-les et réservez-les au chaud. Ajoutez les tomates coupées en quartiers dans la cocotte ainsi que les échalotes, l'oignon émincé, l'ail non épluché et toutes les herbes.
3. Laissez cuire 10 mn. Ajoutez la crème fraîche puis remettez les escalopes de lotte. Salez et poivrez. Couvrez et laissez cuire 6 mn. Servez dans le plat de cuisson.

DESSERT

BRIOCHES AUX CERISES

POUR 4 PERSONNES :

Préparation : 20 mn. Cuisson : 20 mn. Recette facile. Prix : bon marché.

4 petites brioches,
300 g de cerises dénoyautées,
10 morceaux de sucre,
1 cuillerée à café de jus de citron,
100 g de beurre,
Quelques feuilles de menthe.

1. Coupez chaque brioche en trois tranches et faites dorer celles-ci dans le beurre. Réservez-les au chaud.
2. Faites fondre le sucre dans le jus de citron et 1 cuillerée à soupe d'eau jusqu'à obtenir un caramel blond.
3. Répartissez les cerises sur les tranches de brioches, nappez de caramel, placez quelques cerises coupées en deux sur le pourtour de l'assiette et des feuilles de menthe. Servez tiède.

Conseil du chef

Accompagnez la lotte de pommes de terre sautées.

23

AOUT

Ste Rose
de L.

Bavette grillée

ENTREE

JAMBON EN SALADE

POUR 4 PERSONNES :

Préparation : 15 mn. Cuisson : 20 mn.
Recette facile. Prix : bon marché.

2 tranches de jambon blanc,
800 g de pommes de terre,
2 pieds de céleri,
3 cuillerées à soupe d'huile,
1 cuillerée à soupe de vinaigre,
2 cuillerées à soupe de crème fleurette,
Le jus d'un citron,
Sel, poivre.

1. Cuisez les pommes de terre dans une grande quantité d'eau bouillante salée en robe des champs pendant 20 mn. Laissez-les refroidir et pelez-les.
2. Enlevez les feuilles du céleri et taillez le reste en julienne. Faites de même avec les pommes de terre. Mettez-les dans un saladier. Dans un bol, mélangez le vinaigre, le citron, du sel et du poivre.
3. Ajoutez la crème et l'huile. Mélangez. Coupez le jambon en lanières et ajoutez-les dans le saladier. Versez-y la sauce et mélangez bien le tout. Servez sans attendre.

PLAT

BAVETTE GRILLÉE

POUR 4 PERSONNES :

Préparation : 10 mn. Cuisson : 20 mn.
Recette facile. Prix : bon marché.

600 g de bavette, 16 mini-épis de maïs,
4 tomates, 1 botte de persil,
2 échalotes, 1 cuillerée à café de thym,
1 cuillerée à soupe d'huile d'olive,
Sel, poivre.

1. Pelez et émincez finement les échalotes. Lavez et hachez le persil. Faites chauffer l'huile dans une sauteuse, ajoutez les échalotes et laissez-les fondre 5 mn à feu doux.
2. Ebouillantez, pelez, épépinez et coupez les tomates en dés. Mettez-les dans la sauteuse, salez et poivrez. Ajoutez les mini-maïs et le thym.
3. Laissez cuire 15 mn à découvert. Faites chauffer une poêle anti-adhésive et grillez la viande 3 mn par face. Servez dans les assiettes et décorez de persil.

Conseil du chef

Vous trouverez les mini-épis de maïs en bocaux dans les épiceries.

DESSERT

CRÈME AUX MIRABELLES

POUR 4 PERSONNES :

Préparation : 40 mn. Cuisson : 3 mn.
Recette facile. Prix modéré.

800 g de mirabelles,
150 g de sucre en poudre,
1/3 de litre de lait,
3 œufs,
1 sachet de sucre vanillé,
50 g de farine,
20 g de beurre.

1. Lavez, coupez en deux et dénoyautez les mirabelles. Réduisez-les en compote avec 40 g de sucre dans une casserole 10 mn. Etalez cette compote dans un grand plat en porcelaine.
2. Faites chauffer le lait. Travaillez 70 g de sucre en poudre, la moitié du sucre vanillé et 3 jaunes d'œuf. Ajoutez la farine et le lait chaud petit à petit.
3. Faites bouillir sur feu doux en remuant sans cesse. Retirez du feu au premier bouillon. Ajoutez le beurre et mélangez. Versez cette crème sur la compote.
4. Battez les 3 blancs d'œuf en neige, incorporez-y délicatement le reste de sucre en poudre et le reste de sucre vanillé. Etalez sur la crème et faites des stries à la fourchette.
5. Faites dorer sous le gril du four 3 mn. Laissez refroidir et mettez dans le réfrigérateur 2 heures. Servez bien froid.

POUR CE MENU LE SOMMELIER VOUS PROPOSE

Un Pécharmant

ENTREE

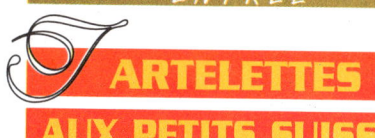

TARTELETTES AUX PETITS SUISSES

POUR 4 PERSONNES :

Préparation : 15 mn. Cuisson : 10 mn.
Recette facile. Prix : bon marché.

250 g de pâte feuilletée,
2 petits suisses,
60 g de gruyère râpé,
50 cl de sauce béchamel,
2 œufs,
Muscade râpée,
Sel, poivre.

1. Etalez la pâte feuilletée et garnissez-en 18 petits moules à tarte individuels beurrés. Assaisonnez la béchamel avec la muscade, le sel, le poivre.
2. Délayez-y sur feu doux les 2 œufs entiers, les petits suisses écrasés et le gruyère râpé. Versez cette préparation sur la pâte des tartelettes.
3. Faites-les cuire au four th. 7 - 210° pendant 10 mn. Servez-les chauds avec une salade verte.

Conseil du chef
Accompagnez l'estouffade d'agneau d'endives braisées.

PLAT

ESTOUFFADE D'AGNEAU

POUR 4 PERSONNES :

Préparation : 30 mn. Cuisson : 50 mn.
Recette facile. Prix : bon marché.

800 g de sauté d'agneau,
3 cuillerées à soupe d'huile,
1 carotte,
1 oignon,
3 gousses d'ail,
1 branche de thym,
2 branches de persil,
1/2 cuillerée à soupe de concentré de tomates,
1 bouquet d'estragon,
25 cl de vin blanc,
1/2 litre d'eau,
Gros sel, poivre.

1. Détaillez la viande en cubes et faites-les revenir sur toutes leurs faces à la poêle avec l'huile. Mettez-les dans une cocotte.
2. Faites revenir aussi dans la poêle la carotte et l'oignon et ajoutez-les dans la cocotte. Jetez le gras.
3. Versez le vin blanc dans la poêle chaude. Ajoutez dans la cocotte le concentré de tomates, le vin blanc, les herbes, l'eau, le gros sel, le poivre et l'ail.
4. Laissez mijoter à couvert 50 mn à feu moyen. Servez bien chaud.

DESSERT

SALADE TRICOLORE

POUR 4 PERSONNES :

Préparation : 30 mn. Pas de cuisson.
Recette facile. Prix modéré.

1/2 pastèque,
1 melon à chair blanche,
1 melon à chair orange,
1 orange,
3 cuillerées à soupe de sucre en poudre,
1 verre de Muscat.

1. Videz les graines de la demi-pastèque et à l'aide d'une cuillère parisienne, formez des boules avec sa chair. Faites de même avec les melons et mettez le tout dans le réfrigérateur.
2. Mettez ces boules roses, blanches et oranges dans un saladier, arrosez-les avec le jus de l'orange, le sucre et le Muscat. Couvrez et laissez macérer au frais 2 heures.
3. Coupez les bords de la demi-pastèque en dents de scie, placez-la dans un plat rempli de glaçons, garnissez-la de boules tricolores, arrosez-les avec leur sirop de macération et servez bien frais.

243

POUR CE MENU LE SOMMELIER VOUS PROPOSE

Un Gros Plant

ENTRÉE

CABILLAUD EN CRESSONNETTE

POUR 4 PERSONNES :

Préparation : 30 mn. Cuisson : 20 mn.
Recette facile. Prix : bon marché.

500 g de filets de cabillaud,
1 botte de cresson,
1 cuillerée à soupe de baies roses,
1,5 cuillerée à soupe de vinaigre,
5 cuillerées à soupe d'huile,
1/2 cuillerée à soupe de jus de citron,
Sel, poivre.

1. Plongez les filets de cabillaud dans de l'eau bouillante salée et laissez cuire 20 mn à feu doux sans bouillir.
2. Retirez les filets de la cuisson et laissez refroidir. Lavez le cresson, coupez les queues et égouttez-le.
3. Mélangez le vinaigre et le citron, ajoutez le sel et le poivre. Versez l'huile en tournant. Assaisonnez le cresson avec la moitié de la vinaigrette.
4. Répartissez sur 4 assiettes le cresson en rosace, effeuillez le cabillaud, arrosez-le du reste de la vinaigrette et parsemez de baies roses. Servez sans attendre.

Conseil du chef
Vous pouvez accompagnez le pain de saumon d'une sauce à l'oseille.

PLAT

PAIN DE SAUMON À L'ANETH

POUR 4 PERSONNES :

Préparation : 5 mn. Cuisson : 20 mn.
Recette facile. Prix modéré.

400 g de saumon,
4 cuillerées à soupe de vin blanc demi-sec,
400 g de pommes de terre pelées cuites,
30 g de beurre ramolli,
2 cuillerées à soupe d'aneth,
2 cuillerées à soupe de ciboulette,
1/2 cuillerée à café de zeste
de citron râpé,
Huile,
Farine,
Sel.

1. Posez le saumon dans un plat à four, arrosez-le de vin et couvrez avec du papier sulfurisé beurré. Mettez 20 mn au four th. 5 - 150°.
2. Emiettez la chair du saumon et ajoutez-lui le jus de cuisson. Réduisez les pommes de terre en purée. Incorporez-y le poisson.
3. Ajoutez le beurre, l'aneth et la ciboulette hachés, le zeste de citron, du sel et malaxez délicatement. Formez un gros pain.
4. Réservez-le au frais. Dans une poêle, faites dorer dans l'huile 5 mn le pain de saumon légèrement fariné. Servez dans les assiettes des tranches de pain de saumon chaudes.

DESSERT

GATEAU DE QUETSCHES

POUR 4 PERSONNES :

Préparation : 10 mn. Cuisson : 40 mn.
Recette facile. Prix modéré.

500 g de quetsches,
200 g de sucre,
2 œufs,
120 g de farine,
10 cl de crème fraîche,
1 cuillerées à soupe d'eau-de-vie
de prunes.

1. Lavez les quetsches, coupez-les en deux et dénoyautez-les. Faites-les cuire 10 mn dans une casserole à feu doux.
2. Ajoutez 80 g de sucre, donnez un bouillon et laissez tiédir. Egouttez. Dans un saladier, battez au fouet les œufs et le sucre restant.
3. Versez la farine en pluie et mélangez doucement. Ajoutez la crème et l'eau-de-vie. Mettez la pâte dans un moule à manqué beurré.
4. Répartissez sur la pâte la compote de quetsches et faites cuire au four th. 6 - 180° pendant 40 mn. Démoulez le gâteau tiède et servez-le froid.

26

AOUT

Ste Natacha

Guacamole et tacos

ENTRÉE

GUACAMOLE ET TACOS

POUR 4 PERSONNES :

Préparation : 15 mn. Pas de cuisson.
Recette facile. Prix : bon marché.

2 avocats bien mûrs,
1 oignon,
Le jus d'un demi-citron,
1 tomate,
32 tacos,
1 pincée de coriandre,
1 pincée de piment,
1 pincée de Cayenne,
Sel.

1. Pelez, coupez en deux et dénoyautez les avocats. Mettez leur chair dans un saladier et écrasez-la à la fourchette.
2. Ajoutez l'oignon finement haché, le jus du demi-citron, la tomate pelée et coupée en dés et mélangez.
3. Assaisonnez avec la coriandre, le piment, le Cayenne et du sel. Mélangez à nouveau.
4. Mettez au frais 1 heure. Dans un petit plat, présentez les tacos et le saladier de guacamole bien frais.

PLAT

PORC AU CARAMEL

POUR 4 PERSONNES :

Préparation : 20 mn. Cuisson : 10 mn.
Recette facile. Prix : bon marché.

400 g de filet de porc,
2 cuillerées à soupe de miel,
2 cuillerées à soupe de sauce soja,
2 cuillerées à soupe de vinaigre,
1 cuillerée à soupe de fécule,
1 cuillerée à café de gingembre,
2 cuillerées à soupe d'huile,
2 échalotes.

1. Découpez les filets de porc en lamelles. Dans un saladier, mélangez le miel, la sauce soja, le vinaigre, la fécule, le gingembre et faites-y macérer les lamelles de porc 1 heure.
2. Dans une poêle avec l'huile, faites fondre les échalotes hachées puis versez-y la viande avec la marinade.
3. Faites cuire à feu doux 10 mn en remuant de temps en temps. Servez bien chaud accompagné d'un riz blanc.

DESSERT

PÊCHES AU COULIS DE FRAMBOISES

POUR 4 PERSONNES :

Préparation : 15 mn. Cuisson : 10 mn.
Recette facile. Prix modéré.

4 pêches,
2 cuillerées à soupe de sucre,
200 g de framboises,
Le jus d'un citron,
100 g de sucre.

1. Pelez les pêches, coupez-les en deux et dénoyautez-les. Faites-les pocher dans 30 cl d'eau avec 2 cuillerées à soupe de sucre.
2. Laissez cuire à feu doux 10 mn. Lavez les framboises et égouttez-les. Mixez-les avec le jus de citron et 100 g de sucre.
3. Passez le coulis au chinois. Dans les assiettes, déposez deux demi-pêches entourées du coulis de framboises. Servez aussitôt.

Conseil du chef
Vous trouverez les tacos en sachet au rayon des produits exotiques.

245

POUR CE
MENU LE
SOMMELIER
VOUS
PROPOSE

Un Côtes
du Lubéron

27
AOUT

Ste
Monique

Brochettes
du pêcheur

ENTREE

ARTICHAUTS AUX LANGOUSTINES

POUR 4 PERSONNES :

Préparation : 30 mn. Cuisson : 5 mn.
Recette facile. Prix modéré.
4 fonds d'artichaut cuits,
16 langoustines,
150 g de Trévise,
1 tomate,
2 cuillerées à soupe de vinaigre,
5 cuillerées à soupe d'huile,
1/2 botte de cerfeuil haché,
1/2 échalote hachée,
Sel, poivre.

1. Dans un saladier, mélangez le vinaigre et le sel. Ajoutez 4 cuillerées à soupe d'huile, l'échalote, le cerfeuil et le poivre.
2. Décortiquez les langoustines et passez-les dans la cuillère d'huile restante. Salez et poivrez.
3. Cuisez-les dans une poêle anti-adhésive 2 mn de chaque côté. Emincez les fonds d'artichaut, passez-les dans la vinaigrette.
4. Disposez-les en dôme au milieu des assiettes, décorez avec les feuilles de Trévise, disposez les langoustines poêlées et les dés de tomate. Nappez avec la vinaigrette.

PLAT

BROCHETTES DU PÊCHEUR

POUR 4 PERSONNES :

Préparation : 15 mn. Pas de cuisson.
Recette facile. Prix modéré.
400 g de lotte,
12 crevettes bouquets,
8 noix de st Jacques,
150 g de fines tranches de lard fumé,
Quelques feuilles de roquette,
2 citrons verts,
1/2 verre d'huile d'olive,
2 cuillerées à soupe d'aneth,
Sel, poivre.

1. Mettez l'aneth dans l'huile avec du sel et du poivre. Détaillez la lotte en cubes et décortiquez les crevettes. Coupez les citrons en quartiers.
2. Entourez les cubes de poisson des tranches de lard. Répartissez la lotte, le citron, les st Jacques et les crevettes sur des brochettes. Déposez celles-ci dans un plat.
3. Arrosez-les d'huile à l'aneth et laissez-les mariner 1 heure au frais. Placez les brochettes sur le barbecue et faites-les cuire sur chaque côté. Servez accompagné de la roquette.

DESSERT

FRAISES À LA FLEUR D'ORANGER

POUR 4 PERSONNES :

Préparation : 10 mn. Pas de cuisson.
Recette facile. Prix modéré.
1 kg de fraises,
20 g de sucre en poudre,
Le jus de 2 oranges,
1 cuillerée à café de fleur d'oranger,
Quelques feuilles de menthe fraîche.

1. Lavez, égouttez et équeutez les fraises. Mettez-les dans un grande saladier et saupoudrez-les avec le sucre en poudre.
2. Mélangez le jus des 2 oranges à la fleur d'oranger. Versez sur les fraises et mettez dans le réfrigérateur.
3. Au moment de servir, répartissez les fraises macérées dans les assiettes avec un peu de jus et décorez de feuilles de menthe.

Conseil du chef
Vous pouvez remplacer la lotte par du flétan.

246

POUR CE MENU LE SOMMELIER VOUS PROPOSE

Un Haut-Médoc

ENTRÉE

TARTINES DE TOMATES

POUR 4 PERSONNES :

Préparation : 15 mn. Cuisson : 10 mn.
Recette facile. Prix : bon marché.
2 tomates,
4 tranches de pain de campagne,
4 cuillerées à café de moutarde,
4 cuillerées à soupe de gruyère râpé,
Paprika,
Poivre.

1. Faites légèrement griller les tranches de pain de campagne et tartinez-les avec la moutarde.
2. Lavez les tomates et coupez-les en tranches. Mettez-les sur le pain à la moutarde et parsemez de gruyère râpé.
3. Assaisonnez de paprika et de poivre et faites gratiner au four th. 6 - 180° pendant 10 mn. Servez aussitôt.

PLAT

CÔTELETTES D'AGNEAU SUR GROS SEL

POUR 4 PERSONNES :

Préparation : 15 mn. Cuisson : 15 mn.
Recette facile. Prix : bon marché.
4 côtelettes d'agneau,
500 g de gros sel,
Poivre.

1. Sortez les côtelettes d'agneau du réfrigérateur 30 mn avant la cuisson. Préchauffez le four th. 8 - 240°.
2. Recouvrez le fond d'un plat à four avec le gros sel. Enfournez. Dès que le gros sel crépite, posez les côtelettes dessus.
3. Faites cuire 7 mn de chaque côté et poivrez en fin de cuisson. Servez bien chaud.

DESSERT

CRÈME PÂTISSIÈRE

POUR 4 PERSONNES :

Préparation : 15 mn. Pas de cuisson.
Recette facile. Prix : bon marché.
100 g de sucre semoule,
40 cl de lait,
1/2 gousse de vanille,
5 jaunes d'œuf,
2 cuillerées à soupe de farine,
1 cuillerée à soupe de fécule,
15 g de beurre,
150 g de chocolat à pâtisser.

1. Fendez la gousse de vanille en deux dans le sens de la longueur et mettez-la dans une casserole avec le lait.
2. Portez à ébullition, éteignez le feu, couvrez et laissez infuser 10 mn. Battez les jaunes d'œuf avec le sucre.
3. Incorporez la farine et la fécule puis le chocolat fondu au bain-marie. Retirez la gousse de vanille du lait.
4. Versez-le sur la préparation au chocolat en fouettant. Reversez le tout dans la casserole et portez à ébullition en remuant.
5. Laissez frémir 3 mn en fouettant. Arrêtez la cuisson, incorporez le beurre en fouettant. Laissez refroidir.
6. Mettez la crème dans un grand saladier et placez celui-ci dans le réfrigérateur 2 heures. Servez bien frais.

Conseil du chef
Accompagnez la crème pâtissière de petits gâteaux secs ou de madeleines.

POUR CE MENU LE SOMMELIER VOUS PROPOSE

Un Palette blanc

29
AOUT

Ste Sabine

Saumon à la provençale

ENTRÉE

∫ ALADE À LA TAPENADE

POUR 4 PERSONNES :
Préparation : 10 mn. Pas de cuisson.
Recette facile. Prix : bon marché.

16 olives noires dénoyautées,
5 filets d'anchois,
1 sachet de croûtons nature,
1 laitue,
1 cuillerée à café de moutarde,
Le jus d'un demi-citron,
3 cuillerées à soupe d'huile d'olive,
3 cuillerées à soupe d'huile de tournesol,
1 cuillerée à soupe de vinaigre,
Sel, poivre.

1. Dans le bol du mixeur, mettez les olives, les anchois, la moutarde, le jus de citron et l'huile d'olive et réduisez le tout en une purée crémeuse.
2. Lavez et essorez la salade. Dans un saladier, mélangez le sel avec le vinaigre, ajoutez l'huile de tournesol et le poivre.
3. Mettez-y les feuilles de laitue et remuez. Tartinez les croûtons avec la purée (tapenade) et servez-les avec la salade.

PLAT

∫ AUMON À LA PROVENÇALE

POUR 4 PERSONNES :
Préparation : 15 mn. Cuisson : 15 mn.
Recette facile. Prix modéré.

400 g de saumon,
1 aubergine,
1 courgette,
3 tomates,
4 cuillerées à soupe d'huile d'olive,
Le jus de 2 citrons,
12 feuilles de basilic,
Sel, poivre.

1. Préchauffez le four th. 7 - 210°. Coupez le saumon en 4 escalopes. Lavez les légumes. Coupez la courgette et l'aubergine en fines lamelles.
2. Pelez, épépinez les tomates et coupez-les en dés. Découpez 4 feuilles de papier sulfurisé. Déposez au centre de chacune d'elles une escalope de saumon.
3. Recouvrez de lamelles de courgette et d'aubergine et de dés de tomates. Arrosez le tout d'huile d'olive et de citron, salez et poivrez. Fermez en papillote.
4. Déposez les 4 papillotes sur une plaque légèrement humide et enfournez pour 15 mn. Servez bien chaud dans les papillotes.

DESSERT

ℭ OMPOTE D'ABRICOTS

POUR 4 PERSONNES :
Préparation : 15 mn. Cuisson : 10 mn.
Recette facile. Prix modéré.

1 kg d'abricots,
2 verres d'eau,
5 cuillerées à soupe de sucre en poudre,
1 gousse de vanille,
1 cuillerée à soupe de sirop de cassis,
Quelques amandes grillées.

1. Lavez les abricots, coupez-les en deux et dénoyautez-les. Dans une casserole, faites chauffer l'eau avec le sucre et la gousse de vanille fendue en deux dans le sens de la longueur.
2. Déposez-y les abricots et faites cuire à couvert pendant 10 mn. Retirez les abricots à l'aide d'une spatule et déposez-les dans un saladier.
3. Faites réduire le liquide de cuisson et ajoutez-lui le sirop de cassis. Répartissez les abricots dans les assiettes à dessert, nappez-les avec le jus et décorez avec les amandes grillées.

Conseil du chef
Accompagnez le saumon à la provençale d'un riz créole.

248

POUR CE MENU LE SOMMELIER VOUS PROPOSE

Un Côtes du Roussillon

ENTREE

ZATZIKI

POUR 4 PERSONNES :

Préparation : 10 mn. Cuisson : 5 mn.
Recette facile. Prix : bon marché.

8 blinis,

2 yaourts,

1 cuillerée à soupe d'huile d'olive,

1 cuillerée à soupe de vinaigre,

1 gousse d'ail écrasée,

2 cuillerées à soupe de menthe fraîche
hachée,

1/2 concombre,

4 feuilles de laitue,

1/2 citron vert,

1/2 citron jaune,

4 tomates cerise,

Sel, poivre.

1. Dans un saladier, mélangez les yaourts, l'huile, le vinaigre, l'ail et la menthe. Pelez le demi-concombre et coupez-le en fines lanières.
2. Ajoutez-le à la préparation aux yaourts, salez, poivrez et mixez le tout. Réservez au frais. Lavez la laitue et essorez-la.
3. Coupez les citrons et les tomates cerise en rondelles. Faites revenir dans une poêle huilée les blinis 2,5 mn de chaque côté.
4. Présentez le tzatziki dans un grand bol, décoré des tomates, entouré des feuilles de laitue, des blinis chauds décorés de citrons et servez aussitôt.

PLAT

CÔTES DE PORC AUX BLETTES

POUR 4 PERSONNES :

Préparation : 20 mn. Cuisson : 20 mn.
Recette facile. Prix : bon marché.

4 côtes de porc,

1 kg de feuilles de blettes,

100 g de cerneaux de noix hachés,

1 bouquet de persil,

Quelques brins de ciboulette,

200 g de farine,

50 g de gruyère râpé,

2 œufs,

2 tomates,

1 cuillerée à soupe d'huile,

Sel, poivre.

1. Otez les grosses côtes des feuilles de blettes. Lavez les feuilles, égouttez-les et faites-les cuire dans de l'eau bouillante salée 15 mn. Hachez-les finement et mettez-les dans un grande saladier.
2. Ajoutez-leur les œufs battus, les noix, la farine, le persil, la ciboulette et le basilic hachés. Mélangez le tout. Salez et poivrez. A l'aide d'une cuillère, formez des boulettes de pâte et plongez-les dans une casserole d'eau frémissante.
3. Retirez-les et égouttez-les. Huilez un plat à four et rangez-y les boulettes. Saupoudrez-les de gruyère. Faites cuire les côtes de porc sur un gril bien chaud 5 mn de chaque côté.
4. Mettez les boulettes à gratiner sous le gril du four. Disposez le tout dans les assiettes décoré de quartiers de tomates. Servez bien chaud.

DESSERT

CRÈME GLACÉE AU MIEL

POUR 4 PERSONNES :

Préparation : 15 mn. Cuisson : 10 mn.
Recette facile. Prix : bon marché.

3 oranges,

30 g de sucre,

8 boules de glace nougat-miel,

4 feuilles de menthe.

1. Lavez les oranges, coupez-les en deux et pressez leur jus. Versez-le dans une casserole et portez à ébullition avec le sucre.
2. Faites réduire jusqu'à obtenir une consistance sirupeuse, ajoutez le zeste d'une orange râpé. Laissez refroidir.
3. Dans 4 coupes individuelles, disposez 2 boules de glace nougat-miel, nappez de coulis d'orange et décorez d'une feuille de menthe. Servez immédiatement.

Conseil du chef
vous pouvez remplacer les blettes par des salsifis.

POUR CE MENU LE SOMMELIER VOUS PROPOSE

Un Muscadet de Sèvre et Maine

ENTRÉE

CAKE AUX LÉGUMES

POUR 4 PERSONNES :

Préparation : 25 mn. Cuisson : 1 h 10.
Recette facile. Prix : bon marché.

250 g de farine,
200 g de beurre,
70 g de courgettes,
70 g de carottes,
70 g de petits pois cuits,
70 g de champignons de Paris,
6 œufs,
1 zeste d'orange,
1 zeste de citron,
1 cuillerée à café de levure,
Sel, poivre.

1. Cuisez séparément 5 mn à l'eau bouillante salée les carottes et les courgettes épluchées et coupées en dés. Rincez-les à l'eau froide et égouttez-les. Dorez les champignons coupés en dés dans 1 cuillerée à soupe de beurre. **2.** Egouttez-les. Séchez le tout au four th. 6 - 180° pendant 15 mn. Mélangez un à un les œufs au beurre restant. Roulez tous les légumes dans la farine, salez, poivrez, ajoutez la levure et mélangez. Ajoutez à la préparation aux œufs et remuez. **3.** Incorporez-y les zestes et versez le tout dans un moule beurré. Cuisez 10 mn au four th. 9 - 270° puis 45 mn th. 6 - 180°. Démoulez chaud mais servez froid coupé en tranches.

PLAT

MAQUEREAUX EN PAPILLOTE

POUR 4 PERSONNES :

Préparation : 15 mn. Cuisson : 30 mn.
Recette facile. Prix : bon marché.

4 maquereaux, 4 carottes,
4 petits oignons, 30 g de beurre,
10 cl de crème fraîche, huile,
4 carrés de papier aluminium, sel, poivre.

1. Préchauffez le four th. 7 - 210°. Faites dorer dans le beurre les carottes et les oignons finement émincés. Couvrez d'un verre d'eau. **2.** Laissez mijoter à couvert 10 mn en remuant de temps en temps. Laissez tiédir quelques minutes. **3.** Huilez les carrés d'aluminium et posez un maquereau sur chacun d'eux. Salez, poivrez et répartissez la fondue de carottes et d'oignons égouttée. **4.** Fermez les papillotes et enfournez pour 20 mn. Cinq minutes avant la fin de la cuisson, ajoutez un peu de crème fraîche dans chaque papillote. **5.** Ouvrez les papillotes et présentez-les dans les assiettes sans les vider. Servez bien chaud.

Conseil du chef
Vous pouvez réaliser la même recette avec des sardines.

DESSERT

FRAISES AU COULIS D'ABRICOTS

POUR 4 PERSONNES :

Préparation : 35 mn. Cuisson : 10 mn.
Recette facile. Prix modéré.

400 g de fraises,
100 g de sucre,
20 cl de lait,
20 cl de crème fraîche,
4 jaunes d'œuf,
3 feuilles de gélatine,
1/2 gousse de vanille,
400 g d'abricots mûrs,
120 g de sucre,
1/2 jus de citron.

1. Trempez la gélatine dans l'eau froide. Faites bouillir le lait et la vanille fendue en deux. Fouettez 100 g de sucre et les jaunes d'œuf, ajoutez-y le lait bouillant tout en fouettant. **2.** Egouttez la gélatine et pressez-la entre vos mains et incorporez-la au reste. Mettez à feu doux en remuant. Retirez du feu et laissez refroidir. Fouettez la crème très froide en chantilly. **3.** Mélangez-la à la préparation précédente, ajoutez les fraises lavées et coupées en morceaux. Versez dans le moule beurré et placez 4 heures dans le réfrigérateur. **4.** Mixez les abricots lavés et dénoyautés avec 120 g de sucre et le jus de citron. Mettez une tranche de préparation à la fraise dans les assiettes et nappez de coulis d'abricots.

POUR CE MENU LE SOMMELIER VOUS PROPOSE

Un Bordeaux blanc

ENTRÉE

ŒUFS AUX ANCHOIS

POUR 4 PERSONNES :

Préparation : 15 mn. Cuisson : 15 mn.
Recette facile. Prix : bon marché.

4 œufs,
8 filets d'anchois,
80 g de champignons de Paris,
40 g de gruyère,
Chapelure,
Persil,
40 g de beurre,
Poivre.

1. Faites cuire les œufs 10 mn dans l'eau bouillante. Rafraîchissez-les sous l'eau fraîche et écalez-les. Coupez-les en deux dans le sens de la longueur. Otez les jaunes et écrasez-les à la fourchette.
2. Faites fondre la moitié du beurre dans une casserole et faites-y revenir les champignons nettoyés et émincés. Ajoutez-les à la purée de jaunes d'œuf ainsi que 4 filets d'anchois réduits en purée et le persil haché.
3. Mélangez bien le tout et farcissez les blancs d'œuf de cette préparation. Rangez-les dans un plat à gratin, saupoudrez-les de gruyère râpé, de chapelure et du reste du beurre fondu.
4. Faites gratiner sous le gril du four 5 mn et servez immédiatement.

PLAT

POULET À LA CRÉOLE

POUR 4 PERSONNES :

Préparation : 20 mn. Cuisson : 25 mn.
Recette facile. Prix : bon marché.

1 poulet,
2 oignons,
20 g de beurre,
1 cuillerée à café de curry,
1 verre d'eau,
1 bouquet garni,
20 cl de béchamel,
15 g de noix de coco râpée,
Sel.

1. Coupez le poulet en morceaux et faites-les blondir dans du beurre. Ajoutez les oignons émincés, saupoudrez le curry et versez l'eau. Salez, ajoutez le bouquet garni.
2. Couvrez et laissez cuire 20 mn. Ajoutez la béchamel, laissez encore mijoter 5 mn puis retirez les morceaux de poulet. Passez la sauce pour éliminez les oignons et ajoutez-lui la noix de coco.
3. Présentez le poulet dans le plat de service réchauffé et servez aussitôt avec la sauce à part.

DESSERT

COMPOTE FRAISES-RHUBARBE

POUR 4 PERSONNES :

Préparation : 20 mn. Cuisson : 10 mn.
Recette facile. Prix modéré.

400 g de rhubarbe,
200 g de fraises,
200 g de sucre,
1/2 verre d'eau,
1 orange.

1. Lavez et équeutez les fraises. Mettez-les à macérer dans un saladier avec le jus de l'orange.
2. Epluchez la rhubarbe, coupez-la en tronçons et faites-les blanchir 1 mn dans l'eau bouillante. Egouttez-les.
3. Faites bouillir le sucre et l'eau, ajoutez-y les morceaux de rhubarbe et faites cuire lentement 10 mn.
4. Versez la compote de rhubarbe bouillante sur les fraises. Laissez complètement refroidir et servez très frais avec des petites meringues.

Conseil du chef
Accompagnez le poulet d'un riz créole.

2
SEPTEMBRE

Ste Ingrid

Sandre
à la
choucroute

POUR CE
MENU LE
SOMMELIER
VOUS
PROPOSE

Un Riesling

ENTRÉE

CHAMPIGNONS CRUS EN SAUCE

POUR 4 PERSONNES :

Préparation : 10 mn. Pas de cuisson.
Recette facile. Prix : bon marché.
400 g de champignons de Paris,
1 citron,
1 cuillerée à soupe de moutarde,
2 cuillerées à soupe d'huile,
Poivre de Cayenne,
Sel.

1. Nettoyez les champignons et ôtez le bout terreux. Coupez-les en lamelles et mettez-les dans un plat.
2. Dans un bol, mélangez le jus du citron, l'huile, la moutarde, du poivre de Cayenne et du sel.
3. Versez cette sauce sur les champignons et laissez-les mariner 2 heures dans le réfrigérateur.
4. Egouttez-les et servez-les bien frais.

PLAT

SANDRE À LA CHOUCROUTE

POUR 4 PERSONNES :

Préparation : 30 mn. Cuisson : 20 mn.
Recette facile. Prix modéré.
800 g de sandre,
400 g de choucroute cuite,
2 tranches de saumon fumé,
60 g de beurre, 10 cl de crème fraîche,
20 cl de jus de raisin, 10 cl de Riesling,
8 pommes de terre, 2 échalotes,
1 bouquet d'aneth, sel, poivre.

1. Pelez les pommes de terre et faites-les cuire dans de l'eau bouillante salée 20 mn. Réservez-les au chaud. Pelez et hachez les échalotes et faites-les revenir dans une casserole avec 30 g de beurre sans laisser colorer.
2. Ajoutez le saumon fumé coupé en petits morceaux et laissez suer quelques instants. Ajoutez la choucroute, mélangez le tout et laissez mijoter sur feu très doux.
3. Dans une casserole, versez le jus de raisin et le vin blanc. Faites réduire de moitié, ajoutez la crème et portez à ébullition. Salez, poivrez et réservez au chaud. Préchauffez le four th. 6 - 180°. Partagez le sandre en 4, recoupez chaque morceau dans l'épaisseur et déposez-y de la choucroute.
4. Dans une poêle, faites fondre le reste de beurre et déposez-y les morceaux de sandre farcis. Faites-les colorer 1 mn de chaque côté. Déposez-les dans un plat à gratin et enfournez 10 mn. Sur les assiettes, déposez le sandre, ajoutez le reste de choucroute et les pommes de terre.
5. Décorez de lanières de saumon fumé et de pluches d'aneth. Arrosez de sauce et servez immédiatement.

DESSERT

VISITANDINE

POUR 4 PERSONNES :

Préparation : 30 mn. Cuisson : 30 mn.
Recette facile. Prix : bon marché.
125 g de poudre d'amandes,
150 g de sucre,
6 blancs d'œuf,
1 cuillerée à café d'extrait de vanille liquide,
50 g de farine,
150 g de beurre.

1. Dans un saladier, travaillez 15 mn la poudre d'amandes, le sucre et 4 blancs d'œuf ajoutés un à un.
2. Ajoutez l'extrait de vanille et la farine. Dans une casserole, faites fondre le beurre jusqu'à ce qu'il ait une couleur noisette.
3. Ajoutez le beurre refroidi dans le saladier. Montez les blancs d'œuf restants en neige et incorporez-les au mélange.
4. Beurrez un moule à tarte et versez-y la préparation. Faites cuire au four th. 7 - 210° pendant 30 mn. Servez tiède ou froid.

Conseil du chef
Vous pouvez utiliser des petits moules individuels pour la visitandine.

POUR CE MENU LE SOMMELIER VOUS PROPOSE

Un Saumur-Champigny

ENTRÉE

CREVETTES AU CHOU-FLEUR

POUR 4 PERSONNES :

Préparation : 30 mn. Cuisson : 20 mn.
Recette facile. Prix : bon marché.
8 crevettes roses,
1/2 chou-fleur,
150 g de champignons de Paris,
1 poivron rouge,
1 poivron vert,
8 feuilles de laurier,
1 cuillerée à soupe d'huile,
Sel.

1. Découpez le chou-fleur en petits bouquets. Lavez-les à l'eau vinaigrée et rincez-les. Plongez-les dans de l'eau bouillante et faites-les cuire 10 mn. Egouttez-les.
2. Nettoyez les champignons et ôtez le bout terreux. Lavez les poivrons, coupez-les en deux, ôtez les graines et découpez-les en lanières, puis en losanges.
3. Préparez les brochettes en alternant tous les ingrédients. Placez 1 feuille de laurier sous chaque crevette. Badigeonnez les brochettes d'un peu d'huile et posez-les sur le gril.
4. Faites-les cuire 10 mn en les retournant de temps en temps. Disposez-les dans un plat chaud et servez-les aussitôt.

PLAT

HACHIS PARMENTIER

POUR 4 PERSONNES :

Préparation : 30 mn. Cuisson : 55 mn.
Recette facile. Prix : bon marché.
300 g de viande hachée cuite,
1 oignon,
1 pincée de farine,
1/2 tasse de vin blanc,
2 tasses d'eau,
2 tomates,
300 g de pommes de terre,
Beurre,
Chapelure,
Sel, poivre.

1. Faites rissoler dans le beurre la viande hachée, l'oignon haché, ajoutez la farine, le vin blanc, l'eau, les tomates en dés, du sel et du poivre. Laissez mijoter en remuant de temps en temps.
2. Pelez les pommes de terre et faites-les cuire dans de l'eau bouillante salée. Egouttez-les et écrasez-les au presse-purée. Beurrez un plat à gratin.
3. Etalez au fond la viande hachée, répartissez par-dessus la purée de pommes de terre, saupoudrez de chapelure et parsemez de noisettes de beurre.
4. Faites gratiner au four th. 8 - 240° pendant 10 mn. Servez bien chaud.

DESSERT

VACHERIN AUX AMANDES

POUR 4 PERSONNES :

Préparation : 30 mn. Cuisson : 15 mn.
Recette facile. Prix : bon marché.
60 g d'amandes,
100 g de sucre,
50 g de farine,
50 g de beurre,
3 blancs d'œuf.

1. Dans un saladier, battez le sucre et les blancs d'œuf 5 mn. Mélangez-y les amandes en poudre, la farine et le beurre fondu. Etalez cette pâte sur une tôle et faites-la cuire au four th. 8 - 240° pendant 15 mn.
2. Formez dans cette pâte un fond rond puis un rectangle debout et en rond pour figurer les bords. Soudez avec du caramel et garnissez de glace, de chantilly ou autre garniture à votre choix.

Conseil du chef
Accompagnez le hachis parmentier d'une salade verte.

253

POUR CE MENU LE SOMMELIER VOUS PROPOSE

Un Crozes-Hermitage

4
SEPTEMBRE

Ste Rosalie

Agneau aux salsifis

ENTRÉE

SALADE AUX 6 LÉGUMES

POUR 4 PERSONNES :
Préparation : 30 mn. Cuisson : 20 mn.
Recette facile. Prix : bon marché.

150 g de pommes de terre,
150 g de haricots verts,
4 fonds d'artichaut,
150 g de champignons de Paris,
150 g de brocoli,
4 tomates,
3 cuillerées à soupe d'huile,
1 cuillerée à soupe de vinaigre,
2 cuillerées à soupe d'estragon haché,
Sel, poivre.

1. Pelez les pommes de terre et faites-les cuire 20 mn dans l'eau bouillante salée. Rincez les haricots verts et effilez-les.
2. Cuisez les fonds d'artichaut à la vapeur 15 mn. Nettoyez les champignons et ôtez le bout terreux. Emincez-les finement.
3. Lavez les tomates et coupez les rondelles. Détaillez les brocoli en petits bouquets et cuisez-les à la vapeur 10 mn.
4. Egouttez les légumes cuits. Coupez les artichauts en quatre et les pommes de terre en rondelles. Dans un saladier, mélangez le sel et le vinaigre.
5. Ajoutez l'huile, le poivre et l'estragon. Remuez à nouveau et incorporez dans cette sauce les pommes de terre, les haricots verts, les tomates, les artichauts, les champignons crus et les brocoli. Mélangez et servez aussitôt.

PLAT

AGNEAU AUX SALSIFIS

POUR 4 PERSONNES :
Préparation : 30 mn. Cuisson : 2 h.
Recette facile. Prix : bon marché.

1 kg de collier d'agneau,
1 botte de basilic,
600 g de salsifis,
1 bouillon-cube,
1 bouquet garni,
Sel, poivre.

1. Coupez le collier d'agneau en morceaux. Faites-les sauter à la poêle sans matière grasse. Salez et poivrez.
2. Mettez les morceaux dans une cocotte, mouillez à hauteur, ajoutez le bouillon-cube délayé dans un peu d'eau, le bouquet garni et faites cuire 2 heures à feu doux.
3. Epluchez les salsifis, lavez-les et cuisez-les à l'eau bouillante salée 30 mn. Egouttez-les. Séparez la viande de la sauce.
4. Passez la sauce au chinois et ajoutez le basilic haché. Ajoutez les salsifis à la sauce et faites-les chauffer 5 mn.
5. Dans le plat de service, présentez les morceaux de collier d'agneau au centre et les salsifis autour. Servez de suite.

DESSERT

GLACE AU CAFÉ PRALINÉ

POUR 4 PERSONNES :
Préparation : 15 mn. Cuisson : 5 mn.
Recette facile. Prix : bon marché.

200 g de sucre,
10 cl de café très fort,
8 jaunes d'œuf,
3/4 de litre de crème fouettée,
100 g de poudre d'amandes grillées.

1. Mettez dans une casserole le café et le sucre. Cuisez-les jusqu'à obtenir un filet. Versez alors doucement ce sirop sur les jaunes d'œuf en remuant.
2. Fouettez ce mélange jusqu'à ce qu'il soit complètement froid. Mélangez la crème fouettée et les amandes grillées. Incorporez à la préparation précédente.
3. Versez le tout dans un bac et mettez dans le congélateur 3 heures. Formez des boules pour servir accompagnées de gaufrettes éventail.

Conseil du chef
Vous pouvez varier à l'infini la salade en changeant les légumes suivant votre goût.

254

POUR CE MENU LE SOMMELIER VOUS PROPOSE

Un Pomerol

ENTRÉE

~~S~~OUPE À L'OSEILLE

POUR 4 PERSONNES :

Préparation : 20 mn. Cuisson : 50 mn.
Recette facile. Prix : bon marché.

1 litre de lait,

12 tiges d'oseille,

3 œufs,

40 g de beurre,

3 échalotes,

1 pomme,

1 poireau,

1 branche de céleri,

Curry,

Persil haché,

Sel.

1. Dans une sauteuse, faites mijoter sur feu doux 15 mn les échalotes hachées, la pomme épluchée et coupée en cubes, le poireau émincé, le céleri coupé en petits morceaux dans le beure sans laisser colorer.
2. Versez doucement le lait chaud en remuant sans cesse. Laissez cuire à couvert à feu doux 30 mn. En fin de cuisson, ajoutez l'oseille épluchée, lavée et hachée. Cassez les œufs au-dessus de la soupe. Salez.
3. Servez aussitôt dans des assiettes creuses très chaudes, saupoudrez de curry et de persil haché.

PLAT

~~R~~ÔTI DE BŒUF VIGNERON

POUR 4 PERSONNES :

Préparation : 10 mn. Cuisson : 1 h.
Recette facile. Prix : bon marché.

1 rôti de bœuf de 1 kg,

500 g de tomates pelées,

1 cuillerée à soupe d'oignons émincés,

2 cuillerées à café d'ail coupé,

1 cuillerée à café de thym émietté,

1 cuillerée à soupe de persil haché,

20 cl de vin rouge,

2 cuillerées à soupe d'huile d'olive,

1 feuille de laurier,

Sel, poivre.

1. Sortez le rôti du réfrigérateur 30 mn avant la cuisson. Préchauffez le four th. 7 - 210°. Coupez les tomates en dés et réservez-les.
2. Piquez la viande avec l'ail coupé, salez et poivrez. Dans une cocotte, versez l'huile d'olive, le vin, les tomates, les oignons et le thym.
3. Mélangez bien et déposez le rôti en le retournant plusieurs fois pour l'enrober de sauce. Couvrez et enfournez pour 45 mn. En cours de cuisson, retournez la viande 3 fois.
4. Sortez la viande de la cocotte et réservez-la au chaud. Versez la sauce dans le bol du mixeur et mixez pour la rendre homogène. Mettez-la dans une casserole sur le feu et faites-la réduire 10 mn.
5. Tranchez le rôti, disposez sur le plat de service, nappez de sauce et saupoudrez de persil haché. Servez sans attendre.

DESSERT

~~F~~AR BRETON

POUR 4 PERSONNES :

Préparation : 20 mn. Cuisson : 1 h.
Recette facile. Prix : bon marché.

200 g de farine,

150 g de sucre,

3 œufs,

1/2 litre de lait,

1 cuillerée à soupe de rhum,

400 g de pruneaux d'Agen.

1. Faites tremper les pruneaux dans l'eau pendant 12 heures. Dans un saladier, mettez la farine, le sucre et les œufs un à un. Mélangez.
2. Ajoutez le lait, le rhum et les pruneaux dénoyautés si vous le souhaitez. Mélangez à nouveau. Beurrez un plat allant au four et versez-y la préparation.
3. Faites cuire au four th. 6 - 180° pendant 1 heure. Démoulez chaud et servez tiède ou froid.

Conseil du chef
Ajoutez des croûtons nature à la soupe à l'oseille si vous le désirez.

Roulades
de veau aux
champignons

POUR CE MENU LE SOMMELIER VOUS PROPOSE

Un vin de Savoie rosé

ENTRÉE

BEIGNETS AUX POMMES DE TERRE

POUR 4 PERSONNES :

Préparation : 30 mn. Cuisson : 25 mn.
Recette facile. Prix : bon marché.
300 g de pommes de terre,
300 g de turbot cuit,
2 cuillerées à soupe d'oignons hachés,
1 œuf,
20 g de beurre,
Farine,
Huile pour friture,
Sel, poivre.

1. Pelez les pommes de terre et cuisez-les à l'eau bouillante salée 20 mn. Egouttez-les et réduisez-les en purée.
2. Ecrasez le poisson cuit et mélangez-le à la purée de pommes de terre. Mettez à dorer les oignons dans une casserole avec le beurre 5 mn.
3. Mélangez les oignons à la purée de poisson, ajoutez 1 œuf, du sel, du poivre et amalgamez bien le tout. Formez avec vos mains des boulettes aplaties.
4. Roulez-les dans la farine et plongez-les dans le bain de friture 5 mn. Egouttez-les sur du papier absorbant et servez-les bien chaudes.

PLAT

ROULADES DE VEAU AUX CHAMPIGNONS

POUR 4 PERSONNES :

Préparation : 15 mn. Cuisson : 20 mn.
Recette facile. Prix : bon marché.
4 escalopes de veau,
8 fines tranches de poitrine fumée,
50 g de beurre,
600 g de champignons sauvages,
2 échalotes,
40 cl de sauce grand veneur,
Sel, poivre.

1. Nettoyez les champignons. Dans une poêle anti-adhésive, faites suer les échalotes émincées dans la moitié du beurre puis ajoutez les champignons. Laissez dorer légèrement et réservez.
2. Coupez chaque escalope en deux lanières. Posez chaque moitié sur une tranche de poitrine fumée. Répartissez dessus un peu de champignons hachés. Enroulez le tout et ficelez sans trop serrer.
3. Faites revenir les roulades de veau dans le reste de beurre. Ajoutez les champignons, couvrez et laissez cuire 10 mn sur feu doux.
4. Réchauffez la sauce grand veneur, mélangez-la à la fricassée et servez dans les assiettes de service chaudes. Dégustez aussitôt.

DESSERT

BISCUIT AU CACAO

POUR 4 PERSONNES :

Préparation : 20 mn. Cuisson : 40 mn.
Recette facile. Prix : bon marché.
125 g de sucre en poudre,
90 g de farine, 80 g de beurre,
35 g de cacao en poudre,
4 œufs, 1 jaune d'œuf,
5 cuillerées à soupe de marmelade d'abricots.

1. Dans un saladier, travaillez les 5 jaunes d'œuf et le sucre. Ajoutez le cacao et la farine. Montez les 4 blancs d'œuf en neige et incorporez-les au mélange précédent.
2. Faites fondre le beurre et ajoutez-le à la préparation. Versez la pâte dans un moule à manqué beurré et faites cuire au four th. 5 - 150° pendant 40 mn.
3. Laissez refroidir et coupez le biscuit en deux dans le sens de l'épaisseur. Garnissez l'intérieur de marmelade d'abricots et reformez le biscuit. Dégustez sans attendre.

Conseil du chef
Vous pouvez remplacer la marmelade d'abricots par une crème au chocolat.

Avocats aux crevettes

ENTREE

AVOCATS AUX CREVETTES

POUR 4 PERSONNES :

Préparation : 15 mn. Pas de cuisson.
Recette facile. Prix : bon marché.

2 avocats bien mûrs,
20 crevettes roses,
4 tomates cerise,
4 feuilles de laitue,
Persil,
1 citron,
3 cuillerées à soupe d'huile,
1 cuillerée à soupe de moutarde,
1 cuillerée à soupe de vinaigre,
Sel, poivre.

1. Coupez les avocats en deux et ôtez leur noyau. Arrosez-les de jus de citron et réservez-les.
2. Décortiquez les crevettes et laissez-les entières. Lavez et essorez les feuilles de laitue.
3. Lavez le persil, égouttez-le et coupez les queues. Lavez les tomates cerise, essuyez-les et coupez-les en deux.
4. Dans un bol, mélangez le vinaigre et le sel. Ajoutez le poivre et la moutarde. Mélangez. Versez l'huile en filet et remuez.
5. Disposez les demi-avocats dans les assiettes, versez la sauce dans leur creux, disposez-y 5 crevettes. Décorez avec la laitue, les demi-tomates cerise et le persil. Servez sans attendre.

PLAT

FILETS DE SOLE AU SAUMON

POUR 4 PERSONNES :

Préparation : 20 mn. Cuisson : 25 mn.
Recette facile. Prix modéré.

600 g de filets de sole,
200 g de filets de saumon,
40 cl de béchamel,
100 g de crème fraîche,
2 œufs, 3 jaunes d'œuf,
Beurre, sel, poivre.

1. Epongez les filets de poisson. Beurrez un moule à savarin et disposez-y les filets de sole de façon à ce que les extrémités soient par-dessus le bord du moule.
2. Mixez les filets de saumon avec la béchamel, la crème, les œufs et les jaunes. Salez et poivrez. Versez cette préparation dans le moule et rabattez les extrémités des filets de sole sur cette farce.
3. Faites cuire au bain-marie au four th. 6 - 180° pendant 25 mn. Démoulez et servez bien chaud.

Conseil du chef
Accompagnez les filets de sole de quelques écrevisses.

DESSERT

MACÉDOINE DE FRUITS À LA GELÉE AU KIRSCH

POUR 4 PERSONNES :

Préparation : 30 mn. Cuisson : 5 mn.
Recette facile. Prix modéré.

200 g de groseilles blanches,
4 nectarines,
200 g de cerises,
8 abricots,
100 g d'amandes fraîches,
150 g de sucre,
5 cl d'eau,
10 g de gélatine,
1 cuillerée à soupe de kirsch.

1. Lavez les groseilles, égouttez-les et équeutez-les. Epluchez les nectarines, coupez-les en deux, ôtez leur noyau et recoupez-les en deux. Lavez les cerises, égouttez-les, équeutez-les et dénoyautez-les. Lavez les abricots, coupez-les en deux, ôtez leur noyau et recoupez-les en deux. Epluchez les amandes.
2. Mettez tous ces fruits dans un grand saladier. Mettez l'eau et le sucre dans une casserole et cuisez 5 mn pour faire un sirop. Laissez refroidir. Ramollissez la gélatine dans un bol d'eau froide puis faites-la fondre au bain-marie avec une tasse d'eau.
3. Ajoutez-la au sirop, mélangez, laissez refroidir, incorporez le kirsch et versez-le sur les fruits. Mettez le saladier dans le réfrigérateur 30 mn et servez cette macédoine de fruits aussitôt.

POUR CE MENU LE SOMMELIER VOUS PROPOSE

Un Loupiac

Nativité

Rables de lapin aux figues

 ENTREE

 PLAT

 DESSERT

PISSALADIÈRE

RABLES DE LAPIN AUX FIGUES

MOUSSE AU CASSIS

PISSALADIÈRE

POUR 4 PERSONNES :

Préparation : 15 mn. Cuisson : 30 mn.
Recette facile. Prix : bon marché.
250 g de farine,
1 kg d'oignons,
100 g d'olives,
6 anchois,
1 gousse d'ail,
1 tube d'anchoïade,
4 cuillerées à soupe d'huile d'olive,
10 cl d'eau,
1 sachet de levure,
Sel.

1. Dans un saladier, versez la farine, la levure, 2 cuillerées à soupe d'huile d'olive et le sel. Amalgamez bien le tout et laissez reposer 1 heure.
2. Epluchez les oignons et coupez-les en fines lamelles. Faites-les blondir avec le reste d'huile dans une casserole en remuant souvent.
3. Ajoutez l'ail écrasé et l'anchoïade. Mélangez bien le tout et retirez du feu. Etalez la pâte à pain sur une plaque à four huilée. Répartissez la crème d'oignons à l'ail sur la pâte et décorez avec les anchois et les olives.
4. Faites cuire au four th. 6 - 180° pendant 30 mn. Servez chaud.

RABLES DE LAPIN AUX FIGUES

POUR 4 PERSONNES :

Préparation : 20 mn. Cuisson : 35 mn.
Recette facile. Prix : bon marché.
2 râbles de lapin,
12 figues,
2 oignons,
40 g de beurre,
1 cuillerée à soupe de sucre en poudre,
1/2 cuillerée à café de cannelle en poudre,
Sel, poivre.

1. Pelez et émincez les oignons. Coupez chaque râble en deux. Dans une cocotte, faites fondre le beurre et faites revenir les morceaux de lapin sur toutes leurs faces.
2. Dès qu'ils sont bien dorés, saupoudrez-les de sucre, ajoutez 10 cl d'eau, salez et poivrez. Couvrez à moitié et laissez cuire 15 mn sur feu moyen.
3. Préchauffez le four th. 7 - 210°. Lavez les figues, essuyez-les et coupez-les en quatre sans détacher complètement les quartiers. Déposez le lapin dans un plat allant au four.
4. Ajoutez-y les oignons et les figues. Saupoudrez les figues de cannelle. Nappez le tout avec le jus de cuisson. Glissez au four 20 mn en retournant les morceaux de lapin en cours de cuisson. Servez bien chaud.

MOUSSE AU CASSIS

POUR 4 PERSONNES :

Préparation : 20 mn. Cuisson : 10 mn.
Recette facile. Prix modéré.
150 g de sucre semoule,
50 g de cassis,
20 cl de crème épaisse,
1/4 de litre de lait,
2 feuilles de gélatine.

1. Faites bouillir le lait avec le sucre. Faites fondre les feuilles de gélatine en les trempant dans un peu d'eau froide.
2. Laissez refroidir le lait et versez la gélatine dans le lait tiède. Mélangez.
3. Lavez le cassis, égouttez-le et écrasez-le. Battez la crème épaisse et mélangez-la avec le cassis. Incorporez ce mélange dans le lait.
4. Versez la préparation au cassis dans 4 petits ramequins individuels. Mettez au frais 30 mn et servez immédiatement.

Conseil du chef
Si les morceaux de lapin colorent trop vite, protégez-les avec une feuille de papier sulfurisé.

POUR CE
MENU LE
SOMMELIER
VOUS
PROPOSE

Un Vouvray

ENTREE

ISSENLITS AUX NOIX

POUR 4 PERSONNES :

Préparation : 30 mn. Pas de cuisson.
Recette facile. Prix : bon marché.
250 g de pissenlits,
150 g de cerneaux de noix,
1 cuillerée à café de moutarde,
2 cuillerées à soupe d'huile d'olive,
1 cuillerée à soupe de vinaigre,
Sel, poivre.

1. Epluchez et lavez les pissenlits dans plusieurs eaux. Essorez-les. Dans un saladier, mélangez la moutarde, le sel et le poivre avec le vinaigre.
2. Ajoutez l'huile d'olive et remuez à nouveau. Incorporez les pissenlits dans le saladier et imprégnez-les de sauce vinaigrette. Parsemez de cerneaux de noix et servez de suite.

PLAT

ARPE À LA BIÈRE

POUR 4 PERSONNES :

Préparation : 30 mn. Cuisson : 1 h.
Recette facile. Prix modéré.
1 carpe,
170 g de beurre,
100 g d'oignons grelots,
50 g de pain d'épices,
1 branche de céleri,
2 litres de bière blonde,
1 bouquet garni,
Sel, poivre.

1. Epluchez et émincez les oignons et le céleri. Faites-les blondir avec 20 g de beurre dans une cocotte.
2. Posez dessus le pain d'épices coupé en tranches, la carpe et le bouquet garni. Salez et poivrez.
3. Recouvrez complètement le poisson de bière et laissez cuire 1 heure à feu moyen.
4. Placez la carpe sur le plat de service. Passez le jus de cuisson au chinois. Ajoutez le beurre en battant pour obtenir une sauce lisse.
5. Versez la sauce sur la carpe et servez immédiatement.

DESSERT

ATEAU NORMAND

POUR 4 PERSONNES :

Préparation : 30 mn. Cuisson : 30 mn.
Recette facile. Prix : bon marché.
4 pommes,
200 g de beurre,
150 g de farine,
50 g de maïzena,
2 jaunes d'œuf,
100 g de sucre,
1 pincée de sel,
1/2 cuillerée à café de cannelle en poudre.

1. Dans un saladier, travaillez rapidement le beurre à température ambiante avec la farine, la maïzena, les jaunes d'œuf, 1 cuillerée à soupe d'eau, la cannelle, le sucre et le sel.
2. Formez une boule avec cette pâte. Epluchez les pommes et coupez-les en tranches fines. Ajoutez-les à la pâte et mettez dans le moule beurré.
3. Faites cuire au four th. 6 - 180° pendant 30 mn. Démoulez et servez tiède ou froid.

Conseil du chef
Vous pouvez remplacer la carpe par des truites.

259

POUR CE
MENU LE
SOMMELIER
VOUS
PROPOSE

Un Chianti

ENTREE

TARTE
AUX LARDONS

POUR 4 PERSONNES :

Préparation : 15 mn. Cuisson : 15 mn.
Recette facile. Prix : bon marché.

350 g de pâte à pain,

2 oignons,

200 g de lardons fumés coupés très fin,

20 cl de crème fraîche,

20 g de fromage blanc,

1 noix de beurre,

2 cuillerées à soupe d'huile,

Sel, poivre.

1. Préchauffez votre four th. 8 - 240°. Etalez la pâte au rouleau et placez cette pâte fine sur la plaque du four farinée.
2. Mélangez le fromage blanc, la crème, l'huile, du sel et du poivre dans un saladier.
3. Epluchez et émincez les oignons et faites-les fondre dans un peu de beurre très doucement à couvert jusqu'à ce qu'ils soient transparents.
4. Disposez-les sur la pâte et recouvrez-les du mélange fromage blanc-crème. Parsemez les lardons et faites cuire au four 15 mn. Servez tiède.

PLAT

GRATIN
DE MACARONI

POUR 4 PERSONNES :

Préparation : 20 mn. Cuisson : 35 mn.
Recette facile. Prix : bon marché.

400 g de macaroni,

1/2 litre de lait,

200 g de gruyère râpé,

20 cl de crème liquide,

20 g de beurre,

1 pincée de noix de muscade,

Sel, poivre.

1. Faites cuire les macaroni 10 mn dans une grande quantité d'eau bouillante salée. Egouttez-les et versez-les dans un saladier.
2. Faites chauffer le lait, salez, poivrez et ajoutez-lui la noix de muscade. Versez sur les macaroni, couvrez et laissez gonfler 10 mn.
3. Préchauffez le four th. 6 - 180° et beurrez un grand plat à gratin. Egouttez les macaroni et disposez-les dans le plat.
4. Arrosez-les de crème et mélangez. Couvrez avec le fromage râpé et faites cuire au four 20 mn. Passez 5 mn sous le gril et servez bien chaud.

DESSERT

CLAFOUTIS
AUX CERISES

POUR 4 PERSONNES :

Préparation : 25 mn. Cuisson : 35 mn.
Recette facile. Prix : modéré.

500 g de cerises,

160 g de farine,

200 g de sucre,

3 œufs,

1/2 litre de lait,

30 g de beurre,

Sel.

1. Lavez les cerises, essuyez-les, ôtez leur queue et leur noyau. Mettez-les dans un saladier avec 2 cuillerées à soupe de farine. Remuez pour que la farine enrobe les cerises.
2. Dans un autre saladier, mettez la farine, faites un puits au centre et mettez-y les œufs, une pincée de sel et le sucre. Mélangez bien et versez le lait petit à petit.
3. Beurrez un moule rectangulaire et versez-y la pâte. Ajoutez-y les cerises et mettez au four th. 7 - 210° pendant 35 mn. Démoulez et servez froid.

Conseil du chef

Les cerises enrobées de farine ne tombent pas au fond du moule mais restent au milieu.

11 SEPTEMBRE

Ste Adelphe

Taboulé

ENTREE

TABOULÉ

POUR 4 PERSONNES :

Préparation : 20 mn. Cuisson : 10 mn.
Recette facile. Prix : bon marché.

400 g de semoule grain moyen,
Le jus de 2 citrons,
2 tomates,
1 concombre,
2 oignons,
1 poivron vert,
2 cuillerées à soupe de menthe hachée,
Feuilles de menthe,
6 cuillerées à soupe d'huile d'olive,
Sel, poivre.

1. Cuisez la semoule dans une grande quantité d'eau bouillante salée 10 mn et égouttez-la. Rafraichissez-la sous l'eau courante, égouttez-la à nouveau et réservez-la dans un saladier.
2. Lavez les tomates et le poivron. Essuyez-les et coupez-les en très petits morceaux. Epluchez et concombre et les oignons et détaillez-les également en petits morceaux.
3. Mélangez le jus des citrons, l'huile d'olive, la menthe hachée, salez et poivrez. Versez sur la semoule et laissez gonfler 15 mn. Ajoutez les dés de tomate, concombre, oignon et poivron et mélangez.
4. Décorez de feuilles de menthe et mettez dans le réfrigérateur 15 mn. Servez bien frais.

PLAT

ÉPAULE D'AGNEAU À L'AIL

POUR 4 PERSONNES :

Préparation : 15 mn. Cuisson : 45 mn.
Recette facile. Prix : bon marché.

1 épaule d'agneau de 1 kg,
4 cuillerées à soupe d'huile,
3 têtes d'ail,
50 g de beurre,
Sel, poivre.

1. Epluchez l'ail. Faites fondre le beurre dans une petite casserole dans laquelle vous faites confire les têtes d'ail. Poivrez.
2. Laissez cuire sur feu doux jusqu'à obtenir une compote d'ail. Huilez un plat allant au four et mettez-y l'épaule d'agneau salée et poivrée.
3. Enfournez th. 7 - 210° pendant 45 mn. Posez la viande sur le plat de service. Recouvrez-la de compote d'ail et servez bien chaud.

DESSERT

TARTE AUX AIRELLES

POUR 4 PERSONNES :

Préparation : 15 mn. Cuisson : 25 mn.
Recette facile. Prix modéré.

250 g de pâte brisée,
30 g de beurre,
75 g de sucre,
500 g d'airelles.

1. Etalez la pâte brisée au rouleau à pâtisserie. Beurrez un moule à tarte et garnissez-le de pâte.
2. Lavez les airelles, égouttez-les et disposez-les sur la pâte. Saupoudrez-les avec 25 g de sucre.
3. Mettez au four th. 8 - 240° pendant 25 mn. Sortez la tarte du four, saupoudrez-la avec le reste du sucre et servez chaud.

Conseil du chef
Vous pouvez ajouter au taboulé des raisins secs gonflés dans l'eau la veille.

POUR CE
MENU LE
SOMMELIER
VOUS
PROPOSE

Un Chinon

ENTRÉE

TOURTEAU AU FROMAGE

POUR 4 PERSONNES :

Préparation : 15 mn. Cuisson : 1 h.
Recette facile. Prix : bon marché.
250 g de pâte brisée,
4 œufs,
200 g de fromage blanc,
150 g de sucre, 50 g de farine,
1 paquet de levure boulangère,
Sel.

1. Etalez la pâte et garnissez-en un moule à manqué beurré. Cassez les œufs en séparant les blancs des jaunes. Dans un saladier, mélangez le fromage blanc, le sucre, la farine, les jaunes d'œuf et la levure.
2. Battez les blancs en neige avec une pincée de sel et incorporez-les à la préparation précédente. Versez le mélange sur la pâte et laissez reposer 2 heures.
3. Faites cuire au four th. 5 - 150° pendant 1 heure. Sortez le moule du four et laissez refroidir avant de servir. Le dessus du tourteau doit être noir.

Conseil du chef

Accompagnez le tourteau au fromage d'une salade verte.

PLAT

STEAK TARTARE

POUR 4 PERSONNES :

Préparation : 20 mn. Pas de cuisson.
Recette facile. Prix : bon marché.
600 g de viande hachée,
4 œufs,
4 cuillerées à soupe d'ail haché,
4 cuillerées à soupe de câpres,
4 cuillerées à soupe de baies roses,
8 cuillerées à soupe d'huile d'olive,
4 cuillerées à soupe de basilic haché,
4 cuillerées à soupe de sauce pesto,
Sel, poivre.

1. Partagez la viande hachée en quatre et formez-en des steaks. Disposez-les au milieu des assiettes. Cassez les œufs et conservez les jaunes dans une moitié de leur coquille. Posez-les au milieu de chaque steak.
2. Répartissez dans chacune des assiettes tout autour de chacun des steaks, 1 cuillerée d'ail, 1 de câpres, 1 de baies roses, 1 de basilic, 1 de sauce pesto, 1 de sel, 1 de poivre et 2 d'huile dans un petit verre.
3. Servez immédiatement. Chaque convive assaisonnera lui-même son steak en mélangeant les épices à la viande. Accompagnez de pommes de terre frites.

DESSERT

QUATRE-QUARTS AUX BRUGNONS

POUR 4 PERSONNES :

Préparation : 15 mn. Cuisson : 1 h.
Recette facile. Prix modéré.
5 brugnons,
4 œufs,
Le poids des œufs en beurre,
Leur poids en sucre,
et en farine,
1 zeste de citron râpé,
1 sachet de sucre vanillé,
1 sachet de levure.

1. Préchauffez le four th. 6 - 180°. Laissez le beurre ramollir à température ambiante et battez-le avec le sucre jusqu'à ce qu'il blanchisse.
2. Ajoutez les œufs un à un en mélangeant, incorporez la farine, le zeste de citron, le sucre vanillé et la levure.
3. Pelez les brugnons, coupez-les en deux, dénoyautez-les et coupez-les en morceaux. Ajoutez-les à la pâte.
4. Versez le tout dans un moule beurré et cuisez au four 1 heure. Laissez refroidir et servez coupé en parts.

POUR CE MENU LE SOMMELIER VOUS PROPOSE

Un Touraine blanc

ENTRÉE

CRÊPES AUX HERBES

POUR 4 PERSONNES :

Préparation : 15 mn. Cuisson : 30 mn.
Recette facile. Prix : bon marché.

200 g de farine,
4 œufs,
1/2 litre de lait,
35 g de beurre,
1 bouquet de ciboulette,
3 brins de persil,
3 brins de cerfeuil,
Sel.

1. Dans un saladier, mettez la farine et faites un puits au centre. Cassez-y les œufs, ajoutez une pincée de sel et mélangez. Versez le lait petit à petit.
2. Laissez reposer 30 mn. Lavez et coupez finement la ciboulette, le persil et le cerfeuil ensemble. Jetez les herbes dans la pâte au moment de commencer la cuisson.
3. Beurrez la poêle et versez une louche de pâte. Retournez à mi-cuisson. Servez chaud et tiède.

PLAT

SANDRE MEUNIÈRE

POUR 4 PERSONNES :

Préparation : 10 mn. Cuisson : 10 mn.
Recette facile. Prix : bon marché.

1 sandre,
100 g de beurre,
50 g de farine,
1 citron,
1 verre de lait,
1 petit bouquet de persil,
2 cuillerées à soupe d'huile,
Sel, poivre.

1. Faites lever les filets du sandre par votre poissonnier sans oublier d'enlever la peau. Hachez finement le persil.
2. Versez le lait dans une assiette et la farine dans une autre. Trempez les filets dans le lait puis la farine.
3. Faites cuire les filets à la poêle dans l'huile bien chaude en les retournant. Posez-les sur le plat de service.
4. Faites fondre le beurre dans une petite casserole. Dès qu'il se colore, ajoutez le jus de citron. Versez le beurre fondu sur le poisson et saupoudrez de persil haché.

DESSERT

GÂTEAU À LA NOIX DE COCO

POUR 4 PERSONNES :

Préparation : 10 mn. Cuisson : 40 mn.
Recette facile. Prix : bon marché.

80 g de farine,
30 g de maïzena,
2 œufs,
80 g de sucre,
2 cuillerées à soupe de sucre de canne liquide,
1 verre de lait, 80 g de beurre,
80 g de noix de coco râpée,
1 sachet de levure.

1. Préchauffez le four th. 6 - 180°. Dans un saladier, battez les œufs avec le sucre, le sucre de canne, le lait et le beurre ramolli.
2. Ajoutez la farine, la noix de coco, la maïzena et la levure. Remuez jusqu'à ce que le mélange soit homogène.
3. Versez cette pâte dans un moule à manqué beurré et faites cuire au four 40 mn. Démoulez, laissez refroidir et saupoudrez de noix de coco râpée.

Conseil du chef
Vous pouvez également ajouter du lait de coco dans la pâte.

POUR CE
MENU LE
SOMMELIER
VOUS
PROPOSE

*Un Touraine-
amboise*

14

SEPTEMBRE

La Ste Croix

*Cake
au reblochon*

ENTREE

RAMEQUINS DE FOIE BLOND

POUR 4 PERSONNES :

Préparation : 15 mn. Cuisson : 45 mn.
Recette facile. Prix : bon marché.

8 foies blonds de volaille de Bresse,
60 g de farine,
10 œufs,
20 cl de crème fraîche,
1/2 litre de lait,
1/2 gousse d'ail,
30 g de beurre,
Sel, poivre.

1. Passez les foies au mixeur et mettez-les dans un saladier. Cassez 4 œufs dont vous ne gardez que les jaunes.
2. Ajoutez la farine aux foies en remuant au fouet, puis les 4 jaunes d'œuf, les 6 œufs entiers, la crème fraîche et le lait, salez et poivrez.
3. Ecrasez un petit morceau d'ail et mettez-le avec. Beurrez 4 petits ramequins et versez le mélange dedans.
4. Placez-les dans un bain-marie et laissez cuire 45 mn au four th. 6 - 180°. Démoulez-les et servez tiède.

PLAT

TOMATES FARCIES

POUR 4 PERSONNES :

Préparation : 25 mn. Cuisson : 50 mn.
Recette facile. Prix : bon marché.

4 tomates,
300 g de chair à saucisse,
1 oignon,
1 échalote,
2 cuillerées à soupe d'huile,
1 œuf,
1 tranche de pain,
1 verre de lait,
8 olives vertes,
200 g de riz,
Sel, poivre.

1. Découpez un chapeau aux tomates à 1/3 de leur hauteur, évidez leur pulpe et réservez-la et salez l'intérieur des tomates. Préchauffez le four th. 6 - 180°.
2. Huilez un plat allant au four. Dans un bol, émiettez le pain, couvrez de lait et laissez gonfler. Pelez et hachez l'oignon et l'échalote.
3. Faites-les revenir dans une petite poêle avec le reste d'huile. Dans un saladier, réunissez le pain égoutté, la chair à saucisse, le contenu de la poêle et l'œuf. Salez, poivrez.
4. Travaillez la farce pour qu'elle soit homogène. Remplissez les tomates de cette farce, posez les chapeaux.
5. Faites cuire le riz dans une grande quantité d'eau salée 10 mn. Egouttez-le. Mettez la pulpe de tomate au fond du plat, ajoutez le riz, les olives, déposez les tomates au milieu.
6. Glissez le plat dans le four pour 45 mn. Servez bien chaud.

DESSERT

CAKE AU REBLOCHON

POUR 4 PERSONNES :

Préparation : 30 mn. Cuisson : 50 mn.
Recette facile. Prix : bon marché.

250 g de farine,
250 g de reblochon,
100 g de cerneaux de noix,
10 cl d'huile,
10 cl de vin blanc sec,
10 cl de crème fraîche liquide,
3 œufs,
1 sachet de levure,
Sel, poivre.

1. Coupez en dés le reblochon écroûté. Dans un saladier, mélangez la farine, la levure, le vin, l'huile, la crème et les œufs jusqu'à obtenir une pâte homogène.
2. Ajoutez le reblochon, les noix, du sel et du poivre. Versez tout dans le moule beurré, tassez, égalisez la surface et cuisez au four th. 6 - 180° pendant 50 mn.
3. Servez tiède ou froid coupé en tranches.

Conseil du chef
Vous pouvez ajouter du gruyère râpé à la farce des tomates.

264

POUR CE MENU LE SOMMELIER VOUS PROPOSE

Un Roussette de Savoie

ENTRÉE

TARAMA

POUR 4 PERSONNES :

Préparation : 10 mn. Cuisson : 10 mn.
Recette facile. Prix modéré.

100 g d'œufs de cabillaud fumés,
100 g de fromage blanc,
Le jus d'un citron,
1 citron,
8 blinis,
20 g de beurre.

1. Dans un grand bol, mélangez les œufs de cabillaud et le fromage blanc. Ajoutez le jus de citron et laissez en attente.
2. Lavez le citron, essuyez-le et coupez-le en rondelles puis chaque rondelle en deux. Réservez.
3. Dans une grande poêle, faites chauffer dans le beurre les blinis 5 mn de chaque côté. Disposez-les sur le plat de service.
4. Mettez au centre le tarama, décorez avec les demi-rondelles de citron et servez aussitôt.

Conseil du chef
Vous pouvez accompagner le tarama de crème fraîche.

PLAT

THON AU BEURRE

POUR 4 PERSONNES :

Préparation : 10 mn. Cuisson : 30 mn.
Recette facile. Prix : bon marché.

500 g de thon,
2 jaunes d'œuf,
3 cornichons,
1 cuillerée à soupe de câpres,
3 filets d'anchois,
100 g de beurre,
10 cl d'huile d'olive,
1 branche d'estragon,
1 cuillerée à café de ciboulette hachée,
1 cuillerée à café de persil haché,
1 cuillerée à café de cerfeuil haché,
Poivre.

1. Chauffez la moitié de l'huile dans une cocotte et mettez-y le thon à cuire 30 mn à couvert. Retournez-le à mi-cuisson et poivrez.
2. Mettez les herbes dans un bol, ajoutez les jaunes d'œuf et montez-le au fouet avec le beurre ramolli.
3. Versez petit à petit l'huile d'olive restante tout en continuant à remuer. Ajoutez les câpres.
4. Coupez les cornichons et les anchois en morceaux et ajoutez-les dans le bol. Mélangez bien le tout. Sortez le thon de la cocotte.
5. Disposez-les sur le plat de service et nappez-le de sauce. Servez bien chaud.

DESSERT

GÂTEAU AUX NOIX ET À L'ORANGE

POUR 4 PERSONNES :

Préparation : 25 mn. Cuisson : 45 mn.
Recette facile. Prix : bon marché.

200 g de farine,
80 g de noix hachées,
60 g d'écorces d'orange confites,
70 g de beurre,
70 g de sucre semoule,
2 œufs,
2 cuillerées à soupe de sirop d'érable,
1/2 sachet de levure,
1/2 cuillerée à café de cannelle en poudre,
Le jus d'une demi-orange.

1. Dans un saladier, mélangez la farine, la cannelle, la levure, les noix et les écorces d'orange coupées en dés.
2. Dans une casserole, faites fondre le sucre, le beurre et le sirop d'érable à feu très doux 5 mn. Hors du feu, ajoutez le jus d'orange.
3. Versez cette préparation au centre de la farine, remuez, incorporez les œufs un à un en mélangeant à chaque fois.
4. Versez dans un moule beurré et cuisez au four th. 6 - 180° pendant 40 mn. Démoulez et laissez refroidir avant de servir.

265

POUR CE MENU LE SOMMELIER VOUS PROPOSE

*Un rosé
d'Anjou*

ENTREE

TARTE AU CROTTIN

POUR 4 PERSONNES :

Préparation : 20 mn. Cuisson : 20 mn.
Recette facile. Prix : bon marché.

250 g de pâte brisée,
4 crottins frais,
2 œufs,
2 jaunes d'œuf,
2 verres de lait,
40 cl de béchamel,
50 g de beurre,
3 cuillerées à soupe de farine,
Sel, poivre.

1. Etalez la pâte et garnissez-en un moule beurré avec la moitié du beurre. Versez dessus la béchamel.
2. Dans un saladier, écrasez les crottins et mélangez-les avec les 2 œufs entiers, les 2 jaunes d'œuf et le lait.
3. Versez cette préparation sur la tarte et mettez-la au four th. 7 - 210° pendant 20 mn. Servez tiède.

Conseil du chef
Accompagnez la tarte au crottin d'une salade verte.

PLAT

FEUILLES DE CHOU AU CUMIN

POUR 4 PERSONNES :

Préparation : 25 mn. Cuisson : 45 mn.
Recette facile. Prix : bon marché.

1 chou frisé,
250 g de steak haché,
200 g de jambon,
200 g de gouda au cumin râpé,
2 tranches de pain,
1 verre de lait,
1 oignon,
2 cuillerées à soupe d'huile,
2 cuillerées à soupe de persil haché,
Sel, poivre.

1. Détachez les feuilles du chou et faites-les blanchir 2 mn à l'eau bouillante salée, égouttez-les.
2. Pelez et hachez l'oignon. Hachez le jambon. Emiettez le pain dans le lait et laissez gonfler.
3. Faites chauffer l'huile dans une poêle et mettez-y l'oignon à revenir doucement. Ajoutez le steak haché et écrasez-le avec une spatule. Faites revenir 5 mn.
4. Versez le contenu de la poêle, le jambon, le persil, le pain égoutté et le fromage dans un saladier, salez, poivrez et travaillez pour obtenir une farce homogène.
5. Répartissez-la au centre des feuilles de chou, repliez-les et maintenez avec du fil de cuisine. Faites fondre le beurre dans une sauteuse.
6. Déposez-y les feuilles farcies, ajoutez 1/2 verre d'eau, couvrez et laissez cuire 30 mn à petit feu. Servez bien chaud.

DESSERT

CLAFOUTIS DES VENDANGEURS

POUR 4 PERSONNES :

Préparation : 30 mn. Cuisson : 45 mn.
Recette facile. Prix : bon marché.

400 g de raisin noir,
80 g de farine,
120 g de sucre en poudre,
1 pincée de sel,
1/2 sachet de levure,
3 œufs,
40 g de beurre,
1 cuillerée à soupe de rhum,
10 cl de lait.

1. Lavez le raisin, égrénez-le et séchez-le. Dans un saladier, mélangez la farine, le sucre, le sel et la levure. Séparez les blancs des jaunes d'œuf.
2. Faites un puits au centre de la farine, mettez-y les jaunes, ajoutez le beurre fondu et le rhum.
3. Délayez le tout en ajoutant le lait. Battez les blancs d'œuf en neige et incorporez-les à la pâte.
4. Versez-la dans un plat à four beurré. Répartissez les grains de raisin sur le dessus et faites cuire au four th. 6 - 180° pendant 45 mn. Servez froid.

POUR CE MENU LE SOMMELIER VOUS PROPOSE

Un Côtes de Beaune

17
SEPTEMBRE

St Renaud

Délice
aux mayettes

ENTRÉE

ᵀERRINE DE FROMAGE

POUR 4 PERSONNES :

Préparation : 15 mn. Cuisson : 5 mn.
Recette facile. Prix : bon marché.
400 g de roquefort,
70 g de raisins secs,
70 g de cerneaux de noix,
50 g de beurre,
4 cuillerées à soupe de crème épaisse,
1 pointe de noix de muscade râpée,
1 cuillerée à soupe de Cognac,
Poivre.

1. Faites griller les cerneaux de noix entiers quelques minutes à sec dans une poêle. Laissez-les refroidir et réservez-en quelques-uns pour la décoration.
2. Emiettez le fromage dans un saladier et coupez le beurre en petits dés. Ajoutez la crème, les raisins, la muscade, du poivre et le cognac. Réservez.
3. Enfermez le reste des cerneaux de noix dans un sachet en plastique et concassez-les avec un rouleau à pâtisserie. Ajoutez-les aux autres ingrédients.
4. Travaillez la pâte à la main jusqu'à ce qu'elle soit homogène. Tassez-la dans une terrine et mettez au frais 12 heures. Servez coupé en fines tranches avec le reste des cerneaux.

PLAT

ᴾOULET CHASSEUR AUX PÂTES FRAÎCHES

POUR 4 PERSONNES :

Préparation : 20 mn. Cuisson : 35 mn.
Recette facile. Prix : bon marché.
1 poulet de 1 kg,
200 g de champignons de Paris,
40 g de beurre,
2 cuillerées à soupe d'échalotes hachées,
1 cuillerée à soupe de farine,
2 verres de bouillon de volaille,
2 verres de vin blanc sec,
3 tomates pelées,
2 cuillerées à soupe d'huile,
1 cuillerée à café de persil haché,
1 cuillerée à café d'estragon haché,
250 g de tagliatelle, sel, poivre.

1. Coupez le poulet en 8 morceaux et faites-les dorer dans une cocotte avec 20 g de beurre et l'huile. Réservez.
2. Dans la cocotte, faites fondre le reste du beurre, ajoutez les champignons émincés et les échalotes et laissez cuire 5 mn tout en remuant.
3. Saupoudrez de farine, mélangez bien, délayez avec le vin blanc et le bouillon. Laissez cuire quelques minutes en mélangeant.
4. Remettez les morceaux de poulet dans la cocotte, ajoutez les tomates, salez et poivrez. Couvrez et poursuivez la cuisson sur feu doux 20 mn. Réservez au chaud.
5. Replacez la cocotte sur feu vif et laissez réduire la sauce d'un tiers en écrasant les tomates. Ajoutez le persil et l'estragon.
6. Mélangez et nappez le poulet de cette sauce. Servez-le avec les pâtes fraîches cuites 5 mn dans l'eau bouillante salée.

DESSERT

ᴰÉLICE AUX MAYETTES

POUR 4 PERSONNES :

Préparation : 30 mn. Cuisson : 45 mn.
Recette facile. Prix : bon marché.
1 tasse de mayettes décortiquées,
125 g de sucre en poudre,
125 g de farine,
3 œufs,
100 g de beurre,
1 cuillerée à café de levure,
3 cuillerées à soupe de confiture d'abricots,
Quelques cerneaux de mayettes.

1. Faites ramollir le beurre sans le fondre et ajoutez-y le sucre. Travaillez 5 mn. Incorporez les jaunes d'œuf et mélangez à nouveau.
2. Ajoutez la farine, la levure et les mayettes hachées finement. Battez les blancs d'œuf en neige et mêlez-les délicatement à la pâte. Beurrez et farinez un moule à manqué et versez-y la préparation.
3. Faites cuire au four th. 6 - 180° pendant 45 mn. Démoulez et nappez-le chaud de confiture d'abricots. Décorez avec les cerneaux de mayettes et laissez refroidir.

Conseil du chef
La terrine au fromage se conserve une semaine dans le réfrigérateur.

18 SEPTEMBRE

Ste Nadège

Salade de courgettes

ENTRÉE

*S*ALADE DE COURGETTES

POUR 4 PERSONNES :

Préparation : 15 mn. Pas de cuisson.
Recette facile. Prix : bon marché.
500 g de courgettes,
2 gousses d'ail,
2 cuillerées à soupe de vinaigre,
3 cuillerées à soupe d'huile d'olive,
Sel, poivre.

1. Lavez les courgettes sans les épluchez, essuyez-les et coupez-les en rondelles. Pilez l'ail épluché.
2. Versez dans un saladier, le sel, le poivre, le vinaigre et mélangez. Ajoutez l'huile et remuez à nouveau.
3. Incorporez les courgettes en rondelles et l'ail pilé dans le saladier et mêlez-les à la sauce. Servez aussitôt.

Conseil du chef
Vous pouvez faire blanchir les courgettes 5 mn dans de l'eau bouillante salée.

PLAT

*L*ASAGNE

POUR 4 PERSONNES :

Préparation : 20 mn. Cuisson : 45 mn.
Recette facile. Prix : bon marché.
1 boîte de lasagne, 6 tomates,
250 g de viande de bœuf hachée,
100 g d'emmenthal, 1 oignon,
150 g de champignons de Paris,
1 cuillerée à soupe de concentré de tomates,
50 cl de crème fraîche,
1 cuillerée à soupe d'huile d'olive,
Feuilles de basilic, sel, poivre.

1. Pelez et émincez l'oignon, mettez-le dans une casserole avec 40 cl d'eau, quelques feuilles de basilic hachées, la crème fraîche, l'emmenthal râpé, les œufs, du sel et du poivre.
2. Faites réduire en fouettant des 2/3. Réservez au chaud. Pelez les tomates, otez leurs graines, mettez-les dans une casserole avec le concentré, quelques feuilles de basilic hachées, du sel et du poivre.
3. Nettoyez les champignons, émincez-les et ajoutez-les aux tomates. Faites revenir à la poêle la viande hachée 5 mn de chaque côté. Faites bouillir une grande quantité d'eau salée.
4. Faites-y cuire les lasagne 5 mn en ajoutant l'huile. Egouttez-les. Dans un plat beurré allant au four, disposez une couche de lasagne, une de viande, une de tomates, terminez par les lasagne.
5. Versez dessus la sauce au fromage et mettez au four th. 7 - 210° pendant 45 mn. Servez bien chaud dans le plat de cuisson.

DESSERT

*G*RATIN DE RAISIN

POUR 4 PERSONNES :

Préparation : 30 mn. Cuisson : 5 mn.
Recette facile. Prix : bon marché.
400 g de raisin blanc,
6 jaunes d'œuf,
80 g de sucre en poudre,
20 cl de Bordeaux blanc,
5 cl d'eau-de-vie de marc.

1. Lavez le raisin, égrénez-le et égouttez-le. Répartissez les grains dans un plat allant au four.
2. Mettez les jaunes d'œuf et le sucre dans une petite casserole. Placez le tout au bain-marie, fouettez en incorporant peu à peu le vin.
3. Parfumez avec le marc. Versez cette mousse sur le raisin. Passez 5 mn sous le gril du four très chaud et servez immédiatement.

POUR CE
MENU LE
SOMMELIER
VOUS
PROPOSE

Un Crémant

OQUILLES DE SAUMON

POUR 4 PERSONNES :

Préparation : 20 mn. Cuisson : 20 mn.
Recette facile. Prix modéré.
4 darnes de saumon,
4 cuillerées à soupe de macédoine de légumes,
4 feuilles de laitue,
1 tomate,
4 feuilles d'endive,
1 citron,
4 cuillerées à soupe de mayonnaise,
1 sachet de court-bouillon,
Sel, poivre.

1. Faites cuire les darnes de saumon au court-bouillon avec du sel et du poivre. Egouttez-les et laissez-les refroidir.
2. Egouttez la macédoine. Lavez les feuilles de laitue et d'endive, essorez-les. Lavez la tomate et coupez-la en petits quartiers.
3. Coupez le citron en fines rondelles. Mettez la mayonnaise dans une poche à douille. Dans le plat de service, répartissez la laitue.
4. Dans des coquilles de st Jacques, disposez la darne de saumon, la macédoine de légumes, la feuille d'endive, la rondelle de citron, les quartiers de tomate.
5. Décorez avec la mayonnaise en faisant des ondulations et mettez dans le réfrigérateur jusqu'au moment de servir.

RUITES À LA CRÈME

POUR 4 PERSONNES :

Préparation : 15 mn. Cuisson : 15 mn.
Recette facile. Prix : bon marché.
4 truites,
3 échalotes,
20 cl de crème fraîche,
1 verre de champagne,
2 cuillerées à soupe d'huile,
1 noix de beurre,
Farine,
Sel, poivre.

1. Lavez les truites et essuyez-les avec du papier absorbant. Roulez-les dans la farine. Emincez les échalotes pelées et faites-les revenir dans le beurre.
2. Faites revenir doucement les truites dans une autre poêle avec l'huile. Déglacez les échalotes avec le champagne et portez à ébullition.
3. Faites réduire 10 mn à petit feu. Ajoutez la crème fraîche, du sel, du poivre et laissez frémir 5 mn. Servez les truites nappées de cette sauce.

ÉLANGE DE FRUITS AU CHAMPAGNE

POUR 4 PERSONNES :

Préparation : 20 mn. Pas de cuisson.
Recette facile. Prix : bon marché.
2 pêches,
2 abricots,
200 g de fraises,
200 g de framboises,
100 g de groseilles,
150 g de sucre,
1/2 bouteille de champagne.

1. Lavez tous les fruits sous l'eau froide. Egouttez-les. Epluchez les pêches et coupez-les en deux ainsi que les abricots et dénoyautez-les. Coupez-les à nouveau en deux.
2. Egrénez les groseilles, équeutez les fraises et coupez-les en deux. Réunissez tous les fruits dans une grande coupe à dessert et saupoudrez-les avec le sucre.
3. Arrosez-les avec le champagne et laissez-les macérer 10 mn dans le réfrigérateur. Servez frais dans des petites coupes individuelles.

Conseil du chef
Vous pouvez remplacer les truites par des merlans.

POUR CE MENU LE SOMMELIER VOUS PROPOSE

Un Cabernet d'Anjou

ENTRÉE

O MELETTE AUX TRUFFES

POUR 4 PERSONNES :
Préparation : 5 mn. Cuisson : 15 mn.
Recette facile. Prix : cher.

6 œufs,
1 truffe,
2 cuillerées à soupe d'huile,
1 cuillerée à soupe de crème fraîche,
Sel, poivre.

1. Emincez la truffe en fines lamelles et plongez-les 10 mn dans l'eau bouillante.
2. Cassez les œufs dans un saladier. Ajoutez du sel, du poivre, la crème fraîche et battez vivement jusqu'à ce que le mélange soit mousseux.
3. Faites chauffer l'huile dans une poêle et versez-y les œufs battus en omelette. Répartissez les lamelles de truffe dessus.
4. Laissez cuire 5 mn sur feu moyen servez immédiatement l'omelette chaude.

Conseil du chef
La truffe donnera du goût aux œufs si vous les enfermez ensemble 2 jours à l'avance dans une boîte.

PLAT

S AUTÉ DE DINDE AUX ÉPICES

POUR 4 PERSONNES :
Préparation : 20 mn. Cuisson : 45 mn.
Recette facile. Prix : bon marché.

800 g de sauté de dinde,
3 cuillerées à soupe d'huile,
2 cuillerées à soupe de sucre,
1 cuillerée à soupe d'eau,
25 cl de bouillon de poule instantané,
2 cuillerées à soupe de sauce soja,
2 cuillerées à soupe de nuoc-mam,
1 cuillerée à café de poudre 5 épices,
2 pincées de gingembre en poudre,
12 champignons noirs,
1 boîte de pousses de bambou au naturel.

1. Faites tremper les champignons 30 mn. Emincez finement la viande. Faites chauffer l'huile dans une cocotte et jetez-y la viande. Cuisez à feu vif en remuant jusqu'à ce qu'elle soit dorée.
2. Versez-la dans une passoire et laissez égoutter. Saupoudrez le sucre dans la cocotte avec l'eau. Faites caraméliser, ajoutez le bouillon chaud et mélangez.
3. Remettez la viande, la sauce soja, le nuoc-mam, les 5 épices et le gingembre. Mélangez et laissez cuire 45 mn à découvert et à petit feu.
4. Quinze minutes avant la fin de la cuisson, ajoutez les pousses de bambou égouttées et les champignons coupés en fines lanières. Servez avec des germes de soja. Accompagnez de riz blanc.

DESSERT

R OCHERS AUX DATTES

POUR 4 PERSONNES :
Préparation : 45 mn. Cuisson : 10 mn.
Recette facile. Prix : bon marché.

200 g de dattes,
125 g de beurre,
125 g de sucre en poudre,
1 œuf,
150 g de farine,
1/2 cuillerée à café de levure.

1. Coupez les dattes en tout petits morceaux. Travaillez le beurre ramolli et le sucre jusqu'à ce que le mélange soit crémeux.
2. Ajoutez l'œuf et battez bien. Incorporez la farine, la levure et les dattes. Travaillez la pâte 5 mn.
3. Formez à la main des petits rochers de la grosseur d'une noix. Beurrez une tôle à pâtisserie et déposez-y les rochers.
4. Faites cuire au four th. 7 - 210° pendant 10 mn. Laissez-les refroidir avant de les déguster. Conservez ceux que vous n'aurez pas consommés dans une boîte hermétique.

POUR CE
MENU LE
SOMMELIER
VOUS
PROPOSE

Du cidre

ENTRÉE

PLAT

DESSERT

CÈPES A LA POÊLE

POUR 4 PERSONNES :

Préparation : 15 mn. Cuisson : 45 mn.
Recette facile. Prix modéré.

1 kg de cèpes,

50 g de beurre,

2 cuillerées à soupe d'huile,

1 tasse de chapelure,

1 citron,

5 échalotes,

Sel, poivre.

1. Otez le pied des champignons et la mousse sous le chapeau et essuyez bien les têtes. Faites-les cuire au beurre dans une poêle en les arrosant un peu de jus de citron.
2. Couvrez et laissez cuire 15 mn. Nettoyez les pieds des champignons. Hachez les échalotes. Faites chauffer l'huile dans une poêle et faites cuire les pieds avec les échalotes.
3. Laissez cuire 15 mn en remuant. Coupez les têtes en lamelles et ajoutez-les. Versez la mie de pain sur le tout. Salez, poivrez et remuez bien pendant la cuisson avec une cuillère en bois. Laissez cuire 15 mn et servez chaud.

POULET AU CIDRE

POUR 4 PERSONNES :

Préparation : 35 mn. Cuisson : 45 mn.
Recette facile. Prix : bon marché.

1 poulet de 1,2 kg,

2 échalotes, 1 feuille de laurier,

35 cl de cidre, 1 clou de girofle,

1 pincée de sucre roux,

1/2 cuillerée à café de coriandre en
poudre,

20 cl de court-bouillon,

1 cuillerée à café de crème fraîche,

1 cuillerée à soupe de farine de riz,

Sel, poivre.

1. Retirez la peau du poulet et entaillez les articulations des ailes et des cuisses. Mettez le poulet dans le panier de l'autocuiseur et recouvrez-le avec les échalotes émincées et salées. Mettez 1/2 feuille de laurier à l'intérieur du poulet.
2. Mettez 25 cl de cidre, le clou de girofle, le sucre roux, la coriandre, une demi-feuille de laurier, du sel et du poivre au fond de l'autocuiseur, ces ingrédients serviront de court-bouillon. Mettez le poulet par-dessus et faites cuire 30 mn.
3. Prélevez 20 cl de court-bouillon et chauffez-le dans une casserole. Délayez la farine de riz dans le reste de cidre, ajoutez au court-bouillon jusqu'au premier frémissement. Hors du feu, ajoutez la crème et remuez. Découpez le poulet en morceaux.
4. Présentez le poulet sur le plat de service et nappez-le de sauce au cidre. Servez immédiatement.

LANGUES DE CHAT

POUR 4 PERSONNES :

Préparation : 20 mn. Cuisson : 10 mn.
Recette facile. Prix : bon marché.

4 blancs d'œuf, 120 g de beurre,

125 g de sucre, 185 g de farine,

1 sachet de sucre vanillé.

1. Dans un saladier, fouettez le beurre ramolli avec le sucre et le sucre vanillé. Ajoutez les blancs d'œuf un à un et remuez pour obtenir un mélange homogène.
2. Ajoutez la farine et mélangez à l'aide d'une spatule en bois. Beurrez une plaque à pâtisserie et préparez une poche à douille ronde unie n° 6.
3. Garnissez la poche de pâte et allongez côte à côte sur la plaque des petits tas de pâte de 4 cm de long. Faites cuire au four th. 7 - 210° pendant 10 mn.
4. Le bord des langues de chat doit être doré. Laissez-les refroidir sur la plaque et décollez-les à l'aide d'une spatule en métal.

Conseil du chef

Accompagnez le poulet
au cidre de pommes fruits
sautées au beurre.

POUR CE MENU LE SOMMELIER VOUS PROPOSE

Un Morgon

ENTRÉE

CROSNES SAUTÉS

POUR 4 PERSONNES :

Préparation : 15 mn. Cuisson : 15 mn.
Recette facile. Prix bon marché.

500 g de crosnes,

80 g de beurre,

Le jus d'un citron,

2 branches de persil,

2 branches de cerfeuil,

Gros sel,

Sel, poivre.

1. Mettez les crosnes dans un torchon avec une poignée de gros sel et frottez-les bien à l'intérieur du torchon. Secouez bien le tout pour enlever le sable.
2. Passez les crosnes plusieurs fois sous l'eau froide. Faites bouillir de l'eau salée dans une grande casserole. Versez-y le jus de citron puis les crosnes.
3. Cuisez-les 15 mn. Egouttez-les et faites-les sauter à la poêle avec le beurre. Saupoudrez-les de persil et de cerfeuil. Salez et poivrez-les avant de les servir bien chauds.

Conseil du chef
Faites cuire votre pâte dans un moule à fond amovible pour la démouler plus facilement.

PLAT

TOURTE AU BŒUF

POUR 4 PERSONNES :

Préparation : 30 mn. Cuisson : 45 mn.
Recette facile. Prix : bon marché.

150 g de viande de bœuf,

4 tranches de lard,

160 g de farine,

120 g de beurre,

1 œuf,

10 cl de vin rouge,

1 laitue,

Sel, poivre.

1. Dans un saladier, mettez la farine et faites un puits au centre. Incorporez 3 pincées de sel et 100 g de beurre ramolli en morceaux. Mélangez avec 1/2 verre d'eau. Formez une boule et laissez reposer la pâte 1 heure.
2. Beurrez un moule à manqué. Divisez la pâte en deux parts inégales (2/3 - 1/3). Etalez la plus grosse sur 3 mm d'épaisseur et garnissez-en le moule. Salez et poivrez la viande de bœuf en petits morceaux, mettez-les sur la pâte.
3. Recouvrez-les avec les tranches de lard. Faites chauffer le four th. 5 - 150°. Etalez le reste de la pâte, posez-le sur la viande et soudez les bords. Dorez le dessus avec le jaune d'œuf battu. Faites un trou au centre de la pâte pour que la vapeur s'évapore.
4. Mettez au four pour 45 mn. Faites réduire le vin des 2/3 sur le feu. Sortez la tourte, versez le vin par le trou et inclinez-la pour répartir le liquide. Lavez et essorez la laitue, disposez-la sur le plat de service avec la tourte démoulée dessus et servez bien chaud.

DESSERT

FROMAGE BLANC À L'ANANAS

POUR 4 PERSONNES :

Préparation : 30 mn. Cuisson : 40 mn.
Recette facile. Prix : bon marché.

250 g de pâte brisée,

400 g de fromage blanc,

80 g de sucre en poudre,

1 sachet de sucre vanillé,

1 cuillerée à soupe de sirop d'ananas,

3 jaunes d'œuf,

40 g de beurre,

3 feuilles de gélatine,

2 blancs d'œuf,

1 boîte 1/2 d'ananas au sirop,

1 bâton d'angélique.

1. Etalez la pâte brisée au rouleau et garnissez-en un moule beurré. Recouvrez-la de papier sulfurisé et faites-la cuire à blanc au four th. 7 - 210° pendant 40 mn.
2. Egouttez le fromage blanc, mettez-le dans un saladier avec le sucre vanillé, le sucre en poudre, le sirop d'ananas, les jaunes d'œuf, le beurre fondu et la gélatine ramollie dans un peu d'eau froide.
3. Battez les blancs d'œuf en neige et incorporez-les à la préparation. Egouttez les rondelles d'ananas et réservez-en trois. Hachez les autres et versez-les dans le saladier. Mélangez bien.
4. Sortez la pâte du four et laissez-la refroidir. Posez-la sur le plat de service, garnissez-la avec la crème au fromage, décorez avec l'angélique découpée en petits morceaux et les rondelles d'ananas entières.

POUR CE MENU LE SOMMELIER VOUS PROPOSE

Un Pomerol

23 SEPTEMBRE

St Constant

Terrine de légumes

ENTRÉE

TERRINE DE LÉGUMES

POUR 4 PERSONNES :

Préparation : 30 mn. Cuisson : 50 mn.
Recette facile. Prix : bon marché.
400 g de haricots verts,
400 g de navets, 400 g de carottes,
3 cuillerées à soupe de crème fraîche,
3 œufs, 4 tomates cerise,
1 petite boîte de maïs, 4 feuilles de laitue,
1 sachet de gelée instantanée, persil,
1 noix de beurre, noix de muscade râpée,
Sel, poivre.

1. Epluchez les navets et les carottes, effilez les haricots et cuisez-les séparément à la vapeur 15 mn. Mettez-les dans 3 saladiers différents avec 1 cuillerée à soupe de crème fraîche, 1 œuf, 1 pointe de noix de muscade, du sel et du poivre.
2. Mélangez les 3 préparations et mixez bien le tout pour obtenir des mélanges homogènes. Préparez la gelée comme indiqué sur le mode d'emploi. Lavez la laitue et le persil et essorez-les. Beurrez un moule à terrine.
3. Etalez-y dans le fond une couche du mélange aux carottes, lissez bien la surface, mettez par-dessus le mélange aux navets de la même façon puis le mélange aux haricots verts. Décorez avec les grains de maïs puis versez la gelée.
4. Faites cuire au four th. 5 - 150° pendant 50 mn au bain-marie. Laissez refroidir la terrine avant de la démouler. Disposez les feuilles de laitue sur le plat de service, posez des tranches de terrine dessus, décorez avec les tomates cerise coupées en 2 et des têtes de persil.

PLAT

CÔTES DE PORC CHARCUTIÈRE

POUR 4 PERSONNES :

Préparation : 10 mn. Cuisson : 10 mn.
Recette facile. Prix : bon marché.
4 côtes de porc,
70 g de concentré de tomates,
10 cl de vinaigre,
10 cl de vin blanc sec,
8 cornichons,
Huile,
Sel, poivre.

1. Faites réduire le vin blanc et le vinaigre dans une petite casserole. Salez et poivrez les côtes de porc et faites-les revenir à l'huile dans une poêle.
2. Ajoutez le concentré de tomates, le mélange vin-vinaigre et laissez frémir 5 mn. Coupez les cornichons en rondelles et ajoutez-les.
3. Dans le plat de service, présentez les côtes de porc nappées de la sauce et accompagnées de pommes de terre en robe des champs.

DESSERT

GÂTEAU AUX NOIX

POUR 4 PERSONNES :

Préparation : 30 mn. Cuisson : 45 mn.
Recette facile. Prix : bon marché.
100 g de beurre,
200 g de sucre en poudre,
4 œufs,
200 g de noix en poudre,
1 cuillerée à soupe de rhum,
80 g de farine.

1. Travaillez le beure en crème. Ajoutez le sucre et les jaunes d'œuf, battez vivement le mélange pour qu'il devienne onctueux.
2. Ajoutez les noix, le rhum et la farine. Battez les blancs d'œuf en neige et incorporez-les à la préparation.
3. Versez le tout dans un moule à manqué beurré et faites cuire au four th. 7 - 210° pendant 20 mn et th. 5 - 150° pendant 25 mn.
4. Démoulez froid et servez coupé en tranches.

Conseil du chef

Accompagnez la terrine de légumes d'une mayonnaise aux herbes.

273

POUR CE MENU LE SOMMELIER VOUS PROPOSE

Un rosé de Loire

ENTRÉE

SOUPE AU LAIT

POUR 4 PERSONNES :

Préparation : 20 mn. Cuisson : 40 mn.
Recette facile. Prix : bon marché.

1 litre de lait,
30 g de beurre,
4 blancs de poireaux,
1 oignon,
4 feuilles de salade,
4 pommes de terre,
Pain grillé,
Sel, poivre.

1. Lavez et coupez les poireaux en morceaux. Emincez l'oignon et les feuilles de salade. Faites fondre le beurre dans une casserole et mettez-y les poireaux.
2. Ajoutez l'oignon et la salade. Versez le lait, salez, poivrez et portez à ébullition. Ajoutez les pommes de terre coupées en morceaux.
3. Faites cuire à petit feu 40 mn. En fin de cuisson, passez la soupe au mixeur et versez-la sur du pain grillé. Servez bien chaud.

Conseil du chef
Vous pouvez remplacer la glace vanille par de la glace au nougat et miel.

PLAT

POTÉE DU LOT

POUR 4 PERSONNES :

Préparation : 20 mn. Cuisson : 20 mn.
Recette facile. Prix : bon marché.

150 g de haricots verts,
2 pommes de terre,
1/4 de chou vert,
2 carottes,
1 oignon,
1 blanc de poireau,
150 g de jambonneau cuit,
10 g de maïzena,
2 cuillerées à soupe d'huile,
Sel, poivre.

1. Lavez et épluchez tous les légumes. Coupez-les en julienne, mettez-les dans une cocotte avec l'huile et faites-les cuire à couvert 10 mn.
2. Hors du feu, ajoutez le jambonneau et la maïzena délayée dans un litre d'eau. Salez, poivrez et terminez la cuisson 10 mn à couvert.
3. Présentez dans un plat de service chaud les légumes autour et le jambonneau au milieu. Servez bien chaud.

DESSERT

FIGUES GRATINÉES

POUR 4 PERSONNES :

Préparation : 20 mn. Cuisson : 20 mn.
Recette facile. Prix : bon marché.

12 figues mûres,
300 g de framboises,
80 g de sucre en poudre,
1/2 litre de glace vanille,
2 cuillerées à soupe de sucre glace,
Quelques feuilles de menthe.

1. Lavez les figues et essuyez-les soigneusement. Fendez le sommet de chaque figue en croix. Beurrez largement un plat allant au four et rangez-y les figues.
2. Saupoudrez-les de sucre en poudre et faites-les cuire au four th. 6 - 180° pendant 20 mn. Triez les framboises, lavez-les et égouttez-les. Mettez-les au frais.
3. Au moment de servir, présentez trois figues sur chaque assiette et remplissez le cœur de framboises. Saupoudrez de sucre glace, décorez avec les feuilles de menthe et déposez 2 boules de glace vanille. Servez aussitôt.

POUR CE MENU LE SOMMELIER VOUS PROPOSE

Un Arbois

ENTRÉE

POIREAUX AU FOUR

POUR 4 PERSONNES :

Préparation : 15 mn. Cuisson : 30 mn.
Recette facile. Prix : bon marché.

8 poireaux,
1/2 bouteille de vin blanc sec,
50 g de beurre,
100 g de gruyère râpé,
50 g de farine,
20 cl de crème fraîche,
Sel, poivre.

1. Epluchez et lavez les poireaux. Coupez-les en bâtonnets de 10 cm de long et faites-les cuire dans l'eau bouillante salée 15 mn. Egouttez-les.
2. Beurrez un plat à gratin. Alignez les bâtonnets à l'intérieur. Mettez la farine dans une petite casserole et versez le vin blanc petit à petit tout en tournant.
3. Salez, poivrez et ajoutez la crème fraîche. Nappez les poireaux de cette sauce blanche, saupoudrez-les de gruyère râpé et mettez au four th. 7 - 210° pendant 15 mn. Servez chaud.

Conseil du chef
Vous pouvez réaliser la mousse au pamplemousse si vous le désirez.

PLAT

BROCHET AU PINOT NOIR

POUR 4 PERSONNES :

Préparation : 20 mn. Cuisson : 40 mn.
Recette facile. Prix modéré.

1 brochet,
1 carotte,
1 oignon,
1/2 litre de pinot noir,
1 poireau,
1 branche de céleri,
20 cl de crème fraîche,
25 g de beurre,
1 bouquet de persil,
1 bouquet de ciboulette,
Sel, poivre.

1. Nettoyez le poisson. Hachez le persil et la ciboulette. Epluchez et lavez les légumes. Emincez-les finement et faites-les blondir dans une cocotte avec la moitié du beurre. Salez et poivrez.
2. Posez le brochet dessus et couvrez de pinot noir. Laissez cuire 25 mn à petit feu. Sortez le poisson et placez-le sur un plat de service chaud.
3. Ajoutez la crème fraîche au jus de cuisson et faites réduire. Versez cette sauce sur le brochet et saupoudrez avec les herbes hachées. Servez immédiatement.

DESSERT

MOUSSE À L'ORANGE

POUR 4 PERSONNES :

Préparation : 15 mn. Cuisson : 10 mn.
Recette facile. Prix : bon marché.

3 oranges,
1/2 zeste d'orange,
80 g de sucre,
20 g de farine,
3 œufs.

1. Dans une casserole, mélangez la farine, les jaunes d'œuf, 50 g de sucre, le zeste d'orange râpé et délayez avec le jus des oranges.
2. Portez sur le feu et amenez doucement à ébullition sans cesser de remuer avec une cuillère en bois.
3. Laissez épaissir la crème jusqu'à ce qu'elle nappe la cuillère. Laissez-la refroidir en remuant plusieurs fois pour éviter la formation d'une peau sur le dessus.
4. Battez les blancs d'œuf en neige ferme avec le reste du sucre et incorporez-les à la préparation refroidie. Mélangez à la spatule délicatement.
5. Présentez la mousse dans des coupes individuelles avec de l'orange, de l'angélique, de la cerise confite et une langue de chat. Servez bien frais.

26

SEPTEMBRE

St Côme-
Damien

Escalopes
de saumon
au Monbazillac

POUR CE
MENU LE
SOMMELIER
VOUS
PROPOSE

Un Bergerac
sec

ENTRÉE

OUPE DE MOULES

POUR 4 PERSONNES :

Préparation : 20 mn. Cuisson : 15 mn.
Recette facile. Prix modéré.

1 litre de moules,
50 cl de crème fraîche,
1 cuillerée à soupe de maïzena,
Persil,
Poivre.

1. Grattez et lavez les moules dans plusieurs eaux. Faites-les ouvrir dans une grande casserole à petit feu avec un verre d'eau et le persil.
2. Arrêtez la cuisson dès qu'elles sont ouvertes. Retirez-les de leur coquille et passez le jus de cuisson au chinois. Délayez la maïzena dans un peu d'eau.
3. Ajoutez-la au jus de cuisson avec 75 cl d'eau. Ajoutez la crème fraîche dès que la préparation devient un peu épaisse. Chauffez à nouveau et plongez-y les moules dès que la crème est fondue.
4. Poivrez et servez aussitôt les moules bien chaudes.

Conseil du chef
Vous pouvez accompagner le gâteau à la banane d'une sauce chocolat.

PLAT

SCALOPES DE SAUMON AU MONBAZILLAC

POUR 4 PERSONNES :

Préparation : 30 mn. Cuisson : 10 mn.
Recette facile. Prix modéré.

4 escalopes de saumon frais,
2 carottes, 4 cèpes, 4 échalotes,
30 cl de Monbazillac,
20 cl de fumet de poisson,
1/4 de litre de crème, 100 g de beurre,
1 cuillerée à soupe de fines herbes,
Sel, poivre de Cayenne.

1. Epluchez, lavez les carottes et taillez-les en bâtonnets. Cuisez-les dans une petite casserole avec un peu d'eau, un peu de beurre, une pincée de sucre et de sel et réservez.
2. Nettoyez les cèpes et taillez-les en petits dés. Faites-les fondre dans une casserole avec un pointe d'échalotes et 1 cuillerée à café de fines herbes. Réservez.
3. Ouvrez les escalopes de saumon en deux et fourrez-les du hachis de cèpes, salez et poivrez. Beurrez un plat à gratin, parsemez-le d'échalotes hachées et déposez-y les escalopes.
4. Mouillez avec le fumet et le vin. Mettez à feu vif et laissez frémir. Cuisez au four th. 6 - 180° pendant 5 mn couvert d'un papier sulfurisé beurré. Retirez le saumon du plat.
5. Réduisez le jus de cuisson aux 2/3 à feu vif, ajoutez la crème et laissez cuire quelques minutes. Montez avec le beurre et passez cette sauce au chinois, ajoutez-lui le reste des fines herbes.
6. Disposez le saumon sur les assiettes, nappez de sauce tout autour parsemez de petites carottes. Servez bien chaud.

DESSERT

ÂTEAU EXOTIQUE

POUR 4 PERSONNES :

Préparation : 15 mn. Cuisson : 50 mn.
Recette facile. Prix : bon marché.

3 œufs,
2 bananes,
80 g de farine,
40 g de maïzena,
120 g de sucre,
100 g de beurre,
1 sachet de sucre vanillé,
1 sachet de levure,
1/2 cuillerée à café de cannelle en poudre,
1/2 jus de citron.

1. Séparez les blancs des jaunes d'œuf. Battez les blancs en neige très ferme. Dans un saladier, battez au fouet les jaunes avec le sucre, le sucre vanillé et la cannelle.
2. Ajoutez la farine, la maïzena, la levure et le beurre ramolli. Travaillez au fouet jusqu'à ce que le mélange soit homogène. Ajoutez 1 banane épluchée et écrasée à la fourchette.
3. Incorporez délicatement les blancs battus. Versez dans un moule à manqué beurré et faites cuire au four th. 6 - 180° pendant 45 mn. Coupez la banane restante en rondelles et arrosez-la de jus de citron.
4. Lorsque le gâteau est cuit, démoulez-le et décorez-le avec les rondelles de banane citronnées. Dégustez froid.

POUR CE MENU LE SOMMELIER VOUS PROPOSE

Un Côtes du Forez

ENTRÉE

AVOCATS AU FROMAGE BLANC

POUR 4 PERSONNES :

Préparation : 20 mn. Pas de cuisson.
Recette facile. Prix : bon marché.

2 avocats,
4 cuillerées à soupe de fromage blanc,
100 g de bleu,
2 citrons,
2 tomates cerise,
4 feuilles de laitue,
Persil,
Poivre.

1. Coupez les avocats en deux et ôtez leur noyau. Dans un bol, mélangez le fromage blanc, le bleu écrasé à la fourchette, le jus du citron et du poivre.
2. Remplissez les demi-avocats avec cette préparation. Lavez la laitue et essorez-la. Disposez-la au fond du plat de service, posez les demi-avocats garnis dessus.
3. Décorez avec les tomates cerise coupées en deux, des demi-rondelles de citron et des brins de persil. Mettez dans le réfrigérateur 30 mn et servez bien frais.

PLAT

RÔTI DE PORC À LA SAUCE TOMATE

POUR 4 PERSONNES :

Préparation : 20 mn. Cuisson : 1 h 10.
Recette facile. Prix : bon marché.

1,2 kg de rôti de porc,
500 g de tomates,
2 oignons,
2 gousses d'ail,
2 cuillerées à soupe d'huile,
1 verre de vin blanc sec,
Sel, poivre.

1. Emincez les oignons, coupez les tomates en morceaux et écrasez l'ail. Mettez l'huile dans une cocotte et faites-y revenir le rôti sur tous les côtés.
2. Retirez le rôti et l'huile et faites blondir l'oignon dans la même cocotte. Ajoutez le vin blanc, les tomates et l'ail avant que l'oignon ne roussisse.
3. Remettez la viande au milieu des tomates, salez et poivrez. Couvrez et baissez le feu. Laissez cuire 1 heure. Servez bien chaud.

Conseil du chef
Accompagnez le rôti de porc à la tomate de haricots verts cuits à la vapeur.

DESSERT

GRATIN DE FRUITS

POUR 4 PERSONNES :

Préparation : 35 mn. Cuisson : 25 mn.
Recette facile. Prix : bon marché.

8 petits pains,
1 grosse boîte de macédoine de fruits,
250 g de fromage blanc,
1 tasse de crème fraîche,
4 œufs,
2 cuillerées à café de zeste de citron râpé,
2 sachets de sucre vanillé,
5 cl de rhum,
125 g de sucre en poudre,
100 g de raisins secs.

1. Coupez les petits pains en tranches. Egouttez soigneusement la macédoine de fruits. Mélangez le fromage blanc, la crème et les œufs. Préchauffez le four th. 6 - 180°.
2. Ajoutez le zeste de citron, le sucre vanillé et le rhum. Incorporez le sucre et les raisins secs. Disposez dans un plat à gratin beurré une couche de pain, une couche de fruits et le mélange au fromage blanc.
3. Mettez au four et faites cuire 25 mn. Servez tiède ou froid.

28
SEPTEMBRE

St Venceslas

Vol-au-vent aux fruits de mer

ENTREE

POTAGE DES VENDANGES

POUR 4 PERSONNES :

Préparation : 30 mn. Cuisson : 30 mn.
Recette facile. Prix : bon marché.

500 g de pommes de terre,
3 poireaux,
3 oignons,
50 cl de crème fraîche,
50 g de beurre,
Quelques brins de ciboulette,
Sel, poivre.

1. Epluchez et lavez les légumes. Epluchez et émincez les oignons. Faites fondre un petit morceau de beurre dans un faitout et mettez-y les poireaux coupés en rondelles et 2 oignons.
2. Remuez, ajoutez les pommes de terre en petits morceaux et couvrez avec 2 litres d'eau. Salez et laissez cuire 30 mn. Passez le tout au mixeur.
3. Faites blondir l'oignon restant et mélangez-le à la crème fraîche. Servez le potage chaud avec la crème à l'oignon, des brins de ciboulette hachée et du poivre.

PLAT

VOL-AU-VENT AUX FRUITS DE MER

POUR 4 PERSONNES :

Préparation : 30 mn. Cuisson : 20 mn.
Recette facile. Prix modéré.

4 vol-au-vent à garnir,
100 g de cabillaud cuit,
100 g de crevettes décortiquées,
100 g de calamars cuits,
1/2 litre de moules,
40 cl de béchamel,
4 tomates cerise,
Persil,
Sel, poivre.

1. Otez les couvercles des vol-au-vent et creusez l'intérieur avec une petite cuillère. Dans une casserole, faites chauffer la béchamel, ajoutez-y le poisson, les crevettes (sauf 4) et les calamars.
2. Dans une autre casserole, faites ouvrir les moules à feu vif puis décoquillez-les. Ajoutez-les dans la première casserole. Salez et poivrez.
3. Installez les croûtes de pâte feuilletée sur la plaque du four et chauffez-les 5 mn th. 4 - 120°. Garnissez-les de la préparation, coiffez avec les couvercles et remettez au four 10 mn.
4. Déposez les croûtes garnies sur le plat de service, décorez avec les tomates cerise coupées en deux, les crevettes réservées et des brins de persil. Servez chaud.

DESSERT

GÂTEAU COCOTTE

POUR 4 PERSONNES :

Préparation : 10 mn. Cuisson : 1 h.
Recette facile. Prix : bon marché.

80 g de farine, 40 g de maïzena,
120 g de sucre, 120 g de raisins secs,
2 œufs,
1/2 verre de lait,
1/2 sachet de levure,
1/2 sachet de sucre vanillé,
1/2 verre d'huile,
1 pincée de sel.

1. Dans un saladier, battez les œufs avec la farine, la maïzena, le sel, le sucre, le sucre vanillé, la levure, le lait et l'huile.
2. Ajoutez les raisins et mélangez bien. Versez dans une cocotte en fonte émaillée avec une feuille de papier sulfurisé dans le fond.
3. Posez le couvercle sur la cocotte et faites cuire au four th. 5 - 150° pendant 1 heure. Démoulez le gâteau, enlevez le papier et laissez refroidir sur une grille.

Conseil du chef
Vous pouvez remplacer le cabillaud par du saumon.

278

POUR CE MENU LE SOMMELIER VOUS PROPOSE

Du cidre

ENTRÉE

SALSIFIS AU FOUR

POUR 4 PERSONNES :

Préparation : 5 mn. Cuisson : 15 mn.
Recette facile. Prix : bon marché.

1 boîte de salsifis,
40 g de maïzena,
1 verre de lait,
6 cl de crème fraîche,
1 œuf,
Sel, poivre.

1. Egouttez les salsifis et mixez-les. Ajoutez la maïzena délayée dans le verre de lait. Dans une casserole, portez lentement à ébullition sans cesser de tourner.
2. Hors du feu, ajoutez la crème fraîche, l'œuf, salez, poivrez et mettez dans un plat allant au four par petits tas de la grosseur d'une noix. Cuisez au four th. 6 - 180° pendant 15 mn. Servez chaud.

PLAT

PORC AU CIDRE

POUR 4 PERSONNES :

Préparation : 5 mn. Cuisson : 40 mn.
Recette facile. Prix : bon marché.

800 g d'échine de porc désossée,
30 g de maïzena,
30 g de beurre,
1/2 litre de cidre brut,
12 cl de crème fraîche,
100 g de poitrine fumée,
1 cuillerée à soupe de marjolaine séchée,
Sel, poivre.

1. Dans une cocotte, faites revenir dans le beurre la viande coupée en petits cubes, ajoutez la poitrine fumée coupée en lardons sans la couenne et sans cartilage.
2. Saupoudrez de marjolaine séchée, salez légèrement et poivrez. Délayez la maïzena dans un peu de cidre, mouillez avec le cidre et la maïzena délayée, donnez un bouillon.
3. Versez le tout dans un plat allant au four. Faites cuire 40 mn th. 6 - 180°. Au moment de servir, ajoutez la crème et rectifiez l'assaisonnement. Servez bien chaud.

DESSERT

CAFÉ LIÉGEOIS

POUR 4 PERSONNES :

Préparation : 10 mn. Cuisson :
Recette facile. Prix : bon marché.

8 cuillerées à soupe de café noir,
4 cuillerées à café de sucre en poudre,
4 boules de glace au café,
4 boules de glace au chocolat,
Crème chantilly,
Pépites de chocolat,
Noisettes concassées.

1. Mettez le café noir dans le réfrigérateur de manière à ce qu'il soit froid mais non glacé.
2. Dans des coupes individuelles assez hautes, versez le café noir sucré, ajoutez la glace au café et la glace au chocolat.
3. Couronnez de chantilly, parsemez de pépites de chocolat et de noisettes concassées. Servez sans attendre.

Conseil du chef
Accompagnez le porc de pommes fruits revenues dans du beurre.

30

SEPTEMBRE

St Jérôme

Consommé
aux
champignons

POUR CE
MENU LE
SOMMELIER
VOUS
PROPOSE

Un saint-Chinian

ENTREE

Consommé AUX CHAMPIGNONS

POUR 4 PERSONNES :

Préparation : 30 mn. Cuisson : 25 mn.
Recette facile. Prix : bon marché.

1 kg de champignons de Paris,
150 g de gruyère râpé,
50 g de beurre,
1 cuillerée à soupe de farine,
2 bouillon-cubes de volaille,
10 cl de crème fraîche épaisse,
1 jaune d'œuf,
Sel, poivre.

1. Nettoyez les champignons et ôtez le bout terreux. Hachez-les finement. Faites fondre le beurre dans une grande casserole, mettez-y les champignons à suer 10 mn.
2. Faites bouillir 1 litre d'eau et faites-y diluer les bouillon-cubes. Saupoudrez les champignons de farine, tournez vivement et mouillez petit à petit avec le bouillon. Ajoutez du sel et du poivre.
3. Laissez cuire 10 mn à feu moyen, mixez le potage pour obtenir un velouté. Versez-le dans la casserole pour le réchauffer. Dans un bol, battez à la fourchette la crème avec le jaune d'œuf.
4. Coupez le feu sous la casserole, versez le contenu du bol et remuez bien. Répartissez le velouté dans des bols individuels préchauffés, parsemez de fromage râpé et servez aussitôt.

PLAT

Choux FARCIS

POUR 4 PERSONNES :

Préparation : 30 mn. Cuisson : 1 h 40.
Recette facile. Prix : bon marché.

4 cœurs de choux,
200 g d'emmenthal râpé,
500 g de bœuf à braiser,
1 oignon, 1 bouquet garni,
1 tablette de bouillon instantané, 1 œuf,
2 cuillerées à soupe de persil haché,
2 échalotes hachées,
1 cuillerée à soupe d'huile,
1 pincée de quatre-épices,
Sel, poivre.

1. Mettez la viande dans un faitout avec la tablette de bouillon émiettée et l'oignon coupé en 4 ; couvrez d'eau froide et faites cuire 1 heure à petit frémissement.
2. Laissez tiédir dans le bouillon, puis égouttez la viande et hachez-la. Remettez le bouillon dans le faitout et réchauffez-le. Nettoyez les cœurs de choux et faites-les blanchir 3 mn dans le bouillon en ébullition. Egouttez.
3. Pelez et hachez finement les échalotes. Dans un saladier, mélangez la viande hachée, le fromage, l'oignon, les échalotes, le persil et le quatre-épices.
4. Assaisonnez et mélangez pour obtenir une farce homogène. Garnissez les cœurs de choux avec cette farce, repliez-les et liez avec du fil de cuisine.
5. Mettez l'huile dans un plat à four et déposez-y les choux. Ajoutez 1/2 verre de bouillon et laissez cuire 40 mn th. 6 - 180°. Servez bien chaud.

DESSERT

Mousses DE PERLES JAPON AUX MURES

POUR 4 PERSONNES :

Préparation : 20 mn. Cuisson : 20 mn.
Recette facile. Prix : bon marché.
30 g de Perles Japon, 300 g de mûres,
1/4 de litre de sirop de canne,
15 cl de crème liquide,
1/4 de litre de coulis de cassis,
3 feuilles de gélatine.

1. Cuisez les Perles Japon dans un litre d'eau bouillante 20 mn en remuant de temps en temps. Egouttez-les et rincez-les à l'eau froide.
2. Portez le sirop de canne à ébullition, puis ajoutez les mûres lavées et égouttées. Reportez à ébullition 2 mn. Hors du feu, passez au mixeur pour obtenir une purée de mûres liquide.
3. Ajoutez les feuilles de gélatine ramollies dans de l'eau froide et pressées puis les Perles Japon. Mélangez bien et laissez refroidir 1 heure. Montez la crème liquide en chantilly.
4. Incorporez-la à la purée de mûres. Répartissez cette mousse dans des ramequins individuels et mettez dans le réfrigérateur 8 heures. Au moment de servir, démoulez les mousses sur les assiettes.

Conseil du chef

Mettez à cuire avec la viande des choux 2 carottes coupées en julienne avec le bouillon.

280

1er

OCTOBRE

Ste Thérèse
de l'E.J.

Charlotte
au saumon

POUR CE
MENU LE
SOMMELIER
VOUS
PROPOSE

*Un Rosé
de Loire*

ENTRÉE

CHARLOTTE AU SAUMON

POUR 4 PERSONNES :

Préparation : 25 mn. Cuisson : 20 mn.
Recette élaborée. Prix modéré.

500 g de saumon,
12,5 cl de crème fleurette,
2 g de gélatine en feuille,
1/2 cuillerée à café de gingembre frais,
1/2 cuillerée à café de zeste de citron vert,
1/2 citron vert pressé,
120 g de courgettes,
400 g d'asperges vertes,
1 œuf dur,
7,5 cl d'huile d'olive,
1/4 de botte de citronnelle.

1. Retirez la peau et les arêtes du saumon. Salez et poivrez. Faites-le cuire à la vapeur 10 mn et laissez refroidir. Faites réduire légèrement la crème.
2. Ramollissez les feuilles de gélatine dans un bol d'eau froide, égouttez-les et ajoutez-les à la crème avec le zeste de citron vert râpé, le gingembre haché et les feuilles de citronnelle ciselées.
3. Mélangez délicatement à cette préparation le saumon froid coupé en morceaux. Lavez et essuyez les courgettes. Découpez-les en fines rondelles. Chemisez-en 4 moules individuels et remplissez de la préparation au saumon.
4. Cuisez les asperges à la vapeur 10 mn. Hachez l'œuf dur. Sur chaque assiette, démoulez les charlottes, disposez autour un bouquet d'asperges, un peu d'œuf dur et un filet d'huile mélangé au jus de citron. Servez sans attendre.

PLAT

MAQUEREAUX AU VIN BLANC

POUR 4 PERSONNES :

Préparation : 10 mn. Cuisson: 20 mn.
Recette facile. Prix : bon marché.

8 filets de maquereau,
2 litres de moules,
2 échalotes,
25 g de beurre,
2 verres de vin blanc,
20 cl de crème fraîche,
1 bouquet de persil,
Poivre.

1. Grattez et lavez les moules. Mettez les filets de poisson dans un plat à four avec le beurre et un verre de vin blanc. Faites-les cuire à four chaud th. 7 - 210° pendant 10 mn.
2. Mettez les moules, 1 verre de vin et les échalotes hachées dans un faitout. Poivrez et couvrez. Laissez cuire, secouez le faitout en maintenant le couvercle pour bien remuer les moules.
3. Lorsqu'elles sont ouvertes, sortez-les de leur coquille et disposez-les à côté des filets de maquereau sur un plat de service. Passez le jus de cuisson des moules au chinois.
4. Faites-le réduire, ajoutez la crème et versez sur les filets. Saupoudrez de persil haché et servez immédiatement.

DESSERT

ANANAS AU CARAMEL

POUR 4 PERSONNES :

Préparation : 20 mn. Cuisson : 10 mn.
Recette facile. Prix modéré.

200 g de farine, 50 g de beurre,
3/4 de verre d'eau,
2 blancs d'œuf, 30 g de sucre,
3 cuillerées à soupe de rhum,
1 boîte d'ananas en tranches,
3 cuillerées à soupe de sucre,
1 verre de sucre de canne liquide.

1. Mélangez la farine, 30 g de sucre, le beurre fondu tiède, l'eau, les blancs d'œuf et le rhum. Egouttez les tranches d'ananas.
2. Farinez-les et enrobez-les de pâte à beignets. Plongez-les dans la friture très chaude et égouttez-les sur du papier absorbant.
3. Empilez-les sur une assiette chaude. Dans une petite casserole, chauffez 3 cuillerées à soupe de sucre et le sucre de canne jusqu'à coloration. Versez ce caramel sur les beignets et dégustez aussitôt.

Conseil du chef
Vous pouvez remplacer les filets de maquereau par des filets de merlu.

POUR CE MENU LE SOMMELIER VOUS PROPOSE

Un Chiroubles

ENTRÉE

H ADDOCK
AU CONCOMBRE

POUR 4 PERSONNES :

Préparation : 30 mn. Pas de cuisson.
Recette facile. Prix : bon marché.

200 g de haddock,
200 g d'emmenthal,
100 g de tomates cerise,
1/2 concombre,
12 crevettes roses,
50 g d'olives noires dénoyautées,
1 tranches de jambon,
16 radis,
12 cornichons.

1. Pelez le concombre et coupez-le en lamelles. Détaillez l'emmenthal et le jambon en cubes. Tranchez les cornichons et les radis.
2. Décortiquez les crevettes. Coupez le haddock en carrés. Enfilez sur des brochettes tous les ingrédients en les alternant. Servez bien frais accompagné d'une sauce au fromage blanc.

PLAT

P ENNE
ALLA CARBONARA

POUR 4 PERSONNES :

Préparation : 20 mn. Cuisson : 20 mn.
Recette facile. Prix : bon marché.

250 g de penne,
100 g de lardons fumés,
100 g de champignons,
4 cuillerées à soupe de crème fraîche,
4 jaunes d'œuf,
1 cuillerée à soupe d'huile d'olive,
Beurre,
Basilic,
Poivre.

1. Faites cuire les penne dans une grande quantité d'eau bouillante salée additionnée d'huile 10 mn. Egouttez-les.
2. Faites fondre une noix de beurre dans une grande poêle et faites-y revenir les lardons et les champignons émincés.
3. Ajoutez les penne, la crème fraîche et laissez cuire encore un peu en remuant. Disposez le tout dans un plat chauffé.
4. Saupoudrez de basilic haché, poivrez et ajoutez le jaune d'œuf sans le mélanger. Servez aussitôt.

DESSERT

B ANANES
AUX AGRUMES

POUR 4 PERSONNES :

Préparation : 10 mn. Cuisson : 15 mn.
Recette facile. Prix : bon marché.

4 bananes,
1 orange,
1 pamplemousse jaune,
1 citron vert,
4 cuillerées à soupe de sucre roux,
1/2 cuillerée à café de cannelle en poudre,
1 pincée de vanille en poudre,
5 cl de rhum,
20 g de beurre.

1. Pressez le jus du citron, de l'orange et du pamplemousse. Saupoudrez-les de cannelle et de vanille.
2. Beurrez un plat à gratin. Epluchez les bananes et coupez-les en 2 dans le sens de la longueur.
3. Disposez-les dans le plat à gratin et arrosez du jus des agrumes. Faites cuire au four th. 6 - 180° pendant 15 mn.
4. Arrosez-les de temps en temps avec le jus de cuisson. Faites chauffer le rhum dans une petite casserole, versez-le sur les bananes et flambez hors du feu. Dégustez chaud.

Conseil du chef

Ajoutez aux penne alla carbonara du pecorino romana râpé.

POUR CE
MENU LE
SOMMELIER
VOUS
PROPOSE

*Un Aloxe-
Corton*

ENTRÉE

ALADE MÉLANGÉE

POUR 4 PERSONNES :

Préparation : 25 mn. Cuisson : 5 mn.
Recette facile. Prix : bon marché.
250 g de laitue rouge et feuilles de chêne mélangées,
100 g de lard fumé,
1 oignon rouge,
20 tomates cerise,
200 g de comté,
3 cuillerées à soupe d'huile de tournesol,
1 cuillerée à soupe d'huile de noix,
2 cuillerées à soupe de vinaigre,
Persil haché,
Sel, poivre.

1. Lavez les salades et essorez-les. Répartissez-les dans les assiettes de service. Lavez les tomates cerise et équeutez-les.
2. Coupez le lard fumé en petits dés et faites-les revenir à feu moyen dans une poêle sans gras. Réservez-les.
3. Coupez le comté en lamelles. Epluchez l'oignon et coupez-le en rondelles. Répartissez tous ces ingrédients sur les salades.
4. Dans un bol, mélangez le vinaigre, le sel, le poivre. Ajoutez les huiles. Versez dans les assiettes et saupoudrez de persil.

PLAT

ARRÉ DE PORC AUX RAISINS

POUR 4 PERSONNES :

Préparation : 30 mn. Cuisson : 50 mn.
Recette facile. Prix : bon marché.
1 carré de porc de 800 g,
400 g de raisin blanc,
20 g de cassonade,
25 cl de vin blanc sec,
2 cuillerées à soupe d'huile,
Sel, poivre.

1. Mélangez le sel, le poivre et la cassonade. Badigeonnez la viande avec l'huile, roulez-la dans le mélange sel-poivre-cassonade et mettez-la dans un plat à rôtir avec 4 cuillerées à soupe d'eau.
2. Mettez au four th. 7 - 210° pendant 50 mn. Arrosez le carré de porc toutes les 10 mn avec le vin blanc et le jus de cuisson. Retournez plusieurs fois afin que toutes les faces soient dorées.
3. Lavez et égrénez le raisin, ajoutez-le à la viande 15 mn avant la fin de la cuisson. Servez bien chaud coupé en tranches et entouré des grains de raisin.

Conseil du chef
Attendez 5 mn four ouvert avant de sortir les choux pour ne pas qu'ils s'affaissent.

DESSERT

CLAIRS CHOCOLAT ET CAFÉ

POUR 4 PERSONNES :

Préparation : 30 mn. Cuisson : 25 mn.
Recette facile. Prix : bon marché.
1/4 de litre d'eau, 200 g de farine,
100 g de beurre, 4 œufs,
1 cuillerée à café de sel,
1 cuillerée à café de sucre,
1/2 litre de lait, 150 g de sucre,
5 jaunes d'œuf,
1 cuillerée à soupe de café soluble,
1 cuillerée à soupe de cacao,
500 g de fondant en boîte,
1 cuillerée à soupe de café soluble,
1 cuillerée à soupe de cacao.

1. Dans une casserole, faites bouillir l'eau avec le sel, 1 cuillerée à soupe de sucre et le beurre. Jetez-y 150 g de farine d'un seul coup et remuez jusqu'à ce que la pâte se détache de la casserole et de la spatule. Eteignez le feu et travaillez-la 1 mn. Préchauffez le four th. 5 - 150°.
2. Ajoutez les œufs entiers un à un en remuant à chaque fois. Mettez la pâte dans une poche à douille unie n° 7 et déposez des petits boudins de pâte sur la tôle à pâtisserie beurrée. Cuisez 25 mn.
3. Dans une casserole, mettez le lait à bouillir avec le sucre. Ajoutez les jaunes d'œuf et le reste de la farine. Séparez cette crème en deux. Ajoutez le café soluble dans une moitié et le cacao dans l'autre. Ouvrez les éclairs dans le sens de la longueur et fourrez-en une partie au café et une au chocolat à l'aide de la poche à douille.
4. Préparez le glaçage avec le fondant suivant la recette, séparez-le en deux et parfumez chaque moitié, l'une avec le cacao, l'autre avec le café dilués dans 1 cuillerée à soupe d'eau. Faites-le tiédir et nappez-en les éclairs. Servez bien frais.

283

POUR CE MENU LE SOMMELIER VOUS PROPOSE

Un Faugères

ENTRÉE

CREVETTES À LA GRECQUE

POUR 4 PERSONNES :

Préparation : 20 mn. Cuisson : 45 mn.
Recette facile. Prix : bon marché.

250 g de crevettes bouquets décortiquées,
1 oignon émincé,
1 poivron vert coupé en dés,
400 g de tomates pelées,
4 cuillerées à soupe de Madère,
2 cuillerées à soupe d'huile,
1 gousse d'ail écrasée,
Persil haché,
Sel, poivre.

1. Dans une cocotte, faites revenir l'oignon et poivron dans l'huile 5 mn à feu doux. Ajoutez l'ail, les tomates, salez et poivrez.
2. Portez doucement à ébullition, couvrez et mettez 30 mn à four chaud th. 8 - 240°.
3. Ajoutez les crevettes et le Madère. Couvrez à nouveau et remettez au four 10 mn. Versez le tout dans le plat de service chauffé. Servez aussitôt saupoudré de persil haché.

PLAT

CRÊPES JAMBON-FROMAGE

POUR 4 PERSONNES :

Préparation : 20 mn. Cuisson : 30 mn.
Recette facile. Prix : bon marché.

150 g de farine,
100 g de maïzena,
2 œufs,
1/2 litre de lait,
1 cuillerée à soupe d'huile,
300 g de jambon blanc,
200 g d'emmenthal,
1 noix de beurre,
Sel, poivre.

1. Dans un saladier, mélangez la farine, la maïzena, les œufs, le sel, l'huile et le lait. Laissez reposer 2 heures.
2. Dans une poêle anti-adhésive très chaude, versez 1 louche de pâte et faites cuire à feu moyen les crêpes 1 mn de chaque côté.
3. Mettez les crêpes cuites au fur et à mesure les unes sur les autres. Passez le jambon au mixeur et râpez l'emmenthal. Poivrez.
4. Mélangez-les et garnissez-en les crêpes. Roulez celles-ci et coupez-les en deux. Réchauffez-les à la poêle avec le beurre et servez-les sans attendre.

DESSERT

SORBET AUX LITCHEES

POUR 4 PERSONNES :

Préparation : 10 mn. Pas de cuisson.
Recette facile. Prix : bon marché.

8 litchees,
4 boules de sorbet à la mangue,
1 tasse de crème fraîche,
5 cl de vin blanc,
1/2 sachet de sucre vanillé,
2 kiwis.

1. Epluchez les litchees et ôtez leur noyau. Passez-les au mixeur avec le vin. Battez la crème avec le sucre vanillé.
2. Mélangez le sorbet à la mangue, la purée de litchees et la crème vanillée. Pelez les kiwis et coupez-les en morceaux.
3. Dans 4 coupes individuelles, répartissez le mélange litchees-mangues et décorez avec les morceaux de kiwis. Servez bien frais.

Conseil du chef
Vous pouvez réaliser la même recette avec du sorbet au citron vert.

284

POUR CE MENU LE SOMMELIER VOUS PROPOSE

Un Meursault

ENTREE

QUICHE LORRAINE

POUR 4 PERSONNES :

*Préparation : 20 mn. Cuisson : 40 mn.
Recette facile. Prix : bon marché.*

250 g de pâte brisée,
4 œufs,
30 cl de lait,
125 g de lard fumé,
30 g de beurre,
1 cuillerée à soupe de crème fraîche,
100 g de gruyère,
1 tranche de jambon blanc,
Poivre.

1. Etalez la pâte et garnissez-en un moule à tarte beurré. Coupez le lard en petits morceaux et faites-le dégraisser à sec dans une poêle anti-adhésive.
2. Coupez le gruyère en petits dés et le jambon en lanières. Dans un bol, mélangez les œufs, la crème, le lait et du poivre. Disposez sur la pâte les lardons, les dés de fromage, les morceaux de jambon.
3. Parsemez le beurre en petites parcelles et versez le mélange précédent par-dessus. Mettez au four th. 7 - 210° pendant 40 mn. Servez tiède ou froid.

PLAT

TRUITE AUX AMANDES

POUR 4 PERSONNES :

*Préparation : 20 mn. Cuisson : 20 mn.
Recette facile. Prix : bon marché.*

4 truites,
200 g de beurre,
4 cuillerées à soupe d'huile,
100 g d'amandes effilées,
2 citrons,
Farine,
Sel, poivre.

1. Mettez les amandes sur la plaque du four et faites-les griller à four doux. Essuyez les truites avec du papier absorbant.
2. Salez et poivrez l'intérieur et passez-les dans la farine. Mettez l'huile et une noisette de beurre dans une poêle.
3. Mettez-y les truites et faites-les cuire 10 mn de chaque côté à feu moyen. Parsemez-les d'amandes grillées.
4. Faites fondre le reste du beurre et versez-le sur les truites. Pressez-les citrons et versez leur jus sur le poisson. Servez les truites bien chaudes.

Conseil du chef
Il n'est nul besoin de saler la quiche, les lardons le sont déjà.

DESSERT

REINE DE SABA

POUR 4 PERSONNES :

*Préparation : 30 mn. Cuisson : 30 mn.
Recette facile. Prix : bon marché.*

100 g de chocolat noir amer,
40 g de beurre,
100 g de sucre en poudre,
2 œufs,
1 cuillerée à soupe de fécule,
50 g d'amandes en poudre,
1/3 de litre de lait,
1/2 gousse de vanille,
2 jaunes d'œuf,
120 g de sucre semoule.

1. Faites fondre le chocolat cassé en morceaux au bain-marie dans une casserole couverte. Lorsqu'il est mou, ajoutez le beurre en parcelles et mélangez bien.
2. Séparez les blancs des jaunes d'œuf. Dans un saladier, travaillez les jaunes avec le sucre en poudre, incorporez la fécule et les amandes.
3. Battez les blancs d'œuf en neige ferme et ajoutez-les délicatement à la préparation. Versez cette pâte dans un moule à manqué beurré.
4. Faites cuire au four th. 6 - 180° pendant 30 mn. Démoulez le gâteau et laissez-le refroidir. Faites bouillir le lait avec la demi-gousse de vanille fendue.
5. Ajoutez le sucre et les jaunes d'œuf en continuant de remuer. Lorsque la crème anglaise est prise, éteignez le feu et laissez-la refroidir.
6. Servez le gâteau froid coupé en parts avec la crème refroidie à part.

POUR CE
MENU LE
SOMMELIER
VOUS
PROPOSE

*Un
Corbières*

ENTRÉE

GATEAU DE CHOU-FLEUR

POUR 4 PERSONNES :

Préparation : 20 mn. Cuisson : 35 mn.
Recette facile. Prix : bon marché.

1 chou-fleur,
30 g de beurre,
15 cl de lait,
3 œufs,
30 g de parmesan râpé,
100 g de poitrine fumée,
1/4 de litre de béchamel.

1. Détaillez le chou-fleur en bouquets et faites-le blanchir 5 mn dans l'eau. Egouttez-le et faites-le revenir dans le beurre.
2. Ajoutez le lait et laissez cuire 5 mn. Dégraissez la poitrine hachée dans une poêle anti-adhésive sans gras.
3. Incorporez-la au chou-fleur écrasé en purée ainsi que les œufs, la béchamel et le parmesan.
4. Versez cette préparation dans un moule beurré, couvrez de papier aluminium et faites cuire au bain-marie au four th. 6 - 180° pendant 35 mn. Démoulez et servez chaud.

PLAT

JOUE DE BŒUF À LA TOMATE

POUR 4 PERSONNES :

Préparation : 20 mn. Cuisson : 30 mn.
Recette facile. Prix : bon marché.

600 g de joue de bœuf,
600 g de tomates,
600 g de fenouil,
3 bouillon-cubes de volaille,
1/2 litre d'eau,
20 g de beurre,
1 pincée de curry,
Sel, poivre.

1. Faites dissoudre les bouillon-cubes de volaille dans l'eau dans l'autocuiseur, ajoutez les tomates et portez à ébullition.
2. Ajoutez la joue de bœuf et faites cuire 30 mn à partir de la rotation de la soupape. Salez et poivrez.
3. Emincez le fenouil et cuisez-le à l'eau bouillante salée 30 mn. Egouttez-le. Retirez la viande de l'autocuiseur et réservez-la au chaud.
4. Faites réduire le bouillon 30 mn et stoppez la cuisson. Ajoutez le beurre et le curry. Servez le bœuf, le fenouil et le bouillon bien chauds.

DESSERT

DOUCEURS AU LAIT

POUR 4 PERSONNES :

Préparation : 10 mn. Cuisson : 10 mn.
Recette facile. Prix : bon marché.

15 cl de lait,
125 g de beurre,
200 g de sucre semoule,
250 g de farine,
2 œufs,
8 g de levure,
5 g de sel.

1. Dans un saladier, mélangez le sucre, les œufs et la levure. Ajoutez le lait et remuez bien à la spatule.
2. Incorporez la farine, le sel et le beurre fondu tiède. Répartissez cette pâte dans des petits moules individuels beurrés.
3. Remplissez-les aux 3/4 et faites-les cuire au four th. 7 - 210° pendant 10 mn. Servez-les refroidis.

Conseil du chef
Vous pouvez remplacer la poitrine fumée par du jambon de Bayonne.

7

Fromage blanc aux amandes

ENTRÉE

MOUSSE D'AVOCAT AUX POISSONS

POUR 4 PERSONNES :

Préparation : 45 mn. Cuisson : 5 mn.
Recette élaborée. Prix : cher.

1 avocat,
1/2 citron,
40 g de crème fraîche,
1 feuille de gélatine,
1 sole de 225 g,
150 g de filets de saumon,
75 g de beurre,
1 g de curry,
Sel, poivre.

1. Coupez l'avocat en deux, retirez le noyau et récupérer la chair. Mixez-la et arrosez-la avec le jus du demi-citron. Ajoutez la crème fraîche, la gélatine fondue dans 1 cuillerée à soupe d'eau chaude, le curry, du sel et du poivre. Mixez le tout et conservez au frais.
2. Faites ramollir 25 g de beurre et beurrez 4 ramequins individuels. Mettez-les dans le réfrigérateur pour que le beurre durcisse. Découpez les filets de sole et de saumon en lanières aussi larges que la hauteur des ramequins.
3. Tapissez-en l'intérieur et les bords des ramequins en débordant légèrement. Remplissez les ramequins avec la mousse d'avocat fraîche, recouvrez d'une feuille d'aluminium et mettez-les dans le congélateur 15 mn.
4. Faites-les cuire au bain-marie au four th. 8 - 240° pendant 5 mn. Laissez refroidir jusqu'au moment de servir.

PLAT

MERLANS AU FROMAGE FONDU

POUR 4 PERSONNES :

Préparation : 10 mn. Cuisson : 15 mn.
Recette facile. Prix : bon marché.

8 filets de merlan,
8 tranches de fromage fondu,
1 verre de vin blanc,
8 cuillerées à soupe de crème fraîche,
Beurre,
Persil,
Sel, poivre.

1. Sur chaque filet de merlan, déposez une tranche de fromage fondu. Parsemez de persil haché.
2. Roulez chacun des filets et maintenez-les à l'aide de piques en bois. Mettez-les dans un plat à four beurré.
3. Parsemez de noisettes de beurre et versez le vin blanc. Mettez-les à cuire au four th. 7 - 210° pendant 15 mn.
4. Servez-les bien chauds accompagnés chacun d'une cuillerée de crème fraîche.

Conseil du chef
Vous pouvez remplacer les filets de merlan par des filets de colin.

DESSERT

FROMAGE BLANC AUX AMANDES

POUR 4 PERSONNES :

Préparation : 25 mn. Cuisson : 5 mn.
Recette facile. Prix : bon marché.

335 g de fromage blanc,
85 g d'amandes mondées,
110 g de sucre en poudre,
100 g de raisins secs,
1/2 citron,
15 cl de lait,
1 œuf,
15 g de farine,
1/5 de sachet de sucre vanillé.

1. Dans un saladier, fouettez le jaune d'œuf avec 25 g de sucre. Lorsque ce dernier est fondu, ajoutez la farine et mélangez.
2. Versez peu à peu le lait bouillant additionné du sucre vanillé. Remettez sur le feu et amenez à ébullition en remuant à l'aide d'une cuillère en bois.
3. Otez du feu et laissez refroidir. Passez les amandes au mixeur et réduisez-les en poudre. Ajoutez le reste de sucre et mélangez.
4. Mettez le fromage blanc dans un saladier et ajoutez le mélange sucre-amandes, la crème, les raisins secs et un morceau de zeste de citron râpé. Répartissez dans des coupelles individuelles et mettez au frais jusqu'au moment de servir.

POUR CE MENU LE SOMMELIER VOUS PROPOSE

Un Crozes-Hermitage

ENTREE

CITRONS FARCIS

POUR 4 PERSONNES :

Préparation : 15 mn. Pas de cuisson.
Recette facile. Prix : bon marché.
4 citrons,
150 g de thon au naturel,
40 g de beurre,
12 olives vertes dénoyautées,
2 gouttes de tabasco,
2 cuillerées à soupe de ciboulette hachée,
Sel, poivre.

1. Retirez un chapeau à chacun des citrons et évidez leur pulpe. Mettez-la dans un saladier.
2. Réduisez le beurre en pommade à la fourchette. Egouttez le thon et écrasez-le. Incorporez-y le beurre.
3. Ajoutez la pulpe des citrons, la ciboulette hachée, les olives émincées, le tabasco, du sel et du poivre.
4. Garnissez les écorces de citron avec ce mélange et mettez-les au frais jusqu'au moment de servir.

PLAT

EPAULE D'AGNEAU À LA CRÈME D'AIL

POUR 4 PERSONNES :

Préparation : 20 mn. Cuisson : 40 mn.
Recette facile. Prix : bon marché.
1 épaule d'agneau désossée,
5 têtes d'ail,
30 g de beurre,
150 g d'épinards,
1 cuillerée à soupe d'huile d'olive,
1 cuillerée à soupe de crème fraîche,
Sel, poivre.

1. Lavez les épinards, essorez-les, hachez-les finement ainsi que 3 gousses d'ail. Préchauffez le four th. 8 - 240°.
2. Etalez la viande sur une planche, salez et poivrez-la. Répartissez-y le hachis d'épinards et d'ail. Roulez-la et ficelez-la.
3. Arrosez avec l'huile et mettez au four pour 40 mn. Pelez toutes les gousses d'ail et mettez-les dans une cocotte avec le beurre, 10 cl d'eau chaude, du sel et du poivre.
4. Laissez étuver 20 mn à feu doux. Passez-les au mixeur et ajoutez la crème fraîche. Servez avec l'épaule d'agneau coupée en tranches.

DESSERT

COMPOTE DE BANANE

POUR 4 PERSONNES :

Préparation : 15 mn. Pas de cuisson.
Recette facile. Prix : bon marché.
7 bananes,
120 g de sucre,
10 cl de crème fraîche,
Le jus d'un demi-citron,
1 cuillerée à soupe de lait.

1. Epluchez 6 bananes et écrasez-les à la fourchette. Mélangez-les avec le sucre dans un saladier.
2. Battez la crème et le lait avec un fouet 2 mn. Ajoutez ce mélange à la purée de bananes.
3. Epluchez la dernière banane, coupez-la en rondelles et arrosez-les de jus de citron. Mettez la purée de banane 30 mn au réfrigérateur. Servez dans des coupes individuelles, décorez avec les rondelles de banane. Consommez bien frais.

Conseil du chef
Présentez les citrons farcis avec une salade de cresson et des tomates cerise.

POUR CE MENU LE SOMMELIER VOUS PROPOSE

Un blanc de la Vallée de la Loire

 *ENTRÉE*

 *PLAT*

 *DESSERT*

TERRINE AUX ST JACQUES

POUR 4 PERSONNES :

Préparation : 30 mn. Cuisson : 55 mn.
Recette facile. Prix modéré.
12 coquilles st Jacques,
1 kg de filets de merlan,
50 cl de crème fraîche épaisse,
10 cl de vin blanc sec,
4 œufs,
1 échalote hachée,
1 cuillerée à soupe de beurre,
Sel, poivre.

1. Faites fondre l'échalote dans le beurre. Mélangez le merlan émietté avec les œufs, la crème, l'échalote, le vin, du sel et du poivre.
2. Lavez les coquilles st Jacques, salez et poivrez-les. Versez la moitié de la préparation dans une terrine beurrée.
3. Répartissez-y les st Jacques et versez le reste de la préparation. Couvrez d'une feuille de papier aluminium et cuisez au bain-marie au four th. 7 - 210°. Laissez refroidir et servez coupé en tranches.

GRATIN AU THON

POUR 4 PERSONNES :

Préparation : 15 mn. Cuisson : 30 mn.
Recette facile. Prix : bon marché.
400 g de thon au naturel,
300 g de grains de maïs,
110 g de petits pois,
300 g de consommé de poulet,
400 g de tomates,
80 g de gruyère râpé,
70 g de pommes chips.

1. Mélangez le thon émietté, le maïs égoutté, les petits pois et le consommé. Mettez le mélange dans une cocotte beurrée.
2. Mettez dessus les tomates pelées. Mélangez le fromage râpé et les chips écrasées. Saupoudrez-en les tomates.
3. Faites cuire au four th. 6 - 180° pendant 30 mn. Gratinez les 5 dernières minutes de la cuisson. Servez bien chaud.

ANANAS AU THÉ

POUR 4 PERSONNES :

Préparation : 30 mn. Pas de cuisson.
Recette facile. Prix modéré.
1 ananas,
450 g d'eau,
180 g de sucre,
10 g de thé,
2 kiwis.

1. Dans une casserole, versez l'eau et le sucre. Mélangez et portez à ébullition. Versez le thé dans le sirop.
2. Laissez-le infuser 3 mn puis filtrez au-dessus d'un bac à glaçons. Placez dans le freezer et faites congeler 3 heures en remuant régulièrement le contenu à la fourchette.
3. Epluchez l'ananas, ôtez le centre, détaillez la pulpe en bâtonnets et répartissez-les sur les assiettes de service.
4. Epluchez les kiwis, mixez leur pulpe et versez ce coulis sur les ananas. Au moment de servir, ajoutez le granité de thé.

Conseil du chef
Accompagnez la terrine aux st Jacques d'un coulis de tomate.

289

POUR CE MENU LE SOMMELIER VOUS PROPOSE

Un Bergerac sec

St Ghislain

Sardines et navets rapés

E N T R É E

FENOUIL AUX CREVETTES

POUR 4 PERSONNES :

Préparation : 10 mn. Pas de cuisson.
Recette facile. Prix : bon marché.

2 bulbes de fenouil,
100 g de crevettes décortiquées,
2 citrons verts,
Sel, poivre.

1. Lavez les fenouils, épongez-les et émincez les bulbes finement. Disposez-les dans le plat de service.
2. Ajoutez-y les crevettes, salez et poivrez. Pressez 1 citron et coupez l'autre en rondelles.
3. Arrosez le fenouil et les crevettes avec le jus de citron, décorez avec les rondelles de citron et laissez macérer 1 heure dans le réfrigérateur. Servez bien frais.

P L A T

SARDINES ET NAVETS RAPÉS

POUR 4 PERSONNES :

Préparation : 15 mn. Cuisson : 10 mn.
Recette facile. Prix : bon marché.

8 sardines,
400 g de navets nouveaux,
300 g de fromage blanc,
1 bouquet de persil,
4 fines tranches de pain de seigle,
Sel, poivre.

1. Nettoyez les sardines et videz-les. Posez-les dans un plat avec un peu d'huile et faites-les griller 5 mn de chaque côté.
2. Epluchez les navets, râpez-les et mettez-les dans un saladier. Ajoutez-leur le fromage blanc, du sel, du poivre et mélangez.
3. Lavez, égouttez et hachez le persil. Disposez la préparation aux navets sur le plat de service, parsemez-la de persil.
4. Posez les sardines grillées sur les navets et servez sans attendre avec de fines tranches de pain de seigle toastées.

D E S S E R T

NOIR ET BLANC

POUR 4 PERSONNES :

Préparation : 25 mn. Cuisson : 15 mn.
Recette facile. Prix : bon marché.

1 litre de lait,
125 g de chocolat noir,
1 sachet de sucre vanillé,
50 g de farine,
50 g de beurre,
5 œufs,
150 g de sucre.

1. Faites fondre le chocolat au bain-marie à feu doux. Mélangez le sucre, la farine, 3 jaunes d'œuf et 2 œufs entiers.
2. Ajoutez doucement le lait chaud, mettez dans une casserole et faites chauffer jusqu'au premier bouillon.
3. Hors du feu, ajoutez le beurre en parcelles. Dans un récipient versez la moitié de la crème avec le sucre vanillé.
4. Versez le chocolat fondu dans l'autre moitié de la crème en mélangeant bien.
5. Versez en même temps les deux crèmes dans une grande coupe à dessert, elles ne se mélangeront pas. Servez froid.

Conseil du chef
Vous pouvez remplacer les sardines grillées par une daurade marinée au citron vert.

290

**POUR CE
MENU LE
SOMMELIER
VOUS
PROPOSE**

*Un rosé
de Touraine*

ENTRÉE
TRUITE FUMÉE
AUX PAMPLEMOUSSES

POUR 4 PERSONNES :

Préparation : 15 mn. Pas de cuisson.
Recette facile. Prix modéré.

8 tranches de truite fumée,
1 pamplemousse rose,
1 pamplemousse jaune,
1 pamplemousse vert,
3 endives,
2 cuillerées à soupe de crème épaisse,
1 cuillerée à soupe d'œufs de truite.

1. Dans les assiettes de service, formez
une demi-rosace avec quelques feuilles
d'endives lavées et essuyées.
2. Epluchez les pamplemousses à vif et
détachez leurs quartiers. Disposez-les à
côté des endives en alternant les couleurs.
3. Au centre, posez les tranches de
truite fumée avec une pointe de crème
épaisse. Décorez avec les œufs de truite et servez aussitôt.

PLAT
RIZ
CANTONAIS

POUR 4 PERSONNES :

Préparation : 10 mn. Cuisson : 30 mn.
Recette facile. Prix : bon marché.

200 g de riz,
100 g de petits pois,
2 tranches de jambon blanc,
2 œufs,
20 g de beurre,
1 cuillerée à soupe de fines herbes
hachées.

1. Faites cuire le riz dans 1/2 litre d'eau
bouillante salée. Battez les œufs avec
les fines herbes et faites-les cuire en
omelette.
2. Roulez-la et découpez-la en fines
lanières. Faites de même avec les
tranches de jambon. Cuisez les petits
pois à l'eau bouillante salée.
3. Egouttez-les. Faites chauffer le beurre dans une poêle, ajoutez le riz et
faites-le sauter à feu vif 5 mn. Ajoutez
les lanières d'omelette et de jambon.
4. Incorporez les petits pois au reste et
servez bien chaud.

DESSERT
CLÉMENTINES
À LA FRANGIPANE

POUR 4 PERSONNES :

Préparation : 15 mn. Cuisson : 40 mn.
Recette facile. Prix : bon marché.

85 g de frangipane en poudre,
165 g de clémentines épluchées,
120 g de beurre,
2 œufs,
65 g de sucre,
20 g de maïzena.

1. Préchauffez le four th. 5 - 150°.
Mélangez le sucre et la maïzena, battez
le mélange avec les œufs dans un saladier.
2. Ajoutez la frangipane, le beurre
ramolli coupé en petits morceaux et
battez au fouet électrique 3 mn.
3. Séparez les quartiers de clémentines
les uns des autres et coupez-les en
deux. Incorporez-les au mélange.
4. Versez la pâte dans un moule beurré
et faites cuire au four 40 mn. Démoulez
sur le plat de service et laissez refroidir
avant de servir.

Conseil du chef
Vous pouvez réaliser
la même recette
avec des tranches
de saumon au lieu
des tranches de truite.

POUR CE MENU LE SOMMELIER VOUS PROPOSE

Un Vouvray

ENTREE

 SPIC DE SAUMON

POUR 4 PERSONNES :

Préparation : 30 mn. Cuisson : 10 mn.
Recette facile. Prix modéré.

400 g de filets de saumon,
1 sachet de gelée au Madère,
1 sachet de court-bouillon,
1 œuf dur,
1 échalote,
1 citron,
Persil,
Cerfeuil,
Ciboulette.

1. Préparez la gelée selon le mode d'emploi. Laissez-la refroidir. Coupez le saumon en lanières. Préparez le court-bouillon selon le mode d'emploi.
2. Mettez-y le poisson à mariner 1 heure à froid. Faites-le pocher quelques minutes dans le court-bouillon, égouttez-le et laissez-le refroidir.
3. Versez 1 cm de gelée froide dans une terrine et faites prendre dans le réfrigérateur. Recouvrez-la avec un peu d'œuf dur écrasé, de fines herbes, d'échalote hachée et de rondelles de citron.
4. Ajoutez les lanières de saumon. Recouvrez de gelée et laissez prendre dans le réfrigérateur. Renouvelez le remplissage jusqu'à ce que le moule soit plein.
5. Placez au frais quelques heures avant de le présenter coupé en tranches.

PLAT

CHOU AU THON

POUR 4 PERSONNES :

Préparation : 20 mn. Cuisson : 20 mn.
Recette facile. Prix : bon marché.

1 petit chou vert,
1 boîte de thon au naturel,
2 tomates,
1 citron,
10 cl de mayonnaise,
Sel, poivre.

1. Faites cuire le chou dans une grande quantité d'eau bouillante salée 20 mn. Refroidissez-le sous l'eau courante et égouttez-le.
2. Emiettez le thon à la fourchette et mélangez-le à la mayonnaise. Détachez le chou feuille à feuille.
3. Mettez dans chacune d'elles un peu de préparation au thon et roulez-les. Disposez-les dans le plat de service.
4. Décorez avec les tomates coupées en quartiers et nappez de mayonnaise allongée avec le jus du citron. Servez bien frais.

DESSERT

CROUSTILLANT DE POIRES

POUR 4 PERSONNES :

Préparation : 30 mn. Cuisson : 3 mn.
Recette élaborée. Prix : bon marché.

2 poires,
100 g de comté,
4 feuilles de brick,
20 g de beurre,
2 cl d'huile,
15 cl de Porto.

1. Epluchez et taillez les poires en dés. Poêlez-les dans le beurre et égouttez-les. Laissez refroidir. Ajoutez le comté râpé et mélangez.
2. Etalez les feuilles de brick sur le plan de travail. Découpez les bords en rectangle et disposez-les au centre des feuilles.
3. Répartissez par-dessus le mélange poires-comté et repliez les feuilles de brick en portefeuille. Dans une casserole, versez le Porto.
4. Chauffez-le et faites-le réduire. Poêlez les croustillants 3 mn à feu doux dans l'huile. Disposez-les sur les assiettes avec le Porto autour. Servez sans attendre.

Conseil du chef

Poêlez les bricks au dernier moment pour préserver le croustillant.

POUR CE
MENU LE
SOMMELIER
VOUS
PROPOSE

Du cidre

ENTRÉE

SALADE
AU CROTTIN

POUR 4 PERSONNES :

Préparation : 20 mn. Cuisson : 10 mn.
Recette facile. Prix : bon marché.
4 crottins,
8 feuilles de laitue,
4 tranches de pain de mie,
3 cuillerées à soupe d'huile,
1 cuillerée à soupe de vinaigre,
1 cuillerée à soupe de moutarde,
Persil,
Herbes de Provence,
Sel, poivre.

1. Coupez chaque crottin en deux dans
le sens de l'épaisseur. Faites-les dorer
sous le gril du four 10 mn.
2. Lavez la laitue et essorez-la. Dans un
saladier, mélangez le vinaigre, du sel, du
poivre et la moutarde. Ajoutez l'huile.
3. Faites griller les tranches de pain de
mie et coupez-les en deux dans le sens
de la diagonale.
4. Dans les assiettes, mettez la laitue,
le pain de mie et les crottins. Arrosez la
salade de sauce moutardée et parsemez-la de persil haché.
5. Saupoudrez les crottins d'herbes de
Provence et servez-les aussitôt encore
chauds.

PLAT

LAPIN ROTI
AU CIDRE

POUR 4 PERSONNES :

Préparation : 30 mn. Cuisson : 1 h.
Recette facile. Prix : bon marché.
1 lapin,
3 cuillerées à soupe d'huile,
4 pommes,
3 gousses d'ail,
3/4 de litre de cidre,
2 branches de thym,
2 branches de persil,
Sel, poivre.

1. Coupez le lapin en morceaux et mettez-les dans une cocotte avec l'huile, le
persil et les gousses d'ail non épluchées.
2. Coupez chaque pomme en quatre,
ôtez le cœur et les pépins et mettez-les
dans la cocotte. Placez le tout au four.
3. Faites cuire th. 8 - 240° pendant
30 mn. Arrosez avec le cidre et remettez au four pour 30 mn. Servez bien
chaud avec des petits lardons et des
pâtes fraîches.

DESSERT

AGRUMES
À LA CANNELLE

POUR 4 PERSONNES :

Préparation : 25 mn. Cuisson : 3 mn.
Recette facile. Prix : bon marché.
2 pamplemousses jaunes,
2 pamplemousses roses,
2 oranges,
1 citron jaune,
1 citron vert,
3 clémentines,
15 g de cannelle,
40 g de sucre,
30 g de beurre.

1. Epluchez tous les fruits à vif. Détachez leurs quartiers avec une lame de
couteau bien aiguisée.
2. Mettez-les dans une casserole et
faites-les cuire 3 mn sur feu vif avec le
sucre, le beurre et la cannelle.
3. Egouttez-les et répartissez-les dans
les assiettes à dessert en alternant les
couleurs. Dégustez immédiatement.

Conseil du chef

Vous pouvez ajouter
une boule de glace
à la vanille aux agrumes.

POUR CE MENU LE SOMMELIER VOUS PROPOSE

Un Pécharmant

ENTRÉE

SALADE D'ENDIVES AUX NOIX ET AUX LARDONS

POUR 4 PERSONNES :

Préparation : 10 mn. Cuisson : 3 mn.
Recette facile. Prix : bon marché.

6 endives,
12 cerneaux de noix,
200 g de lardons,
1 bouquet de ciboulette,
3 cuillerées à soupe d'huile de noix,
2 cuillerées à soupe de vinaigre,
1 cuillerée à soupe de moutarde,
Sel, poivre.

1. Lavez, essorez les endives et coupez-les en lamelles. Dans un saladier, mélangez le vinaigre avec du sel, du poivre, la moutarde. Ajoutez l'huile et mélangez à nouveau.
2. Faites revenir les lardons dans une poêle anti-adhésive à sec. Réservez-les. Mélangez les endives à la vinaigrette moutardée.
3. Répartissez la salade dans les assiettes, parsemez de lardons, de cerneaux de noix et de ciboulette hachée. Servez de suite.

Conseil du chef
Décorez les mini-bombes glacées de brisures de marron glacé et accompagnez d'une crème anglaise.

PLAT

CANETTE AU CURRY

POUR 4 PERSONNES :

Préparation : 10 mn. Cuisson : 15 mn.
Recette facile. Prix modéré.

4 cuisses de canette,
400 g de tomates pelées,
15 cl de yaourt nature non sucré,
2 cuillerées à soupe d'huile,
1 oignon émincé,
1 gousse d'ail écrasée,
1 cuillerée à soupe de curry en poudre,
15 cl de bouillon de poule,
2 cuillerées à café de jus de citron,
1 feuille de laurier,
Sel.

1. Faites chauffer l'huile dans l'autocuiseur et mettez-y l'ail et l'oignon à dorer. Egouttez-les et réservez.
2. Faites rissoler les cuisses de canette et réservez-les. Ajoutez le curry au reste d'huile, cuisez 2 mn puis retirez du feu.
3. Remettez l'oignon, l'ail, la canette dans l'autocuiseur et ajoutez-leur les tomates et leur jus, le bouillon, le jus de citron, le laurier.
4. Salez et mélangez. Fermez et faites cuire 15 mn à partir de la mise en rotation de la soupape. Ouvrez, retirez le laurier.
5. Incorporez le yaourt. Présentez les cuisses de canette sur les assiettes, mélangez la sauce et versez-la dessus. Servez chaud.

DESSERT

BOMBE GLACÉE AUX MARRONS

POUR 4 PERSONNES :

Préparation : 40 mn. Pas de cuisson.
Recette facile. Prix : bon marché.

250 g de crème de marrons vanillée,
100 g de chocolat noir,
450 g de crème liquide,
5 cl d'Armagnac,
200 g de sucre,
50 g d'eau,
125 g de jaunes d'œuf.

1. Dans une casserole, versez l'eau et le sucre. Portez à ébullition et stoppez la cuisson lorsque le caramel devient blond. Versez-le sur les jaunes d'œuf battus. Fouettez énergiquement jusqu'à ce que la préparation refroidisse.
2. Dans un saladier, versez la crème de marrons, ajoutez l'Armagnac et travaillez à la spatule pour obtenir un mélange mou et homogène. Ajoutez le contenu de la casserole. Fouettez 350 g de crème liquide et incorporez-la délicatement dans le saladier.
3. Versez dans des moules individuels et mettez à glacer dans le freezer. Faites fondre le chocolat au bain-marie et incorporez le reste de crème liquide portée à ébullition. Sortez les moules, démoulez-les dans les assiettes et nappez de chocolat. Servez aussitôt.

POUR CE MENU LE SOMMELIER VOUS PROPOSE

Un Cahors

15

OCTOBRE

Ste Thérèse d'Avila

Profiterolles

ENTRÉE

ANGUILLE FUMÉE EN SALADE

POUR 4 PERSONNES :

Préparation : 15 mn. Pas de cuisson.
Recette facile. Prix modéré.

200 g d'anguille fumée,
150 g de champignons de Paris,
1/2 boîte de cœurs de palmier,
2 avocats,
3 citrons,
3 rollmops,
25 cl de crème liquide,
Fines herbes,
5 g de coriandre,
3 cuillerées à soupe d'huile d'olive,
Quelques feuiles de laitue,
Sel.

1. Nettoyez les champignons et émincez-les. Disposez-les dans un saladier et arrosez du jus de 2 citrons et de l'huile d'olive.
2. Saupoudrez de coriandre écrasée et laissez mariner 1 heure. Détaillez les cœurs de palmier en rondelles et taillez les avocats épluchés et dénoyautés en dés. Citronnez-les.
3. Coupez l'anguille fumée et les rollmops en morceaux. Répartissez tous les ingrédients dans les assiettes de service. Mélangez dans un bol la marinade des champignons, la crème, du sel et des fines herbes.
4. Arrosez la salade avec cette sauce et servez-la bien fraîche.

PLAT

VOL-AU-VENT À LA RATATOUILLE

POUR 4 PERSONNES :

Préparation : 15 mn. Cuisson : 15 mn.
Recette facile. Prix : bon marché.

4 croûtes en pâte feuilletée,
100 g de ratatouille,
2 blancs de poulet cuits,
20 olives noires dénoyautées,
200 g de jambon blanc,
1/4 litre de sauce béchamel,
2 cuillerées à soupe de concentré
de tomate.

1. Coupez en dés le poulet et le jambon. Mélangez la béchamel et le concentré de tomate et réchauffez-les. Dans une casserole, portez à ébullition la ratatouille, le poulet, le jambon et les olives.
2. Faites chauffer les croûtes de vol-au-vent au four th. 3 - 90° pendant 15 mn. Placez-les dans les assiettes chaudes et garnissez-les avec la préparation à la ratatouille.
3. Remettez les couvercles sur les croûtes et nappez-les de sauce béchamel à la tomate chaude. Servez immédiatement.

DESSERT

PROFITEROLLES

POUR 4 PERSONNES :

Préparation : 40 mn. Cuisson : 10 mn.
Recette élaborée. Prix : bon marché.

16 petits choux,
1/2 litre de crème glacée à la vanille,
200 g de chocolat noir à pâtisser,
4 cuillerées à soupe de crème fraîche,
2 cuillerées à soupe de beurre,
4 cuillerées à soupe de noisettes pilées.

1. Découpez un chapeau à chaque chou et remplissez-les de glace à la vanille. Mettez-les dans le freezer jusqu'au moment de servir.
2. Cassez le chocolat dans une casserole, mouillez de 2 verres d'eau chaude et faites-le fondre doucement en remuant.
3. Portez à ébullition 2 mn. Hors du feu, ajoutez la crème en fouettant puis faites chauffer sans bouillir.
4. Ajoutez le beurre en parcelles en fouettant énergiquement. Dressez les choux dans les assiettes à dessert.
5. Nappez-les de sauce au chocolat chaude et parsemez-les de noisettes pilées. Servez sans attendre.

Conseil du chef
Vous pouvez ajouter à la salade des harengs fumés en morceaux.

295

POUR CE MENU LE SOMMELIER VOUS PROPOSE

Un Touraine Azay-le-Rideau blanc

ENTRÉE

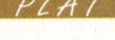

PAMPLEMOUSSES AUX AVOCATS

POUR 4 PERSONNES :

Préparation : 10 mn. Pas de cuisson.
Recette facile. Prix : bon marché.

2 pamplemousses roses,
2 avocats,
200 g de champignons de Paris,
1/2 botte de persil,
Le jus d'un citron vert,
20 cl d'huile d'olive,
Sel, poivre.

1. Pelez et taillez à vif les pamplemousses au-dessus d'un saladier pour récupérer le jus. Détachez les quartiers les uns des autres.
2. Nettoyez les champignons et coupez-les en lamelles. Epluchez les avocats, coupez-les en deux, ôtez leur noyau, émincez-les et citronnez-les.
3. Dans un bol, mettez le reste du jus de citron, le sel, le jus de pamplemousse et mélangez. Ajoutez l'huile et mélangez à nouveau.
Réunissez tous les ingrédients dans un saladier et arrosez-les avec la sauce.
4. Saupoudrez avec le persil haché et servez bien frais.

PLAT

ST JACQUES POÊLÉES

POUR 4 PERSONNES :

Préparation : 15 mn. Cuisson : 5 mn.
Recette facile. Prix modéré.

16 st Jacques avec corail,
2 tomates,
200 g de haricots verts,
2 cuillerées à soupe d'huile d'olive,
Basilic haché,
Sel, poivre.

1. Faites dorer les st Jacques dans une poêle avec l'huile 2,5 mn de chaque côté. Réservez-les au chaud.
2. Dans la même poêle, faites cuire les tomates coupées en morceaux et les haricots verts. Salez et poivrez-les.
3. Répartissez dans les assiettes les légumes et les st Jacques. Saupoudrez-les de basilic haché. Nappez du jus de cuisson que vous aurez fait réduire préalablement. Servez immédiatement.

DESSERT

KRUMBLE PRALINÉ

POUR 4 PERSONNES :

Préparation : 10 mn. Cuisson : 10 mn.
Recette facile. Prix : bon marché.

40 g de farine,
20 g de sucre roux,
4 pommes,
1 boîte de crème pralinée,
20 g de poudre d'amandes,
25 g de beurre.

1. Préchauffez le four th. 6 - 180°. Epluchez les pommes et coupez-les en fines lamelles. Déposez-les dans 4 ramequins.
2. Dans un saladier, mélangez la farine, le sucre, la poudre d'amandes et le beurre ramolli coupé en petits morceaux.
3. Travaillez ce mélange avec les mains jusqu'à l'obtention d'une consistance sableuse. Recouvrez les pommes de cette préparation.
4. Faites cuire au four 10 mn, puis position gril 1 mn. Servez le crumble tiède avec la crème pralinée.

Conseil du chef

Vous pouvez remplacer 1 pamplemousse par 2 citrons.

POUR CE
MENU LE
SOMMELIER
VOUS
PROPOSE

Un Fleurie

17

OCTOBRE

St Baudouin

Flans de navet

ENTRÉE

FLANS
DE NAVET

POUR 4 PERSONNES :

Préparation : 10 mn. Cuisson : 30 mn.
Recette facile. Prix : bon marché.

500 g de navets,
3 œufs,
3 cuillerées à soupe de crème fraîche,
2 cuillerées à soupe de cerfeuil haché,
Sel, poivre.

1. Faites cuire les navets 10 mn dans l'autocuiseur. Réduisez-les en purée. Ajoutez les œufs battus en omelette, la crème fraîche, le cerfeuil, du sel et du poivre.
2. Faites cuire dans des ramequins au bain-marie dans le four th. 5 - 150° pendant 20 mn.
3. Servez démoulé et accompagné d'une salade de mâche ou de cresson.

Conseil du chef

Salez modérément l'onglet et les légumes à cause des lardons.

PLAT

ONGLET AUX
PETITS LÉGUMES

POUR 4 PERSONNES :

Préparation : 15 mn. Cuisson : 10 mn.
Recette facile. Prix : bon marché.

4 tranches d'onglet,
200 g de carottes,
200 g de poireaux,
150 g de lardons,
40 g de beurre,
Sel, poivre.

1. Faites fondre 30 g de beurre dans une sauteuse et faites-le chauffer jusqu'à ce qu'il soit noisette. Mettez-y les tranches d'onglet à saisir sur les deux faces 1 mn de chaque côté.
2. Réservez-les au chaud. Mettez les lardons dans la sauteuse et faites-les rissoler. Ajoutez les carottes coupées en rondelles, les poireaux émincés. Salez et poivrez.
3. Mouillez d'eau à hauteur des légumes et faites cuire à feu vif 10 mn. Egouttez les lardons et les légumes. Répartissez-les sur les assiettes chaudes. Posez les tranches d'onglet dessus.
4. Mélangez le jus de la viande et le jus des légumes et faites-les réduire. Incorporez-y le beurre et nappez les onglets et les légumes avec cette sauce. Servez aussitôt.

DESSERT

GATEAU
IRLANDAIS

POUR 4 PERSONNES :

Préparation : 20 mn. Pas de cuisson.
Recette facile. Prix : bon marché.

1 petite génoise,
150 g de chocolat noir amer,
3 blancs d'œuf,
1 noisette de beurre,
40 cl de crème fleurette,
1 tasse de café très fort,
1 verre de whisky,
Quelques grains de café confiseur.

1. Faites fondre 100 g de chocolat au bain-marie avec 1/2 verre d'eau. Battez les blancs en neige et versez le chocolat fondu dessus.
2. Battez la crème très froide en chantilly et mettez-la en attente dans le réfrigérateur. Coupez la génoise en trois dans le sens de l'épaisseur.
3. Placez un disque dans le fond d'un moule et humectez avec le mélange café-whisky. Etalez dessus une couche de chocolat. Avec une poche à douille recouvrez la surface avec la chantilly.
4. Recouvrez d'un deuxième disque et humectez-le comme le premier. Puis alternez à nouveau une couche de chocolat et une de chantilly. Terminez avec le troisième disque de génoise humecté.
5. Placez dans le réfrigérateur. Faites fondre le reste de chocolat avec un peu d'eau. Incorporez le beurre et battez pour bien mélanger. Plongez le moule quelques secondes dans l'eau bouillante.
6. Démoulez le gâteau sur une plaque et versez le chocolat dessus. Etalez avec une spatule et remettez au frais jusqu'au moment de servir.

297

POUR CE MENU LE SOMMELIER VOUS PROPOSE

Un Vignalta rosso

18
OCTOBRE

St Luc

Clafoutis aux poires

ENTRÉE

POLENTA AUX PLEUROTES

POUR 4 PERSONNES :

Préparation : 40 mn. Cuisson : 10 mn.
Recette facile. Prix : bon marché.

50 g de pleurotes,
185 g de farine de maïs,
3 cuillerées à soupe d'huile d'olive,
4 gousses d'ail,
1 cuillerée à soupe de romarin,
1 cuillerée à soupe de persil,
1,5 litre d'eau,
1 cuillerée à café de sel de mer,
60 g de beurre,
Sel, poivre.

1. Coupez les pleurotes en morceaux, faites chauffer l'huile dans une poêle et jetez dedans les champignons et l'ail épluché et émincé.
2. Faites-les revenir 10 mn. A mi-cuisson, ajoutez le romarin haché, du sel fin, du poivre, le persil haché et réservez.
3. Portez l'eau à ébullition dans une casserole, ajoutez-y le sel de mer et incorporez en pluie fine la farine de maïs en remuant constamment.
4. Faites cuire 10 mn sans cesser de remuer. Ajoutez le beurre, mélangez. Disposez la polenta dans le plat de service avec par-dessus les pleurotes encore chaudes.

PLAT

PIZZA AU CHORIZO

POUR 4 PERSONNES :

Préparation : 20 mn. Cuisson : 30 mn.
Recette facile. Prix : bon marché.

200 g de pâte à pain,
4 tomates,
2 chorizos,
100 g de parmesan râpé,
2 tranches de salami,
2 oignons,
1 cuillerée à soupe de concentré de tomate,
2 cuillerées à soupe d'huile d'olive,
Basilic haché.

1. Ebouillantez les tomates quelques secondes et pelez-les. Coupez leur chair en dés. Epluchez et émincez les oignons.
2. Faites chauffer l'huile dans une poêle et faites-y revenir tomates et oignons. Ajoutez le concentré de tomate et le basilic haché.
3. Formez avec la pâte un grand rond ou quatre petits. Répartissez dessus le mélange tomates-oignons, des rondelles de chorizo, des morceaux de salami et saupoudrez de parmesan râpé.
4. Enfournez th. 6 - 180° pendant 30 mn. Servez la grande pizza coupée en parts ou les pizzas individuelles dès la sortie du four avec de l'huile piquante.

DESSERT

CLAFOUTIS AUX POIRES

POUR 4 PERSONNES :

Préparation : 20 mn. Cuisson : 40 mn.
Recette facile. Prix : bon marché.

120 g de farine,
5 œufs,
20 cl de lait,
80 g de sucre,
5 poires,
20 g de beurre,
1 pincée de sel.

1. Dans un grand saladier, mélangez la farine et les œufs. Ajoutez le sel, le sucre et amalgamez le tout avant de verser le lait.
2. Epluchez les poires, épépinez-les et coupez-les en rondelles. Incorporez-les dans la pâte et versez l'ensemble dans une tourtière beurrée.
3. Parsemez la préparation de noisettes de beurre et faites cuire au four th. 7 - 210° pendant 40 mn. Servez tiède ou froid.

Conseil du chef
vous pouvez aussi ajouter des cèpes aux pleurotes en mettant la même quantité de chaque.

POUR CE
MENU LE
SOMMELIER
VOUS
PROPOSE

Un Pomerol

ENTRÉE

TERRINE DE LIÈVRE AUX NOISETTES

POUR 4 PERSONNES :

Préparation : 30 mn. Cuisson : 1 h 30.
Recette élaborée. Prix modéré.

1,5 kg de cuisses de lièvre,
200 g de veau, 200 g de lardons,
250 g de noisettes décortiquées,
2 cuillerées à soupe de persil haché,
1 cuillerée à café de thym émietté,
25 cl de vin blanc, 2 œufs,
7 bardes de lard, 1 feuille de laurier,
Sel, poivre.

1. Désossez les cuisses de lièvre et détaillez la viande de lièvre et de veau en petits morceaux. Hachez-les avec les lardons. Ajoutez 20 cl de vin blanc, le persil, le thym, le laurier, du sel et du poivre.
2. Mélangez, couvrez et laissez mariner 2 heures au frais. Faites griller les noisettes dans une poêle et hachez-en la moitié. Réservez le reste. Sortez la viande du réfrigérateur. Préchauffez le four th. 6 - 180°.
3. Placez à l'intérieur un récipient rempli d'eau pour faire un bain-marie. Tapissez la paroi d'une terrine avec les bardes de lard. Incorporez à la viande les noisettes hachées et les œufs battus et mélangez bien.
4. Répartissez 1/3 de cette préparation dans la terrine, versez la moitié des noisettes entières, renouvelez une fois cette opération et terminez par une couche de viande. Versez le reste de vin et recouvrez de bardes de lard.
5. Protégez d'une feuille d'aluminium et faites cuire au bain-marie 1 h 30. Sortez la terrine du four et faites couler le jus de cuisson. Laissez tiédir dans le moule et servez froid.

PLAT

FILET DE BŒUF AU POIVRE

POUR 4 PERSONNES :

Préparation : 15 mn. Cuisson : 15 mn.
Recette facile. Prix : bon marché.

4 tranches de filet
4 cuillerées à soupe
de poivre vert concassé,
4 cuillerées à soupe de vin blanc sec,
2 cuillerées à soupe de moutarde forte,
1 cuillerée à café de maïzena,
30 g de beurre,
10 cl de lait,
Sel.

1. Etalez la moitié du poivre sur une assiette plate. Posez dessus une tranche de viande en appuyant. Procédez ainsi pour l'autre côté.
2. Renouvelez l'opération pour les trois autres tranches de viande. Faites-les cuire au beurre à la poêle 7 mn de chaque côté.
3. Réservez-les au chaud. Déglacez la poêle avec le vin blanc, incorporez la maïzena délayée dans un peu d'eau froide.
4. Remuez, ajoutez la moutarde, le lait, du sel et versez sur la viande. Servez bien chaud accompagné de petits légumes cuits à la vapeur.

DESSERT

BRIOCHES AU CITRON

POUR 4 PERSONNES :

Préparation : 15 mn. Cuisson : 10 mn.
Recette facile. Prix : bon marché.

4 tranches de pain brioché,
100 g de sucre semoule,
100 g d'amandes en poudre,
1 blanc d'œuf,
1/2 citron,
1 écorce d'orange confite.

1. Dans un saladier, travaillez au fouet le blanc d'œuf et le sucre en poudre pour obtenir une crème. Ajoutez la poudre d'amandes, le zeste du demi-citron râpé, son jus et le morceau d'écorce d'orange confite finement haché.
2. A l'aide d'une spatule, étalez cette crème sur les tranches de pain brioché et déposez-les sur une plaque beurrée. Faites-les cuire au four th. 6 - 180° pendant 10 mn. Servez-les chaudes ou tièdes.

Conseil du chef

Surveillez la cuisson des brioches au citron pour ne pas qu'elles brûlent sur le dessus.

POUR CE MENU LE SOMMELIER VOUS PROPOSE

Un Sancerre rosé

20
OCTOBRE

Ste Adeline

Spaghetti aux fruits de mer

ENTRÉE
CHÈVRES AUX CHAMPIGNONS

POUR 4 PERSONNES :

Préparation : 20 mn. Cuisson : 15 mn.
Recette facile. Prix : bon marché.

8 petits chèvres frais,
200 g de champignons de Paris,
30 g de beurre,
40 g de cerneaux de noix,
1 citron,
1 laitue,
Pluches de cerfeuil.

1. Nettoyez les champignons, ôtez le bout terreux et hachez-les finement. Faites-les suer avec le beurre à couvert dans une poêle avec le jus de citron. Laissez refroidir.
2. Hachez finement les cerneaux de noix et mélangez-les avec les champignons. Roulez les chèvres dans ce mélange. Lavez et essorez la laitue et disposez les feuilles sur le plat de service.
3. Placez les chèvres frais enrobés du mélange noix-champignons dessus et parsemez de pluches de cerfeuil. Servez bien frais.

PLAT
SPAGHETTI AUX FRUITS DE MER

POUR 4 PERSONNES :

Préparation : 30 mn. Cuisson : 30 mn.
Recette facile. Prix modéré.

250 g de spaghetti,
8 noix de st Jacques et leur corail,
1/2 litre de moules,
200 g de crevettes,
Huile d'olive,
2 gousses d'ail,
Basilic,
1 pointe de safran,
Sel, poivre.

1. Faites cuire les spaghetti dans une grande quantité d'eau salée 10 mn et égouttez-les. Séparez le corail des noix de st Jacques et coupez celles-ci en deux dans le sens de l'épaisseur.
2. Faites-les revenir dans l'huile d'olive ainsi que les crevettes décortiquées, l'ail épluché et haché finement, du sel et du poivre. Faites ouvrir les moules dans une grande casserole sur feu vif.
3. Décoquillez-les. Dans une sauteuse avec de l'huile, réchauffez les spaghetti, les moules, les crevettes et les st Jacques. Ajoutez le safran, le basilic, du sel et du poivre et mélangez.
4. Couvrez et laissez chauffer quelques minutes en remuant. Disposez les spaghetti aux fruits de mer dans le plat de service chaud et servez-les immédiatement.

DESSERT
TARTE AUX CHATAIGNES

POUR 4 PERSONNES :

Préparation : 15 mn. Cuisson : 1 h 15.
Recette facile. Prix modéré.

800 g de châtaignes,
4 œufs,
150 g de sucre,
30 g de beurre.

1. Faites bouillir les châtaignes 5 mn dans l'eau. Epluchez-les au fur et à mesure de leur cuisson. Mettez-les dans une casserole et recouvrez-les d'eau. Laissez cuire 30 mn et passez-les au mixeur.
2. Mettez cette purée de châtaignes dans un saladier et mélangez-la avec le sucre et les jaunes d'œuf. Battez les blancs en neige et incorporez-les à la purée.
3. Beurrez un moule et versez-y cette préparation. Faites cuire au four th. 6 - 180° pendant 45 mn. Laissez refroidir la tarte avant de la démouler.

Conseil du chef
Vous pouvez hacher les champignons la veille et les laisser mariner dans le citron une nuit.

ENTRÉE

SOUPE AUX CÉLERIS

POUR 4 PERSONNES :

Préparation : 20 mn. Cuisson : 45 mn.
Recette facile. Prix : bon marché.

1 cœur de céleri-branche, 1/2 céleri-rave,
250 g de pommes de terre,
30 g de beurre,
1 bouillon-cube de volaille,
200 g de blancs de poulet,
Fines herbes, sel, poivre.

1. Lavez le cœur de céleri, séparez les côtes les unes des autres et lavez-les. Pelez-les émincez-les. Faites-les étuver à feu doux dans l'autocuiseur avec le beurre 10 mn.
2. Pelez le céleri-rave et découpez-le en petits cubes. Mettez-les dans l'autocuiseur et versez 1,25 litre de bouillon de volaille chaud fait avec le bouillon-cube. Laissez cuire à petits frémissements 15 mn.
3. Ajoutez les pommes de terre épluchées et coupées en dés et laissez bouillir 20 mn. Ajoutez les blancs de poulet émincés et laissez bouillir 10 mn. Ajoutez les fines herbes et servez chaud.

Conseil du chef
Vous pouvez remplacer le sanglier par du chevreuil.

PLAT

FILET DE SANGLIER FLAMBÉ

POUR 4 PERSONNES :

Préparation : 15 mn. Cuisson : 25 mn.
Recette facile. Prix modéré.

2 filets de sanglier,
450 g de haricots verts,
20 g de beurre,
3 cuillerées à soupe d'échalotes hachées,
10 cl de Cognac,
3 grains de genièvre,
Quelques brins de ciboulette,
Sel, poivre.

1. Portez 1 casserole d'eau salée à ébullition et faites-y cuire les haricots verts 5 mn après la reprise de l'ébullition. Egouttez-les et réservez-les au chaud.
2. Coupez les filets de sanglier en escalopes et assaisonnez-les. Dans une poêle, faites fondre 10 g de beurre. Versez-y les échalotes et laissez-les blondir quelques minutes en mélangeant. Retirez du feu et réservez.
3. A la place, faites chauffer le reste du beurre et mettez les escalopes de sanglier à cuire 3 mn de chaque côté. Ajoutez le genièvre écrasé, les échalotes, mélangez, versez le Cognac et flambez.
4. Retirez les escalopes et déglacez la poêle avec un peu d'eau. Répartissez les tranches de sanglier sur les assiettes, déposez des petites bottes de haricots verts à côté liées avec un brin de ciboulette.
5. Nappez le tout de sauce et servez aussitôt bien chaud.

DESSERT

GÂTEAU À LA COMPOTE DE RHUBARBE

POUR 4 PERSONNES :

Préparation : 30 mn. Cuisson : 45 mn.
Recette facile. Prix : bon marché.

4 œufs,
750 g de sucre en poudre,
1 pincée de sel,
90 g de beurre,
125 g de farine,
1 cuillerée à café de levure,
3 tiges de rhubarbe,
25 g de sucre en morceaux,
1/2 orange.

1. Séparez les blancs des jaunes d'œuf, battez les jaunes avec le sucre en poudre et ajoutez le beurre ramolli, la farine, le sel et la levure.
2. Battez les blancs d'œuf en neige ferme et ajoutez-les à la préparation. Versez dans un moule à manqué beurré et mettez au four th. 6 - 180° pendant 45 mn.
3. Faites cuire les tiges de rhubarbe coupées en petits morceaux avec 1/2 verre d'eau, le sucre en morceaux et la demi-orange coupée en cubes. Laissez refroidir.
4. Découpez un chapeau dans le gâteau refroidi, creusez-le légèrement et mettez la compote de rhubarbe au centre. Servez immédiatement.

POUR CE
MENU LE
SOMMELIER
VOUS
PROPOSE

*Un rosé
de la Vallée
du Rhône*

ENTRÉE

TARTE À LA CAROTTE

POUR 4 PERSONNES :

Préparation : 30 mn. Cuisson : 20 mn.
Recette facile. Prix : bon marché.

500 g de farine,
250 g de beurre,
10 cl d'eau,
3 œufs,
1 kg de carottes,
1/2 litre de crème fraîche,
Muscade,
Sel, poivre.

1. Dans un saladier, travaillez du bout des doigts la farine et le beurre coupé en petits morceaux. Salez, ajoutez un peu d'eau et formez une boule avec la pâte. Recouvrez-la d'aluminium et mettez-la au frais 30 mn.
2. Epluchez et râpez les carottes. Plongez-les 5 mn dans l'eau bouillante salée et égouttez-les. Battez les œufs en omelette et ajoutez la crème fraîche en continuant de battre. Incorporez les carottes râpées, 1 pointe de muscade, du sel et du poivre.
3. Préchauffez le four th. 7 - 210°. Etalez la pâte et garnissez-en un moule à tarte beurré. Remplissez-le de garniture et enfournez pour 20 mn. Démoulez la tarte à la sortie du four et servez-la tiède.

PLAT

TARTE SOUFFLÉE FROMAGÈRE

POUR 4 PERSONNES :

Préparation : 20 mn. Cuisson : 30 mn.
Recette facile. Prix : bon marché.

250 g de pâte brisée,
100 g de semoule de blé fine,
200 g de chèvre frais,
2 œufs,
10 cl de crème fraîche épaisse,
Poivre.

1. Versez la semoule dans un bol, couvrez d'eau bouillante, laissez gonfler 5 mn et égrénez à la fourchette.
2. Dans un saladier, écrasez à la fourchette le chèvre, ajoutez les jaunes d'œuf, la semoule et la crème.
3. Mélangez bien et préchauffez le four th. 6 - 180°. Etalez la pâte et garnissez-en un moule à tarte beurré.
4. Montez les blancs d'œuf en neige et incorporez-les dans le saladier. Versez la préparation sur la pâte.
5. Faites cuire au four 20 mn et servez tiède ou froid.

Conseil du chef
Vous pouvez également ajouter un chèvre sec émietté à la préparation de la tarte fromagère.

DESSERT

MOUSSE MARBRÉE

POUR 4 PERSONNES :

Préparation : 20 mn. Pas de cuisson.
Recette facile. Prix : bon marché.

125 g de chocolat noir,
125 g de chocolat blanc,
6 œufs,
2 cuillerées à soupe de rhum,
1 pincée de sel,
40 g de beurre,
2 cuillerées à soupe de café très fort.

1. Faites fondre le chocolat noir cassé en morceaux dans le café au bain-marie. Faites fondre le chocolat blanc cassé en morceaux au bain-marie également.
2. Séparez les jaunes d'œuf des blancs. Ajoutez le rhum et 3 jaunes d'œuf au chocolat noir fondu. Ajoutez le beurre et 3 jaunes d'œuf au chocolat blanc fondu.
3. Montez les blancs d'œuf en neige ferme avec une pincée de sel et séparez la neige obtenue en 2 parts égales. Incorporez chaque moitié dans chacun des chocolats.
4. Faites prendre les mousses 2 heures dans le réfrigérateur et mélangez-les délicatement ensemble de façon à obtenir une mousse marbrée et répartissez-la dans des coupes individuelles.

POUR CE
MENU LE
SOMMELIER
VOUS
PROPOSE

Un
Bourgogne
rouge

ENTRÉE
SOUPE AU LARD

POUR 4 PERSONNES :

Préparation : 20 mn. Cuisson : 2 h.
Recette facile. Prix : bon marché.
1 morceau de lard maigre et dessalé,
1 chou vert,
250 g de carottes,
2 navets,
2 poireaux,
500 g de pommes de terre,
1 oignon,
2 clous de girofle,
1 bouquet garni,
Sel, poivre.

1. Lavez le chou et coupez-le en 4. Epluchez et lavez les carottes, les navets et les poireaux. Pelez l'oignon. Placez le lard, le chou et les autres légumes (sauf les pommes de terre) dans une marmite d'eau bouillante.
2. Ajoutez le bouquet garni, du poivre et l'oignon piqué des clous de girofle. Laissez cuire 1 heure à feu moyen. Lavez les pommes de terre et ajoutez-les non épluchées dans la marmite. Laissez cuire à petit feu 1 heure.
3. Versez la soupe dans une soupière chaude, vérifiez l'assaisonnement et servez-la bien chaude.

PLAT
FAISAN
AU RAISIN

POUR 4 PERSONNES :

Préparation : 15 mn. Cuisson : 1 h.
Recette facile. Prix modéré.
500 g de raisin noir,
20 cl de crème fraîche,
80 g de beurre,
2 cuillerées à soupe d'huile,
Poivre en grains,
Sel, poivre.

1. Pressez 300 g de raisin noir et recueillez-en le jus. Faites dorer sur toutes ses faces le faisan bardé, salé et poivré dans une cocotte avec le beurre et l'huile.
2. Mouillez avec le jus de raisin noir et laissez cuire 1 heure à feu moyen. Salez et poivrez. Dix minutes avant la fin de la cuisson, ajoutez la crème fraîche, le poivre en grains, les grains de raisin lavés et essuyés et servez le tout bien chaud.

DESSERT
GÂTEAU
AUX NOISETTES

POUR 4 PERSONNES :

Préparation : 20 mn. Cuisson : 40 mn.
Recette facile. Prix modéré.
3 blancs d'œuf,
120 g de sucre en poudre,
80 g de farine,
80 g de beurre,
80 g de noisettes concassées,
12 noisettes entières.

1. Battez les blancs d'œuf en neige au fouet électrique. Ajoutez-leur le sucre en pluie et continuez de battre.
2. Ajoutez la farine, le beurre ramolli et les noisettes concassées. Versez dans un moule à manqué beurré et répartissez les noisettes entières à la surface.
3. Faites cuire au four th. 6 - 180° pendant 40 mn. Vérifiez la cuisson avant de sortir le gâteau du four et démoulez-le. Laissez-le refroidir avant de le servir.

Conseil du chef

N'utilisez pas
de lard fumé
pour la soupe.

POUR CE MENU LE SOMMELIER VOUS PROPOSE

Un Corbières

ENTRÉE

ŒUFS AU FOUR

POUR 4 PERSONNES :

Préparation : 10 mn. Cuisson : 10 mn.
Recette facile. Prix : bon marché.

4 œufs, 50 g de beurre,

4 cuillerées à soupe de crème fraîche,

4 cuillerées à soupe de gruyère râpé,

Sel, poivre.

1. Préchauffez le four th. 7 - 210°. Séparez les blancs des jaunes d'œuf. Ajoutez 1 pincée de sel aux blancs d'œuf et battez-les en neige très ferme.
2. Incorporez-leur un peu de poivre. Enduisez 4 petits plats à gratin avec le beurre et mettez le quart des blancs en neige dans chacun d'eux.
3. Avec le dos d'une cuillère à soupe, faites un creux au centre de chaque petit plat et versez-y délicatement 1 jaune d'œuf. Entourez chaque jaune d'une cuillère de crème fraîche.
4. Saupoudrez de gruyère râpé et glissez les plats dans le four. Cuisez 10 mn et servez dès la sortie du four.

Conseil du chef

Accompagnez les hamburgers d'une salade verte ou de frites.

PLAT

HAMBURGERS

POUR 4 PERSONNES :

Préparation : 15 mn. Cuisson : 20 mn.
Recette facile. Prix : bon marché.

4 steaks hachés,

4 feuilles de laitue,

4 petits pains ronds,

4 tranches de fromage fondu,

4 rondelles de tomate,

4 cuillerées à soupe
de sauce bourguignonne,

Huile,

Poivre.

1. Faites cuire dans une poêle avec de l'huile les steaks hachés 5 mn de chaque côté. Lavez la laitue et essorez-la. Poivrez les steaks.
2. Coupez les petits pains en deux dans le sens de l'épaisseur et posez sur leur base la feuille de laitue, le steak et la tranche de fromage fondu.
3. Mettez ces 4 préparations dans un plat à four et cuisez 10 mn th. 5 - 150°. Sortez le plat et ajoutez sur chaque tranche de fromage une cuillère de sauce, une rondelle de tomate et le chapeau du pain.
4. Remettez au four 5 mn th. 3 - 90°. Répartissez les hamburgers sur les assiettes de service et servez immédiatement.

DESSERT

POIRES GLACÉES

POUR 4 PERSONNES :

Préparation : 20 mn. Cuisson : 15 mn.
Recette facile. Prix : bon marché.

4 poires,

300 g de sucre,

Le jus d'un demi-citron,

1/2 gousse de vanille,

2 cuillerées à soupe de rhum,

1 litre de glace à la vanille,

150 g de chocolat noir,

20 g de beurre.

1. Portez à ébullition 1/2 litre d'eau avec le sucre et la demi-gousse de vanille. Epluchez les poires, coupez-les en deux et ôtez le cœur et les pépins. Arrosez-les de jus de citron et faites-les pocher dans le sirop bouillant 10 mn.
2. Retirez du feu, ajoutez le rhum et laissez macérer 2 heures. Cassez le chocolat en morceaux dans un saladier et faites-le fondre au bain-marie. Ajoutez-y le beurre et mélangez bien. Egouttez les poires.
3. Répartissez-les dans les assiettes à dessert côté bombé au-dessous. Disposez dans le creux de chaque demi-poire une boule de glace vanille, nappez de sauce chocolat chaude et servez immédiatement.

POUR CE MENU LE SOMMELIER VOUS PROPOSE

Un Médoc

ENTRÉE

FEUILLETÉS D'ESCARGOTS AU JUS DE RAISIN

POUR 4 PERSONNES :

Préparation : 35 mn. Cuisson : 35 mn.
Recette élaborée. Prix : cher.

8 feuilletés,
4 douzaine d'escargots en boîte,
1 carotte, 2 échalotes,
2 tranches de jambon de pays,
4 brins de cerfeuil, 1 tomate,
20 cl de jus de raisin noir,
10 cl de vin blanc,
60 g de beurre, sel, poivre.

1. Préchauffez le four th. 7 - 210°. Déposez les feuilletés sur une plaque à pâtisserie farinée et glissez au four 20 mn.
2. Egouttez et rincez les escargots. Pelez et émincez les échalotes et la carotte. Coupez le jambon en petits morceaux. Plongez la tomate 1 mn dans l'eau bouillante et pelez-la. Retirez les graines et concassez la chair.
3. Dans une sauteuse, faites fondre le beurre et faites-y revenir les échalotes et la carotte. Ajoutez le jambon et laissez cuire 3 mn sur feu moyen. Mouillez avec le jus de raisin et le vin blanc. Laissez réduire de moitié.
4. Ajoutez la tomate et les escargots, salez et poivrez. Laissez cuire encore 10 mn sur feu doux et ajoutez le cerfeuil. Retirez le chapeau des feuilletés, dégagez l'intérieur et garnissez-les de la préparation.
5. Remettez-les au four 5 mn. Servez aussitôt bien chaud.

PLAT

BŒUF MIRONTON

POUR 4 PERSONNES :

Préparation : 10 mn. Cuisson : 20 mn.
Recette facile. Prix : bon marché.

500 g de viande à pot-au-feu,
300 g d'oignons,
3 cuillerées à soupe d'huile,
1 verre de bouillon,
2 cuillerées à soupe de vinaigre,
1 cuillerée à café de moutarde,
Sel, poivre.

1. Coupez la viande en petits morceaux. Epluchez les oignons et coupez-les finement. Faites-les blondir dans une poêle huilée et remuez-les.
2. Versez le vinaigre, la moutarde et le bouillon dans la poêle et faites bouillir 10 mn. Ajoutez la viande et les oignons.
3. Cuisez 15 mn à feu moyen, rectifiez l'assaisonnement et servez bien chaud.

Conseil du chef
Vous pouvez ajouter 1 cuillerée à soupe de sucre semoule à la cuisson des oignons.

DESSERT

SABLÉ

POUR 4 PERSONNES :

Préparation : 15 mn. Cuisson : 1 h.
Recette facile. Prix : bon marché.

180 g de farine,
1 œuf,
2 jaunes d'œuf,
100 g de beurre,
100 g de sucre,
1 sachet de levure,
Sel.

1. Mettez la farine dans un saladier et faites un puits au centre. Versez-y sucre en poudre, la levure, du sel, l'œuf entier et 1 jaune d'œuf.
2. Ajoutez le beurre ramolli dans la farine et pétrissez le tout pour obtenir une pâte homogène. Laissez-la reposer 1 heure. Beurrez un moule à manqué.
3. Remplissez-le de pâte, dorez avec le jaune d'œuf battu restant, faites des stries sur le dessus avec un couteau. Faites cuire au four th. 6 - 180° pendant 1 heure.
4. A mi-cuisson, protégez la surface du gâteau avec une feuille d'aluminium. Attendez 15 mn avant de démouler et servez-le froid.

POUR CE MENU LE SOMMELIER VOUS PROPOSE

Un Graves

ENTREE

CAKE AUX POIVRONS

POUR 4 PERSONNES :

Préparation : 25 mn. Cuisson : 10 mn.
Recette facile. Prix : bon marché.
400 g de poivrons rouges,
400 g de poivrons verts,
400 g de poivrons jaunes,
80 cl de crème fraîche,
4 feuilles de gélatine,
2 cuillerées à soupe de Cognac,
Sel, poivre.

1. Lavez et essuyez les poivrons. Coupez-les en deux et épépinez-les. Cuisez-les 10 mn à la vapeur et mixez-les. Faites-les sécher à feu très doux jusqu'à totale évaporation de l'eau.
2. Laissez refroidir. Trempez la gélatine dans l'eau froide. Chauffez la moitié de la crème fraîche, ajoutez-y la gélatine égouttée et pressée entre vos mains, portez à ébullition, faites fondre et laissez refroidir.
3. Fouettez la crème restante très froide en chantilly. Incorporez aux poivrons la crème à la gélatine, le Cognac et la chantilly. Mélangez, salez et poivrez. Versez le tout dans un moule à cake beurré.
4. Tassez et lissez la surface avec une spatule. Mettez dans le réfrigérateur 3 heures et servez dans le moule.

PLAT

HOT DOG MAISON

POUR 4 PERSONNES :

Préparation : 20 mn. Cuisson : 20 mn.
Recette facile. Prix : bon marché.
4 petits pains,
4 saucisses de Strasbourg,
100 g de gruyère,
4 cuillerées à soupe de moutarde,
2 tranches de jambon.

1. Ouvrez les petits pains. Faites cuire dans l'eau bouillante les saucisses entières 10 mn. Egouttez-les.
2. Coupez le gruyère en 4 longues lamelles. Coupez chaque tranche de jambon en deux.
3. Dans chacun des pains, installez 1 saucisse, 1 morceau de jambon, un bâtonnet de gruyère et 1 cuillerée à soupe de moutarde.
4. Mettez-les sur la plaque du four et faites-les cuire th. 5 - 150° pendant 20 mn. Servez-les bien chauds.

Conseil du chef
Vous pouvez servir les "hot dog" accompagnés d'une salade verte.

DESSERT

ANANAS AUX AGRUMES

POUR 4 PERSONNES :

Préparation : 30 mn. Cuisson : 1 h.
Recette élaborée. Prix modéré.
2 tranches d'ananas coupées en dés,
4 oranges,
4 clémentines,
Le jus de 2 citrons,
1/2 banane,
Sucre roux,
Liqueur d'orange,
1 yaourt.

1. Epluchez les oranges et coupez-les en tranches. Mettez-les à macérer quelques heures dans la liqueur et le sucre. Disposez les tranches dans un plat à gratin avec un peu d'eau.
2. Couvrez d'un film étirable et faites cuire au four th. 3 - 90° pendant 1 heure. Pelez les clémentines à vif et mixez-les avec la demi-banane. Ajoutez le jus des citrons.
3. Poêlez rapidement l'ananas à sec, ajoutez 1 cuillerée à soupe de sucre roux, laissez refroidir et ajoutez le yaourt. Posez un peu d'ananas sur chaque tranche d'orange.
4. Recommencez l'opération jusqu'à obtenir 4 couches successives. Mettez-les au frais quelques heures. Dans les assiettes creuses, versez le jus de clémentines et disposez au centre les ananas à l'orange.

POUR CE MENU LE SOMMELIER VOUS PROPOSE

Un Aloxe Corton

ENTRÉE

SALADE VIGNERONNE

POUR 4 PERSONNES :

Préparation : 10 mn. Cuisson : 10 mn.
Recette facile. Prix modéré.
1 frisée,
4 endives,
200 g de lard fumé,
100 g de raisin noir,
100 g de raisin blanc,
6 cuillerées à soupe d'huile de noisette,
2 cuillerées à soupe de vinaigre,
1 cuillerée à café de moutarde,
Sel, poivre.

1. Otez la couenne du lard et découpez-le en petits dés. Mettez à chauffer une poêle anti-adhésive à feu doux et faites-y revenir les lardons sans matière grasse.
2. Egouttez-les sur du papier absorbant et réservez la poêle. Lavez la frisée et essorez-la. Enlevez les premières feuilles des endives et passez-les sous le robinet d'eau froide. Essuyez-les et découpez-les en rondelles.
3. Mélangez-les à la frisée. Dans un saladier, mélangez le sel, le poivre, la moutarde et le vinaigre. Ajoutez l'huile et fouettez. Egrappez les raisins et coupez-les en deux.
4. Mettez la poêle à chauffer à feu doux et faites-y revenir les raisins 2 mn en remuant. Ajoutez les salades dans le saladier, mélangez et parsemez avec les raisins tièdes et les lardons.

PLAT

PERDREAUX AUX CEPES

POUR 4 PERSONNES :

Préparation : 20 mn. Cuisson : 45 mn.
Recette facile. Prix modéré.
2 perdreaux,
6 cèpes,
100 g de beurre,
2 cuillerées à soupe d'huile,
2 oignons,
1 citron,
Persil haché,
Sel, poivre.

1. Nettoyez les cèpes et coupez-les en morceaux. Mettez les perdreaux dans une cocotte avec le beurre et l'huile et faites-les dorer sur toutes leurs faces.
2. Ajoutez les oignons épluchés et émincés, du sel et du poivre. Incorporez les cèpes, baissez le feu et faites cuire 35 mn. Arrosez avec le jus du citron, saupoudrez de persil haché et servez bien chaud.

Conseil du chef
Vous trouverez remplacer les perdreaux par des pigeons.

DESSERT

ORANGES GIVRÉES

POUR 4 PERSONNES :

Préparation : 1 h. Pas de cuisson.
Recette facile. Prix : bon marché.
4 oranges,
1/2 citron,
350 g de sucre semoule,
75 g de sucre glace,
1 blanc d'œuf,
1 cuillerée à soupe de marmelade d'abricots.

1. Otez un chapeau à chaque orange et retirez leur pulpe. Délayez la marmelade dans une cuillerée à soupe d'eau chaude et enduisez-en les écorces d'une mince pellicule.
2. Roulez-les dans le sucre et mettez-les dans le congélateur. Hachez la pulpe des oranges et celle du demi-citron. Pressez-les pour en recueillir tout le jus.
3. Ajoutez 2 fois la quantité de jus et 250 g de sucre. Agitez pour que le sucre fonde. Faites prendre en sorbetière. Ajoutez alors le blanc d'œuf fouetté en neige très ferme avec le sucre glace.
4. Remettez en sorbetière. Garnissez les écorces avec cette préparation et servez-les givrées dans des coupes individuelles.

POUR CE MENU LE SOMMELIER VOUS PROPOSE

Un Mâcon

ENTRÉE

POTAGE AUX POIS CASSÉS

POUR 4 PERSONNES :

Préparation : 10 mn. Cuisson : 30 mn.
Recette facile. Prix : bon marché.

1,5 litre d'eau,
400 g de pois cassés,
400 g de poitrine de bœuf,
1 carotte,
1 feuille de laurier,
2 oignons,
1 cuillerée à soupe d'aneth hachée,
1 cuillerée à soupe de persil haché,
Croûtons,
Sel, poivre.

1. Faites tremper les pois cassés 1 heure. Portez à ébullition la poitrine de bœuf dans l'eau froide, ajoutez la carotte coupée en rondelles, un oignon émincé et les pois cassés.
2. Ajoutez le laurier, le persil, l'aneth, du sel et du poivre à mi-cuisson. Ajoutez l'autre oignon, sortez la viande, passez la soupe au mixeur. Découpez la viande en lamelles et servez le potage.
3. Présentez le potage avec les croûtons et servez bien chaud.

PLAT

TORTELLINI AU BŒUF

POUR 4 PERSONNES :

Préparation : 15 mn. Cuisson : 20 mn.
Recette facile. Prix : bon marché.

250 g de tortellini au bœuf,
300 g de sauce tomate,
Basilic haché,
2 échalotes émincées,
1 cuillerée à soupe de concentré de tomate,
Parmesan râpé,
Sel, poivre.

1. Faites cuire les tortellini dans une grande quantité d'eau bouillante salée 15 mn. Egouttez-les.
2. Faites chauffer dans une grande casserole la sauce tomate avec le concentré, les échalotes, du sel et du poivre.
3. Mélangez les pâtes et la sauce, ajoutez le basilic et le parmesan. Servez immédiatement bien chaud.

Conseil du chef

Vous pouvez accompagner le potage aux pois cassés avec de la crème fraîche.

DESSERT

FEUILLANTINE AUX POIRES

POUR 4 PERSONNES :

Préparation : 20 mn. Cuisson : 5 mn.
Recette élaborée. Prix : bon marché.

300 g de compote de poires,
50 g de noix,
130 g de sucre semoule,
120 g de crème fraîche liquide,
100 g de beurre,
1 pincée de sel,
75 g de blancs d'œuf,
120 g de sucre glace,
60 g de farine,
75 g de beurre clarifié.

1. Dans un saladier, mélangez le sucre glace, la farine, les blancs d'œuf et le beurre clarifié. Etalez cette pâte en disques de 8 cm de diamètre sur un plat anti-adhésif.
2. Mettez au four th. 7 - 210° pendant 30 secondes et décollez-les à la sortie du four. Faites chauffer 80 g de sucre semoule avec un peu d'eau et une pincée de sel.
3. Ajoutez la crème fraîche, portez à ébullition. Incorporez 60 g de beurre et débarrassez le caramel dans un saladier. Faites chauffer la compote de poires avec un peu de sucre et la moitié du reste de beurre dans une poêle.
4. Renouvelez cette opération avec les noix et hachez-les. Nappez les assiettes de caramel, posez dessus les feuillantines en les intercalant avec des poires et des noix sur 5 couches. Servez aussitôt.

POUR CE
MENU LE
SOMMELIER
VOUS
PROPOSE

*Un
Montlouis*

29
OCTOBRE

St Narcisse

Moules farcies

ENTRÉE

MOULES FARCIES

POUR 4 PERSONNES :

Préparation : 20 mn. Cuisson : 20 mn.
Recette facile. Prix modéré.

24 moules d'Espagne,
3 cuillerées à soupe d'échalotes hachées,
3 cuillerées à soupe de persil haché,
1 gousse d'ail,
50 g de beurre,
3 cuillerées à soupe de chapelure,
150 g d'emmenthal râpé,
500 g de gros sel,
Sel, poivre.

1. Rincez les moules sous l'eau courante et ouvrez-les à l'aide d'un couteau à lame fine. Décollez le mollusque de sa coquille et replacez-le dans la partie la plus creuse de la coquille. Jetez l'autre partie.
2. Disposez un lit de gros sel sur la lèchefrite du four et calez les moules dessus. Préchauffez le four th. 8 - 240°. Pelez et hachez la gousse d'ail. Faites fondre le beurre dans une sauteuse, mettez-y l'ail, le persil et les échalotes à revenir doucement 5 mn.
3. Ajoutez la chapelure et laissez revenir encore 5 mn. Salez modérément et poivrez. Répartissez cette farce sur chaque moule, parsemez d'emmenthal et faites gratiner sous le gril du four 10 mn. Servez bien chaud.

PLAT

CHOUCROUTE DE POISSONS

POUR 4 PERSONNES :

Préparation : 10 mn. Cuisson : 15 mn.
Recette facile. Prix modéré.

800 g de choucroute cuite,
600 g de lotte,
250 g de haddock,
400 g de cabillaud,
4 grosses crevettes roses,
1 sachet de court-bouillon,
12 baies de genièvre.

1. Préparez le court-bouillon selon le mode d'emploi, ajoutez le genièvre et faites-y pocher les poissons 10 mn.
2. Réchauffez la choucroute avec 2 cuillerées à soupe de court-bouillon 5 mn.
3. Dans le plat de service chauffé, répartissez la choucroute chaude garnie des poissons et des crevettes décortiquées. Servez de suite.

Conseil du chef

Vous pouvez également servir la choucroute de poissons avec une sauce hollandaise.

DESSERT

TARTE AUX RAISINS

POUR 4 PERSONNES :

Préparation : 20 mn. Cuisson : 40 mn.
Recette facile. Prix modéré.

150 g de farine,
80 g de maïzena,
120 g de beurre,
80 g de sucre,
1 œuf,
200 g de raisin blanc,
200 g de raisin noir,
80 g de sucre roux,
Sel.

1. Dans un grand saladier, mélangez la farine, la maïzena, le sucre et le sel. Incorporez-y le beurre ramolli coupé en petits morceaux et travaillez rapidement du bout des doigts.
2. Lorsque le mélange devient sableux, ajoutez l'œuf et formez une boule. Garnissez-en une tourtière beurrée, répartissez dessus les grains de raisin blanc et noir lavés et essuyés.
3. Saupoudrez-les de sucre roux et faites cuire au four th. 7 - 210° pendant 40 mn. Servez tiède ou froid.

30
OCTOBRE

St
Bienvenue

*Dinde
aux pommes*

ENTREE

CHOU DE MILAN
AUX CHATAIGNES

POUR 4 PERSONNES :

Préparation : 25 mn. Pas de cuisson.
Recette facile. Prix : bon marché.

500 g de chou de Milan,
250 g de châtaignes,
200 g de pommes de terre cuites,
3 cuillerées à café de vinaigre,
1 cuillerée à café de moutarde,
3 cuillerées à soupe d'huile d'olive,
150 g de jambon de Parme,
Sel, poivre.

1. Lavez le chou à l'eau vinaigrée, coupez-le en 4, effeuillez-le et plongez les feuilles dans l'eau bouillante. Retirez-les au bout de 10 mn à l'aide d'une écumoire et coupez-les en lanières.
2. Faites griller les châtaignes à feu vif jusqu'à ce qu'elles éclatent, épluchez-les et hachez-les. Pelez les pommes de terre et coupez-les en rondelles.
3. Dans un saladier, mélangez le vinaigre, la moutarde, du sel et du poivre. Ajoutez l'huile et remuez. Ajoutez les légumes et mélangez-les à la sauce. Mettez dans le réfrigérateur 30 mn à mariner.
4. Déposez un peu de salade sur les assiettes de service, ajoutez au centre quelques fines tranches de jambon de Parme et les légumes, servez immédiatement.

PLAT

DINDE
AUX POMMES

POUR 4 PERSONNES :

Préparation : 20 mn. Cuisson : 2 h.
Recette facile. Prix modéré.

1 dinde,
1 kg de pommes,
500 g d'oignons,
Le jus d'un demi-citron,
Beurre,
Huile,
Sel, poivre.

1. Préchauffez le four th. 7 - 210°. Epluchez les oignons et coupez-les en rondelles et faites-les revenir dans un peu d'huile à feu doux à couvert 20 mn.
2. Pelez et coupez la moitié des pommes en quartiers, citronnez-les et passez-les au beurre dans une poêle. Farcissez la dinde avec les pommes et les oignons.
3. Salez, poivrez-la et recousez l'ouverture. Enduisez la dinde d'un mélange beurre-huile et mettez-la au four 2 heures. Ajoutez un peu d'eau au fond du plat pendant la cuisson.
4. Arrosez-la souvent pour qu'elle dore et ne se dessèche pas. Epluchez le reste des pommes, coupez-les en quartiers et faites-les sauter au beurre. Servez-les avec la dinde.

DESSERT

CRÈME
MARBRÉE

POUR 4 PERSONNES :

Préparation : 20 mn. Cuisson : 10 mn.
Recette facile. Prix : bon marché.

60 cl de lait, 25 g de maïzena,
120 g de chocolat noir à pâtisser,
2 cuillerées à café de café soluble,
120 g de sucre, 1 sachet de sucre vanillé.

1. Délayez la maïzena dans le lait froid. Faites fondre le chocolat sur feu doux avec 2 cuillerées à soupe d'eau. Versez 1/3 du mélange maïzena-lait sur le chocolat fondu et faites chauffer sans cesser de remuer jusqu'à ébullition. Réservez hors du feu.
2. Dans 1/3 du mélange maïzena-lait, ajoutez 60 g de sucre et le café. Faites chauffer jusqu'à ébullition sans cesser de tourner et réservez hors du feu.
3. Dans le dernier tiers du mélange maïzena-lait, ajoutez 60 g de sucre et le sucre vanillé. Faites chauffer jusqu'à ébullition sans cesser de remuer et réservez hors du feu.
4. Dans une grande coupe en verre, versez en même temps les trois crèmes tièdes. Donnez trois tours de fourchette et servez bien frais.

Conseil du chef
Faites-vous aider pour verser les trois crèmes en même temps : il faut trois mains !

POUR CE
MENU LE
SOMMELIER
VOUS
PROPOSE

*Un Côtes
du Lubéron*

ENTRÉE

 **SOUPE AU POTIRON**

POUR 4 PERSONNES :

Préparation : 10 mn. Cuisson : 20 mn.
Recette facile. Prix modéré.

1 kg de potiron,
2 gousses d'ail,
1 bouillon-cube de bœuf,
20 g de maïzena,
6 cl de crème fraîche,
Persil,
Sel, poivre.

1. Dans une cocotte, mettez le potiron épluché et coupé en gros dés, le bouquet de persil, les gousses d'ail épluchées et coupées en 2 et le bouillon-cube de bœuf.
2. Salez, poivrez et portez à ébullition. Réduisez le feu et laissez frémir 15 mn. Passez le tout au mixeur et remettez dans la cocotte. Délayez la maïzena dans 1 verre d'eau froide, versez dans la soupe et tournez jusqu'à ce que le mélange épaississe.
3. Rectifiez l'assaisonnement, remplissez chaque assiette creuse de soupe et déposez-y un peu de crème fraîche et 1 feuille de persil. Dégustez bien chaud.

PLAT

CÔTES DE VEAU SAUCE CITRON

POUR 4 PERSONNES :

Préparation : 5 mn. Cuisson : 15 mn.
Recette facile. Prix : bon marché.

4 côtes de veau,
4 cuillerées à café de fond
de veau déshydraté,
12 cl d'eau,
Le jus d'un demi-citron,
40 g de beurre,
Sel, poivre.

1. Dans une poêle, faites dorer les côtes de veau avec la moitié du beurre. Laissez-les cuire 5 mn de chaque côté et réservez-les au chaud.
2. Délayez le fond de veau dans l'eau froide, versez-le dans la poêle chaude, ajoutez le jus de citron. Salez, poivrez, mélangez et laissez réduire quelques instants.
3. Ajoutez le beurre restant et réchauffez les côtes de veau dans la sauce. Servez chaud.

Conseil du chef
Accompagnez les côtes de veau d'une purée de pommes de terre.

DESSERT

MANGUE GLACÉE

POUR 4 PERSONNES :

Préparation : 20 mn. Pas de cuisson.
Recette facile. Prix : modéré.

2 mangues bien mûres,
4 cuillerées à soupe de sucre en poudre,
50 g de beurre,
3 œufs,
3 feuilles de gélatine,
3 cuillerées à soupe de crème fraîche,
Le jus d'un citron vert,
1 pincée de sel.

1. Beurrez 4 petits moules individuels et mettez à l'intérieur sur les bords du papier sulfurisé dépassant de 3 cm. Séparez les jaunes d'œuf des blancs. Faites tremper les feuilles de gélatine dans de l'eau froide.
2. Fouettez le sucre avec le beurre ramolli et incorporez les jaunes d'œuf. Faites chauffer la crème dans une casserole et ajoutez la gélatine essorée hors du feu. Laissez fondre et refroidir.
3. Epluchez les mangues et coupez-les en morceaux. Mixez-les avec le jus de citron et incorporez les deux préparations ainsi que les blancs battus en neige avec le sel.
4. Versez dans les petits moules et placez 8 heures dans le congélateur. Laissez 30 mn à température ambiante avant de servir.

1er

NOVEMBRE

Toussaint

Cake
aux carottes

POUR CE MENU LE SOMMELIER VOUS PROPOSE

Un Côtes Chalonnaises

ENTRÉE

Cake AUX CAROTTES

POUR 4 PERSONNES :

Préparation : 20 mn. Cuisson : 50 mn.
Recette facile. Prix : bon marché.

600 g de carottes,
300 g d'amandes mondées,
250 g de sucre semoule,
80 g de farine, 50 g de beurre, 5 œufs,
1 citron, 1 cuillerée à soupe de levure, sel.

1. Pelez et râpez les carottes. Mixez les amandes. Séparez les blancs des jaunes d'œuf et fouettez ces derniers avec le sucre jusqu'à obtenir un mélange mousseux et blanc.
2. Incorporez le zeste et le jus de citron, la farine, le beurre fondu refroidi et la levure. Mélangez le tout et ajoutez les carottes, les amandes et une pincée de sel.
3. Incorporez délicatement les blancs d'œuf battus en neige ferme, versez le tout dans un moule à cake beurré et cuisez au four th. 6 - 180° pendant 50 mn. Démoulez et laissez refroidir avant de servir coupé en tranches.

Conseil du chef
Vous pouvez ajouter aux lentilles une cuillerée à café de purée de piment.

PLAT

Saucisses AUX LENTILLES

POUR 4 PERSONNES :

Préparation : 15 mn. Cuisson : 15 mn.
Recette facile. Prix : bon marché.

250 g de lentilles,
4 saucisses,
250 g de carottes,
1 oignon,
1 clou de girofle,
1 gousse d'ail,
1 feuille de laurier,
Quelques brins de thym,
1 bouillon-cube de bœuf,
Sel, poivre.

1. Faites tremper les lentilles la veille. Le lendemain, couvrez-les d'un demi-litre d'eau froide, ajoutez 1 carotte émincée, l'oignon piqué du clou de girofle, l'ail épluché, le laurier, le thym et le bouillon-cube.
2. Portez à ébullition et faites cuire 15 mn dans l'autocuiseur. Faites cuire les saucisses dans l'eau bouillante 10 mn. Faites cuire à la vapeur le reste de carottes émincées 15 mn. Prélevez 50 g de lentilles dans l'autocuiseur.
3. Mixez-les avec les carottes et une louche de bouillon. Rectifiez l'assaisonnement. Dans chaque assiette, servez les lentilles tièdes, les saucisses chaudes et une noix de crème froide. Servez sans attendre.

DESSERT

Charlotte AUX NOIX

POUR 4 PERSONNES :

Préparation : 20 mn. Cuisson : 15 mn.
Recette élaborée. Prix modéré.

175 g de pâte de noix,
1/4 de litre de lait,
8 jaunes d'œuf,
1 gousse de vanille,
100 g de sucre,
40 g de gelée à dessert,
750 g de crème fraîche,
12 biscuits à la cuiller,
90 cl d'eau,
90 g de cacao.

1. Travaillez ensemble 60 g de sucre et les jaunes d'œuf. Fendez la gousse de vanille en deux dans le sens de la longueur et faites-la infuser dans le lait chaud. Versez doucement sur le mélange sucre-jaunes d'œuf et faites cuire comme une crème anglaise.
2. Versez dedans la gelée à dessert et la pâte de noix. Laissez refroidir le mélange et incorporez délicatement 750 g de crème montée en chantilly. Faites un sirop avec 30 cl d'eau et 40 g de sucre. Imbibez les biscuits de sirop.
3. Tapissez-en un moule à charlotte, versez-y la bavaroise et mettez au frais 12 heures. Faites à nouveau un sirop avec le reste d'eau et de sucre, portez à ébullition et hors du feu ajoutez le cacao et mélangez bien. Laissez refroidir, incorporez la crème fraîche. Versez la sauce chocolat au moment de servir.

2

NOVEMBRE

Défunts

*Aumonières
aux poireaux*

ENTRÉE

AUMONIÈRES
AUX POIREAUX

POUR 4 PERSONNES :

Préparation : 30 mn. Cuisson : 30 mn.
Recette facile. Prix : bon marché.
250 g de farine,
1/2 litre de lait,
3 œufs,
2 cuillerées à soupe d'huile,
200 g de gouda au cumin,
8 poireaux,
30 g de beurre,
2 cuillerées à soupe de crème épaisse,
8 brins de ciboulette,
Sel, poivre.

1. Dans un saladier, mettez la farine et faites un puits au centre. Cassez-y les œufs, ajoutez l'huile et une pincée de sel. Fouettez et incorporez peu à peu le lait. Laissez reposer la pâte 1 heure.
2. Faites chauffer une poêle huilée et faites-y cuire les crêpes. Réservez-les au chaud. Coupez le fromage en petits dés. Nettoyez les poireaux et coupez-les en rondelles.
3. Faites-les fondre dans une sauteuse avec le beurre chaud et laissez cuire 10 mn à feu doux en remuant souvent. Salez, poivrez, ajoutez la crème et les dés de fromage. Mélangez.
4. Garnissez les crêpes avec cette préparation, remontez les bords et liez-les avec un brin de ciboulette. Servez bien chaud.

PLAT

LAPIN
EN GELÉE

POUR 4 PERSONNES :

Préparation : 30 mn. Cuisson : 2 h.
Recette facile. Prix : bon marché.
1 lapin de 1,5 kg,
6 tranches de poitrine fumée,
6 oignons blancs,
2 branches de thym,
1 bouquet de persil,
1/2 litre de vin blanc sec,
Sel, poivre.

1. Désossez et découpez le lapin en morceaux. Hachez les oignons finement avec le persil et le thym. Mettez au fond d'une terrine 4 tranches de poitrine fumée.
2. Puis une couche de morceaux de lapin, du sel, du poivre, une couche de hachis et ainsi de suite jusqu'à épuisement des ingrédients.
3. Terminez avec les tranches de poitrine fumée restantes. Versez le tiers du vin et laissez macérer 4 heures. Cuisez au four th. 4 - 120° pendant 30 mn.
4. Ajoutez à nouveau 1/3 de vin et laissez cuire encore 1 h 30. Sortez la terrine du four et arrosez-la du reste de vin. Mettez-la dans le réfrigérateur pour que la gelée se forme. Servez à température ambiante.

DESSERT

ORANGES
À LA CANNELLE

POUR 4 PERSONNES :

Préparation : 15 mn. Pas de cuisson.
Recette facile. Prix : bon marché.
8 oranges,
120 g de noix de coco,
1 cuillerée à café de cannelle en poudre,
1 cuillerée à soupe de sucre en poudre.

1. Pelez 6 oranges à vif et coupez-les en cubes. Répartissez-les dans 4 assiettes creuses.
2. Pressez les deux oranges restantes. Ajoutez à ce jus le sucre en poudre et la cannelle.
3. Nappez les cubes d'oranges avec le jus à la cannelle, coupez la noix de coco en cubes et répartissez-les dans les assiettes. Servez bien frais.

Conseil du chef
Pour ne pas que les brins de ciboulette se cassent, plongez-les quelques secondes dans de l'eau bouillante.

313

3
NOVEMBRE

St Hubert

*Poires
flambantes*

ENTRÉE

PALETTE EN SOUPE

POUR 4 PERSONNES :

Préparation et cuisson : 3 h.
Recette facile. Prix : bon marché.

1 palette demi-sel de 1 kg,
100 g de lard maigre,
1 chou,
300 g de pommes de terre,
1 oignon,
1 clou de girofle,
2 tranches de pain.

1. Dessalez la viande dans de l'eau froide 12 heures. Placez-la dans un grand faitout rempli d'eau et faites-la cuire 1 h 30 en écumant de temps en temps.
2. Epluchez les pommes de terre, rincez le chou, pelez l'oignon et piquez-le du clou de girofle. Ajoutez ces légumes à la viande ainsi que le lard et laissez cuire encore 1 h 30.
3. Coupez le pain en morceaux et mettez-le dans une soupière. Versez dessus les légumes et le bouillon. Emiettez la palette et ajoutez-la dans la soupière. Servez bien chaud.

Conseil du chef
Vous pouvez également servir la palette entière entourée des légumes sans le bouillon dans un plat.

PLAT

BOULETTES DE VIANDE DE RIZ

POUR 4 PERSONNES :

Préparation : 25 mn. Cuisson : 40 mn.
Recette facile. Prix : bon marché.

200 g de viande hachée,
200 g de saucisson fumé,
150 g de riz,
2 oignons hachés,
1 cuillerée à soupe de concentré de tomate,
1 carotte,
1 poivron rouge,
12 olives vertes,
2 cuillerées à soupe d'huile,
50 g de beurre,
Sel, poivre.

1. Faites cuire le riz dans une grande quantité d'eau salée 10 mn. Egouttez-le. Faites dorer le saucisson coupé en rondelles à la poêle avec l'huile. Formez des boulettes avec la viande hachée et ajoutez-les dans la poêle.
2. Dans une cocotte, faites fondre doucement les oignons avec le beurre, ajoutez-y la carotte en rondelles, le poivron en lanières, les olives dénoyautées, le riz et remuez. Incorporez le concentré de tomate, salez et poivrez.
3. Ajoutez les rondelles de saucisson et les boulettes de viande dans la cocotte, couvrez et mettez au four th. 8 - 240° pendant 40 mn. Servez bien chaud.

DESSERT

POIRES FLAMBANTES

POUR 4 PERSONNES :

Préparation : 20 mn. Cuisson : 25 mn.
Recette facile. Prix : bon marché.

4 poires,
1/4 de litre d'eau,
1 cuillerée à soupe de sucre,
1 demi-gousse de vanille,
50 g de raisins secs,
1 cuillerée à soupe de rhum,
1 boîte de salade de fruits.

1. Faites macérer les raisins dans le rhum. Pelez les poires en les gardant entières. Pochez-les à l'eau bouillante dans une casserole couverte avec la demi-gousse de vanille fendue dans le sens de la longueur.
2. Placez les poires égouttées dans des cassolettes individuelles. Réduisez de moitié leur jus de cuisson sur feu moyen. Ajoutez le sucre et versez ce sirop sur les poires. Passez quelques minutes sous le gril du four pour que la surface soit caramélisée.
3. Faites chauffer le rhum et les raisins, nappez-en les poires et flambez aussitôt. Servez immédiatement.
4. Vous pouvez décorer avec la salade de fruits.

POUR CE MENU LE SOMMELIER VOUS PROPOSE

Un Côtes de Duras

Kiwis
à la frangipane

ENTRÉE

FLAMICHE
AUX POIREAUX

POUR 4 PERSONNES :

Préparation : 15 mn. Cuisson : 30 mn.
Recette facile. Prix : bon marché.

200 g de pâte brisée,
220 g de poireaux,
2 oignons,
20 g de beurre,
4 œufs,
4 cuillerées à soupe de crème
fraîche liquide,
1 pincée de noix de muscade.

1. Nettoyez les poireaux et coupez-les en dés. Epluchez et émincez les oignons. Mettez les poireaux et les oignons à rissoler à la poêle avec le beurre.
2. Battez les œufs et la crème. Ajoutez-y les poireaux, les oignons et la noix de muscade. Salez, poivrez et mélangez. Etalez la pâte au rouleau et garnissez-en un moule à tarte beurré.
3. Répartissez la garniture sur la pâte et cuisez au four th. 7 - 210° pendant 30 mn. Servez tiède.

PLAT

JAMBON
À LA CRÈME

POUR 4 PERSONNES :

Préparation : 10 mn. Cuisson : 25 mn.
Recette facile. Prix : bon marché.

8 tranches de jambon,
100 g d'échalotes hachées,
25 cl de vin blanc sec,
40 g de crème fraîche,
160 g de tomates,
25 g de beurre,
40 g d'emmenthal râpé,
Sel, poivre.

1. Mettez les échalotes dans une casserole avec le vin blanc et amenez à ébullition. Faites réduire. Ajoutez la crème, les tomates pelées, égrenées et coupées en dés, du sel, du poivre et faites bouillir 5 mn.
2. Beurrez un plat à gratin et mettez-y les tranches de jambon. Nappez-les de sauce chaude, saupoudrez de fromage râpé et cuisez au four th. 5 - 150° pendant 15 mn. Passez sous le gril du four 5 mn et servez bien chaud.

Conseil du chef
Si la sauce du jambon est trop liquide vous pouvez lui ajouter 1 cuillerée à soupe de maïzena.

DESSERT

KIWIS
À LA FRANGIPANE

POUR 4 PERSONNES :

Préparation : 20 mn. Cuisson : 15 mn.
Recette facile. Prix : modéré.

3 kiwis,
50 g de frangipane,
200 g de pâte feuilletée,
70 g de beurre,
40 g de farine,
15 cl de lait,
2 œufs,
25 g de sucre.

1. Etalez la pâte et garnissez 8 petits moules à tarte individuels. Faites-les cuire à blanc au four th. 5 - 150° pendant 10 mn.
2. Faites fondre 40 g de beurre dans une casserole, ajoutez-y la farine, le lait, les œufs battus et le sucre.
3. Tournez jusqu'à ce que le mélange se détache de la casserole. Chauffez le reste du beurre dans une autre casserole et ajoutez-le au mélange précédent.
4. Incorporez la frangipane, mélangez et garnissez les tartelettes de cette préparation. Epluchez les kiwis et coupez-les en tranches.
5. Répartissez les rondelles de kiwis sur la garniture à la frangipane. Laissez complètement refroidir avant de déguster.

315

Ste Sylvie

Choucroute
garnie

POUR CE MENU LE SOMMELIER VOUS PROPOSE

Un Anjou rouge ou de la bière

ENTREE

ROUTIE

POUR 4 PERSONNES :

Préparation : 20 mn. Cuisson : 10 mn.
Recette facile. Prix : bon marché.
75 cl de vin rouge,
2 tranches de pain de campagne,
2 cuillerées à soupe de beurre,
25 cl d'eau,
4 cuillerées à soupe de sucre en poudre,
1 bâton de cannelle.

1. Découpez les tranches de pain de campagne en gros dés. Chauffez le beurre dans une poêle et faites-y dorer les dés de pain sur toutes leurs faces.
2. Versez le vin rouge dans la soupière de service. Faites bouillir l'eau dans une casserole, ajoutez-y le sucre et le bâton de cannelle. Dès que le sucre est fondu, versez le tout dans la soupière avec le vin.
3. Déposez les croûtons de pain dorés sur le dessus et servez immédiatement.

PLAT

CHOUCROUTE GARNIE

POUR 4 PERSONNES :

Préparation : 15 mn. Cuisson : 2 h.
Recette facile. Prix : bon marché.
1 kg de choucroute crue,
500 g de poitrine de porc fumé,
8 saucisses à frire,
8 saucisses de Strasbourg,
2 clous de girofle,
150 g d'oignons,
100 g de graisse d'oie,
4 côtelettes de porc carré salé,
1 feuille de laurier, 1 brin de thym,
15 cl de vin blanc,
1/2 tête d'ail écrasée,
100 g de saindoux, sel, poivre blanc.

1. Rincez la choucroute et égouttez-la. Dans un grand faitout, faites revenir les oignons épluchés et émincés dans la graisse d'oie et le saindoux.
2. Ajoutez l'ail écrasé, les clous de girofle, le laurier, le thym, du sel, du poivre et mouillez avec le vin blanc.
3. Incorporez la choucroute et mélangez bien. Ajoutez la poitrine de porc et les côtelettes de porc. Faites frire les saucisses à frire et faites pocher les saucisses de Strasbourg.
4. Faites cuire 1 h 30 à couvert, sortez les viandes et réservez-les au chaud. Continuez la cuisson de la choucroute 30 mn.
5. Dans le plat de service, installez la choucroute et disposez dessus les côtelettes de porc, les deux sortes de saucisses et la poitrine fumée. Servez bien chaud.

DESSERT

PAMPLEMOUSSES GRILLÉS

POUR 4 PERSONNES :

Préparation : 15 mn. Cuisson : 5 mn.
Recette facile. Prix : bon marché.
3 pamplemousses,
4 cuillerées à soupe de sucre en poudre,
1 cuillerée à soupe de curaçao.

1. Coupez les trois pamplemousses en deux. A l'aide d'un couteau à lame bien aiguisée, détachez la chair de l'écorce de deux d'entre eux et coupez-la en morceaux.
2. Pressez le troisième pamplemousse et ajoutez à ce jus le curaçao. Répartissez la chair des pamplemousses dans 4 demi-écorces et saupoudrez chacune d'une cuillerée à soupe de sucre.
3. Mettez les demi-écorces garnies dans un plat à gratin et passez-les 5 mn sous le gril du four. Dès que les pamplemousses sont dorés, arrosez-les du jus de pamplemousse parfumé au curaçao et servez immédiatement.

Conseil du chef
Prenez du curaçao blanc plutôt que du curaçao bleu.

POUR CE MENU LE SOMMELIER VOUS PROPOSE

Un Côtes de Roussillon

6

NOVEMBRE

St Bertille

Soupe poireaux-pommes de terre

ENTRÉE

SOUPE POIREAUX POMMES DE TERRE

POUR 4 PERSONNES :

Préparation : 20 mn. Cuisson : 45 mn.
Recette facile. Prix : bon marché.

4 poireaux,

3 pommes de terre,

50 g de beurre,

2 cuillerées à soupe de crème fraîche,

Sel, poivre.

1. Nettoyez les poireaux et coupez-les en petits morceaux. Mettez-les à blondir dans le beurre dans une grande casserole. Lorsqu'ils sont dorés, ajoutez 1,5 litre d'eau salée.
2. Ajoutez les pommes de terre épluchées et coupées en morceaux et laissez cuire 40 mn. Passez la soupe au mixeur et ajoutez la crème fraîche.
3. Poivrez et mélangez. Versez dans une soupière et servez immédiatement.

PLAT

CÔTES DE VEAU SAUCE À L'OIGNON

POUR 4 PERSONNES :

Préparation : 20 mn. Cuisson : 15 mn.
Recette facile. Prix : bon marché.

4 côtes de veau,

8 pommes de terre,

2 oignons,

Persil,

Huile,

Sel, poivre.

1. Epluchez les pommes de terre et coupez-les en fines rondelles. Faites-les cuire dans une poêle avec de l'huile.
2. Salez et poivrez-les. Lavez le persil, égouttez-le et ajoutez-le haché dans les pommes de terre.
3. Dans une autre poêle, faites cuire les côtes de veau avec de l'huile 8 mn sur chaque face. Sortez-les de la poêle et réservez-les au chaud.
4. Déglacez la poêle des côtes avec un peu d'eau et ajoutez-y les oignons épluchés et émincés. Salez et poivrez-les.
5. Répartissez les côtes de veau et les pommes de terre dans les assiettes, nappez avec la sauce à l'oignon et servez aussitôt.

DESSERT

DÉLICE AU CAFÉ

POUR 4 PERSONNES :

Préparation : 30 mn. Cuisson : 30 mn.
Recette facile. Prix : bon marché.

70 cl de lait,

6 jaunes d'œuf,

90 g de sucre en poudre,

1 cuillerée à café de maïzena,

6 cuillerées à café de café soluble.

1. Faites bouillir le lait dans une casserole. Dans un saladier, mélangez les jaunes d'œuf avec le sucre.
2. Ajoutez la maïzena et mélangez. Dans un autre saladier, mettez le café soluble et versez-y le lait chaud. Faites dissoudre le café dans le lait.
3. Incorporez dans le lait au café le mélange jaunes d'œuf-sucre en remuant. Remettez le tout dans une casserole à fond épais et portez sur feu très doux sans cesser de tourner.
4. Faites épaissir cette crème mais sans la laisser bouillir. Versez-la dans une grande coupe à dessert, laissez-la refroidir et mettez-la dans le réfrigérateur quelques heures. Servez-la bien fraîche.

Conseil du chef

Dans la soupe, vous pouvez remplacer la crème fraîche par un verre de lait.

317

POUR CE MENU LE SOMMELIER VOUS PROPOSE

Un Irouléguy rouge

ENTRÉE

JAMBON AU ROQUEFORT

POUR 4 PERSONNES :

Préparation : 25 mn. Pas de cuisson.
Recette facile. Prix modéré.

2 tranches de jambon,
50 g de roquefort,
100 g de haricots verts cuits,
50 g de beurre,
Quelques brins de ciboulette,
Quelques brins de cerfeuil,
8 tranches de pain de mie rond.

1. Mélangez le roquefort et le beurre dans une assiette creuse en les écrasant à l'aide d'une fourchette.
2. Lavez, épongez et hachez la ciboulette et le cerfeuil. Incorporez-les au beurre de roquefort.
3. Découpez 4 rectangles dans chaque tranche de jambon et étalez sur chacun d'eux une épaisse couche de la préparation précédente.
4. Répartissez au milieu les haricots verts et roulez les 8 rectangles de jambon. Placez-les dans le réfrigérateur 1 heure.
5. Au moment de servir, posez chaque rouleau de jambon au roquefort sur 8 tranches de pain de mie rond grillées.

PLAT

RÔTI DE VEAU À L'EMMENTHAL

POUR 4 PERSONNES :

Préparation : 30 mn. Cuisson : 1 h 15.
Recette facile. Prix : bon marché.

1 rôti de veau de 1 kg, 1 crépine de porc,
8 tranches de bacon, 100 g d'emmenthal,
1 cuillerée à soupe de moutarde,
6 échalotes, 20 g de beurre,
1 cuillerée à soupe d'huile,
15 cl de vin blanc sec, 1 bouquet garni,
Sel, poivre.

1. Faites tremper la crépine dans un bol d'eau tiède. Coupez le rôti en 8 tranches sans les séparer complètement à la base.
2. Retirez la couenne du bacon et coupez l'emmenthal en lamelles. Tartinez l'intérieur des tranches du rôti avec la moutarde.
3. Glissez une tranche de bacon et quelques lamelles de fromage dans chaque intervalle du rôti. Piquez celui-ci avec une longue brochette. Egouttez la crépine et étalez-la sur un torchon.
4. Disposez le rôti au centre de la crépine et enveloppez-le. Pelez et émincez les échalotes. Dans une cocotte, faites chauffer l'huile et faites-y dorer le rôti de tous côtés. Jetez la graisse de cuisson.
5. Dans la même cocotte, mettez les échalotes à revenir dans le beurre et ajoutez le rôti. Mouillez avec le vin blanc, salez et poivrez. Ajoutez le bouquet garni, couvrez et laissez mijoter 1 heure.
6. Retournez le rôti à mi-cuisson. Retirez la brochette et la crépine, disposez le rôti sur le plat de service et nappez-le avec la sauce. Servez immédiatement.

DESSERT

BRIOCHE PERDUE AUX AMANDES

POUR 4 PERSONNES :

Préparation : 15 mn. Cuisson : 20 mn.
Recette facile. Prix : bon marché.

20 cl de lait,
2 œufs,
4 tranches de pain brioché rassis,
20 g de beurre,
4 cuillerées à soupe de gelée
de framboises,
80 g d'amandes grillées.

1. Faites bouillir le lait, battez les œufs en omelette et ajoutez-leur le lait tiède. Trempez les tranches de brioche des deux côtés dans ce mélange.
2. Faites fondre le beurre dans une poêle et mettez-y à dorer sur les deux faces les tranches de pain brioché. Nappez-les de la gelée de framboises.
3. Répartissez dessus les amandes grillées et servez-les encore tièdes.

Conseil du chef

Accompagnez le rôti de veau de tagliatelle aux épinards et nature.

POUR CE MENU LE SOMMELIER VOUS PROPOSE

Un Graves

ENTRÉE

JAMBON À L'ORANGE

POUR 4 PERSONNES :
Préparation : 10 mn. Cuisson : 50 mn.
Recette facile. Prix : bon marché.

1 kg de lard fumé,
40 cl de jus d'orange,
1 feuille de laurier,
10 cl de Porto,
1 cuillerée à café de fécule,
1 cuillerée à soupe d'eau froide,
1 orange épluchée et coupée
en fines rondelles,
Sel, poivre.

1. Mettez le lard fumé dans l'autocuiseur, couvrez-le d'eau froide, portez à ébullition, égouttez-le et jetez l'eau.
2. Remettez le lard dans l'autocuiseur, ajoutez le jus d'orange et le laurier. Fermez et faites cuire 50 mn à partir de la mise en rotation de la soupape.
3. Retirez le lard et laissez-le reposer. Prélevez 25 cl de jus de cuisson, jetez le reste ainsi que le laurier. Versez le jus de cuisson dans l'autocuiseur ainsi que le Porto et remettez sur le feu.
4. Délayez la fécule dans l'eau froide et incorporez-la. Portez à ébullition en tournant, assaisonnez et baissez le feu. Ajoutez les rondelles d'orange à la sauce et laissez-la chauffer.
5. Découpez le lard en tranches épaisses et disposez-les dans le plat de service chaud, nappez avec le sauce et servez de suite.

PLAT

TOURTE AUX POMMES DE TERRE

POUR 4 PERSONNES :
Préparation : 30 mn. Cuisson : 1 h.
Recette facile. Prix : bon marché.

400 g de pâte brisée,
250 g de mimolette,
500 g de pommes de terre,
4 oignons,
1 jaune d'œuf,
25 cl de crème liquide,
2 cuillerées à soupe d'huile,
1 pincée de noix de muscade,
Sel, poivre.

1. Epluchez et émincez les pommes de terre. Essuyez les tranches dans du papier absorbant. Pelez et émincez les oignons. Coupez le fromage en fines lamelles.
2. Dans une cocotte, faites chauffer l'huile et mettez les pommes de terre et les oignons à revenir doucement 10 mn en remuant. Salez, poivrez, ajoutez la muscade, remuez et réservez.
3. Préchauffez le four th. 7 - 210°. Prélevez les 2/3 de la pâte, étalez-la et garnissez-en une tourtière beurrée en laissant dépasser les bords. Remplissez le moule en alternant les couches de pommes de terre-oignons et lamelles de fromage.
4. Etalez le reste de pâte, couvrez-en le moule, rabattez les bords et repliez-les. Pincez-les pour bien souder. Badigeonnez le dessus de la tourte avec le jaune d'œuf battu. Faites un trou au centre.
5. Enfournez pour 45 mn. Versez la crème par le trou et laissez cuire encore 10 mn. Servez bien chaud.

DESSERT

POIRES AU CHOCOLAT

POUR 4 PERSONNES :
Préparation : 15 mn. Cuisson : 10 mn.
Recette facile. Prix : bon marché.

2 poires,
4 tranches de pain brioché rassis,
30 g de beurre, 20 g d'amandes effilées,
80 g de chocolat, 10 cl d'eau,
40 g de sucre, le jus d'un demi-citron.

1. Dans une casserole, mettez l'eau, le sucre et le jus de citron. Faites-les chauffer doucement jusqu'à ce que le sucre soit fondu. Réduisez de moitié. Pelez les poires, coupez-les en deux et ôtez le cœur et les pépins.
2. Faites-les pocher 15 mn dans une casserole d'eau bouillante. Beurrez les tranches de pain brioché et parsemez-les d'amandes effilées. Passez-les 5 mn sous le gril du four pour les faire dorer.
3. Déposez une demi-poire égouttée sur chaque tranche de pain. Cassez le chocolat en morceaux et mettez-le dans le sirop réduit.
4. Faites fondre à feu doux et nappez les toasts aux poires de cette sauce chocolat. Décorez-les d'amandes effilées et servez aussitôt.

Conseil du chef
Vous pouvez aussi utiliser des poires au sirop qu'il n'y a pas besoin de faire pocher.

POUR CE MENU LE SOMMELIER VOUS PROPOSE

Un Samonac rosé

ENTRÉE

MAGRET DE CANARD EN SAUCE

POUR 4 PERSONNES :

Préparation : 15 mn. Pas de cuisson. Recette facile. Prix modéré.

1 magret de canard fumé prétranché de 150 g,

1 trévise,

50 g de raisin noir,

2 oignons,

100 g de gouda,

2 cuillerées à soupe de vinaigre,

1 cuillerée à soupe d'huile de noix,

3 cuillerées à soupe d'huile d'arachide,

Sel, poivre.

1. Lavez et essorez la salade. Dans un saladier, mélangez le vinaigre avec le sel et le poivre. Ajoutez les huiles et mélangez à nouveau.
2. Epluchez les oignons et râpez-les. Coupez le gouda en lamelles. Ajoutez la salade dans le saladier et mélangez.
3. Répartissez-la dans les assiettes de service, posez des oignons râpés dessus, des lamelles de gouda et des tranches de magret.
4. Lavez les grains de raisin et essuyez-les. Ajoutez-les dans les assiettes et servez sans attendre.

PLAT

SAUMONETTE À LA PORTAISE

POUR 4 PERSONNES :

Préparation : 20 mn. Cuisson : 15 mn. Recette facile. Prix : bon marché.

800 g de saumonette,

2 tomates,

8 pommes de terre,

1 citron,

1 bouquet de persil,

1 gousse d'ail,

1 oignon,

4 cuillerées à soupe d'huile d'olive,

Sel, poivre.

1. Essuyez la saumonette avec du papier absorbant et coupez-la en 8 tronçons. Faites chauffer l'huile d'olive dans une sauteuse.
2. Faites-y revenir l'oignon et l'ail épluchés et émincés. Pelez les tomates et coupez-les en rondelles. Ajoutez-les dans la sauteuse.
3. Disposez-y également les tronçons de saumonette et faites-les dorer des deux côtés. Epluchez les pommes de terre et coupez-les en cubes. Ajoutez-les au reste des ingrédients.
4. Couvrez et laissez cuire 10 mn à couvert. Pressez le citron et versez le jus dans la sauteuse. Cuisez encore 5 mn.
5. Vérifiez la cuisson des pommes de terre, saupoudrez le tout du persil lavé et haché et servez bien chaud dans la sauteuse.

DESSERT

BANANES DES ILES

POUR 4 PERSONNES :

Préparation : 10 mn. Cuisson : 15 mn. Recette facile. Prix : bon marché.

8 bananes, 1 citron vert, 2 oranges,

1 pamplemousse,

6 cuillerées à soupe de sucre roux,

1 cuillerée à café de cannelle en poudre,

1 pincée de vanille en poudre,

5 cl de rhum,

30 g de beurre.

1. Pressez le jus de tous les fruits et saupoudrez-les de cannelle et de vanille. Beurrez un plat à gratin et coupez les bananes en deux.
2. Disposez-les dans le plat à gratin et arrosez avec le jus des agrumes. Faites-les cuire au four th. 6 - 180° pendant 15 mn.
3. Arrosez-les de temps en temps avec le jus de cuisson. Faites chauffer le rhum dans une petite casserole.
4. Versez-le sur les bananes et flambez. Dégustez sans attendre.

Conseil du chef
Vous pouvez réaliser la même recette avec des filets de flétan.

POUR CE
MENU LE
SOMMELIER
VOUS
PROPOSE

*Un Côtes
du Ventoux*

ENTRÉE

MOUSSELINE DE SAUMON

POUR 4 PERSONNES :

Préparation : 15 mn. Cuisson : 15 mn.
Recette élaborée. Prix modéré.

4 tranches de saumon fumé,
400 g de filets de saumon,
1 citron jaune,
1 citron vert,
2 cuillerées à soupe de concentré
de tomate,
200 g de crème fraîche,
2 feuilles de gélatine,
4 brins de ciboulette,
2 tomates cerise,
4 fleurons,
Sel, poivre.

1. Faites cuire à la vapeur les filets de saumon en morceaux 10 mn. Laissez refroidir et mixez avec la crème fraîche, le concentré de tomate, le jus du citron jaune et le saumon fumé coupé en lanières.
2. Mélangez pour obtenir un mélange homogène. Faites ramollir les feuilles de gélatine dans l'eau froide, essorez-la entre vos mains et incorporez-la à la mousse de poisson. Salez et poivrez.
3. Mettez cette mousseline de saumon dans des petits pots individuels et mettez-les au frais 1 heure. Au moment de servir, décorez avec les tomates cerise coupées en deux, les brins de ciboulette, les fleurons et le citron vert coupé en rondelles.

PLAT

GRATIN DE CHAMPIGNONS AUX OIGNONS

POUR 4 PERSONNES :

Préparation : 20 mn. Cuisson : 30 mn.
Recette facile. Prix : bon marché.

1 kg de champignons de Paris,
500 g d'oignons émincés,
200 g de julienne de légumes,
25 cl de crème liquide,
20 g de beurre,
3 cuillerées à soupe d'huile,
200 g de gruyère râpé,
Sel, poivre.

1. Nettoyez les champignons et ôtez le bout terreux. Découpez-les en lamelles et faites-les revenir dans une poêle avec la moitié de l'huile 10 mn en remuant souvent.
2. Faites chauffer le reste d'huile dans une autre poêle et mettez-y les oignons et la julienne à fondre à feu moyen 10 mn. Préchauffez le four th. 7 - 210° et beurrez un plat à four.
3. Mélangez le contenu des deux poêles, salez, poivrez et versez le tout dans le plat à four. Nappez de crème, de fromage râpé et faites gratiner 20 mn. Servez bien chaud.

DESSERT

TARTE MERINGUÉE AUX ORANGES SANGUINES

POUR 4 PERSONNES :

Préparation : 20 mn. Cuisson : 45 mn.
Recette élaborée. Prix : bon marché.

250 g de pâte brisée,
5 oranges sanguines,
5 cuillerées à soupe de marmelade d'orange,
4 blancs d'œuf,
160 g de sucre en poudre.

1. Etalez la pâte brisée au rouleau et garnissez-en un moule à tarte beurré. Faites cuire la pâte à blanc th. 4 - 120° pendant 15 mn. Epluchez les oranges sanguines à vif et séparez chaque quartier.
2. Montez les blancs d'œuf en neige avec le sucre en poudre. Ajoutez-y les quartiers d'orange et mélangez délicatement. Répartissez la marmelade d'orange sur la pâte.
3. Versez par-dessus la meringue aux fruits et faites cuire au four th. 4 - 120° pendant 30 mn jusqu'à ce que la meringue soit dorée. Laissez refroidir à la sortie du four et mettez au frais avant de servir.

Conseil du chef
Vous pouvez aussi ranger d'abord les quartiers d'orange sur la marmelade et étalez la meringue par-dessus.

POUR CE
MENU LE
SOMMELIER
VOUS
PROPOSE

*Un Crozy-
Hermitage*

11
NOVEMBRE

Armist.
1918

Veau
à la moutarde

ENTRÉE

SOUPE À L'OIGNON

POUR 4 PERSONNES :

Préparation : 10 mn. Cuisson : 50 mn.
Recette facile. Prix : bon marché.

300 g d'oignons,

2 jaunes d'œuf,

50 g de beurre,

250 g de gruyère râpé,

5 cl de Porto,

50 cl d'eau,

10 cl de vin blanc sec,

4 tranches de pain rassis,

20 cl de jus de viande fait avec un
bouillon-cube de bœuf,

Sel, poivre.

1. Epluchez les oignons et coupez-les
en lamelles. Faites-les revenir au beurre dans une grande casserole en tournant pour ne pas qu'ils colorent.
2. Versez le jus de viande, le vin blanc
et l'eau sur les oignons, portez à ébullition, salez, poivrez, baissez le feu et
laissez cuire 30 mn. Mettez les jaunes
d'œuf dans un bol, ajoutez le Porto,
mélangez hors du feu et versez dans la
casserole.
3. Mettez une tranche de pain dans
chaque bol, saupoudrez de fromage
râpé, couvrez avec le bouillon, remettez du gruyère et faites gratiner au four
th. 4 - 120° pendant 10 mn.

PLAT

VEAU À LA MOUTARDE

POUR 4 PERSONNES :

Préparation : 10 mn. Cuisson : 10 mn.
Recette facile. Prix : bon marché.

4 escalopes de veau,

10 cl de vin blanc sec,

1 cuillerée à soupe de moutarde,

1 yaourt nature,

2 cuillerées à soupe d'huile,

1 cuillerée à soupe de persil haché,

Sel, poivre.

1. Faites chauffer l'huile dans une
poêle et faites-y cuire les escalopes
4 mn de chaque côté. Salez, poivrez,
retirez-les de la poêle et réservez-les au
chaud.
2. Mélangez le yaourt et la moutarde.
Déglacez la poêle avec le vin blanc,
laissez bouillir et ajoutez le mélange
yaourt-moutarde. Laissez chauffer et
disposez les escalopes dans le plat de
service.
3. Nappez-les de la sauce moutarde
chaude et saupoudrez-les de persil
haché. Servez immédiatement.

Conseil du chef
Vous pouvez remplacer
le jus de viande
par 2 cuillerées à soupe
de viandox.

DESSERT

TARTE BRIOCHÉE À LA BANANE

POUR 4 PERSONNES :

Préparation : 35 mn. Cuisson : 45 mn.
Recette facile. Prix : bon marché.

3 bananes,

150 g de farine,

1 sachet de levure,

2 œufs,

15 cl de crème fraîche,

80 g de sucre en poudre,

15 g de beurre.

1. Epluchez les bananes et coupez-les
en rondelles. Beurrez un moule à tarte.
Dans un grand saladier, cassez les œufs
et battez-les en omelette. Ajoutez la
crème toujours en battant et versez
petit à petit la farine puis la levure.
2. Ajoutez le sucre, mélangez bien
pour obtenir une pâte lisse et versez
cette pâte dans le moule. Répartissez
dessus les rondelles de bananes en les
enfonçant un peu. Laissez reposer
15 mn à température ambiante.
3. Préchauffez le four th. 6 - 180°,
enfournez la tarte et laissez cuire
30 mn. Démoulez la tarte à la sortie du
four et laissez-la refroidir avant de la
déguster.

POUR CE MENU LE SOMMELIER VOUS PROPOSE

Un Côte de Beaune rouge

ENTREE
LARDONS AUX POMMES DE TERRE

POUR 4 PERSONNES :

Préparation : 15 mn. Cuisson : 40 mn.
Recette facile. Prix : bon marché.

200 g de lardons,
800 g de pommes de terre,
1 oignon,
1 gousse d'ail,
3 cuillerées à soupe de fines herbes hachées,
3 cuillerées à soupe d'huile,
1 cuillerée à soupe de vinaigre,
Sel, poivre.

1. Faites cuire les pommes de terre épluchées et coupées en rondelles dans une grande quantité d'eau bouillante salée 20 mn. Egouttez-les, refroidissez-les sous l'eau courante et égouttez-les à nouveau.
2. Faites revenir les lardons dans une poêle anti-adhésive et égouttez-les. Dans un saladier, mélangez le vinaigre, du sel, du poivre et l'ail et l'oignon hachés. Ajoutez l'huile et mélangez à nouveau.
3. Incorporez dans le saladier les rondelles de pommes de terre, les lardons et les fines herbes. Mélangez le tout pour bien imprégner de sauce et servez aussitôt.

PLAT
CÔTE DE BŒUF AU VIN ROUGE

POUR 4 PERSONNES :

Préparation : 20 mn. Cuisson : 30 mn.
Recette facile. Prix : bon marché.

2 côtes de bœuf,
50 g de beurre,
20 g d'échalotes hachées,
5 cl d'huile,
30 cl de vin rouge,
20 cl de jus de viande,
Sel, poivre.

1. Faites chauffer l'huile dans une sauteuse, salez et poivrez les côtes de bœuf et faites-les saisir 3 mn de chaque côté. Ajoutez 40 g de beurre et laissez cuire à feu moyen 20 mn en les retournant plusieurs fois.
2. Faites réduire le vin de moitié et ajoutez le jus de viande. Retirez les côtes de la sauteuse et laissez-les reposer 10 mn. Jetez la graisse de cuisson et mettez le reste du beurre dans la sauteuse. Ajoutez-y l'échalote et faites suer 3 mn.
3. Versez le vin rouge réduit, portez à ébullition et laissez réduire encore quelques minutes. Salez et poivrez. Réchauffez les côtes dans le four 4 mn. Ajoutez à la sauce le jus rendu par les côtes au repos et portez à ébullition.
4. Découpez les côtes et servez-les bien chaudes nappées de la sauce brûlante. Accompagnez-les si vous le voulez d'une purée de carottes.

DESSERT
COMPOTE AU CARAMEL

POUR 4 PERSONNES :

Préparation : 20 mn. Cuisson : 30 mn.
Recette facile. Prix : bon marché.

1 kg de pommes,
150 g de sucre en morceaux,
1/2 citron,
50 g de sucre en poudre,
100 g de crème.

1. Mettez les morceaux de sucre, quelques gouttes de jus de citron et 1 verre d'eau dans une casserole à fond épais. Faites cuire à feu doux en surveillant jusqu'à ce que le sucre se transforme en caramel blond.
2. Retirez la casserole du feu et laissez refroidir. Pelez les pommes, coupez-les en 4, retirez les pépins et le cœur et coupez les quartiers en lamelles. Mettez-les dans le caramel, couvrez, chauffez à feu doux et laissez cuire 10 mn.
3. Ajoutez le sucre en poudre, mélangez et poursuivez la cuisson 10 mn sans couvrir et en tournant souvent. Au moment de servir, battez vigoureusement la compote avec une cuillère en bois. Servez-la tiède avec la crème fraîche bien froide.

Conseil du chef
Pour réaliser la compote, utilisez de préférence des pommes reine des reinettes.

13
NOVEMBRE

St Brice

Filets de cabillaud au citron

RAMEQUIN DE POISSON

POUR 4 PERSONNES :

Préparation : 10 mn. Cuisson : 25 mn.
Recette facile. Prix : bon marché.
350 g de filets de maquereau fumés,
1 oignon,
30 cl de crème fraîche,
4 cuillerées à soupe de panure assaisonnée,
Sel, poivre.

1. Emiettez le poisson, épluchez l'oignon et mélangez-les avec la crème. Beurrez 4 ramequins.
2. Versez-y le mélange précédent et couvrez-les de papier aluminium. Faites cuire au four th. 7 - 210° pendant 15 mn.
3. Otez l'aluminium, saupoudrez de panure et remettez au four. Faites dorer 10 mn et servez bien chaud.

FILETS DE CABILLAUD AU CITRON

POUR 4 PERSONNES :

Préparation : 10 mn. Cuisson : 20 mn.
Recette facile. Prix : bon marché.
4 filets de cabillaud,
100 g de beurre,
5 cl de crème fraîche,
4 pommes de terre,
1 citron,
Persil haché,
Sel, poivre.

1. Pochez le poisson dans de l'eau bouillante salée, égouttez-le et réservez-le au chaud. Cuisez les pommes de terre en robe des champs, égouttez-les et gardez-les au chaud.
2. Mélangez le beurre, la crème fraîche, le jus du citron et 2 cuillerées à soupe du jus de cuisson du poisson. Salez, poivrez et faites chauffer à feu doux.
3. Répartissez dans les assiettes le poisson et les pommes de terre. Nappez-les de sauce et saupoudrez de persil haché. Servez immédiatement.

GÂTEAU AUX DEUX RAISINS

POUR 4 PERSONNES :

Préparation : 10 mn. Cuisson : 30 mn.
Recette facile. Prix : bon marché.
500 g de raisin noir,
100 g de raisins secs,
160 g de beurre,
150 g de sucre semoule,
3 œufs,
1 citron,
220 g de farine,
1 cuillerée à café de levure.

1. Prélevez le zeste du citron et mettez-le dans un bol avec les raisins secs. Couvrez-les d'eau tiède et laissez infuser. Beurrez un moule en couronne.
2. Séparez les blancs des jaunes d'œuf et battez les blancs en neige ferme. Dans un saladier, mélangez au fouet le beurre ramolli et le sucre. Ajoutez la levure, la farine peu à peu et remuez.
3. Egouttez les raisins et le zeste du citron, ajoutez-les à la pâte et tournez. Incorporez les blancs en neige et mélangez délicatement à l'aide d'une cuillère en bois.
4. Versez dans le moule et cuisez au four th. 5 - 150° pendant 30 mn. Lavez, épongez et égrénez le raisin noir. Gardez-le au frais. Démoulez le gâteau et laissez-le refroidir.

Conseil du chef
Vous pouvez également servir ce gâteau tiède. Il se conserve plusieurs jours au frais dans de l'aluminium.

POUR CE
MENU LE
SOMMELIER
VOUS
PROPOSE

*Un
Pommard*

ENTREE

SOUPE DE POISSONS

POUR 4 PERSONNES :

Préparation : 20 mn. Cuisson : 5 mn.
Recette facile. Prix : bon marché.
350 g de filets de cabillaud,
350 g de filets d'églefin,
100 g de crevettes roses,
2 oignons hachés,
1 cuillerée à soupe d'huile,
450 g de pommes de terre coupées en dés,
90 cl de bouillon de poule,
2 cuillerées à soupe de concentré de tomate,
2 cuillerées à café de basilic haché,
1 cuillerée à café de persil haché,
1 cuillerée à soupe d'eau froide,
1 cuillerée à soupe de fécule,
Sel, poivre.

1. Faites dorer les oignons à l'huile dans l'autocuiseur et jetez la graisse. Ajoutez les poissons coupés en dés, les crevettes, les pommes de terre, le bouillon, le concentré de tomate, le basilic et mélangez bien.
2. Fermez et faites cuire 5 mn à partir de la mise en rotation de la soupape. Ouvrez, remettez sur le feu et délayez la fécule dans l'eau froide. Incorporez-la à la soupe, portez à ébullition en tournant, salez, poivrez et versez dans une soupière chaude.
3. Saupoudrez de persil et servez avec des tranches de pain de campagne grillées coupées épaisses.

PLAT

FARFALLE AUX TROIS FROMAGES

POUR 4 PERSONNES :

Préparation : 10 mn. Cuisson : 10 mn.
Recette facile. Prix : bon marché.
200 g de lardons fumés, 400 g de farfalle,
70 cl de crème fraîche, 60 g de mozzarella,
60 g de cantal, 60 g d'emmenthal,
50 g de beurre, poivre.

1. Faites cuire les pâtes dans une grande quantité d'eau bouillante salée 10 mn. Egouttez-les. Coupez la mozzarella en petits dés. Râpez le cantal et l'emmenthal.
2. Dans une casserole, faites fondre le beurre et mélangez-y les pâtes. Dans une poêle anti-adhésive, faites dorer les lardons. Ajoutez la mozzarella aux pâtes.
3. Mélangez et incorporez la crème. Poivrez et laissez fondre le fromage à feu doux sans cesser de remuer. Ajoutez les lardons, les fromages râpés et mélangez soigneusement.
4. Rectifiez l'assaisonnement si nécessaire et servez immédiatement dans un plat de service très chaud.

Conseil du chef
Vous pouvez alléger ces beignets en remplaçant l'huile par de l'eau.

DESSERT

NOISETTES EN BEIGNETS

POUR 4 PERSONNES :

Préparation : 25 mn. Cuisson : 20 mn.
Recette facile. Prix : bon marché.
250 g de farine, 15 cl de lait,
15 g de levure, 2 œufs,
80 g de beurre ramolli,
25 g de sucre en poudre,
120 g de pâte à tartiner à la noisette,
1 pincée de sel, 1 citron,
Huile pour la friture, sucre glace.

1. Chauffez le lait dans une casserole, retirez-le du feu et délayez-y la levure. Mettez la farine dans un saladier, faites un puits au centre et versez-y le lait. Mélangez et couvrez d'un linge. Laissez reposer 15 mn dans un endroit chaud.
2. Râpez finement le zeste du citron, ajoutez-le dans la pâte avec 1 œuf et 1 jaune, le sucre en poudre et le sel. Mélangez et ajoutez le beurre en parcelles. Mélangez à nouveau afin que la pâte soit lisse et souple. Laissez-la reposer 15 mn.
3. Etalez-la et découpez-y des ronds à l'aide d'un verre retourné. Garnissez la moitié des ronds d'un peu de pâte à tartiner, recouvrez avec les ronds restants. Soudez bien les bords et laissez reposer 15 mn. Cuisez-les dans le bain de friture bien chaud 3 mn de chaque côté.
4. Egouttez-les sur du papier absorbant au fur et à mesure et saupoudrez-les de sucre glace. Servez-les tièdes ou froids

POUR CE MENU LE SOMMELIER VOUS PROPOSE

Un Pomerol

St Albert

Coupes au chocolat blanc

ENTRÉE

SALADE AUX NOIX

POUR 4 PERSONNES :

Préparation : 10 mn. Cuisson : 15 mn.
Recette facile. Prix : bon marché.

4 pommes de terre,

200 g de fourme d'Ambert,

Quelques feuilles de laitue,

12 cerneaux de noix,

1 cuillerée à café de moutarde,

2 cuillerées à soupe de vinaigre,

3 cuillerées à soupe d'huile de noix,

2 cuillerées à soupe d'huile d'arachide,

Poivre.

1. Epluchez les pommes de terre et faites-les cuire à la vapeur 10 mn en autocuiseur. Laissez-les refroidir.
2. Coupez-les en gros cubes. Détaillez la fourme d'Ambert en petits morceaux. Lavez et essorez la salade.
3. Dans un saladier, mélangez le vinaigre, le poivre et la moutarde. Ajoutez les huiles en filet tout en battant vigoureusement.
4. Ajoutez dans le saladier, les cubes de pommes de terre, les morceaux de fromage et les cerneaux de noix. Mélangez bien et servez sans attendre.

PLAT

ESCALOPES CORDON-BLEU

POUR 4 PERSONNES :

Préparation : 15 mn. Cuisson : 20 mn.
Recette facile. Prix : bon marché.

4 escalopes de poulet,

4 tranches de gruyère,

4 tranches de jambon,

Huile,

1 œuf,

Chapelure,

Sel, poivre.

1. Battez l'œuf en omelette dans une assiette creuse avec du sel et du poivre. Mettez la chapelure dans une seconde assiette creuse.
2. Trempez les escalopes de poulet, les tranches de jambon et les tranches de gruyère dans l'œuf battu.
3. Mettez sur chaque escalope une tranche de gruyère et par-dessus une tranche de jambon. Trempez-les dans la chapelure.
4. Faites chauffer l'huile dans une grande poêle et faites-y cuire les escalopes panées 10 mn de chaque côté. Servez aussitôt.

Conseil du chef

Il n'est pas nécessaire de beaucoup sucrer le chocolat blanc, il est naturellement doux.

DESSERT

COUPES AU CHOCOLAT BLANC

POUR 4 PERSONNES :

Préparation : 10 mn. Pas de cuisson.
Recette facile. Prix : bon marché.

200 g de chocolat blanc,

4 œufs,

1 orange,

10 cl de liqueur d'orange,

50 g de sucre glace,

10 cl de crème fraîche,

12 biscuits à la cuiller,

4 cuillerées à café de cacao amer,

30 g de beurre,

Fruits confits.

1. Mettez le chocolat cassé en morceaux dans une casserole avec le beurre. Faites-le fondre au bain-marie.
2. Mettez-le dans un saladier, ajoutez les jaunes d'œuf, la crème, le sucre glace et mélangez. Ajoutez le jus de l'orange.
3. Remuez jusqu'à obtenir un mélange homogène. Battez 2 blancs d'œuf en neige ferme et incorporez-les à la crème.
4. Imbibez les biscuits avec la liqueur d'orange mélangée à 10 cl d'eau. Mettez-en 3 dans chaque coupe individuelle, répartissez-y la mousse au chocolat blanc.
5. Saupoudrez de cacao et décorez avec des petits morceaux de fruits confits. Mettez au frais jusqu'au moment de servir.

Ste Marguerite

Coquelets à la diable

ENTREE

TARTE
AUX GIROLLES

POUR 4 PERSONNES :

Préparation : 20 mn. Cuisson : 50 mn.
Recette facile. Prix : bon marché.
250 g de pâte brisée,
150 g de girolles,
80 g de poitrine fumée coupée très fin,
15 cl de crème fraîche,
Le jus d'un citron,
1 œuf,
1 jaune d'œuf,
1 noisette de beurre.

1. Préchauffez le four th. 6 - 180°. Etalez la pâte et garnissez-en un moule à tarte beurré. Nettoyez les champignons, coupez-les en lamelles et arrosez-les du jus de citron.
2. Dans une poêle anti-adhésive, faites dorer la poitrine fumée, retirez-les du feu et mettez-les de côté à couvert. Dans la même poêle, faites rendre leur eau aux girolles en remuant.
3. Dans un saladier, mélangez les œufs et la crème au fouet, poivrez. Versez le tout sur la pâte, disposez la poitrine fumée et enfournez pour 40 mn. Servez tiède ou froid.

PLAT

COQUELETS
À LA DIABLE

POUR 4 PERSONNES :

Préparation : 20 mn. Cuisson : 35 mn.
Recette facile. Prix : bon marché.
2 coquelets,
200 g de coulis de tomate,
1 citron,
Tabasco,
Sel, poivre.

1. Fendez les coquelets en deux dans le sens de la longueur, aplatissez-les et arrosez-les du jus de citron et quelques gouttes de Tabasco.
2. Faites-les cuire 35 mn sous le gril du four en les retournant à mi-cuisson. Salez et poivrez les demi-coquelets. Ajoutez quelques gouttes de Tabasco au coulis de tomate et faites-le réchauffer.
3. Servez les demi-coquelets bien chauds accompagnés du coulis de tomate relevé.

DESSERT

CRÈME
AUX PRUNEAUX

POUR 4 PERSONNES :

Préparation : 15 mn. Cuisson : 1 h.
Recette facile. Prix : bon marché.
400 g de pruneaux,
20 cl de vin rouge,
2 sachets de sucre vanillé,
200 g de fromage blanc.

1. Laissez tremper les pruneaux dans l'eau toute une nuit. Portez l'eau à ébullition et laissez cuire à feu doux 30 mn. Dénoyautez les pruneaux.
2. Gardez 30 cl de l'eau de cuisson des pruneaux, ajoutez-y le vin et le sucre vanillé et remettez le tout sur le feu. Faites cuire doucement 30 mn.
3. Egouttez les pruneaux cuits et réduisez-les en purée au mixeur. Ajoutez du sirop de cuisson pour obtenir une crème veloutée. Mettez dans le réfrigérateur.
4. Mélangez la crème aux pruneaux et le fromage blanc et répartissez dans 4 coupelles. Servez bien frais.

Conseil du chef
Vous pouvez remplacer la poitrine fumée par du jambon de Bayonne.

POUR CE MENU LE SOMMELIER VOUS PROPOSE

Un Bourgogne rouge

ENTRÉE

ŒUFS COCOTTE À L'ESTRAGON

POUR 4 PERSONNES :

Préparation : 5 mn. Cuisson : 10 mn.
Recette facile. Prix : bon marché.

4 œufs,

4 brins d'estragon,

100 g de lardons fumés,

15 cl de crème fraîche liquide,

Poivre.

1. Préchauffez le four th. 6 - 180°. Dans une poêle anti-adhésive, faites dorer les lardons à feu doux.
2. Dans 4 ramequins individuels, répartissez les lardons, les œufs, les brins d'estragon hachés et la crème fraîche.
3. Poivrez et disposez les ramequins dans un bain-marie bouillant. Mettez au four et cuisez 10 mn. Servez dès la sortie du four.

Conseil du chef
Vous pouvez réaliser cette recette avec d'autres agrumes.

PLAT

PAUPIETTES DE VEAU

POUR 4 PERSONNES :

Préparation : 15 mn. Cuisson : 45 mn.
Recette facile. Prix : bon marché.

4 escalopes de veau,

4 tranches de lard découenné et haché,

1 cuillerée à soupe de persil haché,

1 gousse d'ail écrasée,

50 g de chapelure,

1 œuf battu,

2 cuillerées à soupe d'huile,

100 g de champignons émincés,

200 g de tomates concassées,

15 cl de bouillon de poule,

1 cuillerée à soupe de fécule,

2 cuillerées à soupe d'eau,

Sel, poivre.

1. Mélangez le lard, le persil, l'ail, la chapelure, l'œuf, du sel et du poivre. Tartinez les escalopes avec cette farce. Enroulez-les et attachez-les avec de la ficelle de cuisine.
2. Dans une poêle, faites rissoler les paupiettes dans l'huile et déposez-les dans l'autocuiseur. Ajoutez les champignons, les tomates, le bouillon et portez à ébullition en tournant.
3. Arrosez les paupiettes, couvrez et laissez cuire 45 mn. Retirez les paupiettes, ôtez les ficelles, délayez la fécule dans l'eau froide et liez la sauce. Remettez les paupiettes dans l'autocuiseur.
4. Arrosez avec la sauce et faites réchauffer quelques minutes. Rectifiez l'assaisonnement et servez bien chaud.

DESSERT

POTS DE CHOCOLAT À L'ORANGE

POUR 4 PERSONNES :

Préparation : 30 mn. Cuisson : 1 h.
Recette facile. Prix : bon marché.

200 g de chocolat noir,

2 oranges,

100 g de sucre,

4 œufs,

1/2 litre de lait,

20 g de beurre,

3 cuillerées à soupe de liqueur d'orange.

1. Prélevez le zeste des oranges et faites-les cuire 2 mn dans une casserole d'eau bouillante. Egouttez-les. Remettez-les dans la casserole avec 1/2 verre d'eau et 40 g de sucre. Laissez cuire à feu très doux 20 mn.
2. Cassez 3 œufs en séparant les blancs des jaunes. Mettez les jaunes dans un saladier avec l'œuf entier restant et ajoutez-y 60 g de sucre. Mélangez bien. Mettez le lait et le chocolat dans une casserole et chauffez à feu doux en remuant souvent.
3. Versez ce mélange bouillant sur les œufs battus en délayant. Ajoutez-y la moitié des zestes d'oranges égouttés et la liqueur. Répartissez cette préparation dans 4 ramequins beurrés et cuisez-les au bain-marie au four th. 6 - 180° pendant 35 mn.
4. Laissez refroidir. Pelez les oranges à vif et détachez les quartiers. Répartissez-les sur les crèmes refroidies avec les zestes restants. Servez bien frais.

Salade tiède aux deux choux

POUR CE MENU LE SOMMELIER VOUS PROPOSE

Un Bordeaux rouge

ENTREE

SALADE TIÈDE AUX DEUX CHOUX

POUR 4 PERSONNES :

Préparation : 15 mn. Cuisson : 15 mn.
Recette facile. Prix : bon marché.

500 g de chou-fleur,
500 g de brocoli,
200 g de surimi,
200 g de crevettes décortiquées,
150 g de gouda,
150 g de mimolette,
75 g d'amandes effilées,
1 bouquet d'aneth,
1 petit pot de mayonnaise,
1 cuillerée à soupe de concentré de tomates,
Quelques gouttes de Tabasco,
Sel.

1. Faites cuire le chou-fleur et le brocoli en bouquets dans une grande quantité d'eau bouillante salée séparément 10 mn. Egouttez-les.
2. Coupez les fromages et le surimi en dés. Faites blondir les amandes quelques minutes à sec dans une poêle. Fouettez la mayonnaise avec le concentré de tomates et le Tabasco dans un bol.
3. Disposez les bouquets de chou-fleur et brocoli dans les assiettes de service, ajoutez les crevettes, les dés de fromage et de surimi, parsemez d'amandes et servez avec la sauce à part.

PLAT

MOUSSAKA

POUR 4 PERSONNES :

Préparation : 20 mn. Cuisson : 30 mn.
Recette facile. Prix : bon marché.

300 g de chair à saucisse,
300 g de paleron,
2 kg d'aubergines,
1 kg de tomates,
100 g de gruyère râpé.

1. Faites cuire le paleron comme pour un pot-au-feu et hachez-le. Mélangez-le avec la chair à saucisse.
2. Pelez les aubergines, coupez-les en deux dans le sens de la longueur et faites-les cuire à l'eau bouillante 5 mn.
3. Pelez les tomates, coupez-les en rondelles et faites-les cuire à la poêle. Beurrez un plat allant au four.
4. Etalez-y une couche d'aubergines, une couche de viande, une couche de tomates, une couche de fromage.
5. Continuez jusqu'à épuisement des ingrédients. Mettez à cuire au four th. 6 - 180° pendant 30 mn. Servez bien chaud.

Conseil du chef
Vous pouvez servir la moussaka avec une sauce béchamel.

DESSERT

TARTE AUX COINGS

POUR 4 PERSONNES :

Préparation : 10 mn. Cuisson : 1 h 15.
Recette facile. Prix modéré.

200 g de pâte feuilletée,
80 g de beurre,
200 g de sucre en poudre,
3 coings,
3 pommes.

1. Epluchez les coings et retirez le cœur. Mettez-les dans une casserole, recouvrez-les d'eau additionnée de 80 g de sucre et faites-les cuire 45 mn à petits frémissements.
2. Etalez la pâte feuilletée sur 5 mm. Epluchez les pommes, retirez le cœur, les pépins et coupez-les en 6 ainsi que les coings. Mettez le beurre et le sucre restant dans un plat allant sur le feu et au four.
3. Placez-y les pommes et les coings et faites cuire à feu moyen jusqu'à formation d'un caramel. Poursuivez la cuisson 30 mn au four th. 7 - 210° après avoir recouvert les fruits de pâte feuilletée.
4. Laissez refroidir. Au moment de servir, chauffez légèrement le fond du moule et démoulez sur le plat de service. Servez sans attendre.

St Tanguy

Quiche au gouda

ENTREE

GRATIN D'ÉPINARDS

POUR 4 PERSONNES :

Préparation : 10 mn. Cuisson : 40 mn.
Recette facile. Prix : bon marché.

400 g d'épinards,
150 g de jambon fumé,
40 cl de lait,
40 g de parmesan râpé,
40 g d'emmenthal,
2 œufs,
1 gousse d'ail,
1 cuillerée à soupe de beurre,
Sel, poivre.

1. Préchauffez le four th. 6 - 180°. Plongez les épinards dans une grande quantité d'eau bouillante salée et laissez-les cuire 7 mn à partir de la reprise de l'ébullition. Egouttez-les.
2. Coupez le jambon fumé en petits morceaux et réservez-en quelques-uns. Faites fondre le reste dans une poêle sans matière grasse avec la gousse d'ail hachée.
3. Ajoutez les épinards égouttés et laissez mijoter 15 mn. Battez les œufs en omelette, incorporez le lait, le parmesan et poivrez. Versez les épinards et le jambon fumé poêlé dans un plat à gratin beurré.
4. Nappez-les de la préparation au lait, décorez avec les morceaux de jambon réservés et l'emmenthal coupé en lamelles. Enfournez pour 25 mn. Servez tiède.

PLAT

QUICHE AU GOUDA

POUR 4 PERSONNES :

Préparation : 15 mn. Cuisson : 30 mn.
Recette facile. Prix : bon marché.

250 g de pâte feuilletée,
1 boîte 4/4 de pulpe de tomates,
200 g de gouda râpé,
2 petits boîtes de thon à l'huile,
2 cuillerées à soupe de câpres,
2 cuillerées à soupe d'origan,
1 gousse d'ail,
Sel, poivre.

1. Préchauffez le four th. 7 - 210°. Etalez la pâte et garnissez-en un moule à tarte beurré.
2. Pelez et hachez finement la gousse d'ail. Versez la pulpe de tomates sur la pâte.
3. Emiettez le thon égoutté à l'aide d'une fourchette, parsemez-le d'origan, de câpres égouttées et d'ail haché.
4. Couvrez de gouda râpé et faites cuire 30 mn au four. Servez chaud ou tiède avec une salade verte.

Conseil du chef
Vous pouvez ajouter du thon dans le gratin d'épinards.

DESSERT

ENTREMETS AUX FRUITS CONFITS

POUR 4 PERSONNES :

Préparation : 35 mn. Cuisson : 40 mn.
Recette facile. Prix modéré.

160 g de fruits confits coupés en dés,
800 g de pommes,
1 gousse de vanille,
160 g de sucre,
1 orange,
5 cl de Cointreau,
3 feuilles de gélatine,
8 cerises confites.

1. Pelez les pommes et coupez-les en gros dés. Mettez-les dans une cocotte avec la vanille, 1/2 verre d'eau et le sucre. Couvrez et cuisez à feu doux 30 mn.
2. Retirez la vanille et réduisez les pommes en purée. Remettez dans la cocotte et chauffez à feu vif en tournant sans arrêt jusqu'à ce qu'elles épaississent.
3. Mélangez-y les fruits confits en morceaux et retirez du feu. Pressez l'orange. Versez le jus et le Cointreau dans une petite casserole et chauffez à feu très doux.
4. Faites-y fondre la gélatine et versez ce mélange dans la purée de pommes. Remuez bien et versez le tout dans un moule cannelé. Laissez 3 heures dans le réfrigérateur.
5. Démoulez, décorez avec les cerises confites et servez bien frais.

POUR CE MENU LE SOMMELIER VOUS PROPOSE

Un Coteaux de l'Aubance blanc

20
NOVEMBRE

St Edmond

Millefeuilles

ENTREE

POÊLÉE AIGRE-DOUX

POUR 4 PERSONNES :

Préparation : 20 mn. Cuisson : 35 mn.
Recette facile. Prix : bon marché.
2 blancs de poulet,
12 champignons de Paris,
100 g de lardons, 1 poivron vert,
1 bol de riz basmati, 1 oignon,
1/3 de verre de vinaigre de vin,
2 cuillerées à soupe de miel,
2 cuillerées à soupe de sauce soja,
2 cuillerées à soupe d'huile.

1. Nettoyez les champignons et coupez-les en lamelles ainsi que le poivron, l'oignon et les blancs de poulet.
2. Dans une sauteuse, faites chauffer l'huile et faites-y dorer les lardons avec le poulet et l'oignon.
3. Incorporez le poivron et les champignons. Dans un bol, mélangez le vinaigre, le miel, la sauce soja et versez dans la sauteuse.
4. Remuez quelques secondes sur feu vif. Réduisez le feu, couvrez et laissez cuire 30 mn. Ajoutez le riz et mélangez.
5. Prolongez la cuisson 5 mn. Servez immédiatement bien chaud.

Conseil du chef

Vous pouvez parfumer la crème des millefeuilles d'un peu de whisky.

PLAT

LIMANDE AUX CHAMPIGNONS

POUR 4 PERSONNES :

Préparation : 10 mn. Cuisson : 20 mn.
Recette facile. Prix modéré.
4 filets de limande,
2 gousses d'ail,
2 oignons,
2 tomates,
2 carottes,
50 g de champignons de Paris,
12 crevettes décortiquées,
10 cl de vin blanc sec,
Persil haché,
Huile d'olive,
Farine,
Sel, poivre.

1. Passez les filets de limande dans la farine et faites-les revenir dans l'huile rapidement. Déposez-les dans un plat à four beurré.
2. Ajoutez-leur l'ail et les oignons émincés, les tomates en dés, les carottes en rondelles et les champignons en lamelles.
3. Mouillez avec le vin blanc, assaisonnez de sel et de poivre et laissez cuire 20 mn à feu doux.
4. Servez bien chaud dans le plat de cuisson saupoudré de persil haché et décoré des crevettes décortiquées.

DESSERT

MILLEFEUILLES

POUR 4 PERSONNES :

Préparation : 35 mn. Cuisson : 20 mn.
Recette élaborée. Prix : bon marché.
300 g de pâte feuilletée,
1/4 de litre de lait,
10 g de farine,
10 g de maïzena,
2 jaunes d'œuf,
25 g de beurre,
1 cuillerée à café de vanille en poudre,
Sucre glace,
40 g de sucre en poudre.

1. Divisez la pâte en 8. Etalez chaque morceau en rectangle et posez-les sur 2 plaques à four humectées d'eau froide. Piquez-les à la fourchette et cuisez au four th. 6 - 180° pendant 20 mn.
2. Chauffez le lait et la vanille. Mélangez les jaunes et le sucre en poudre dans un saladier. Ajoutez la farine et la maïzena. Délayez avec le lait bouillant en tournant. Reversez le tout dans la casserole.
3. Cuisez à feu doux sans cesser de remuer jusqu'à l'ébullition. Hors du feu, faites-y fondre le beurre et laissez refroidir. Laissez tiédir le feuilletage. Coupez chaque rectangle en 2.
4. Tartinez un rectangle du mélange, recouvrez d'un deuxième rectangle, recouvrez-le du mélange, posez un troisième rectangle, tartinez-le du mélange et terminez par un quatrième rectangle.
5. Opérez de la même façon trois autres fois. Saupoudrez les quatre millefeuilles de sucre glace et servez-les bien frais.

21

ENTRÉE

PETITS PATÉS

POUR 4 PERSONNES :

Préparation : 15 mn. Cuisson : 20 mn.
Recette élaborée. Prix : bon marché.
250 g de farine, 125 g de beurre, 2 œufs,
200 g de poitrine de porc fraîche,
200 g de champignons de Paris,
1 oignon,
10 cl de lait,
100 g de mie de pain,
Thym,
Laurier,
Sel, poivre.

1. Dans un saladier, mélangez la farine, le beurre ramolli et une pincée de sel. Ajoutez 1 œuf entier, 1 cuillerée à soupe d'eau froide et pétrissez le tout jusqu'à obtenir une pâte lisse et fine.
2. Laissez reposer 30 mn. Epluchez et hachez l'oignon, nettoyez les champignons, faites tremper la mie de pain dans le lait tiède et hachez au hachoir la poitrine de porc.
3. Hachez les champignons et mélangez-les avec la poitrine, la mie de pain trempée et égouttée et l'oignon haché. Salez, poivrez et ajoutez thym et laurier. Etalez la pâte au rouleau.
4. Garnissez-en 4 petits moules individuels beurrés. Remplissez-les de farce et couvrez-les avec une rondelle de pâte. Soudez les bords et pratiquez au milieu du couvercle un trou dans lequel vous insérez un morceau de carton roulé pour faire une cheminée.
5. Dorez avec l'œuf restant battu et cuisez au four th. 5 - 150° pendant 20 mn. Servez bien chaud.

PLAT

FARCIS VARIÉS

POUR 4 PERSONNES :

Préparation : 35 mn. Cuisson : 1 h.
Recette facile. Prix : bon marché.
4 oignons, 2 aubergines, 2 tomates,
2 gousses d'ail, 200 g de viande hachée,
2 tranches de mie de pain,
150 g de gouda râpé,
16 olives noires dénoyautées,
1 bouquet de basilic,
1 cuillerée à soupe de thym,
2 cuillerées à soupe de persil haché,
8 cuillerées à soupe d'huile d'olive,
1 œuf, sel, poivre.

1. Pelez les oignons et plongez-les 10 mn dans de l'eau bouillante salée. Egouttez. Coupez un chapeau et évidez-les. Hachez la pulpe au couteau. Lavez et essuyez les aubergines, coupez-les en deux dans le sens de la longueur et évidez-les. Détaillez la chair en cubes.
2. Pelez et hachez finement les gousses d'ail. Faites chauffer 2 cuillerées à soupe d'huile dans une poêle et mettez-y la moitié de l'ail à revenir. Ajoutez la viande hachée, remuez, ajoutez la pulpe d'oignons, le thym, du sel, du poivre et mélangez sur feu doux 5 mn.
3. Versez le tout dans un saladier, émiettez le pain, ajoutez le persil, l'œuf, le fromage râpé et mélangez pour obtenir une farce homogène. Ebouillantez les tomates et pelez-les. Coupez la chair en dés.
4. Remettez 2 cuillerées d'huile à chauffer dans la poêle, faites-y sauter le reste d'ail et les dés d'aubergines à feu moyen 5 mn. Salez, poivrez, ajoutez les tomates et les olives. Poursuivez la cuisson 5 mn. Préchauffez le four th. 5 - 150°. Huilez un plat à four.
5. Disposez-y les coques d'aubergines et d'oignons. Garnissez les oignons avec la farce à la viande et répartissez le contenu de la poêle dans les aubergines. Arrosez d'un filet d'huile d'olive et enfournez pour 45 mn. Servez chaud ou tiède parsemé de basilic haché.

DESSERT

MOELLEUX AUX NOIX

POUR 4 PERSONNES :

Préparation : 10 mn. Cuisson : 40 mn.
Recette facile. Prix : bon marché.
125 g de beurre ramolli,
125 g de sucre semoule,
125 g de farine, 2 œufs,
1/2 sachet de levure, 40 cerneaux de noix,
2 cuillerées à soupe de rhum, sucre glace,
15 g de beurre, sel.

1. Passez 20 cerneaux de noix au mixeur. Dans un saladier, mélangez le beurre et le sucre, ajoutez les jaunes d'œuf, la farine, la levure, mélangez et ajoutez la poudre de noix, une pincée de sel et le rhum.
2. Battez les blancs d'œuf en neige et incorporez-les au mélange précédent. Versez cette préparation dans un moule à manqué beurré et faites cuire au four th. 6 - 180° pendant 40 mn.
3. Laissez le gâteau refroidir dans le moule. Coupez 17 cerneaux de noix en petits morceaux et recouvrez-en le gâteau. Saupoudrez-le de sucre glace et décorez avec les cerneaux de noix entiers restants.

Conseil du chef
Pour la farce des légumes, vous pouvez remplacer la viande hachée par du jambon.

POUR CE MENU LE SOMMELIER VOUS PROPOSE

Un Bourgogne aligoté

22
NOVEMBRE

Ste Cécile

Feuilleté d'épinards au fromage

ENTRÉE

FEUILLETÉS D'ÉPINARDS AU FROMAGE

POUR 4 PERSONNES :
Préparation : 20 mn. Cuisson : 40 mn.
Recette facile. Prix : bon marché.

4 feuilles de filo,
400 g d'épinards,
200 g de gruyère râpé,
2 oignons,
50 g de raisins secs,
50 g de pignons,
4 cuillerées à soupe de crème,
50 g de beurre,
1 pincée de noix de muscade râpée,
Sel, poivre.

1. Pelez et hachez finement les oignons. Mettez 1 cuillerée de beurre à chauffer dans une casserole et faites-y revenir l'oignon doucement. Ajoutez les épinards, la crème, les pignons et les raisins.
2. Salez, poivrez et ajoutez la muscade. Mélangez et laissez mijoter 10 mn à feu doux. Préchauffez le four th. 6 - 180°. Coupez les feuilles de filo en 2 et badigeonnez-les de beurre fondu.
3. Répartissez la préparation aux épinards chaude au centre des morceaux de filo, repliez pour enfermer la farce et faites dorer 8 mn au four. Servez immédiatement.

PLAT

COLIN À LA PORTUGAISE

POUR 4 PERSONNES :
Préparation : 15 mn. Cuisson : 35 mn.
Recette facile. Prix : bon marché.

4 filets de colin,
400 g de pommes de terre,
3 cuillerées à soupe d'huile d'arachide,
2 oignons, 2 blancs de poireaux,
2 gousses d'ail, 1 pincée de safran,
2 feuilles de laurier, 5 tomates pelées,
4 tranches de pain,
2 cuillerées à soupe d'huile d'olive.

1. Faites revenir dans l'huile d'arachide les oignons émincés, les blancs de poireaux coupés en morceaux, les gousses d'ail épluchées et broyées, le safran, le laurier et les tomates en dés.
2. Laissez cuire 15 mn. Ajoutez le colin et les pommes de terre épluchées et coupées en rondelles. Laissez cuire à feu doux 20 mn. Faites dorer dans l'huile d'olive les tranches de pain.
3. Présentez les filets de poisson sur les tranches de pain et les légumes autour. Servez bien chaud.

Conseil du chef
Vous pouvez remplacer le colin par du cabillaud.

DESSERT

CRÈME À LA PISTACHE

POUR 4 PERSONNES :
Préparation : 20 mn. Cuisson : 10 mn.
Recette facile. Prix : bon marché.

5 œufs,
1 citron,
200 g de sucre,
1/4 de litre de lait,
1 cuillerée à soupe de maïzena,
50 g de pistaches non salées,
2 bananes,
Sel.

1. Râpez le zeste du citron et pressez-en le jus. Séparez les jaunes des blancs d'œuf. Mettez les jaunes dans une casserole, ajoutez le sucre et battez jusqu'à obtenir un mélange crémeux.
2. Mettez-y le zeste de citron et la maïzena, remuez et versez-y le lait froid progressivement en délayant au fouet. Mettez la casserole dans un bain-marie et chauffez à feu doux 10 mn sans cesser de tourner.
3. Laissez refroidir en continuant de remuer. Battez 3 blancs d'œuf en neige avec une pincée de sel et mélangez-les à la crème. Décortiquez les pistaches et hachez-les.
4. Épluchez les bananes et coupez-les en rondelles. Arrosez-les du jus de citron et répartissez-les dans 4 coupes individuelles. Recouvrez-les de la crème, saupoudrez de pistaches hachées et servez.

333

POUR CE MENU LE SOMMELIER VOUS PROPOSE

Un Bordeaux rouge

ENTRÉE

SALADE ROUGE ET VERTE

POUR 4 PERSONNES :

Préparation : 20 mn. Cuisson : 5 mn.
Recette facile. Prix : bon marché.

1/2 chou vert,
1/2 chou rouge,
200 g de lardons,
3 oignons,
3 cuillerées à soupe d'huile,
1 cuillerée à soupe de vinaigre,
Fines herbes hachées,
Sel, poivre.

1. Coupez les choux en deux, retirez la partie blanche au centre et débitez-les en fines lanières. Faites-les cuire 5 mn dans de l'eau bouillante.
2. Egouttez-les, passez-les sous l'eau froide et épongez-les. Faites dorer les lardons dans une poêle anti-adhésive.
3. Dans un saladier, mélangez le vinaigre, du sel et du poivre. Ajoutez l'huile, remuez, incorporez les lanières de choux.
4. Ajoutez les oignons hachés, les fines herbes, les lardons, mêlez et servez accompagné de croûtons de pain grillé.

PLAT

TRAVERS DE PORC À LA CHINOISE

POUR 4 PERSONNES :

Préparation : 10 mn. Cuisson : 15 mn.
Recette facile. Prix : bon marché.

2 travers de porc,
1 oignon haché,
2 cuillerées à soupe d'huile,
2 cuillerées à soupe de sucre roux,
2 cuillerées à soupe de sauce soja,
1/4 de cuillerée à café de gingembre
en poudre,
15 cl d'eau,
1 gousse d'ail écrasée,
2 cuillerées à café de fécule,
Sel.

1. Faites dorer l'oignon dans l'huile dans l'autocuiseur et égouttez-le. Faites dorer le travers de porc sur toutes ses faces.
2. Mélangez le sucre, le vinaigre, la sauce soja, le gingembre et 5 cl d'eau. Mouillez-en le porc, ajoutez l'oignon, l'ail et du sel.
3. Fermez l'autocuiseur, faites cuire 15 mn à partir de la mise en rotation de la soupape. Ouvrez, sortez les travers de porc et réservez-les au chaud.
4. Remettez l'autocuiseur sur le feu, délayez la fécule dans le reste d'eau et incorporez-la au liquide de cuisson. Portez à ébullition en tournant.
5. Laissez mijoter pour lier. Présentez les travers de porc nappés de sauce. Servez bien chaud.

DESSERT

POIRES AUX PRUNEAUX

POUR 4 PERSONNES :

Préparation : 20 mn. Cuisson : 30 mn.
Recette facile. Prix : bon marché.

125 g de pruneaux,
3 poires,
40 cl de vin rouge,
160 g de sucre,
20 cl d'eau.

1. Faites cuire les pruneaux dans l'eau 15 mn. Epluchez les poires, coupez-les en deux et retirez le cœur et les pépins.
2. Portez le vin à ébullition avec le sucre. Faites-y pocher les poires 15 mn à petit frémissement. Retirez-les et mettez-les dans un saladier.
3. Faites réduire leur jus de cuisson à découvert jusqu'à ce qu'il ait une consistance sirupeuse. Versez-le encore chaud sur les poires.
4. Egouttez les pruneaux et ajoutez-les aux poires. Mettez dans le réfrigérateur 2 heures et servez très frais.

Conseil du chef

Vous pouvez réaliser cette salade en remplaçant les deux choux par des haricots blancs.

334

24

NOVEMBRE

Ste Flora

*Crème
au miel*

ENTRÉE

SOUPE
À LA BIÈRE

POUR 4 PERSONNES :

Préparation : 10 mn. Cuisson : 20 mn.
Recette facile. Prix : bon marché.
40 g de beurre,
40 g de farine,
20 cl de lait,
80 cl de bière,
4 tranches de pain de campagne,
1 cuillerée à café de cannelle,
40 g de crème,
1 pincée de noix de muscade,
Sel, poivre.

1. Faites fondre le beurre dans une cocotte à feu doux. Mélangez-y la farine et laissez légèrement dorer. Délayez avec le lait et faites cuire sans cesser de remuer jusqu'à l'ébullition.
2. Versez la bière en continuant à mélanger et faites cuire 10 mn à feu moyen en tournant souvent. Salez, poivrez, ajoutez la muscade et la moitié de la cannelle.
3. Couvrez la cocotte, baissez le feu et poursuivez la cuisson 5 mn. Faites griller les tranches de pain et gardez-les au chaud. Ajoutez la crème dans la soupe, saupoudrez du reste de cannelle et servez aussitôt.

PLAT

LAPIN SAUTÉ
À LA MOUTARDE

POUR 4 PERSONNES :

Préparation : 20 mn. Cuisson : 1 h 10.
Recette facile. Prix : bon marché.
1 lapin de 1 kg,
1 oignon,
1 échalote,
2 cuillerées à soupe d'huile,
40 g de beurre,
4 cuillerées à soupe de crème fraîche,
4 cuillerées à soupe de moutarde,
2 cuillerées à soupe de farine,
25 cl de vin blanc sec,
15 cl de bouillon de volaille,
Sel, poivre.

1. Coupez le lapin en morceaux. Hachez l'oignon et l'échalote. Chauffez l'huile et le beurre et mettez-y les morceaux de lapin à dorer sur toutes leurs faces.
2. Dans un bol, mélangez la crème et la moutarde. Egouttez les morceaux de lapin, salez et poivrez-les. Chauffez le hachis d'oignon et d'échalote, remettez les morceaux de lapin, saupoudrez avec la farine, mouillez avec le vin blanc et le bouillon.
3. Laissez bouillir 5 mn. Versez le contenu du bol en remuant. Couvrez et laissez cuire 1 heure à petits bouillons. Servez bien chaud.

DESSERT

CRÈME
AU MIEL

POUR 4 PERSONNES :

Préparation : 15 mn. Pas de cuisson.
Recette facile. Prix : bon marché.
200 g de fromage blanc,
1 cuillerée à soupe de miel, 4 œufs,
100 g de sucre,
1/2 verre de café fort,
1 cuillerée à soupe de Cognac,
4 mandarines confites.

1. Cassez les œufs et mettez les jaunes dans un saladier. Mélangez-y le miel et 75 g de sucre. Battez avec une cuillère en bois. Ajoutez le fromage blanc et mélangez encore.
2. Délayez le sucre restant dans le café et ajoutez-y le Cognac. Mélangez le tout.
3. Mettez dans le réfrigérateur 1 heure.
4. Au moment de servir, répartissez dans 4 coupes individuelles et décorez avec les mandarines confites.

Conseil du chef

Vous pouvez ajouter à la soupe à la bière un peu de cheddar râpé.

POUR CE MENU LE SOMMELIER VOUS PROPOSE

Un blanc de Corse

25
NOVEMBRE

Ste Catherine L.

Gratin dauphinois

ENTRÉE

ℬEIGNETS DE SOLES

POUR 4 PERSONNES :

Préparation : 30 mn. Cuisson : 20 mn.
Recette facile. Prix modéré.

4 filets de soles, 8 moules,
2 œufs, 1 citron,
80 g de farine,
2 cuillerées à soupe d'huile,
3/4 de verre de lait,
1 bouquet de persil,
8 brins de ciboulette,
2 gousses d'ail,
1 pointe de couteau de piment,
Huile pour friture,
8 crevettes roses,
Sel, poivre.

1. Grattez les moules, mettez-les dans une casserole à feu très vif. Couvrez et cuisez jusqu'à ce que toutes les coquilles soient ouvertes. Décoquillez-les.
2. Décortiquez les crevettes. Passez les filets de soles dans le lait et essuyez-les. Mettez la farine dans un saladier, ajoutez-y les œufs et mélangez au fouet pour obtenir une pâte lisse.
3. Versez-y l'huile. Hachez le persil et la ciboulette et ajoutez-les dans la pâte. Salez, poivrez, pimentez et ajoutez les gousses d'ail pressées. Roulez les filets de soles et piquez-les avec des piques en bois.
4. Plongez les moules, les crevettes et les filets de soles dans la pâte et faites-les dorer 5 mn dans l'huile bien chaude. Egouttez-les au fur et à mesure sur du papier absorbant et gardez-les au chaud. Servez-les accompagnés de quartiers de citron.

PLAT

𝒢RATIN DAUPHINOIS

POUR 4 PERSONNES :

Préparation : 20 mn. Cuisson : 45 mn.
Recette facile. Prix : bon marché.

750 g de pommes de terre,
75 g de gruyère râpé, 50 g de beurre,
1 gousse d'ail écrasée, 60 cl de béchamel,
1/2 cuillerée à café de muscade râpée,
Chapelure, sel, poivre.

1. Beurrez un plat à four et préchauffez le four th. 6 - 180°. Epluchez les pommes de terre et coupez-les en fines rondelles.
2. Mélangez la béchamel, la moitié du fromage râpé, l'ail et la muscade. Etalez les pommes de terre au fond du plat et arrosez-les de la béchamel au fromage.
3. Salez, poivrez, saupoudrez du reste de fromage et de chapelure. Parsemez de noisettes de beurre et mettez au four 45 mn. Faites dorer sous le gril du four 5 mn avant la fin de la cuisson. Servez bien chaud dans le plat de cuisson.

Conseil du chef
Prenez plutôt des poires type la Belle-de-Berry pour réaliser cette recette.

DESSERT

ℱEUILLETÉ AUX POIRES

POUR 4 PERSONNES :

Préparation : 15 mn. Cuisson : 35 mn.
Recette facile. Prix : bon marché.

350 g de pâte feuilletée, 4 poires,
4 cuillerées à soupe de sucre en poudre,
1/2 citron, 40 g de beurre,
5 cl d'alcool de poires,
1 cuillerée à café de lait,
160 g de crème,
1 sachet de sucre vanillé,
1 œuf.

1. Coupez les poires en 4 et ôtez le cœur et les pépins. Pelez-les et frottez-les avec le demi-citron. Coupez-les en lamelles dans un saladier, versez dessus l'alcool de poires, ajoutez le sucre, mélangez et réservez.
2. Cassez l'œuf dans un bol et battez-le en omelette. Beurrez un plat allant au four. Etalez la pâte au rouleau et partagez-la en 2. Tapissez-en le plat en laissant dépasser les bords de 2 cm. Répartissez les lamelles de poires dans le fond.
3. Disposez dessus 30 g de beurre en parcelles, recouvrez avec la pâte restante et soudez les bords avec les doigts mouillés. Faites des croisillons sur le dessus avec la pointe d'un couteau. Faites un trou au milieu du couvercle de pâte.
4. Dorez la surface avec l'œuf battu et faites cuire au four th. 7 - 210° pendant 15 mn et th. 6 - 180° pendant 20 mn. Battez la crème au fouet avec le lait et le sucre vanillé. Servez le feuilleté à la sortie du four accompagné de la crème froide.

POUR CE MENU LE SOMMELIER VOUS PROPOSE

Un Coteaux du Loir

ENTRÉE

ℱOIES DE LAPIN EN SALADE

POUR 4 PERSONNES :

Préparation : 15 mn. Cuisson : 15 mn.
Recette facile. Prix modéré.
300 g de foies de lapin,
600 g de haricots verts,
200 g de fruité de gouda,
4 oignons blancs,
1 échalote,
2 cuillerées à soupe de persil haché,
1 cuillerée à soupe de vinaigre,
2 cuillerées à soupe d'huile,
1 cuillerée à soupe de crème liquide,
30 g de beurre,
Sel, poivre.

1. Egouttez les haricots verts et plongez-les dans l'eau bouillante quelques minutes. Egouttez-les à nouveau et laissez-les tiédir.
2. Coupez le fromage en dés, pelez et émincez l'échalote et les oignons. Faites chauffer le beurre dans une poêle.
3. Saisissez-y les foies de lapin à feu vif en les remuant 5 mn. Egouttez-les et coupez-les en morceaux.
4. Dans un bol, mélangez le vinaigre, du sel et du poivre. Ajoutez l'huile et la crème. Emulsionnez à la fourchette.
5. Mettez tous les ingrédients dans un saladier, parsemez de persil, nappez de sauce remuez délicatement et servez tiède.

PLAT

𝒢ALETTES DE VIANDE

POUR 4 PERSONNES :

Préparation : 15 mn. Cuisson : 15 mn.
Recette facile. Prix : bon marché.
300 g de veau, 300 g de poulet,
6 petits suisses, 100 g de comté,
50 g de beurre, 2 jaunes d'œuf,
1/2 cuillerée à café de thym,
Sel, poivre.

1. Hachez ensemble le poulet et le veau. Mélangez-les aux petits suisses. Ajoutez les jaunes d'œuf, du sel, du poivre et le thym.
2. Détaillez le comté en 4 lamelles. Façonnez 4 galettes avec le mélange, ouvrez chacune d'elles en deux et placez-y une lamelle de fromage.
3. Reconstituez les galettes. Faites fondre le beurre et faites-y dorer les galettes sur chaque face et cuisez-les 8 mn de chaque côté.
4. Servez les galettes de viande bien chaudes accompagnées de maïs blanc en grains également chaud.

Conseil du chef

Dans les galettes de viande, vous pouvez remplacer le veau et le poulet par du porc et de l'agneau.

DESSERT

𝒟ÉLICE À L'ORANGE

POUR 4 PERSONNES :

Préparation : 20 mn. Cuisson : 15 mn.
Recette facile. Prix : bon marché.
3 œufs, 100 g de sucre,
1/4 de litre de lait, 4 oranges,
10 biscuits à la cuiller,
2 cuillerées à soupe de liqueur d'orange,
25 cl de crème fraîche,
5 feuilles de gélatine, 1 cerise confite,
7 lamelles d'oranges confites,
1 pincée de sel.

1. Lavez les oranges et râpez le zeste de deux d'entre elles. Coupez-les en tranches et pressez les deux autres. Mettez les feuilles de gélatine à ramollir dans de l'eau froide. Mettez le jaune des œufs dans un saladier, ajoutez-leur le sucre, le sel et mêlez jusqu'à ce que le mélange blanchisse.
2. Ajoutez les zestes d'oranges et le lait froid petit à petit tout en remuant. Versez le mélange obtenu dans une casserole et faites chauffer 10 mn à feu doux tout en continuant de remuer. Retirez la casserole du feu et ajoutez le jus des deux oranges et la liqueur.
3. Laissez cuire encore 5 mn, ajoutez les feuilles de gélatine égouttées et mélangez jusqu'à ce qu'elles soient fondues. Laissez refroidir. Battez la crème en chantilly et passez les biscuits au mixeur. Ajoutez le tout à la préparation à l'orange.
4. Mélangez et versez dans un moule rectangulaire. Faites prendre 6 heures dans le réfrigérateur. Décorez avec les demi-rondelles d'oranges, les lamelles d'écorces d'oranges et la cerise confite.

Tarte
au St Nectaire

ENTRÉE

TARTE AU SAINT NECTAIRE

POUR 4 PERSONNES :

Préparation : 20 mn. Cuisson : 35 mn.
Recette facile. Prix : bon marché.
250 g de pâte feuilletée,
120 g de saint Nectaire,
80 g de lardons fumés en dés,
15 cl de lait,
2 œufs,
1 cuillerée à soupe de moutarde,
1 noisette de beurre.
Poivre.

1. Préchauffez le four th. 7 - 210°. Etalez la pâte et garnissez-en un moule à tarte beurré. Piquez-la avec une fourchette et mettez-la dans le réfrigérateur.
2. Dans une poêle anti-adhésive, faites dorer les dés de lardons. Ecroûtez le fromage et coupez-le en petits dés. Dans un saladier, mélangez le lait, les œufs et le fromage.
3. Nappez de moutarde la pâte et placez-y les lardons et la préparation au fromage. Enfournez pour 20 mn, réduisez la température du four th. 6 - 180° et laissez encore 15 mn. Servez tiède.

PLAT

TRUITES AU BEURRE D'ESCARGOTS

POUR 4 PERSONNES :

Préparation : 10 mn. Cuisson : 10 mn.
Recette facile. Prix : bon marché.
4 truites,
2 cuillerées à soupe de farine,
120 g de beurre,
1 brin de persil,
1 gousse d'ail,
1 citron,
Sel, poivre.

1. Salez et poivrez les truites. Passez-les dans la farine. Dans une poêle, cuisez-les des deux côtés dans la moitié du beure chaud.
2. Lorsqu'elles sont dorées, retirez-les et disposez-les sur le plat de service chaud. Dans une autre poêle, faites dorer l'ail épluché et haché dans le reste du beurre mousseux.
3. Ajoutez-y le persil haché, arrosez d'un jus de citron et nappez les truites de cette sauce chaude. Servez immédiatement.

Conseil du chef
Vous pouvez remplacer le saint Nectaire par du cantal.

DESSERT

TUILES AUX AMANDES

POUR 4 PERSONNES :

Préparation : 15 mn. Cuisson : 10 mn.
Recette élaborée. Prix : bon marché.
35 g de farine,
50 g d'amandes effilées,
100 g de sucre semoule,
4 cl de jus d'orange,
100 g de beurre,
2 oranges.

1. Faites fondre le beurre à feu doux, retirez-le du feu et laissez-le reposer. Prélevez les zestes de deux oranges et coupez-les en fins bâtonnets.
2. Mettez-les dans un saladier avec la farine, les amandes, le sucre, le jus d'orange et le beurre. Mélangez. Beurrez une plaque à four et mettez-la au frais.
3. Versez la pâte par cuillerée à soupe sur la plaque, étalez-la en rond à l'aide d'une fourchette et enfournez la plaque th. 6 - 180° pendant 10 mn.
4. Sortez la plaque du four, laissez tiédir, décollez les tuiles avec une spatule métallique, formez-les en les mettant à cheval sur une bouteille couchée. Servez-les complètement refroidies.

POUR CE MENU LE SOMMELIER VOUS PROPOSE

Un Entre-deux-Mers

ENTRÉE

CREVETTES AU COGNAC

POUR 4 PERSONNES :

Préparation : 15 mn. Cuisson : 15 mn.
Recette facile. Prix : bon marché.

24 crevettes roses,
1 carotte,
1 oignon,
8 feuilles de basilic,
4 brins de persil,
10 cl de vin blanc,
5 cl de Cognac,
160 g de beurre,
Sel, poivre.

1. Chauffez 40 g de beurre dans une casserole, ajoutez-y l'oignon émincé, la carotte en petits cubes et cuisez 2 mn à feu doux. Recouvrez de 20 cl d'eau et laissez cuire encore 5 mn.
2. Faites dorer les crevettes décortiquées dans 60 g de beurre, ajoutez les herbes hachées, le vin, le Cognac, les légumes et leur jus de cuisson, du sel et du poivre. Laissez cuire 2 mn.
3. Versez la sauce dans une autre casserole à travers une passoire. Faites-la réduire de moitié et ajoutez le beurre restant en fouettant. Servez les crevettes nappées de cette sauce.

PLAT

PAUPIETTES DE LIMANDE

POUR 4 PERSONNES :

Préparation : 15 mn. Cuisson : 20 mn.
Recette facile. Prix modéré.

1,2 kg de filets de limandes,
400 g de brocoli,
120 g de crème fraîche,
1 cuillerée à soupe de baies roses,
60 g de beurre.

1. Roulez les filets de limandes en paupiettes et maintenez-les avec du fil de cuisine. Mettez-les dans un plat à gratin beurré avec une noix de beurre sur chacune d'elles.
2. Faites cuire au four th. 5 - 150° pendant 10 mn. Réservez. Faites cuire les brocoli à la vapeur 10 mn. Egouttez-les. Dans le plat de service chaud, alternez les paupiettes de limandes et les bouquets de brocoli.
3. Déglacez le jus de cuisson en ajoutant la crème fraîche et les baies roses. Donnez un bouillon et arrosez avec cette sauce les paupiettes de poisson et les brocoli. Servez aussitôt.

Conseil du chef
Vous pouvez ajouter les 2 blancs d'œuf battus en neige ferme à la crème avant de la répartir dans les coupes.

DESSERT

COUPES DES ILES

POUR 4 PERSONNES :

Préparation : 15 mn. Cuisson : 5 mn.
Recette facile. Prix : bon marché.

500 g de crème fraîche,
125 g de sucre semoule,
1 gousse de vanille,
100 g de noix de coco râpée,
4 œufs,
4 feuilles de gélatine,
100 g de chocolat à pâtisser,
25 g de sucre glace.

1. Faites tremper les feuilles de gélatine dans de l'eau froide. Dans une casserole, versez la crème, ajoutez-y la noix de coco et la gousse de vanille coupée en deux dans le sens de la longueur.
2. Faites chauffer jusqu'à ébullition, retirez la casserole du feu, enlevez la gousse de vanille et laissez refroidir. Séparez les blancs des jaunes d'œuf.
3. Dans un saladier, battez les jaunes avec le sucre semoule au fouet jusqu'à ce que le mélange soit mousseux. Ajoutez-le à la crème à la noix de coco et remettez la casserole sur le feu.
4. Chauffez doucement et ajoutez les feuilles de gélatine pressées. Remuez jusqu'à ce que la gélatine soit fondue. Retirez la casserole du feu et laissez refroidir.
5. Répartissez dans 4 coupes individuelles. Faites fondre le chocolat avec le sucre glace et 1 cuillerée à soupe d'eau. Décorez chaque coupe de chocolat en filet et mettez au frais jusqu'au moment de servir.

POUR CE
MENU LE
SOMMELIER
VOUS
PROPOSE

*Un Anjou
rouge*

29
NOVEMBRE

St Saturnin

*Veau aux
champignons*

ENTRÉE

MÉDAILLONS MIROIR

POUR 4 PERSONNES :

Préparation : 30 mn. Cuisson : 1 h 40.
Recette élaborée. Prix : bon marché.

800 g de quasi de veau,
1 petite boîte de thon au naturel,
1 oignon,
80 g de beurre,
5 cl de Madère,
2 sachets de gelée instantanée,
1 carotte,
1 feuille de laurier,
1 branche de romarin,
3 cuillerées à soupe d'huile,
Sel, poivre.

1. Epluchez l'oignon, pelez la carotte, ficelez le quasi de veau et mettez-le dans une grande cocotte avec l'huile à feu moyen. Faites-le dorer sur toutes ses faces. Salez et poivrez-le.
2. Ajoutez la carotte, l'oignon, le romarin, le laurier et le Madère. Couvrez la cocotte et cuisez à feu doux 1 h 30. Sortez le quasi et laissez-le refroidir. Préparez la gelée suivant le mode d'emploi.
3. Versez-en une fine couche sur un plat et mettez-le au frais. Mixez le thon avec le beurre. Coupez le quasi en tranches et enduisez-les de beurre de thon. Couvrez de gelée.
4. Disposez les tranches sur le plat et recouvrez du reste de gelée. Mettez dans le réfrigérateur 2 heures avant de servir.

PLAT

VEAU AUX CHAMPIGNONS

POUR 4 PERSONNES :

Préparation : 20 mn. Cuisson : 20 mn.
Recette facile. Prix : bon marché.

700 g de veau,
4 bouquets de brocoli,
200 g de champignons de Paris,
20 cl de crème fraîche,
Huile,
Sel, poivre.

1. Dans une cocotte avec de l'huile, faites dorer le veau coupé en morceaux sans couvrir. Salez et poivrez.
2. Dix minutes avant la fin de la cuisson, ajoutez les champignons nettoyés et coupés en lamelles et la crème fraîche.
3. Faites cuire les bouquets de brocoli 10 mn à la vapeur. Egouttez-les. Dans le plat de service chaud, présentez le veau aux champignons entouré des brocoli. Servez sans attendre.

Conseil du chef
Vous pouvez conserver plusieurs jours les médaillons miroir dans le réfrigérateur recouverts d'un papier d'aluminium huilé.

DESSERT

RIZ À L'ANANAS

POUR 4 PERSONNES :

Préparation : 15 mn. Cuisson : 35 mn.
Recette facile. Prix modéré.

120 g de riz, 200 g de sucre,
80 cl de lait, 1 gousse de vanille,
1 petit ananas, 40 g de beurre,
3 œufs,
3 cuillerées à soupe de confiture
d'abricots,
Cerises confites,
Sel.

1. Faites cuire le riz dans de l'eau bouillante très légèrement salée 3 mn. Egouttez-le. Faites chauffer le lait avec 40 g de sucre et la gousse de vanille. Versez-y le riz, couvrez et laissez cuire 30 mn à feu doux.
2. Epluchez l'ananas, évidez le centre et coupez-le en tranches. Placez-les dans une poêle et versez dessus le reste du sucre. Arrosez avec un verre et demi d'eau, couvrez et laissez cuire 3 mn. Otez le couvercle et continuez la cuisson 5 mn à petits bouillons.
3. Réservez. Lorsque le riz est cuit, retirez-le du feu et ajoutez le beurre. Laissez refroidir, versez les jaunes d'œuf rapidement dans le riz. Egouttez les tranches d'ananas et posez-les sur une assiette. Mélangez le riz avec le sirop restant dans la poêle.
4. Versez-le dans un plat, garnissez le centre avec 2 tranches d'ananas coupées en morceaux, disposez les autres sur le côté. Délayez la confiture avec un peu d'eau, chauffez et étalez sur le riz à l'aide d'un pinceau. Décorez de cerises confites.

340

Blancs
de poulet
au paprika

POUR CE
MENU LE
SOMMELIER
VOUS
PROPOSE

Un Anjou-
Gamay

ENTRÉE

POTAGE PÉKINOIS

POUR 4 PERSONNES :

Préparation : 10 mn. Cuisson : 5 mn.
Recette facile . Prix : bon marché.
200 g de lanières de blancs de poulet
cuits,
2 échalotes,
10 g de beurre,
1 cuillerée à café d'huile d'arachide,
10 brins de ciboulette,
1 sachet de mélange à la pékinoise.

1. Pelez et hachez les échalotes. Dans
une casserole, versez 75 cl d'eau et
portez-la à ébullition.
2. Ajoutez le contenu du sachet, les
lanières de poulet et laissez cuire 5 mn
à feu doux.
3. Dans une poêle, faites rissoler les
échalotes dans l'huile et le beurre jusqu'à ce qu'elles soient dorées.
4. Versez le contenu de la casserole
dans des bols individuels, ajoutez les
échalotes et la ciboulette hachée.
Servez bien chaud.

Conseil du chef
Vous pouvez aussi si vous
le désirez ajouter des crevettes
coupées en deux
dans le sens de l'épaisseur
dans le potage.

PLAT

BLANCS DE POULET AU PAPRIKA

POUR 4 PERSONNES :

Préparation : 15 mn. Cuisson : 30 mn.
Recette facile. Prix : bon marché.
4 blancs de poulet, 8 pommes de terre,
10 cl de lait, 1 bouillon-cube de volaille,
1 cuillerée à soupe de maïzena,
40 g de crème, 5 cl de Cognac,
1 cuillerée à café de paprika,
4 échalotes, 50 g de beurre,
1 cuillerée à soupe d'huile,
Sel, poivre.

1. Pelez les échalotes et coupez-les en
fines rondelles. Dans une sauteuse,
chauffez l'huile, dorez-y les échalotes,
posez les blancs de poulet dessus,
émiettez le bouillon-cube et versez 1
verre d'eau chaude. Salez, poivrez et
cuisez à couvert 30 mn.
2. Faites cuire les pommes de terre
épluchées et coupées en cubes dans
une grande quantité d'eau bouillante
salée 15 mn. Égouttez-les, ajoutez-leur
le lait et le beurre. Réduisez-les en
purée et réservez au chaud.
3. Retirez les blancs de poulet de la
sauce et tenez-les aussi au chaud.
Mélangez la maïzena avec 2 cuillerées
à soupe d'eau froide, ajoutez-la au jus
de cuisson ainsi que le paprika et cuisez en tournant 5 mn à feu doux.
4. Hors du feu, ajoutez la crème. Posez
les blancs de poulet sur un plat chaud,
arrosez-les du Cognac chaud et flambez. Servez-les entourés de la purée et
recouverts de sauce.

DESSERT

FRUITS FRAIS AU COULIS DE MANGUE

POUR 4 PERSONNES :

Préparation : 10 mn. Pas de cuisson.
Recette facile. Prix modéré.
4 kiwis,
2 poires,
3 bananes,
350 g de mangues,
1/2 citron jaune,
1/2 citron vert,
4 cuillerées à soupe de sucre glace,
4 cuillerées à soupe de kirsch.

1. Epluchez les bananes, pelez les kiwis
et les poires. Coupez les poires en
petits cubes et les bananes et les kiwis
en rondelles.
2. Arrosez-les avec le jus du demi-
citron jaune et mélangez. Coupez la
mangue en deux, détachez le noyau et
récupérez la chair.
3. Ajoutez-y le sucre, le jus du demi-
citron vert, le kirsch et mixez. Mettez
tous les fruits dans une grande coupe
et servez-les bien frais avec le coulis à
part.

Thon aux petits légumes

ENTREE

ROULEAU AU CRABE

POUR 4 PERSONNES :

Préparation : 10 mn. Cuisson : 20 mn.
Recette facile. Prix modéré.
440 g de miettes de crabe,
7 cuillerées à soupe d'huile,
7 cuillerées à soupe de chapelure,
3 cuillerées à soupe de fromage râpé,
3 œufs,
150 g de mayonnaise,
2 cuillerées à soupe d'œufs de cabillaud,
1 sachet de gelée instantanée,
1 citron,
Sel, poivre.

1. Préparez la gelée selon le mode d'emploi, versez-la dans un plat et mettez-la au froid. Mixez la chair de crabe et mettez-la dans un saladier. Ajoutez le fromage râpé, la chapelure, l'huile et mélangez.
2. Ajoutez les œufs battus, du sel et du poivre. Mélangez à nouveau et donnez à cette pâte une forme de rouleau. Enfermez-le dans un torchon, ficelez les extrémités et faites-le cuire 20 mn dans de l'eau frémissante.
3. Mélangez les œufs de cabillaud et la mayonnaise. Mettez dans le réfrigérateur. Laissez le rouleau refroidir dans le torchon. Coupez-le en tranches, disposez-le sur le plat de service recouvert de gelée et servez-le avec la mayonnaise.

PLAT

THON AUX PETITS LÉGUMES

POUR 4 PERSONNES :

Préparation : 25 mn. Cuisson : 1 h.
Recette facile. Prix modéré.
600 g de thon frais en morceaux,
500 g de tomates, 2 oignons,
3 gousses d'ail, 250 g de petits pois,
10 g de farine, 1/2 verre d'huile d'olive,
Sel, poivre.

1. Plongez les tomates dans une casserole d'eau bouillante, égouttez-les à la reprise de l'ébullition et pelez-les. Hachez-les. Pelez et hachez finement les oignons, écrasez les gousses d'ail.
2. Mettez tomates, oignons et ail dans une cocotte avec 2 cuillerées à soupe d'huile, salez, poivrez et cuisez à couvert sur feu doux 30 mn.
3. Saupoudrez les morceaux de thon de farine, salez, poivrez et faites-les dorer 5 mn à la poêle dans 2 cuillerées à soupe d'huile. Ajoutez-les dans la cocotte.
4. Couvrez et poursuivez la cuisson 30 mn. Ajoutez les petits pois 10 mn avant la fin de la cuisson. Servez le thon et les légumes bien chauds.

Conseil du chef
Vous pouvez décorer la tresse à l'ananas de grains de sucre et la servir tiède avec une crème anglaise.

DESSERT

TRESSE À L'ANANAS

POUR 4 PERSONNES :

Préparation : 30 mn. Cuisson : 30 mn.
Recette facile. Prix : bon marché.
400 g de farine, 2 œufs,
20 g de levure de bière, 10 cl de lait,
75 g de beurre ramolli,
60 g de sucre en poudre,
100 g de compote de pommes,
30 g d'amandes mondées, 10 noisettes,
8 tranches d'ananas au sirop,
40 g de raisins secs, 1 pincée de sel.

1. Délayez la levure dans un peu de lait froid et 30 g de sucre. Laissez en attente 5 mn et versez dans un saladier. Ajoutez 350 g de farine, 30 g de sucre, 50 g de beurre coupé en morceaux, du sel et les œufs.
2. Mélangez jusqu'à obtenir une pâte homogène. Etalez-la sur un plat de travail fariné en lui donnant la forme d'un rectangle de 30 sur 40 cm. Tapissez la plaque du four d'une feuille de papier aluminium et posez la pâte dessus.
3. Divisez la pâte en 3 parties égales en traçant 2 traits dans le sens de la longueur. Recouvrez la partie centrale de compote, d'amandes hachées, de noisettes décortiquées et réduites en poudre, de raisins secs et de tranches d'ananas coupées en petits morceaux.
4. Divisez les parties restantes de la pâte en languettes de 2 cm de large perpendiculairement à la garniture et rabattez-les sur cette dernière en formant des croisillons. Laissez reposer 1 heure à température ambiante.
5. Badigeonnez le dessus de la tresse avec un peu de lait froid et faites-la cuire au four th. 6 - 180° pendant 30 mn. Servez froid coupé en tranches.

342

POUR CE
MENU LE
SOMMELIER
VOUS
PROPOSE

Un Bergerac

ENTRÉE

CAKE AUX OLIVES ET AU JAMBON

POUR 4 PERSONNES :

Préparation : 20 mn. Cuisson : 45 mn.
Recette facile. Prix : bon marché.

250 g de farine,
200 g d'olives vertes,
200 g de jambon blanc,
150 g d'emmenthal râpé,
20 cl d'huile,
10 cl de vin blanc sec,
5 cl de Porto,
4 œufs,
1 sachet de levure,
Sel, poivre.

1. Coupez en deux les olives dénoyautées et le jambon en dés. Incorporez les œufs et l'huile dans la farine et travaillez à la spatule. Préchauffez le four th. 5 - 150°.
2. Diluez la levure dans le vin et le Porto, versez dans la pâte. Mélangez pour obtenir une pâte crémeuse bien lisse. Ajoutez le jambon, les olives et le fromage.
3. Salez, poivrez, versez le tout dans un moule à cake beurré et cuisez au four th. 5 - 150° pendant 30 mn puis th. 4 - 120° pendant 15 mn. Démoulez et servez chaud coupé en tranches.

PLAT

AGNEAU À L'AIL

POUR 4 PERSONNES :

Préparation : 15 mn. Cuisson : 1 h 10.
Recette facile. Prix : bon marché.

800 g d'épaule d'agneau,
100 g de lardons, 3 tomates,
20 cl de fond de veau déshydraté,
4 gousses d'ail,
10 cl de vin blanc sec,
30 g de beurre,
1 cuillerée à soupe d'huile,
1 bouquet garni.

1. Coupez l'épaule d'agneau en morceaux réguliers. Dans une cocotte, faites fondre le beurre et ajoutez l'huile. Faites-y revenir les morceaux de viande 10 mn.
2. Ajoutez les lardons, l'ail haché, les tomates coupées en morceaux. Incorporez le vin, le fond de veau et le bouquet garni. Couvrez et laissez cuire 1 heure à feu doux.
3. Saupoudrez de persil haché et servez accompagné de champignons sautés à la poêle.

Conseil du chef
Remuez régulièrement la crème au rhum pendant qu'elle refroidit pour éviter la formation d'une peau sur le dessus.

DESSERT

COUPE AUX AMANDES

POUR 4 PERSONNES :

Préparation : 15 mn. Cuisson : 10 mn.
Recette facile. Prix : bon marché.

125 g de sucre roux en poudre,
3 œufs,
30 cl de crème fraîche,
80 g d'amandes mondées,
5 cl de rhum,
60 g de beurre,
1 cuillerée à soupe de vanille liquide.

1. Mettez le beurre, le sucre et 10 cl d'eau dans une casserole. Faites chauffer à feu doux 5 mn en remuant. Mettez les jaunes d'œuf dans un saladier et fouettez-les quelques minutes.
2. Ajoutez le sirop, le rhum et la vanille. Versez ce mélange dans une casserole et faites-le chauffer à feu doux jusqu'à ce qu'il épaississe légèrement sans cesser de remuer.
3. Laissez refroidir. Mettez la crème fraîche dans un saladier très froid et fouettez-la jusqu'à ce qu'elle prenne la consistance d'une chantilly. Ajoutez-lui la crème au rhum.
4. Hachez les amandes avec un petit couteau et incorporez-les à la crème. Versez la crème dans une grande coupe et mettez dans le réfrigérateur jusqu'au moment de servir.

POUR CE MENU LE SOMMELIER VOUS PROPOSE

Un Saumur-Champigny

3

DECEMBRE

St Xavier

Fricassée de lapin

ENTRÉE

TOMATES AU SAUMON

POUR 4 PERSONNES :

Préparation : 25 mn. Cuisson : 10 mn.
Recette facile. Prix : bon marché.

4 tomates, 3 œufs,
80 g de fromage frais demi-sel,
40 g de crème, 120 g de saumon frais,
120 g de saumon fumé,
2 cuillerées à soupe de ketchup,
4 feuilles de batavia, tabasco, sel, poivre.

1. Faites cuire les œufs 10 mn à l'eau bouillante. Rafraîchissez-les sous l'eau courante et écalez-les. Réservez un œuf. Hachez séparément les jaunes et les blancs des autres.
2. Mettez le saumon frais dans le mixeur, ajoutez le saumon fumé, le fromage frais et la crème. Mixez pour obtenir une mousse homogène. Assaisonnez de quelques gouttes de Tabasco.
3. Lavez et essuyez les tomates, coupez-leur un chapeau et évidez-les. Salez et poivrez l'intérieur. Remplissez-les de mousse de saumon, décorez avec les jaunes et les blancs d'œuf hachés.
4. Mettez-les dans le réfrigérateur jusqu'au moment de servir et présentez-les sur un lit de batavia et des quartiers de l'œuf dur restant entre chacune.

Conseil du chef
Vous pouvez ajouter un alcool pour parfumer votre soufflé soit du rhum, soit de la vodka.

PLAT

FRICASSÉE DE LAPIN

POUR 4 PERSONNES :

Préparation : 30 mn. Cuisson : 1 h 10.
Recette facile. Prix : bon marché.

1 lapin, 150 g de poitrine fumée,
250 g de champignons,
350 g de petits oignons, 2 gros oignons,
1 gousse d'ail, 1 bouquet garni,
12 branches d'estragon, 1 petit verre de marc,
30 cl de bourgogne rouge,
20 cl de crème fraîche, 100 g de beurre,
2 cuillerées à soupe de moutarde,
2 cuillerées à soupe de farine,
1 cuillerée à soupe de sucre, sel, poivre.

1. Lavez les champignons. Séchez-les. Hachez-les. Détaillez la poitrine fumée en lardons. Mettez-les dans une casserole, couvrez d'eau froide et laissez frémir 5 mn. Egouttez-les.
2. Epluchez les petits oignons et réservez-les. Faites chauffer un peu de beurre dans une poêle et mettez-y les champignons à revenir sur feu doux. Couper le lapin en morceaux.
3. Faites chauffer 50 g de beurre dans une cocotte et mettez-y les lardons. Une fois colorés, retirez-les, remplacez-les par les morceaux de lapin farinés et faites-les revenir.
4. Arrosez le lapin avec le marc et faites flamber. Mouillez avec le vin rouge, laissez bouillir quelques minutes. Ajoutez le bouquet garni, salez, poivrez et laissez cuire 30 mn sur feu moyen.
5. Mettez le reste du beurre dans une casserole avec les petits oignons. Couvrez d'eau froide, ajoutez le sucre en poudre et portez sur le feu. Laissez cuire sur feu doux jusqu'à ce que l'eau se soit évaporée et les oignons caramélisés (25 mn environ).
6. Dans la cocotte contenant le lapin, ajoutez le foie, les lardons et les champignons, puis poursuivez la cuisson 20 mn. Dans une jatte, mélangez la crème, la moutarde et l'estragon haché.

DESSERT

SOUFFLÉ GLACÉ AU CITRON VERT

POUR 4 PERSONNES :

Préparation : 35 mn. Pas de cuisson.
Recette élaborée. Prix : bon marché.

5 citrons verts,
4 œufs,
175 g de sucre,
400 g de crème liquide,
3 feuilles de gélatine,
1 pincée de sel.

1. Roulez une feuille cartonnée autour d'un moule à soufflé en la faisant dépasser du bord et collez-la avec du ruban adhésif.
2. Brossez 3 citrons sous l'eau chaude, essuyez-les et râpez finement leur zeste. Pressez les 5 citrons et chauffez le jus à feu doux.
3. Hors du feu,. faites-y fondre les feuilles de gélatine. Cassez les œufs en séparant les blancs des jaunes. Mettez les jaunes dans un saladier.
4. Ajoutez-y 125 g de sucre et les zestes râpés. Fouettez et versez dessus le jus de citron en continuant de mélanger. Battez les blancs d'œuf en neige avec une pincée de sel.
5. Versez-y en pluie 50 g de sucre en continuant de battre. Ajoutez-les au mélange précédent en soulevant délicatement avec une spatule. Fouettez la crème liquide jusqu'à ce qu'elle soit légère et mousseuse.
6. Ajoutez-la également au mélange. Versez-le dans le moule et mettez dans le freezer 3 heures. Retirez la feuille cartonnée au moment de servir.

344

POUR CE MENU LE SOMMELIER VOUS PROPOSE

Un Médoc

ENTRÉE

BISQUE DE HOMARD

POUR 4 PERSONNES :

Préparation : 25 mn. Cuisson : 30 mn.
Recette facile. Prix modéré.

1 homard,
10 cl de Cognac,
2 carottes,
2 oignons,
30 cl de vin blanc,
10 cl de crème fraîche,
5 tomates,
1 gousse d'ail,
1 brin de thym,
1 feuille de laurier,
10 cl d'huile d'olive,
1 g de safran,
Piment de Cayenne,
Sel, poivre.

1. Coupez le homard en deux dans le sens de la longueur et coupez-le en tronçons, salez et poivrez. Dans une sauteuse, faites chauffer l'huile, ajoutez-y les morceaux de homard décortiqués et faites-les revenir de tous côtés.
2. Flambez au Cognac et déglacez au vin blanc. Ajoutez les carottes et les oignons coupés en rondelles, l'ail écrasé, les tomates hachées, le thym, le laurier, le piment et le safran. Couvrez d'eau et laissez cuire à couvert 30 mn.
3. Passez au moulin à légumes grille fine et remettez la bisque sur le feu, ajoutez la crème fraîche et portez à ébullition. Servez chaud avec des croûtons grillés.

PLAT

CARRÉ D'AGNEAU AU POIVRE VERT

POUR 4 PERSONNES :

Préparation : 20 mn. Cuisson : 45 mn.
Recette facile. Prix : bon marché.

8 côtes d'agneau en un morceau,
1 cuillerée à soupe d'huile,
8 gousses d'ail,
2 cuillerées à soupe de poivre vert,
3 cuillerées à soupe d'herbes de Provence,
1 bouquet de persil,
1 cuillerée à café de moutarde
au poivre vert,
2 blancs d'œuf,
2 cuillerées à soupe de chapelure,
Sel, poivre.

1. Huilez le carré d'agneau, salez-le, poivrez-le et mettez-le sur une grille placée au-dessus d'un plat à four. Mettez les gousses d'ail entières dans ce plat.
2. Faites cuire au four th. 7 - 210° pendant 40 mn. Hachez le persil, écrasez le poivre vert, mettez-le dans un saladier avec la moutarde.
3. Battez les blancs d'œuf en neige et mélangez-les avec le contenu du saladier. Sortez les gousses d'ail à mi-cuisson du carré, écrasez-les et incorporez-les au mélange précédent.
4. En fin de cuisson, étalez le mélange au poivre sur la partie grasse du carré, passez 5 mn sous le gril. Saupoudrez d'herbes de Provence. Servez avec des pommes noisettes.

DESSERT

TARTE AU CHOCOLAT FONDANT

POUR 4 PERSONNES :

Préparation : 10 mn. Cuisson : 30 mn.
Recette facile. Prix : bon marché.

200 g de pâte sablée,
100 g de chocolat noir à pâtisser,
10 cl de crème fraîche,
15 cl de lait,
1 œuf.

1. Etalez la pâte au rouleau sur une épaisseur de 2 mm et tapissez-en l'intérieur d'un moule à tarte beurré.
2. Faites cuire au four th. 7 - 210° pendant 15 mn. Laissez refroidir. Faites chauffer le lait avec la crème fraîche jusqu'à l'ébullition.
3. Râpez finement le chocolat et mettez-le dans une petite casserole. Faites-le fondre à feu très doux puis versez le mélange lait-crème dessus en remuant.
4. Ajoutez l'œuf sans cesser de remuer et versez le mélange obtenu sur la pâte. Faites cuire la tarte au four th. 5 - 150° pendant 15 mn. Servez tiède.

Conseil du chef

Vous pouvez aussi ajouter à la crème au chocolat quelques gouttes d'extrait de café et du sucre.

5 DECEMBRE

St Gérald

Veau marengo

ENTREE

CRÈME D'AVOCAT

POUR 4 PERSONNES :

Préparation : 20 mn. Pas de cuisson.
Recette facile. Prix : bon marché.

2 avocats,
20 cl de yaourt goût bulgare,
1/3 de litre de bouillon de volaille,
10 cl de vin blanc,
1 pincée de noix de muscade râpée,
2 blancs d'œuf, 1 citron vert, sel, poivre.

1. Pressez 1/2 citron et versez le jus dans un saladier. Coupez les avocats en 2, ôtez les noyaux, épluchez-les et mixez-les. Mélangez la purée d'avocat obtenue au jus de citron.
2. Ajoutez le yaourt, le vin blanc, le bouillon petit à petit, du sel, du poivre et la muscade. Montez les blancs d'œuf en neige et ajoutez-les au mélange précédent.
3. Découpez des rondelles dans la seconde moitié du citron. Servez la crème d'avocat tiède ou froide décorée de tranches de citron.

Conseil du chef
Vous pouvez remplacer les graines de grenade par de la purée de kiwi.

PLAT

VEAU MARENGO

POUR 4 PERSONNES :

Préparation : 20 mn.
Cuisson : 45 mn + 1 h 30 mn.
Recette facile. Prix modéré.

1 kg de veau en morceaux,
12 petits oignons,
1 oignon de taille moyenne,
1 ou 2 échalotes,
3 ou 4 tomates, concentré de tomate,
125 g de champignons, 1 bouquet de persil,
Beurre, huile, sel, poivre,
1 verre de vin blanc, 1 verre de bouillon,
Un peu de farine, pain de mie

1. Pelez les petits oignons. Faites chauffer huile et beurre dans une cocotte. Saisissez les petits oignons dans cette graisse bien chaude, puis ajoutez les morceaux de veau et faites-les dorer sur toutes leurs faces.
2. Pendant ce temps, pelez et hachez les échalotes. Effeuillez du persil et hachez-le également ainsi que l'oignon. Pelez les tomates, épépinez-les et coupez-les en quartiers. Mettez persil, oignons et échalotes dans la cocotte lorsque la viande est dorée en grande partie. Saupoudrez de farine et laissez blondir avant de mettre les morceaux de tomate dans la cocotte, puis de mouiller avec du bouillon chaud et du vin blanc. Assaisonnez de sel et poivre, ajoutez le bouquet garni, couvrez et laissez doucement cuire pendant 1 h 30.
3. Ajoutez les champignons émincés, du concentré de tomate et laissez mijoter encore une demi-heure. Faites frire des petits croûtons au beurre. Dressez le veau, sa sauce et sa garniture sur un plat chaud. Décorez, au dernier moment, avec les croûtons et saupoudrez de persil haché.

DESSERT

TARTE AUX DEUX FRUITS

POUR 4 PERSONNES :

Préparation : 30 mn. Cuisson : 30 mn.
Recette facile. Prix modéré.

250 g de farine, 125 g de beurre,
50 g de sucre en poudre,
1 pincée de sel, 2 jaunes d'œuf,
2 cuillerées à soupe de sucre,
25 cl de lait,
1 boîte 1/2 d'ananas au sirop,
1 grenade.

1. Mettez la farine dans un saladier avec le beurre ramolli coupé en morceaux, le sucre et le sel. Mélangez du bout des doigts et donnez à la pâte une forme de boule. Laissez-la reposer 15 mn dans un endroit frais.
2. Etalez-la au rouleau et tapissez-en un moule à tarte beurré, piquez le fond avec une fourchette et faites cuire au four th. 7 - 210° pendant 20 mn. Laissez refroidir et démoulez sur le plat de service.
3. Dans une casserole, mettez les jaunes d'œuf, le sucre et la farine. Mélangez en ajoutant le lait et chauffez à feu doux sans cesser de remuer jusqu'à obtenir une crème onctueuse. Retirez-la du feu et laissez-la refroidir.
4. Egouttez le contenu de la boîte d'ananas, coupez la grenade en deux et retirez-en les graines. Ajoutez 5 cl de sirop d'ananas à la crème et versez-la sur la pâte à travers une passoire fine. Lissez la surface et rangez-y les tranches d'ananas.
5. Ajoutez-y les graines de grenade et gardez au frais jusqu'au moment de servir.

6

St Nicolas

Velouté
de carottes

ENTRÉE

VELOUTÉ DE CAROTTES

POUR 4 PERSONNES :

Préparation : 25 mn. Cuisson : 40 mn.
Recette facile. Prix : bon marché.

800 g de carottes,
1 oignon,
1 branche de céleri,
1 bouquet garni,
1 litre de bouillon de volaille,
40 g de riz,
40 g de beurre,
Le zeste râpé d'un demi-citron,
Sel, poivre.

1. Epluchez les carottes et coupez-les en rondelles. Pelez et hachez l'oignon. Lavez la branche de céleri et coupez-la en morceaux.
2. Faites fondre 15 g de beurre dans une casserole, mettez-y les légumes 10 mn à feu doux. Ajoutez 3/4 de litre de bouillon.
3. Incorporez le bouquet garni. Cuisez 30 mn à feu doux. Après 10 mn, versez le riz et retirez le bouquet garni.
4. Passez le tout au moulin à légumes et reversez tout dans la casserole. Ajoutez le reste du bouillon, remettez la casserole sur feu doux, salez, poivrez. Ecrasez le beurre restant.
5. Mélangez-y la crème et le zeste de citron. Faites fondre ce mélange dans la soupe et servez aussitôt.

PLAT

POULE À LA VAPEUR

POUR 4 PERSONNES :

Préparation : 20 mn. Cuisson : 1 h.
Recette facile. Prix : bon marché.

4 morceaux de poule,
4 pommes de terre,
2 navets,
4 carottes,
1 branche de céleri,
1 boîte 1/2 de tomates pelées,
5 oignons,
2 poireaux,
Bouquet garni,
1 clou de girofle,
Gros sel, poivre en grains.

1. Epluchez tous les légumes et enlevez les filaments de la branche de céleri. Mettez 1 oignon piqué du clou de girofle, le bouquet garni, un peu de vert des poireaux, les feuilles du céleri, quelques rondelles de carottes, 10 grains de poivre, 1 cuillerée à soupe de gros sel, le jus des tomates pelées et 1,5 litre d'eau dans l'autocuiseur sur feu moyen.
2. A l'ébullition, ajoutez les morceaux de poule. Vingt minutes après, ajoutez les pommes de terre, les navets, les carottes, la branche de céleri, les tomates, les oignons, les poireaux et laissez cuire 35 mn. Disposez le tout sur un plat chaud et servez sans attendre.

DESSERT

ORANGES MOUSSELINE

POUR 4 PERSONNES :

Préparation : 30 mn. Cuisson : 10 mn.
Recette facile. Prix : bon marché.

5 oranges, 3 œufs, 20 cl de lait,
1 cuillerée à soupe de maïzena,
50 g de sucre, 1 pincée de sel.

1. Coupez un chapeau sur 4 oranges, retirez l'intérieur sans abîmer l'écorce. Cassez les œufs en séparant les blancs des jaunes. Mettez les jaunes dans une casserole avec le sucre et mélangez bien.
2. Ajoutez la maïzena, remuez à nouveau, délayez avec le lait bouillant, chauffez ce mélange à feu très doux en tournant sans cesse jusqu'à l'ébullition et retirez du feu.
3. Râpez le zeste de l'orange restante, pressez-la et ajoutez la moitié du zeste et le jus de cette orange dans le mélange. Battez les blancs d'œuf en neige avec le sel et ajoutez-les au mélange.
4. Remplissez les écorces d'orange de cette mousse, répartissez dessus les zestes restants, mettez-les dans un plat et passez-les 5 mn au four th. 6 - 180°. Servez sans attendre.

Conseil du chef
Vous pouvez ajouter un petit peu de Grand-Marnier à la mousseline d'oranges.

7
DECEMBRE

St Ambroise

Feuilletés au jambon

ENTREE

FEUILLETÉS AU JAMBON

POUR 4 PERSONNES :

Préparation : 25 mn. Cuisson : 20 mn.
Recette facile. Prix : bon marché.

300 g de pâte feuilletée,
120 g de jambon,
120 g de gruyère,
40 g d'olives vertes dénoyautées,
1 œuf,
1 cuillerée à soupe de graines de cumin,
1 cuillerée à soupe de farine.

1. Hachez les olives avec le jambon, coupez le fromage en petits dés et mélangez ensemble olives, jambon et fromage.
2. Etalez la pâte feuilletée, coupez-la en 8 carrés de 10 cm de côté. Mettez 1 cuillerée à soupe du mélange au centre de chaque carré.
3. Repliez-les de façon à former des triangles, soudez les bords en les pinçant. Cassez l'œuf dans un bol et battez-le à la fourchette.
4. Dorez-en les feuilletés, saupoudrez-les de cumin, posez-les sur la plaque du four humectée d'eau froide et laissez reposer 10 mn.
5. Cuisez-les au four th. 7 - 210° pendant 20 mn. Servez chaud ou tiède accompagné d'une salade verte.

PLAT

CREVETTES SAUTÉES PÉKINOISES

POUR 4 PERSONNES :

Préparation : 20 mn. Cuisson : 20 mn.
Recette facile. Prix : bon marché.

32 crevettes,
400 g d'épinards en branche cuits,
400 g de champignons noirs,
Beurre,
Huile,
Sel, poivre.

1. Faites revenir les épinards dans le beurre à la casserole. Faites sauter à la poêle avec l'huile les crevettes décortiquées en leur laissant la queue.
2. Ajoutez les champignons noirs coupés en morceaux. Salez et poivrez.
3. Réunissez les épinards, les crevettes et les champignons et servez immédiatement.

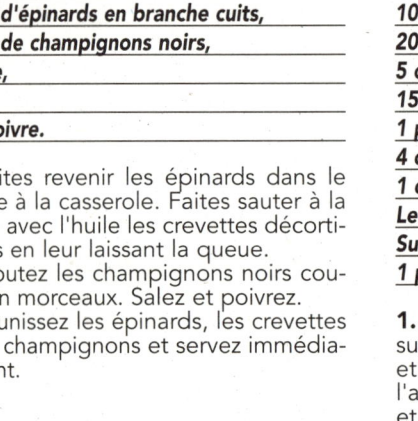

Conseil du chef
Vous pouvez ajouter de la gelée de groseilles au fond du plat avant de mettre l'ananas.

DESSERT

COMPOTE SOUFFLÉE

POUR 4 PERSONNES :

Préparation : 25 mn. Cuisson : 20 mn.
Recette facile. Prix : bon marché.

1 ananas,
100 g de sucre,
20 cl de vin rouge,
5 cl de Cognac,
15 g de beurre,
1 pincée de cannelle en poudre,
4 œufs,
1 cuillerée à soupe de maïzena,
Le zeste râpé d'un demi-citron,
Sucre glace,
1 pincée de sel.

1. Chauffez le vin rouge avec 60 g de sucre et la cannelle dans une casserole et laissez bouillir 10 mn. Epluchez l'ananas, retirez la partie dure du centre et coupez la chair en petits dés.
2. Ajoutez-les dans la casserole et cuisez 5 mn à feu vif. Hors du feu, versez-y le Cognac et laissez refroidir. Versez cette compote dans un plat à gratin beurré.
3. Cassez les œufs en séparant les blancs des jaunes. Battez les blancs d'œuf en neige avec une pincée de sel. Mélangez 2 cuillerées à soupe des blancs en neige avec les jaunes.
4. Continuez à battre les blancs en y versant en pluie 40 g de sucre, la maïzena et le zeste râpé. Mélangez-les aux jaunes en soulevant délicatement avec une spatule.
5. Recouvrez la compote de ce mélange, saupoudrez de sucre glace et faites dorer au four th. 7 - 210° pendant 5 mn. Servez aussitôt.

POUR CE
MENU LE
SOMMELIER
VOUS
PROPOSE

*Un
Beaujolais*

ENTREE

UFS EN MEURETTE

POUR 4 PERSONNES :

Préparation : 20 mn. Cuisson : 10 mn.
Recette facile. Prix : bon marché.
4 œufs,
100 g de lardons, 10 cl de vin rouge,
50 g de beurre,
80 g de sauce bourguignonne,
Poivre.

1. Cassez les œufs un par un dans une casserole d'eau salée et vinaigrée frémissante. Laissez-les cuire 5 mn.
2. Dans une poêle anti-adhésive, faites dorer les lardons, ajoutez la sauce bourguignonne, le vin chaud et le beurre en morceaux.
3. Remuez constamment jusqu'à ce que le beurre ait fondu. Gardez au chaud hors du feu. Retirez les œufs à l'aide d'une écumoire.
4. Egouttez-les sur un linge et placez-les dans les ramequins individuels. Nappez-les avec la sauce chaude et servez sans attendre.
5. Décorez de croûtons aillés.

Conseil du chef
Accompagnez les œufs en meurette de tranches de pain de mie grillées.

PLAT

ALETS AUX HARICOTS

POUR 4 PERSONNES :

Préparation : 25 mn. Cuisson : 1 h 15.
Recette facile. Prix : bon marché.
400 g de viande hachée,
80 g de moëlle de bœuf,
2 échalotes,
1 œuf,
300 g de haricots blancs,
15 g de beurre,
3 brins de romarin,
200 g de coulis de tomates,
1 citron,
40 g de câpres,
1 bouquet de persil,
2 cuillerées à soupe d'huile,
Sel, poivre.

1. Jetez les haricots dans l'eau bouillante, faites-les cuire 5 mn. Baissez le feu et salez-les à la reprise de l'ébullition. Ajoutez 1 brin de romarin et laissez cuire 1 heure.
2. Pelez et hachez les échalotes, cuisez-les à la poêle 5 mn dans le beurre et laissez refroidir. Mélangez la viande hachée, la moëlle, l'œuf et les échalotes. Salez et poivrez.
3. Façonnez des boulettes dans vos mains mouillées et aplatissez-les légèrement. Chauffez l'huile dans une poêle à feu doux, faites-y cuire les palets 15 mn en les tournant à mi-cuisson.
4. Retirez-les. Chauffez le coulis dans la poêle, à l'ébullition, salez et poivrez. Ajoutez-y les câpres et le jus du citron, versez sur les palets et les haricots égouttés. Décorez de romarin et servez chaud.

DESSERT

RUNEAUX EN PANNEQUETS

POUR 4 PERSONNES :

Préparation : 30 mn. Cuisson : 20 mn.
Recette facile. Prix : bon marché.
24 pruneaux,
1 sachet de sucre vanillé,
130 g de beurre,
1 cuillerée à soupe de sucre en poudre,
50 g de poudre d'amandes,
200 g de farine,
2 cuillerées à soupe de cacao,
1 cuillerée à soupe d'huile,
1 pincée de cannelle en poudre,
Sel.

1. Mélangez dans un saladier la farine, 100 g de beurre ramolli coupé en morceaux, les sucres et une pincée de sel. Faites une boule avec la pâte obtenue et laissez reposer 30 mn.
2. Dans un grand bol, mélangez la poudre d'amandes, la cannelle, la moitié du cacao et le reste du beurre. Otez les noyaux des pruneaux et remplissez-les du mélange aux amandes.
3. Etalez la pâte et taillez-y des ronds avec un verre retourné. Déposez un pruneau farci au centre de chaque rond et refermez-le en pinçant sur le dessus. Huilez la plaque du four.
4. Disposez les pannequets dessus et cuisez au four th. 6 - 180° pendant 20 mn. Disposez les pannequets sur un plat, saupoudrez-les de cacao et servez-les tièdes.

349

**POUR CE
MENU LE
SOMMELIER
VOUS
PROPOSE**

*Un
Meursault*

**9
DECEMBRE**

*Imma.
Concept.*

*Oranges
aux kiwis*

ENTREE

TARTELETTES
OCÉANES

POUR 4 PERSONNES :
Préparation : 25 mn. Cuisson : 15 mn.
Recette facile. Prix : bon marché.

200 g de pâte brisée,
200 g de crevettes décortiquées,
1 jaune d'œuf,
20 cl d'huile,
1 cuillerée à café de moutarde,
1/2 cuillerée à café de vinaigre,
1/2 citron,
8 feuilles de laitue,
1 bouquet de persil,
Sel, poivre.

1. Etalez la pâte au rouleau sur 2 mm d'épaisseur et garnissez-en 8 moules à tartelettes. Piquez-en le fond et mettez-les au four th. 6 - 180° pendant 15 mn. Démoulez.
2. Dans un bol, mélangez avec un fouet le jaune d'œuf, la moutarde, le vinaigre, du sel et du poivre. Versez l'huile en filet en tournant sans arrêt. Ajoutez le jus du demi-citron.
3. Mélangez-y les crevettes, disposez une feuille de laitue au fond de chaque tartelette, couvrez de crevettes à la mayonnaise, parsemez de brins de persil et servez immédiatement.

PLAT

LOTTE À
L'ARMORICAINE

POUR 4 PERSONNES :
Préparation : 20 mn. Cuisson : 20 mn.
Recette facile. Prix modéré.

800 g de lotte,
2 cuillerées à soupe de farine,
2 cuillerées à soupe de persil,
5 cl d'huile d'olive, 2 oignons,
20 cl de sauce tomate, 4 pommes de terre,
2 tomates pelées, sel, poivre.

1. Coupez la lotte en tranches, essuyez-la avec du papier absorbant et roulez-la dans la farine.
2. Faites chauffer l'huile dans une casserole et faites-y revenir les morceaux de lotte avec le persil, du sel et du poivre.
3. Epluchez les oignons et émincez-les. Ajoutez-les dans la casserole ainsi que la sauce tomate.
4. Epluchez les pommes de terre et faites-les cuire à la vapeur 10 mn. Ajoutez-les dans la casserole et laissez cuire à feu doux 10 mn. Servez bien chaud.

Conseil du chef
Si vous n'avez pas le temps de faire la mayonnaise, achetez-en mais ajoutez-lui le jus d'un demi-citron.

DESSERT

ORANGES
AUX KIWIS

POUR 4 PERSONNES :
Préparation : 5 mn. Pas de cuisson.
Recette facile. Prix : bon marché.

5 oranges,
3 kiwis,
1 citron,
50 g d'amandes effilées,
50 g de raisins secs,
3 cuillerées à soupe de sucre en poudre,
2 cuillerées à soupe de sirop de grenadine,
10 cl de liqueur d'orange,
2 cuillerées à soupe de miel liquide.

1. Epluchez les oranges et les kiwis. Coupez-les en rondelles et mettez-les dans un saladier. Pressez le citron et versez le jus sur les fruits.
2. Mélangez la grenadine avec le miel et 1 cuillerée à soupe de sucre. Versez le tout sur les fruits.
3. Versez la liqueur sur les raisins et laissez-les gonfler quelques minutes. Passez les amandes au four th. 8 - 240° pendant 5 mn.
4. Egouttez les raisins et parsemez les fruits d'amandes et de raisins. Servez bien frais.
5. Vous pouvez ajouter des rondelles d'oignon et de poivrons confits.

St Romaric

Poires
au miel

POUR CE MENU LE SOMMELIER VOUS PROPOSE

Un Côte du Rhône

ENTREE

ITRONS AUX ANCHOIS

POUR 4 PERSONNES :

Préparation : 20 mn. Cuisson : 10 mn.
Recette facile. Prix : bon marché.

2 boîtes d'anchois allongés à l'huile,
40 g de câpres au vinaigre,
4 citrons,
1 œuf,
2 pincées de graines de coriandre moulues,
8 olives noires dénoyautées,
Poivre.

1. Faites cuire l'œuf 10 mn à l'eau bouillante. Ecalez-le puis coupez-le en rondelles. Coupez les citrons en deux, retirez la pulpe en réservant le jus dans un bol.
2. Hachez les anchois, ajoutez-y 4 cuillerées à soupe de jus de citron, la moitié des olives coupées en rondelles et la moitié des câpres hachées. Assaisonnez de poivre et de coriandre.
3. Remplissez les demi-citrons de ce mélange, décorez de rondelles d'œuf dur, d'olives, de câpres et servez bien frais.

PLAT

OUDIN AUX POMMES

POUR 4 PERSONNES :

Préparation : 25 mn. Cuisson : 20 mn.
Recette facile. Prix : bon marché.

2 pommes,
4 morceaux de boudin noir,
2 cuillerées à soupe d'huile,
2 cuillerées à soupe de vinaigre,
100 g de confiture d'airelles,
Sel, poivre.

1. Mettez les boudins sur la grille du four placée au-dessus de la lèchefrite et faites-les cuire th. 7 - 210° pendant 20 mn.
2. Lavez et essuyez les pommes, retirez les pépins et le cœur et coupez-les en grosses rondelles. Huilez-les, salez et poivrez.
3. Chauffez la confiture avec le vinaigre dans une petite casserole en tournant avec une cuillère en bois. Retirez du feu à l'ébullition.
4. Faites griller les rondelles de pommes 2 mn de chaque côté. Mettez les boudins sur le plat de service, placez les rondelles de pommes autour avec au milieu 1 cuillerée à café de confiture d'airelles. Servez aussitôt.

DESSERT

OIRES AU MIEL

POUR 4 PERSONNES :

Préparation : 45 mn. Cuisson : 25 mn.
Recette facile. Prix : bon marché.

4 poires,
1/3 de litre de lait,
150 g de miel,
1 cuillerée à soupe de maïzena,
180 g de sucre,
1 cuillerée à café de vanille en poudre,
2 œufs,
Quelques noisettes concassées.

1. Pelez les poires, retirez le cœur et les pépins et arrosez-les du jus d'un demi-citron. Chauffez 1/3 de litre d'eau et le miel. A l'ébullition, baissez le feu, mettez-y les poires et laissez-les pocher 15 mn et égouttez-les. Coupez-les en quartiers et disposez-les au fond de quatre coupes.
2. Chauffez le lait et la vanille dans une grande casserole. Cassez les œufs en séparant les blancs des jaunes. Fouettez les jaunes avec 60 g de sucre. Mélangez-y la maïzena et délayez avec le lait. Reversez dans la casserole.
3. Faites cuire en tournant sans arrêt jusqu'à la reprise de l'ébullition. Battez les blancs en neige, ajoutez-les dans cette crème et répartissez ce mélange sur les poires. Servez immédiatement.

Conseil du chef
Vous pouvez remplacer la confiture d'airelles par de la confiture de groseilles.

POUR CE MENU LE SOMMELIER VOUS PROPOSE

Un Gris de Boulaouane

ENTRÉE

COURONNE AU BLEU

POUR 4 PERSONNES :

Préparation : 20 mn. Cuisson: 5 mn.
Recette facile. Prix : bon marché.

80 g de bleu,
1 carotte,
200 g de fromage blanc,
200 g de yaourt liquide,
4 feuilles de gélatine,
8 brins de ciboulette,
1 scarole,
10 g de beurre,
1/2 cuillerée à café de paprika,
Sel, poivre.

1. Mettez les feuilles de gélatine à fondre dans 3 cuillerées à soupe d'eau chaude. Coupez le bleu en morceaux et mettez-les dans un saladier. Ajoutez-y 2 cuillerées à soupe de yaourt liquide.
2. Ecrasez à la fourchette, mélangez-y le fromage blanc, du sel et du poivre. Faites tiédir le reste de yaourt à feu très doux, retirez du feu et ajoutez la gélatine. Versez le tout dans le saladier.
3. Hachez la ciboulette, ajoutez-la au mélange ainsi que le paprika. Versez dans un moule en couronne beurré. Mettez dans le réfrigérateur 2 heures. Grattez la carotte et râpez-la.
4. Cuisez-la 3 mn dans l'eau bouillante salée, égouttez-la. Lavez la scarole et essorez-la. Démoulez la couronne sur un plat et décorez avec la carotte râpée et les feuilles de scarole. Servez de suite.

PLAT

COUSCOUS

POUR 4 PERSONNES :

Préparation : 1 h. Cuisson : 45 mn.
Recette facile. Prix : bon marché.

4 côtes de mouton, 4 cuisses de poulet,
4 morceaux de bœuf dans le gîte,
200 g de pois chiches, 4 carottes,
6 petits oignons,
2 poireaux, 3 navets, 40 g de beurre,
1/2 cuillerée à café de harissa,
300 g de semoule grain moyen.

1. Epluchez tous les légumes et coupez-les en morceaux. Placez-les au fond de la couscoussière et recouvrez-les d'eau. Faites-les cuire 45 mn.
2. Vingt minutes avant la fin de la cuisson des légumes, placez la semoule dans le compartiment supérieur et laissez cuire à la vapeur.
3. Cuisez la viande dans le compartiment du milieu pendant 30 mn. Disposez dans un plat la viande, la semoule parsemée de beurre, les légumes et le bouillon de cuisson additionné de harissa. Servez chaud.

Conseil du chef

Vous pouvez ajouter au couscous des grains de raisins secs gonflés dans le bouillon.

DESSERT

GÉNOISE AU CHOCOLAT

POUR 4 PERSONNES :

Préparation : 25 mn. Cuisson : 35 mn.
Recette facile. Prix : bon marché.

3 œufs, 80 g de sucre,
85 g de farine,
20 g de cacao,
150 g de chocolat noir,
1/3 de verre de lait,
150 g de crème liquide,
Le jus d'une demi-orange,
10 g de beurre,
1 cuillerée à soupe de vermicelles en chocolat.

1. Cassez les œufs dans une casserole, fouettez-les avec le sucre et placez la casserole dans un bain-marie à feu doux. Fouettez 10 mn et retirez la casserole du feu. Battez jusqu'à refroidissement.
2. Mélangez-y le cacao et 80 g de farine, versez dans un moule beurré et fariné et faites cuire au four th. 6 - 180° pendant 20 mn. Démoulez. Cassez le chocolat en morceaux et mettez-les dans une casserole avec le lait.
3. Faites fondre doucement. Fouettez la crème jusqu'à ce qu'elle mousse, mélangez-la dans le chocolat refroidi. Partagez le gâteau en 3 dans le sens de l'épaisseur. Imbibez 2 épaisseurs du gâteau de jus d'orange.
4. Tartinez-les de crème au chocolat, recouvrez le gâteau de crème au chocolat en la lissant avec une spatule trempée dans l'eau chaude. Saupoudrez de vermicelles en chocolat et mettez au frais jusqu'au moment de servir.

POUR CE MENU LE SOMMELIER VOUS PROPOSE

Un Pauillac

12

Ste Jeanne F.C.

Gigot d'agneau aux herbes

ENTREE

CRABES FARCIS

POUR 4 PERSONNES :

Préparation : 45 mn. Cuisson : 15 mn.
Recette facile. Prix modéré.

4 petits crabes, 1/4 de litre de lait,
50 g de beurre, 50 g de farine,
50 g de chapelure, 1 carotte, 1 oignon,
1 bouquet de persil, 1 brin de thym,
1 feuille de laurier, coriandre,
Poivre de Cayenne, sel, poivre.

1. Préparez un court-bouillon avec 3 litres d'eau, la carotte et l'oignon coupés en morceaux, aromatisez de thym, laurier, coriandre, persil et poivre.
2. Plongez les crabes dans le court-bouillon à ébullition et cuisez-les 10 mn. Laissez refroidir les crabes dans leur jus de cuisson. Dans une casserole, faites fondre le beurre.
3. Ajoutez-y la farine, versez le lait froid, mélangez et portez à ébullition. Laissez cuire 4 mn et ajoutez du poivre de Cayenne. Décortiquez les crabes refroidis et retirez la chair délicatement.
4. Mélangez-la à la sauce, farcissez-en l'intérieur des carapaces et saupoudrez de chapelure. Faites gratiner au four et servez aussitôt.

Conseil du chef
Laissez sa graisse au gigot d'agneau, à la cuisson, elle se transformera en un délicieux jus.

PLAT

GIGOT D'AGNEAU AUX HERBES

POUR 4 PERSONNES :

Préparation : 25 mn. Cuisson : 30 mn.
Recette facile. Prix : bon marché.

1 gigot d'agneau de lait,
50 g de gros sel,
1 oignon,
1 échalote,
1 brin de thym,
1 brin de romarin,
400 g de pommes de terre,
10 cl d'huile,
1 bouquet de persil,
50 g de beurre,
Sel.

1. Frottez le gigot avec le gros sel. Chauffez 2 cuillerées à soupe d'huile dans une cocotte à feu moyen. Faites-y dorer le gigot sur toutes ses faces 10 mn.
2. Ajoutez l'oignon et l'échalote coupés en 2, le thym, le romarin et 20 g de beurre. Baissez le feu, couvrez et cuisez 20 mn en le tournant à mi-cuisson et en l'arrosant d'un peu d'eau froide.
3. Epluchez et coupez les pommes de terre en rondelles, faites-les dorer à la poêle dans l'huile restante bien chaude 10 mn en les tournant souvent. Egouttez-les, salez-les et jetez l'huile.
4. Remettez-les dans la poêle avec 30 g de beurre, poursuivez la cuisson 5 mn, parsemez de persil. En fin de cuisson du gigot, ajoutez 2 cuillerées à soupe d'eau bouillante dans le jus.
5. Découpez le gigot en tranches, disposez-les sur les rondelles de pommes de terre et arrosez du jus de cuisson. Servez bien chaud.

DESSERT

ENTREMETS AUX POMMES

POUR 4 PERSONNES :

Préparation : 35 mn. Cuisson : 40 mn.
Recette facile. Prix : bon marché.

800 g de pommes,
150 g de fruits confits mélangés
coupés en dés,
1 gousse de vanille,
150 g de sucre,
1 orange,
5 cl de Cointreau,
3 feuilles de gélatine,
8 cerises confites.

1. Pelez les pommes et coupez-les en gros dés. Mettez-les dans une cocotte avec la vanille, 1/2 verre d'eau et le sucre. Couvrez et cuisez à feu doux 30 mn.
2. Retirez la vanille avant de passer les pommes au moulin à légumes grille fine. Reversez cette compote dans la cocotte et chauffez à feu vif sans cesser de tourner.
3. Mélangez-y les fruits confits et retirez du feu. Pressez l'orange, versez le jus et le Cointreau dans une petite casserole, chauffez à feu très doux et faites-y fondre la gélatine.
4. Versez ce mélange dans la purée de pommes, remuez bien, versez le tout dans un moule cannelé et laissez 3 heures dans le réfrigérateur. Démoulez et décorez de cerises confites.

POUR CE MENU LE SOMMELIER VOUS PROPOSE

Un Bordeaux rouge

13
DECEMBRE

Ste Lucie

Mignons de lapin

ENTRÉE

PETITS PATÉS AUX FOIES DE VOLAILLE

POUR 4 PERSONNES :

Préparation : 30 mn. Cuisson : 40 mn.
Recette facile. Prix : bon marché.

300 g de pâte feuilletée, 1 échalote,
120 g de mousse de foies de volaille,
30 g de beurre,
2 cuillerées à soupe de farine,
2 verres de lait, 50 g de crème,
2 jaunes d'œuf, 2 pincée de muscade,
40 g de gruyère râpé, sel, poivre.

1. Pelez et hachez l'échalote, mettez-la dans une poêle avec 15 g de beurre et laissez fondre 3 mn à feu doux. Salez et poivrez.
2. Ecrasez la mousse de foies de volaille dans un bol, mélangez-y l'échalote. Faites fondre le reste de beurre dans une casserole.
3. Mélangez-y la moitié de la farine, versez le lait et tournez jusqu'à l'ébullition. Hors du feu, ajoutez la muscade et la crème.
4. Salez, poivrez et mélangez-y 1 jaune d'œuf et le fromage râpé. Etalez la pâte et avec un bol retourné découpez-y 4 ronds, mettez-les dans 4 moules à tartelettes.
5. Remplissez-les du mélange à la mousse de foies, répartissez la sauce par-dessus. Découpez 4 ronds plus petits dans la pâte restante.
6. Posez-les sur les tartelettes garnies, dorez la surface au jaune d'œuf battu et faites cuire 20 mn au four th. 7 - 210°. Servez chaud ou tiède.

PLAT

MIGNONS DE LAPIN

POUR 4 PERSONNES :

Préparation : 25 mn. Cuisson : 40 mn.
Recette facile. Prix : bon marché.

4 morceaux de lapin, 3 carottes,
500 g de petits pois, 1 oignon,
2 cuillerées à soupe de vinaigre,
20 cl de vin blanc, 1 bouquet garni,
1 cuillerée à soupe de moutarde,
1/2 citron, sel, poivre.

1. Désossez le lapin. Epluchez les carottes et coupez-les en rondelles. Pelez et hachez finement l'oignon.
2. Dans une cocotte, mettez la moutarde, l'oignon haché, les carottes, du sel, du poivre, les morceaux de lapin, le vinaigre, le vin blanc, les petits pois et le bouquet garni.
3. Couvrez, mettez la cocotte sur feu très doux et laissez cuire 40 mn. Retirez le bouquet garni, versez le lapin et les légumes dans le plat de service chaud, arrosez du jus du demi-citron, poivrez et servez.

Conseil du chef
Vous pouvez ajouter des champignons de Paris à la mousse de foies de volaille.

DESSERT

GATEAU AUX MILLE FRUITS

POUR 4 PERSONNES :

Préparation : 20 mn. Cuisson : 5 mn.
Recette facile. Prix : bon marché.

80 g de semoule de maïs précuite,
1/3 de litre de lait,
50 g de sucre en poudre,
2 œufs,
40 g de raisins secs,
4 figues sèches,
5 cl de rhum,
1 pincée de vanille,
40 g de beurre,
20 g de farine,
50 g de fruits confits en dés.

1. Mettez les raisins et le rhum dans une casserole, chauffez et portez à ébullition. Retirez du feu, couvrez et laissez tiédir.
2. Chauffez le lait avec le sucre et la vanille dans une casserole. A l'ébullition, jetez-y la semoule de maïs en pluie et laissez cuire 3 mn. Retirez du feu et couvrez la casserole. Laissez gonfler 5 mn.
3. Coupez les figues sèches en morceaux. Cassez les œufs en séparant les blancs des jaunes. Mélangez les jaunes avec 25 g de beurre dans la semoule et ajoutez 2/3 des fruits secs mélangés.
4. Ajoutez le rhum des raisins. Montez les blancs en neige et ajoutez-les au mélange. Beurrez un moule rond, saupoudrez-le de farine et remplissez-le du mélange, répartissez dessus le reste des fruits.
5. Mettez 2 heures dans le réfrigérateur et démoulez au moment de servir.

POUR CE MENU LE SOMMELIER VOUS PROPOSE

Un Brouilly

ENTREE

ALADE AUX POIS CHICHES

POUR 4 PERSONNES :

Préparation : 15 mn. Pas de cuisson.
Recette facile. Prix : bon marché.

1 boîte 4/4 de pois chiches au naturel,
1 oignon,
1 échalote,
1 cuillerée à café de sel de céleri,
120 g de thon à l'huile,
2 filets d'anchois à l'huile,
1 gousse d'ail,
80 g d'olives noires,
1 bouquet de ciboulette,
4 cuillerées à soupe d'huile,
1 cuillerée à soupe de vinaigre,
Poivre.

1. Versez les pois chiches dans une passoire, rincez-les sous l'eau courante et égouttez-les. Essuyez-les avec du papier absorbant et mettez-les dans un saladier.
2. Epluchez l'oignon, coupez-le en rondelles et ajoutez-les aux pois chiches. Emiettez le thon, ajoutez-le dans la salade. Coupez les filets d'anchois en petits morceaux.
3. Dénoyautez les olives et coupez-les en deux. Ajoutez-les dans le saladier ainsi que les anchois et le sel de céleri. Lavez la ciboulette, épluchez l'ail et l'échalote et hachez-les finement.
4. Dans un bol, mélangez les herbes, l'ail et l'échalote avec l'huile et le vinaigre, poivrez, remuez et versez sur la salade. Servez aussitôt.

PLAT

RAISÉ DE DINDONNEAU

POUR 4 PERSONNES :

Préparation : 30 mn. Cuisson : 1 h.
Recette facile. Prix : bon marché.

800 g de rôti de dindonneau,
2 oignons,
200 g de pruneaux,
150 g de lardons,
150 g de carottes,
10 cl de vin blanc,
1 bouquet garni,
Sel, poivre.

1. Pelez les oignons et coupez-les en rondelles. Epluchez les carottes et coupez-les en dés. Chauffez une cocotte à feu doux, mettez-y les lardons à dorer 10 mn, retirez-les et réservez-les.
2. Dans le gras rendu par les lardons, faites dorer le rôti sur toutes ses faces et retirez-le. Jetez le gras de cuisson. Mettez les oignons et les carottes dans la cocotte, remettez le rôti par-dessus.
3. Salez, poivrez, ajoutez les lardons, le vin et le bouquet garni. Couvrez et laissez cuire à feu très doux 30 mn. Mettez les pruneaux dans la cocotte, salez, poivrez et fermez la cocotte.
4. Poursuivez la cuisson 20 mn. Servez le dindonneau entouré des légumes et de boules de riz blanc.

DESSERT

OUPES À LA CRÈME ET BISCUITS

POUR 4 PERSONNES :

Préparation : 20 mn. Cuisson : 5 mn.
Recette facile. Prix : bon marché.

100 g de langues de chat,
200 g de crème liquide,
2 cuillerées à soupe de noix de coco râpée,
12 grains de raisins secs,
1 citron,
5 cl de kirsch,
1 sachet de sucre vanillé,
1 cuillerée à café de maïzena.

1. Pressez le citron, délayez la maïzena dans son jus, chauffez à feu doux, retirez du feu dès l'ébullition et ajoutez-y le kirsch.
2. Trempez les biscuits dans ce mélange et répartissez-les dans les coupes. Fouettez la crème et le sucre vanillé jusqu'à l'obtention d'une mousse légère.
3. Recouvrez-en les biscuits. Mélangez la noix de coco râpée aux grains de raisins et saupoudrez-en chaque coupe. Servez immédiatement.

Conseil du chef
Vous pouvez, en saison, ajouter à la salade de pois chiches quelques rondelles de radis.

355

15

DECEMBRE

Ste Ninon

Poulet en gelée

POUR CE MENU LE SOMMELIER VOUS PROPOSE

Un Touraine rouge

 ALADE EXOTIQUE

POUR 4 PERSONNES :

Préparation : 10 mn. Cuisson : 15 mn.
Recette facile. Prix : bon marché.

250 g de riz,
1 pamplemousse,
4 tranches d'ananas,
100 g d'amandes mondées,
6 cuillerées à soupe d'huile,
1/2 citron,
Sel, poivre.

1. Faites cuire le riz 15 mn dans de l'eau bouillante salée. Egouttez-le et mettez-le de côté. Epluchez le pamplemousse et détaillez-le en quartiers. Enlevez les peaux blanches qui les entourent.
2. Coupez chaque tranche d'ananas en 6 morceaux. Dans un bol, mélangez le jus du demi-citron, l'huile, du sel et du poivre. Dans un saladier, disposez le riz, les quartiers de pamplemousse, les morceaux d'ananas et les amandes. Servez avec la sauce à part.

Conseil du chef

Vous pouvez ajouter 2 œufs durs écrasés à la salade exotique.

OULET EN GELÉE

POUR 4 PERSONNES :

Préparation : 20 mn. Cuisson : 30 mn.
Recette facile. Prix : bon marché.

8 blancs de poulet,
1 citron,
1 bouquet garni,
1 sachet de gelée au Madère,
Gros sel.

1. Frottez les blancs de poulet avec le jus du citron, coupez-les en dés, mettez-les dans un faitout avec 2 litres d'eau bouillante salée. Ajoutez le bouquet garni.
2. Couvrez et laissez cuire 25 mn à feu doux. Laissez refroidir le poulet dans le bouillon. Versez 1/2 litre de bouillon dans une casserole, mélangez-y la gelée, chauffez en tournant.
3. Retirez du feu dès les premiers frémissements. Mettez les blancs de poulet sur le plat de service, arrosez-les de gelée tiédie et mettez au frais 2 heures avant de servir.
4. Vous pouvez servir avec quelques grains de raisin noir ou blanc si vous en trouvez.

IZ SUCRÉ À L'ANANAS

POUR 4 PERSONNES :

Préparation : 15 mn. Cuisson : 35 mn.
Recette facile. Prix : bon marché.

120 g de riz, 200 g de sucre, 75 cl de lait,
1 gousse de vanille, 1 ananas,
40 g de beurre, 3 œufs,
4 cuillerées à soupe de confiture d'abricots,
Cerises confites,
Sel.

1. Faites cuire le riz dans une grande quantité d'eau bouillante légèrement salée 3 mn. Egouttez-le. Faites chauffer le lait avec 40 g de sucre et la gousse de vanille.
2. Versez-y le riz, couvrez et laissez cuire 30 mn à feu doux. Epluchez l'ananas, évidez le centre et coupez-le en tranches. Placez-les dans une poêle et versez dessus le reste du sucre.
3. Arrosez avec un verre et demi d'eau. Couvrez et laissez cuire 3 mn. Otez le couvercle et poursuivez la cuisson à petits bouillons 5 mn. Réservez. Retirez le riz cuit du feu.
4. Ajoutez-y le beurre, laissez refroidir, versez les jaunes d'œuf et ajoutez-les rapidement au riz. Egouttez les tranches d'ananas et posez-les dans une assiette.
5. Mélangez le riz avec le sirop restant dans la poêle, versez dans un plat, garnissez le centre avec 2 tranches d'ananas coupées en morceaux. Disposez les autres sur le côté.
6. Délayez la confiture dans un peu d'eau, chauffez, étalez sur le riz et décorez de cerises. Servez sans attendre.

Coquilles
st Jacques

POUR CE MENU LE SOMMELIER VOUS PROPOSE

Un rosé
d'Anjou

ENTRÉE

COQUILLES ST JACQUES

POUR 4 PERSONNES :

Préparation : 20 mn. Cuisson : 10 mn.
Recette facile. Prix modéré.

12 coquilles st Jacques,
500 g d'épinards en branche cuits,
1 litre de court-bouillon,
10 cl de vin blanc,
30 cl de béchamel,
40 g de beurre,
1 pot d'œufs de lump rouge.

1. Lavez les coquilles st Jacques et cuisez-les dans le court-bouillon au vin blanc 10 mn. Egouttez-les.
2. Garnissez des plats individuels d'un fond d'épinards en branche chauds, ajoutez 3 noix et leur corail, versez de la béchamel par-dessus, parsemez d'œufs de lump.
3. Arrosez de beurre fondu et servez bien chaud.

Conseil du chef

Préparez la béchamel avec le court-bouillon dans lequel ont cuit les coquilles st Jacques.

PLAT

SAUTÉ DE PORC AUX HARICOTS BLANCS

POUR 4 PERSONNES :

Préparation : 20 mn. Cuisson : 1 h 35.
Recette facile. Prix : bon marché.

1 kg de jarret de porc désossé,
1 fine tranche de poitrine fumée,
3 oignons,
1 feuille de laurier,
1 gousse d'ail,
1 verre de vin blanc sec,
25 g de farine,
1 pincée de thym,
1 boîte 4/4 de haricots blancs,
Sel, poivre.

1. Coupez le jarret de porc en gros dés et la poitrine fumée en petits lardons. Epluchez l'ail et les oignons. Coupez ces derniers en fines rondelles. Egouttez les haricots.
2. Dans une poêle anti-adhésive, faites dorer les dés de porc 5 mn en les tournant sur feu vif. Jetez le gras et mettez la viande dans une cocotte sur feu moyen. Salez et poivrez.
3. Ajoutez les oignons, saupoudrez de farine et de thym. Tournez et arrosez de vin blanc, couvrez la cocotte et cuisez 1 h 30 à feu doux. Utilisez la même poêle pour faire dorer la poitrine et l'ail.
4. Versez ensuite les haricots, salez, poivrez, couvrez et chauffez 5 mn à feu très doux. Ajoutez le contenu de la poêle dans la cocotte en fin de cuisson de la viande. Mélangez et servez.

DESSERT

POMMES FOURRÉES

POUR 4 PERSONNES :

Préparation : 15 mn. Cuisson : 9 mn.
Recette facile. Prix : bon marché.

4 pommes,
6 figues sèches,
70 g de poudre de noisettes,
1 sachet de sucre vanillé,
40 g de beurre,
3 cuillerées à soupe de miel,
2 cuillerées à soupe de gelée de groseilles.

1. Coupez un chapeau à chacune des pommes et évidez-les à l'aide d'un vide-pommes. Dans un saladier, mettez les figues découpées en petits cubes, la poudre de noisettes, le miel, le sucre vanillé et le beurre coupé en morceaux.
2. Recouvrez le tout d'un film transparent et mettez au four à micro-ondes 3 mn. Farcissez chaque pomme de cette préparation, posez les pommes dans une cocotte contenant 3 cuillerées à soupe d'eau, couvrez et mettez au four à micro-ondes 6 mn.
3. Liez le jus de cuisson des pommes avec la gelée de groseilles. Servez les pommes bien chaudes arrosées du jus de groseille.

POUR CE
MENU LE
SOMMELIER
VOUS
PROPOSE

*Un Côtes
du Roussillon*

ENTREE

SALADE AUX DEUX POMMES

POUR 4 PERSONNES :

Préparation : 15 mn. Cuisson : 3 mn.
Recette facile. Prix : bon marché.

1 pomme type Reine des Reinettes,
1 pomme type Granny Smith,
2 carottes,
1/4 de chou blanc,
150 g de lard fumé,
1 cuillerée à soupe de vinaigre,
1 petit pot de mayonnaise,
2 œufs durs,
2 gouttes de Tabasco,
10 cl de crème fraîche,
1/2 cuillerée à café de curry,
Sel, poivre.

1. Lavez le chou et émincez-le en fines lanières. Lavez les pommes et coupez-les en petits dés sans les éplucher. Epluchez les carottes et râpez-les.
2. Ecalez les œufs et écrasez-les à la fourchette. Coupez le lard fumé en petits dés et faites-le dorer dans une casserole sans matière grasse 3 mn.
3. Egouttez-le. Dans un saladier, mettez le chou, les carottes, les pommes, le lard, remuez bien et saupoudrez d'œufs durs écrasés. Mélangez la mayonnaise avec le vinaigre, le Tabasco, le curry.
4. Mettez du sel, du poivre, ajoutez la crème et versez sur la salade. Remuez et servez sans attendre.

PLAT

MERLAN AU SAFRAN

POUR 4 PERSONNES :

Préparation : 15 mn. Cuisson : 20 mn.
Recette facile. Prix : bon marché.

1 merlan de 1,5 kg,
2 oignons, 1 citron, 20 cl de vin blanc sec,
6 cuillerées à soupe d'huile,
1 kg de pommes de terre,
2 cuillerées à soupe de persil haché,
2 dosettes de safran, sel, poivre.

1. Epluchez les pommes de terre et faites-les cuire 20 mn à la vapeur. Chauffez 2 cuillerées d'huile dans une sauteuse, ajoutez-y les oignons émincés. Faites-les cuire à feu doux jusqu'à ce qu'ils soient transparents.
2. Ajoutez le vin, le jus de citron, le safran, du sel, du poivre et le merlan. Couvrez et faites cuire 15 mn à feu doux. Salez, poivrez.
3. Disposez le merlan dans un plat et nappez-le de sauce, saupoudrez de persil et accompagnez de pommes de terre.

Conseil du chef
Vous pouvez remplacer le merlan par de la morue en prenant bien soin de la dessaler.

DESSERT

GATEAU BLANC

POUR 4 PERSONNES :

Préparation : 15 mn. Cuisson : 10 mn.
Recette facile. Prix : bon marché.

1 quatre-quart de 400 g,
1 boîte 1/2 d'ananas au sirop,
200 g de crème,
Eau naturelle gazeuse,
2 sachets de sucre vanillé,
1/2 citron, 40 g de sucre glace,
Sel.

1. Coupez le gâteau en 3 tranches dans le sens de l'épaisseur avec un couteau à pain. Mettez la crème dans un saladier, remplissez le pot de crème vide d'eau gazeuse glacée, versez-la sur la crème et battez au fouet jusqu'à ce que le mélange devienne mousseux.
2. Ajoutez-y le sucre vanillé et le sucre glace et continuez de battre jusqu'à ce que la crème devienne solide. Mettez-en de côté 2 cuillerées à soupe. Egouttez l'ananas, faites bouillir son sirop 10 mn à feu vif. Hors du feu, ajutez-y un filet de jus de citron.
3. Laissez refroidir. Passez la moitié des tranches d'ananas à la moulinette, versez cette purée dans la crème fouettée et mélangez délicatement à la fourchette. Mettez au freezer 15 mn. Arrosez les tranches de gâteau du sirop refroidi.
4. Etalez la crème par-dessus, mettez les tranches l'une sur l'autre pour reconstituer le gâteau, recouvrez de crème, décorez avec la crème fouettée mise de côté et les tranches d'ananas restantes coupées en morceaux. Mettez dans le réfrigérateur 2 heures avant de servir.

POUR CE MENU LE SOMMELIER VOUS PROPOSE

Un Bourgueil

ENTREE

PAUPIETTES DE SARDINES

POUR 4 PERSONNES :

Préparation : 35 mn. Cuisson : 45 mn.
Recette facile. Prix : bon marché.

800 g de sardines,
400 g de tomates,
80 g de riz cuit,
1 jaune d'œuf,
40 g d'olives noires dénoyautées,
1 gousse d'ail,
8 brins de persil,
4 feuilles de basilic,
3 cuillerées à soupe d'huile,
Sel, poivre.

1. Epluchez et hachez l'ail. Hachez le persil et le basilic. Plongez les tomates 1 mn dans l'eau bouillante, égouttez-les, pelez-les et hachez-les.
2. Dans une casserole, chauffez 2 cuillerées à soupe d'huile à feu doux, ajoutez-y l'ail et faites-le dorer légèrement, ajoutez les tomates et cuisez à feu moyen 10 mn sans couvrir.
3. Otez la tête et la queue des sardines, ouvrez-les sans séparer les filets, ôtez les arêtes. Dans un saladier, mettez le riz, le persil, le basilic et le jaune d'œuf. Salez, poivrez et mélangez.
4. Répartissez sur chaque sardine côté peau, un peu de farce, roulez-les et piquez-les avec un bâtonnet. Coupez les olives en rondelles, ajoutez-les à la sauce tomate et poursuivez la cuisson 2 mn.
5. Huilez un plat à four, répartissez un peu de sauce tomate sur le fond et rangez-y les paupiettes de sardines. Arrosez-les du reste de sauce et cuisez au four th. 6 - 180° pendant 30 mn. Servez bien chaud.

PLAT

FOIE DE VEAU ROTI

POUR 4 PERSONNES :

Préparation : 30 mn. Cuisson : 30 mn.
Recette facile. Prix : bon marché.

800 g de foie de veau, 20 g de beurre,
250 g de crépinette de porc, 1/2 citron,
1 échalote hachée, 1 bouquet de persil,
Sel, poivre.

1. Salez et poivrez le foie de veau. Enveloppez-le dans la crépinette de porc et posez-le sur la grille du four en plaçant un plat en dessous et cuisez 25 mn au four th. 5 - 150°.
2. Retournez-le à mi-cuisson. Réservez le foie au chaud. Versez le jus recueilli pendant la cuisson dans une poêle, ajoutez-y l'échalote et 2 verres d'eau. Faites bouillir 5 mn à feu vif en remuant.
3. Découpez le foie en tranches, récupérez le sang et versez-le dans la poêle, ajoutez le beurre fondu et un filet de jus de citron. Servez les tranches de foie sur des pâtes fraîches. Saupoudrez de persil haché et nappez de sauce.

Conseil du chef
Dans le foie de veau, avec l'échalote vous pouvez remplacer l'eau par du fond de veau.

DESSERT

SABLÉS À LA CONFITURE

POUR 4 PERSONNES :

Préparation : 40 mn. Cuisson : 20 mn.
Recette facile. Prix : bon marché.

120 g de farine,
40 g de sucre,
60 g de beurre,
1 jaune d'œuf,
1 pincée de sel,
Confiture de fraises,
Confiture d'abricots.

1. Mélangez la farine, le sucre et le sel. Ajoutez-y 50 g de beurre en écrasant avec une fourchette pour obtenir un mélange sableux.
2. Incorporez-y le jaune d'œuf et pétrissez. Formez une boule avec la pâte et mettez-la au frais 30 mn. Etalez la pâte au rouleau.
3. A l'aide d'un grand verre, formez 32 ronds dans la pâte. Avec un petit verre enlevez un rond au centre de 16 grands ronds.
4. Superposez un grand rond sans trou et un grand rond avec un trou en mettant celui avec le trou au-dessus de façon à ce qu'il y ait un creux au milieu du sablé.
5. Déposez les sablés sur la plaque du four recouverte d'une feuille d'aluminium beurrée et faites-les cuire th. 5 - 150° pendant 20 mn.
6. Répartissez de la confiture de fraises dans le creux de 8 sablés, et de la confiture d'abricots dans le creux des 8 autres. Dégustez.

POUR CE
MENU LE
SOMMELIER
VOUS
PROPOSE

*Un rosé
de Loire*

ENTRÉE

ASPIC FANTAISIE

POUR 4 PERSONNES :

Préparation : 40 mn. Cuisson : 10 mn.
Recette élaborée. Prix : bon marché.

3 œufs durs,
1 boîte 4/4 de macédoine de légumes,
1 cuillerée à soupe de câpres,
3 cornichons,
4 olives farcies,
200 g de mayonnaise,
2 bouillon-cubes de volaille,
2 sachets de gelée instantanée au Madère,
Sel, poivre.

1. Faites un bouillon avec les bouillon-cubes et 1 litre d'eau. Filtrez-le et utilisez-le pour préparer la gelée.
2. Dans un saladier, mettez la macédoine, les câpres égouttées, les cornichons en rondelles, la mayonnaise, du sel, du poivre et mélangez.
3. Versez une couche de gelée de 1 cm au fond d'un moule à charlotte puis badigeonnez-en les bords. Faites prendre 10 mn dans le freezer.
4. Ecalez les œufs et coupez-les en rondelles. Posez-en 5 en couronne sur la gelée, mettez-en 1 au centre et entourez-la de tranches d'olives. Couvrez de gelée.
5. Trempez 6 rondelles d'œuf dans la gelée et collez-les sur le bord du moule. Remettez 10 mn dans le freezer. Mettez la macédoine au centre et versez de la gelée de façon à combler les vides entre la macédoine et les bords du moule.
6. Recouvrez de gelée et mettez 2 heures dans le réfrigérateur avant de démouler pour servir.

PLAT

ESCALOPE DE POULET AU BASILIC

POUR 4 PERSONNES :

Préparation : 10 mn. Cuisson : 5 mn.
Recette facile. Prix : bon marché.

4 escalopes de poulet épaisses,
30 cl de crème fraîche,
3 cuillerées à soupe de jus de citron,
3 cuillerées à soupe de basilic haché,
20 g de beurre, sel, poivre,
1 pincée de piment de Cayenne.

1. Faites chauffer la poêle avec une noix de beurre et faites dorer les escalopes de chaque côté pendant 5 mn. Salez, poivrez, réservez au chaud.
2. Mélangez dans une jatte la crème, le jus de citron, le basilic haché, 1 pincée de piment de Cayenne, du sel, du poivre. Chauffez-la 3 mn sans bouillir.
3. Nappez les escalopes de cette sauce. Accompagnez de pâtes et de haricots mange tout.

Conseil du chef
Vous pouvez utiliser des poires au sirop mais il sera inutile de les cuire et de les sucrer.

DESSERT

POIRES EN ÉVENTAIL

POUR 4 PERSONNES :

Préparation : 15 mn. Cuisson : 50 mn.
Recette facile. Prix : bon marché.

2 poires, 200 g de farine,
80 g d'amandes en poudre,
2 œufs, 200 g de beurre,
200 g de sucre semoule,
1 citron, 1 pincée de sel.

1. Dans un grand bol, mélangez 100 g de beurre ramolli, 40 g de sucre et 1 œuf. Ajoutez 150 g de farine et le sel. Tournez jusqu'à obtenir une pâte homogène.
2. Mettez-la 30 mn dans le réfrigérateur. Dans un saladier, mélangez 80 g de beurre ramolli, 80 g de sucre et les amandes. Ajoutez l'œuf restant, le jus d'un demi-citron, 1 cuillerée à soupe de farine et remuez.
3. Beurrez un moule à tarte et farinez-le. Garnissez-le avec la pâte étalée et piquée à la fourchette. Etalez la crème aux amandes dessus. Pelez les poires, coupez-les en deux, ôtez le cœur et les pépins et arrosez du jus du demi-citron restant.
4. Versez 1/2 litre d'eau dans une casserole, ajoutez le reste de · sucre et amenez à ébullition. Plongez-y les demi-poires et cuisez-les 10 mn à feu doux. Egouttez-les et faites des entailles en biais sur le dessus.
5. Posez les demi-poires sur la crème aux amandes et cuisez au four th. 7 - 210° pendant 40 mn. Laissez tiédir 10 mn et servez accompagné du sirop de cuisson des poires à part.

360

POUR CE MENU LE SOMMELIER VOUS PROPOSE

Un Gamay

ENTREE

BOUCHÉES À LA REINE

POUR 4 PERSONNES :

Préparation : 30 mn. Cuisson : 25 mn.
Recette facile. Prix : bon marché.

4 bouchées à garnir feuilletées,
120 g de blanc de volaille cuit,
60 g de champignons de Paris en lamelles,
20 cl de béchamel,
2 cuillerées à soupe de Madère,
Huile,
Sel, poivre.

1. Découpez le blanc de volaille en petits dés. Cuisez les champignons de Paris dans l'huile à la poêle 5 mn de chaque côté.
2. Ajoutez le Madère à la béchamel et mettez à chauffer dans une casserole. Incorporez-y le blanc de volaille et les champignons.
3. Tenez cette préparation au chaud. Mettez les feuilletés au four th. 6 - 180° pendant 5 mn sans les couvercles.
4. Garnissez-les de la préparation chaude, remettez les chapeaux et servez immédiatement avec le reste de garniture à part.

Conseil du chef
Vous pouvez ajouter des lamelles de pommes et des raisins secs au gâteau laitier.

PLAT

POULET À LA GRECQUE

POUR 4 PERSONNES :

Préparation : 30 mn. Cuisson : 1 h 30.
Recette facile. Prix : bon marché.

1 poulet de 1,2 kg coupé en morceaux,
60 g de beurre,
4 oignons,
3 échalotes,
4 gousses d'ail,
3 tomates,
20 cl de vin blanc sec,
200 g de raisins de Corinthe,
1 cuillerée à soupe de sucre,
1 cuillerée à soupe de curry,
1 pincée de safran,
Sel, poivre, thym, laurier.

1. Hachez ensemble échalotes, oignons et gousses d'ail. Pelez les tomates et coupez-les en morceaux. Roulez les morceaux de poulet dans une assiette contenant le curry et faites-les bien dorer dans une cocotte avec 30 g de beurre sur feu vif.
2. Egouttez-les, jetez la sauce de la cocotte, remettez celle-ci sur le feu sans la laver avec 30 g de beurre. Mettez-y le hachis d'échalotes-oignons-ail, le thym, le laurier et les tomates en morceaux. Laissez cuire doucement 15 mn.
3. Ajoutez les morceaux de poulet, le vin blanc, le safran, les raisins, le sucre et du sel. Couvrez d'eau et laissez mijoter 1 heure à couvert. Servez tous les ingrédients ensemble dans un plat creux.
4. Vous pouvez consommer le bouillon à part.

DESSERT

GATEAU LAITIER

POUR 4 PERSONNES :

Préparation : 15 mn. Cuisson : 1 h.
Recette facile. Prix : bon marché.

220 g de farine,
200 g de sucre,
6 œufs,
120 g de beurre,
600 g de fromage blanc,
100 g de Fjord,
100 g de crème fraîche,
Le jus d'un demi-citron,
1 sachet de sucre vanillé,
Sel.

1. Dans un saladier, mettez 200 g de farine, 40 g de sucre, 1 œuf, 90 g de beurre ramolli, 1 pincée de sel et 2 cuillerées à soupe d'eau.
2. Mélangez rapidement à la fourchette puis du bout des doigts, faites une boule et laissez reposer 30 mn.
3. Beurrez un moule rond et farinez-le. Tapissez-le de pâte jusqu'à mi-hauteur et mettez-le au frais.
4. Dans un saladier, cassez les œufs restants, battez-les à la fourchette, ajoutez le fromage blanc, le Fjord, la crème, le reste de farine, le jus de citron, le reste de sucre et le sucre vanillé.
5. Mélangez et remplissez le moule. Cuisez au four th. 7 - 210° pendant 10 mn. Sortez le moule du four, décollez les bords avec un couteau et cuisez encore 50 mn th. 5 - 150°. Laissez refroidir avant de servir.

POUR CE MENU LE SOMMELIER VOUS PROPOSE

Un Madiran

ENTRÉE

GNOCCHI
SAUCE PIQUANTE

POUR 4 PERSONNES :

Préparation : 15 mn. Cuisson : 5 mn.
Recette facile. Prix : bon marché.
1 kg de pommes de terre cuites,
300 g de farine, 1 œuf,
100 g de gorgonzola,
15 cl de crème fraîche,
30 g de gruyère râpé,
50 g de pistaches décortiquées,
Sel, poivre.

1. Réduisez les pommes de terre en purée, ajoutez la farine, l'œuf, du sel et mélangez. Faites des boudins de pâte et coupez-les en tronçons.
2. Faites-les rouler rapidement sur les dents d'une fourchette. Faites chauffer le gorgonzola coupé en morceaux avec la crème fraîche, le gruyère râpé et du poivre.
3. Remuez jusqu'à ce que le mélange soit homogène. Ajoutez les pistaches hachées. Faites cuire les gnocchi à l'eau bouillante salée jusqu'à ce qu'ils remontent à la surface.
4. Retirez-les à l'aide d'une écumoire et servez-les bien chauds arrosés de sauce.

Conseil du chef
Vous pouvez ajouter un peu de vin blanc à la sauce des gnocchi.

PLAT

SUSHI

POUR 4 PERSONNES :

Préparation : 15 mn. Cuisson : 12/15 mn.
Recette élaborée. Prix modéré.
500g de riz rond, 60 cl de vinaigre de riz,
1 cuillerée à soupe de sucre,
1/3 de cuillerée à café de sel,
3 grandes feuilles de nori (algue sèche),
Œufs de poisson (saumon et truite),
Grosses crevettes,
Chair fraîche de poisson blanc, Concombre,
Wasabi (condiment vert au raifort),
Sésame noir, omelette froide.

1. Lavez le riz et faites-le égoutter. Mettez-le dans 7 dl d'eau en ébullition, couvrez et comptez 15 mn de cuisson sur feu moyen. Egouttez.
2. Pendant ce temps, mélangez le vinaigre, le sucre et le sel, remuez pour bien faire fondre sucre et sel.
3. Mettez le riz dans un plat creux, arrosez-le avec la préparation au vinaigre, mélangez délicatement à la spatule.
4. Découpez les filets de poisson en lanières et ôtez-en les arêtes avec une pince à épiler. Décortiquez les crevettes, gardez leur queue que vous fendrez en deux, sur la face ventrale. Découpez l'omelette en très fines lanières.
5. Disposez une feuille de nori sur une natte (ou un torchon), étalez une couche de riz, poudrez d'un peu de wasabi, parsemez de sésame noir. Disposez au centre successivement lanières d'omelette, filets de poisson, crevettes, etc. Roulez la natte de façon à obtenir un rouleau de 4 à 5 cm de diamètre. Coupez en tronçons de 3 cm environ. Dressez les tronçons sur un plateau et semez les œufs de poisson sur leur face tranchée. Préparez également des petites cuillerées de riz supportant œufs de poisson, crevettes tranchées, filets de calmar crus, etc.
6. Servez avec de la sauce soja, du wasabi et du gingembre frais émincé.

DESSERT

DIPLOMATE
CAFÉ-CHOCOLAT

POUR 4 PERSONNES :

Préparation : 20 mn. Cuisson : 5 mn.
Recette élaborée. Prix : bon marché.
30 biscuits à la cuiller,
6 jaunes d'œuf,
200 g de sucre en poudre,
1 verre de lait,
400 g de crème,
150 g de chocolat,
1 verre de café fort,
1 bombe de chantilly,
50 g de grains de café en chocolat.

1. Cassez le chocolat dans une casserole, mettez sur feu doux jusqu'à ce que le chocolat soit fondu. Versez la crème dans un saladier, ajoutez le lait petit à petit en fouettant jusqu'à ce que le mélange soit ferme.
2. Mettez les jaunes d'œuf et le sucre dans un autre saladier, battez-les jusqu'à ce qu'ils blanchissent. Ajoutez le chocolat fondu. Ajoutez la crème au lait dans le chocolat, mélangez et mettez au freezer 1 heure.
3. Versez le café dans un bol, trempez rapidement les biscuits à la cuiller et tapissez-en le fond d'un moule à charlotte. Mettez-y la moitié du mélange au chocolat, une nouvelle couche de biscuits imbibés.
4. Mettez le reste du mélange par-dessus et terminez par des biscuits. Couvrez le moule et mettez 2 heures dans le réfrigérateur. Démoulez sur un plat et décorez de chantilly ou de crème anglaise et de grains de café en chocolat.

22

DECEMBRE

*St
Fr.-Xavière*

*Bar rôti
à l'aneth*

ENTREE

Médaillons de légumes

POUR 4 PERSONNES :

*Préparation : 15 mn. Cuisson : 15 mn.
Recette facile. Prix : bon marché.*
750 g de pommes de terre, 1 œuf,
100 g de gruyère, 10 cl de crème fraîche,
2 carottes, 1 boîte 1/4 de petits pois,
200 g de jambon, 15 g de beurre,
Sel, poivre.

1. Epluchez les pommes de terre et coupez-les en morceaux. Faites-les cuire 15 mn à l'eau bouillante salée, égouttez-les. Epluchez les carottes et coupez-les en dés. Faites-les cuire 10 mn à l'eau bouillante salée et égouttez-les.
2. Passez le jambon au mixeur, coupez le gruyère en petits dés et égouttez les petits pois. Réduisez les pommes de terre en purée, ajoutez l'œuf entier, le jambon, mélangez, ajoutez les petits pois, les carottes, les dés de gruyère, la crème fraîche, du sel et du poivre.
3. Donnez au mélange une forme de rouleau et enfermez-le dans une feuille de papier d'aluminium beurré. Mettez-le dans le réfrigérateur 3 heures. Servez le rouleau coupé en tranches et décorez avec des petits bouquets de persil.

Conseil du chef
Vous pouvez remplacer l'aneth par du basilic ou du cerfeuil.

PLAT

Bar roti à l'aneth

POUR 4 PERSONNES :

*Préparation : 35 mn. Cuisson : 25 mn.
Recette facile. Prix : bon marché.*
1 bar de 500 g,
3 tomates,
3 oignons,
2 carottes,
1/2 citron,
100 g de petits pois,
2 cuillerées à soupe d'huile d'olive,
150 g de crème liquide,
200 g de beurre,
1 bouquet d'aneth,
2 verres de vin blanc,
Poivre de Cayenne,
Sel, poivre.

1. Salez et poivrez le bar. Glissez quelques brins d'aneth à l'intérieur. Huilez toute la surface avec l'huile d'olive. Lavez les tomates, pelez les oignons et coupez ces légumes en fines rondelles.
2. Mettez-les dans un plat à four, salez et poivrez. Posez le bar dessus, arrosez-le de vin blanc et cuisez 25 mn au four th. 6 - 180°. Pelez les carottes et coupez-les en tronçons. Cuisez-les 15 mn dans l'eau bouillante salée.
3. Après 5 mn, ajoutez les petits pois. Egouttez le tout. Faites fondre le beurre avec la crème à feu doux, assaisonnez de sel, de poivre et d'une pointe de Cayenne. Au moment de servir, ajoutez un filet de citron, l'aneth hachée et versez dans une saucière. Présentez le poisson avec les légumes.

DESSERT

Crème kiwis et pistaches

POUR 4 PERSONNES :

*Préparation : 20 mn. Cuisson : 10 mn.
Recette facile. Prix modéré.*
5 œufs,
1 citron,
200 g de sucre,
1/4 de litre de lait,
1 cuillerée à soupe de maïzena,
50 g de pistaches,
2 kiwis,
4 langues de chat,
Sel.

1. Pressez le jus du citron. Cassez les œufs en séparant les jaunes des blancs. Mettez les jaunes dans une casserole, ajoutez le sucre et battez au fouet jusqu'à obtenir un mélange crémeux.
2. Mettez-y la maïzena, remuez, puis versez le lait froid progressivement en délayant. Mettez au bain-marie sur feu doux 10 mn sans cesser de remuer.
3. Tournez jusqu'à complet refroidissement. Battez les blancs d'œuf en neige avec une pincée de sel et mélangez-les dans la crème. Décortiquez les pistaches, mettez-en quelques-unes de côté et hachez les autres.
4. Epluchez les kiwis, coupez-les en rondelles, arrosez-les du jus de citron et mettez-les dans les coupes. Recouvrez les de la crème, saupoudrez des pistaches hachées et décorez avec les pistaches entières. Plantez une langue de chat dans chaque coupe. Servez aussitôt.

POUR CE
MENU LE
SOMMELIER
VOUS
PROPOSE

*Un Saumur
blanc*

ENTREE

TIMBALE SURPRISE

POUR 4 PERSONNES :

Préparation : 15 mn. Cuisson : 25 mn.
Recette facile. Prix : bon marché.

300 g de riz,
3 tranches de jambon,
100 g de lard fumé,
3 œufs,
60 g de beurre,
40 g de farine,
10 cl de crème fraîche,
1/2 litre de lait,
Noix de muscade,
30 g de fromage râpé,
3 tranches de fromage fondu,
Sel, poivre.

1. Faites cuire le riz 15 mn à l'eau bouillante salée. Faites fondre 40 g de beurre à feu doux, ajoutez la farine hors du feu en remuant puis le lait petit à petit.
2. Remettez sur le feu et faites épaissir en remuant sans arrêt. Retirez la cocotte du feu, ajoutez 1 œuf, la crème, un peu de muscade râpée, du sel et du poivre.
3. Hachez ensemble les tranches de jambon et le lard fumé. Egouttez le riz, mettez-le dans un saladier et ajoutez les jaunes des 2 œufs restants. Mélangez et mettez-le dans un plat creux beurré allant au four.
4. Versez la béchamel, le jambon et le lard, saupoudrez de fromage râpé, recouvrez avec les tranches de fromage fondu et faites cuire au four th. 7 - 210° pendant 10 mn.

PLAT

FILETS DE SAUMON AU CURRY

POUR 4 PERSONNES :

Préparation : 20 mn. Cuisson : 30 mn.
Recette facile. Prix : bon marché.

4 filets de saumon,
2 cuillerées à soupe d'échalotes émincées,
40 g de beurre,
120 g de crème,
1 cuillerée à soupe de curry,
1 pincée de sel, poivre.

1. Epongez les filets de saumon avec du papier absorbant. Salez et poivrez-les sur leurs deux faces.
2. Faites fondre les échalotes dans le beurre dans une casserole sans les laisser colorer.
3. Versez-les dans le fond d'un plat allant au four, posez dessus les filets de saumon, arrosez avec la crème et le curry mélangés.
4. Mettez au four th. 7 - 210° pendant 30 mn. Dès que l'ébullition commence, ouvrez la porte du four et terminez la cuisson sans ébullition. Servez bien chaud avec des pommes de terre et des haricots verts.

DESSERT

GATEAU DE FROMAGE BLANC

POUR 4 PERSONNES :

Préparation : 20 mn. Pas de cuisson.
Recette facile. Prix : bon marché.

200 g de pamplemousse,
300 g de fromage blanc,
4 feuilles de gélatine,
Le jus d'un citron,
2 cuillerées à soupe de sucre en poudre.

1. Faites tremper la gélatine dans un peu d'eau froide. Epluchez les pamplemousses à vif et séparez les quartiers, enlevez les peaux blanches qui les entourent.
2. Mélangez les quartiers de pamplemousses au fromage blanc, ajoutez le sucre. Chauffez le jus de citron avec la gélatine essorée. Laissez-la fondre.
3. Ajoutez-la au fromage blanc, répartissez ce mélange dans 4 ramequins et faites prendre dans le réfrigérateur pendant 2 heures. Servez bien frais.

Conseil du chef
Vous pouvez ajouter au riz de la timbale surprise du safran.

POUR CE MENU LE SOMMELIER VOUS PROPOSE

Un Champagne

24 DECEMBRE

Ste Adèle

Huîtres aux truffes

ENTREE

HUITRES AUX TRUFFES

POUR 4 PERSONNES :

Préparation : 20 mn. Pas de cuisson.
Recette facile. Prix : cher.

24 huîtres,
120 g de truffes,
10 tomates,
120 g de mâche,
5 cuillerées à soupe d'huile d'olive,
1 citron,
Sel, poivre.

1. Plongez les tomates quelques minutes dans l'eau bouillante et pelez-les. Epépinez-les et concassez-les.
2. Assaisonnez-les avec le jus du citron, l'huile d'olive, du sel et du poivre. Lavez la mâche et essorez-la.
3. Coupez-la en très fines lanières. Ouvrez les huîtres, sortez-les de leur coquille et jetez le jus.
4. Tapissez le fond de chaque coquille d'huître de concassé de tomates, posez l'huître sur ce lit.
5. Saupoudrez de mâche hachée et parsemez de lamelles de truffes. Servez sans attendre.

PLAT

FILETS DE TURBOT AU CHAMPAGNE

POUR 4 PERSONNES :

Préparation : 10 mn. Cuisson : 1 h.
Recette facile. Prix modéré.

4 filets de turbot,
200 g de champignons de Paris,
200 g de crevettes décortiquées,
30 g de beurre,
3 cuillerées à soupe d'échalotes,
25 cl de champagne,
1/4 de litre de fumet de poisson,
100 g de crème liquide,
1 cuillerée à soupe de farine,
4 fleurons, sel, poivre.

1. Préchauffez le four th. 7 - 210°. Faites suer les champignons dans une poêle bien chaude en mélangeant de temps en temps. Retirez du feu et réservez.
2. Beurrez un plat à four, étalez au fond les échalotes émincées et les champignons en lamelles. Déposez dessus les filets de turbot, mouillez avec le champagne et le fumet de poisson.
3. Couvrez d'une feuille d'aluminium et enfournez pour 35 mn. Malaxez le beurre et la farine à la fourchette et réservez. Retirez délicatement les filets du plat et maintenez-les au chaud à couvert dans le four éteint.
4. Filtrez le jus de cuisson dans une casserole, réservez les champignons et faites réduire des 2/3 sur feu vif. Ajoutez la crème, prolongez la cuisson 10 mn en mélangeant puis incorporez les champignons.
5. Ajoutez les crevettes, du sel, du poivre et le beurre manié. Laissez épaissir 10 mn sans cesser de remuer, ajoutez 1 cuillerée à soupe de champagne. Présentez le turbot sur le plat de service, nappez de sauce et décorez de fleurons.

DESSERT

SALADE DE FRUITS EXOTIQUES

POUR 4 PERSONNES :

Préparation : 20 mn.Pas de cuisson.
Recette facile. Prix modéré.

2 tranches d'ananas,
1 papaye,
2 kiwis,
1 pamplemousse,
4 cuillerées à soupe de crème fraîche,
2 cuillerées à soupe de sucre en poudre.

1. Egouttez les tranches d'ananas et coupez-les en petits tronçons. Epluchez la papaye et les kiwis.
2. Coupez la papaye en petits cubes et les kiwis en rondelles. Détaillez le pamplemousse en quartiers, enlevez la peau blanche qui les entoure et coupez-les en petits morceaux.
3. Répartissez ces fruits dans 4 coupes individuelles, saupoudrez-les de sucre, ajoutez 1 cuillerée à soupe de crème fraîche et servez imédiatement.

Conseil du chef
Vous pouvez aussi utiliser des champignons de Paris miniatures vendus en boîte.

365

POUR CE MENU LE SOMMELIER VOUS PROPOSE

Un Champagne

ENTREE

Pommes de terre chaudes au foie gras de canard

POUR 4 PERSONNES :

Préparation : 20 mn. Cuisson : 20 mn.
Recette facile. Prix : cher.

4 tranches de foie gras de canard mi-cuit,
8 pommes de terre,
1 gousse d'ail,
1 bouquet garni,
1 cuillerée à soupe de persil haché,
1/2 citron,
40 g de beurre,
Sel, poivre.

1. Faites cuire les pommes de terre en robe des champs 15 mn dans de l'eau bouillante salée et le bouquet garni.
2. Travaillez le beurre en pommade, ajoutez-y la gousse d'ail écrasée, le jus d'un demi-citron, le persil, du sel, du poivre et mettez au frais.
3. Pelez les pommes de terre, coupez-les en rondelles et gardez-les au chaud. Faites chauffer sans matière grasse une poêle anti-adhésive.
4. Salez et poivrez les tranches de foie gras et faites-les revenir 1 mn de chaque côté dans la poêle très chaude. Egouttez sur du papier absorbant puis disposez sur un plat de service chaud.
5. Entourez de pommes de terre en rondelles, ajoutez une noix de beurre d'ail sur chaque tranche de foie gras et servez aussitôt.

PLAT

Chapon mariné aux épices

POUR 4 PERSONNES :

Préparation : 20 mn. Cuisson : 1 h 30.
Recette facile. Prix modéré.

1 chapon, 2 litres d'eau, 300 g de gros sel,
3 clous de girofle, 1 bâton de cannelle,
15 g de poivre concassé,
1 citron coupé en rondelles,
Laurier, thym, romarin,
1 tête d'ail,
3 cuillerées à soupe de moutarde,
1 kg d'endives.

1. Faites bouillir l'eau avec toutes les épices et laissez refroidir. Plongez le chapon dans cette préparation 12 heures.
2. Egouttez-le, bridez-le et cuisez-le à la broche 1 h 30 en l'arrosant de temps en temps de la marinade.
3. Dégraissez le jus de cuisson avec 1 verre d'eau. Faites braiser les endives et servez-les avec le chapon et le jus de cuisson à part.

Conseil du chef
Prenez des pommes de terre type "ratte". Vous pouvez aussi utiliser du foie gras cru.

DESSERT

Bûche au chocolat

POUR 4 PERSONNES :

Préparation : 30 mn. Cuisson : 10 mn.
Recette facile. Prix : bon marché.

3 œufs, 115 g de sucre, 75 g de farine,
30 g de cacao en poudre, 1/2 citron,
150 g de chocolat à cuire,
25 cl de crème fraîche, 3 blancs d'œuf,
Beurre.

1. Préchauffez le four th. 7 - 210°. Séparez les blancs des jaunes d'œuf. Fouettez les jaunes avec le sucre jusqu'à ce que le mélange blanchisse. Incorporez la farine peu à peu sans cesser de remuer.
2. Battez les blancs en neige ferme et incorporez-les délicatement à la pâte. Tapissez un moule rectangulaire de papier aluminium et beurrez-le. Versez la pâte dans le moule sur 1 cm de hauteur.
3. Enfournez et faites cuire 10 mn. Sortez du four et couvrez d'un linge humide. Pressez le citron. Cassez le chocolat dans un saladier, ajoutez le jus de citron et faites fondre au bain-marie.
4. Laissez tiédir. Fouettez la crème fraîche doucement au batteur dans un saladier glacé jusqu'à ce qu'elle prenne du volume et qu'elle devienne mousseuse. Incorporez le sucre en fouettant.
5. Battez les blancs en neige ferme et incorporez-les délicatement à cette crème chantilly. Incorporez le chocolat fondu. Démoulez le gâteau, étalez une couche de crème dessus de 1 cm d'épaisseur.
6. Enroulez délicatement le gâteau sur lui-même en décollant l'aluminium au fur et à mesure et en lui donnant la forme d'une bûche. Poudrez de cacao et décorez comme bon vous semble.

St Etienne

Ragoût
de mouton
à la bulgare

POUR CE
MENU LE
SOMMELIER
VOUS
PROPOSE

Un Médoc

OUILLON DE POULE

POUR 4 PERSONNES :

Préparation : 15 mn. Cuisson : 5 mn.
Recette facile. Prix : bon marché.
8 louches de bouillon de poule,
1 navet,
1 carotte,
1 oignon,
4 cuillerées à café de crème fraîche,
4 cuillerées à café de cerfeuil haché,
Sel, poivre.

1. Epluchez le navet, la carotte et l'oignon. Coupez-les en morceaux et passez-les au mixeur. Mélangez-les au bouillon de poule, salez, poivrez.
2. Faites chauffer à feu doux pendant quelques minutes. Répartissez le potage dans les assiettes creuses.
3. Ajoutez la crème fraîche et le cerfeuil et servez bien chaud accompagné de croûtons grillés.

Conseil du chef
Vous pouvez accompagner
le ragoût de riz blanc.

AGOÛT DE MOUTON À LA BULGARE

POUR 4 PERSONNES :

Préparation : 25 mn. Cuisson : 1 h 45.
Recette facile. Prix modéré.
1 kg de mouton (épaule et poitrine) coupé en petits morceaux,
2 oignons, 2 courgettes, 1 poivron,
2 tomates, 1 bouquet garni (persil, thym, laurier), 1 gousse d'ail,
500 g de petites pommes de terre,
Sel, poivre,
1 cuillerée de beurre, ou d'huile, ou de saindoux, céleri en branches.

1. Faites fondre la matière grasse dans une cocotte, faites chauffer le four régle sur th. 7 - 225°. Mettez les morceaux de mouton dans la cocotte et faites-les rissoler au four (sans couvercle, bien entendu). Lorsque le mouton est doré, ajoutez les oignons pelés et coupés en dés. Laissez-les revenir. Ajoutez ensuite les courgettes, pelées et coupées en rondelles, le poivron détaillé en fines lanières, les tomates en quartiers, le bouquet garni, la gousse d'ail pelée, à peine écrasée, et du céleri très grossièrement haché. Salez et poivrez.
2. Couvrez et faires cuire 45 mn dans le four réglé cette fois, sur th. 5 - 185°. Ajoutez alors les pommes de terre, simplement pelées si elles sont assez petites, sinon, coupez-les en deux ou en quatre.
3. Couvrez et terminez la cuisson, toujours au four, pendant 1 h environ. Goûtez et rectifiez l'assaisonnement en sel et en poivre avant de présenter sur un plat de service très chaud. Servez sans attendre.

OMMES EN PÂTE

POUR 4 PERSONNES :

Préparation : 15 mn. Cuisson : 35 mn.
Recette facile. Prix : bon marché.
4 pommes,
300 g de pâte feuilletée,
4 cuillerées à café de raisins secs,
4 cuillerées à café de confiture d'abricots,
40 g de beurre,
4 cuillerées à café de sucre en poudre,
5 cl de rhum,
1/2 cuillerée à café d'huile,
1 jaune d'œuf.

1. Faites tremper les raisins dans un peu d'eau tiède et le rhum. Pelez les pommes en les laissant entières, ôtez le cœur et les pépins à l'aide d'un vide-pommes.
2. Introduisez dans chaque fruit 1 cuillerée à café de raisins secs bien égouttés, 1 petite noisette de beurre, 1 cuillerée à café de confiture d'abricots et 1 cuillerée à café de sucre en poudre.
3. Coupez la pâte feuilletée en 4 carrés d'égales dimensions, placez une pomme au milieu de chacun d'eux, soulevez les 4 angles et enveloppez la pomme.
4. Pincez les bords de la pâte entre vos doigts mouillés. Dans un bol, battez le jaune d'œuf. Mettez les pommes sur une plaque à four huilée, passez le jaune d'œuf battu sur toute la surface de la pâte avec un pinceau.
5. Faites cuire au four th. 6 - 180° pendant 35 mn. Servez chaud.

POUR CE MENU LE SOMMELIER VOUS PROPOSE

Un Minervois rosé

ENTREE

ŒUFS FANTAISIE

POUR 4 PERSONNES :

Préparation : 10 mn. Cuisson : 20 mn.
Recette facile. Prix : bon marché.

4 œufs,
4 tranches de pain de mie rond,
4 tranches de bacon,
1 cuillerée à soupe de vinaigre,
60 g de comté râpé,
1 cuillerée à soupe d'huile,
50 g de beurre,
Sel, poivre.

1. Faites chauffer de l'eau salée et vinaigrée. Dès le début de l'ébullition, cassez chaque œuf dans un bol et faites-les glisser dans l'eau frémissante. Laissez-les cuire 3 mn et retirez-les de l'eau.
2. Dans une poêle huilée, faites dorer les tranches de pain en les retournant. Faites également dorer 2 mn les tranches de bacon. Dans un plat, mettez les tranches de pain.
3. Couvrez-les chacune d'une tranche de bacon, d'un œuf, de comté et arrosez-les d'un peu de beurre fondu. Salez, poivrez et servez sans attendre.

PLAT

LAPIN EN SAUCE

POUR 4 PERSONNES :

Préparation : 20 mn. Cuisson : 20 mn.
Recette facile. Prix : bon marché.

4 morceaux de lapin,
4 cuillerées à café de moutarde,
4 cuillerées à café de crème fraîche,
20 cl de vin,
Huile,
Beurre,
Herbes de Provence,
Sel, poivre.

1. Déposez les morceaux de lapin dans une cocotte avec de l'huile, salez et poivrez-les, saupoudrez d'herbes de Provence, faites les revenir sur chaque côté.
2. Dans un bol, mélangez la crème et la moutarde. Répartissez-les sur les morceaux de lapin. Ajoutez le vin blanc.
3. Couvrez et mettez à cuire au four th. 6 - 180° pendant 20 mn.
4. Accompagnez d'un riz pilaf.

DESSERT

FLAN À L'ORANGE

POUR 4 PERSONNES :

Préparation : 15 mn. Cuisson : 30 mn.
Recette facile. Prix : bon marché.

4 oranges,
40 cl de lait,
4 œufs,
4 cuillerées à soupe de sucre en poudre.

1. Pressez toutes les oranges et râpez le zeste de l'une d'entre elles. Faites chauffer jusqu'à ébullition le lait avec le zeste râpé et 40 cl de jus d'orange.
2. Battez les œufs entiers en omelette, versez-y le lait chaud en remuant et ajoutez le sucre.
3. Faites cuire dans 4 ramequins au four th. 5 - 150° pendant 25 mn dans un bain-marie et servez refroidi.

Conseil du chef
Dorez le pain de mie à l'huile de maïs et enlevez la croûte.

368

POUR CE
MENU LE
SOMMELIER
VOUS
PROPOSE

Un Volnay

ENTRÉE

BALLOTINE AU FOIE GRAS

POUR 4 PERSONNES :

Préparation 30 mn. Cuisson : 1 h 30.
Recette élaborée. Prix : cher.
400 g de foie gras d'oie cru,
400 g de foie de veau,
100 g de porc frais,
1 verre de Madère,
1 verre de Cognac,
Thym,
Laurier,
Sel, poivre.

1. Faites mariner le foie de veau dans le Madère et le Cognac. Hachez-le avec le porc. Dans une terrine, étalez une couche de cette farce, posez dessus des tranches de foie gras, remettez une couche de farce, puis de foie, salez et poivrez.
2. Mettez le thym et le laurier, couvrez la terrine et faites cuire au bain-marie 1 h 30. Laissez refroidir. Démoulez la terrine dans un plat et servez-la coupée en tranches.

PLAT

BOUDIN À LA LYONNAISE

POUR 4 PERSONNES :

Préparation : 10 mn. Cuisson : 45 mn.
Recette facile. Prix : bon marché.
400 g de boudin,
500 g d'oignons,
1 citron,
1 bouquet de persil,
500 g de pommes de terre,
100 g de beurre.

1. Pelez les pommes de terre et faites-les cuire à l'anglaise. Pelez les oignons, émincez-les et faites-les sauter au beurre jusqu'à ce qu'ils prennent un peu couleur. Salez et poivrez.
2. Coupez le boudin en tronçons et faites-les sauter au beurre dans une seconde poêle.
3. Lorsque les oignons sont cuits, arrosez-les d'un filet de citron. Versez-les dans un plat de service chaud. Posez-les morceaux de boudin dessus. Décorez d'un bouquet de persil et servez accompagné de pommes de terre à l'anglaise, simplement beurrées et saupoudrées de persil haché.

DESSERT

COMPOTE DE KUMQUATS

POUR 4 PERSONNES :

Préparation : 20 mn. Cuisson : 15 mn.
Recette facile. Prix modéré.
30 kumquats,
2 cuillerées à soupe d'eau
de fleur d'oranger,
1 orange,
6 feuilles de gélatine,
2 cuillerées à soupe de sucre en poudre.

1. Lavez, coupez les kumquats en très fines rondelles et faites-les cuire à feu doux avec 25 cl d'eau, le jus de l'orange, l'eau de fleur d'oranger et le sucre pendant 15 mn.
2. Faites tremper la gélatine dans un peu d'eau froide et ajoutez-la bien essorée cinq minutes avant la fin de la cuisson des kumquats. Répartissez cette compote dans 4 ramequins.
3. Mettez-les dans le réfrigérateur et faites prendre 2 heures. Servez bien frais.

Conseil du chef
Vous pouvez utiliser également du foie gras de canard.

POUR CE
MENU LE
SOMMELIER
VOUS
PROPOSE

*Un Blanc
de Blanc*

Colineau
au lard

ENTREE

MÉDAILLONS DE POISSON

POUR 4 PERSONNES :

Préparation : 10 mn. Cuisson : 15 mn.
Recette facile. Prix : bon marché.

600 g de filets de lingue,
75 g de gruyère râpé,
2 tranches de pain de mie,
1 verre de lait, 3 œufs,
25 cl de crème liquide, 2 gousses d'ail,
2 cuillerées à soupe de persil haché,
Farine,
100 g de chapelure,
1 cuillerée à café de curry,
50 g de beurre, sel, poivre.

1. Enlevez la croûte des tranches de pain, mettez la mie dans un bol et arrosez-la avec le lait bouillant. Passez les filets de poisson et les gousses d'ail pelées au mixeur et mettez-les dans un saladier.
2. Ajoutez le gruyère râpé et la mie de pain essorée. Mélangez et ajoutez 2 œufs entiers, le curry, du sel et du poivre. Mélangez et formez 8 boulettes que vous aplatissez avec la paume de la main.
3. Passez chaque médaillon dans la farine, dans l'œuf battu et dans la chapelure. Faites chauffer le beurre dans une poêle et faites cuire doucement les médaillons 4 mn de chaque côté. Posez-les sur une assiette.
4. Mettez la crème dans une poêle et faites-la chauffer quelques minutes à feu vif. Baissez le feu et ajoutez les médaillons. Salez, poivrez et laissez chauffer quelques minutes. Arrosez les médaillons de crème et saupoudrez-les de persil haché.

PLAT

COLINEAU AU LARD

POUR 4 PERSONNES :

Préparation : 25 mn. Cuisson : 20 mn.
Recette facile. Prix : bon marché.

4 filets de colineau,
3 échalotes, 1 bouquet d'herbes,
60 g de beurre,
4 tranches de lard fumé, sel, poivre.

1. Saupoudrez les filets de colineau de sel et du poivre sur leurs deux faces. Hachez les échalotes et les herbes et mélangez-les au beurre ramolli.
2. Etalez une couche de ce mélange sur les filets de poisson.
3. Roulez les filets de poisson sur eux-mêmes. Enrobez-les de lard fumé et maintenez-les avec des piques en bois.
4. Posez-les dans un plat beurré allant au four et faites-les cuire th. 7 - 210° pendant 20 mn. Servez bien chaud avec des pommes de terre cuites à la vapeur.

Conseil du chef
Vous pouvez gagner du temps si vous achetez une génoise toute faite.

DESSERT

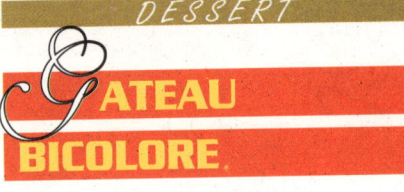

GÂTEAU BICOLORE

POUR 4 PERSONNES :

Préparation : 15 mn. Cuisson : 30 mn.
Recette facile. Prix : bon marché.

3 jaunes d'œuf, 150 g de sucre semoule,
200 g de sucre glace,
200 g de beurre ramolli,
100 g de farine, 100 g de fécule,
1/2 sachet de levure,
1 pot de confiture de fraises,
1 pote de confiture d'abricots,
1 citron, 10 cl de lait, 1 noix de beurre,
1 pincée de sel, 1/2 cerise confite.

1. Dans un saladier, mélangez les jaunes d'œuf, le sucre et la moitié du beurre. Ajoutez la farine, la fécule, la levure, le lait et le sel tout en remuant.
2. Versez la pâte dans un moule à manqué beurré et faites cuire au four th. 7 - 210° pendant 30 mn. Mélangez le beurre restant avec le sucre glace, ajoutez le zeste du citron finement coupé.
3. Démoulez le gâteau refroidi, coupez-le en deux dans le sens de l'épaisseur, étalez de la confiture de fraises sur le premier disque, posez par-dessus le second disque et recouvrez d'un peu de crème au beurre.
4. Divisez la surface du gâteau en 8 parties égales et nappez 4 d'entre elles (1 sur 2) de confiture de fraises. Nappez les autres de confiture d'abricots. Mettez le reste de crème au beurre dans une poche à douille.
5. Faites un cordon de crème tout autour du gâteau et entre chacune des parts. Posez la demi-cerise confite au centre du gâteau et servez immédiatement.

Dinde farcie
à l'edam

POUR CE MENU LE SOMMELIER VOUS PROPOSE

Un Chiroubles

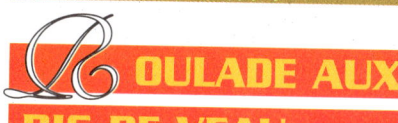

ENTREE

ROULADE AUX RIS DE VEAU

POUR 4 PERSONNES :

Préparation : 25 mn. Cuisson : 1 h.
Recette facile. Prix modéré.
1 escalope de veau de 600 g,
200 g de ris de veau,
100 g de jambon, 5 cl de Madère,
1 cuillerée à café de farine,
40 g de beurre, 8 feuilles de sauge,
1 cuillerée à soupe d'huile,
1 échalote, sel, poivre.

1. Laissez tremper les ris de veau 3 heures dans l'eau froide, lavez-les et mettez-les dans une casserole d'eau froide salée. Chauffez et retirez du feu dès l'ébullition. Passez-les à nouveau sous l'eau froide et égouttez-les.
2. Retirez la graisse et les parties cartilagineuses et coupez-les en tranches dans le sens de l'épaisseur. Saupoudrez-les de farine. Pelez et hachez l'échalote. Faites fondre 20 g de beurre dans une sauteuse sur feu doux.
3. Mettez-y l'échalote, tournez-la 3 mn sans laisser dorer, ajoutez les ris de veau et faites-les dorer 3 mn sur chaque face. Salez, poivrez, mettez les feuilles de sauge, couvrez, poursuivez la cuisson 5 mn à feu très doux.
4. Hachez fin le jambon, mélangez-le aux ris de veau et retirez du feu. Etalez la tranche de veau sur le plan de travail, salez, poivrez et répartissez dessus les ris de veau. Roulez et ficelez comme un rôti. Chauffez 20 g de beurre et l'huile dans une cocotte sur feu doux.
5. Faites-y dorer la roulade sur toutes ses faces, salez, poivrez, versez le Madère, couvrez et laissez cuire 35 mn en tournant la roulade à mi-cuisson. Laissez reposer 10 mn avant de couper en tranches et servez.

PLAT

DINDE FARCIE À L'EDAM

POUR 4 PERSONNES :

Préparation : 30 mn. Cuisson : 3 h.
Recette facile. Prix modéré.
1 dinde, 2 oignons, 2 échalotes,
150 g de bacon haché,
200 g de veau haché, 200 g d'edam râpé,
2 tranches de pain de mie,
1/2 verre de lait,
2 cuillerées à soupe de persil haché,
75 g de cerneaux de noix, 50 g de beurre,
3 cuillerées à soupe d'huile,
1 bouillon-cube de volaille, sel, poivre.

1. Préchauffez le four th. 5 - 150°. Concassez les cerneaux de noix et faites-les griller 5 mn à sec dans une poêle. Emiettez le pain dans un bol, couvrez-le de lait et laissez gonfler.
2. Pelez et émincez les oignons et les échalotes. Faites chauffer 1 cuillerée à soupe d'huile et une noix de beurre dans une poêle, mettez le hachis à revenir sans colorer, ajoutez le veau et le bacon.
3. Faites dorer 5 mn en remuant bien. Versez dans un saladier, ajoutez le persil, les noix, le pain égoutté, le fromage, du sel et du poivre. Travaillez à la fourchette pour obtenir une farce homogène.
4. Farcissez la dinde en tassant et recousez l'ouverture avec du fil de cuisine. Etalez le reste de beurre sur la dinde et arrosez-la d'un filet d'huile. Mettez au four 2 h 30.
5. Arrosez-la souvent avec du bouillon préparé avec le bouillon-cube de volaille dilué dans 1/2 litre d'eau chaude. Laissez reposer la volaille 15 mn couverte de papier d'aluminium hors du feu avant de la découper.

DESSERT

GALETTE AUX RAISINS SECS

POUR 4 PERSONNES :

Préparation : 20 mn. Cuisson : 25 mn.
Recette facile. Prix : bon marché.
400 g de pâte feuilletée,
120 g de raisins secs, 2 œufs, 20 cl de thé,
40 g de sucre, 1 pincée de vanille,
40 g de poudre d'amandes, 15 g de farine,
1/2 cuillerée à café de maïzena,
1 cuillerée à café de rhum,
50 g de beurre, sucre glace.

1. Mettez les raisins secs dans le thé chaud et laissez-les gonfler 15 mn. Ecrasez 40 g de beurre dans un saladier, mélangez-y la poudre d'amandes, le sucre, la maïzena et 1 œuf.
2. Ajoutez la vanille et le rhum, remuez bien. Farinez le plan de travail et partagez la pâte feuilletée en deux. Etalez un premier disque légèrement plus grand que votre moule à tarte.
3. Découpez ensuite un second disque de la taille du moule. Beurrez le moule et garnissez-le avec le grand disque. Egouttez les raisins, épongez-les dans du papier absorbant.
4. Etalez le mélange aux amandes dans le moule, recouvrez des raisins secs. Mouillez les bords du second disque de pâte et posez-le par-dessus. Rabattez les bords.
5. Cassez le second œuf et battez-le à la fourchette. Peignez-en entièrement le dessus de la galette avec un pinceau. Découpez une fleur au milieu de la pâte à l'aide d'un couteau pointu.
6. Faites cuire au four th. 6 - 180° pendant 25 mn. Saupoudrez de sucre glace et servez tiède.

371

31

DECEMBRE

St Sylvestre

Tournedos de saumon au foie gras de canard

POUR CE MENU LE SOMMELIER VOUS PROPOSE

Un Chassagne-Montrachet

E SCARGOTS AU VELOUTÉ DE PERSIL

POUR 4 PERSONNES :

Préparation : 30 mn. Cuisson : 35 mn.
Recette facile. Prix modéré.
48 escargots petits gris cuits, 5 têtes d'ail,
200 g de persil, beurre, gros sel,
Sel, poivre.

1. Réservez les gousses d'une tête d'ail et faites bouillir les autres dans l'eau froide. Egouttez et recommencez l'ébullition dans trois eaux différentes. Enlevez la peau et le germe.
2. Remettez à bouillir comme précédemment en répétant l'opération 5 fois. Egouttez et faites frire quelques instants dans du beurre. Cuisez le persil lavé et équeuté 5 mn dans de l'eau bouillante salée.
3. Refroidissez-le sous l'eau courante et égouttez-le, passez-le au mixeur pour le réduire en purée. Versez-la dans une casserole avec l'ail frit et allongez d'eau.
4. Ajoutez les escargots au velouté de persil, portez à ébullition, salez, poivrez et versez dans 4 assiettes creuses préalablement chauffées. Servez aussitôt.

Conseil du chef
Vous pouvez préparer la bûche plusieurs jours à l'avance.

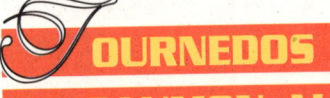

T OURNEDOS DE SAUMON AU FOIE GRAS DE CANARD

POUR 4 PERSONNES :

Préparation : 20 mn. Cuisson : 20 mn.
Recette facile. Prix : cher.
4 escalopes de saumon,
4 escalopes de foie gras de canard cru,
2 cuillerées à soupe de farine,
100 g de beurre,
15 cl de bouillon de viande concentré,
20 cl de Madère,
1 petite truffe,
Sel, poivre.

1. Dans une petite casserole, versez le Madère et faites-le réduire de moitié. Ajoutez le bouillon de viande et la truffe coupée en fine julienne. Laissez chauffer 5 mn sur feu très doux.
2. Ajoutez 50 g de beurre coupé en petits morceaux et liez le tout au fouet. Réservez dans un endroit tiède. Farinez légèrement les escalopes de foie gras.
3. Dans une poêle, faites fondre 25 g de beurre et faites-y revenir les escalopes de saumon 1 mn de chaque côté. Réservez. Dans une autre poêle, faites chauffer le reste du beurre et faites-y revenir les escalopes de foie gras 30 secondes de chaque côté.
4. Réchauffez la sauce sur feu très doux. Chauffez les assiettes de service, déposez-y les escalopes de saumon, recouvrez-les des escalopes de foie gras, nappez le tout de sauce et servez bien chaud avec des pâtes fraîches.

B UCHE GLACÉE

POUR 4 PERSONNES :

Préparation : 40 mn. Pas de cuisson.
Recette facile. Prix : bon marché.
200 g de chocolat noir,
100 g de beurre,
20 cl de crème fraîche,
1/4 de litre de glace à la noix de coco,
1/4 de litre de glace au café,
1/4 de litre de glace à la vanille,
100 g d'amandes effilées,
50 g de sucre glace.

1. Mettez le chocolat cassé en morceaux dans un saladier, posez dans un bain-marie non bouillant et laissez fondre. Ajoutez le beurre en parcelles. Lorsqu'il est fondu, retirez du feu et fouettez doucement le mélangez pour qu'il devienne lisse.
2. Battez la crème fraîche et ajoutez-la au chocolat fondu encore tiède. Fouettez le mélange jusqu'à refroidissement complet. Versez 1/3 de cette préparation dans le fond d'un moule à cake et mettez dans le congélateur 3 heures.
3. Coupez les glaces très froides en cubes de 3 cm et posez-les dans le moule en alternant les parfums. Versez le reste de la préparation au chocolat sur les cubes de glace et tassez en tapant le moule sur la table. Mettez dans le congélateur 3 heures et servez décorée d'amandes effilées et saupoudrée de sucre glace.

QUELQUES COCKTAILS A REALISER POUR RECEVOIR VOS AMIS

Tous nos cocktails sont dosés pour une personne, multipliez les doses selon le nombre d'invités...

𝒜CAPULCO

2 cl de Tequila Yucatan
1 cl de Cointreau
1 cl de jus d'ananas
1 cuillerée à café de sucre en poudre
1/2 cuillerée à café de lait de coco

Mettre l'ensemble dans un shaker, frapper, verser dans un grand verre rempli de glaçons. Décorer avec une rondelle d'orange.

𝒜LEXANDRA

1 cuillerée à café de crème fraiche
2 cl de crème de cacao
4 cl de cognac Bisquit

Mettre l'ensemble dans un shaker rempli de glaçons. Frapper, verser dans un verre à cocktail et râper un peu de noix de muscade.

𝒜MERICANO

4 cl de Campari
2 cl de Vermouth rouge
Soda

Verser le Campari et le Vermouth dans un grand verre à pied, compléter avec le soda, décorer d'une rondelle d'orange.

Acapulco

Americano

A consommer avec modération, l'abus d'alcool est dangereux pour la santé.

 PRICOT LADY

3 cl de Rhum blanc Havana Club
3 cl de liqueur d'abricot
1,5 cl de Curaçao orange
1,5 cl de jus de citron vert
1/2 blanc d'œuf

Mettre l'ensemble dans le shaker avec de la glace pilée, frapper, verser le tout dans un grand verre avec une rondelle d'orange et une cerise confite.

 ALALAÏKA

2 cl de jus de citron
2 cl de Cointreau
3 cl de vodka Altaï

Mettre l'ensemble dans un shaker rempli de glaçons. Frapper, verser dans un verre à cocktail, décorer d'une rondelle de citron.

 ARI 91

2 cl de Suze
3 cl de liqueur de menthe
1 cl de jus de citron vert
4 cl de jus de pamplemousse

Mettre l'ensemble dans un shaker rempli de glaçons, frapper, verser dans un verre à cocktail, décorer d'un morceau de pamplemousse.

 LOOD AND SAND

1 cl de Whisky Jameson
1 cl de Cherry Brandy
1 cl de Vermouth
1 cl de jus d'orange

Mettre l'ensemble dans un shaker, frapper et verser dans un grand verre rempli de glaçons, décorer d'une tranche d'orange.

Bari 91

375

BLOODY MARY

3 cl de Vodka Petroff
7 cl de jus de tomage
1 trait de tabasco
1 pincée de sel de celeri

Verser le tout dans un grand verre, remuer, décorer d'une tranche de citron vert, mettre des glaçons.

BLUE BALALAÏKA

2 cl de Vodka Altaï
2,5 cl de Cointreau
1 trait de Curaçao bleu
2,5 cl de jus de citron vert

Mettre l'ensemble dans un shaker avec de la glace pilée, frapper et verser le tout dans une coupe.

BLUE LAGON

3 cl de Gin Black Jack
12 cl de limonade
3 cl de Curaçao bleu

Mettre l'ensemble dans un grand verre, remuer doucement, ajouter des glaçons. Décorer avec une rondelle de citron.

BLUE HEAVEN

3 cl de Rhum Blanc Havana Club
1 cl d'alcool de poire
1,5 cl de Curaçao bleu
1,5 cl de jus de citron vert
2,5 cl de jus d'ananas

Mettre l'ensemble dans un shaker, frapper, verser dans un grand verre, ajouter des glaçons, vous pouvez décorer avec une demi-poire.

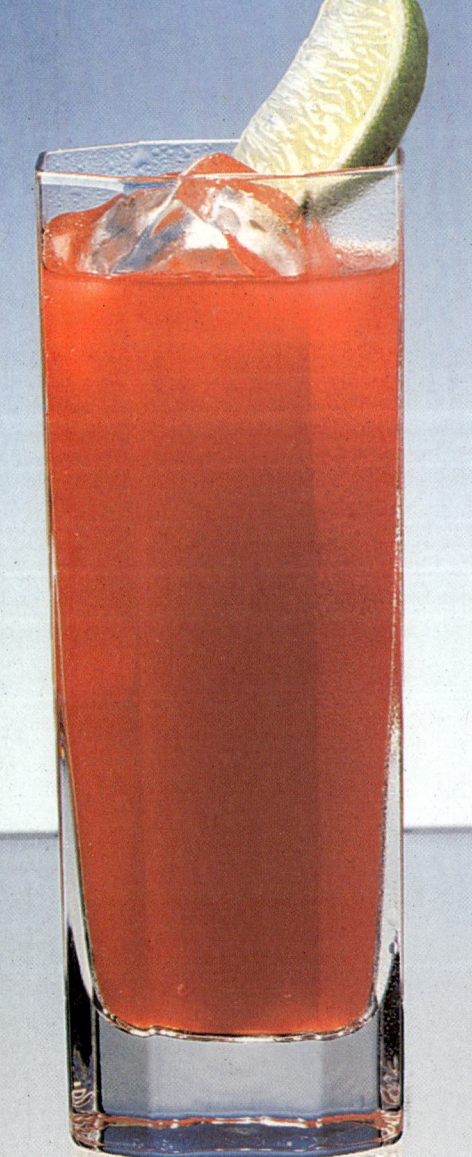

Bloody Mary

Blue Balalaïka

Blue Heaven

A consommer avec modération, l'abus d'alcool est dangereux pour la santé.

Champagne Charly

BLUE RIBAN

3 cl de Cork Dry Gin
3 cl de Curaçao blanc
1,5 cl de Curaçao bleu
1 trait de citron vert

Mettre l'ensemble dans un shaker avec 2 glaçons, frapper, verser dans un verre à cocktail. Décorer avec un zeste de citron.

CAPRICE ORANGE

2 cl de jus d'orange
1 cl de Soho

Verser dans un grand verre rempli de glaçons, remuer. Décorer avec une rondelle d'orange.

BRAVE BULL

3 cl de Tequila Yucatan
3 cl de liqueur de café

Mettre l'ensemble dans un grand verre, mélanger lentement, ajouter des glaçons.

CHAMPAGNE CHARLY

1,5 cl de nectar d'abricot
1,5 cl de liqueur d'abricot
Champagne frais

Mettre dans une flute la liqueur et le nectar d'abricot, compléter avec le champagne. Décorer avec une tranche d'orange.

BOUGAINVILLE

2 cl de rhum blanc Havana Club
3 cl de jus de pamplemousse
3 cl de jus d'abricot
3 cl de jus d'ananas

Mettre l'ensemble dans un shaker avec de la glace pilée, frapper et verser dans un grand verre tulipe. Décorer avec un demi-abricot ou un morceau d'ananas.

Caprice orange

Consommer avec modération, l'abus d'alcool est dangereux pour la santé.

Crazy Horse

CONCORDE

1,5 cl de Vodka Altaï
1,5 cl de crème de banane
1 cl de jus d'orange
1 cl de crème fraîche

Mettre l'ensemble dans un shaker rempli de glaçons, frapper, verser dans un verre à cocktail garni d'une cerise à l'eau de vie.

DAÏQUIRI

4 cl de Rhum Blanc Havana Club
2 cl de jus de citron
1,5 cl de sirop de canne

Mettre l'ensemble dans un shaker rempli de glaçons. Frapper et verser dans un verre à cocktail. Décorer d'une tranche de citron vert.

CRAZY HORSE

3 cl de Whisky Clan Campbell
1,5 cl de liqueur de fraise
1,5 cl de crème de banane
Champagne frais

Verser l'ensemble sans le champagne dans un shaker, frapper, verser dans une flute et compléter avec le champagne.

DEATH AFTERNOON

2,5 cl de Pernod
Champagne frais

Mettre dans une flute le Pernod, compléter avec le champagne. Décorer avec des feuilles de menthe.

CHAMPAGNE COCKTAIL

1,5 cl de Cognac Bisquit
1 morceau de sucre
6 traits d'Agustura bitter
Champagne frais

Mettre le cognac et le morceau de sucre et l'agustura dans une flute, compléter avec le champagne. Ne pas remuer.

Daïquiri

 EURYDICE

2 cl de sirop de pistache
5 cl de Suze
3 cl de Gin Black Jack

Mettre l'ensemble dans un shaker, frapper, verser dans un verre à pied, ajouter des glaçons et une cerise à l'eau de vie.

 GIN AND IT

3 cl de Cork Dry Gin
3 cl de Vermouth blanc
1 trait de citron vert

Mettre l'ensemble dans un verre à cocktail, remuer légèrement, ajouter un glaçon.

 EVER GREEN

3 cl de Gin Black Jack
1,5 cl de Vermouth dry
1,5 cl de liqueur de Midori
1 trait de Curaçao bleu

Mettre l'ensemble dans un shaker avec un peu de glace pilée, frapper, verser dans un verre à cocktail.

 GIN FIZZ

5 cl de Cork Dry Gin
le jus d'un citron
1 cuillérée à café de sucre en poudre
Soda

Mettre l'ensemble sans le soda dans un shaker rempli de glaçons. Frapper et verser dans un verre à cocktail. Compléter de soda.

Eurydice

 DELOSO

2,5 cl de Pastis 51
2,5 cl de Gin Black Jack
1 trait d'orange bitter

Mettre l'ensemble dans un shaker avec des glaçons. Frapper et verser dans un verre à cocktail.

Gin Fizz

379

GIN SUZE

5 cl de Suze
2 cl de Cork Dry Gin

Verser l'ensemble dans un grand verre rempli de glaçons, remuer et décorer d'une rondelle de citron vert piquée d'une olive.

GREEN NORMAND

4 cl de Suze
1 cl de Cork Dry Gin
1 cl de Curaçao bleu
1 cl de Bénédictine
3 cl de nectar de pêche

Mettre l'ensemble dans un shaker, frapper et verser dans un grand verre rempli de glaçons. Décorer d'une tranche de pêche.

HAPPY WORLD

1,5 cl de cognac Bisquit
3 cl de Cointreau
3 cl de jus d'orange
1,5 cl de liqueur de banane

Mettre l'ensemble dans un shaker, frapper et verser dans une coupe à champagne, décorer avec une rondelle d'orange.

Gin Suze

Green Normand

JUMP

3 cl de Suze
2 cl de Gin Black Jack
2 cl de sirop de fraise
3 cl de jus d'ananas

Mettre l'ensemble dans un shaker, frapper et verser dans un grand verre rempli de glaçons. Décorer d'un morceau d'ananas.

LAGON BLEU

4 cl de Soho
4 cl de jus de pamplemousse
2 cl de Curaçao bleu

Mettre l'ensemble dans un shaker, frapper, verser dans un grand verre, ajouter des glaçons. Décorer d'une rondelle de Kiwi.

LE RIPPER

2,5 cl de liqueur de banane
2,5 cl de liqueur d'abricot
1,5 cl de jus de citron
2,5 cl de Vermouth dry
1 trait de Curaçao bleu

Mettre l'ensemble dans un shaker rempli de glaçons, frapper, verser dans un verre à cocktail.

MANHATTAN

2 cl de Vermouth
4 cl de Whisky Clan Campbell
1 trait d'Angustura

Mettre le tout dans un shaker rempli de glace, frapper. Verser dans un verre à cocktail. Décorer d'une cerise à l'eau de vie.

Lagon Bleu

Jump

MAURESQUE

2,5 cl de Pastis 51
1,5 cl de sirop d'orgeat

Mettre les deux éléments dans un grand verre, compléter avec de l'eau, ajouter des glaçons.

A consommer avec modération, l'abus d'alcool est dangereux pour la santé.

MARGARITA

2 cl de Cointreau
4 cl de Tequila Yucatan
1 cl de jus de citron.

Mettre l'ensemble dans un shaker rempli de glaçons, frapper, verser dans un verre à cocktail givré au sel fin.

MARIANA

2,5 cl de Porto blanc frais
1 cl de Vodka Altaï
Sirop de fraise

Dans une flute, verser le sirop de fraise, ajouter un glaçon, puis verser le Porto blanc et après la vodka, retirer le glaçon, décorer avec une fraise.

MIAMI-LI

4 cl de Soho
4 cl de jus de pamplemousse
2 cl de crème de cassis.

Mettre l'ensemble dans un shaker avec de la glace pilée, frapper ; verser dans un grand verre avec la glace, décorer d'une rondelle d'orange.

MIMOSA

2 cl de jus d'orange
1 cl de Curaçao orange
1 cl de sirop de grenadine
Champagne frais.

Verser le curaçao, la grenadine et le jus d'orange dans une flute, compléter avec le champagne, décorer avec un zeste d'orange.

Miami-Li

 INT JULEP

6 cl de bourbon Wild Turkey
1 trait de sirop de sucre
1 cl d'eau
5 feuilles de menthe.

Verser l'ensemble dans un grand verre avec quelques glaçons, remuer pendant 30 secondes, décorer avec des olives sur un pic.

 INT VODKA

2,5 cl de Vodka Altaï
1 cl de Cointreau
1 cl de sirop de menthe
1 trait de jus de citron.

Verser l'ensemble dans un verre à cocktail, remuer, ajouter des glaçons, décorer avec des rondelles de citron.

 ACIFIC ISLAND

1 cl de Pacific
2 cl de citron pressé
5 cl de jus d'orange
Soda.

Mettre l'ensemble sauf le soda dans un shaker, frapper, verser dans un grand verre rempli de glaçons, compléter de soda, décorer d'un morceau d'ananas.

Mint Vodka

Pacific Island

A consommer avec modération, l'abus d'alcool est dangereux pour la santé.

INA-COLADA

2,5 cl de Rhum Blanc Havana Club
1,5 cl de liqueur de coco
5 cl de jus d'ananas
1/2 cuil. à café de crème fraîche.

Mettre l'ensemble dans un shaker rempli de glaçons, frapper, verser dans un grand verre avec la glace, décorer d'une rondelle d'ananas.

LANTEUR PUNCH

4 cl de Rhum Blanc Havana Club
1 cuil. à café de sirop de canne
1 cl de citron vert
2 cl de jus d'orange

Mettre l'ensemble dans un shaker, frapper et verser dans un verre à cocktail, ajouter une pincée de canelle en poudre.

ORTO FLIP

4 cl de Cognac Bisquit
4 cl de Porto rouge Cintra
1 cuil. à café de sucre
1 jaune d'œuf.

Mettre l'ensemble dans un shaker rempli de glaçons, frapper et verser dans un verre à cocktail, saupoudrer de noix de muscade.

Planteur punch

ORTO MELONE

2,5 cl de Porto Cintra
1,5 cl de Cognac Bisquit
2,5 cl de jus de melon
2 cuillerées à café de sucre en poudre

Mettre l'ensemble dans un shaker avec un peu de glace pilée, frapper, verser dans un verre à cocktail.

Pina-colada

A consommer avec modération, l'abus d'alcool est dangereux pour la santé.

QUIET SUNDAY

3 cl de Vodka Altaï
2 cl d'Amaretto
3 cl de jus d'orange
1/2 blanc d'œuf
1 cuil. à café de sirop de grenadine.

Verser l'ensemble dans un shaker rempli de glace pilée, frapper et verser le tout dans un grand verre, décorer d'une rondelle d'orange.

RITZ FIZZ

Champagne frais
1 trait d'Amaretto
1 trait de Curaçao bleu
1 trait de jus de citron.

Verser les 3 derniers éléments dans une flûte, compléter avec le champagne, décorer d'une rondelle de citron vert.

ROB ROY

3 cl de Whisky Jameson
3 cl de Vermouth blanc
1 trait d'Agustura bitter.

Verser l'ensemble dans un verre à whisky, remuer, ajouter des glaçons, décorer d'un pic avec des olives vertes.

ROSALBA

3,5 cl de Rhum Blanc Havana Club
2,5 cl d'Izarra verte
le jus d'un demi citron vert
2 cuillerées à café de sirop de canne

Mettre l'ensemble dans un shaker avec des glaçons, frapper et verser dans un verre à cocktail. Décorer d'une rondelle de citron vert.

Rob Roy

Saint Patrick

RYE WHISKY COCKTAIL

3 cl de Whisky Clan Campbell
2 cuil. à café de sirop de canne
1 trait d'Angustura bitter.

Mettre l'ensemble dans un shaker, frapper, verser dans un verre à cocktail, ajouter un glaçon et décorer d'une cerise à l'eau de vie.

SAINT PATRICK

3 cl de whisky Clan Campbell
2cl de suze
1 cl de Cointreau.

Verser l'ensemble dans un grand verre, remuer, ajouter des glaçons.

ROYAL COBBLER

3,5 cl de Cointreau
1,5 cl de liqueur d'abricot
1,5 cl de jus d'orange

Mettre l'ensemble dans un shaker avec des glaçons, frapper et verser dans un verre, ajouter quelques petits morceaux d'orange, de poire et d'abricot.

SCOTCH LEMON

2 cl de Whisky Jameson
2 cl de jus de citron
2 cl de jus d'orange.

Mettre l'ensemble dans un shaker rempli de glaçons, frapper et verser dans un verre givré de sucre, décorer avec une rondelle de citron.

GREEN DRIVER

6 cl de vodka Petroff
6 cl de jus d'orange.

Verser l'ensemble dans un grand verre, ajouter des glaçons, remuer, décorer avec une cerise à l'eau de vie.

Scotch Lemon

A consommer avec modération, l'abus d'alcool est dangereux pour la santé.

INGAPORE SLING

3 cl de Cork Dry Gin
1,5 cl de Triple sec
1,5 cl de Bénédictine
1,5 cl de Cherry Brandy
1,5 cl de jus de citron vert
3 cl de jus d'ananas.

Mettre l'ensemble dans un shaker, frapper et verser dans un grand verre rempli de glaçons, décorer avec un morceau d'ananas et une cerise à l'eau de vie.

IDE CAR

1,5 cl de Cognac Bisquit
1,5 cl de Cointreau
1,5 cl de jus de citron

Mettre l'ensemble dans un shaker avec des glaçons, frapper et verser dans un verre à cocktail. Décorer avec une rondelle de citron.

Screen Driver

Singapore Sling

SOLEIL LEVANT

4 cl de Soho
2 cl de nectar d'abricot
3 cl de jus d'orange
1 cl de sirop de grenadine.

Mettre l'ensemble dans un shaker, frapper, verser dans un verre tulipe, ajouter des glaçons. Décorer d'une rondelle d'orange.

STINGER

4,5 cl de Brandy
1,5 cl de crème de menthe.

Mettre l'ensemble dans un shaker rempli de glace pilée, frapper et verser le tout dans un verre à cocktail. Décorer d'une feuille de menthe.

SWEET CINZANO

4,5 cl de Cork Dry Gin
1,5 cl de Cinzano.

Verser l'ensemble dans une coupe, remuer légèrement, ajouter une cerise l'eau de vie. Décorer d'une rondelle d'orange.

TEQUILA MIST

5,5 cl de Tequila Yucatan
1,5 cl de Cointreau
1 trait de citron vert

Remplir à moitié un grand verre de glace pilée et verser la Tequila, le Cointreau et le trait de citron vert. Décorer d'une rondelle de citron vert. Givrer le verre en humectant le bord avec du citron et en le trempant dans une assiette avec du sel au fond.

Soleil Levant

Tequila Sunrise

TRINIDAD

1,5 cl de Tequila Yucatan
1,5 cl de Curaçao bleu
1 cuillerée de sucre en poudre
Schweppes

Mettre l'ensemble, sauf le Schweppes, dans un shaker avec de la glace pilée, frapper, verser dans un verre à cocktail, compléter avec du Schweppes.

VICTORIA

3 cl de Gin Black Jack
3 cl de Vermouth Dry
2,5 cl de liqueur d'abricot
1/2 cuil. à café de sirop de grenadine.

Mettre l'ensemble sauf la grenadine dans un grand verre, remuer, ajouter la grenadine au dernier moment, attendre quelques instant, ajouter deux glaçons.

WHISKY SOUR

4,5 cl de Whisky Jameson
3 cl de jus de citron
1 trait de sirop de sucre
1/2 blanc d'œuf

Mettre l'ensemble dans un shaker, avec un peu de glace pilée, frapper, verser dans un verre à cocktail avec une cerise confite au fond du verre.

WHITE ICE

3 cl de Vermouth blanc
2 cl de Vodka Altaï
1/2 cuil. à café de jus de citron.

Verser dans un grand verre à cocktail, remuer, ajouter un glaçon, décorer avec des olives sur un pic.

White Ice

TEQUILA SUNRISE

4 cl de Tequila Yucatan
7 cl de jus d'orange
1 cuil. à café de sirop de grenadine.

Verser la Tequila et le jus d'orange dans un grand verre rempli de glaçons, remuer et compléter avec le sirop de grenadine.

Nous tenons à remercier le service photo de la société Pernod-Ricard

BLOC-NOTES VOS MEILLEURES RECETTES

Nom de la recette :

Temps de cuisson :

Nombre de personnes :

Ingrédients :

Préparation :

Nom de la recette :

Temps de cuisson :

Nombre de personnes :

Ingrédients :

Préparation :

Nom de la recette :

Temps de cuisson :

Nombre de personnes :

Ingrédients :

Préparation :

Nom de la recette :

Temps de cuisson :

Nombre de personnes :

Ingrédients :

Préparation :

NOTEZ ICI VOS MEILLEURES RECETTES PERSONNELLES

Nom de la recette :

Temps de cuisson :

Nombre de personnes :

Ingrédients :

Préparation :

Nom de la recette :

Temps de cuisson :

Nombre de personnes :

Ingrédients :

Préparation :

Nom de la recette :

Temps de cuisson :

Nombre de personnes :

Ingrédients :

Préparation :

Nom de la recette :

Temps de cuisson :

Nombre de personnes :

Ingrédients :

Préparation :

NOTEZ ICI VOS MEILLEURES RECETTES PERSONNELLES

Nom de la recette :

Temps de cuisson :

Nombre de personnes :

Ingrédients :

Préparation :

Nom de la recette :

Temps de cuisson :

Nombre de personnes :

Ingrédients :

Préparation :

Nom de la recette :

Temps de cuisson :

Nombre de personnes :

Ingrédients :

Préparation :

Nom de la recette :

Temps de cuisson :

Nombre de personnes :

Ingrédients :

Préparation :

Nom de la recette :

Temps de cuisson :

Nombre de personnes :

Ingrédients :

Préparation :

Nom de la recette :

Temps de cuisson :

Nombre de personnes :

Ingrédients :

Préparation :

Nom de la recette :

Temps de cuisson :

Nombre de personnes :

Ingrédients :

Préparation :

Nom de la recette :

Temps de cuisson :

Nombre de personnes :

Ingrédients :

Préparation :

NOTEZ ICI VOS MEILLEURES RECETTES PERSONNELLES

Nom de la recette :

Temps de cuisson :

Nombre de personnes :

Ingrédients :

Préparation :

Nom de la recette :

Temps de cuisson :

Nombre de personnes :

Ingrédients :

Préparation :

Nom de la recette :

Temps de cuisson :

Nombre de personnes :

Ingrédients :

Préparation :

Nom de la recette :

Temps de cuisson :

Nombre de personnes :

Ingrédients :

Préparation :

NOTEZ ICI VOS MEILLEURES RECETTES PERSONNELLES

Nom de la recette :

Temps de cuisson :

Nombre de personnes :

Ingrédients :

Préparation :

Nom de la recette :

Temps de cuisson :

Nombre de personnes :

Ingrédients :

Préparation :

Nom de la recette :

Temps de cuisson :

Nombre de personnes :

Ingrédients :

Préparation :

Nom de la recette :

Temps de cuisson :

Nombre de personnes :

Ingrédients :

Préparation :

NOTEZ ICI VOS MEILLEURES RECETTES PERSONNELLES

Nom de la recette : _____

Temps de cuisson : _____

Nombre de personnes : _____

Ingrédients :

....
....
....

Préparation :

....
....
....
....
....
....
....
....
....
....
....
....
....
....
....

Nom de la recette : _____

Temps de cuisson : _____

Nombre de personnes : _____

Ingrédients :

....
....
....

Préparation :

....
....
....
....
....
....
....
....
....
....
....
....
....
....
....

Nom de la recette : _____

Temps de cuisson : _____

Nombre de personnes : _____

Ingrédients :

....
....
....

Préparation :

....
....
....
....
....
....
....
....
....
....
....
....
....
....

Nom de la recette : _____

Temps de cuisson : _____

Nombre de personnes : _____

Ingrédients :

....
....
....

Préparation :

....
....
....
....
....
....
....
....
....
....
....
....
....
....

OTEZ ICI VOS MEILLEURES RECETTES PERSONNELLES

Nom de la recette :

Temps de cuisson :

Nombre de personnes :

Ingrédients :

Préparation :

Nom de la recette :

Temps de cuisson :

Nombre de personnes :

Ingrédients :

Préparation :

Nom de la recette :

Temps de cuisson :

Nombre de personnes :

Ingrédients :

Préparation :

Nom de la recette :

Temps de cuisson :

Nombre de personnes :

Ingrédients :

Préparation :

NOTEZ ICI VOS MEILLEURES RECETTES PERSONNELLES

Nom de la recette : _____

Temps de cuisson : _____

Nombre de personnes : _____

Ingrédients :

_____
_____
_____
_____

Préparation :

_____
_____
_____
_____
_____
_____
_____
_____
_____
_____
_____
_____
_____
_____

Nom de la recette : _____

Temps de cuisson : _____

Nombre de personnes : _____

Ingrédients :

_____
_____
_____
_____

Préparation :

_____
_____
_____
_____
_____
_____
_____
_____
_____
_____
_____
_____
_____
_____

Nom de la recette : _____

Temps de cuisson : _____

Nombre de personnes : _____

Ingrédients :

_____
_____
_____

Préparation :

_____
_____
_____
_____
_____
_____
_____
_____
_____
_____

Nom de la recette : _____

Temps de cuisson : _____

Nombre de personnes : _____

Ingrédients :

_____
_____
_____

Préparation :

_____
_____
_____
_____
_____
_____
_____
_____
_____
_____

 NOTEZ ICI VOS MEILLEURES RECETTES PERSONNELLES

Nom de la recette :

Temps de cuisson :

Nombre de personnes :

Ingrédients :

Préparation :

Nom de la recette :

Temps de cuisson :

Nombre de personnes :

Ingrédients :

Préparation :

Nom de la recette :

Temps de cuisson :

Nombre de personnes :

Ingrédients :

Préparation :

Nom de la recette :

Temps de cuisson :

Nombre de personnes :

Ingrédients :

Préparation :

# NOTEZ ICI VOS MEILLEURES RECETTES PERSONNELLES

Nom de la recette :

Temps de cuisson :

Nombre de personnes :

Ingrédients :

Préparation :

Nom de la recette :

Temps de cuisson :

Nombre de personnes :

Ingrédients :

Préparation :

Nom de la recette :

Temps de cuisson :

Nombre de personnes :

Ingrédients :

Préparation :

Nom de la recette :

Temps de cuisson :

Nombre de personnes :

Ingrédients :

Préparation :

NOTEZ ICI VOS MEILLEURES RECETTES PERSONNELLES

Nom de la recette :

Temps de cuisson :

Nombre de personnes :

Ingrédients :

Préparation :

Nom de la recette :

Temps de cuisson :

Nombre de personnes :

Ingrédients :

Préparation :

Nom de la recette :

Temps de cuisson :

Nombre de personnes :

Ingrédients :

Préparation :

Nom de la recette :

Temps de cuisson :

Nombre de personnes :

Ingrédients :

Préparation :

NOTEZ ICI VOS MEILLEURES RECETTES PERSONNELLES

Nom de la recette :

Temps de cuisson :

Nombre de personnes :

Ingrédients :

Préparation :

Nom de la recette :

Temps de cuisson :

Nombre de personnes :

Ingrédients :

Préparation :

Nom de la recette :

Temps de cuisson :

Nombre de personnes :

Ingrédients :

Préparation :

Nom de la recette :

Temps de cuisson :

Nombre de personnes :

Ingrédients :

Préparation :

NOTEZ ICI VOS MEILLEURES RECETTES PERSONNELLES

Nom de la recette :

Temps de cuisson :

Nombre de personnes :

Ingrédients :

Préparation :

Nom de la recette :

Temps de cuisson :

Nombre de personnes :

Ingrédients :

Préparation :

Nom de la recette :

Temps de cuisson :

Nombre de personnes :

Ingrédients :

Préparation :

Nom de la recette :

Temps de cuisson :

Nombre de personnes :

Ingrédients :

Préparation :

NOTEZ ICI VOS MEILLEURES RECETTES PERSONNELLES

Nom de la recette : _____

Temps de cuisson : _____

Nombre de personnes : _____

Ingrédients :

_____

_____

_____

Préparation :

_____

_____

_____

_____

_____

_____

_____

_____

_____

_____

_____

_____

Nom de la recette : _____

Temps de cuisson : _____

Nombre de personnes : _____

Ingrédients :

_____

_____

_____

Préparation :

_____

_____

_____

_____

_____

_____

_____

_____

_____

_____

_____

_____

Nom de la recette : _____

Temps de cuisson : _____

Nombre de personnes : _____

Ingrédients :

_____

_____

_____

Préparation :

_____

_____

_____

_____

_____

_____

_____

_____

_____

_____

_____

_____

Nom de la recette : _____

Temps de cuisson : _____

Nombre de personnes : _____

Ingrédients :

_____

_____

_____

Préparation :

_____

_____

_____

_____

_____

_____

_____

_____

_____

_____

_____

_____

NOTEZ ICI VOS MEILLEURES RECETTES PERSONNELLES

Nom de la recette :

Temps de cuisson :

Nombre de personnes :

Ingrédients :

Préparation :

Nom de la recette :

Temps de cuisson :

Nombre de personnes :

Ingrédients :

Préparation :

Nom de la recette :

Temps de cuisson :

Nombre de personnes :

Ingrédients :

Préparation :

Nom de la recette :

Temps de cuisson :

Nombre de personnes :

Ingrédients :

Préparation :

Quelques sauces de base

MAYONNAISE

2 jaunes d'œuf, 1 citron jaune, 1 cuillerée à soupe de moutarde, huile, sel, poivre.

Dans un bol, mettez les jaunes d'œuf, la moutarde, du sel et du poivre. Mélangez à la fourchette en faisant couler l'huile en filet. Ajoutez le citron toujours en mélangeant jusqu'à ce que la sauce soit prise.

AÏOLI

2 gousses d'ail, 1 jaune d'œuf, mie de pain, lait, huile, sel, poivre.

Pilez les gousses d'ail, ajoutez le jaune d'œuf et un petit morceau de mie de pain trempé dans du lait, salez et poivrez. Mélangez le tout comme pour la mayonnaise et versez l'huile en filet.

BÉARNAISE

3 jaunes d'œuf, 50 g de beurre, 1 citron jaune, estragon, cerfeuil.

Mettez les jaunes d'œuf dans une casserole avec le beurre et portez le tout au bain-marie bouillant. Remuez jusqu'à épaississement en ajoutant le jus de citron. Incorporez l'estragon et le cerfeuil hachés.

BÉCHAMEL

30 g de farine, 30 g de beurre, 60 cl de lait, 1 pincée de noix de muscade râpée, sel, poivre.

Faites fondre le beurre à feu doux, ajoutez la farine et remuez. Versez le lait en tournant jusqu'à épaississement. Salez, poivrez et incorporez la muscade.

HOLLANDAISE

2 jaunes d'œuf, 150 g de beurre, une cuillerée à soupe d'eau froide, le jus d'un demi citron, sel et poivre.

Dans une terrine fouettez les jaunes avec l'eau froide, salez et poivrez. Mettre la terrine au bain-marie à feu doux et continuer à fouetter, la sauce devient mousseuse. Quand elle prend la consistance d'une crème, incorporez petit à petit le beurre ramolli, continuez à battre jusqu'à la fin du beurre, puis ajoutez le jus de citron. Servez immédiatement.

MOUSSELINE

Même recette que la sauce hollandaise mais mélangez-y au dernier moment 3 cuillerées à soupe de crème fouettée.

BEURRE NOIR

125 g de beurre, persil, vinaigre.

Dans la poêle, faites fondre et roussir le beurre, jetez-y le persil haché, laissez frire et versez 1 cuillerée à soupe de vinaigre.

AU CURRY

Mélangez 2 yaourts nature avec une pincée de curry en poudre et le jus d'un citron jaune.

MOUTARDE

30 g de beurre, 2 cuillerées à soupe de farine, 1 verre de lait, 1 jaune d'œuf, 1 cuillerée à soupe de moutarde, 1 cuillerée à soupe de crème fraîche.

Dans une casserole, faites fondre le beurre, ajoutez la farine et délayez avec le lait. Hors du feu, ajoutez le jaune d'œuf, la moutarde et la crème fraîche. Remuez à la spatule et servez très chaud.

PIQUANTE

50 g de beurre, 50 g d'échalotes, persil, vinaigre, 4 cornichons, poivre.

Mettez dans une casserole 3 cuillerées à soupe de vinaigre, du poivre, les échalotes émincées, le persil haché et le beurre. Laissez fondre à feu doux. Coupez les cornichons en rondelles et ajoutez-les au dernier moment.

TOMATE

8 tomates, 1 branche de thym, 1 feuille de laurier, 1 oignon, 1 gousse d'ail, 20 g de beurre, 1 cuillerée à soupe de fécule, sel, poivre.

Mettez les tomates coupées en morceaux dans une casserole, ajoutez le thym, le laurier, l'oignon coupé en rondelles, l'ail et faites cuire à feu doux. Passez. Remettez dans la casserole avec une noix de beurre, épaississez avec la fécule, salez, poivrez et laissez cuire à feu doux 15 mn.

GRAND VENEUR

100 g de poitrine fumée, 50 g de beurre, 1 carotte, 1 branche de céleri, 2 oignons, 50 g de farine, 1/2 litre d'eau froide, 1 bouillon-cube, 1 bouquet garni, 10 cl de vinaigre, 1 branche de thym, 1 cuillerée à soupe de grains de poivre noir, 15 cl de crème fraîche, 2 cuillerées à soupe de gelée de groseilles, sel, poivre.

Pelez et émincez la carotte, le céleri et les oignons. Coupez la poitrine en petits dés. Faites fondre le beurre dans une casserole et mettez-y les oignons à revenir 5 mn. Saupoudrez de farine, tournez et laissez roussir. Versez l'eau, ajoutez le bouillon-cube, du sel, du poivre, le bouquet garni, portez à ébullition et laissez mijoter 20 mn. Filtrez. Dans une autre casserole, réunissez le reste des légumes, le vinaigre, le thym, les grains de poivre, portez à ébullition et laissez mijoter à tout petit feu. Réduisez de moitié. Filtrez. Mélangez la sauce à la réduction, ajoutez la crème fraîche, la gelée de groseilles, remuez et réchauffez doucement.

Index

411

Achevé d'imprimer sur les presses de
Milano Stampa
Dépôt légal: novembre 2000
Imprimé en Italie
ISBN 2-44584-053-5